U0066400

古今

（一）

復刻本說明

* 本期刊依《古今文史半月刊》合訂本全套復刻，為使閱讀方便，原刊每六期為一冊，復刻本則每十二期為一冊；復刻本的尺寸亦由原書的 16×23 公分，擴大至 19×26 公分。
* 本期刊因尺寸放大，但每期封面無法符合放大尺寸，故每期封面皆對齊開口，使裝訂邊的留白較多。
* 本期刊第一集書前加入導讀。
* 本期刊為復刻本，內文頁面或有少數污損、模糊、畫線，為原書原始狀況，不另註；唯範圍較大者，則另加「原書原樣」圖示 原書原樣，以作說明。

文史雜誌的尤物——朱樸與《古今》及其他

蔡登山

在上海淪陷時期，他一手創刊《古今》雜誌，網羅諸多文士撰稿，使《古今》成為東南地區最暢銷也最具有份量的文史刊物，他就是朱樸（字樸之，號樸園，亦號省齋）。他在《古今》創刊號寫有〈四十自述〉一文，根據該篇自述及後來寫的〈樸園隨譚〉、〈記蔚藍書店〉，我們知道他生於一九〇二年，是江蘇無錫縣景雲鄉全旺鎮人。全旺鎮在無錫的東北，距元處士倪雲林的墓址芙蓉山約有五里之遙，居民大都以耕農為生，讀書的不過寥寥一二家而已。而朱樸卻出身於書香門第，他的父親述珊公為名畫家，他本來希望朱樸能傳其衣鉢，但看到他臨習《芥子園畫譜》臨得一塌糊塗，認為不堪造就，遂放棄了初衷。朱樸七歲入小學，成績不壞。十歲以後由鄉間到城裡，進著名的東林書院（高等小學），因得當時國文教授龔伯威先生的特別賞識，對於國文一門，進步最快。高小畢業後，他赴吳江中學讀書，不到一年轉入輔仁中學就讀。一年後，考入吳淞中國公學商科。一九二二年夏季從中國公學畢業，本想籌借一千元赴美留學，結果到處碰壁，不克如願。後來承楊端六先生的厚意，介紹他進商務印書館《東方雜誌》社任編輯，那時他年僅二十一歲。

當時的《東方雜誌》社共有四位編輯：錢經宇、胡愈之、黃幼雄、張梓生。錢經宇是總編輯；胡愈之專事譯文兼寫關於國際的時事述評（他用的筆名是「化魯」）；黃幼雄襄助胡愈之做同一性質的工作；張梓生專寫關於國內的時事述評。朱樸進去之後，錢經宇要他每期主編「評論之評論」欄，兼寫關於經濟財政金融一類的時事述評。社址是在寶山路商務印書館的二樓一間大房間，與《教育雜誌》社、《小說月報》社、《婦女雜誌》社、《民鐸雜誌》社同一房間。朱樸說：「那時候的《教育雜誌》社有李石岑（兼《民鐸雜誌》）和周予同；《小說月報》社有鄭振鐸；《婦女雜誌》社有章錫琛和周建人；此外還有各雜誌的校對等共有一二十人之多；濟濟蹌蹌，十分熱鬧。……當時在我們那一間大編輯室裡，以我的年紀為最輕，頗有翩翩少年的丰采。鄭振鐸那時也還不失天真，好像一個大孩子，時時和我談笑。他和他的夫人高女士在一品香結婚的那天，請嚴既澄與我二人為男儐相，我記得那天大家在一起所攝的一張照片，好像現在還保存在我無錫鄉間的老家裡呢。」

在《東方雜誌》做了一年多的編輯，經由衛聽濤（渤）的介紹，朱樸到北京英商麥加利銀行華帳房任職。當時華經理（即買辦）是金拱北（城），是有名的畫家，所以賓主之間，亦頗相得。

一九二六年夏，他辭去北京麥加利銀行職務，應友人潘公展、張廷灝之招，任上海特別市政府農工商局合作事業指導員之職。後因友人余井塘之介紹得識陳果夫，朱樸說：「陳先生對於合作事業頗為熱心，因見我對於合作理論有相當研究，遂於十七年（一九二八）夏以中央民眾訓練委員會的名義，派我赴歐洲調查合作運動，於是渴望多年的出國之志，方始得償。當我出國的時候，我開始對於政治感到無限的興趣和希望。那時國民黨有所謂左派與右派之分，左派領袖是汪精衛先生，右派領袖是蔣介石先生。我對於汪先生一向有莫大的信仰，我認為孫先生逝世後祇有汪先生才是唯一的繼承者。那時汪先生正隱居在法國，我在赴歐的旅途中，旦夕打算怎樣能夠追隨汪先生為黨國而奮鬥。」於是到了巴黎幾個月後，朱樸先認識林柏生，之後又經過幾個月，才由林柏生介紹晉謁汪精衛，那是在曾仲鳴的寓所。

在巴黎期間，朱樸除數度拜謁合作導師季特教授（Prof. Charles Gide）暨參觀各合作組織外，並一度赴倫敦參觀國際合作聯盟會及各大合作組織，復一度赴日內瓦參觀國際勞工局的合作部，得識該部主任福古博士（Dr. Facquet）及幫辦哥侖朋氏（M. Colombain），相與過從，獲益不少。一九二九年春，陳公博由國內來巴黎，經汪精衛介紹，朱樸初識陳公博。後來並陪他到倫敦去遊歷，兩星期後陳公博離英他去，朱樸則入倫敦大學政治經濟學院聽講。

一九二九年夏秋之間，朱樸奉汪精衛之命返回香港，到港的時候正值張發奎率師號稱三萬，由湖南南下，會同桂軍李宗仁部總共約六萬人，從廣西分路向廣州進攻，「張、桂軍」當時亟須奪取廣州來擴充勢力，準備同蔣介石分家，割據華南。不料後來因軍械不濟的緣故，事敗垂成。

香港掌故大家高伯雨說：「我和省齋相識最久，遠在一九二九年在倫敦就時相見面，但沒有什麼交情。一九三〇年我從英國回上海一轉，在十四姊家中又和他相值，原來那時候他正避難在租界裡，住在我姊姊處。那天他還約了史沫特萊女士來吃茶，我和她談了兩個多鐘頭。」對此朱樸在〈人生幾何〉一文補充說道：「至於伯雨所說的關於史沫特萊女士一節倒是的確的，而且非常之秘密，因為她那時正寓居於上海法租界霞飛路西的一層公寓內，我們不但是『打倒獨裁』的同志，並且是好抽香煙好喝咖啡的同志。所以，我常常是她寓所裡的座上客，我一到她那裡她總是親手煮咖啡給我喝的。那時候她和孫中山夫人宋慶齡女士來往非常親密，她曾屢次說要為我介紹，可是因為不久我就離開上海到香港來了，卒未如願。」

這次倒蔣的軍事行動雖未成功，但汪精衛並不灰心，他頗注意於宣傳工作，遂命林柏生、陳克文、朱樸三人創辦《南華日報》於香港，林柏生為社長，陳克文與朱樸為副社長。朱樸說：「當時我與柏生、克文互相規定每人每星期各寫社論兩篇並值夜兩天，工作相當辛勞。所幸編輯部內人才濟濟，得力不少，如馮節、趙慕儒、許力求等，現在俱已嶄露頭角，有聲於時。那時候汪先生也在香港，有時候也有文字在《南華日報》上發表，所以這一個時期《南華日報》的社論，博得讀者熱烈的歡迎。還有副刊也頗為精彩，尤其是署名『曼昭』的〈南社詩話〉一文，陸續登載，最獲一般讀者的佳評與讚賞。」

一九三〇年夏，汪精衛應閻錫山及馮玉祥的邀請到北平召開擴大會議，朱樸亦追隨同往，任海外部秘書。同時並與曾仲鳴合辦《蔚藍畫報》於北平，頗獲當時平津文藝界的好評。同年冬，汪精衛赴山西，朱樸奉命重返香港。道經上海時，因中國公學同學好友孫寒冰的夫人之介紹，認識了沈瑞英女士。一九三一年春，汪精衛赴廣州主持非常會議，朱樸被任為文化事業委員會委員。寧粵雙方代表在上海開和平會議，朱樸事先奉汪精衛命赴上海辦理宣傳事宜。一九三二年一月三十日與沈瑞英於上海結婚。兩年間留滬時間居多，雖掛著行政院參議、農村復興委員會專門委員、外交部條約委員會委員等名義，但實際上並沒做什麼事。

一九三四年六月，朱樸奉汪精衛之命，以行政院農村復興委員會特派考察歐洲農業合作事宜的名義出國。朱樸說：「汪先生因該會經費不充，所以再給我一個駐丹麥使館秘書的職務。我赴歐後先到倫敦，適張向華（發奎）將軍亦在那裡，闊別多年，暢敘至歡。數日後我隨他到荷蘭去遊覽。後來，張將軍離歐赴美，我即經由德國赴丹麥。我在丹麥三、四個月，普遍參觀了丹麥全國的各種合作事業，所得印象之深，無以復加。」一九三六年，張發奎在浙江江山新就閩、贛、浙、皖四省邊區清剿總指揮之職，來函相招。於是朱樸以一介書生，乃勉入戎幕。

一九三七年春，他奉汪精衛命為中央政治委員會土地專門委員再兼襄上海《中華日報》筆政。同年「八・一三」事變發生，朱樸奉林柏生命重返香港主持《南華日報》筆政。不久，林柏生亦由滬來港。一九三八年春節樊仲雲也由滬到港，隨即在皇后大道「華人行」七樓租房兩間，開辦「蔚藍書店」。「蔚藍書店」其實並不是一所書店，它乃是「國際編譯社」的外幕。而「國際編譯社」直屬於「藝文研究會」，該會的最高主持人是周佛海，其次是陶希聖。「國際編譯社」事實上乃是「藝文研究會」的香港分會，負責者為林柏生，後來梅思平亦奉命到港參加，於是外界遂稱林柏生、梅思平、樊仲雲、朱樸為「蔚藍書店」的四大金剛。其中林柏生主持一切總務，梅思平主編國際叢書，樊仲雲主編國際週報，朱樸則主編國際通訊。助編者有張百高、胡蘭成、薛典曾、龍大均、連士升、杜衡、林一新、劉石克等人。「國際編譯社」每星期出版國際週報一期，國際通訊兩期，選材謹嚴，為研究國際問題一時之權威。國際叢書由商務印書館承印，預計一年出六十種，編輯委員除梅思平為主編外，尚有周鯁生、李聖五、林柏生、高宗武、程滄波、樊仲雲、朱樸等。當時所謂「四大金剛」，他們除了本店的職務外，尚兼有其他職務。如林柏生為國民政府立法院委員、《南華日報》社長；梅思平為中央政治委員會法制專門委員；樊仲雲為《星島日報》總主筆；朱樸為中央政治委員會經濟專門委員。

一九三八年十二月二十九日汪精衛發表「豔電」，於是和平運動立即展開。朱樸被派秘密赴滬，從事宣傳工作，經一兩個月的籌備，和平運動上海方面的第一種刊物《時代文選》於次年三月二十日出版。同年八月二十八日，汪偽中國國民黨在上海舉行第六次全國代表大會，朱樸被選為中央監察委員，復擔任中央宣傳部副部長。同年八月至九月間，接辦上海《國際晚報》（後因工部局借故撤銷登記證而被迫停刊。）十月一日創辦《時代晚報》，由梅思平任董事長，到一九四〇年九月一日才遷到南京出版。一九四〇年三月三十日汪精衛在南京成立偽「中華民國國民政府」，其組織機構仍用國民政府的組織形式，汪精衛任行政院院長兼代主席。此時朱樸被任為交通部政務次長。先是中央黨部也將他調任為組織部副部長。五月二十六日中國合作學會在南京成立，朱樸被推為理事長。

一九四一年一月十一日，朱樸的夫人在上海病逝；同年十月十六日長子榮昌亦歿於青島。一年之中喪妻喪子，給他以沉重的打擊，萬念俱灰之下，他先後辭去中央組織部副部長和交通部政務次長的職務，僅擔任全國經濟委員會委員一類的閒職。一九四二年三月二十五日，朱樸在上海創辦了《古今》雜誌，他在〈《古今》一年〉文中說：「回憶去年此時，正值我的愛兒殤亡之後，我因中心哀痛，不能自已，遂決定試辦這一個小小刊物，想勉強作為精神的排遣。」他又在〈滿城風雨話古今〉文中說：「有一天，忽然闊別多年的陶亢德兄來訪，談及目前國內出版界之冷寂，慫恿我出來放一聲大砲。自惟平生一無所長，只有對出版事業略有些微經驗，且正值精神一無所託之際，遂不加考慮，立即答應。」他在〈發刊辭〉中說：「我們這個刊物的宗旨，顧名思義，極為明顯。自古至今，不論是英雄豪傑也好，名士佳人也好，甚至販夫走卒也好，只要其生平事蹟有異乎尋常不很平凡之處，我們都極願盡量搜羅獻諸於今日及日後的讀者之前。我們的目的在於彰事實、明是非、求真理。所以，不獨人物一門而已，他如天文地理，禽獸草木，金石書畫，詩詞歌賦諸類，凡是有其特殊的價值可以記述的，本刊也將兼收並蓄，樂為刊登。總之，本刊是包羅萬象、無所不容的。」

《古今》從第一期到第八期是月刊，到第九期改為半月刊，十六開本，每期四十頁左右。朱樸在〈《古今》兩年〉文中說：「當《古今》最初創刊的時候，那種因陋就簡的情形決非一般人所能想像的。既無編輯部，更無營業部，根本就沒有所謂『社址』。那時事實上的編輯者和撰稿者只有三個人，一是不佞本人，其餘兩位即陶亢德周黎庵兩君而已。創刊號中一共只有十四篇文章，我個人寫了四篇，亢德兩篇，黎庵兩篇，竟占了總數之大半；其他如校對、排樣、發行，甚至跑印刷所郵政局等類的瑣屑工作，也都由我們三人親任其勞，實行『同艱』『共苦』的精神。……那種情形一直賡續到十個月之後才在亞爾培路二號找到了社址（這是承金雄白先生的厚意而讓與的），於是所謂的『古今社』者才名副其實的正式辦起公來。」《古今》從第三期開始由曾經編輯過《宇宙風乙刊》的周黎庵任主編（其實是從籌備開始，只是沒公開掛名而已。），朱樸說：「我與黎庵沒有一天不到社中工作，不論風雨寒暑，從未間斷。就我個人的經驗來說，生平對於任何事務向來比較冷淡並不感覺十分興趣的，可是對於《古今》，則剛剛相反，一年多來如果偶而因事離滬不克到社小坐的話，則精神恍惚，若有所失。」

周黎庵在〈《古今》兩年〉文中說：「我編《古今》有一個方針，便是善不與人同，戰後作家星散，在上海的只有這幾個人。雖然他們的文章寫得好，但因為每一家雜誌都可以有他們的作品，便算不得名貴了，於是《古今》便開發北方……每期總刊載幾篇北方名家的作品，北方開發成功之後，我覺得還不足以維持《古今》獨有的風格，近期更有碩果僅存的珍貴史料和大江南北無與抗手的書畫刊載，可以說是《古今》特殊的貢獻。」

經過朱樸、周黎庵的努力邀約，在一九四三年七月《古今》夏季特大號（第二十七、二十八合刊）的封面上開列了一個「本刊執筆人」的名單：

汪精衛、周佛海、陳公博、梁鴻志、周作人、江康瓠、趙叔雍、樊仲雲、吳翼公、瞿兌之、謝剛主、謝興堯、徐凌霄、徐一士、沈啟无、紀果庵、周越然、龍沐勛、文載道、柳雨生、袁殊、金梁、金雄白、諸青來、陳乃乾、陳寥士、鄭秉珊、予且、蘇青、楊鴻烈、沈爾喬、何海鳴、胡詠唐、楊靜盦、朱劍心、邱艾簡、陳旭輪、錢希平、陳耿民、何戡、白銜、病叟、南冠、陳亨德、李宣倜、周樂山、張素民、左筆、楊蔭深、魯昔達、童家祥、許季木、默庵、靜塵、許斐、書生、小魯、方密、何淑、周幼海、余牧、吳詠、陶亢德、周黎庵、朱樸。

在這份六十五人的名單中，除南冠、吳詠、默庵、何戡、魯昔達是同屬黃裳一人外，可謂名家雲集。其中以汪精衛、周佛海、陳公博、梁鴻志、江亢虎、趙叔雍、樊仲雲等為首，顯示出《古今》與汪偽政權的千絲萬縷的關係。學者李相銀在《上海淪陷時期文學期刊研究》書中，就指出：「無論是汪精衛的『故人故事』，還是周佛海的『奮鬥歷程』，無不是在訴說自己的輝煌過去。……作為民族國家的罪人，他們與日本侵略者媾和並將此視為『豐功偉業』大肆吹噓，不過是為自己荒謬的言行尋找『合法』的外衣而已。其實他們又何嘗不知此舉早為世人所不齒，必將等來歷史的審判。他們焦慮不安的內心充滿了對於『末日』的恐懼，除了借助於文字聊以排遣之外，還能有何良策呢？就此而言，《古今》無疑成了他們『遣愁寄情』的最佳言說空間，《古今》的文學追求也因此被『政治化』。」而舊派文人和學者如吳翼公、瞿兌之、周越然、龍榆生、謝剛主、謝興堯、徐凌霄、徐一士、陳旭輪、陳乃乾等人佔了相當的比重，體現出雜誌的「古」的色彩。這其中有許多是專研掌故之學的，如明末四公子之一冒辟疆之後人——冒鶴亭他的〈孽海花閒話〉在《古今》第四十一期起連載九期；而晚清大學士瞿鴻機之子瞿兌之出身宰輔門第，故舊世交遍天下，是民國筆記小說的重要代表人物；徐一士出身晚清名門世家，與兄徐凌霄均治清代掌故，所著《凌霄一士隨筆》與瞿兌之的《人物風俗制度叢談》、黃秋岳的《花隨人聖庵摭憶》並稱為「三大掌故名著」。謝剛主原名謝國楨，是明史專家；謝興堯則主要從事太平天國史研究，他對《水滸傳》作者的考證，從胡適考證的遺漏之處入手，認為《水滸傳》最根本的問題是作者問題，發幽探微，溯古追今，既有史實，又有史識。而周越然在二十世紀上半葉，是無人不知的大藏書家，其書室名為「言言齋」，於一九三二年毀於「一・二八」之役，但他並不因此而稍挫，他移居西摩路（今陝西北路），繼續廣事搜購，不數年又復坐擁書城。他偏嗜禁書，寫有〈西洋的性書與淫書〉等文。陳乃乾則早年從事古舊書業經營，所經眼的版本書籍特別多，撰著了不少有關版本目錄學方面的專著，並在《古今》上發表了許多目錄學、版本學方面的學術文章。

紀果庵在《古今》第三十期（一九四三年九月一日出版）的〈海上紀行〉一文，談到他們在朱樸的「樸園」雅集的情況：「次日上午我先到黎庵兄處會齊，往樸園，老樹濃蔭，蟬聲搖曳，殊為人海中不易覓到的靜區。樸園主人前在京時曾見過一面，但未接談，這番重見到他清癯的面容，與具有隱士嘯傲之慼的風格，不覺未言已使我心折。我常想晉宋之交，有栗里詩人，與遠公點綴了美麗的廬山，五斗米雖不能使他折腰，而我輩卻呻吟於六斗之下（公務員配給米以六斗為限），古今世變，還是相去有間的，然如樸園之集，固亦大不易得，並非我輩『群賢畢至』，良以濁世可以談談的機會與心情太不容吾人日日如此耳。亢德已至，因有他約，先去。隨後來的有瞿鑠的周越然先生，推了光頂風趣益可撩人的予且先生，丰度翩翩的文載道柳雨生二兄，和我最喜歡讀其文字的蘇青小姐，樊仲雲先生則最後至，於是談話馬上熱鬧起來，予且先生在抄寫樸園主人的八字預備一展君平手段，越翁則談到方九霞劫案，載道大說其墨索公辭職的新聞，聲宏而氣昂，蘇青小姐只有在一邊微笑，用小型扇子不住的扇著。我這個北方大漢，插在裏邊，殊有不調和之感，只好聽著似懂不懂的上海話，一面欣賞吳湖帆送給樸園主人的對聯，（聯曰：顧視清高氣深穩，文章彪炳光陸離。）和書架上的書籍，大部是清代筆記掌故和清印的書帖之屬，主人脾胃，可睹一斑，其與吾輩相近，亦頗顯然也。時主人持出《扇面萃珍》一冊，與黎庵討論《古今》封面材料，此集乃廉南湖小萬柳堂所藏，均明清珍品。主人因談到吳芝瑛女士的字，據云乃是捉刀，余亦久有所聞，而不如主人所知之證據確鑿。飯已擺好，我竟僭越的被推首席，可惜自己不能飲酒，白白辜負主人及黎庵的相勸之意。老饕既飽，本該『遠颺』，（昔人喻流寇云，『饑則來歸，飽則遠颺。』）奈外面紛傳，馬路將要戒嚴，『下雨天留客』，適有饋主人以西瓜者，不免益使老饕堅其不去之心。西瓜吃畢，蘇青女士的文章來了，她掏出小巧精緻的紀念冊，定要樊公題字，樊公未有以應，叫我先寫幾句，我只得馬馬虎虎，塗鴉一番，大意好像是發揮定公詩：『避席畏聞——著書都為——』數語的意思，未免平凡得很。主人堅執請樊公執筆，樊公索詞於我，我忽然說：『您寫繅成白雪桑重綠，割盡黃雲稻正青罷。』樊公未作可否，我已竟感到荊公此語，太露鋒芒，豈唯對樊公不適，即給人題字，亦復欠佳，乃急轉語鋒曰：隨便寫個

『文章千古事，得失寸心知』好了，不是蘇青小姐的文章大可『千古』嗎？樊公乃提筆一揮而就。三點了，不好意思再坐下去，於是告辭了雅潔的樸園……」

對於《古今》的創辦，上海電影製片廠離休老幹部、上海作家協會會員沈鵬年在《行雲流水記往》一書中另有一說，他云：「朱樸畢竟出身於書畫世家，深知『國寶』級的兩宋古書畫的價值。而當時號稱『前漢』（汪精衛屬『後漢』）的大漢奸梁鴻志家藏兩宋古書畫，他覬覦之心，無時或已。便以《古今》約稿為名，頻頻登門訪梁。」梁鴻志出身閩侯望族，曾祖父梁章鉅，號茝林，官至江蘇巡撫，是嘉道間名震朝野的收藏家，外祖林壽圖，號歐齋，工書畫及詩詞。梁鴻志早年結識北洋皖系大紅人、安福系王揖唐，王賞識梁鴻志的詩才，拉其入安福國會任財務副主任，梁鴻志因此搜刮了不少安福俱樂部的公款，後來王揖唐又舉薦梁鴻志任段祺瑞秘書。段歸隱上海，梁就用安福系的巨額贓款也在上海置花園洋房一所，並以祖傳宋代古玩三十三件（一說是兩宋蘇東坡、黃山谷、米南宮、董源、巨然、李唐等書畫名家真跡三十三種），名其居曰「三十三宋齋」。沈鵬年認為這些國寶級的珍藏，不能不令朱樸為之咋舌。因此朱樸在《古今》創刊時，就約得梁鴻志的文章〈爰居閣脞談〉並將其排在首篇，足見其是別有用心的。

後來朱樸更因此得識了梁鴻志的長女，沈鵬年說：「一九四二年四月的一天，朱樸要周黎庵陪伴同去鑑賞。至梁宅適主人外出，由其女梁文若招待。這就是朱樸致文若第一封『情書』中所說『兩年多以前曾經多少友好的熱心介紹，始終未能謀面，而這一次竟於無意之間一見傾心』的這一次。朱樸致文若信中寫道：『我因精神無所寄託遂創辦《古今》以強自排遣，卻不料無形中竟因此獲得了你的重視和青睞。』『在茫茫塵海之中能夠獲得你，可說不虛此生了。』從一九四二年四月至一九四四年三月，整整兩年的苦心追求，文若小姐下嫁朱樸，朱樸成為梁鴻志的『乘龍快婿』。『三十三宋齋』的『肥水』也能分得『一杯羹』。他創辦《古今》的目的初步得逞。」

一九四四年三月三日下午三時，朱樸與梁文若結婚，證婚人原定周佛海，後來因周佛海有事不克前來，改為梅思平主持。據參與盛會的文載道說，新郎著藍袍玄褂，新娘則僅御紅色旗袍，不冠紗也不穿高跟鞋，有許多人頗讚美這種儀式之儉樸而莊嚴。因為梁鴻志與朱樸交友廣闊，因此賀客盈門，有冒鶴亭、趙時棡（叔孺）、譚澤闓、吳湖帆、龔心釗（懷西）、林灝深（朗谿）、夏敬觀、劉翰怡、廖恩燾、顏惠慶、張一鵬、鄭洪年、朱履龢、聞蘭亭、諸青來、李拔可、嚴家熾等名人。另文化界來的有：趙正平、樊仲雲、周化人；新聞界有：金雄白、陳彬龢、袁殊、鄭鴻彥、許力求；銀行界有：馮耿光、周作民、李思浩、葉扶霄、錢大櫆、盧澗泉、張慰如、吳蘊齋；軍警界有：唐蟒、蕭叔宣、張國元、唐生明、臧卓、熊劍東、蘇成德、林之江等；女賓到的有周佛海夫人楊淑慧，陳公博夫人李勵莊，前「標準美人」現唐生明夫人徐來，以及繆斌、任援道、梅思平、丁默邨的夫人等。還有兩位是朱履龢、李祖虞夫人，都是崑曲的名手。更難得的是京劇大師梅蘭芳也來了。文載道說：「聽說這次爰居閣主（案：梁鴻志）贈與樸園（案：朱樸）的覿禮，也不是世俗的金錢飾物，而是最合樸園愛好的金石古玩。計有宋哥孶水盂全座，漢玉一枚，乾隆仿宋玉兔朝元硯一方，精品雞血章成對。」

朱樸在〈樸園日記——甲申銷夏鱗爪錄〉文中說：「（一九四四年）八月十五日，下午到《古今》社，鶴老送贈《梁節庵遺詩》一冊，盛意可感。《古今》第五十三期出版，封面刊登孫邦瑞君所貽鄭蘇戡之『含毫不意驚風雨，論世真能鑒古代』一聯，頗為大方。……八月二十三日，上午赴中行，與震老閒談時事，感慨良多。下午與文若赴爰居閣，邀外舅（案：梁鴻志）同往孫邦瑞處觀畫。今日所觀者有沈石田畫二卷，董香光畫軸及冊頁各一件，王煙客冊頁九幀，惲南田畫一卷，皆精品。石谷二卷俱係中華時代之力作，頗為外舅所讚美。……邦瑞富收藏，今日因時間匆促，不克飽鑒為憾，異日當約湖帆再往訪之。」孫邦瑞是民國著名書畫收藏家，他與吳湖帆交誼甚篤，且結通家之好，所收藏名跡多經吳湖帆鑑定並題跋。沈鵬年說：「據說孫邦瑞家藏的精品經梁、朱『鑒賞』以後，梁、朱用『金條』為誘餌，反覆談判，威嚇利誘，被掠奪而去……類此者何止孫氏一家？這就是朱樸之用《古今》為幌子，先瞄上梁家『三十三宋齋』，然後再網羅海上著名收藏家的珍品，這就是他辦《古今》最終的真正目的。……朱樸通過《古今》人財兩得，名利雙收。把《古今》停刊以後，集中精力，找到退路，最後去『香港買賣書畫』。」

一九四四年十月《古今》在出版第五十七期後停刊，朱樸離開滬寧的政治圈，他以平民身份幽居北平，以賞玩字畫為樂事。他在〈憶知堂老人〉文中說：「一九四四年《古今》休刊後我舉家遷居北京，到後即往拜訪。」又在〈多難祇成雙鬢改〉文中說：「甲申之冬，余北遊燕都，知堂老人邀讌苦茶庵，陪座者僅張東蓀、王古魯。席間，余出紙索書，主人酒餘揮毫，為集陸放翁句『多難祇成雙鬢改，浮名不作一錢看』十四字相貽，感慨遙深，實獲我心。聯旁並附小跋曰：『樸園先生屬書小聯，余未曾學書，平日寫字東倒西歪，俗語所謂如蟹爬者是也。此只可塗抹村塾敗壁，豈能寫在朱絲欄上耶？惟重雅意，集吾鄉放翁句勉寫此十四字，殊不成樣子，樸園先生幸無見笑也。民國甲申除夕周作人』虛懷若谷，讀之愧然。」

朱樸在一九四七年到了香港，有論者說他在抗戰勝利前就到香港是不確的。除了他自己在〈人生幾何〉文中說：「我由北京來港是一九四七年，並非一九四八年。」外，香港《大人》、《大成》雜誌創辦人沈葦窗也說：「一九四七年，省齋將來香港，湖帆曾有意同行，於是時常晤面，磋商行止。湖帆有煙霞癖，因此舉棋不定，省齋先於四七年冬來港，我到港後和他時時飲茶，談次總要提起湖帆，認為南張北溥，先後到了海外，若湖帆到港，便成三國鼎峙之局，海外畫壇那就更加熱鬧了！」。

名作家董橋在《故事》一書中說：「朱省齋名樸，字樸之，無錫人，我一九七〇年年尾在香港報上讀到他去世的消息。他早歲浮沉政海，中年後來香港買賣書畫，與張大千、吳湖帆友善，《星島日報》社長林靄民請過他編《人物週刊》。省齋與張大千五十年代在香港過從甚密，也許還不斷有過書畫上的買賣。」張大千「《歸牧圖》題識提到的蘇東坡《石恪維摩贊》，大千竟然又是靠朱省齋奔走買進來的。此《贊》曾經由省齋的外舅梁鴻志收藏，四十年代末期忽然在香港為省齋發現，立即轉告大千，大千願意傾囊以迎，懇求省齋力為介說；幾經磋商，卒為所得。」一九五〇年朱樸和譚敬「同寓香港思豪酒店。一天，譚敬忽遭覆車之禍，身涉訴訟，急於用錢，打算出讓全部藏品。那時張大千正在印度大吉嶺避暑，省齋馳書通報，大千立刻回電說：『山谷伏波神祠詩卷，弟寤寐求之者已二十餘年，務懇代為竭力設法，以償所願！』省齋接電話後幾經周折，終於成事。」

沈葦窗在〈朱省齋傷心超覽樓〉文中說：「我草創《大人》雜誌，省齋每期為我寫稿，更提供許多書畫資料。那時，省齋在王寬誠的寫字樓供職，薪水甚少，但有一間寫字間卻很大，他每天下午到那裡去轉一轉，看看西報，主要的工作是為王寬誠鑑定書畫。因此，他於一九五七、一九六〇都回過上海，又到北京，而在最後一次他回香港經過深圳之時，卻遇見一件驚心動魄的事情，從此，他就不敢再北上了。原來省齋到北京，遇見瞿兌之，瞿家有一件齊白石的山水畫長卷，是他家的一段故事，名為《超覽樓禊集圖》……兌之晚年，境遇不佳，省齋卻對此卷念念不忘，因之和兌之磋商，以人民幣四百元讓到手上，……省齋得此畫後，十分得意，已在畫右下角，鈐上陳巨來為他刻的『朱省齋書畫記』印章，並在北京覓人攝影。不料在返港之際，在深圳遇見虎而冠者，從行李中搜出此物，認為盜竊國寶，罪無可逭，幾欲繩之於法。幸得長袖善舞最近在港逝世之某君為之緩頰，方保無事。省齋告我，當時心膽俱裂，確實有此情景，畫件當然沒收，後來再沒有下落了！省齋當年曾說，此件到港可值萬金以上，如今看來，十百倍都不止，而省齋從此得怔忡之疾，一九七〇年十二月九日歿於九龍寓邸，享年六十有九。」

朱省齋十幾年來先後出版《省齋讀畫記》、《書畫隨筆》、《海外所見名畫錄》、《畫人畫事》、《藝苑談往》五本專談書畫的書籍。他在一九五四年出版的《省齋讀畫記》〈弁言〉中說：「作者並不能畫，惟嗜此則甚於一切。十餘年前在滬常與吳湖帆先生相往還，初得其趣；近年在港，隨張大千先生遊，朝夕過從，獲益更多。竊謂本書之作，雖未敢媲美《江村銷夏錄》、《庚子銷夏記》等名著，但對於同好之士，或能勉供參考之一助也。」他在《藝苑談往》〈引言〉中又說：「雖然文不足取，但是所謂敝帚自珍，覺得也還有其出版之價值。尤其書中如〈石濤繁川春遠圖始末記〉、〈董北苑瀟湘圖始末記〉、〈關於顧閎中韓熙載夜宴圖的故事〉、〈黃山谷伏波神祠詩畫卷始末記〉諸篇，其中所述，雖不敢自詡謂鄙人『獨得之秘』，但因都曾經身預其事，知之較切，自非如一般途聽道說，摭人唾餘者之可比。」

與朱樸有數十年友誼的金雄白說：「在香港二十餘年中，他已成為中國古代文物的鑑賞專家。以他的天賦聰明，兼得他丈人長樂梁眾異氏之指點，又因先後與吳湖帆、張大千交遊，耳濡目染之餘，又寖饋於此，乃卓然有成。近來他的著作中，也十九屬於談論古今的書畫人物，遠至美國，每遇珍品，輒先央其作最後的鑑定，以為取捨之標準。」而對於書畫之鑑定，朱樸寫有一長文〈論書畫賞鑑之不易〉，他認為賞鑑者，乃是一種極專門又極深奧的學問，普通一般的書畫家不一定也是賞鑑家，而所謂收藏家者，更不一定就是賞鑑家。余恩鑅在其《藏拙軒珍賞目》序文說：「近來市肆家變幻百出，遇名畫與題跋分裂為二，每有畫真跋假，以畫掩字；畫假跋真，以字掩畫。又有前朝無名氏畫，妄填姓名；或因收藏家以印章題跋為證據，依樣雕刻，照本描摹。直幅則列滿邊額，橫卷則排綴首尾，類皆前朝印璽名人款識，施之贗本。而俗眼不察，至以燕石為瓊瑤，下駟為駿骨，冀得厚資而質之。」因此朱樸最後總結說：「賞鑑是一件難事，而書畫的賞鑑則尤是難事之難事，應該是萬古不磨之論。董其昌有言曰：『宋元名畫，一幅百金；鑑定稍訛，輒收贗本。翰墨之事，談何容易！』真是一點也不錯。」

古今文史半月刊第一期至第六期

目次

創刊號（月刊） 中華民國三十一年（一九四二）三月

第二期 民國三十一年四月

第三期 民國三十一年五月

第四期 民國三十一年六月

第五期 民國三十一年七月

第六期 民國三十一年八月

古今文史半月刊第七期至第十二期

目次

第十期　民國三十一年十一月一日

第十一期　民國三十一年十一月十六日

第十二期　民國三十一年十二月一日

古今

創刊號

二十八年汪先生周佛海梅思平陳耀祖周隆庠高宗武楊女士及犬養健伊藤芳男諸氏攝于東京

二十九年冬周佛海先生與夫人及女公子攝于京邸

古今創刊號目次

中華民國三十一年三月出版

社長 朱樸
編輯者 古今月刊社
發行者 古今月刊社
通訊處 南京邀貴井時代晚報館轉
印刷者 上海靜安寺路一九二六號 國民新聞圖書印刷公司
代售處 全國各大書坊

本刊月出一冊 零售每冊八角

廣告價目

後封面	五百元
正封裏頁	五百元
後封裏頁	四百元
普通全頁	二百元
二分之一	一百五十元

本刊正向宣傳部申請登記中

發刊詞

古今中外，東西南北，形形色色，無奇不有。在幾千年的歷史中，世界上產生了多少英雄豪傑和名士佳人，發生了多少驚天動地和可歌可泣的事蹟！過去的都成史料，現在的有待紀錄，未來的則無從說起。總之，後之視今，亦猶今之視昔，世事滄桑，令人感慨不勝而已。所謂歷史，整個的就是一部人類的千變萬化和喜怒哀樂的紀錄。我們——全世界的人們——現在都是這個時代中某一喜劇或悲劇中的某一主角或配角。說一吾人生不逢辰丁茲亂世」等話，似乎太悲觀了一些，但如果說「我們何幸而生在這個偉大的時代」等話，則又未免太英雄氣概了吧。

同人等都是些一介書生之類，一面雖是憂國傷時，可是一面却又是力不從心。說句老實話，我們除了一枝筆外簡直別無可以貢獻於國家社會之道。因此，我們就集合了少數志同道合之士，發起試辦這個小小的刊物，想在此出版界萬分沉寂之時，來做一點我們所自認尙能勉爲其難的工作。

我們這個刊物的宗旨，顧名思義，極爲明顯。自古至今，不論英雄豪傑也好，名士佳人也好，甚至販夫走卒也好，祇要其生平事蹟有異乎尋常不很平凡之處，我們都極願盡量搜羅獻諸於今日及日後的讀者之前。我們的目的在乎彰事實，明是非，求眞理。所以，不獨人物一門而已，他如天文地理，禽獸草木，金石書畫，詩詞歌賦諸類，凡是有其特殊的價值可以記述的，本刊也將兼收並蓄，樂爲刊登。總之，本刊是包羅萬象，無所不容的。

我們願闢此小小的園地，以供同好諸公的耕耘。

爰居閣脞談

衆異

網巾

明代男子既冠。髮上咸加網巾。宋元以前無有也。相傳明太祖微行。見之於神樂觀。遂取其式頒行天下。冠禮加此。以為成人。終明之世。三百年未之有改。朱竹垞靜志居詩話。以為有明一代詩人詠網巾者甚寡。獨取崇安藍靜之(仁)三詩錄之。余以為藍山(靜之集名)之外。尚有姚雲東(公綬)。茲並錄之。至關於網巾之逸事。亦附著焉。亦可以考見一代之風俗好尚也。

藍靜之賦網巾詩曰。白頭難掩雪霜蹤。織手穿成絡索同。映帶暮年微矍鑠。遮藏秋色久蓬鬆。牽絲祇許蛛臨戶。覽鏡翻慙鶴在籠。更與黃花相見好。不愁破帽落西風。又有謝劉蘭室以網巾見惠詩二首。其一云。故人於我最相親。分惠青絲作網巾。鏡裏形容加束縛。眼中綱目細條陳。少遮白髮安垂老。轉襯烏紗障俗塵。更與簪冠藜杖稱。世間還有葛天民。其二云。故人念我鬢毛疎。結網裁巾寄敝廬。白雪盈簪收已盡。烏紗著紙畫難如。門臨寒水頻看鏡。雖掩秋蓬不用梳。昨日客來應怪問。衰容欲變少年餘。姚雲東有詠物詩二十六首。書付其子旬者。其一則詠網巾也。詩曰。時制烏巾重裹頭。功須挑織線纖柔。目張不為忙中減。綱舉都從頂上收。小岸烏紗頻照鏡。輕籠白髮淡宜秋。共言乞得天孫巧。借問佳人果是不。

明社既屋。清帝入主中原。嚴薙髮之令。網巾遂為無用之物。然遺民之不願薙髮者。甚至並網巾之制亦不忍背棄。而與之俱殉焉。讀戴南山集中畫網巾先生傳。可慨也。傳曰。順治二年。既定江東南。而明唐王即皇帝位於福州。其泉國公鄭芝龍。陰受大清督師洪承疇旨。棄關撤守備。七閩皆沒。而新令薙髮更衣冠。不從者死。於是士民以違令死者。不可勝數。而畫網巾事尤奇。先生者。其姓名爵里皆不可得而知也。攜僕二人。皆仍明時衣冠。匿跡於邵武光澤山寺中。事頗聞於外。而光澤守將吳鎮。使人掩捕之。逮送邵武守將池鳳陽。鳳陽命去其網巾。留於軍中。戒部卒謹守之。先生既失網巾。櫛盥畢。謂二僕曰。衣冠者。歷代各有定制。至網巾則我太祖高皇帝創為之也。今吾遭國破。即死。詎可忘祖制乎。女曹取筆墨來。為我畫網巾額上。於是二僕為先生畫網巾。畫已。乃加冠。二僕亦互相畫也。日以為常。軍中皆譁笑之。而先生無姓名。人皆呼之曰畫網巾云。常是時江西福建間有四營之役。四營者。曰張自盛。曰洪國玉。曰曹大鎬。

曰李安民。先是自盛隸明建武侯王得仁爲裨將。得仁既敗死。自盛亡入山。與洪國玉等收召散卒及羣盜。號曰恢復。衆且逾萬人。而明之遺臣如督師兵部右侍郎揭重熙。詹事府正詹事傅鼎銓等。皆依之。歲庚寅夏。四營兵潰於邵武之禾坪池。鳳陽詭稱先生爲陣俘。獻之提督楊名高。名高軍至泰寗。從檻車中出先生謂之曰。若及今降我。猶可以免死。先生曰。吾舊識王之綱。當就彼決之。王之綱者。福建總兵破四營有功者也。名高喜。使往之綱所。之綱曰。吾恂不識若也。先生曰。吾亦不識若也。今特就若死耳。之綱窮詰其姓名。先生曰。吾忠未能報國。留姓名則辱國。智未能保家。留姓名則辱家。危不卽致身。留姓名則辱身。軍中呼我爲畫網巾。卽以此爲吾姓名可矣。之綱曰。天下事已大定。吾本明朝總兵。徒以識時變。知天命。至今日不失富貴。若一匹夫。崛強死何益。且夫改制易服。自前世已然。因指其髮而詬之曰。此種種者而不肯去何也。先生曰。吾於網巾且不忍去。況髮耶。之綱怒。命卒先斬其二僕。卒前捽之。二僕瞋目叱曰。吾兩人豈惜死者耶。顧死亦有禮。當辭吾主人而死耳。於是向先生拜且辭曰。奴等得事掃除泉下矣。乃欣然受刃。之綱復謂先生曰。若豈有所負耶。義死雖亦佳。何執之堅也。先生曰。吾何負。負吾君耳。一籌莫效。而束手就擒。與婢妾何异。又以此易節烈名。吾笑夫古今之循例而負義者。故恥不自述也。出袖中詩一卷擲於地。復出白金一封授行刑者曰。此樵川范生所贈也。今與汝。遂被戮於泰寗之杉津。泰甯諸生謝韓葬其骸於郭外杉窩山。題曰畫網巾先生之墓。歲時上塚致祭不輟。（下略）

別有網巾一事可資唱噱者。則所謂琉球人戴網巾是也。吾閩舊有此語。蓋以取喻一切勢力强迫之行爲。余童而習之。不知所本。及閱清代緜州李鼎元使琉球記。始知實有其事。亦足見明代奉使海外者。不能懷柔遠人。而橫加裁抑也。李記曰。通事鄭煌（琉球人）來謁。年六十。前度封册。伊已爲通事。因問琉球一切事宜。據云撫夷無他法。惟在積忠信以感之。因勢而利導之。否則有戴網巾之誚。余請畢其辭。煌曰。前明謝杰充册使時（按明史謝杰傳杰萬歷初進士除行人册封琉球却其餽其使入謝仍以金餽卒言於朝而返之史之不可信如此）。從客有舅某。攜網巾數百事。至則球人冬夏一冠。無所用之。謀於杰。杰乃下敎曰。中國人以戴網巾爲敬。如册封日有不戴網巾者。以不敬論。於是球人强售而戴之。故父老相傳。遇事有以聲勢强派者。謂之球人戴網巾。甚矣。一事拂人情。千秋成話柄。可不愼歟。李記之言如此。乃知此語在明代已由琉球傳入福州。故閩人亦婦孺能道。余按李鼎元奉使册封琉球。事在淸嘉慶四年己未。上距明萬歷間謝杰奉使時。已二百載。今距李鼎元奉使之歲。又百四十年矣。俗語流傳。取爲善譬。乃知倚恃淫威。逹人自利。既不能箝衆人之口。亦無逃於後世之譏。如謝杰者。可爲烱鑒。聖人忠信篤敬蠻貊可行之語。眞不可磨滅也。

記周佛海先生

左筆

在舊歷新年久陰乍晴的一天，記者承本刊朱社長的介紹，特往拜謁大名鼎鼎的「和平運動總參謀長」（註）周佛海先生。

愚園路中一所半新半舊的洋房，前面包圍着一片小小的草地，那便是周先生的寓宅。記者投片之後，就在樓下的小客廳裏恭候。客廳的四壁懸着汪精衛先生的字和齊白石老人的畫，鐵劃銀鈎，令人神往。廳裏略具椅桌數事，簡單整潔，幽靜異常。當記者正在鑒賞一切凝神靜思之時，不知不覺的忽然周先生已跑進客廳裏來了。

一位體格壯偉英氣逼人的周先生，與記者往日腦筋裏所幻想的年齡很大而道貌岸然的周先生截然不同！周先生的大名至少我已欽仰了二十餘年之久，遠在新文化運動時代，記者就已在國內諸大雜誌上拜讀他的大著，怎麼今日一見，依然丰姿翩翩還是一個青年鬥士呢？

寒暄之後，周先生卽一見如故的與記者暢談一切。懇切的態度，爽利的談鋒，在短短的十幾分鐘之內，已將他的豪爽痛快的個性充分地流露出來了。

據周先生自述，他生平唯一的個性，就是心裏有什麼事嘴裏就說什麼話。他不曉得什麼叫做「謀」，更不曉得什麼叫做「術」。此外他還有「三不」個性：卽（一）不修邊幅，（二）不事生產，（三）不好應酬。他說他最怕剃頭，不受逼迫是決不肯自動理髮的，所以常常要兩三個月才理髮一次。一件衣服穿上身後就永遠的穿着，不是他的夫人要他換，他決不會換的。他自己不曉得寒煖，不知道飢飽，每天的飲食起居全是由他的夫人當心照料的。所以每逢他與他的夫人不在一起的期間，他就常常要患傷風及胃病。（記者按：這一點頗有餘杭章太炎氏之作風！）

對於金錢他是素來不很重視的，雖則他的幼年和少年時代都是從極困苦的環境中度來。正因如此，所以他現在收入的大部分盡用之於救濟困難的朋友和不宣佈的慈善事業，他說這樣的用錢在精神上是極感愉快的。

他在南京是應酬最少的一個人。不是因爲萬不得已，他決不請客；也不是因爲萬不得已，人家請他，他決不到。人家知道他的脾氣，以後索性不請他了。所以他晚上是非常淸閑的，時以瀏覽書報爲消遣。有一天，德國公使飛歇爾氏請他吃飯，問他道：『每次公開的宴會中，何以都不看見你？』他說：『我今晚承你招待，來和你談談，在我是算很特別的。』湊巧第二天有個公開的宴會，德使說：『那麼明天的宴會，恐怕又看不到你了？』他說：『被你猜着了！』說罷兩人大笑。

周先生對于事業方面所感興趣的是政治訓練工作與文化宣傳工作。所以，在國民革命軍北伐的時期，他做黃埔軍官學校武漢分校的祕書長兼政治部主任。（時蔣中正氏任校長，鄧演達氏任代理校長，張治中氏任教育長。）民國十八年至二十年間，他做國民革命軍總司令部政治部主任兼訓練總監部政治訓練處長。民國二十五年至二十六年，他做中央黨部民衆訓練部長。八一三事變後，他先在南京做大本營第二部副部長，（按大本營大元帥爲蔣中正氏，第二部所司者爲「政略」，部長爲熊式輝氏，此係戰時體制，始終未經宣佈者。）繼在武漢做中央黨部宣傳部長，直至和平運動開始時爲止。他說他生平所最怕做者有兩件事：一是外交，一是財政，因他的個性如上所述，既不長謀術又不事生產也。可是當和平運動開始的時候，他就是第一個辦外交的人，國府還都後，他又就第一任的財政部長和第一任的中央銀行總裁，可謂怪極。他又說他最不感興趣的亦有兩件事：一爲教育，一爲警察。當年初到日本留學的時候，有人勸他考高等師範，他不願意，又有人以爲日本的警察辦得好，勸他學警察，他也不願意。可是後來在八一三事變前他在江蘇做了六年的教育廳長，國府還都後又兼任第一任的警政部長，亦可謂怪事。周先生說到這裏時喟然長嘆曰：『天下事的離奇變化，眞出人意外！』

後來談到個人的嗜好，他說他最愛讀杜詩，看電影，和遊歷名山大川。可是現在因環境和地位的關係，不能出去看電影和遊覽，至以爲憾。談到此時，記者偶然聽得隔壁悠揚的琴聲，一經打聽，原來是他的女公子在練習鋼琴。提起這一件事，周先生說最近有一個極爲幽默的笑話。原來周女士請一個俄國女人教彈鋼琴，有一天那個俄國女人問周女士的父親是何人，周女士隨手以一張中央儲備銀行鈔票上周氏的簽名示之，那個俄國女人失聲大呼曰：

"Oh, you have a good father!"

周女士立即以極流暢的英語答覆道：

"If he were a begger, then I shall have a bad father!"

在彼此哈哈大笑聲中，記者遂起身告辭，歸來後腦筋裏留了一個不可磨滅的愉快而興奮的印象。

（註）日本報紙及雜誌上對于周氏俱作是稱

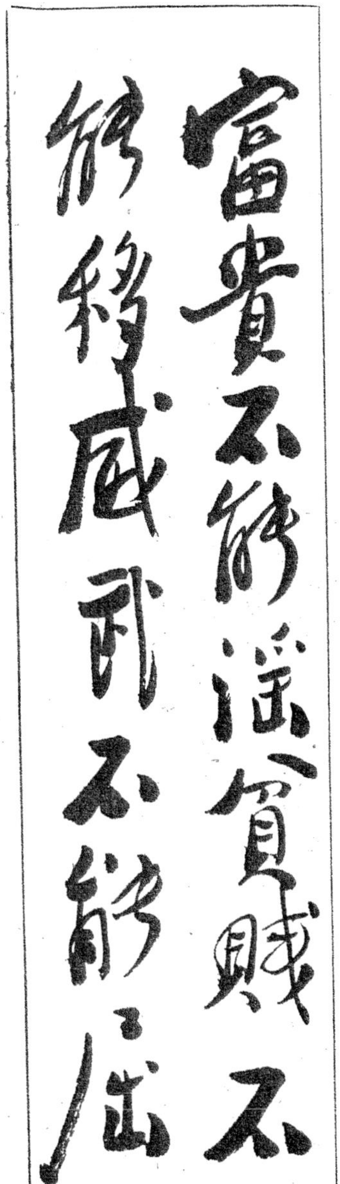

周佛海先生墨蹟

雪堂自傳（一）

孟夏偕內子赴旅順。省先外舅上虞羅雪堂先生振玉疾。歸甫抵家。兒輩即以本刊主者索寫軼聞稿告。其後復再三浼人相促。初衷雖未嘗堅以不勝任遜。顧因旋家之翌日。內子即驟病。吐血盈盎。諸孫復相繼感染時疾。雖無大害。而醫藥蜩螗。乃不能甯歇握管。未久。復得旅順急電。訃告先外舅遽歸道山。中懷愴痛。回溯從先外舅杖履。受業迄今垂五十年。今一旦頓判人天。師恩永無報日。而先外舅一生學問文章。知者固多。若其有關史事者。不獨知者尟。即偶有人知。亦語焉不詳。爰取先外舅集蓼編手稿。先錄副寄本刊。公之當世。此稿雖先外舅自述往跡。以詔家人。然其中頗有清末民初黨國中日之舊事。爲人所未識。校自寫軼聞。其價值[illegible]不啻天壤。錄成將寄。或有沮者曰。世事不可知。何必爲羅氏後人多致紛擾？然私意則以爲是非功罪。若由親疏好惡辯之。雖弈禩不能窮。若由處境主觀快心爲之。將報復循環無已日。若付之異代史家。則亦不過研史資料耳。且往歲在旅。嘗請先外舅公刊此類手稿。先外舅笑曰。此何可者。待我身後。由汝輩爲之耳。不料一言成讖。是則今即刊佈。亦奉先外舅治命而行。非私爲也。因識緣始于此。願世之讀者。亦但以史料視之可矣。其他先外舅手稿。有關近年史事密勿者。倘遇因緣。或續再校錄副本發表。亦未可決也。

劉大紳謹記

羅振玉 遺稿

集蓼編

幼罹窮罰。壯値亂離。顚沛餘生。忽焉老至。念平生所懷。百未一償。而憂患歷更。譬如食蓼之蟲。甘苦自喩。初不必表白於人。惟念兒子輩丁此身世。閱歷太疏。故書以示之。用資借鏡。我雖學行遠媿昔賢。亦粗足爲後昆表率。且自敘語皆質實。較異日求他人作表壯。以虛辭諛我。不差勝乎。辛未秋。貞松人書於遼東寓居之歲寒堂。

予家自先曾祖。由上虞僑寄淮安。至予凡四葉。同治丙寅。六月二十八日子時。生於淮安南門更樓東寓居。乳名玉麟。稍長。先府君名之曰寶鈺。後赴紹興應童子試。乃改名振鈺。字之曰式如。入學後又改名振玉。字叔蘊。上有兩兄。予行居第三。生而羸弱。五歲始免乳。是年入塾。從山陽李岷江先生（導源）受學。一歲之中病恆過半。故讀書之時少。但先王妣方淑人督課嚴。非病臥牀蓐。亦令在塾靜坐。聽諸兄讀書。往往能默記。七八歲。師爲諸兄講授。遂略通文義。師賞其早慧。而慮其不壽。謂先府君曰。此子若得永年。異日成就必遠大。先王妣亦器異之。過諸孫。

先王妣治家嚴肅。予幼時生長春風化雨中。故性至馴順。不爲嬉戲。以多病。九歲始畢四子書。十三始竟易詩書三經。蓋十歲後病日有加。輟讀之日多。是時初學爲詩文及小論。師頗賞其有藻理。十四五讀禮記春秋尚未竟。十六乃習制舉文。是歲三月。先府君送兩兄返里應童子試。命偕往。時八股文甫作半篇耳。途中病作。至杭而劇。蓋平日嘗病喉腫。至是復大作。水漿不能下咽者十九日。延淮安醫吳朴臣治之。下以大黃。得大便。乃能食飲。病時學使太和張霽亭先生（澐卿）已定期案試紹興。先府君欲令僕送兩兄返里就試。留伴予在杭醫療。適孝貞皇后上賓。國卹停試。而予病亦愈。乃以五月初赴紹應試。試畢先伯兄入上虞縣學第二十四名。予第七名。

入學之年。予制舉文尚未成篇。臨試强爲之。疑必不入格。正場前考經古。試廬橘夏熟賦。學使置予卷第一。疑童試不應有此作。乃拆彌封。見年方十六。益疑之。正場提堂面試。並出賦卷。令講釋無誤。疑始釋。試畢。偕諸生面謁師。詢平日所學甚悉。並告以致疑之事。且勉之曰。予歷試諸郡。未見才秀如子者。然子年尚幼。歸家多讀書。以期遠到。不必亟科名也。嗚呼。師之所以期予者厚矣。

是年。先府君以質庫折閱。逋負山積。及試畢。返淮安。數月得藩司檄。委署江寧縣丞。遂往就職。兼謀避債。攜仲兄侍左右。以伯兄天資淳厚。乃命予佐先妣主家政。予少時足不踰書塾。罕接外人。至是府君將債單。並令司田租者山陽程西屏。一一與予接洽。予閱單不勝惶駭。汗出如漿。初見司田租者。如接大賓。幾不能措一辭。久乃相習。予自揣才力恐不能勝。然但可以紓府君之急。不敢不唯唯。於是畢生憂患。自此始矣。

先伯兄仲兄。均幼聘清河王氏女。是年倩冰人來催娶。先妣以兩兄均年長。勉應之。遂諏吉季冬。典質將事。杼柚已空。至除夕之晨。先妣至予書齋。謂歲暮祀先。尚蕭然無辦。命速爲計。因相對雪涕。予乃急奔走稱貸。至日昃。乃得錢四千。於是始度歲。明年三月。長姊嬪於山陽何氏。又黽勉將事。此爲予男女兄弟婚嫁之始。以後間歲有之。加以債家日聒於前。有攜家坐索。累月不去者。於是先妣心力盡瘁無餘矣。哀哉。

光緒壬午。爲鄉試大比之年。力不能赴試。先府君以日者推予命。謂當得科第。官京曹。諭勉爲此行。乃同伯兄往。試畢。紆道至白下。省視先府君。因流覽書肆。見學刻「皇淸經解」。無力購買。鐙下爲先府君言之。府君乃以三十千購以見賜。予自入邑庠爲弟子員。自慚經書尚未畢。乃以家事暇補習。至是得此書如獲異寶。閱先輩言。讀書當一字不遺，乃以一歲之力。讀之三周。率日盡三冊。雖觀象授時疇人傳諸書。讀之不能解。亦强讀之。予今日得稍知讀書門徑。蓋植基於是時也。

予自習訓詁考訂之學。於制舉文未能兼騖。然以先府君屬望殷。遂從山陽杜賓谷先生（秉寅）受學。家事旁午。兩月間才作三藝。其一爲肫肫其仁三句，予詳審書旨。意謂其淵其天。乃狀仁之高深。仁無可象。故以天淵喻之。猶鳶飛戾天。魚躍于淵。亦喻道之高深上下。無所不屆。先生極賞文字之佳。而謂三句當平列。方合作法。予乃嗒然若喪。益知所謂中式之難。越數科。至戊子再試。歸而大病瀕死。自是乃絕迹於棘闈矣。

予自十七歲始。率晨興即接見債家。奔走衣食。晚餐後始得讀書。每夕貯膏盈盞。復貯膏他器以益之。及盞與器中膏盡。則晨雞已唱矣。始匆匆就寢。一小時而興。如是者一年。癸未夏。乃得不寐疾。每一瞑目。則一日間語言行動。輒歷歷於方寸間。往而復來。貧不能謁醫。任之自然。羸瘠日甚。至翌春乃漸愈。先妣及先伯兄疑有他故。急爲議婚。及次年孟夏。首妻范淑人來歸。予時尚不知牀笫間事。於是前疑乃釋。

予授室後。不寐病初愈。且資稟素弱。讀放翁「小灶留鐙悟養生」之句。有所會。故未逾月。即別置小榻獨宿。後遂以爲常。室小僅方丈許。每夕讀書。榻上置卷帙。范淑人屏當案上物。俾得展閱。已則持衣物側坐縫綴。兒啼則往撫之。予丙夜就寢。淑人必爲予整書卷。理衾枕。始伴兒眠。往往匝月不通一語。恐妨予讀也。噫。今日更安得見此賢明婦人耶。

淑人廣東連平人。王父讓。江蘇知縣。考玉麟。候選光祿寺署正。妣顏安人。淑人長予一歲。年二十來歸。恪循婦道。値吾家中落。斥裝佐甕飧。井臼浣濯。刀匕乳哺之事。無不自任之。無怨色。及先兄不祿。淑人出所御金練易錢。乃得入斂。予益服其明大義。家人亦莫不嗟歎。而嫂氏顧以爲市恩沽譽。於是家難遂興。乃益無生人之趣矣。

自先伯兄逝後。生計益窮。一門之內。氣象愁慘。終歲如處冰天雪窖中。時先王妣深以株守爲非計。私戒予曰。門祚至此。異日能復興者汝耳。汝母以田產由我辛苦手置。誓死不忍割棄一稜。志固可嘉。然愚亦甚矣。亟宜棄產之半。以還急債。俾汝得負米四方。門祚之興。乃可望也。若母子相守。即併命亦何益。汝婦賢明。必能佐汝母。可無內顧憂。汝幸從我言。吾且爲汝母言之。顧當時米價賤。一石才二千錢。穀價半之。田不易售。先王妣旣以告先妣。先妣許予外出。私念出將何之。姑至金陵謀之先府君。予婦乃質衣物。得千錢。附錢船往。旣至。先府君爲言。方今謀食者。多於牛毛。有仍歲處謁舍。尙未得一枝棲者。汝貿然來此。冀以旦夕遇之耶。旣至。且留數日歸耳。予聞之。且悲且喜。喜者。終不忍以艱鉅獨詒吾母。悲者。天壤之大。竟無一負米之處也。爲之方寸如割。驟病目(歷兩旬乃愈。左目從此遂瞖)。於是留三日。復附他舟歸。方予行後。適有往金陵者。予婦以敝衣質百錢。手製一錢袋。置其中寄予。備旅中匱乏。至則予已行矣。予旣歸。不得已。乃謀爲童子師。得山陽劉氏館。歲脩二萬錢。此爲予謀食之始。已而移帳邱氏及丹徒劉氏。先後凡五六年。館穀以漸加豐。然終不逾歲脩八萬錢。

當是時。予薄有文譽。嘗爲人捉刀作書院課卷。予姊夫何益三孝廉(福謙)。嘗以孝廉堂經古卷。屬予代作。詩題爲桃花魚。得桃字。予用毛詩傳。魚勞則尾赤語。有「頳尾不緣勞」句。時校閱者。爲清河崇實書院山長南豐劉慈民先生(庠)。於此句加抹。闌上批杜撰二字。予意詩雖不佳。然非杜撰。偶爲盩厔路山夫大令(岯)言之。不知大令固與劉君舊交也。一日慈民先生忽過訪。予頗訝其無端。及接見。先生曰。欽君淵雅。故專誠拜謁。且謝失檢之咎。世之山長。有並詩傳亦不知者。尙可抗顏爲人師乎。實因衰病。遣他人閱之。竟不及檢點。咎實在予。幸山夫爲予言之。且喜因此誤。得與足下訂交。此後試卷。即請代閱。當割歲俸。以供菽水。可乎。予惶恐遜謝。先生不可。曰。契友中無通人可託。故以託某孝廉。致詒笑柄。幸君爲老朽代庖。俾不致再詒誚。則爲幸多矣。予不得已。允之。然孝廉堂應試者多父執。恐滋物議。乃請先生祕之。爲閱卷年餘。而却其饋。因先生歲入固不豐也。先生以爲歉。時適海州修方志。先生乃因淮揚道謝觀察元福。薦予於州牧。觀察爲先生門生。州牧又觀察門生也。先府君時權判海州。予往省。且擬就聘。至則州牧邀予飲。并集州紳商志例。予謂舊志出唐陶山先生(仲冕)手。體例甚善。不煩別作。但爲續志可矣。坐中有石室書院掌教。嘉興姚君廉(士璋)。謂舊志亦多疏誤。宜別撰。予曰。舊志有疏誤。別爲補正數卷。何必改作。州牧爲軍功出身。不知所可否。以予爲其師所薦。韙予。諸縉紳聞之。亦不懌。予歸以告先府君。府君爲言。志局一席。姚山長已與州紳有成議。而州牧忽聘兒。宜其不悅。兒若就聘。此後掣肘必多矣。予乃恍然。亟託辭却聘歸。今日書之。以志前輩虛衷可佩。且以記予當日所遇之輒窮也。

予家無藏書。淮安亦無書肆。每學使案試。則江南書坊。多列肆試院前。予力不能購。時時就肆中閱之。平日則就人借書。閱後還之。日必挾冊出入。當日所從借書者。爲姊夫何益三孝廉。丹徒劉渭淸觀察（夢熊）。盩厔路山夫大令。淸河王壽萱比部（錫祺）。山陽邱于蕃大令（崧生）。吳縣蔣伯斧學部（黼）。予服習經史之暇。以古碑版可資考證。山左估人劉金科。歲必挾山左中州關中古碑刻至淮安。時貧不能得。乃賃碑讀之。一紙賃錢四十。遂成「讀碑小箋」一卷。又雜記小小考訂。爲「存拙齋札疏」一卷。予婦脫簪珥爲予刻之。此爲予著書之始。尋德淸俞曲園太史（樾）。采予札疏中語。入所著「茶香室筆記」中。於是海內多疑予爲老宿。不知其時甫弱冠耳。

予自授徒後。課餘輒以著書自遣。經史以外。漸及小學目錄校勘姓氏諸學。歲必成書數種。然是時年少氣盛。視天下事無不可爲。恥以經生自牖。頗留意當世之故。雖處困。志不稍挫。好讀杜氏「通典」及顧氏「日知錄」。間閱兵家言及防河書。自河決鄭州後。直魯豫三省河患頻仍。及張勤果公（曜）撫山東。鋭意治河。而幕中有妄人某。假賈讓不與河爭地爲說。謂須放寬河身。上海籌振紳士施少欽等。至欲以振餘收買河旁民地。以益河身。予聞而駭然。謂今日河身已寬。再益之。則異日漫溢之害且無窮。乃爲文萬餘言駁之。丹徒劉君渭淸見予文。以寄其介弟鐵雲（鶚）。時鐵雲方在山東佐河事。予與之不相識也。鐵雲見予文。乃大驚。以所撰「治河七說」寄予。則與予說十合八九。遂訂交焉。且爲予言於勤果。勤果邀予入幕。以家事不能遠游謝之。然當日放寬河身之說。竟以予文及鐵雲說而中輟。此亦予少年時事之可記者也。

自丙戌家難起。予幸以授讀故。晨出夕歸。歸即屏當家事。絕無餘暇。雖有聞見。亦以聾瞽處之。予婦則日處閫中。無可避免。所遇則怡然順受。然隱痛深矣。自年二十來歸。九年間。凡生男女各二。皆自乳鞠。長男出嗣先兄。次男生而不育。長女幼多病。撫育至勞。及次女生產後。遂致疾。至壬辰三月。卒以勞瘵亡。是年冬。嫂王氏亦病瘵卒。相距不一歲也。逮歲末。雙櫬並舉。同殯於南郭外之五里松成子莊。

淑人明達有先識。嘗語予曰。吾家雖中落。以夫子學行。必再興門戶。但妾命薄。恐不能終事君子耳。老母半生苦節。未答劬勞。諸弟必不克負荷。念之滋戚。異日將以是累夫子矣。予驚其言不祥。曰。是何言。人生禍福。安可逆知。使他日果如卿言者。必不孤所託。君聞而慰謝。彌留時。更言之。及君亡後十年。予履境稍裕。事君妣顏安人。先後垂三十年。幸不負所託。嗚呼。十載牛衣。差可酬九原者。僅此而已。

予自辛巳佐家政。至壬辰。凡十有二年。是時予男女兄弟婚嫁始畢。當先長兄姊婚嫁。尙勉力支持。及予聘婦。益拮据將事。勉措十萬錢。備禮而已。後遂以爲率。遣嫁倍之。然即是。先妣之耗心力於子女者。已竭盡無復餘矣。且每值婚嫁。債家益煎逼。至予聘婦日。債家有芮姓老嫗。詛祝於門。亟以禮延入。賓之。始媿而止。至是又值死喪之威。淑人歿後。長男由先妣撫之。兩女則寄養外家。予乃形影益孤矣。

予少時。兩値兵事。一爲法越之役。予尙在塾讀書。一爲日韓之役。

則予年已二十九。時方究心兵家言。日陳海陸地圖讀之。時我國大兵雲集山海關。以衛京師。沿海兵備頗虛。予慮日本避實擣虛。先襲我海軍。聞者皆笑其妄。乃日本果由金復海蓋進兵。我海軍殲焉。於是笑者又譽爲先識。其實避實擣虛。乃兵家之常。當時乃以是推先識。可謂不虞之譽矣。

先妣自遭兩喪。心力兩窮。及甲午夏。病痁。尙力疾理家政。後延綿不愈。致成濕溫。予時館宿於外。先妣不許荒館政。令僕告已愈。禁予歸省。一日私歸省視。乃知病勢甚重。因留侍左右。而詭稱晨出夕歸。乃於先妣榻側。置一小牀。俾大兒宿其上。因先妣平日與長孫同臥起也。予則晝夜侍疾。逾半月。疾益篤。昏不知人。而撩衣摸席諸敗症悉見。至乙夜。六脈垂絕。肢冷至肘。予倉皇叩醫者門。商進參湯。醫者謂病係濕溫。不可進參。謝不處方。予平日深以毀體爲非孝。至是計無復之。乃剪臂肉授季弟。同高麗參兩許。同煎以進。比鷄鳴。則肢冷漸回。六脈亦復。達旦遂發狂。乃復延醫進清熱滌痰劑。又月餘。疾始退。臥床者半歲。乃復常。予不解衣帶者數閱月。方先妣病劇時。季妹又以傷寒卒。所遇之窮。殆非人所堪。而予於季妹病。不能加意醫藥。負咎終身。至今回憶。猶中腸如割也。

予自喪偶。初意不復再娶。乙未春。先妣爲聘山陽丁氏女爲繼室。以夏初贅於丁。三日而歸。丁氏之先。蒙古人。山陽大河衛籍。繼婦考甫。山陽廩貢生。老儒也。方范淑人病亟時。語予曰。妾一旦不幸。君且奈何。予曰。俟宿果淸。子職盡。當被髮入山耳。淑人喟然曰。夫子負濟世之志。此何可者。且子女將如何。予曰。男由吾母撫之。女以託君母。淑人曰。吾母必善撫兩嬰。然吾家人衆。何可久長。妾意期喪畢。夫子即宜續娶。以紓內顧憂。若夫子由此遂鰥。妾在九原。亦不瞑也。予曰。不慮衣蘆之事乎。淑人曰。此亦視孺子所遭何如。且妾知君必不爾也。至是予不敢違先妣命。復念淑人遺言。遂達初志。幸丁淑人性亦溫厚。旣來歸。即與謁顏安人。母事焉。乃攜次女歸。然至是。予之世網。乃益不可脫矣。

予頻年以館穀資家用。所入雖微。然時物價廉。於饔飧不無小補。而債務仍不能淸償。自先妣病後。精神不能如前。而憂勞未嘗稍減。予感先王妣遺訓。乃泣請於先妣。謂宜割產少許。以紓急難。先妣許之。乃售涇河岸薄田百畝。得錢千餘緡。復割越河腴田百畝。質於蔣君伯斧。貸錢二千緡。以償宿逋之尤急者。於是朝夕耳目。始得稍甯。時我國兵事新挫。海內人心沸騰，予亦欲稍知外事。乃從友人借江南製造局譯本書讀之。先妣斥之曰。汝曹讀聖賢書。豈尙有不足。何必是。且我幼年聞長老言。五口通商事。至今憤痛。我實不願汝觀此等書也。予竊意西人學術。未始不可資中學之助。時竊讀焉。而由今觀之。今日之倫紀蕩盡。邪說橫行。民生況瘁。未始不由崇拜歐美學說。變本加厲所致。乃知吾母眞具過人之識也。

予少時不自知其譾劣。抱用世之志。繼思若世不我用。宜立一業。以資事畜。念農爲邦本。古人不仕則農。於是有學稼之志。旣服習齊民要術農政全書授時通考等書。又讀歐人農書譯本。謂新法可增收穫。恨其言不詳。乃與亡友蔣君伯斧協商。於上海刱學農社。購歐美日本農書。移譯以資考究。時家事粗安。乃請於先妣以丙申春至上海。設農報館。聘譯人。譯農書及雜誌。由伯斧總庶務。予任筆削。及戊戌冬。伯斧歸。予乃兼任之。先後垂十年。譯農書百餘種。始知其精奧處。我古籍固已先言之。且歐美人多肉食乳食。習慣不同。惟日本與我相類。其可補我所不足者。惟選種除蟲。及以顯微鏡驗病菌。不過數事而已。至是益光然於一切學術。求之古人記述已足。固無待旁求也。

自甲午兵敗後。國勢頓挫。人心震疊。南海康君有爲。於會試公車北上時。鳩合各省舉子。上萬言書。首請變法自强。並刱强學會於京師。是時亡友錢唐汪君穰卿（康年）。以新進士。不應朝殿試。至上海刱時務報館。聘新會梁君啓超任撰述。譯歐美報紙。載瓜分之說。以激厲人心。海內爲之振動。予旣至上海。見士夫過滬江者。無不鼓掌談天下事。而時務報專以啓民智伸民權爲主旨。予與伯斧私議。此種議論。異日於國爲利爲害。是未可知。且當時所謂志士者。多浮華少實。顧過滬時。無不署名於農社以去。是宜稍遠之。伯斧韙焉。故在滬十年。黯然獨立。不敢與諸志士相徵逐也。

嗣後與汪君交漸深。知汪君固篤厚君子。志在匡時。實無他腸。乃私戒以公等日以民智民權爲說。抑知民氣一動。不可復靜。且中土立國之道。在禮讓教化。務安民而已。今日言富强。恐馴致重末忘本。且古者治法治人並重。今弊在人耳。非法也。至欲以民權輔政府之不足。異日或有冠履倒置之害。將奈何。汪君曰。禮教本也。富强末也。吾固知之。然醫之療疾。急則治標。且伸民權。亦非得已。君不見今柄政者。苟且因循。呼之不聞。撼之不動。此可恃乎。吾曹今日。當務合羣。不可立異。君胡爲此言。予知汪君是時尙未悟也。乃未幾。報館中主撰述者某某。以私意忿爭。致揮拳相向。杭人某傷粤人某。於是杭粤遂分黨派。漸成水火。梁君遂去滬。就湖南時務學堂之聘。後戊戌。康君在京。電命上海道蔡和甫觀察（鈞）。令汪君將時務報限期交出。及出使日本大臣黃氏（遵憲）過滬。復得電。飭汪君即日交代。至是汪君始悟所謂合羣之說不可恃。而所謂同志不能保始矣。

古今月刊投稿簡約

（一）本刊接受外稿。凡掌故，史料，軼聞，遊記，人物，小品，金石，書畫，隨筆，及關於上述各種之畫圖照片等物，均所歡迎。

（二）來稿概須繕寫淸楚，並須將通訊地址及眞實姓名註明稿端。

（三）編輯人對來稿有增删之權，其不願者，須豫先聲明。

（四）稿費每千字十元，於每期出版後發出。

（五）來稿在本刊發表後，版權由作者保留，惟本社於另行刊印文集，有自由選用之優先權。

（六）來稿除致奉稿費外，並贈送刊登該刊之本刊一册。補白材料一律酌贈本刊。

（七）來稿除特別聲明，並附寄貼足郵票寫明通訊地址之信封外，概不退還。

（八）來稿請寄南京邀貴井時代晚報館轉古今月刊社編輯部，勿書私人姓名。

古今月刊社謹訂

康有爲與梁啓超

經堂

民國十三四年間，新會梁任公先生主講國史研究於清華大學國學研究所。其時爲新會脫離政治生涯後致力於學術研究之一時期，亦卽新會聚集其興趣精神於歷史的一時代。按新會的性格，畢生實陷於矛盾及心理交戰中，後生小子，讀其文中名言『今日之我，不惜與昨日之我交戰』一語，卽可知新會之爲人。其人之興趣蓋是多方面的，忽而政治，忽而歷史，忽而哲學；一事未成，卽去而就他，故博學而無所成功，終爲其一生之大病。吾人今日論新會，覺其當日「新民」體之風靡全國，「飲冰室文集」之洛陽紙貴，均不過一時陳蹟，僅足在中國文學史上佔一席地，决不能傳至千秋。然晚年于歷史之研究，則差足爲新會文章不朽之一助。

然新會之不朽者，固不在文章，而在於政治，此則鄙人立論之異，所不同於並世諸君子者也。憶新會主講清華大學國學研究所時，曾於闡述人的專傳與歷史的關係，發爲最得意之言，略曰：『卽如清季民初的歷史，就中人的關係便非常重大，其他可以不言，卽如此一時期中，少去了一個梁啓超，則歷史便非變色不可。』當時聆講者，莫不心領神會，非新會不能作此語，非新會亦不克當此語，則此時新會之得意可知。

新會於中國二十世紀初葉二十年中之關係，確如所言，重要非常，其最占地位者，厥推戊戌政變與雲南起義兩事，前者在於輔助康有爲，後者在於鼓舞蔡松坡，一師一弟，先後映輝，均爲有功於民族國家之舉。新會於此兩者，得一便可不朽，後人又何必斤斤於其文章末技耶？

戊戌政變，康名居首，梁實居主動之地位，以康爲梁之師，且康舉進士，梁仍一舉人，地位不同，（科舉時代，進士爲入官之正途，乙榜非經大挑特選，仍與齊民之列。）公車上書，古雖有其例，然南宋陳東歐陽澈，終不能保全其首領，高官厚祿，頗非易事。此時之新會，實與[illegible]附，故談戊戌政變者，康梁常並爲一人。辛亥之後，新會之行動，卽與南海脫離，一以復辟醜劇，貽笑百世；一以光復民國，流芳萬世，其行徑殆不可同日而語，此亦新會矛盾性格之長處，與康食一不化之短病，正可互相參看也。

戊戌政變，實爲中國歷史之一轉捩點，成功則中國且與日本明治維新相等，失敗則四萬萬人爲奴爲隸，康梁身當其事，其責任之重，實無可比擬。近日之治清史者，類多詆康梁以不知愼重將事，殆目爲少年輕進，而以浮躁責之。實則不然。當時康梁之愼重，决爲意中之事。光緖二十四年四月，時康爲工部主事，召見於仁壽殿，德宗深以廷臣守舊，阻礙變法爲憂，南海卽奏請，略謂：皇上勿去舊衙門而惟增置新衙門，勿黜革舊大臣，而惟漸擢小臣，多召見才俊志士，不必加其官而惟委以差事，賞以卿銜，許其專摺奏事足矣，彼大臣向來無事可辦，今但仍其舊，聽其尊位重祿，而新政之事，別責之於小臣，則彼等舊大臣既無辦事之勞，復無失位之懼，怨謗自息，卽皇上果有黜陟之全權而待此輩之大臣，亦祇當如日本待藩侯故事，設爲華族，立五等之爵以處之，厚祿以養之，不必盡去之也。

南海此奏，雖出於愼重，然傾軋之意，已溢於言表，宜守舊大臣，非哭訴於那拉氏不可。夫康梁僅以一主事與舉人，而欲與根深蒂固之滿漢大臣抗爭，其能假外人之手以脫逃，幸也。其所保舉之六君子；內閣候補侍讀楊銳，刑部候補主事劉光第，內閣候補中書林旭及江蘇候補知府譚嗣同等，則不幸駢戮東市，就中譚瀏陽以故家子弟，文章譽滿海內，尤爲時人所惜。按瀏陽之死，就中實有一段故實爲世人所不易知，因康梁而附及，并述於此。

瀏陽以江蘇候補知府挾八行書走江南，謁運使歐陽某欲得一缺，而某貪鄙無狀，瀏陽不能饜其望，遂一憤而北入京師，卒與其難。使瀏陽得兩淮一缺，必不至罹此禍，然非如此則其人不傳矣。

入民國後，新會與南海之意見日歧，非復舊日師弟矣。然聲望皆日隆，有一言九鼎之概。洪憲帝制自爲，思得一執筆能言之士爲一言，則莫新會若。因遣湯覺頓蹇念益走津沽徵新會意見。新會未及兩人啓齒，即袖出「異哉所謂國體問題者」一文示之，兩人相顧愕然，不敢出一言，鎩羽而歸。而新會卽於大肆抨擊之餘，間道入滇，爲討袁軍之都參謀，底定重肇共和之大業。

而同時南海却束居海上，倡言帝制必成，蓋南海受德宗特達之知，畢生不能忘，欲假袁氏之帝制，使與民國同歸於盡，然後淸室可收漁人之利；故後又反覆言之，謂討袁之壁壘已成，彼獨夫非失敗不可。一時依附兩者之間者，受其播弄不少，觀此可知康梁在民初之地位矣。

直至張勳復辟之一幕，張以武聖自命，南海則人目爲文聖，此一文一武，遂鬧出粉墨登場之怪劇。南海雖頑固，然究是戊戌維新之領袖，何至與一竅不通之辮帥共事；此則南海之老朽昏庸。大約南海此舉，已勢成騎虎，有不得下背之苦。同時之新會，則繼段祺瑞入馬廠李長泰軍中，誓師一電，卽新會手筆。其時有人語新會曰：足下上馬草檄，誠爲文士得意之舉，然昔日庾公之斯於子濯孺子，不忍以夫子之道反害夫子，今令師南海先生從龍新朝，而足下露布討賊，不爲令師絲毫地步，其於師弟之誼何？新會對曰：師弟自師弟，政治主張則不妨各異，我不能與吾師共爲國家罪人也。數年之間，兩度重肇共和，新會均與其盛，則其於政治史之地位，已牢不可拔矣。

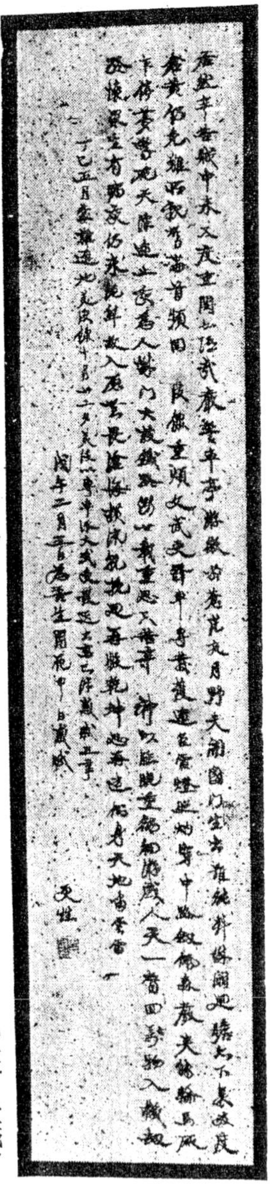

康南海墨蹟（樸園主人藏）

南海則晚節不彰，除戊戌政變之外，一無足取，唯其人尙有一事，足爲傳人，則其書法是已。民國以來書家，均不足以語大手筆，其可傳者不過兩人，鄭孝胥與南海之外，無第三人。南海自不及蘇戡，然其字之遒勁，當可南面餘子無愧色。其於論六法要旨，撰有「廣藝舟雙楫」一書，尤多爲安吳包氏所未發。南海之足傳在於此，此亦鄙人之私見，未敢邀同於世人也。

（二月念七日於滬寓）

郁達夫與王映霞

易伽

新加坡陷落了，不知道投荒在那裏的小說家和詩人郁達夫氏近况若何。在太平洋戰爭發生之前，郁氏在新加坡除任星洲日報編輯之外，聽說還兼爲英國遠東情報局編輯一個刊物，月入不薄，常常喝酒打牌，並有和紅舞女某同居之說。不過他的縱情聲色，雖則一半是風流本色，一半却受的家毀刺激，原來他的老太太殉國難於前，他的愛妻王映霞女士別戀出走於後，接着是他的哥哥曼陀先生在滬遇難。骨肉間死別生離一而至再，怎不使多情善感的詩人悲苦萬狀，强以醇酒婦人，遣此殘生。而母死兄亡妻走的三大痛苦打擊之中，恐怕要算王映霞女士的離去最使他難過。要不是受此一激，他那裏會得遠處異域呢。

現代文人多風流韻事，不過有的隱，有的現，有的有情人終成眷屬，有的恨不相逢未嫁時，更有的合而復離因愛成恨如郁達夫之與王映霞。郁氏原是有婦之夫，並已生兒育女，雖不知他們伉儷是否情深，但從郁氏哭兒一文看來，似乎也不見得怎樣不和。誰知道老天作孽，讓他遇到了麗質天生的王映霞。說王女士是天生麗質，老實說也不過形容濫調，雖然有人稱她爲中國的瓊克勞馥，其實也只有幾分豔冶。不過王女士也許具有特種魔力，一和她接近過幾回之後，就不由人不戀情迸發。要不然怎會使郁達夫傾心之外，還有另一位文豪的拜倒裙下。

郁王結婚之後，在郁氏大概覺得稱心如意，福如天人，願在杭州的新屋「風雨茅廬」中與嬌妻共度晨昏，詩酒偕老。但在王氏却似覺不然。王女士在接受郁氏戀情之際，還不過一個小城市的小學教師，『閒人』無多，眼界不廣，覺得爲文學家婦，總算此生不虛。但以後隨郁氏出入交際，目覩闊人名公出外的聲勢煊赫，居家的富麗豪華，來與究不過一介文士的郁達夫比較，自不免愈顯得郁氏的清貧黯淡。虛榮之心與奢華之慾人皆有之，原不獨王映霞一人爲然，不過要是王女士冷若冰霜，郁氏友人中又無作非分之想者，那麽即使王女士不耐清貧，也只好自歎命薄，不至於使郁氏有人去家毀之痛。無如王本豔冶，今之名公巨卿又雅愛人妻，聲名不吝，遂落得卿本佳人終至從賊，而使郁氏痛心之餘，遠走異域。

王女士之別有所戀，原在七七以前，不過那時候知者甚少，到二十七年夏郁氏在漢口報上登出警告逃妻王映霞啓事，才喧傳衆口，社會皆知。啓事登出不久，另一啓事又在報上發現，這次是郁氏的道歉啓事，自認神經失常，侮辱王女。原來第一次啓事登出之後，社會大譁，郁氏的友人們更爲抱不平，王女士的戀人原爲現任敎育官吏，覺得不但人言可畏，並怕官印不保，復經友人從中調解，乃使王重歸郁氏，但須登一道歉啓事。此後郁離漢去閩，王亦追往，郁去南洋，王又偕去。大家方以爲從此愛河波平，可偕白首，誰知不久香港出版的大風半月刊上忽發表郁氏的「毀家詩記」（附後），接着王女士也發表痛罵郁氏的長信，始知夫婦間裂痕一生，終難彌補，從此這一對怨耦，各自分飛，再也不能重圓了。

附錄

毀家詩紀

郁達夫

離家三日是元宵，燈火高樓夜寂寥；轉眼榕城春欲暮，杜鵑聲裏過花朝。

和映霞結褵了十餘年，兩人日日廝混在一道，三千六百日中，從沒在兩個月以上的離別。自己亦以為是可以終老的夫婦，在旁人眼裏，覺得更是美滿的良緣。生兒育女，除夭殤者不算外，已經有三個結晶品了，大的今年長到了十一歲。一九三六年春天，杭州的「風雨茅廬」造成之後，應福建公洽主席之招，隻身南下，意欲漫遊武夷太姥，飽採南天景物，重做些記遊述志的長文，實就是我毀家之始。風雨南天，我一個人羈留閩地，而私心惻惻，常在思念杭州。在杭州，當然友人也很多，而平時來往，亦不避男女，友人教育廳長許紹棣君，就係平時交往中的良友之一。

攘攘中原苦未休，安危運繫小瀛洲；諸娘不改唐妝束，父老猶思漢冕旒。忽報秦關懸赤幟，獨愁大劫到清流；景升兒子終豚犬，帝豫當年亦姓劉。

這一年冬天，因受日本各社團及學校之聘，去東京講演。一月後，繞道至台灣，忽傳西安變起，匆匆返國，已交歲暮。到福建後，去電促映霞來閩同居。宅係光祿坊劉氏舊築，實即黃莘田十硯齋東鄰。

映霞來閩後，亦別無異狀，住至一九三七年五月，以不慣，仍返杭州。

在這中間，亦時聞有伊行跡不檢之謠，然我終不信。

入秋後，因友人郭沫若君返國，我去上海相見，順道返杭州；映霞始告以許夫人因久病難愈，許君為愛護情深，曾乞醫生為之打針，使得無疾而終，早離苦海。

中元後夜醉江城，行過嚴關未解醒，寂寞渡頭人獨立，滿天明月看潮生。

八一三戰事，繼七七而起，我因阻於海道，便自陸路入閩；於中元後一夜到嚴州。一路曉風殘月，行旅之苦，為從來所未歷。到閩後，欲令映霞避居富陽，於富春江南岸親戚家賃得一屋。然不滿兩月，映霞即告以生活太苦，便隨許君上金華麗水去同居了；其間曲折，我實不知。蓋我深知許君為我的好友，又是浙省教育界領袖，料他乘人之危，占人之妻等事，決不會做。但是人之情感，終非理智所能制服，利令智昏，慾自然亦能掩智。所以我於接到映霞和許君同居信後，雖屢次電促伊來閩，伊終不應。

「寒風陣陣雨瀟瀟，千里行人去路遙；不是有家歸未得，鳴鳩已占鳳凰巢。」

這是我在福州王元君殿裏求得的一張籤詩，正當年終接政治部電促，將動身返浙去武漢之前夜。詩句奇突，我一路上的心境，當然可以不言而喻。一九三八年一月初，果然大雨連朝，我自福州而延平，而龍泉麗水。但到了第三天，許君自金華回來，將於下午六時去碧湖，映霞突附車同去，次日午後，始返麗水。我這纔想到了人言之嘖嘖，想到了我自已的糊塗，於是就請她自決。過了兩天，映霞終於揮淚別了許君，和我一同上了武漢。

千里勞軍此一行，計程戒驛愼宵征；春風漸綠中原土，大纛初明細柳營。磧裏碉壕連作寨，江東子弟妙知兵；驅車直指彭城道，佇看雄師復兩京。

水井溝頭血戰酣，台兒莊外夕陽曇；平原立馬凝眸處，忽報奇師捷邳郯。

四月中，去徐州勞軍，幷視察河防，在山東、江蘇、河南一帶，冒烽火砲彈，巡視至一月之久。這中間，映霞日日有郵電去麗水，促許君來武漢，我亦不知其中經過；但後從一封許君來信中推測，則許君又新戀一未婚之女士，與映霞似漸漸有了疎遠之意。

清溪曾載紫雲回，照影驚鴻水一隈；州似琵琶人別抱，地猶稽郡我重來。傷心王謝堂前燕，低首新亭泣後盃；省識三郞腸斷意，馬嵬風雨葬花魁。

六月底邊，又奉命去第三戰區視察，曾宿金華雙溪橋畔，舊地重來，大有沈園再到之感。許君稱病未見，但與季寬主席等一談浙東防務、碧湖軍訓等事。

鳳去臺空夜漸長，挑燈時展嫁衣裳；愁教曉日穿金縷，故繡重幃護玉堂。碧落有星爛昴宿，殘宵無夜到橫塘；武昌舊是傷心地，望阻侯門更斷腸。

七月初，自東戰場回武漢，映霞時時求去。至四日晨，竟席捲所有，匿居不見；我於登報找尋之後，始在屋角檢得遺落許君寄來的情書三封，及洗染未乾之紗衫一襲。長夜不眠，爲題『下堂妾王氏改嫁前之遺留品』數字於紗衫，聊以洩憤而已。

敢將眷屬比神仙，大難來時倍可憐；楚澤儘多蘭與芷，湖鄉初度日如年。綠章迭奏通明殿，朱字勻抄烈女篇；亦欲賃舂資德曜，扊扅初譜上鯤弦。

映霞出走後，似欲重奔浙江，然經友人勸阻，始重歸武昌寓居；而當時飛機轟炸日烈，當局下令疏散人口，我就和她及小孩伊母等同去漢壽澤國暫避。閒居無事，做了好幾首詩，因易君左兄亦返漢壽，贈我一詩中有『富春江上神仙侶』句，所以覺得慚愧之至。

猶記當年禮聘勤，十千沽酒聖湖濆；頻燒絳蠟遲宵柝，細煑龍涎涴宿熏。佳話頗傳王逸少，豪情不減李香君；而今勞燕臨歧路，斷腸江東日暮雲。

與映霞結合事，曾記在日記中，前塵如夢，回想起來，還同昨天的事情一樣。

戎馬間關爲國謀，南登太姥北徐州；荔枝初熟梅妃里，春水方生燕子樓。絕少閒情憐姹女，滿懷遺憾看吳鈎；閨中日課陰符讀，要使紅顏識楚仇。

映霞平日不關心時事，此次事變，猶以爲係一時內亂；行則須汽車，住則非洋樓不適意。伊言對我變心，實在爲了我太不事生產之故。

貧賤原知是禍胎，蘇秦初不慕顏回；九洲鑄鐵終成錯，一飯論交竟自媒；水覆金盆收半勺，香殘心篆看全灰；明年陌上花開日，愁聽人歌緩緩來。

映霞失身之夜，事在飯後，許君來信

中（即三封情書中之一），敘述很詳，當時且有港幣三十七萬餘元之存摺一具交映霞，後因換購美金取去。

並馬汜洲看木奴，粘天靑草覆重湖；向來豪氣呑雲夢，惜別淸啼陋鷓鴣。自願馳驅隨李廣，何勞叮囑戒羅敷；男兒只合沙場死，豈爲凌烟閣上圖。

九月中，公洽主席復來電，促去閩從戎，我也決定爲國家犧牲一切了，就隻身就道，奔赴閩中。

汨羅東望路迢迢，鬱怒熊熊火未消；欲駕飛濤馳白馬，瀟湘浙水可通潮？

風雨下沅湘，東望汨羅，頗深故國之思，眞有伍子胥怒潮衝杭州的氣慨。

急管繁絃唱渭城，愁如大海酒邊生；歌翻桃葉臨官渡，曲比紅兒憶小名。君去我來他日訟，天荒地老此時情；禪心已似冬枯木，忍再拖泥帶水行？

重入浙境，心火未平，晚上在江山酒樓，聽江西流娼高唱京曲『烏龍院』，終於醉不成歡；又恐他年流爲話柄，作離婚的訟詞，所以更覺冷然。

此身已分炎荒老，遠道多愁驛遞遲；萬死干君唯一語，爲儂淸白撫諸兒。

建陽道中，寫此二十八字寄映霞，實亦已決心去國，上南洋去作海外宣傳。若能終老炎荒，更係本願。

去年曾宿此江濱，歸夢依依繞富春；今日梁空泥落盡，夢中難覓去年人。

宿延平館舍，係去年舊曾宿處。時僅隔一年，而國事家事竟一變至此。

千里行程暫息機，江山依舊境全非；身同華表歸來鶴，門掩桃花謝後扉。老病樂天腰漸減，高秋樊素貌應肥；多情不解朱翁子，驕俗何勞五牡騑？

船到洪山橋下，係與映霞同遊之地，如義心樓之貼沙，爲映霞愛吃的鮮魚，年餘不到，風景依然，而身世却大變了。映霞最佩服居官的人，她的傾倒於許君，也因爲他是現任浙江官吏之故。朱翁子皓首窮經，終爲會稽郡守，古人量似太窄，然亦有至理。

一紙書來感不禁，扶頭長夜帶愁吟；誰知元鳥分飛日，猶賸寃禽未死心。秋意著人原瑟瑟，侯門似海故沉沉，沈園舊恨從頭數，淚透蕭郎蜀錦衾。

到閩後，即接映霞來書，謂終不能忘情獨處，勢將於我不在中，去浙一行。我也已經決定了隻身去國之計，她的一切，只能由她自決，顧不得許多了。但在臨行之前，她又從浙江趕到了福州，說將痛改前非，隨我南渡，我當然是不念舊惡的人，所以也只高唱一闋賀新郎詞，投荒到這炎海中來了。

齊白石

許斐

一代藝人齊白石，今年已八十一歲了，他自署九九翁，藝林則呼之爲白石草衣。昔惲南田亦以草衣名。齊曩年以雕花匠受知於王湘綺，拜門學詩，其天才竟在諸弟子上，王極讚其能以俚語入詩，化腐朽爲神奇，嘗以白石草衣稱之，所以他至今仍有這雅號。

湘潭星塘老屋，是齊的故居，樹木清幽如張碧幕，早春花發冷豔逼人，點綴得這村中仿若仙境。五十年前這裏住着一位舉止瀟洒，丰神俊逸的畫家。小樓人靜，臨窗作畫，花樹生自腕底，草蟲躍然紙上，自得藝人之樂。畫案之側，常有一個盈盈含笑的垂髫女郎爲之按紙研墨，一面天眞無邪地向他說：

「齊大哥，你畫的畫眞好，好得像你這個人一般。」

「小姑娘，你唱的歌眞好，也好得像你這個人一般。」畫家仿着她的口氣打趣着她。

「你畫張好畫送給我可好？」

「那當然是可以的……你也唱支好曲報酬我可好？」

於是畫家下筆颼颼地畫了給女郎，那女郎也吐着嚦嚦鶯聲唱了一段山歌。她一面唱，一面拾着粉嫩的柔荑，掠着如雲的美髮。

五十年後這位畫家成了大名，那女郎不知去向，回首前塵，有如隔世。一天他對着梅花盆景，不禁悵觸前情，乃賦梅花詩二首：

玉璫緘札阻兵戈，隔得蓬洲奈遠何。
怪殺淸時虛過了，畫餘茶後聽山歌。

賣山老叟黃茅堆，空谷佳人去不回。
風月從來無定主，對花須盡一千杯。

白石老人小影

白石自幼美丰姿，鄉里有齊美人之稱，平生擲果盈車的故事很多。但受了禮敎的束縛，不肯落人褒貶，常常辜負了一片美人心。此詩第二章乃懷念另一佳人而作，那時他已薄有時譽，在故鄉購置山地，備供爨薪。山主人有女美而慧，顧盼傾心，他亦覺彼姝善解人意。然而這祇是過眼雲煙，徒供餘夢之回味而已！

他現在年登耋耄，而精力未衰，目光不眊，所以工筆蟲草，較前尤見精進。他在國畫界與吳昌碩爲南北兩宗匠。自吳歸道山後，此老魯殿靈光，巍然獨存，所以求之者益衆，海上榮寶齋有寄售，前年一幅値百餘金者，今年已升至千元左右。這一半由於南北匯價的關係，一半也因大家感到夕陽雖好，恨不多時，就彌覺時不可失了。

（續見第二十四頁）

四十自述

朱樸

寫傳記文最難，寫自傳尤難。因爲這種文章最重要的是述事實，說老實話，所以最不容易寫得好。過于謙遜罷，固然可以不必；過于誇張罷，則亦未免近于無聊。

一九二八年瑞士名畫家 Oscar Lazar 在日內瓦爲作者所造之象

四五年前在香港的時候，宇宙風編者約我寫一篇「自傳之一章」，當時我想：以一個三十多歲這樣渺小的我，學問事業，兩無足稱，有何資格寫這種題目的文章？考慮再三，終于婉言辭却了。

時光如駛，忽忽四十之年已逝，撫今追昔，不禁惘然。這三四年來我的變動太大了，雖然學問依然，事業依然，可是我的家庭，却已整整的摧毀了一半！

「一年之中，妻兒兩亡，人非草木，誰能遣此？」這是我最近寫給北平友人某君信中的幾句。這寥寥十六個字足以說明我目前的遭遇和心境。

因爲目前的這樣遭遇和心境，遂勾起了我對于過去一切的回憶。數月以來，每當獨居斗室閉目靜坐之時，從自己幼小入學時起一直到現在我第二個兒子開始入學時止，這三十多年凡是我腦筋裏所能記憶的東西，一幕一幕的湧呈在我的目前：

我是前清光緒二十八年（壬寅）生於江蘇省無錫縣景雲鄉全旺鎮的，祖上歷代讀書，所以可謂是「書香門第」之子孫。先父述珊公爲名畫家，先母過孺人在我三歲時即棄養，所以在我的腦筋裏一點印象都沒有，可謂生平之一大憾事！我于七歲時開始進小學，以天資尙不愚鈍，成績向來不壞。祇是身體孱弱多病，往往時讀時輟。識字後第一次看的小說是三國志，因此引起了以後對于這類書籍的特別興味。

十歲以後由鄉間到城裏進著名的東林書院（高等小學），因得當時國文教授龔伯威先生的特別賞識，對於國文一門，進步最快。其他諸門，並無成績，尤其對于算術一門，最感頭痛，所以成績也最惡劣。

高等小學畢業之後，先父以家境不裕，命我棄學就商，我堅示不願。可是先父已託我的族兄在蘇州一家某紙店內為我找得了一個學徒的位置，堅令前往，我當時因不忍拂命，勉強赴程，結果到店後不滿一日，終于逃回了家鄉。

經過了這一個刺激之後，我的求學之志，愈益堅決。恰巧那時龔伯威先生在吳江中學教書，先父經他的勸說，遂勉籌學費，命我赴吳江中學讀書。不到一年，無錫輔仁中學開辦，因近便的關係，我遂轉學入輔仁中學。一年後，吳淞中國公學復校招生，我大胆往試，不料居然考取為商科大學一年級生了。

那時候先父的年齡日高，精力漸感不支，筆墨所入，僅能勉供日用，我最初赴滬的旅費及學費，都是他從親友處東借西挪勉強集來的，所以當第一學期完畢後，他向我說絕無餘力再可以供給我讀書了。我目睹斯狀，一面痛感老父負担之重，一面益堅繼續求學之志，旦夕思慮，束手無策。當時無錫有一個新興的大資本家榮德生氏（即梅園主人），名聞遐邇，聲勢赫赫，我久慕其名，遂親往西門某廠拜訪請求他每年資助學費一二百元，不料晤面後竟遭他聲色俱厲的嚴辭拒絕。我于失望之餘，一時立在他的廠前的一座石橋上想跳河自殺。後來忽然轉念一想，世間決無絕人之路，我必定要努力奮鬥，決不可如此怯懦，匆匆返家後即寫一封長信致中國公學的教務長劉南陔（秉麟）先生，訴述我的苦況。數天後接到他的回信，還一封信給了我安慰，給了我希望，並奠定了日後一切的基礎。

劉先生那封回信的措詞是那麼樣的委婉和那麼樣的勉勵，使我此生將永不能忘！他勸我不要悲觀，要奮鬥，他答應盡力的為我設法，勸我先回到學校裏再說。

回到上海學校之後，（那時中國公學的校址在威海衛路，尚未遷回吳淞。）劉先生派我管理打字機室的職務，免了我的學膳宿費。又承諸教授如已故的朱進之先生及楊端六先生馬寅初先生等資助書籍費，同時我自己開始從事譯述，向各大報紙及雜誌投稿，換取少數的零用。記得我第一次譯了一篇王爾德的小說在東方雜誌登出來的時候，我的快樂好像中得了頭彩！

在中國公學時我認識了生平唯一的好友孫寒冰先生。他與我同年，同班，（同學兩年後他轉到復旦大學去的。）同性情，同志趣，同嗜好。他的學問勝我百倍，他對于學術界的貢獻也勝我百倍，這都是世人共見的事實。可是不幸他竟于前年在重慶猝然去世了，言之痛傷！

民國十一年夏季我于中國公學第一屆商科畢業，畢業後想籌借一千元赴美國工讀，結果到處碰壁，不克如願。後來承楊端六先生的厚意，介紹進商務印書館東方雜誌社任編輯，那時我年僅二十一歲，此為我踏進社會做事之開始。

東方雜誌社的酬勞很低，月僅三十五元，可是因為筆墨生涯深合我的志趣，且頗承主編錢經宇（智修）先生的青睞，所以精神上尚感痛快。同時與諸同事如李石岑鄭振鐸先生等聚居一室，終日談笑，至今迴憶，頗有餘味。（時東方雜誌與教育雜誌小說月報婦女雜誌等同一編輯室。）

在東方雜誌做了一年多的編輯，承衛聽濤（渤）先生的介紹，到北京英商麥加利銀行華帳房任職。時華經理（即買辦）是金拱北（城）先生，是有名的畫家，所以賓主之間，亦頗相得。

民國十三年三月十二日中國國民黨總理孫先生病歿于北京，我在人山人海的中央公園中參拜遺容，深受感動，因于是年加入國民黨。

十五年夏，先父棄養，我在京接到病危的電報後趕程南下，返鄉時已不及親聆最後之遺訓。不孝之罪，百身莫贖！喪事料理後，自顧孑然一身，出國之念益決。旋即辭去北京麥加利銀行職務，應友人潘公展張廷灝二先生之招，任上海特別市政府農工商局合作事業指導員之職。後復因友人余井塘先生之介紹得識陳果夫先生，陳先生對于合作事業頗爲熱心，因見我對于合作理論有相當研究，遂于十七年夏以中央民衆訓練委員會的名義，派我赴歐調查合作運動，于是渴望多年的出國之志，方始得償。

當我出國的時候，我開始對于政治感到無限的興趣和希望。那時國民黨中有所謂左派與右派之分，左派領袖是汪精衛先生，右派領袖是蔣介石先生。我對于汪先生一向有莫大的信仰，我認爲孫先生逝世後祗有汪先生才是唯一的繼承者。那時候汪先生正隱居在法國，我在赴歐的旅途中，旦夕打算怎樣能够追隨汪先生爲黨國而奮鬥。

有志者事竟成，到了巴黎數月先認識林柏生先生，再經幾個月肝胆相照的友誼，才由柏生兄介紹晉謁汪先生。我記得第一次謁見汪先生時是在曾仲鳴先生的寓所，此情此景，如在目前！

我自得識汪先生後精神上受到莫大的鼓勵。在巴黎數月的期間內，除數度拜謁合作導師季特教授（Prof. Charles Gide）暨參觀各合作組織外，並一度赴倫敦參觀國際合作聯盟會及各大合作組織，復一度赴日內瓦參觀國際勞工局的合作部，得識該部主任福古博士（Dr.racquet）及幫辦哥侖朋氏（M. Colombain），相與過從，獲益不少。

十八年春，陳公博先生由國內來巴黎，我由汪先生的介紹，初次認識。後來我陪他到倫敦去遊歷，兩星期後陳先生離英他去，我即入倫敦大學政治經濟學院聽講。

這時候國內正醞釀着熱烈的倒蔣運動，一般人都希望汪先生返國主持黨國大計。數月後，汪先生終于返國了，不公開的回到了香港。

我于夏秋之間奉了汪先生的命返香港，到港的時候正值「張桂軍」猛烈進攻廣州的時候，消息傳來，至爲興奮。不料後來張桂軍因軍械不濟的關係，事敗垂成。

軍事失敗後，汪先生絕不灰心，頗注意于宣傳工作，遂命林柏生先生陳克文先生與我三人創辦南華日報，（柏生兄爲社長，克文兄與我爲副社長。）後我復兼主編南華評論之職。現在南華日報已有十二年之悠久歷史，這是人人所共知的。

十九年夏，汪先生應閻錫山馮玉祥二氏的邀請，離香港赴北平召開擴大會議，我亦追隨同往，任海外部秘書。同時並與曾仲鳴先生合辦蔚藍畫報，頗獲當時平津文藝界之好評。

是年冬，汪先生赴山西，我奉命重返香港。道經上海的時候，由孫寒冰夫人的介紹，因識先室沈瑞英女士。

二十年春，汪先生赴廣州主持非常會議，我被任爲文化事業委員會委員。同年十月，甯粵兩方代表在滬開和平會議，事先我奉汪先生命赴滬辦理宣傳事宜。

二十一年一月三十日，在滬結婚，時適値一二八事變，京滬交通斷絕，我無法赴京追隨汪先生，遂留滬閑居。後來國難會議在洛陽開會，我被召赴會，晤昔日老師楊端六馬寅初先生等，闊別多年，自問學無寸進，至爲愧怍。

是年十一月九日，長兒棨昌誕生。

二十三年六月，我奉汪先生命作第二次出國之遊。先是兩年的時間，我以不常赴京，留滬時多，所以僅僅掛着行政院參議，農村復興委員會專門委員，外交部條約委員會委員等名義，實際上並未做什麼事，虛擲歲月，極爲愧恨。這一次是以行政院農村復興委員會特派考察歐洲農業合作事宜的名義出國的，汪先生因該會經費不充，所以再給我一個駐丹麥使館祕書的職務。我赴歐後先到倫敦，適張向華（發奎）將軍亦在那裏，闊別多年，暢敍至歡。數日後我隨他到荷蘭去遊覽。後來，張將軍離歐赴美，我即經由德國赴丹麥。我在丹麥三四個月，普遍參觀了丹麥全國的各種合作事業，所得印象之深，無以復加。（曾撰丹麥印象記一文，在申報月刊上發表。復有關于考察丹麥合作之報告，在農村復興委員會會報上發表。）

這一次的出國與第一次的出國情緒大爲不同。當我第一次出國的時候，孑然一身，懷有破釜沉舟之志。第二次則不同了，僅僅短短的數月，而懷念妻兒，無時或已。我想接他們出來，因即于是年十二月經由美洲返國。

可是回國之後，因種種的關係卒致不能重復出國，至今思之，不勝悵然！

二十五年一月三十一日，次兒燮昌誕生。

這時候張向華將軍在浙江江山新就閩贛浙皖四省邊區清剿總指揮之職，因見我在滬閑居無聊，來函相招。于是以一介書生，乃勉入戎幕。幸承他特別通融，除了陪他讀英文，打網球，和出巡的時候終日追隨外，別無他事，所以精神上尙感痛快。尤其是跟了他得遍探四省的名蹟，飽餐天台雁蕩之勝景，至今回憶，猶認爲是生平之一大樂事。

二十六年春，我復奉汪先生命爲中央政治委員會土地專門委員再兼襄上海中華日報筆政。秋間八一三事變發生，我奉柏生兄命重返香港主持南華日報筆政，乃擧家南行。

不久柏生兄亦由滬來港，創立蔚藍書店，組織國際編譯社，同時梅思平樊仲雲諸先生也先後加入，人才濟濟，盛極一時。那時思平兄主編國際叢書，仲雲兄主編國際週報，我則主編國際通訊，工作相當緊張，成績不無可觀。

二十七年十二月廿九日汪先生豔電發表，于是和平運動，立即展開。我被派祕密赴滬，從事宣傳工作，經一二個月之籌備，和平運動上海方面的第一種刊物「時代文選，」遂于二十八年三月二十日出版。

是年八月二十八日，中國國民黨在滬擧行第六次全國代表大會，我被選爲中央監察委員，復担任中央宣傳部副部長。同年八月至九月間，我接辦上海國際晚報。（後因工部局借故撤銷登記證而被迫停刊。）十月一日創辦時代晚報，由梅思平先生任董事長，二十九年九月一日遷南京出版，以迄于今。

二十九年三月三十日國府還都，我被任爲交通部政務次長。先是中央黨部也已將我調任爲組織部副部長。五月二十六日中國合作學會在京成立，我被推爲理事長。

自二十八年冬日起，先室多年不曾注意的心臟病突然發作，迭請中日名醫診治，時愈時發，毫無希望，終于今年（卅年）一月十一日在滬寓逝○七月間，我因爲長兒榮昌平日太過用功，次兒燮昌身體不很健康的緣故，送他們到青島去小住○不料八月十九日長兒榮昌初以飲食不愼突患痢疾，繼以看護疏忽及誤于庸醫，竟于十月十六日歿于青島！

今年是我四十歲，在我生日的那一天，親友中有來賀我「初慶」的，眞令我啼笑皆非○回憶過去的數十年，雖亦嘗飽經憂患，諸事拂逆，但中心愴痛，從未有如今日之甚○一年之中，最親愛的去了兩個，（前者之病，尚在意中；後者之病，實出意外○）這恐怕是無論何人所難堪的吧！

我自二十歲後，頗信命運之說○回憶二十一年的一年中得妻得子，今年的一年中喪妻喪子，十歲幸福，毀于一旦，若非命運，何其巧耶？

這一個半月以來，我痛定思痛，萬念俱灰；終日徬徨，已經喪失了做任何事的勇氣○好在上述所担任諸職，如中央組織部副部長及交通部政務次長，都早已先後辭去，至于目前所担任的如全國經濟委員會委員等職，事務比較清閑，于我目前心境，尚覺相宜○

我生平時時用以自勵的格言是「澹泊明志」四個字，對于權利二字，素不重視；又大概是因身體衰弱的關係，對于世間一切，都抱悲觀消極的態度○我好與人家說笑話，人家看見我常常嘻嘻哈哈的或者很少能察出我內心的隱痛○又以口鋒太銳利之故，或者無形中要得罪人，亦未可知○其實，我自以爲是秉性十分忠厚的○（我之所以特別痛惜長兒就是因爲他秉性忠厚的緣故○）我又因自己出身貧苦，所以對于貧苦的人，一律抱有同情之心○我對于厚我的人從不忘記，且時懷報德之心；對于薄我的人雖亦很難忘記，但總想設法忘記，並且從無報復之念○

當榮兒病重及病歿的時候，我在上海寫信給京中至友周佛海梅思平夏奇峯三位先生，有幾句話道：「人生本如一夢，而弟所夢者乃一惡夢；人生又如一戲劇，而弟所演者乃一悲劇○」這足以表現我當時及目前內心的情緒○

以上所述，簡略的將四十年來我的生平，作一個輪廓的記載○敍的是「事實」，說的是「老實話」，絕無半點虛僞，或能勉符所謂自傳之旨歟？

三十年十二月三十一晚草于滬寓○

白石如夫人小字寶珠，爲名家侍婢，其主人把她嫁給這六十老翁時雖覺得平步青雲，終以年齡相差太遠，擔憂不能偕老白頭，而孰知她生男育女，唱隨已二十年，而且已扶正做了夫人○前年她又誕生一子○時白石已七十八歲，枯楊生稊，鍾愛逾恆，命命耋根，以資紀念○史學家王君爲攝一影，並跋云：

白石翁慈祥愷悌，發爲詩文，推而至於書畫金石○故其論理指事，狀物寫景，咸能得性情之正○昔孔子云：有大德者乃能有其名，有其壽○予謂其德有其壽，而後其名乃能與德壽並茂，此徵之古聖賢哲而然也○翁年今已躋於耄耋，名滿天下，而矍鑠康健，仍不減於盛年○此非大德大壽者而能至斯歟？今歲夏余由上海至北平，謁翁於借山館中，喜翁矍鑠康健而德名壽之未有量也，爰爲翁製斯圖○其侍翁側而立者則爲翁第七公子，時公子才三齡，頭角崢嶸，他日事業，必能躋美翁志，以福利家國，而與翁之德名壽後先輝映，圖成，因識數語○三十年十月五日○

他接到此圖後，怡然自喜，翌日即作一畫貽之，越數日他再展視此圖，又想到要謝他，復作一畫與之，如是者三次，年老健忘，復以愛憐少子的緣故，遂使王君以一幀照相，易得三幅名貴的工筆畫○眞可謂難得之遇了○

蠹魚篇（上）

楮冠

老殘遊記裏的老殘，搖着串鈴在山東半島走來走去，到了聊城，想去柳家訪書，不料却碰了個大釘子。原來柳家把書都鎖在楠木書廚裏，任何人都不許翻動。老殘悵惘之餘，就題一首詩：

「滄葦遵王士禮居，藝芸精舍四家書；一齊歸入東昌府，深鎖嫏嬛飽蠹魚。」

這裏，老殘很有些感慨。其實，這在中國，原是十分普通的事。「掩藏祕器，愛護家珍」，一向被視爲美德。如拳師教徒，必留一手以自衛；藥店裏祕製的丸散膏丹，向來是傳媳不傳女的，因爲女兒雖然住在自己家裏，却已經算是別人家的人了，無論訂了婚沒有。古書是寶貝，其價值似乎並不在什麼「天王補心丹」之下，所以老殘的碰釘子，簡直是當然的。

記得前幾年的「文學」上有巴金先生的一篇題作「書」的散文，裏邊很對國立北平圖書館發了幾句不敬的牢騷。這座宮殿式的圖書館，我在幾年前也曾經去瞻拜過。是春假裏到北平旅行時去看的。沾了團體的光，被招待到樓上的善本室去「轉」了一下，一冊冊的古書，都擺在玻璃櫃裏，上面貼着不許翻動的禁條，其實，櫃子是已經鎖起來了的。那裏邊就放着外國人、大官、豪紳所檢剩下來的敦煌卷子，我輕輕地一掠，看着那古色古香的紙色，渾厚的唐人筆跡，已覺得非常滿意了。好像是見了只有大官和外國人才配看的東西，眞是「三生有幸」。不過那部「金瓶梅詞話」有沒有擺出來，記不清了。也許是爲了「風化」的關係不曾拿出來也不一定。總之，那時，我已經爲敦煌卷子所震，有些「神智不清」了。

不過據常住在北平的朋友們說，他們市民是沒有資格看這些古書的；除了教授及特認的學者以外。而雜誌室所陳列的中西雜誌都是三四月以前的。因爲新到的畫報之類，先要由館長、主任的少爺小姐少奶奶……去看，是的，這也是當然的。

北平圖書館是始於「光緒季年，張文襄管理學部。乃奏請開館於京師，設官定制……」的。繼承了內閣大庫的舊藏，不過「其中宋元祕籍，殆數百種，惜其年湮代遠，闕失弘多」了（傅增湘國立北平圖書館善本書目序）。魯迅先生曾經慨乎言之：『中國公共的東西，實在不容易保存。如果當局者是外行，他便將東西糟完，倘是內行，他便將東西偷完。而其實也並不單是對於書籍或古董，這裏闕失的多半是偷去的。「典藏之吏」們也都往往藏着些宋板書。以前是還不敢明目張膽的拿出來，後來居然也向外誇揚，印了書影出來，那上面就往往有「乾隆御覽之寶」「天祿繼鑑」之類的圖記，說明着它們的來源。』

明朝的祁承㸁，著有「澹生堂藏書訓約」，文章寫得平易近人，是顏氏家訓一流的作品。祁君就生恐辛苦搜來的書的亡佚，手訂了許多預防的法門：「今與爾輩約。及吾之身，則月益之。及爾輩之身，則歲益之。子孫能讀者，則以一人盡居之；不能讀則以衆人遞守之。入架者不復出，蠹損者必速補。子孫取讀者就堂檢閱，閱竟即入架，不得入私室。親友借觀者，有副本則以應，無副本則以辭。正本不得出密園外。書目視所益多寡，近以五年，遠以十年一編次，勿分析，勿覆瓿，勿歸商賈手，如此而已。」這些話在祁君說來，覺得十分誠實，所以好。不過後來想想，到底也是有些癡。不過還有更厲害的。如在明錢叔寶手鈔陸氏南唐書的目錄頁上，就有這樣的印文：

賣衣買書志亦迂，愛護不異隨侯珠。
有假不返遭神誅，子孫鬻之何其愚。

這裏就充溢着橫眉苦臉的神色，較之祁君，自然要遜一籌了，不過，雖然說得這麼兇，身後也終於不免亡失。

不久以前曾經哄動一時的脈望館鈔校本古今雜劇，現在是已經由商務重排行世了。我跋這部書有四首絕句，今舉其二：

詞山曲海等塵沙，散入黃汪又趙家。
莫向春風箋燕子，更誰解唱後庭花。

武康山下鬼聲哀，也是園中歷刼來。
何事明珠遺百一，不隨滄海月明回。

這末一首說着一個故事。錢曾讀書敏求記卷二地理輿圖門有楊衒之洛陽伽藍記一條，後云：「淸常歿，其書盡歸牧翁。武康山中，白晝鬼哭。嗜書之精爽若是。」這在無鬼論者看來，自然是笑談。然而也正不妨援例稱爲佳話的。

其餘像這種「佳話」正多。忘記從什麼地方看見過有人以侍妾易宋板漢書。周櫟園書影卷二有一條云：「弇州舊藏漢書，得之吳中陸太宰家，宋板宋楮，字畫端重，是趙文敏故物，……後復鬻於四明謝象三。虞山自云：『此書去我之日，殊難爲懷，李後主去國，聽教坊雜曲揮淚對宮娥一段淒涼景色，約略相似。』以上所言，正可以歸入讀書兼藏家書一類中去。所以雖然有些傻話傻事，因爲是出於本心，所以總還值得一看。近來買書者不盡是讀書人。多半是富商巨賈於酒醉飯飽之餘，買來插架，冒充風雅。也正因爲書籍也是古物，所以一不高興，大可賣掉，又可賺錢。與囤積六零六初無二致，或者利率反可過之，也不一定。在阿英的夜航集裏收有一篇「版本小言」，裏邊就提到這些「藏書家」都聘有版本顧問，每天五十兩銀子。並且胡適之也就因爲不肯出如此高價而遭拒絕過，這正可看出「藏書家」的醜態。如果因爲想參攷而買書，自然對書的本身有相當認識，加以比較，內容的優劣自可看出。聘顧問，拿頭本去看看，目的是怕上當。換句話說也是怕賠本，此「藏書家」與讀書者之區別也。

前邊提到過的士禮居主人黃蕘圃氏，在他的「藏書題跋記續」里的「近事會元」條下有云：

「蕭山李柯溪，僑居吳市，頗收古書。余友吳枚庵與之往還……」

「柯溪去官業賈，人本粗豪，余雖於枚庵座中一識其面，未敢與訂交矣。其所收書，大概爲轉鬻計，蓋蕭山有陸姓，豪於財而喜收書。近日能收書者，大半能蓄財者，可慨也夫。」

蕘圃先生的波俏的詞鋒，把這種角色的臉皮一下扯開，簡直弄得有些不像人樣了。他們最初大抵是以古董掮客的身份出現，浸至末世，這種傢伙就都掛了學者或教授的面型在市場間走來走去了。

有一天偶然走進三馬路一家舊書舖，看見裏邊的「老板」拿着一部明本王實甫的北西廂在那裏開講，如何十幾年前他把同樣的一部書用一百五十元的價錢賣給董康，董就影印出來算是元本西廂記，還附上一份別本的插圖。（這一些鄭振鐸氏有辨證）算是源源本本，好像目錄板本學的教授的講授。而我無意地看見了這值幾千元的「元本西廂記」，眞是有幸得很。

這種以學者出面的人物，還有另外的一種附業，就是爲書店老板作廣告。如果某書得到他們的一篇跋語，加以吹噓；或者就是口頭上的誇示也好，拿到圖書館或者只看名人題跋的「收藏家」處，就可以賣得善價，這裏面的交相爲用的精義也眞非數語所能盡。

他們對書籍的評價，大概可以借用傅增湘氏的話來說明：「或謂宋元舊刊，藏家所尙，沿及近日，計葉論錢，珍同球璧。因貴其探源之古，亦由於傳世之稀。」這末二句是妙詣所在，最後一句是所謂主中主，實在可以說「藏書家」的精神，盡在是矣。

袁寒雲是「洪憲皇帝」的第四「太子」，名克文。與「大太保」克定不相得，而又頗放情於詩酒，於是一般人頗有以曹家兄弟相比者。他對項城的帝制，非常反對，有「應愁高處多風雨，莫上瓊樓最上層」之句，傳誦一時。他也喜歡買些宋板書，那意思大抵與玩郵票相似罷，傅沅叔也就是爲袁收書的人。在武進陶氏所影印的涉園所見宋板書影裏，可以看到。

袁在中國的祕密結社的會黨中，頗佔了相當重要的地位。人是一位理想的「貴公子」。在天津，幾乎隨處可以看到他的字跡，他也會票戲，我還記得他在一個堂會裏所演的「慘睹八陽」和審頭刺湯中的湯勤。在他的門下，是有着滿滿地一羣清客的，和孟嘗君一般，而鑒賞書籍古玩的也自然是其中的一類。天津是富商巨賈匯集的處所，尤其著名的應當是一班鹽商們，這情形在遷都以來是稍差一些的了。然而曾經作了幾百年的「帝京門戶」，所以也不免有一般豪商兼「雅人」之流在七十二沽之間流連，其中也夾雜了落魄的文士，如方地山樊樊山之類，詩酒唱和，實在是有些雅得俗起來了。前邊提到過的陶蘭泉氏，就是以藏書有名的商人。他的確可以當得起「書淫」的稱呼，對於書籍的喜好，可以說純然是超乎「讀」的意義的了。因此，他的收書是有名的了。還得了「陶開花」的雅號，因爲他「所收以明本殿本清初之精刻爲大宗，而尤喜官私初印開花紙之書。緣其紙潔如玉，墨凝如漆，怡目悅心，爲有淸一代所擅美。」（傅增湘涉園明本書目跋）。開花紙是從淸初以來才用起來的，是一種像洋紙似的有些硬而潔白如羊脂的紙。印上了寫刻的墨光如漆的書板，的確是好看得很的。古書的用紙，除掉宋板的毛頭紙和牘背紙之外，普通總是竹紙。宣紙算是精品了，而演至近來的粉連，可以說是每下愈況了。美濃紙是日本貨，而國人刻書在日本所印的，倒往往有用美濃紙的。梁啓超所校印的人境廬詩草，黎庶昌所刻的古逸叢書的美濃紙本在現在已經可以算是非常的珍品了。而皮紙的明刻書，也多爲一般人所豔稱。舊高麗紙自然更爲珍貴，只見前數年故宮更把舊存的拿來印過一些書。

幾年前在天津，曾買到羅紋紙的「雙照樓所刊詞」，是最初印的精品。而廢物利用，足以與宋本牘背紙後先輝映的是一種明代的公文紙。往往見到嘉靖前的刻本於紙背有極細小的筆迹，頗似近來的油印講義似的就是，極可珍貴，因爲這往往可以保證印本的早，絕非後印所可比擬。涉園陶氏的收書，更有可記的：

「其收書之法，一書輒兼數本。一本之中又選其紙幅之寬展，摹印之清朗。以及序目題跋，必遴其完善無缺，簽題封面，必求其舊式尙存。往往一書而再易三易，以慚愜意而後快。入庫之前，復躬自檢理重付裝潢。被以磁靑之牋，襲以靛布之函，包角用宣州之綾，訂冊用雙絲之線。務爲整齊華煥，新若未觸。有時裝釘之錢，或過於購求之費，而毫不知吝。」這種收書，實在已經出乎讀的意義之外了，只是着眼在有趣上。然而，也的確是有一些道理的，如上面所述，專求保存舊式的說法也不爲無識。宋元本的蝴蝶裝，不必論，明本的簽題就往往有許多別致有趣的。如「杜氏通典」明本的封面頁，多有小四方塊的簽，記明內容的題要。而「眉公祕笈」的原裝本的藍細書衣，杏黃綾的書簽，眞溢滿着道家的風趣。所以一得古書，必「重付裝池」的辦法，有時也未免要殺風景的。

武進陶氏的書，因爲陶蘭泉氏晚年的困厄，已經逐漸散出。而陶氏也已經過世，後此開花之嗜，大概要絕響於書林了。然而他也的確刻印過幾部好書。他那部「涉園所見宋書影」，用玻璃板精印，在書影中可推是最佳的本子。除了故宮書影差可比擬，比較「盋山書影」是要遠勝之了。昔人曾經發明過有錢而無學，而還要傳世的不二法門，是刻叢書。藉別人著作來傳。陶氏大概除了「開花」的「佳話」以外，也只能借書影而傳罷。

寫到這裏，不禁要想到這些愛書者不得不賣去藏書時的心境，一定是非常苦的。他們自己所說出來的比喻，「李後主揮淚對宮娥」，大概有些相像，我想唯一的善法，應當是捐入圖書館作永久的紀念的保存。如梁啓超在北平圖書館裏的紀念室是。不過也有弄得頗滑稽的，如近來望雲草堂的藏書捐給某大學了，不過試去一翻那目錄，簡直全是剩下來的較廢紙稍佳的貨色。如果說前淸相國的合肥李氏（李氏兄弟都入過軍機）的藏書，不過如是，豈不可笑。實在是精品已經由橫通的書賈們翻揀一通，綑載而去的了。「昔人已乘黃鶴去，此地空餘黃鶴樓」，而某大學還大事誇揚，特立專室，掛上「合肥李氏望雲草堂藏書」的匾額，那用意大概與「衣冠塚」相去不遠罷？

那位因聽信乩仙的靈詩而終於坐失廣州，被擄去國的葉名琛中堂，在廣州也曾經留下過一些遺事，劉成禺氏的「廣州雜詠」中，有一首云：

「相父南來夢有神，三元宮觀額長春；鄂京舊本飄零盡，信有方僮作替人。」註云：「葉名琛督兩廣，迎東卿先生就養督署，署中人尊爲相父。虎坊漢上所收藏者，大半攜行。……當葉事敗，東卿有書二十箱存某戈什家中。書賈知中有貴物，集六千金公購之。戈什與賈約，售三百金一箱，交價後方准開箱，各憑采運。開至第十七箱尙不及三千金之價，羣賈愕然。開至第十八箱，皆元明本，則購價已償。開至第十九箱，皆南北宋本如價三倍，羣賈大喜，相約如開至第二十箱如仍係宋元本，則棨股均分；如係名人書畫，金石碑帖，須大醵謝神。箱開，所儲盡宋元明淸名人畫冊法帖漢唐金石之屬，所値不下三萬餘金。此翰墨緣主人駱浩泉眼見詳說者。」這裏所述羣賈的神態，眞是刻畫入微，也足可代表綑載藏家舊儲入市的景象。這種事大概每年總有幾次，而書市可以大掀動一下，而使書賈掮客「藏書家」之流在市上走來走去，造成繁榮的景象。不過書賈所希望的，是使書流入藏家之手以便將來再做一次買賣，而大抵不高興賣給圖書館。不過近來情形不同，每天打大包裹，寄往海外，毫無吝色。大概是也存了「世紀末」的預念，抱了「吃鷄而犧牲鷄蛋」主義的了。

談清代的太監

笠堪

中國女人的纏小脚和男子當太監，恐怕是世界人類史上的兩大奇蹟。雖然那奇蹟都是消極的，因爲只是縮小和去掉並不曾擴大或增加。愧我對於西洋史知識的粗淺，不知道希臘或羅馬也有淨了身的男子也未？但女子纏小脚一定不會有，這是可以斷言的。然而英文中却有Eunuch一字，是可以譯作太監的，則恐怕在西洋的古代，也有所不免的罷！

太監的產生，照鄙意的解釋，只好歸於人類自私心的流露。因爲古代統治者視爲最寶貴的東西只有二種，一是權位，另一則是女子，而這兩者都是不許人有沾指機會的；因之常恐有人在覬覦他們。所以除於朝廷之上廣設官吏將卒以供守禦外，復恐怕於宮庭之內，禍生蕭牆，猝不及防。要避免危機，最妥當的辦法，當然乃是一個人擁許多女子以居，但沒有人服侍是辦不到的事。於是想到需要一種動物，其服役的能力要和男子一樣，而却沒有一般男子的野心和慾望。爲適應這種需要起見，聰敏的人便想出把男子「去勢」這一辦法，因爲一去了勢，對於女子，固然無法沾指，便是對於權位，因爲沒有後嗣的緣故，也足以冷却其心，眞是去一難而兩美具的辦法，於是去勢的男子便成爲統治者左右最適宜的人物，而太監的制度便大大的發達了。

我說想出這個辦法來的人聰敏，並不是無因，是有後事爲證的：試看歷史上有太監而穢亂春宮的嗎？有之，他決不是眞眞的太監，凡是太監未有能穢亂春宮的，這可以算爲定律。至於太監而覬覦神器的，也未嘗沒有，即如清代，也有嘉慶中林清之變，禍生禁掖，漢唐五季更不必說。但太監們還是想更換一個主子仍舊做他們的太監，並沒有黃袍加諸已身的意思。只要看歷史上並沒有一個由太監出身的皇帝，便可見太監們的安分了。

因此，太監的地位便很有利了，清朝的家法，皇帝居大內日，妃嬪侍寢，須要在外面脫得赤條條的，由太監用毯子裹住，然後像甘蔗似的一綑，掮到皇帝的「龍牀」，據說其用意乃在於防妃嬪們乘間行刺。而對於日侍左右的太監，却並不防備，可見得其地位之優越了。明朝的皇帝不想信大臣，因爲他們都有兒子，於是專任沒有兒子的太監，往往命太監出典重兵；雖然明代的天下十九送在太監手裏，然而皇帝在殉社稷的時候，却情願和一位太監同歸於盡，可見明季士大夫之地位，實在不及太監遠甚了。

歷史上最早和最有名的太監，恐怕要算春秋時晉獻公手下的寺人披了。在左丘明的筆下，他眞是一個栩栩欲生的太監典型，凡是後來太監陰險狠賊以及趨時討好的個性，無不在他歷仕晉獻。晉惠和晉文三朝的事蹟上看出來，因之，讀歷史或是看舊戲的人心目中，除了碌碌無聞的太監外，凡是略露面目的大璫奄寺，都先存一個惡劣的印象。這原因也很簡單，在太監的本質上講，究竟都是由沒有智識的市井無賴出身，並不曾受過聖經賢傳士大夫式的教育，其去淨身入侍，原是迫於饑寒的不得已之舉，決無一個世家子弟立志去做一名太監的。旣經失學，又被皇帝溺於所親，那班小人還幹得出什麽好事來？若其陰險狠賊之個性，則並非個個挾母胎以俱來，而是由於後天的原因，這只好由薛格蒙•佛洛伊特(Sigemud Frued)博士的性心理分析的學說來解釋了。中國古時的人物批評太監，總說他們是性近陰，故其陰險狠賊的個性與女人相似。這話雖亦不錯，和佛洛伊特博士的見解有點相近，但未免厚誣了女性。其實太監之所以如此，乃是性慾抑制的結果，成了變態心理，以虐待他人毀滅他人看他人倒霉爲快，若說他的個性近女性，倒不如說像老處女或是守節的寡婦，較爲近理。那些種人物的使人討厭，其原因是同一的。

歷代太監之禍，總算無代無之，東漢十常侍以降，指不勝屈，李唐五季，弑君廢立，尤駭人聽聞。到了明代，二百數十年的天下，簡直完全是太監的政治。我嘗主張改寫一部明史，以太監爲經，以一切政事爲緯，一定可以明白不少。攷其原因，乃明成祖以太監的內應取天下於姪子之手，視太監爲從龍之臣，遂使宮內給役奔走之近侍，其地位與三公三孤相等，其重要且有過之。晚明的政治，太監的地位有些和滿清的領班親王相等：司禮監是議政親王，恰似明初和宋唐的眞宰相；秉筆監是宋的知制誥和清的軍機大臣，因爲明代的皇帝大都不大會寫字，或者懶得執筆，一切便由秉筆太監承旨批答；領東西廠衛的，竟和現代世界各國的祕密警察一般，可不經由三法司衙門而施行國家刑罰的大權，再加上出典重兵的監軍，其權力則簡直是大將軍了。以一個朝廷的軍政大權，操之於宦寺小人之手，明代之欲不屋，眞是不可能的了。

明代的太監，自釀成「土木之變」的王振算起，以至於劉瑾•汪直•曹吉祥和魏忠賢，其罪惡殆紙不勝書，剛愎英明如崇禎帝，也還是和太監結不解緣。人主溺於所親，少長於這些人之手，到後來便無法擺脫，非把天下性命都送掉不可，眞是令人可怕得恨。

但是到了清代，三百年中却是太監最失勢的時期，雖然到了末葉，也有些蠢蠢思動起來，但和明代一比，便小巫見大巫，不可同日而語了。這不得不歸諸清初諸帝的家法，使後世雖有昏悖的子孫，也無法十分違背他們的祖制，故清季那拉后所最得寵的李蓮英，並不敢公然爲非作惡，因爲比他早一步的安得海之前事，已使他胆寒了。

所謂清初的祖制，乃是福臨（順治帝）於順治十年六月的上諭，也便是使安得海送命的家法：

寺人不過四品，凡內員非奉差遣，不許擅出皇城，不許干涉外事，不許交結外官，不許假名置產。其在外官員，亦不許與內官互相交結，如有覺察糾參，審實一併正法。

據「東華錄」載，順治十二年六月廿八日，又命工部立內十三衙門鐵牌敕諭，以防不肖子孫玩忽，其防閑之嚴密，可謂無微不至，滿洲雖起家漠北，沒有高深的文化，這等消極的政治施設，却令人爲之心折不已，鐵牌敕諭云：

皇帝勅諭：中官之設，雖自古不廢，然任使失宜，遂貽禍亂，近，如明朝王振、汪直、曹吉祥、劉瑾、魏忠賢等專擅威權，干豫朝政，開廠緝事，枉殺無辜，出鎭典兵，流毒邊境，甚至謀爲不軌，陷害忠良，煽引黨類，稱功頌德，以致國事日非，覆敗相尋，足爲鑒戒。朕今裁定內官衙門及員數職掌，法制甚明，以後但有犯法干政，竊權納賄，囑託內外衙門，交結滿漢官員，越分擅奏外事，上言官吏口口口，口（按：「賢否者即」四字漫患）行淩遲處死，定不姑貸，特立鐵口，口口口守（按：「牌世世遵」四字漫患）。

清世祖勅諭

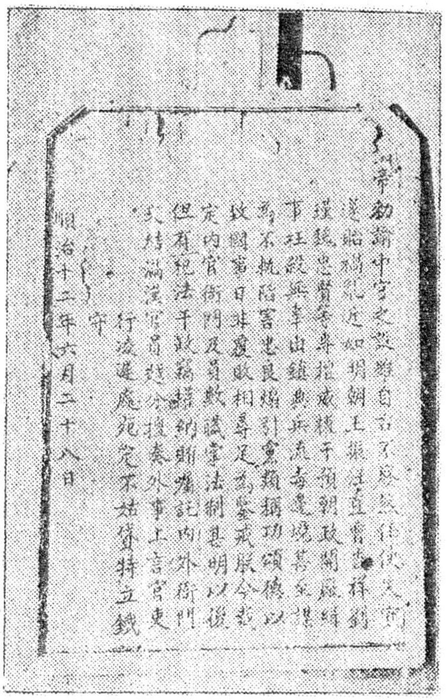

按東華錄載順治二年六月辛己命工部立內十三衙門鐵牌敕諭云云十三衙門者順治十年六月立首爲乾淸宮執事次司禮監御用監內官監司設監尚膳監尚衣監尚寶監御馬監惜鼓司鐘齋司直殿局兵仗局滿洲近臣與寺人兼用十一年十月增設尚方司實爲十四衙門嗣改鐘鼓司爲禮儀監尚寶監爲尚寶司又有織染局疑爲直殿局所改後復改稱經局皇朝文獻通考所載微有舛誤聖祖即位悉罷諸衙門仍設內務府以領其事而於宮內設敬事房此從坤寧宮所藏影印非當日原造之鐵牌也

所謂內十三衙門者，指順治十年六月所設之㈠乾清宮執事，㈡司禮監，㈢御用監，㈣內官監，㈤司設監，㈥尚膳監，㈦尚衣監，㈧尚寶監，㈨御馬監，㈩惜薪司，㈩㈠鐘鼓司，㈩㈡直殿局，㈩㈢兵仗局，至玄燁（康熙帝）踐祚，悉罷諸內衙門，設內務府總領其事，當時內十三衙門，均有一鐵牌高懸，以資炯戒，恐怕到現在還在。附圖乃複印故宮坤甯宮所藏，亦已不是順治間的舊物了。

關於滿清太監史料的史籍，有近人清室遺老金息侯（梁）所輯印的「清宮史略」一書，乃根據「國朝宮史」而成者，內分訓諭、宮殿、經費、官制，書籍及典禮六門，述清宮太監制度甚詳，文獻中則有「欽定宮中現行則例」，惜僅見其「訓諭」一門的殘葉，大致即金息侯氏所由輯錄者，所載均清初康熙雍正乾隆三帝對太監之誥誡，如康熙四十四年二月初三日上諭：

近來太監不守規矩，與各宮內女子認親戚叔伯姊妹，往來結識，斷乎不可，太監等在內庭當差，女子等在內宮答應，各有內外，嗣後務當斷絕交結，如仍不能斷絕，總管與本宮首領即行置之重典。自降旨後，若經察出，奏不奏亦任爾等，朕自有處置。

連宮內的女子也不準太監們交結，不要說外官了，回顧明季魏忠賢及客氏之勢傾朝野，其相去眞不啻天壤。胤禎（雍正帝）素以英刻見稱，其於駕馭太監尤嚴，踐祚之初，即於元年八月十三日諭太監云：

太監等見外間諸王大臣官員進內，必須起身站立，行走之際，必然讓路，存一番恭敬方是，若科頭脫帽，斜倚踞坐，不但於禮不合，即觀瞻亦甚不雅。現今雖無此等之人，恐日久懈怠，漸至無禮。爾總管不時嚴傳與衆太監：日後倘有此等無禮之人，經王大臣等參奏，定不輕恕，將爾總管奏事首領一併治罪。

明代的司禮監，在朝廷與宰相三公同起坐，位次且居其上，在清代即降爲奴才的身份了。雍正十三年，有宮殿監督侍領四官銜太監蘇培盛偶與莊親王並坐接談，即被嚴旨申斥治罪，諭旨長至數千言。雍正三年，太監劉裕為一廢員謀開復，即被胤禎鎖拏治罪，株連甚衆。此與禮親王「嘯亭雜錄」所載：「內監演戲飾常州守，甚得胤禎歡，呼前賜酒食，內監忽問今之常州知府為誰，即被以干涉政事之罪處斬」事相類，可見清初御太監之嚴了。

弘曆（乾隆）之駕馭太監，雖不似其父胤禎，然誥誡之諭旨，連篇累牘，所以像他那樣好大喜功之主，自號「十全老人」，可以產生和珅那樣權佞，却不曾有過一個弄權的內侍，這都是由於駕馭得法。即如和珅，雖為小人，對待太監也極不客氣，並不如後之樞臣專以交接近侍為事。其時軍機處太監有背地呼大學士梁國治名者，和聞之即大怒，謂梁為朝廷輔臣，安得直呼其名？立杖數十，命其人到梁處叩謝始已。乾隆年間更限制太監的讀書，據劉若愚「明宮史」載：

內書堂讀書，凡收入宮人，年十歲上下者二三百人，入內書堂讀書，本監提督總其綱，擇日拜至聖，請詞林老師，每一名各具白蠟手帕龍掛香為束修，每給千字文四書，派年長八人為學長，有過，詞林老師批付提督責處。

因為明代皇帝不大寫字，便教習太監讀書，以備將來秉筆監之選。滿人入關，仍因舊制，於萬善殿派漢教習一人，專課年幼太監。弘曆以為太監僅供灑掃奔走，何裨於學，乃諭云：

內監職在供給使令，但教之略知字體，何必選派科目人員與講文義，前明奄豎弄權，司禮秉筆，皆因若輩通文，便其私計，甚而選詞臣課讀，交結營求，此等弊政，急宜痛絕，現今讀清書之內監，在長房一帶，派內府之筆帖式課之，至漢書亦派筆帖式之曾讀漢文者教授，所有萬善殿派用漢教習之例，永遠革除。

弘曆除於禁革太監讀書，以愚其性外，更為防止其與外間交通起見，把凡預奏事之役的太監，一律更其姓為「王」；這樣一來，凡是奏事的，都是「王公公」，外面難以分辨，交結之舉，便較困難了。弘曆御太監之法，真是無微不至的了。

清室自嘉慶道光以降，均為中主，同治光緒又均為童騃，都能够守成，不曾讓太監有一些抬頭的機會。直到那拉后垂簾聽政，盡廢一切祖制成訓，才有安得海李蓮英之流出來。

安得海之獄為清季宮闈隱事，傳說異聞甚多，安為直隸南皮人（凡太監一業，大都由直隸河間獻縣南皮等處的人充任，視為專業），傳說入宮未曾淨身，因得那拉后的歡心，漸漸驕縱起來，恭親王奕訢罷議政王權，即為安所中。同治八年，安奉那拉后命赴廣東，被山東巡撫丁寶禎奏發，奉旨就地正法，據無錫薛福成「庸庵筆記」云：

……其秋安得海果出都，公（丁寶禎）即奏聞，奉上諭：丁寶楨奏太監安得海矯旨出都，舟過德州，僭擬無度，招搖煽惑，聲勢赫然，着直隸山東江蘇總督巡撫迅遴幹員嚴密擒捕，捕得即就地正法，毋許輕縱。而丁公初具疏時，聞得海已南下，亟檄知東昌府程繩武追之，繩武躬簽屬，馳騎烈日中，躡其後三日，不敢動。復檄總兵王正起發兵追之，及泰安，圍而守之，迨至濟南，當是時，朝旨尚未到，而安得海大言我奉皇太后命織龍衣廣東，汝等自速戾耳，官吏讋焉。丁公念朝旨未可知，欲先論殺之，雖獲重譴無憾，知泰安縣何毓福長跪力諫，請少待之。會朝旨未至，乃以八月丙午夜棄安得海於市，支黨死者二十餘人……方丁公奏上朝廷也，皇太后問恭親王及軍機大臣法當如何。皆叩頭言祖制太監不得出都門。擅出者死無赦。請令就地誅之。醇親王亦以爲言。命旣下。天下交口稱頌。

薛福成是當時名臣。自然不敢直書朝廷隱事。然於詞句中已可見到微意。否則。一區區太監之被誅。何以當時中興名臣如曾國藩李鴻章均爲之喝采呢？（按：「庸庵筆記」：伯相合肥李公閱邸鈔。矍然起。傳示幕客。呼丁公字曰：稚璜成名矣。曾文正語福成曰：吾目疾已數月。聞是事。積翳爲之一開。稚璜豪傑士也。）但據「清朝野史大觀」「安得海之異聞」條所載。則安得海竟如嫪毒故事。其出都之舉。發自西后。並得同治帝及東后之贊助。陰由兩人密謀令丁寶楨殺之，假手於祖宗制度。使那拉后無法可以營救。否則。丁寶禎何以有那麼大的胆量呢？

更有一事可稱是欲蓋彌彰的。乃是安於伏法之後。裸屍暴市於濟南府三日。以釋天下的猜疑。然而安知所暴者非安的眞身。而爲安的隨行小奄呢？相傳因暴屍一舉。那拉后深德丁寶楨。所以孝貞后去世後。那拉后專政。不但不加罪於丁。反而超遷爲四川總督。卒謚文誠。這大該一和暴屍之舉。不無關係的罷！

殺安太監的，固然是丁寶楨或同治帝及孝貞后。然實際上執行此刑罰的。却是上述順治所立內十三衙門鐵牌。「清宮詞」有詩咏其事云：

鐵牌深鑄未曾刊。　矯詔俄聞遣內官；
祖訓煌煌齊典寶。　聖明中外仰慈安。

註云：「國初鑒於前明璫禍。世祖時特鑄鐵牌。諭十三衙門。立於神武門內。於以防杜漸者。垂訓綦嚴。同治己巳。有藍翎太監安得海者僞稱奉命至蘇州採辦珍珠。自天津乘船南下。行至山東。驕縱不法。道路震駭。巡撫丁寶楨派員拏獲至省。具奏請旨。孝貞皇后平日用人行政，悉委之孝欽皇后，不輕發言，獨於此案，力持大體，謂宜遵守祖訓，就地正法，不可輕縱。一時中外交相稱頌。得海旣伏誅。寶楨令陳尸三日。其隨从太監蘇拉鏢手。均斬絞發黑龍江如律。」

安得海之伏誅。旣由於祖訓。然亦其跋扈飛揚所致光緒年間尙有太監寇連材之獄。其動機則全爲忠君愛國。和安得海完全相反。而結果則與安相同。戊戌庚子之際，光緒帝遭那拉后幽閉。過其非人的生活。而那拉后日事嬉戲。開禍鄰邦。國事日非。奏事處太監寇連材年甫十八。素得那拉后寵愛。激於忠憤。忽上條陳十事。大致請止演戲。請廢頤和園。請返宮辦事。請免修鐵路。請革李鴻章等等。那拉氏親自訊問：

后曰：爾不知祖制。內監不准言政事乎？

寇曰：知之。然事有緩急。不敢拘成例也。

后曰：爾知此爲死罪乎？

寇曰：知之。拚死而上也。

后太息曰：旣知此。不怪我太忍心矣。

寇連材的處死刑。也是和安得海一般的違了祖訓。越職奏事。其事雖甚可哀。然於清廷整個太監的制度看來。却是一件値得稱道的事。雖然那拉后假公濟私。她旣知處分寇連材於後。焉有遣安得海出都之舉於先？也不足爲訓了。

因之以李蓮英的寵幸和權勢。正不難造成清代的魏忠賢。然而。正因有入關時的祖制在。以在宮攬權達數十年之大璫。還只能終於四品藍翎太監。不能朱其頂而黃其褂。與捐班子弟曾一日之長短僅。以苞苴賄賂遂其私慾。不敢明目張膽陷害正人君子。後人讀史至此。不得不欽佩清初諸帝的深謀遠慮了。

（卅一年一月廿一日）

談神仙

海鳴

我雖學佛，但不侈談神通，是早已表過了的。然而我又非不承認佛之有神通，兼之佛經可解釋，經咒卻爲不可思議，我也是知道的。只以爲神通當惟佛能之，以我佛四智皆從，一心圓現，清淨本然，無有障礙，自有天眼通，天耳通，他心通，宿命通，神境通，漏盡通的六通，聖與凡以此爲分別，我等凡人，能求其稍解佛法，已非易易，曷能奢望其即有神通，且亦不必需要此神通。故神通云云，不必信其有，亦不必斷言其無，如僅資談助，則大可逕談神仙，亦無所礙。因爲中國自古的儒家，雖非宗教，然亦是信神的。其神的起源，無非爲了敬天。周禮：「大司樂以祀天神」。即是以天爲神的最古的根據。浸假由天而及地，所謂山川后土，亦無不在神祇之列，則因天地所覆載，一切庶民利賴以生，遂以天地的化生作用，尊之爲造化造物的主宰，亦若人間之有帝王。故天神亦即天帝，與後來耶蘇教的尊上帝亦復相若。久之，以祭祀的興盛，由山川后土推廣出更多的神祇，便是古先王有功於人類的，也一律列入祀典，同以神祇看待了。但這又還祇是神祇，尙非後來所謂的神仙。至於由神而及仙，此仙字本尙是指人而言的。仙，从人，从山，明明只是山中人而已。山中人何以便得爲仙而與神相等？則係發源於中國的道家。道家初從緯經上考究些五行讖緯之學，原只是一種方士。由方士的修持，據說能辟穀修煉，得長生不死之術，當然也是極不容易，并且非隨人隨地可以任便修煉得來的，故又必須講究個深山修道，要找那沒有人間煙火與塵氛的仙山上去修，而成了山中隱士與山中仙人的身分。其實這種仙，也不過是平常人庸凡的對稱，并非是一躍而便眞是神，只因後來道家之道日盛，漸漸又完成了宗教的典型，變成了道教，壹意以上帝玉帝及老君爲重，遂亦附會到原始的神祇上去，神乎其神的而合稱爲神仙了。

道教，不但神仙由之而生，一切多神的中國所謂的各種神仙，也由之而立，倒的確是中國國產的獨有的宗教。儒家只敬天敬神，別無神道的儀式與傳說，實非宗教。其與道教對立而并稱宗教的，實只有西來的佛教。當東漢明帝永平七年，帝夢金人，身長丈餘，頂有神光，飛至殿廷，旦問羣臣，太史傅毅奏道：「臣覽周書異記，昭王時有五色光入貫太微，太史蘇由，謂爲有大聖人生於西方，故現此瑞，一千年後，聲教及此，勒石爲記，陛下所夢將必是。」明帝納其言，卽遣中郎將蔡愔等十八人往西域求佛法，至中天竺月氏國，遇梵僧攝摩騰竺法蘭二人，奉佛經象，返至洛陽，館於鴻臚寺，後建精舍，因係白馬馱經而來，命名曰白馬寺，最初譯出四十二章經，是爲佛教來華之始。但其時中國固有的道教，已粗具規模，自有點排斥外教的意思，於是五嶽道士也就是山中仙人的褚善信等千二百人求試眞僞，帝許之，爲築三臺，分置釋道經典，舉火焚燒，道經頃刻俱燼，佛經光燄煥發，道士等服了輸，遂多皈依佛教，又另敕建了十寺，城外七寺安僧，城內三寺安尼，佛教三寶，於以悉備。然道教卻并未全滅，有些聰穎一點的，反藉此極力模仿佛教中的法門，也逐漸把道教的宗教儀型，滲些佛教儀式進去，終於也完成了道教，仍與佛教對立了。但道教的完成，究是受佛教的影響極大，一切模仿性也在在表現出來，如佛教稱阿彌陀佛，道教旋亦稱無量壽佛，不但同樣稱佛，并且把釋典中的無量壽佛經，也照式重改了一本。

於是，聰明的道家，更覷出是佛教不可力敵，只有逐漸加以巧妙的剽竊與熔化，利用中國社會素來信奉多神教，竟藉此擴大了神仙的範圍，把佛教中諸佛菩薩也包含了進去。好像神仙領域最廣，也不分界限，不論神與仙人，亦不拘儒釋與道，乃統以神仙二字來合并了它，乍看去，眞好似道教雄心勃勃，故神其說，把佛教全吞并到道教中去了呢。我在從前所丟光了的藏書中，記得曾收藏有木版大字本「歷代神仙傳」二大函，共二十冊，一名神仙綱鑑，便就是那樣純以神仙爲世界而無所不包的東西。本來，各種宗教，都各有其創世記特別的編製。中國儒家所蒐集的上古史，記些三皇五帝，所指紛紜不一，實卽半屬於神話。道家中編輯神仙綱鑑的人，便利用此點，另創出道家五行的創世記，把所有上古的歷史，全編到道教的歷史上去。書中以世界乃水星及金星所創造，三皇五帝，便都成了道教中原始的神。老子以後，道教確立，連儒家的孔夫子，也拉來作陪襯，說是水星之子。其後成王敗寇，戰國秦楚之際，歷史上王侯正多，也一體加以神仙待遇。并於封神演義以前，使西方的佛祖，也與中國道家認成了一家。甚至於像新莽那樣的亂臣賊子，也附會成神話，說是赤帝子漢高斬蛇，蛇頭變成王莽，蛇尾變成蘇獻，特來報那芒碭山一劍之仇，而卒爲另一神祇化身的光武帝所滅。是固也分出邪正，但邪的也能在歷史上做出一番大事，終承認他還是有來歷，仍不失爲一種邪派的神仙。故所以道教的神仙社會，與神仙世界史，倒確是主張大同的。近來有一種人創建道院，索性廣其說以倡世界五大宗教大同，與宗教大聯合，竟連耶回二教也拉上。但無形中還是以道教爲尊，利用老君之老，推他出來做老大哥，與孔子，釋迦，耶穌，謨罕墨德，換上了金蘭譜，在玉皇大帝與元始天尊主盟之下，結拜成爲異姓兄弟。好在五大教主都是亞洲人，倒眞也在世界史上合得攏來。只是還有一點不合邏輯，玉皇大帝，原無異於上帝及天帝，卻不應該硬派一位有姓有名的人來做。道家的玉皇，據說是姓張，并似乎在某一朝代上實有其人，於此就不免令人發生一種疑問，這位姓張的上帝，是誰推選的呢？在姓張的以前，難道天上就無有上帝嗎？上帝應與天地以俱來，那麼，姓張的未卽位以前，又是誰人作上帝呢？爲了這畫蛇添足，并似乎還易起爭端，後人以爲姓張的能平步青雲而作上帝，他人比他來頭更大的又何有不能？前幾年，有人扶乩，便硬稱玉皇辭職，以關聖帝君代理，關聖在歷史與小說上，確比張家玉帝還威靈赫赫的多，自然由關聖來代攝帝位，越發的萬衆翕然，無有異議，可謂功高震主，使張官家有不得不被迫遜讓之處了。

照這樣說來，神仙雖高超異常，卻似是人人能做，甚至於卽是眼前在世的凡人，只須有造化，有福分，有很好的享受，便也是飄飄若仙，有若神仙中人，不必定向紅塵外深山中去求了。然而神仙卻又不是完全易做的，因爲做了神仙，也還有神仙應遭之刦，在封神演義之說部中，把這種神仙遭刦的慘劇，說得好不厲害。什麼黃河岸上，擺的有誅仙大陣，專門讓神仙進來遭刦。那裏面殺氣重重，據說分別又擺有十座小陣，頂凶險的有什麼寒冰陣，可以把神仙凍結起來，成了僵尸，休想再能動彈。又有什麼烈火陣，能消魂散魄，刻骨吸髓，不但把神仙的軀殼，付諸消滅，卽一縷元神，亦可冲淡爲一縷青煙，冉冉上升，化爲烏有。雖然，那裏面也并不盡是絕地，按著八卦排列，也自有一種生門，可以逢凶化吉，遇難超生，但生門上另有法寶在門檻邊埋伏著，非同派的神仙深明究竟的，絕不能輕易闖得進去。似乎神仙也自有門戶之見，表面上分什麼邪正，實際也無非是互相剋制，互相殘殺，仍要拚個你死我活，那拚不過的也只好自認爲異類與邪教罷了。

不過神仙究還是仙仙相顧的，雖說封神演義中，誅殺了邪教的神仙不少，連正派的神仙，也多有在數難逃，但死後三魂渺渺，被引到封神台上去，仍是一榜封爲神仙，無有差別。即昏瞶如紂王，奸佞如費仲飛廉，妖如妲己狐精，異類披毛戴角的如梅山七怪，也都不失爲神仙之位，死後仍一律受人間神壇上的香火供祀。

只還有一點點不易解的，封神榜所封的神，事前老君與釋迦及通天教主等，固皆共同密封，有一定的配備，才由姜子牙得心應手的一個個俱拘到封神台上去，使諸神歸位，便似乎已把人世間一切的神全封完了，自五嶽名山以至各種職業各種疾病，均已封有專神司掌下來，已似再無遺憾，大有神仙滿額，封得異常的飽和了，但封神的姜子牙，以及周營中死不了的李靖楊戩哪吒諸將，他們遲早也都得去世，卻又補封他們爲什麼神呢？又有誰來再封他們呢？目下，姜太公在此百無禁忌，餘如托塔天王二郎神等，固仍皆有神仙位分，難道又是另外一付封神榜所補封的嗎？

據我看，大約也是可隨時補封的，所以周朝以後，在神仙綱鑑中，隨時補封的神仙，還是很多，決不會有神仙滿員關門不再收納的事情，凡努力於要做神仙的，大可不必灰心，你們就慢慢的聽封罷。

★　★　★

香港追記

夏曼

（一）記華商報晚刊

三十年春在香港發刊的華商報晚刊，有些人稱之曰日本飛機報，喻其天天向重慶投彈也，又有些人呼爲俄商報，則是不滿其連篇累牘的捧俄親共論調。此報編輯方面的主持人，聽說是長江，胡仲持，惲立羣諸君，言論撰述方面，爲鄒韜奮，茅盾，千家駒，金仲華等諸大「文化戰士」。日出一張，第一版電訊社論，第二版專論通訊，第三版副刊燈塔，第四版港聞。社論照例不署名，論調是對內痛罵貪污，及指責重慶政府的每一政策設施，大有百無一是是重慶之概。對國際時事方面，在德蘇開戰之前，常攻擊英美，指他們有在遠東造成慕尼黑會議之圖，名之曰遠東的暗流，又說歐戰是帝國主義戰爭。等到德蘇戰爭爆發，邱吉爾大言盡力援蘇，這張俄商報就立即恭維起英國來，譽邱吉爾的援蘇演詞是『高舉正義之劍』了。於此使人明白這批文化戰士們心眼中的所謂正義，是以援蘇爲尺度，至於該蘇聯之作爲是否正義，則應無庸議，天下無不是的蘇聯，正義只蘇聯一家別無分出也。

此報的拜倒蘇聯，眞個是無微不至，當日蘇互相尊重外蒙滿洲的領土主權時，香港各報自然不無微詞，獨華商報力排衆議，認蘇聯此舉乃理所當然者。

華商報又力唱民主政治論，否認重慶是民主政府，並指重慶的向英美宣稱中國已臻民主爲不怕難爲情。據該報之言，全世界最最民主的國家即蘇聯，因爲蘇聯有着最最民主的憲法在。這可觸怒了中蘇文化協會的會長孫科。當他涖港之初，向在港黨員所作的一次演講中，就把這批民主論者痛斥了一頓，並述蘇聯人民全須有一身分證一點以示蘇聯的並非最民主。孫氏的講詞及另一痛斥那批民主論者的談話在各報發表之後，韜奮茅盾長江周鯨文四君就在華商報上發表一封公開信致孫有所『請教』，措辭極客氣，並且別無下文聲討，大失戰士之風，使局外人莫明其妙。

此報初期的連載鉅著，是韜奮君的『抗戰以來』。這鉅著後來印成一厚册，聽說銷路極佳。文分數十小篇，記述抗戰以來國民參政會內幕及中宣部檢查情形，以及鄒君半生心血結晶的生活書店數十分店之被『非法封閉』經過。作者本善嬉笑怒駡之文，中宣部檢查和生活書店被封內幕又多驚鬼神之舉，寫來如畫，大受讀者讚賞。但也有人說鄒君此作是懷恨洩憤之書，並不如序文所說的爲了國家前途思借楮墨有所貢獻。事實也許如此，因爲全文絕無恕道，把國民黨駡得狗血噴頭，換句話說鄒君此作是破壞的（破壞國民黨）而非建設的。而且所述是一面之詞，實情究竟如何，也有疑問。

要求釋放張學良也是華商報的豐功偉績之一。發動此要求者原爲周鯨文。周君東北人，據說和張學良有葭莩之誼。他在七七事變後很早就到香港作寓公，出資辦一半月刊名時代批評。初時銷數無幾，及去夏『民權運動』專號一出，銷路激增。這期民權運動專號表面上是爭取人權，骨子裏是代張學良要求官權。華商報桴鼓相應，也大唱張學良應予釋放論，此呼彼應，鬧得震天動地。據說張如不作囚徒，鮑（文樾）胡（毓坤）就不會在南京建軍。這就引起了反駁，一位是『荆紫』，據說是張季鸞君的化名，在大公報發表一文，說張學良的公權尚未恢復，現受看管，理所當然。另一位是陶希聖君，亦在大公報發表一文，勸周君等不要以此來增張氏的聲價。兩文發表之後，華商報立即反攻，對於前者，說張氏的公權早已恢復，引當年載有國府命令的報紙爲證，痛斥荆紫君的胡塗。對於後者，則向陶君盡譏笑之能事，大有別人都好開口，獨你陶希聖最好免開尊口之意。

要求釋放張學良運動不但在報紙刊物上大呼小叫，並向剛剛抵港的蔣氏政治顧問美人賴迪謨攔輿告狀，給賴的一封東北同鄉公開信就在華商報上發表，洋洋灑灑，不失爲一篇好文章；但賴迪謨究不過一顧問而非太上皇，結果之並無准予所請，實亦勢所必然。

華商報既對重慶實施總攻，重慶在港各報刊自然不能袖手，於是衆管齊下，痛加反擊。但都止於三言兩語，其中最使人感覺銛利者，爲簡又文君主辦的大風半月刊上的幾首打油詩，對華商報派大加譏諷。惜原詩不在手邊，無從抄引。此外大華烈士（簡君筆名）並在大風上設計一漫畫，題爲『隔岸觀火圖』，指鄒茅等對戰爭只說不打，並另有小文斥責。結果是給時代批評痛駡一頓。

到後來華商報與重慶的互相水火至於極點，可於該報的不見蔣氏七七（或八一三）演詞一點見之。蔣氏演詞各報皆有而華商報獨無，讀者稱奇。初以爲該報不登，及後始知係中央社不發。現在香港已陷，同歸於盡，前時恩仇，想已皆泯了罷。嗚呼！

✡ ✡ ✡

古今文選

革命之決心

汪精衛

吾黨之士，關於革命之決心，爲文以論之者屢矣。顧吾以爲既欲以此爲吾人之決心，則其言不可以不近，而所守者不可以不約也，因約言於左。革命之決心之所由起，其在於吾人惻隱之心乎？孟子有言，人皆有不忍人之心，今人乍見孺子將入於井，皆有怛惕惻隱之心，非所以納交於孺子之父母也，非要譽於鄉黨朋友也，非惡其聲而然也。韓愈有言，蹈水火者之求免於人也，不惟其父兄子弟之慈愛，然後呼而望之也，將有介於其側者，雖有所憎怨，苟不至乎欲其死者，則將大聲疾呼而望其仁之也，彼介於其側者，聞其聲而見其事，不惟其父兄子弟之慈愛然後往而全之也，雖有所憎怨，苟不至乎欲其死者，則將狂奔盡氣濡手足焦毛髮救之而不辭也，若是者何哉？其勢誠急，而其情誠可悲也。嗚呼，人之所以爲人者，在於此矣。惻隱之心，至純潔也，無所爲而爲之者也，此之謂仁。爲惻隱之心所迫，雖狂奔盡氣濡手足焦毛髮救之而不辭，此之謂勇。仁與勇，盡人所同具也，至於乍見之而後動心，介於其側而後往而全之者，非謂耳目所不及，即可恝然置之也，以無所感，故無所動耳。是以能充其惻隱之心者，耳目所不及而思慮及之焉。思慮之所及，舉天下之疾苦顚連而無告者一一繫諸其心，若耳聞而目覩，是則其怛惕惻隱之心，無時而不存，而狂奔盡氣濡手足焦毛髮而救之之志亦無時而不存，皇皇而憂之，昧昧而思之，焦然無一息之安，其持危扶顚，蓋出於情之不容已，以不如是，不足以釋其憂思也。然雖如是，其遂足以釋其憂思乎？天下之疾若顚連而無告者，其數無窮，則吾躬之憂患亦與爲無窮，君子敢於以渺然之身任天下之重鞠躬盡瘁死而後已者，要皆爲此惻隱之心所迫而使之然耳。吾人之決心於革命，孰非由惻隱之心所發者，人必不忍其同類之死亡屈辱，而歷史之所紀，父老之所傳，亡國之慘在人耳目，此追既往而生惻隱者也。人心醉而末由醒之，濁而末由清之，目擊蚩蚩之民，辛苦憔悴，爲人踐踏，乃無異於牛馬草芥，顧身受者不能自脫，坐視者莫知所救，此撫現在而生惻隱者也。由既往以至現在，其每下愈況已如此矣，由現在以推將來，其將如水之益深火之益烈歟？抑窮則變，變則通，剝極而復歟？此思將來而生惻隱者也。德之不建，民之無援，使人陷於沈憂之中而不能自拔，由此鬱積以成革命之決心。是故其決心至單純也，至堅凝也，心之所向，無堅不摧，有一日之閒暇，則旁皇如無所歸，有頃刻之逸樂，則踧踖而不安，其居所藉以祛憂煩而致寧靜者，惟勞身焦思，以力行其所志而已。此無他，惻隱之心，能使人宅於憂患而於安樂去之若將浼者也。孟子有言，富貴不能淫，貧賤不能移，威武不能屈，夫能此者，無他道焉，充實其惻隱之心而已。苟其心懸懸於天下之疾苦顚連而無告者，則身處富貴，適使其踧踖不甯之心爲之滋甚，至於貧賤，則天下之所同也，天下之人既不自拔於貧賤，吾一人又何擇焉。若夫威武，能屈天下之懦者，而不能屈天下之仁者，蓋仁者必有勇，於情所不能忍者，必不恝然也，欲行其心之所安，雖萬死而不辭。是故至激烈之手段，惟至和平之心事者能爲之，至剛毅之節操，惟至寬裕之度量者能有之，由惻隱之心而生之勇氣，能使威武爲之屈，詎有屈於威武者乎？是故能保其惻隱之心者，則貞固之節，入水火而不渝，必不於生死去就之際，有所遲回以玷其生平也。雖然，淫於富貴，移於貧賤，屈於威武者，惟小人之所爲耳，卓犖之士，克自振拔，常不爲其所羈。吾今乃於富貴貧賤威武之外，更得一事焉，厥爲名譽，無賢無愚，咸耽於是，雖以仲尼，猶謂君子疾沒世而名不稱，三代以下，惟恐不好名，則幾等於口頭禪矣。夫名者，實之賓，名非有累於人也，然而於本原之地，而有好名之念，其未得之也，患得之，既得之也，患失之，苟患失之無所不至，以名之不已屬因而灰敗者有之矣，甚則因而變節者，亦有之矣，尤甚者以爭名之故，君子之相忮甚於小人之相殘，壞植敗羣，於今爲烈，名之爲累有若是也。然求其本亦由於未擴充其惻隱之心而已，誠使惻隱之心而能擴充，則好名之念未有不爲之剋滅者。余小子不敏，嘗服膺於王陽明之言，每讀其答聶文蔚書，未嘗不爲之歎息也。夫聶子之言曰，與其盡信於天下，不若眞信於一人，道固自在，學亦自在，天下信之不爲多，一人信之爲不少，其信道之篤，已可謂舉世非之力行而不惑者矣。而陽明之意則以爲有大不得已者存乎其間，而非以計人之信不信，蓋以生民之困苦荼毒，莫非疾痛之切於吾身，所以見善不啻若已出，見惡不啻若已入，視民之饑溺，猶己之饑溺，而一夫不獲，若已推而納諸溝中者，非故爲是，以蘄天下之信己也，務致其良知，求自慊而已矣。夫如是，其所以天下非之力行而不惑者，初非有所執拗而爲之，良由疾痛迫切，雖欲已之而自有所不容已，此所以爲至誠也。使人能以此心爲心，則求自慊之不暇，而好名之念無自而生矣。天下信之，喜其志之得行，而已無與也。天下非之，終必斷其志之得行，於己亦無與也。悠悠之毀譽，甯有所輕重於毫末耶！夫富貴貧賤，可以移人之情者也，威武雖不能移人之情，而以力服人能使人不得不從者也。至於名譽，其得之之樂，有甚於富貴，失之之苦，有甚於貧賤，而其具有能左右人心志之力，則又過於威武，前三者爲常人所不能免，後者則雖高才之士，亦或不能免，然使一旦能擴充其惻隱之心者，則此四者不撥而自去，而其心乃純一而不雜矣。夫純潔者，必有勇，所謂無欲則剛也，惻隱之心迫於內，則仁以爲己任，雖殺身而不辭，斯義理之勇，而非血氣之勇也。義理之勇，其可見者有二，一曰不畏死，人情莫不樂生而惡死，以生之有可戀也，若夫爲惻隱之心所迫，則接於目充於耳者，皆顚連無告者之憂傷憔悴之色與其呻吟之聲，既不忍於旁觀，又不能拯之出於水火，吾何爲生於此世乎？則徧覺生之可厭而未見其可戀也。夫以生爲可厭，則其不畏死無難矣。然人情莫不戀其所親，吾人於此，豈獨無所感乎？顧天下人之愛其親，孰不吾若，吾不忍舍吾親，而父母不相見，兄弟妻子離散者，盈天下皆是也，吾其能一一使之不舍其親乎？吾於家庭之際，至難言也，然而天下之人，其遭際之難同於我或什百千萬於我者，則又何限，吾其能以自私乎？思此而愛親之心拚而合於愛同胞之心，而死志決矣。自以力之微無以致其愛於同胞，又無以致其愛於親也，以一死絕其愛焉。而於其將死，固未忘同胞，又未忘其親也。於此知愛親之心，與愛同胞之心，實爲一物，而無間於公私，卽純然惻隱之心是也。二曰不憚煩。志於革命者，以死爲究竟，斯固然矣，然一死未足以塞責，故未死者之責任，不可以不盡也，常人樂生而惡死，哲人反之，則惡生而樂死，其所以惡生而樂死者，以憚煩故耳。世之昏濁甚矣，陽明有言：後世良知之學不明，天下之人用其私智以相比軋，人各有心，而偏瑣僻陋之見狡僞陰邪之術，至於不可勝說，外假仁義之名，而內以行其自私自利之實，詭辭以阿俗，矯行以干譽，掩人之善而襲以爲己長，訐人之私而竊以爲己直，忿以相勝，而猶謂之徇義，險以相傾，而猶謂之嫉惡，妬賢忌能，而猶自以爲公是非，恣情縱欲，而猶自以爲同好惡，相陵相賊，自其一家骨肉之親，已不能無爾我勝負之意，彼此藩籬之形，而況於天下之大，民物之衆，又何能一體而視之，則亦無怪紛紛藉藉而禍亂相尋於無窮矣。人情之險巇若此，孤潔之士，憤世嫉俗，不能一朝居，往往絕人逃世，同其身於死灰槁木；其甚者，或因以自殺。其次則險譎之士，操老子之術，以柔制剛，以靜制動，顚倒一世之人而巧於自全。又其次則爲鄉愿，同流合汚，閹然以媚於世。夫老氏之徒與鄉愿，皆習知人之情僞，以巧立於不敗之地，其爲自私自利無足論。至於絕人逃世者，迹則高矣，然推其用心，由於憚煩，是亦自私自利也，而自私自利之見所由生，在於未充其惻隱之心而已。使能充其惻隱之心者，則必不爲一己計而爲衆人計，目擊天下之紛紛藉藉，禍亂相尋，人所避之惟恐不及者，挺然以一身當其際，而無所却，卽令所接者無所往而非傾險之人，所處者無所往而非陰鬱之境，而其至誠惻怛之意，初不由之而少間，憂患雖深，不改其度，事變之來，不失其守。陽明所謂言語正到快意時，截然能忍默，意氣正到發揚時，翕然能收斂，憤怒嗜欲正到騰沸時，廓然能消化，非天下之大勇者不能。蓋觀於克伐怨欲不行，可以知其所守之固，此所以能應萬變而不窮也。是故不畏死之勇，德之烈者也；不憚煩之勇，德之貞者也。二者之用，各有所宜，譬之炊米爲飯，盛之以釜，爇之以薪，薪之始燃，其光熊熊，轉瞬之間，卽成煨燼，然體質雖滅，而熱力漲發，成飯之要素也。釜之爲用，水不能蝕，火不能鎔，水火交煎逼，曾不少變其質，以至於成飯，其熬煎之苦至矣，斯亦成飯之要素也。嗚呼！革命黨人，將以身爲薪乎？抑以身爲釜乎？亦各就其性之所近者，以各盡所能而已。革命之效果，譬則飯也，待革命以蘇其困之四萬萬人，譬則啼饑而待哺者也。革命黨人以身爲薪，或以身爲釜，合而炊飯，俟飯之熟，請四萬萬人共饗之。

編輯後記

長樂梁衆異先生，詩書文章，名滿海內，本期特承惠賜爰居閣脞談一節，名家手筆，自是不凡，以後並將陸續刊登，讀者諸君，拭目俟之。

周佛海先生之大名及其政治歷史，無人不知，本期中本刊記者之特寫，將周先生之個性及私生活紀載綦詳，爲一般人前所未聞，彌足珍貴，文字尤暢達整潔，讀之如見其人。

著名金石家羅雪堂先生，年前已歸道山，聞者惜之。本期中所刊集蓼篇一文，係其親筆遺著，其中所述一生事蹟，關係學術及政治者至鉅，殊爲極名貴之珍文，全文至長，約四五期方可刊畢。

郁達夫先生之「毀家詩紀」一文，上海方面最初刊出者爲民國廿八年三月二十日出版之「時代文選」創刊號，該刊出版後，初版再版，頃刻售罄，後來未覩該文者紛紛致函本刊朱社長，請求三版，朱社長苦無以應，本期中適有易伽君之郁達夫與王映霞一文，因將毀家詩紀附錄在後，俾償前闕。

汪精衛先生文章事業，震鑠古今，本期中古今文選所刊革命之決心一文，係先生三十年前在民報第二十六期之作，署名「守約」，庚戌蒙難入獄時，藏於衣襟中者，沉痛熱烈，實爲不朽之作。

其他各文如楮冠先生之「鬻魚篇」，許斐先生之「齊百石」，何海鳴先生之「談神仙」等文，亦各有特色，値得一讀。

國民新聞　每月六元　半年卅四元

國民新聞周刊　每期二角半　半年五元　全年九元

金瓶梅畫集　每集七元　預約八折

國民新聞叢書

認識世界的政治經濟社會文藝之最佳讀物

(一)社論集……二冊五元
(二)風雲人物誌……一冊一元四角
(三)近東問題……一冊一元四角
(四)今日的蘇聯……一冊一元二角
(五)太平洋問題……一冊一元二角

——以上各書業已出版——

(六)藍衣社內幕……一冊二元
(七)不愛江山愛美人……一冊一元二角
(八)第二次世界大戰與各國軍備……一冊一元二角
(九)戰時日本……一冊一元五角
(十)太平洋戰爭探討……一冊一元五角
(十一)美國的國防工業……一冊一元五角
(十二)美國的戰時經濟……一冊一元五角

——以上各書預約八折——

（外埠掛號每種另加郵資二角六分）

國民新聞圖書印刷公司出版
上海靜安寺路一九二六號　電話二一六七二

分發行所各地國民新聞分銷處

中國圖書雜誌公司代理發行
上海福州路三八〇號電話九二三一三

時代之前驅　晚報之先鋒

南京

時代晚報

言論公正　特稿豐富　電訊翔實　副刊雋永

每日下午四時出版

館址　朱雀路邀貴井

電話　二二五九五　二三五九八

中華民國國家銀行

中央儲備銀行

資本總額國幣一萬萬元

本行特權

一、發行本位幣及輔幣之兌換券

二、經理國庫

三、承募內外債並經理其還本付息事宜

本行業務

一、經理國營事業金錢之收付

二、管理全國銀行準備

三、代理地方公債

四、經收存款

五、國民政府發行或保證之國庫證券及公債息票之重貼現

六、國內銀行承兌票國內商業匯票及期票之重貼現

七、買賣國外支付之匯票

八、買賣國內外殷實銀行之即期匯票支票

九、買賣國民政府發行或保證之公債庫券

十、買賣生金銀及外國貨幣

十一、辦理國內外匯兌及發行本票

十二、以生金銀為抵押之放款

十三、以國民政府發行或保證之公債庫券為抵押之放款

十四、政府委辦之信託業務

十五、代理收付各種款項

南京總行

行址：中山東路一號

電報掛號：中文五五四四 英文 CENREBANK（各地一律）

電話：二二二一〇—二二三七五一 二二五四一—二二五四八

上海分行

行址：外灘十五號

電報掛號：中文八六二八

電話：一七四六三 一七四六四 一七四六五 一七四六六（轉接各線）

蘇州支行

行址：觀前街一八九號

電報掛號：（中文）五五四四

電話：六九三，一八五六

杭州支行

行址：太平坊大街惠民街角

電報掛號：（中文）五五四四

電話：二七七〇

蚌埠分行

行址：二馬路西首

電報掛號：中文 五五四四

電話：

古今

第二期

渴不飲盜泉水熱不息惡木陰惡木豈無枝
志士多苦心整駕肅時命杖策將遠尋飢食
猛虎窟寒棲野雀林日歸功未建時往歲載
陰崇雲臨岸駭鳴條隨風吟靜言幽谷底長
嘯高山岑急絃無懦響亮節難為音人生誠
未易曷云開此衿眷我耿介懷俯仰愧古今

・陸機・

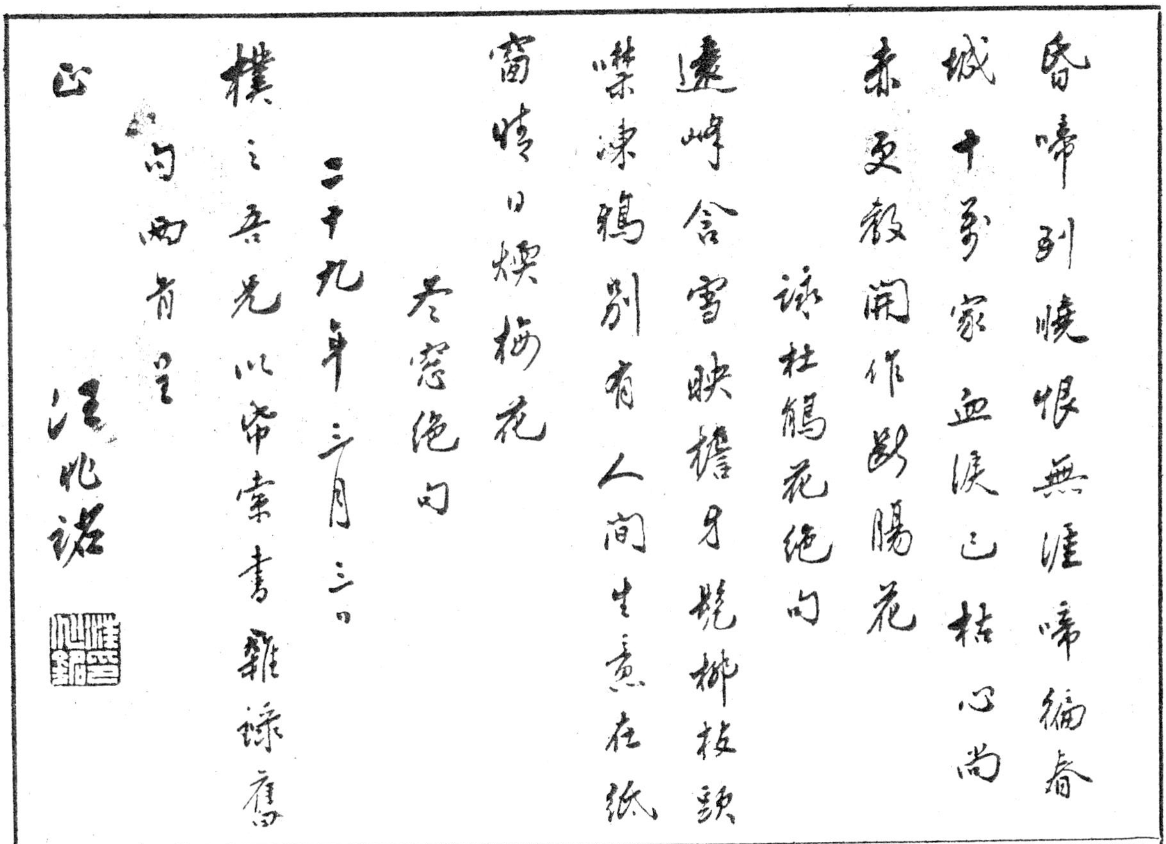
啼到曉恨無涯啼徧春
城十萬家血淚已枯心尚
赤更教開作斷腸花
詠杜鵑花絕句
遠峰含雪映檐牙幾柳枝頭
噤凍鴉別有人間生意在紙
窗晴日煖梅花
冬窗絕句
二十九年三月三日
樸之吾兄以帋索書雜錄舊
句兩首呈
正
汪兆銘

打仗不慌不忙先求穩當
次求變化
又要精詳
辦事無聲無臭既要簡捷

（上）汪精衛先生墨跡（樸園主人藏）
（下左）曾國荃墨跡（周佛海先生藏）
（下右）清儒汪容甫畫像

古今第二期目次

中華民國三十一年四月出版

社長 朱樸
編輯者 古今月刊社
發行者 古今月刊社
通訊處 南京邀貴井時代晚報館轉
印刷者 國民新聞圖書印刷公司 上海靜安寺路一九二六號
總經售 國民新聞圖書印刷公司 上海靜安寺路一九二六號

本刊月出一册 零售每册一元

廣告價目

後封面	五百元		
正封裏頁	五百元	後封裏頁	四百元
普通全頁	二百元	二分之一	一百五十元

本刊正向宣傳部及上海工部局申請登記中

爰居閣記

衆異

余少羈孤。里居之日殊少。弱冠官學京師。稅屋以居者十有五年。厥後俸入稍豐。朋輩又爲之醵錢。始買宅西安門。吾友袁伯夔故居也。歲庚申。鉤黨事作。所居籍入官。家人亦逃之沽上。余避仇蟄處。樓居僅二室。方廣不盈一丈。外以庋書籍。位筆硯。其內則寢處也。妻孥不相恤。姻舊不相聞。酒食文字之交。一時都盡。余既不與世接。輒讀書咏歌。以永朝夕。感於魯語海多大風爰居避災之說。輒取以顏吾室。而徐州張勺圃爲之作榜書焉。居此者逾二年。始以微服去。而上海。而瀋陽。洎再至京師。西安門之居復歸於我。既知京師之不可安處也。亟舉而貨諸人。復客沽上。久之。築室大連海濱。居之者三載。遼事既起。移家上海。更出錢賃屋如曩時。蓋十餘年中。爰居閣已六易其地矣。余既南北不恆厥居。所居亦堂寢庖湢。粗具而已。往往無有餘屋。爲覩所謂閣子者也。而爰居閣之名。乃久屬於我。而浸著於世。嗟乎。世亂國危。至於此極。當其幾先事始。方力求遏抑匡救之者。昧者咻之。紾吾臂而伐吾謀。甚且使其無一席之安。一椽之託。世之黥劓我者。蓋亦酷矣。今道失民散。蹙國萬里。弱者不敢言。强者益肆其惡。余方徜徉一室。以書自娛。不聞理亂。與昔者之避仇蟄處。喧寂或殊。而用舍不異。余豈畸于人而侔於天耶。抑天將以此息吾黥而補吾劓耶。莊生之言海鳥也。奏九韶而具太牢。鳥乃眩視。悲憂以死。余幸老健無病。則魯語避風。莊生鳥養。蓋兼而有之矣。天下亂而吾閣常治。世事壞吾閣獨存。不域於地。不假於物。無所之而不有吾閣焉。饘粥於是。歌嘯於是。以盡吾天年。天蓋欲以獨善私吾之身。而又使吾居易任天。雖舉世避風。而不失其自得之樂也歟。

談汪容甫

經堂

五六年前的一個夏日，我曾渡過揚子江到揚州去小游半天。在匆促的旅程中，却頗使我發思古之幽情，從酒菜館中破缺的名窰磁器到途旁的廢垣殘園，都可以令人想到她昔日的光榮。當乾嘉盛時，那些鹽商，那些文士，把揚州點綴成一個書香銅臭兼而有之的都市。自從洪羊兵燹後，加以海禁大開，揚州失去了牠銅臭的地位，至今日已不可復見昔時萬商雲集的遺跡。然而，文字的的壽命，總要比金錢爲久遠，在沒落的都市中，往往可以看到一些全盛時代騷人墨客們的留痕，使人流連低回不能去。這大概便是揚州在今日之魔力吧！

生丁今日之亂世，又不幸忝居於文人之列，不知不覺的常常令人懷念到過去太平盛世的安樂。想到乾嘉的全盛時代，更有恨生不躬與斯盛之感。這種胡思亂想的念頭，我想在今日，該不是我一個人有的吧！

把時代倒拉回去，是不可能的事了。無已，只能找一二位那個時代得志的文人來談談，也是慰情聊勝於無的舉動吧！

第一個令我懷念到的便是汪容甫，這位並不以科名爵位顯於當時的窮秀才，却可以名動公卿，恣意肆行，以一個『狂』字博得世人的景仰，眞可以見得那時文人的價值。連今日我們來談談他的軼事遺行，也覺得頗足以引爲殊榮的。

容甫名中，一字頌父，乾隆時揚州江都縣人。有清一代的樸學大師中，江都汪氏着實也佔着一些地位。要研究他的學術，自有『清儒學案』之類的大篆述在，我在這里只是談談他生平的軼事，因之只能在下文大略提及一些。

他雖是儒林傳中人物，然而却萬不能在後世的兩廡上占一席地，原因是他的行爲，太不似謹愼敦厚的聖人子弟了。有些地方竟然在我們看來，是很有傷於忠厚的；然而他却瑰意琦行不顧一切的和世人相周旋。其被當時人目爲狂士，其實是很不寃枉他的。

容甫少孤貧，事母至孝，家中連被褥也沒有，晚上睡在木柴上，早起即以其臥具作燃料。在這樣窮困的日子中，却好學不倦。家無藏書，每天跑到書坊去做『兩脚書櫥』。這樣，居然博通羣書，而且不到二十歲便做了秀才。

有清一代，做官要從科舉出身，所以論做官，便要講究科第的高下，然而論學問，却是不能以科第來高下的，容甫始終是個秀才，連舉人也不曾中一個。但是他的秀才名氣愈做愈大。而按照科舉時代的慣例，當秀才在學的，每年要受學政的攷試，他自然也不能獨免。這樣，可苦了按臨揚州的文宗了。凡是提督江蘇學政的，知道他屬下有這樣一位秀才，若非先行打好什麼招呼，準得討一場沒趣。因為，當學政的，科第爵位雖高，但論學問，有的實在不及汪先生遠甚呵！

當時文壇的耆宿，如朱笥河（竹君），杭大宗（堇甫），王蘭泉（昶），錢竹汀（大昕），莫不對他敬禮有加，奉為上客。謝金圃（墉），於乾隆四十二年奉命督江蘇學，每逢按臨揚州，即於出榜時另列一榜，僅署汪中一個名字，對同試諸生說：『予之先容甫，以爵也；若以學，則予當北面事之矣。』其遭人欽佩，有如是者。

又有一位學使姓孟的，更賞識他，而且還不拘資格，和他開一個很有趣的玩笑，可見科舉全盛時代士人的風趣。孟按臨揚州日，容甫也去應攷，筆墨翻舞，文成，不覺擲筆拍案大叫曰：『今日當嚇死小孟矣！』不知孟固正在其後，陰覘其為文也，見他得意忘形的舉動，竊笑而去。放榜之日，容甫竟名落孫山，於是一羣秀才都議論紛紛，詫為汪容甫榜上無名，乃從來未有之事。容甫也忽忽自失，細檢其所作之文，又決無落第之理，不覺驚愕失常。正在此時，院門閉而復啓，四個差役扛一案亭出，再出一榜，榜上赫然大書『超超等第一名汪中』八字，他方才轉憂為喜。翌日孟對他說：『前日小孟尚未嚇死，昨日當嚇死老汪否？』

他的惡作劇，當日揚州無人不知，尤喜尋點綴揚州繁榮的鹽商們的開心，有些地方竟然入於無賴。玆記兩事於此，亦可見當時秀才的威風。

有鹽商某，以報效十萬金，得賞二品銜，於是出入乘輿，居然大員自居。容甫時肄業安定書院，心鄙其人，每瞰其出拜客，即乘驢從其後，戴艸製暖帽，以紅蘿蔔為頂，以松枝為孔雀翎，於項間挂冥鏹一串，商行亦行，商止亦止。商恨甚，而無可如何，以五千金為壽，始寢其事。

尚有一事，亦與上述相類，可見當時士居齊民之首，而商人居殿，和今日的情形是大大不同的。

洪稚存（亮吉）與容甫同肄業揚州安定書院，一日偕至院門前，各跨一石狻猊，談徐氏（健庵）『讀禮通攷』得失，忽一商人冠服貴倨，肩輿訪山長，甫投刺，適院中某生趨出，足恭揖商人，述連日趨謁狀，商人微頷不答。容甫憤甚，潛往拍商人項，大聲曰：『汝識我乎？』商人逡巡曰：『不識。』『識向之趨揖者乎？』曰：『亦不識者。』曰：『我汪先生，趨揖者某先生，汝後識之乎？』曰：『識之矣！』曰：『汝識之，即速去，毋溷乃公事！』商人大懊喪，登輿而去。

有這樣的學生肄業其中，不獨商人們要倒霉，便是山長也着實不易做，每一山長到任，他即以經史疑難數點請質，若不能答，即當衆大笑。時有編修沈志祖者，即為其所窘，甚至慚愧而死，則其『狂』可以想像了。

和容甫同時在揚州的，眞眞濟濟多士，然而他不輕許可，嘗在衆人中大言，揚州一府中，『通』者三人，『不通』者也三人。其所謂『通』者，乃自己以外，指王念孫劉台拱而言，『不通』者三人，則指程晉芳顧九苞任大椿。程等三人亦均乾嘉通儒，而容甫竟以『不通』目之，然而他們並不以為忤。恰有一位飽學之士，聆他的批評後，也請其月旦，容甫大言：『足下不在「不通」之列。』其人大喜過望，容甫徐言曰：『汝再讀書三十年，或可以望不通矣。』則其於程等三人，固仍看得很重；而飽學之士，則是自取其辱也。

容甫自言平生有三大恨：一恨造物生人，必飲食而始生；生又不到百年，便要死去。二恨身上不生雙翼，可以淩空九霄；足上不生四蹄，可以飛越千里。三恨古人只能於其著述中見之，不能與之談話駁詰。

他還有三怕：一畏雷電之聲，二畏雞的啼聲，三畏婦人的聲音。狂人怪癖，眞是出乎常人的行爲。

容甫因爲看不起科舉，不屑在場屋之中與人爭一日之短長，故終其身爲窮諸生，洪北江贈詩，有所謂『不敢隨車試犬廷，頭銜應許號明經』者也。窮到無法的時候，便往往有無賴的舉動，如上述敲商人的竹槓，其一也。尙有一事，雖極爲無賴，然亦可見當時居高位者的好士之風。

畢秋帆（沅）爲陝西巡撫時，素有好士之名，容甫並不識荆，一日，忽投以書曰：『天下有中，公無不知之理；天下有公，中無窮乏之理。』寥寥四句，畢秋帆竟被他抽丰了五百金，則畢之好士與汪之狂放，可以兩見了。

乾隆五十九年，容甫受聘校四庫全書於浙江文瀾閣，病死於西湖之葛嶺僧舍，年僅五十有一，高舉不壽，實爲當時學人中之最不祿者。

他的著述，有『述學』內外篇六卷，『廣陵通典』三十卷，『經義知新記』一卷，『大戴禮記正誤』一卷，『周官徵文』，『左氏春秋釋義』等書，又選屈宋以下哀豔之文爲『傷心集』若干卷。（卅一年三月廿七日於北平）

洪稚存之狂

洪稚存（亮吉），陽湖人，中乾隆庚戌探花，性狂妄，嗜酒縱飲，善攻訂，其著乾隆中府廳圖誌，及東晉疆域考，南北朝疆域考，學問淵博。戊午大考翰林，上平邪教疏，深中當時款要，人爭誦之。朱文正公招之入都，欲薦於朝，乃於朱座，首斥其崇信釋道，爲邪教首領之語。朱正色曰：吾爲君之師輩，乃敢搪突若爾？先生曰：此正所以報師尊也。後裝裝欲歸，復上書於成王，及朱石君劉雲房二相公，多誹謗朝廷語。成王以其書上聞，上憫其書生迂魯，戍於伊犂，未踰年，即放歸田里，以其書常置御座旁曰：此坐右良箴也。先生旣放還，亦縱酒自娛。不數載，卒於家。其所著古文，多載淸朝名臣嘉言善行，有裨於世教焉。

重光大使屬題北極閣紀遊圖卷作者爲同游淸水董三君也

来　異

使星飛蓋暫尋春，畫手還攜澹淡人；寫出六朝山色好，華林馬射已成塵。（北極閣一帶爲南朝華林園故址）

北湖南埭接精藍，烽鏑淸遊客兩三；我自曠觀彌六合，所哀何止一江南。

爲重光大使題淸水董三畫金陵山水次爰居閣主人韵

康　瓠

六朝而後又殘春，風物如逢隔世人；收拾江山歸畫裏，不教錦繡染征塵。

雲影天光一蔚藍，淸游選勝趁春三；凌空更有培風翼，飛過江南向海南。

釀花天氣自度曲

康　瓠

是釀花天氣，最費猜疑，最耐吟思。正宿露融珠，朝霞散綺，遠山高處見晨曦。一霎間烏雲四合，冷雨橫飛。恁淒淒切切，蕭蕭瑟瑟，渾不似早春時。且喜夕陽照晚，未妨明月來遲。陰晴事，天意總難知。願學園翁抱甕，田父扶犂。但問耕耘，莫談收穫，看千紅萬紫，連枝並蒂，終不負我心期。豈止春華灼灼，還饒秋實離離。

記嚴範孫(修)先生

童家祥

國立北京大學，於民國廿九年曾出特刊紀念校慶，蓋自從立校以來，已足足四十年了。說中國人自己的新教育歷史，這便是個起點。早於這個的，雖有什麼學校，然而却是英美人設立的，算不得是眞眞中國人自辦的教育。

要紀念中國教育史上的開創功臣，我們不得不紀念幾個名人：第一個是長沙張百熙先生，他是京師大學——即北京大學的前身的創辦者；次之爲南皮張之洞先生；還有一位令人不可忘却的，便是本文所記的嚴範孫先生。

嚴先生名修，河北天津人，淸季翰林，曾出任貴州學政，淸廷設立學部時，即以先生任侍郎。宣統初年，他見世事不可爲，便脫離宦海，辭職家居，專心壹志於地方及教育事業。手創南開大學，爲北方知名的大學之一；且爲全國私立大學成績之最佳者，則其令人之欽佩可知。

他的幼時，好學不倦，除了攻讀正式課程以外，更利用餘暇來自修，曾有髮課，車課，枕課的規定，即是在理髮•出行或休息的時候，也要閱讀，不肯把光陰絲毫的放過，所以他學問淵深，一方面固由於天資聰明，但也由於努力用功的結果。到了晚年，每天除了閱書看報和作文寫字外，還習學英文。他的日記，是每天必寫的，直到病危才止。有一次，他因爲病了臥牀幾天，不得讀書，便很以爲歉，當病好後，給友人林墨青的信中，曾說：「連日以來，一書未讀，一事未作，此心亟待收斂耳。」很可以看出他爲學勤奮的態度如何了！

他律己很嚴，三十歲戒掉吸水煙，四十歲立誓不再飲酒，至於冶游一事，更爲深惡痛絕，曾有一首詩云：「人道罪過是風流，吾謂風流士可羞；慈父義方良友訓，一生恥作狹邪遊。」據他這首詩的註，說他的父親仁波先生，終身沒有聲色之好的，他的朋友陳奉周先生也常對他說：「男女雙方都應當保守着貞操，假如僅責令婦女守貞，男子則在外隨便的縱慾，那一定被人輕視的！」他一生謹謹的記着這些話，從不涉足到妓館裏去。看來一個人品德的修養，固然要靠自己的努力向上，然而環境的影響也是很大的！

他平生極喜旅行，在國內遊蹤徧南北，也去過歐美各國，記得當他歐遊回來的時候，曾有一首詩說：「頻年從人汗漫遊，客中閒度幾春秋，教我最親仍禹域，準備西湖十日留。」這首詩充分表現他愛國的思想，他不但自己喜歡旅行，並且教子弟也常常到國內外去，他在「亡侄事略」一篇文字裏上說：「……初吾諸子皆在日本，嫂以獨子故，不聽遠遊，侄嘗鬱鬱久之，余爲代請吾嫂，俾由近及遠，練習旅行，吾嫂許之，乃從余南遊，……所至多得益友，任之志氣乃益發舒！」他認爲旅行關係一個人的前途很大，每個人是不應當株守在家園的，因爲旅行確實可以增加見聞和學識，更能鼓勵人的勇氣和奮鬥的精神，眞是值得重視的！

他畢生盡力於教育，在清末的時候，曾任貴州學政三年，建設了許多的文化事業，給貴人以極大的影響！至於華北數省的教育，更是他所擘劃的。天津南開學校，便是由他的家塾漸漸擴充而成，他的後人從學校開辦到現在，仍是贊助最力的份子。而他的已故侄子約敏，更是創辦過去南開的生力軍。他在亡侄事略的文裏，提到南開學校，曾說：「……且校費奇絀，幾解散者數矣，侄與諸同志合力支撐，而校風反勝於其初！……」過去的南開學校，幾度因財政困難要解散，當時的苦境，可想而知！但是終於戰勝了一切困難，而成爲今日知名的學府。眞不是容易的事！然而教育發達，學校林立之後，他老並不以此居功，甚且說：「莘莘學子人豔說，吾心功罪未分明！」

當民國八年五四以後，文言和白話的鬥爭很利害，他的朋友林墨靑先生是極端主張保持文言文的，但是他却主張文言語體可以并重，不可偏廢的。他壽林先生六十詩上，曾論到文言和語體一層，說的很透徹：「……！文言與語體，交攻如對壘，我思宜並存，不必相醜詆，藉曰廢文言，四部當盡毀，數十聖留貽，數千年積累，外人且探討，謂中多要旨，豈有吾國人，反棄如敝屣，語體爲通俗，補助功亦偉，香山所爲詩，可以語灶婢，宋賢著語錄，後人誰敢訾。……」他指出文言和語體的價值，並且說明語體文古人也用過，不是從現在才開始的，而且牠的功效也很不小！我們可以知道他的見解，同時更可以知道學問一道，是不可拘泥的。他有一篇流傳一時的教女兒歌，便是用極通俗的白話寫出的。

「國要張四維，禮義與廉恥，人要守四勿，言動與聽視，孔曾道忠恕，孟子道孝悌，東西有聖人，此心同此理。」從這幾句詩中，很可看出他的道德觀念。他律己很嚴，雖然很小的事情，都很留心。李實忱先生於哀悼他的文中說：「余嘗觀其微矣，盛暑不露褻衣，爲善不求人知，一如其父仁波公之所爲，其繼志也如此。」他的父親仁波先生，是極推崇宋儒的人，在天津做了不少的公益事業，至今仍爲父老所稱述！他有一篇「先父仁波公事略」，記載他尊人一生公而忘私見義勇爲的事蹟，確實令人看了起敬！而他所以品端學粹爲人模範的原故，自然是得力於他父親的敎訓不少！

他五十歲時，辭去淸廷學部侍郎，從此退休，脫離政治生涯，民國以後，袁總統雖屢次請他出來做財政總長，或教育總長，他都堅決的謝絕了。有一天，忽然政府發給以勳章，他老非常的驚異，曾把他的感想寫了一首詩，題目是伏處日久，忽蒙勳章之寵，悚然有作。詩上說：「脫却朝簪春後春，不夷不惠等閒身，妄擬遺民原未敢，謬加新寵太無因。猶聞此日呼參政（京報記余往來姓名輒呼爲前參政），難免他年誄大臣（參政始終未就，與度支大臣同），極知名器無輕重，祇是何須及此人。」他的清高的品格，已經在這首詩上完全表現出來。

他之交朋友，也足予後生小子效法，便是始終如一的態度，不以朋友的富貴窮達有所改變，的是一個涉足於宦海的人之所難能的，舉他的一件行事，可見其古道之可風。當宣統踐祚之初，攝政王監國，以戊戌政變之故，修怨於袁項城，禍且不測，光緒三十四年戊申十二月壬子朔壬戌上諭云：

內閣軍機大臣外務部尙書袁世凱，夙承先朝屢加擢用，朕御極復予懋賞，正以其才可用，俾效驅馳，不意袁世凱現患足疾，步履維艱，難勝職任，袁世凱着卽開缺，回籍養痾，以示體恤之至意。

戊戌之後勢燄薰天之袁項城，於奉旨之日，卽倉皇出都，當時舊識，無敢與通音聞者。他於此時任學部侍郎，與項城爲好友，獨抗疏諍言，進退大臣，應請明示功罪，不宜輕加斥棄。不聽，他乃卽時乞病去官。然而項城爲總統之日，他却又堅臥不起，則他對於友道之忠，眞足以媲美古人了。

他提倡社會教育很早，他認爲戲劇的力量極大！他曾改編過劇本，如「一念差」「一圓錢」等劇本，都經他審定過的。名伶汪笑儂孫菊仙等，都和他認識，晚年幷和孫菊仙合攝一影，並且在像片上親筆題詞。有人以爲這樣是有失身分，然而他却不覺得怎樣。他雖不是積極的改造社會者，但是他一言一行，確予一般人以很大的影響！在張宗昌褚玉璞橫行直魯的時候，眞是暗無天日！他嘗說：「軍閥時代，無理可講，無事可作。」在當時很有些人甘願窮困，也不在軍閥手下作事，便是受他的影響！

他對於朋友，確實做到「善與人交」「久而敬之」的地步。在他的著作裏有不少紀念他朋友的詩文，當他靑年時代，和尹澂甫，陳奉周，陶仲銘，王寅階，王仁安，趙幼梅，林墨靑等，以道義相切磋，學問相勗勉，晚年曾參加城南詩社，與一般知友，時有唱酬。爲了進行社會教育事業，和林墨靑更爲接近，林先生六十壽日，他的祝詩上說：「頭白交如新，過從更密邇，似此耐久朋，人生能有幾？而況君與我，更非他人比！……」有人嘗問過他對朋友的態度，他說：「平生得力杜甫的一句詩，便是：『小心事友生』。」

他總是說：他的詩是無足觀的。實在他的詩純乎自然，不尙雕琢，所以在他每首詩裏，很少深奧難解的句子，而每首詩都情味雋永，引人入勝！我最喜歡他的遊勝芳鎭詩，有「未雨喜雨雨喜晴，行行且止止還行」的一句，祇用八個字來描寫動靜的不同，意思的變化，很有趣味！王仁安序他的詩集，曾說：「公詩情眞，理眞，事眞，不塗飾，不模糊，不造作，……」很能說出他詩的價値！雖然他去世已經十年了，我們現在讀到他的詩文，仍然不由的起一種敬仰的念頭，和良好的印象。

古今第一期要目

爰居閣脞談……梁鴻志
記周佛海先生……左筆
雪堂自傳（一）……羅振玉
康有爲與梁啓超……經堂
郁達夫與王映霞……易伽
齊白石……許斐
四十自述……朱樸
蠹魚篇（上）……楮冠
談淸代的太監……笠堪
談神仙……海鳴
香港追記……夏曼
革命之決心（古今文選）……汪精衞

關於沈萬三

流兮

提起沈萬三，這是誰都知道他是明朝初年跟太祖鬪過玩意兒的一位大財主。他的財據說是靠一個聚寶盆，那是使人莫測高深的稀世古董，能夠化少變多，使人取之不盡，用之不竭。天下有如此便宜之事，於是他富了起來，他做了大財主了。可是太祖似也欠大量些，教他助築都城以後，還要把他充軍，結果聽說有二十萬萬多的家產，全部抄沒，這眞是一件煞風景的下場。可是煞風景雖然煞風景，「錢」字上面總是使人看得眼紅的，所以現在正還有人想做沈萬三第二。不是嗎？有許多店鋪裏面，還是畫着那個聚寶盆的，把元寶堆得𣊬滿，紅光不絕地從寶上透了出來。

沈萬三既然被人這樣羨慕，那末拿他的生平來談談，似乎也並非一件「有閒」的消遣。尤其是那個聚寶盆，更須有還牠一個本來面目的必要，我想這也不是一件全無意義可言的事罷！

閒話已完，正文就此開場。

一　名字及里籍

沈萬三是姓沈的，這當然並無問題，不用我來饒舌；可是他的名字和里籍，你不要說我多嘴，可就有了下面幾種不同的問題：

吳興民富沈秀者。（明史高皇后傳）

吳興富民沈萬三。（清傅維鱗明書高后紀）

國初南都沈萬三秀者。（明郎瑛七修類稿）

金陵沈萬三，又名萬山，秦淮大漁戶。（明無名氏張三丰傳）

沈萬三秀者，故集慶富家也（明董穀碧里雜存）

沈富字仲榮，行三，故吳人呼沈萬三。（明楊循吉蓬軒吳記）

沈富字仲榮，行三，人因以萬三秀呼之。（清高士奇天祿識餘）

沈仲榮名富，吳縣人，以行三故呼為沈萬三，一名萬三秀。（明小記）

沈萬三名山，蘇州吳縣人也。（明孔邇雲蕉館紀談）

沈萬三家在（吳縣東南）周莊。（明劉昌縣笥瑣探）

吳縣沈萬三。（明無名氏梅圃餘談）

吳中沈萬三。（清褚人穫堅瓠集）

以上十二則，稱沈萬三名秀者四，名富者三，名萬山者一，名山者一，餘則均混稱為萬三。既以「秀」為最多，且明史似較可信，自當以名秀為是。可是又有人說秀實為當時縣民等級的名稱，董穀碧里雜存云：

沈萬三秀者，不知其名。蓋國初鉅富者謂之「萬戶」。三秀者，國初每縣分人為五等，曰「哥」曰「畸」曰「郎」曰「官」曰「秀」，哥最下，秀最上。洪武初，家給戶由一紙，以此為第，而每等之中，又各有等。沈乃秀之三者也。至今民俗有「郎不郎秀不秀」之諺云。

則「萬三秀」者，即謂萬戶之三等秀氏，根本乃如混號之類，並非其名。而行三之說，由是亦未必可信，且其字為仲榮，無論為孟仲季，或伯仲叔季，亦非似行三者。這樣看來，倒是以「名富字仲榮」為是了，然而董穀又說「不知其名」，且仔細看富與仲榮，也確有因其鉅富附會而來的嫌疑，所以這一說或者也不能成立。至如孔邇雲云「名山」，只是孤說，別無他證，然使人更難置信。所以沈萬三還就是沈萬三，他的眞名字現在恐怕無法再能追究出來了。

其次說他里籍，計吳興者二，南京者三（集慶爲元路名，亦即明之南京。）吳縣者六，則似以吳縣爲是，然而如下文所說：

沈萬三秀，本湖州南潯人，父沈祐始徙蘇之長洲東蔡村。今南京之會同館乃其故宅，後湖中地乃其花園。（明田藝衡留青日札）

則他正如孟老夫子之三遷，本籍原是湖州（卽吳興），父親時代遷居蘇州，他自己後來又搬到南京去了。雖然長洲與吳縣也有分別，不過這終究是個小問題了。

二　聚寶盆及其它

沈萬三的出名在富，他致富的原因，一般說他家裏有一個聚寶盆。至於他的聚寶盆怎樣得來的，那有兩種說法：

沈萬三貧時，夢青衣百餘人祈命。及旦，見漁翁持靑蛙百餘，將命刲割，萬三感悟，以鏹買之，縱於池中。嗣後喧鳴達旦，聒耳不能寐，晨往驅之，見俱環踞一瓦盆，異之，持盆歸，以爲盥手具，初不知爲寶也。萬三妻濯手於盆，遺一銀記於其中，已而見盆中銀記盈滿，不可數計，以金銀試之亦然，由是財雄天下。迨明太祖定鼎，抄沒萬三家貲，得其盆，以示識古者，曰：「此聚寶盆也。」（無名氏挑燈集異）

這是一說，謂得之於池中，而功則在百數小生命的青蛙。

金陵沈萬三，又名萬山，秦淮大漁戶，心慈好施。其初僅飽煖，遇三丰眞人，心知其異，常烹魚煖酒，邀飲於蘆洲，苟有所需，卽極力供奉。偶於月下對酌，萬三曰：「塵愚願以救濟，非有望於富貴也。」三丰曰：「雖不敢妄洩輕傳，亦不敢緘默閉道，予已審知子之肺腑，當爲作之。」於是置辦藥材，擇日起煉，七七啓視，鉛汞各遯，三丰嗟咄不已。萬三自謂機緣未至，復盡所蓄，并賣船網以補救，下功及半，忽汞走焚，茅蓋皆燬。萬三深嘆福薄，三丰勸其勿爲。夫婦毫無怨意，苦留再煉，奈乏貲財，議鬻幼女。三丰若爲不知，竊喜志堅，一任所爲，令備朱裹之汞，招其夫至前，出少許藥，指甲挑微芒，乘汞熱投下，立凝如土，復以死汞點銅鐵，悉成黃白，相接長生。三丰略收丹頭，臨行謂曰：「東南王氣大盛，他日將于役於西南也。」遂入巴中。萬三以之起立家業，安爐大煉，不一載富甲天下。世謂其得聚寶盆，故財源特沛。（明無名氏張三丰傳）

這又一說，謂係張三丰所傳授，而功在鉛汞能使點銅鐵成黃白，與上說完全不同。此外又有一說，雖不言聚寶盆，而荒誕正復相同，儘可作一例觀：

沈萬三名山，蘇州吳縣人也。家貧無產，以漁爲生。一日飯畢，就水洗椀，椀忽墜水中，因撩之，不知椀所在，但覺前後左右壘壘如石彈，乃盡取之。有識者曰：「此烏鴉石也。」一枚得錢數萬，山因以富。或曰，夏日仰臥漁船上，見北斗翻身，遂以布欄盛之，得一杓。及天明，有一老者引七人挑籮擔七條而至，謂山曰：「汝爲我守之。」言訖不見，啓視，皆馬蹄金，以此致富。二說不同。（明孔邇雲蕉館紀談）

我不是礦物學家，不知道烏鴉石究竟是什麽寶石，而値這樣的大錢。至以北斗翻身，居然可以用布欄盛得一杓，無論如何總是使人好像在聽神話。卽使像流星墜下的隕石，拾得一塊，我想也沒有什麽了不得罷！那裏會到天明，竟有老者引人担馬蹄金而來。所以這些都是神話，不是像「人」的沈萬三所可倖致的。至於上述的聚寶盆，靑蛙豈有這樣的魔力？張三丰如果是人，也不應有此荒唐的傳授，傳授之而且居然還能成功。煉丹不過如現在的化學作用，說是能够點鐵成金，無論如何沒有這樣妙的作用可見，恐怕也不過如現在電鍍之類，用汞在外面鍍上一層白色而已，然而這還是冒充的膺貨，難道當時的人，都可以被他蒙過去嗎？說到這裏，倒使我又想起了下面這樣一個故事，那是說宋人的：

巴東下巖院主僧，水際得一靑瓷盌，攜歸折花供佛前，明日花滿其中，更置少米，經宿米亦滿盌，錢及金銀皆然，自是院中富盛。院主年老，一日過江檢田，懷中取盌擲於水中流。徒弟驚愕，師曰：「吾死，爾甯能謹飭自守，棄之，不欲使爾增罪戾也。」（宋吳淑祕閣閒談）

這靑瓷盌也正是一種聚寶盆，那末聚寶盆的傳說，宋時原已有了的，不自沈萬三始。本來中國人最喜歡附會，什麼大人物的降世，總是說天上星宿下凡的。富甲天下的沈萬三，既非天上星宿下凡，那末便是人間有一個聚寶盆，讓他「不盡金寶滾滾來」。好像天下的事只靠神力，總沒有所謂人力，所以聚寶盆之說，當然不値得去相信的。然則沈萬三竟用何法以致富呢？那我倒很相信如梅圃餘談「以貨殖起家」這樣直截了當的說法。一個商人，當那元亡明興大變動的時代，置了很多的田產也如梅圃餘談所云「蘇州府屬田畝，三之二屬於沈氏」，那有什麼不可能呢？他怎樣貨殖法我們現在無法知道他，可是以今證古，這是一件極平淡的事，猶太商人哈同不是如此嗎？他家裏何嘗有什裏聚寶盆呢？

三　助築都城

沈萬三既有這樣的財富，他一生便做些什麼事蹟呢？那唯一的恐怕就是助明太祖築都城了。且看下文：

吳興富民沈秀者，助築都城三之一。（明史高皇后傳）

命分築南京城，自洪武門至水西門，其工先畢。（留靑日札）

京城自洪武門至水西門，乃其所築。（明郎瑛七修類稿）

太祖定都金陵，欲廣外城，而府庫空乏。萬三願各半以築，先三日成，助太祖忌之。（無名氏明小記）

太祖既定金陵，欲爲建都之地，廣其外城，府庫虛乏，難以成事。山願與對半而築，同時擧工，先完三日，太祖酌酒慰之，心實不悅也。（明孔邇雲蕉館紀談）

如上所說，則一爲助三之一，一爲各半以築，三一之說或較可信，各半則未免誇大。然如田、郎二氏所云，亦有不合。按明史地理志：「洪武二年九月始建新城，六年八月成。內爲宮城，宮城之外門六，正南曰洪武。皇城之外曰京城，門十三，南曰正陽，南之西曰通濟，又西曰聚寶，西南曰三山，曰石城。」其中三山卽原名水西。如是洪武爲宮城外門，水西爲京城西南門，如何可作起迄？且據洪武京城圖志：「惟南門大西水西三門因舊，更名聚寶石城三山。」所謂因舊，乃因南唐舊城。二氏各以洪武爲南門之誤，則此段正是舊城所在，何用萬三助築？國家既以府庫空乏，則萬三助築三一，卽助府庫可耳，何必使皇皇都城，定令官商合辦，擧工相競？且既助三一，先三日成之說，根本不能成立。況且三日小事，我想太祖何必小題大做呢？

但除助築以外，還有另一種說法，則事更荒稽了：

金陵水西門有豬龍爲患，相傳明祖以沈仲榮聚寶盆鎭之，乃止。（淸

宋長白柳亭詩話）

京城自洪武門至水西坍壞，下有水怪潛窟，築之復崩。帝素忌沈萬三年命相同而大富，召謂曰：「汝家有盆能聚寶，亦能聚土築門乎？」萬三不敢辨，承命起築立基，即傾者再三，無奈以丹金數斤，暗投築之始成，費盡巨萬，因名曰聚寶門。（明無名氏張三丰傳）

逮明太祖定鼎，抄沒萬三家貲，得其盆以示識古者，曰：「此聚寶盆也。」後築金陵城不就，埋其盆放城下，因名其門曰聚寶門。（無名氏挑燈集異）

後太祖碎其盆，埋之金陵南門下，故名爲聚寶門。（明王肯堂鬱岡齋筆麈）

如上所說，一爲水西門，一爲聚寶門，已不知孰是孰非。而聚寶門得名由於聚寶盆，更是附會之至，不知聚寶門外，有一座聚寶山，門正因山而得名。且聚寶門乃舊有，何用築而不就，埋於其下？至於豬龍水怪，碎盆投金，更不知何所據而云然？只好如宋氏所說「相傳」罷了。

四　遣戍雲南

沈萬三到後來是充軍的。關於他的充軍原因，也有種種說法：

又請犒軍，帝怒曰：「匹夫犒天子軍，亂民也，宜誅。」后諫曰：「妾聞法者誅不法也，非以誅不祥。民富敵國，民自不祥；不祥之民，天將災之，陛下何誅焉？」乃釋秀戍雲南。（明史高皇后傳）

太祖欲殺之，太后苦諫，乃得流雲南。其婿余十舍亦流潮州。（明郎瑛七修類稿）

太祖嘗犒軍，萬三欲代出犒銀，上曰：「朕有軍百萬，汝能偏及乎？」萬三曰：「每一軍願犒金一兩。」上曰：「此雖汝好意，然不須汝也。」由此遂欲殺之。太后苦諫，以爲彼富固敵國，然未嘗爲不法事，奈何殺之，上意乃釋。然亦由此被人告訐，或旁累所逮及，往往曲宥之，後得流雲南。其壻余十舍亦流潮州。（明田藝蘅留青日札）

帝嘗犒軍，召萬三貸之，曰：「吾軍百萬，得一軍一兩足矣。」萬三如數輸之。帝瞷其無困苦狀，由是急欲除之。馬后苦諫，乃讁流南嶺，株連其壻余十舍，亦流潮州。萬三遂輕身挈妻奴而去，委其家貲。未幾，命再徙於雲南。是秋，三丰踐約來會，同萬三煉人元服食大藥，明年始成。全家共服，皆能冲舉，遂散遊於世，隨時救度。（張三丰傳）

這是一說，說他因請犒軍而遭帝怒，以致遣戍雲南，衆說大略相同，較可信。蓋萬三富雖敵國，怎麼可以在天子面前也去賣弄富有？無怪太祖說他是亂民，置之於死地了。至於冲舉散遊，又是神仙家唯一的取巧說法，我們可以不用分辨的。

會萬三於蘇州用茅山石砌街踰制，遂逮而戮之而沒其貲。（明小記）

適山築蘇州街，以茅山石爲心，太祖謂其有謀不軌心，收殺之，血出盡白；家財入官。（明孔邇雲蕉館紀談）

這又是一說，是說萬三先因築城早三日成，爲太祖所銜，後又砌街踰制，乃至被殺，與上說不同。也許蘇州人不懂萬三已經充軍，所以直截了當說他殺了頭罷，然而「血出盡白」又從那裏聽得來呢？僅此一語，又不能不使人認爲奇談了，難道有錢的人，連血也會與常人不同的嗎？

張士誠稱王，勒萬三貲犒軍，又取萬三女爲妃。太祖定鼎金陵，萬三又黨於胡藍，太祖大怒。胡藍誅，遂逮萬三戮諸水西門外，沒其貲，得

二十萬萬，國庫大充。（無名氏梅圃餘談）

富卒，二子茂、旺。明太祖定鼎金陵，召廷見，令其歲獻白金千錠，黃金百觔。甲馬錢穀，多取資於茂。茂爲廣積庫提舉。後茂罪當辟，以有營建工緒未訖，但黥額爲藍黨，猶得乘馬出入。既而發遼陽從戍，籍其田數千頃。（明楊循吉蓬軒吳記）

吳江富土鎭，有沈萬三之壻顧學文，通某序班之妻。序班之兄訐爲胡藍黨，遂滅沈顧二族。（清楊復吉夢闌瑣筆）

這是第三說了，竟說萬三黨於胡藍，而且他的兒子女壻居然也會同一結果。按胡惟庸死在洪武十三年，藍玉死在洪武二十六年，若萬三巳黨於胡，何來又黨於藍？難道他眞是一個天生亂民胚子，一黨不够又來二黨嗎？至如楊氏所說，好像太祖定鼎，萬三巳經死了，籍沒乃是他的兒子；後楊所說，又好像萬三原本無恙，籍沒乃爲他的女壻；這一筆糊塗帳，我們現在也預備不算了，因爲我們相信萬三的一家，那時怕早巳到了雲南了。

三　餘話

關於沈萬三的一生，現在是說完了，不過還有幾則軼聞，爲搜集非易，也想把牠在這裏附錄一下，就作爲本文的餘話罷。

山旣富，築垣周迴七百二十步。垣上起三層，外層高六尺，中層高三尺，內層再高三尺，闊並六尺。垣上植四時豔冶之花，望之如錦，號曰繡垣。垣十步一亭，以美石香水爲之。垣外以竹爲屏障。垣內起看牆，高出裏垣之上，以粉塗之，繪珍禽奇獸之狀，雜隱於花間。牆之裏，四面壘石爲山，內爲池，山蒔花卉，池養金魚。池內起四通八達之樓，俯石成橋，飛青染綠，儼若仙區。樓之內，又一樓居中，號曰寶海，諸珍異皆在焉。樓下爲溫室，中置一牀，制度不與凡等。前爲秉燭軒，取「何不秉燭遊」之義。軒之外，皆寶石欄杆，中設銷金九朶雲帳，後置百諧桌，義取「百年諧老」也。前可容歌姬舞女十數。軒後兩落有橋，東曰日昇，西曰金明，所以通洞房者。橋之中爲青箱，乃置衣之處。夾兩橋而長與前後齊者爲翼寢，妾婢之所居也。後正寢曰春宵澗，取「春宵一刻値千金」之義，以貂鼠爲褥，蜀錦爲衾，毳銷爲帳，極一時之奢侈。（按自秉燭軒以下，皆說牀之制度。）

山有妻十三，尤愛者曰麗娘。山嘗與至後園，至探香亭旁，有一古梅，白蕚鮮美，娘因脫所著金翡衫加於樹上曰：「香則香矣，但少茲豔色耳。」未幾，娘亡。後人見有月夜梅底一美人，著金翡衫，時皆謂麗娘精魄也。山思之甚，每夜宿梅下，或日禱梅間；又作恩鎖臺於冢上，置離思碑於中，會稽楊鐵崖所製也。（以上明孔邇雲蕉館紀談）

太祖高皇帝嘗於月朔召秀，以洪武錢一文與之曰：「煩汝爲我生利，只以一月爲期，初二起至三十止，每日取一對合。」秀忻然拜命，出而籌之，始知其難矣，蓋該錢五萬三千六百八十七萬零九百一十二文。今按洪武錢每一百六十文重一斤，則一萬六千文爲一石，以石計之，亦該錢三萬三千五百十四石四十三斤零，沈雖富，豈能遽辦此哉？（明董穀碧里雜存）

看此三則，可知萬三的奢侈，即以一牀而論，也是窮極精巧，異想天開；麗娘且不必說；至於太祖教他一文生利，那不僅是開玩笑，倒是給他一個很好的教訓。

（三十一年三月二十日草）

雪堂自傳（二）

羅振玉　遺著

當時務報開辦之初。不僅草野爲之歆動。疆臣中如鄂督張文襄公。亦力爲提倡。扎飭各州縣購讀。且練兵興學。派遣學生留學海外諸事。以次奏行。及梁氏赴湘。文襄邀與談。竟日夜。始知其所主張必滋弊。乃爲勸學篇以挽之。然已無及矣。至戊戌春。康君入都。變法之事。遂如春雷之啓蟄。海上志士。歡聲雷動。雖謹厚者亦如飲狂藥。時江督劉忠誠公。奉行新政獨緩。康君弟子韓某。一日謂予曰。頑固老臣。阻新法尙力。但不日卽有旨斬劉坤一李鴻章首。以後卽令行如流水矣。予驚駭其言。以爲必致亂。乃至八月。而政變之事果作。由是馴致己亥之立儲。庚子之拳禍。國是遂不可爲矣。

方是時朝旨禁學會。封報館。海上志士。一時雲散。農報未經査封。予與伯斧商所以處之。伯斧主自行閉館散會。然是時館中欠印書資。不可閉。予乃具牘呈江督。請將報館移交農工商局。改由官辦。並託亡友儀徵李鶴儕大令（智儔）面陳劉忠誠公。公曰。農報不干政治。有益民生。不在封閉之列。至農社雖有亂黨名。然旣爲學會。來者自不能拒。亦不必解散。至歸併農工商局。未免掠美。有所不可。大令爲言。雖制軍意在保全。奈財力不繼何。忠誠乃親批牘尾。令上海道撥款維持。滬道發二千元。時予赴淮安省親。歲暮歸滬。伯斧已將此款還印費。不存一錢。感於時危。歸淮安奉母。予以忠誠意不可負。乃舉私債繼續之。於是農館遂爲予私人之責矣。

方予譯印農書農報。聘日本藤田劍峯學士（豐八）遂譯東邦農書。學士性伉直誠摯。久處交誼日深。一日。予與言中日本唇齒之邦。宜相親善。以禦西力之東漸。甲午之役。同室操戈。日本雖戰勝。然實非幸事也。學士極契予言。謂謀兩國之親善。當自士夫始。於是日本學者之游中土者。必爲介紹。然苦於語言不通。乃謀刱立東文學社。以東文授諸科學。謂必語言文字不隔。意志始得相通。乃賃樓數楹。招生入學。藤田君任教務。農館任校費。予與伯斧以農社事繁。乃舉亡友邱君于蕃任校務。時中國學校無授東文者。入學者衆。乃添聘田岡君（嶺雲）爲助教。上海日本副領事諸井學士（六郎）及書記船津君（辰一郎）任義務教員。授東語。學社乃立。繼是日本亦刱同文會。會長近衛公（篤麿）。及副會長岡子（護美）。均來訂交。日以同文同種之義相勸導。意至誠切。於是兩國朝野名人。交誼增進。

學社刱於戊戌仲夏。及八月政變。校費無出。邱君乃去滬。生徒散者三之一。而高材生。若海甯王忠慤公。山陰樊少泉（炳清）桐鄉沈炘伯（紘）兩文學。均篤學力行。拔於儕類之中。不忍令其中輟。乃復由予舉私債充校費。幸一年後。社中所投歷史地理理化各教科。由王樊諸君譯成國文。復由予措資付印。銷行甚暢。社用賴以不匱。方予一身兼主報社兩事。財力之窮。一如予之理家。同輩賛予果毅。且爲予危。其實此境固予所慣經也。

方戊戌新政舉行。浭陽端忠敏公。任農工商大臣。銳意興農。移書問下手方法。予謂欲興全國農業。當自畿輔始。昔怡賢親王議興畿輔水利。竟不果行。公若成之。不朽業也。因寄畿輔水利書。附以長函。公閱之欣然。乃先議墾張家灣荒地。而値八月之變。公出任外吏。瀕行遺予書。謂興農一事。朝旨不以爲非。若願北來。當言之當道。必加倚重。予意頗動。尋念去庭闈遠。且不知任事能否無阻。乃謝之。時與公未識面。通書問而已。然與公訂交。實自此始。

自戊戌政變。當時所謂志士者。咸去滬。及庚子。北方拳禍起。又復猬集。遂有長江之變。時當事諸人。亦自知力不足。乃隱通海軍。復結沿江會匪爲後援。及大通一敗。漢口未發再敗。海軍袖手不動。而會匪尙居滬上。有湘人李某者。任上海某局文案。亦與聞長江事。懼連染。乃詣江督告密。謂事變由會匪煽動。簿其名以上。且自請捕之。江督許焉。時汪君穰卿主中外日報館。已練達世事。議論日趨穩健。顧平日負俠氣。聞而不平。謂會匪誠可誅。然既與同謀。敗而下石。傾險孰甚焉。乃陰資諸會匪。縱之去。某憤甚。於是又以汪某實爲首領告。穰卿時方在白下。不知已遭刊章。其友陶矩林觀察（森甲）知之。不義其鄉人所爲。密衛穰卿出險。並以實語江督。某乃接踵去滬。事先。穰卿不以告。恐予阻之。後聞其事。相與歎人心之險。益以危行戒穰卿。此後。予有言不復拒矣。又是年長江諸督。與各國領事。訂互保之約。南方幸得無事。然滬上恆舞酣歌如故。一若不知有兩宮蒙塵。北方靡爛者。予乃益感民德之衰。爲之寒心。

是年秋。予方擬措資。將歷年所譯農書。編印叢書百部。充農館經費。款尙未集。鄂督張文襄公。電邀予總理湖北農務局。以館事不可離。謝之。公不許。且兩日三電促行。不得已。乃權將館事託沈文學（紘）。擬到鄂面辭。旣上謁。文襄問所以堅辭之故。予據實以對。文襄問叢書百部。得價可幾許。曰。約五千元。問印費幾許。曰。半之。文襄曰。農館經費易事耳。五千元所得微。可印二百部。書成。當扎飭各州縣購之。君勿慮此。現以鄂省農政相煩。此間設農務局。已三年。並設學堂、設農蠶兩科。總辦某觀察。不解事。命提調某丞任學堂總督。近該丞力陳學生窳敗。教習不盡心講課。惟誅求供給。非停校不可。我意國家經費。及學子光陰。均當矜惜。故請君任農局總理。兼該堂總督。其即日視事。詳察情形。早日復我。予以力不勝謝。文襄諭以勉爲其難。予旣退。提調某。時已改充幕僚。出見。且導予至其室。謂予曰。制軍盼公殷。公此來。當先決學堂事。此堂學生皆敗類。不可造就。當以快刀斬亂麻手段。亟停此校。而制軍意不決。君初至。不知情形。故以奉告。予詢以君往任監督幾年。曰。三年。予私念校風之壞。果孰致之。竟侃侃而談。毫無媿心。甚以爲異。復詢之曰。學生不可造就。招某來即爲停校乎。某曰。否否。制軍且以全省農政奉託。予曰。旣有總辦。又有總理。不嫌駢枝耶。某曰。然制軍以總辦不曉事。專任君。不去之者。以君爲諸生。公事文移不便。故除行公文用其名。他不令干涉一事。且制軍意。欲爲君報捐候選知府。留鄂差遣。俟有此頭銜。則總辦可去也。予益詫爲異聞。乃託彼代予堅辭。某則堅勸留。予知不得去。乃告以予曾捐候選光祿寺署正職。可謝制軍。不必再捐知府。蓋是年先府君辦捐輸。令予報捐此職也。某曰。如此更善。當反報。乃次日公文至。仍是總理。殆以予之職微也。然代捐知府事。則幸免矣。

明日予至校受事。收支委員李某。持簿籍至。則教習農蠶科各二人。農科爲農學士美代清彥。吉田某（今忘其名）。蠶科爲峯村喜藏。他一人今忘其名。繙譯四人某。學生兩科總七十餘人。頗訝學生之少。謡譯之多。乃先接見教習。教習謂夙欽仰先生。今蒞此。某等之幸。以前總辦提調。苦不得見。有事由收支轉達。頗不便。以後許直接逕達乎。予諾之。又見譯員四人。中三少年。爲使館學生。能東語。不通中文。舉止浮滑。又一人。年差長。中文略通。性尤陰鷙。又接見收支員李壽卿。則中州人。出言鄙甚。又一人。爲文襄之同鄉侯某。則掛名支俸而已。已而總辦至。導諸生晉見。總辦年六十許。議論極奇詭。出人意外。宜文襄斥爲不曉事也。予乃逐日接見諸教職員。並上堂督課。且分班接見諸生。戒以聞本堂學風素劣。致有請制軍停校者。制軍矜惜爾曹光陰。及國家經費。故命予來此整頓。今與爾曹約。自今更始。當敦行力學。一洗前恥。有偶犯過者。初次宥之。再次記過。三犯革除。衆皆唯唯。自是遂察校中情形。乃知譯員半爲黨員。且觀其所譯講義。文理均不可通。因詢教員。以學生既三年。何仍不能直接聽誦。答以提調嫌第一年課表東語太多。謂既有譯員。不必重東語。故某等礙難違命。但深願嗣後再招新生。必期直接聽講。其言頗合理。且與久處。並無誅求供給事。知以前必收支員託名冒領。提調不知也。學生則以新監督每事躬親。頗具戒心。逮半月後。有故態復萌。致記過者。既一月。詳察記過諸生中。有五人。舉止詭異。與譯員往還甚密。意其必三犯。已而果然。遂面諭斥退。於是校風日整。乃謁文襄陳二事。一請裁不職譯員。暫覓替人。以後廢除。令學生直接聽講。二請撥地爲試驗場。以備實驗。並面陳自革退劣生。校中安靜。但學風之壞。由於譯員。譯員不去。根株尙存。文襄大悅。令覓替人。且面允撥撫標馬場地爲試驗場。提調聞之。殊不懌。蓋譯員陰聳學生滋事。而又諂事提調。提調不悟其奸。即課表中減東語。亦譯員爲自保地。提調爲所愚也。予既請易譯員。提調遣人密告之。以示好。於是譯員全體辭職。予立許之。乃電忠慤及少泉代焉。於是教員稱便。校風清謐。其後事起。則所斥譯員諸生等。半在其中。且有爲之魁者。乃知予當日所料。固未爽也。

予自整頓農校後。提調頗怏怏。蓋忿予不停校以實其言也。致予數上謁文襄。請撥馬場地。皆不得見。蓋陰爲之阻也。予又見凡在鄂任事之人。見文襄皆極其趨承。而陰肆譏誹。無所不至。意甚薄之。不欲與伍。乃於次年暑假返滬。遂再三辭職。時該校管理頗易。營謀者多。文襄遂派員接辦。而委予襄辦江楚編譯局。實無一事。素餐而已。意頗不安。逾歲。遂併謝之。當在鄂時。無所事事。王樊兩君。除講譯外。亦多暇日。乃移譯東西教育規制學說。爲教育雜誌。以資考證。先後凡五年。予始知外國教育。與中國不能一致。外國地小。故可行義務教育。中國則壤地占亞洲之半。人民四萬萬。勢必不可行。故古者四民分職。各世其業。以君子治野人。以野人養君子。而所以化天下者。如春風之長養百物。上老老而民興孝。上長長而民興悌。上恤孤而民不悖。堯舜帥天下以仁。而民從之。桀紂帥天下以暴。而民從之。風行草偃。而天下已無不治矣。乃當世論教育者。必欲强行義務敎育。於是各省苛捐日出。民不堪命。謀之不臧。卒陷國家於危地。哀哉。

予自丙申至辛丑。凡六年。初僅歲寄銀幣二百。奉堂上菽水。及庚辛二年。積薪資得二千餘圓。旣辭鄂歸。所印農書。亦未請文襄扎發。而銷行甚暢。所得利益。除償本金及維持農館東文學社外。尙贏數千圓。乃悉以償債。不敢私一錢。於是夙逋一淸。但質蔣君處之越河田。尙未贖耳。先妣慰悅。移書獎勵。以予久客。獨居不便。遣僕送眷至上海。是年冬。江鄂兩省奏派予至日本調查敎育。使兩湖書院監院劉君及畢業生四人爲輔。行時眷屬適至。翌日卽行。至次年正月歸。在海東凡兩閱月。

予至海東。東京高等師範校長嘉訥(治五郎)。爲講敎育大意一星期。每日一小時。意甚摯。然所言皆所夙知者。逐日參觀大小及各專門學校。甚匆遽。然有當記者三事。一自各省爭派生留學。至是而極盛。人類本純駁不一。復經庚子之亂。東邦浪人。又相煽誘。於是改革之說大昌。如蜩螗沸羹。一倡百和。各省監督畏其勢盛。噤不敢聲。或且附和之。日本外務大臣小村氏。一日密延予至其官邸。謂留學生現象如此。恐釀成兩國之不祥。顧諸生來者。補習東語後。皆入高等及專門學校。而日本高等學校。素無取締之例。但不加取締。前途甚可憂。若貴國江鄂當道。不以爲非。當由文部訂取締專條。以免將來發生不幸。予時方以是爲憂。而該大臣乃自言之。予出諸望外。允歸爲江鄂兩督言。且謝其厚意。此一事也。二日本貴族院議員伊澤君(修二)。聞予至。來拜。爲言變法須相國情。不能概法外人。敎育尤爲國家命脈。往者日本維新之初。派員留學。及歸國。咸謂不除舊。不能布新。遂一循歐美之制。棄東方學說於不顧。卽現所行敎育制度是也。其實東西國情不同。宜以東方道德爲基礎。而以西方物質文明。補其不足。庶不至遺害。我國則不然。今已成難挽之勢。貴國宜早加意於此。新知固當啓迪。國粹務宜保存。此關於國家前途利害至大。幸宜留意。予深服其言。亦允歸爲言之當道。並謝其拳拳之意。此二事也。三同文會副長長岡子爵。本爲予舊交。一日延予至華族會館相見。至則子爵外。僅一譯人。旣入席。謂有祕事相質。故不延他人。乃鄭重言曰。自甲午兩國失和。爲東方之大不幸。戰後日本國際地位驟高。久啓歐人之忌。異日必將有俄日之爭。以日本壤地褊小。可勝不可敗。敗則滅亡。勝亦大傷元氣。萬一竟至啓釁。貴國東三省。當兩國之衝。若中國國勢强勝。則有此緩衝地。日本受庇不小。惟貴國國勢恐不能固此緩衝。兩國開戰。日本爲爭存計。必首先侵犯貴國中立。甲午之役。睦誼已損。何可一而再乎。故非避免戰事不可。今有一策於此。特請君商之。幸許一言否。予請示其策。乃續言曰。我國爲此。與元老樞府協商久矣。竊謂變法危事。今中國日言變法。其得失非可一言盡。以其至淺者言之。恐羣情不便。國勢轉爲之不安。何不由貴國皇帝。遴選近支王公之賢者。分封奉天。合滿蒙爲一帝國。開發地利。傭用各國客卿。以此爲新法試驗之地。變法而善。中國徐行未晚。若不善。則可資經驗。不至害及國本。我國今將與英訂同盟之約。若新國旣建。可由兩國提出國際會議。將此新國暫定爲局外中立。惟不可以爲藩屬。將致種種不便。如是則貴國可免變法之危。日本亦可免日俄之戰。實兩國交利之事。此策雖建自本會。實已得天皇同意。若公謂然。請密告江鄂兩督。與政府籌之。但不知君認此爲出於誠意否耳。予乃極稱其策之善。意之誠。謂當力言於兩督。且詢以若兩督謂然。必與公商進行之策。公能至江鄂否。長岡曰。可。予乃珍重與訂後約。此三事也。有此三事。予私喜以爲不虛此行。壬寅仲春。至鄂。密陳於文襄。文襄稱善。並令予先將第三事密詢劉忠誠。若同意。當商之樞府。及予至江甯。謁忠誠。乃亦謂然。未幾。江鄂乃密電日外務部。請訂取締學生規則。及文部頒行。學生大譁。紛紛抗命。致失效果。至保存國粹之說。予著論揭之教育雜誌。暢言其理。於是國粹保存四字。一時騰於衆口。乃卒不收其效。文襄定學堂章程。僅於課表中。增讀經一門。未嘗以是爲政本。後學部開教育會。野心家且將併此而去之。致芒芒禹甸。遂爲蹄迹之世矣。

三事中。末一事所關尤巨。兩督會商後。會命予密招長岡副長。長岡以病不能行。近衛公代之。予伴至江鄂。而不得與會。久之寂然。不得其故。及日俄戰後。端忠敏撫吳。偶言及之。忠敏曰。近衛到鄂。某亦與議。相商極洽。乃以此密詢榮文忠。文忠不可。遂已。蓋其時忠敏方撫鄂。故知之也。嗚呼。文忠誤國之罪。甯止庚子之變。模稜持兩端已哉。

予壬寅自鄂渚歸。適上海南洋公學增設東文科。毗陵盛公（宣懷）。延予任監督。沈子培尙書（曾植）。爲之慫恿。乃就聘。時校地不能容。設分校於虹口。爲延藤田劍峯爲總教習。諸生勤學者多。成績頗可觀。乃閱二年而遽罷。是年冬。積俸入得二千元。以贖越河質產。於是宿負始清。當庚子十月。先妣六十初度。時至鄂。初受事。不獲返淮稱祝。乃遣奴子齎銀幣二百歸。先妣諭以兩宮蒙塵。且宿逋未了。非稱壽之時。來款給饔飧。足慰兒孝思。異日逋負畢償。當爲兒盡一觴耳。至是遂擬歸省。先妣復諭以冬寒。不必遠涉。俟春和歸可也。乃癸卯正月二十四日。以事至吳下。越日得急電。言先妣病。聞之神魂飛越。乃星夜遄歸。五日始抵家。則吾母已於發電之日。棄不孝而長逝矣。予肝腸寸裂。撫柩痛哭。府君持予手慰勉。予不能措一辭以對。回憶離膝下七年。往者歲必數歸省。雖不過留數日。尙得親承色笑。獨去冬以慈諭故未歸。豈知遂不及永訣。竟抱恨終天耶。今以垂暮叢咎之身。家國俱亡。海濱視息。未知何日方得侍吾母於地下。去年冬。爲吾母九十冥壽。家祭畢。回思劬勞未報。萬感交集。愴然涕下。今追記及此。又不覺老淚之漬紙也。

喪逾百日。先府君恐予過哀致疾。謂宜速返滬。理校務。不敢違嚴命。乃至柩前。痛哭而別。返滬後。精魄若喪。心如死灰。覺人間事無一可留戀者。方戊戌。朝旨舉經濟特科。湖南巡撫陳公（寶箴）。以予名應。自慙名實難副。本不敢應徵。乃旋以政變中止。及壬寅特科復開。張文襄公及郵傳部尙書張文達公。法部侍郎沈公（家本）。漕運總督陳公（夔龍）。復加薦剡。是年考試。予以居喪故。得謝徵車。是年孟冬。粵督岑公。延予至粵。參議學務。欲謝不往。家人恐予鬱鬱致疾。勸行。予以嶺南景物。爲平生所未見。乃姑往應之。到粵。住粵秀書院。無所事事。惟將南洋公學東文科高材生數人。補官費。留學海外而已。粵東書價廉。乃日至雙門底府學東街。閱覽書肆。適孔氏嶽雪樓藏書。後人不能守。方出售。乃盡薪水所入。購之。予之藏書自此始。歲暮返滬。明春再往。終以素餐爲媿。至暮春。遂託故辭歸。孟夏。購愛文義路地九分。築樓三楹。請先府君到滬就養。府君許之。既至。以眷口衆。新築狹。乃別賃宅西門外。

×　×　×

紅樓夢的言語及風格

華皎

我自幼愛讀紅樓夢，久而彌篤。近十年來努力搜求紅樓夢的諸異本並譚紅樓的書，頗有所獲。可惜辛苦得來的，全在幾年前失去。因而搜集的心思淡了下來，現在朝夕自隨的只是一部家藏的鉛活字本而已。

關於紅樓的書可以說是多極了。編成曲子，衍爲論贊，圖成譜錄，大大小小總有幾十種，不過這似乎全沒有什麼大意思。五四前後俞平伯先生的紅樓夢辨和胡適之先生的攷證出，「紅學」於是乎大盛。而這兩部東西，也的確可以說是空前的傑作。使我們不單以看故事爲滿足的人們大大高興。胡先生的考證使我們知道曹雪芹最初創作紅樓夢的時候是一段段的寫成的，有時後面的事實反而先寫成，而前面的反而還沒有補進。這可以使我們推測出曹雪芹是先擬定了一個條理清晰的大綱——或者把回目都先擬定也不一定。然後才一塊一塊的向上塡，這時候就已經有人向他借了去以快先睹，以致原稿有遺落，使正文八十回裏有所缺失，和前後兩回不相連屬的地方，而且還有未寫成的地方，因爲曹氏逝世而變成殘稿。最可惜的是有幾大段文字都已遺失了。如衛若蘭的射圃，小紅茜雪在獄神廟的一段，「誤竊玉」，「花襲人有始有終」諸文。因爲這種寫作的情形，所以頗令我疑惑一向認爲是高鶚所補的後四十回中，也有些是雪芹的原稿。如「感秋聲撫琴悲往事，坐禪寂走火入邪魔」，和寶蟾送酒的幾回。尤其是寶蟾送酒的一段（證據在後面），這在高鶚自己的話里似乎也可以找出線索來。如「引言」中說：「是書沿傳既久，坊間繕本及諸家祕稿繁簡歧出，前後錯見。……」這裏高鶚所說的「前後錯見」的話，更可以證明我假設後四十回中有曹雪芹的原稿的事。

現在我想回過來先看看紅樓夢的本子，根據胡說，現存的本子大別之有三，即程甲本，程乙本與有正書局的戚（蓼生）本是也。戚本頗近於原稿，是當時的一個傳鈔本。程甲本即高鶚續補成書後第一次木活字印本，程乙本是高鶚取甲本重新改正再排的一個本子。通行各本皆自程甲本出。亞東圖書館的本子本是據通行本校印，後來又據程乙本改排，有汪原放的校讀後記，盛稱其佳。但我却看出其極不行處。蓋汪君以生意眼爲重，當然要稱贊其書，這在普天下的讀者，是應當瞭解而原諒的。不過我們站在純文藝的立場上來看，自然不敢附議，即無論高鶚擅改原稿，如塾師之批課卷，在態度與道德上均無可取。只要拿兩種本子對校一下，看看他的所改的地方，是那樣不高明，也就可以知道程乙本之不佳與高鶚的不行了。

紅樓夢數百年來，幾於婦孺皆知，而且也已成爲標準的官話教科書，如想學吳語必看九尾龜與海上花然，不只是海內如此，而且已經是國際的了。我最近得到一本，就是曾用了來當作教科書的。在某几回中有詳細的批注，如第九回「貼的好燒餅」上注云：「彼此交換男色」。本來這些雙關語是文學上極重要的素材，如不明瞭，簡直是要使作品大爲減色的。燒餅這名辭，在上海就沒有，其實在北方老鄉的油條攤上，也還是有的。不過已經改稱爲「大餅」，晉封爲平民標準食品了。至於如何貼烤，一般人士不曾到攤上實地考查者難免茫然，因而這裏的批注也似乎是必要的了。

我買這亞東本，全是爲了要看看這程乙本的本來面目。因爲原本流傳，極爲罕少。除了胡氏外，據說只有容庚先生有一部鈔本，那麼，亞東的流傳，似乎也不爲無益。不過這只可給對紅樓有興趣的人作「備此一格」之用，如果用做普通閱讀，我以爲還是不好的。

買來以後，就頗想發高鶚之覆，可以就拿我曾有的一本活字本（據程甲本）來校了一下。也許有人會發笑的罷，爲紅樓夢做校字記，然而也實在是三個有閒之餘，閒不過了。不爲無益之事，何以遣有涯之生？仁人君子，其各鑒諸！

話又說回來，從頭校起，也實在沒有那麼許多餘裕，這裏只是取出我所素所喜讀的幾部份來校一下，而且特別注意的是「言語」，即對話的部份。這兩回就是第廿六回「瀟湘館春困發幽情」和第二十三回「西廂記妙辭通戲語」裏「那日正當三月中院」以下的一段。

普遍的看來，高氏的拿手好戲是把「兒」字加上去。這本來是藍靑官話的特徵。如「花瓣」，在北平方言中讀作花班（淸吟小班的班）而作去聲，根本用不到加上兒字。如果以南方小學生國語課上的拉長而讀之者爲準，則豈不「天鵞毯」也乎哉？「倒在水裏」改爲「撂在水里」，這裏是沒有深切明瞭語氣輕重之分。用「倒」，是表示寶玉很有些花瓣在兜裏之故。撂字太輕，如「撂袍端帶」，「撂開不管」，如用作及物動詞，只可施之於薄薄的一張紙或幾片花，若是那麼大的一斗桃花，則頗有些不量輕重了。

以上是一個字的删易。還有「精彩」的整句删改，如「好好！來把這個花歸起來，倒在那水里去罷」一句，改爲「來的正好，你把這些花瓣兒都歸起來，撂在那水裏去罷。」活動的氣氛完全失去。「來把……」多親熱，多爽快；「你把這些……」簡直變爲少爺對丫頭發號施令。這種地方，實在不能不說是點金成鐵了。

「慌的藏之不迭」改爲「慌的藏了」，這裏是不知道「不迭」這個「辭」在北平是怎麽的活潑地被運用着，如「不迭當的」表示來不及……

下面的一個例子，如果用了「文學史」的眼光去看，倒好像頗有趣。原文的「不頓飯時，將十六齣俱已看完」，在曹雪芹原來是用了「浪漫主義」的手法把林黛玉的聰明表示出來，不料高鶚看了有些不可能，於是改爲「已看了好幾齣了」。這裏，高鶚好像是用了「寫實主義」或「自然主義」的手法改文章。不過和後來的「餘香滿口」地默默記誦的情況有些不合了。如果是只看了幾齣，根據「且聽下回分解」的引誘，還要看下去才是，不應就記誦起來的。

「林黛玉道果然有趣」改爲「黛玉笑着點頭兒」。這裏我有個推測。寶黛二人，平常總是喜歡鬥口的。如寶玉說東黛玉每每愛嬌的說是西。對於西廂的文字，兩人都感到好了。然而還不肯痛快的贊成，只淡淡地敷衍了一句「果然有趣」，這句話有多麽「嬌」？點頭兒，表示心悅誠服，意境不同。這個例子好似賈島的推敲的問題；我們其實應當尊重作者的情感與想像，不宜像煞有介事地竟爲删易也。

「瞪了兩隻似睜非睜的眼」，改「兩隻」爲「一雙」，只令人感到庸俗。「你這該死的胡說！」改爲「胡說了！」校至此處實在不能不有把一個吹滿了的汽球用針來刺破之感。

「寶玉着了忙」改爲「寶玉急了」，當時的環境，想來必不若是嚴重，這個例子正合上例相反，一是將重改輕，一是將輕改重，順筆塗乙，全無標的，眞令人莫明其妙也。

到後來寶玉反詰：「你說的是什麼呢？」想曹雪芹原意，寶玉只不過白說一句而已，所以輕描淡寫的一說即過，以表示對這位嬌小姐毫無辦法之意，高氏變爲「你說；你這個呢！」大有氣急敗壞，急於報復之勢，當日寶玉必不若是。

下一個例是高氏擅加了一個了字，結果弄得句意全殊，實在是比較嚴重的。

襲人說的「那裏沒找到，摸到這裏來！」高氏輕輕加一了字於句末，成爲「……這裏來了！」原句是襲人自述，含有抱怨之意。改後則意指寶玉：「哈哈！你摸到這裏來了！」輕易一添，主詞變動，這實在不應出諸通人之手的。

另外在「瀟湘館春困發幽情」一回中，也有不少改動。

「只見黛玉的奶娘，並兩個婆子都跟了進來」改爲「都跟進來了」。這很像封神演義上的「定身法」，把活生生的一句句子定得死板了。我常想在寫文章時除非必要，最好避免置「了」字於句末，以免造出死樣活氣的句子來。

下面的一個改動是寶玉叫紫鵑沏茶的一段：

寶玉笑道：「紫鵑，把你們的好茶倒碗我吃。」紫鵑道：「我們那裏有好的呢？要好的只好等襲人來。」黛玉道：「別理他。你先給我舀水去罷。」紫鵑道：「他是客，自然先倒了茶來，再舀水去。」

高鶚的程乙本把倒茶的兩個倒字全改成了沏字。揣高鶚之意似乎以爲瀟湘館中平素並不預備茶，或只吃開水。等到有客來了，才現沏去的樣子。這似乎是對瀟湘館的一大侮辱罷！或曰：是去沏「新的好的茶」也，殆亦不然，觀後文可知。又吃字改爲喝字，不免俚俗。

其次的一看，情節比較重大了。這是在寶玉背出了那兩句西廂上的話以後：

黛玉登時撩下臉來，說道：「二哥哥，你說什麼！」寶玉笑道：「我何嘗說什麼？」黛玉便哭道：「如今新興的外頭聽了村話來，也說給我聽；看了混帳書，也拿我取笑兒；我成了替爺們解悶兒的了！」一面哭一面下牀來，往外就走。寶玉不知要怎樣，心下慌了，忙趕上來說：「好妹妹，我一時該死，你別告訴去。我再敢說這樣話，嘴上就長個疔，爛了舌頭！」

高鶚在第一句「登時」下面，加入「急了」二字。高鶚眞不知是怎麼一回事，總不能把握到黛玉的性格，以爲她一來就要揎拳捲袖地打上一架的樣子。他似乎全沒有過小兒女門口的經驗，如果高鶚年青時，家庭環境是如此，那只好「無怪」了；因而下面黛玉所說的話中，開頭的「二哥哥」三字，就爲高鶚抹去。根據曹雪芹後面描寫過黛玉嘲笑湘雲把「二哥哥林姐姐」念成「愛哥哥」的一看，我們大概可以想像出這三個字出諸小兒女的聲口，是如何的嬌嫩，而高鶚一筆抹殺，點染出十足的戰爭狀態，我覺得這一種「忍心害理」，實在是莫此爲甚。

還有「寶玉心下慌了」一句，把「不知要怎樣」五字刪去，粗心得可惡。「你別告訴去」，改成「你好歹別告訴去」。這和前邊所說的理由相同，高鶚是把寶黛兩人間的時常發生的小糾紛，看得太嚴重之故。

我爲什麽要費了這許多事來校勘這些文字，對高鶚的文法加以討論呢。那理由除了有閑之外，還有就是實在太看不過高鶚的橫行無忌。依我的推測，高鶚的國語程度，只不過四十分左右，而妄想弄巧，其成拙也當然？不料這些功夫不太空費，在後四十回裏的幾段比較好的文字中對校了一下，再和普通甚至於下劣的一些文字比較，看那一些文字改動多些，結論是那些下劣的文字，幾乎沒有改動，而精彩的文字中，高鶚却曾經大大的「潤色」了一下的。這在「寶蟾送酒」的一段裏看得最明顯。

第九十一回：「縱淫心寶蟾工設計，布疑陣寶玉妄談禪」中（亞東本第五册）第二頁：「只聽外面一個人說道：『二爺爲什麽不吃酒吃菓子就睡了？』」吃酒的吃字改成喝字了。這正與前面瀟湘館一回中改吃茶爲喝茶相同。高鶚既然心裏有了一個定義，凡是液體的東西，非用喝字不可，那麽在他自已續書時，似乎不大應該忽然用上了吃字，等到再板時才改正過來，只能說他是任筆的批改曹氏的原文如此的。

又下面一段「怎麽這樣早就起來了？」樣字改爲麽字。「這也罷了！倒是他們惱了，索性死了心，也省得來纒！」（按汪原放原來的標點，在惱了下面加一個驚歎號，作一句讀，大誤；應當是個分句，聯了直讀，才有力。）「省得來纒」改爲「省了來纒」，這兩處的改動，全是對話裏的不十分重要的地方，不過一經改動，語氣即因之而易，觀乎高鶚之喜歡掉京腔，也應該是刪動了原文的。

下面同回第四頁末一行：只見金桂問道：「你拿東西去，有人碰見麽？」寶蟾道：「沒有？」「二爺也沒問你什麽？」寶蟾道：「也沒有。」

亞東本在「二爺也沒問你什麽」句上添「金桂道」三字。推想此處實應有此三字，而原本無，或許是雪芹本來用了省略法，因爲這兒是金桂之問，很是顯然。活字本在此句之旁，有夾批云「此句金桂問也」六字，這可以證明程甲本是原來沒有的。如果是高鶚原作，不該如此疏忽，這更可以證明這一回的傳鈔之迹。

又下面一大段中改動的也頗多（此節係亞東本原形）

金桂因一夜不曾睡，也想不出個法子來。只得回想道：「若作此事，別人可瞞，寶蟾如何能瞞？不如分惠于他，他自然沒的說了。況我又不能自去，少不得要他作脚，索性和他商量個穩便主義。」因帶笑說道：「你看二爺倒底是個怎麽樣的個人？」寶蟾道：「倒像是個糊塗人。」原本「不如分惠……」句在如下有我字。「他自然沒的說了」原文作「他自然沒有不盡心的」。「索性和他……」原本作「倒不如和他……」，「倒像是個糊塗人」原本無是字。這些改動於原來句意都有移動，除非是高鶚覺得曹雪芹的原文不通，所以改上一下之外，似乎不能解釋作他自已在再版時忽然意見變動。緊接有一句「你如何說起爺們來了？」改爲「你怎麽糟蹋起爺們來了？」原句是有些「不通俗」的，一經改動，就變成京話，而且語氣也重了。下面有一句「你這些話向我說」改向字作和字，也是改通常字爲方言字。在小小一段之中，有這麽許多改動，而且都是高鶚在施展他「藍青官話」的拿手好戲，所以不能不使我疑心這一段文字的原文，實在是曹雪芹當日零碎的一段殘稿，爲高鶚所剪裁改動而插入了後四十回的。如果是他自己的原作，他絕不會有工夫再加刪改，因爲他覺得自己的語言技術，實在已經可以說是好極了。這些不是空話，看後四十回中其它凡劣部份的毫無若是的刪動可知。

紅樓夢二百年來成爲家喻戶曉的作品，無問南北，當然是因爲它的情節的好。但是另外一方面語言的漂亮，似乎是非道地北方人無從領略。這在看小說專重故事的人們聽來，自然要以爲是迂闊之談，其實大有不然，這些讀者不免有些像如入寶山空手回，大大有些失算的。如果眞眞想作文藝的鑑賞，或研究語言，如黎錦熙先生的從事「巴設解」那樣的工作，這一部大書是應該仔細玩味的。而且即如自命爲北平語專家的高蘭墅，也不免看拗了句法，鬧出前後大相反的笑話來。這裏更可看出這並不是一種細事，可以一筆抹殺者也。而同時我的對紅樓的反覆吟味，有若老先生們搖頭擺腦地在讀韓退之的古文，也可以得到很好的辯解了。

「胡適論學近著」中，「跋乾隆庚辰本脂硯齋重評石頭記鈔本」一文的末尾有幾句話：

「我盼望將來有人肯費點功夫，用石印戚本作底子，把這本的異文完全校記出來。」我覺得這是很應該作的工作，在文學鑑賞上，攷證上，語言學上都有不小的意義的。

★ ★ ★

介紹三大日報

內容充實詳盡 報道迅速正確
中華日報
社址：上海北河南路五十九號

新中國報
社址：上海河南路三百〇八號

中報
社址：南京朱雀路
態度公正嚴肅 編排新穎生動

談明代的妓女

笠堪

以色藝和肉體來維持生計的人，該是人世間最可憐的脚色罷。雖然在男子也未嘗沒有，但總是女子占絕對多數。在古代，是只有娼妓一種名目的，近則名目繁多，雖則她們並不肯以娼妓自居，而法律也並不以娼妓目之；但在我們看來，實質上是一般的。用一個日本名詞來總稱他們，說是「賣春婦」，那就包括盡一切了。

在亂世的時候，「賣春」這一業照例是要特殊興盛的，因爲人們就心末日的來臨，都有一個需要刺激的念頭，「世紀末」的瘋狂，使這一業畸形發展，所以許多名妓和可歌可泣的事蹟，大都在這樣的時代中演出來。

人們對於娼妓的態度，一方面在狎玩她們，一方面却又在鄙夷不屑，在堂堂正正的學者之流，大概都是不齒於口的。其實娼妓是全世界最嚴重的社會問題，最進步的社會也無法解決得了。若不以狎玩而鄙夷不屑的態度對之，反而用同情和可憐的眼光來對待，或許有解決之一天。但我在這一篇小文中，却並不想高談什麼社會問題；而是由於歷史的癖好，來談談過去的爲人所鄙夷不屑的可憐女子吧了。

中國文人肯爲娼妓而下筆的，實在是很少。「平康記」和「北里志」，是唐宋的記載了，近代只有「板橋雜記」和「煙霞小譜」等幾種，大都是記記他們文人的豔遇和她們的品貌而已；有系統的當作一個問題研究是沒有的。但在西洋，關於這類書便不少，日本這類著述，有瀧本二郎的「世界性業婦制度史」，道家齋二郎的「賣春婦論攷」和中山太郎的「賣笑三千年史」，獨中國未見專書。想從零零碎碎的材料中找一些來談談，也不無意義的吧！

娼妓的定義，在中外是並不完全相同，舉東西洋兩個例，歐洲伊凡普洛博士說：「娼妓是一個男的和女的，把他或她自己賣給許多人，以滿足他們的性慾，並不加選擇。」他的定義中，還包括男娼在內。日本性學專家靑柳有美說：「賣淫婦者，因爲性的亂交，而得自己或他人生活費之全部或一部份之女子。」靑柳氏雖然忽略了男娼的存在，但於賣淫的制度和目的都說得很淸楚。這兩種定義雖在東西洋可以適應，也包括中國一部份下級的娼妓在內，却不能應用於中國全部的娼妓，因爲他們心目中的娼妓，是以實行性交爲中心，而中國人却以娼妓爲一種藝術的交際，性交是放在第二步的。所以中國人到妓院去的，並不專爲性交，而是去飲酒賦詩，去消心中塊壘，去預備應試的文章。雖然，這些都是古人古事了，溯自歐風東漸，這種流風餘韻，久已不見，感嗟之餘，我們還是來談談古事吧！

談起古代的娼妓，我們就會不期而然的想起明季白門的秦淮河，那多多少少熱情奔放的少年文士，個個通曉翰墨的名妓，陪襯着甲申乙酉之際的一個大動亂時代，多少悲壯激昂的英雄事蹟，多少旖旎風光的兒女情事！雖然時至今日，已隨時代以俱去，但印刻在讀史者的腦筋中，是永久難以磨滅的。所以我在這篇小文裏，便以明末的娼妓為中心。

娼妓，和伶人皂役之類，稱為「娼優隸卒」，不齒於齊民之列的，其人格之低落，殆似羅馬時代的奴隸，被剝盡一切齊民之權利的。其所以如此者，原也有其悲慘之歷史的。在明代，娼妓分官私兩種，所謂官妓的，便是罪犯和俘虜的後裔。明代的皇帝十兇九惡，對於罪孥的處置，尤為不人道。明太祖得天下後，對蒙古及敵性各國的後人均加以這樣的看管。清王漁洋（士禎）「池北偶談」云：

金陵舊院有頓脫諸姓，皆元人後，沒入教坊者。順治初余任江甯，聞脫十娘者，年八十餘尚在，萬歷中北里之尤也。

又「三風十愆記」「色荒」云：

明滅元，凡蒙古部落子孫流竄中國者，令所在編入戶籍，其在京省謂之樂戶，在州邑謂之丐戶。

不但朱元璋對敵性後人如此，他的克家子朱棣（永樂）更為殘酷，靖難之役後，凡建文忠臣之後，無不受他荼毒，大名鼎鼎的方孝孺鐵鉉黃子澄的妻女姊妹均不能免。「教坊錄」云：

永樂十一年，本司鄧誠奏：有姦惡鐵鉉家小妮子。奉旨：依都由他。

又「國朝典故」云：

鐵鉉妻楊氏，年三十五，送教坊司，勞大妻張氏，年五十六，送教坊司，張氏旋故，教坊司安政於奉天門奏，奉聖旨：分付上元縣抬出門去，著狗吃了，欽此！

又「南京司法記」云：

永樂二年十二月教坊司題：卓敬女楊奴牛景劉氏合無照，依謝昇妻韓氏例，送洪國公轉營姦宿，又永樂十一年正月十一日教坊司於右順門口奏：齊泰婦及外甥媳婦又黃子澄妹四個婦人，每一日夜二十餘條漢子看守着，年少的都有身孕，除生子令作小龜子；又有三歲女子，奉請聖旨，奉欽依由他，不的到長大便是個淫賤材兒。又奏：黃子澄妻生一小厮，如今十歲，也奉欽依都由他。

其他靖難忠臣之後人，發入教坊，淪為官妓受盡蹧蹋者，不可勝計，眞是明代最苛虐的秕政。

明初承唐宋之後，盛行官妓，南京建有十四樓，即為官妓薈萃之地，凡是士大夫官吏飲宴，是可叫官妓前來答應侑觴的。國家且徵收娼妓稅，號曰「脂粉錢」，像現在的「花捐」一樣。所謂「私娼」，殆於明中葉才盛行起來的。謝在杭（肇淛）「五雜俎」云：

今時娼妓滿佈天下，其大都會之地，動以千百計，其他偏州僻邑，往往有之，終日倚門賣笑，賣淫為活，生計至此，亦可憐矣。而京師教坊官收其稅錢，謂之「脂粉錢」，隸郡縣者，則為樂戶，聽使令而已。唐宋皆以官妓佐酒，國初猶然，至宣德初始有禁，而縉紳家居者，不論也。故雖絕迹公庭，而常充牣里閈，又有不隸於官，家居而賣奸者，俗謂之「私窠子」，蓋不勝數矣。

宣德年際，私娼已漸發達。然眞眞入於繁盛之時者，總在萬歷以後。蓋神宗晚年倦勤，政事荒廢，士大夫習於嬉遊，一般貿利之徒投人所好，娼妓遂應時的發達起來。

凡是私娼，和受壓制及強迫的官娼自然有不同之處，便是她們非以色藝來取悅於人不可，所以明季的妓女除於普通酬對之外，總得習有一種技能，凡是供高等人士玩弄的，最妙莫高於詩文，因爲酸溜溜的士子，碰到文縐縐的女娘，便非於拜倒之餘再到處揄揚不可，這樣才會大紅大紫起來。據潘之恆「畫史」上說：「當時京師妓女有文狀元武狀元之號，有薛素素者尤擅名一時，名動公卿，都門人士都爲之避席氣奪，其人除於冶容之外，更言動可愛，能書作黃庭小楷，尤工蘭竹，下筆迅速，各具意態，又善馳馬撩彈，能以兩彈丸先後發，使後彈擊前彈，碎於空中。又置彈於地，以左手持之向地，以右手從背上反引其身以擊地下之彈，百不失一，絕技翩翩，亦青樓中少有者。」薛素素蓋是北妓，故於詩文以外，更益以武技，若南方名妓，便沒有這等作風了。

至於下等階級的狎游，則風氣益下，僅在路旁設窰子，開幾個壁洞，娼妓則裸處其中，使過路的人就洞窺之，合意則投幾文錢，便可成交。這種風氣，據「梅圃餘談」所記，明中葉已開其風氣。據說現在山西等處，還存此風，眞有些不齒士君子之口，在這里就此打住。

明季的娼妓事業，當推南都爲中心，其地北招維揚，南徠姑蘇，再加上秦淮舊跡，遂成爲徵歌選舞的勝場。永樂遷都以來，南京承平達二百餘年，不見兵革，於是仕宦者誇爲樂土，游談者據爲勝地，從萬歷到清兵南下，所產生的名妓，有朱無瑕、鄭無美、馬湘蘭、趙令燕、顧眉生、董小宛、卞玉京、寇白門、柳如是、李香君諸人，記述最詳的典籍，當推當時時名士余澹心（懷）的「板橋雜記」，他說：

金陵都會之地，南曲靡麗之鄉，紈茵浪子，瀟灑詞人，往來游戲，馬如游龍，車相投也，其間風月樓台，尊罍絲管，以及欒童狎客，什妓名優，獻媚爭妍，絡繹奔赴，垂揚影外，片玉壺中，秋笛頻吹，春鶯乍囀，雖宋廣平鐵石爲腸，不能不爲梅花作賦也。

看他這樣的渲染，則明季南部煙花的盛況，不難加以想像的了。

欲爲名妓，必先自幼教養而成，故籍此貿利的人家，每留養許多養女，以備將來「搖錢樹」之選，即親生女兒，也有作此勾當的；在揚州，號稱「瘦馬」。即連崇禎最寵幸的田貴妃，係田宏遇之女，也是這樣的出身，可見當時娼妓風氣之盛了。所以後來由秦淮妓女出身的陳圓圓，入宮見嫉，即和田貴妃大吃其醋，才落在吳三桂手里，而造成「衝冠一怒爲紅顏」的借兵滿洲之舉，明社因之以屋，可見得其中的因果，實在有不少的關係。

當時名妓中輩份較早的，當推馬湘蘭，馬字守眞，輕財好俠，工詩善畫，和當時名士王伯穀（穉登）最要好，伯穀年七十餘，馬妓亦五十，還是綣繾非常。在我們看來，不免有皮膚起粟之感，而他們正自以爲名士佳人呢！伯穀敘其詩云：「輕錢刀若土壤，翠袖朱家，重然諾如邱山，紅粉季布。」（見「列朝詩集」）推重如此，可想見其爲人了。

次之如陳圓圓董小宛兩人，一有吳梅村的「圓圓曲」，一有冒辟疆的「影梅庵憶語」，爲之渲染，遂傳誦於萬人之口。圓圓以一介弱女子，出入宮掖，顚倒名王，使一代之興亡，繫於其身，眞可以顧盼自豪了。然其結果則不免年老色衰，爲比丘尼以終；但較之吳三桂敗後之被籍，已較勝一籌了。

董小宛名白，自歸冒巢民後，早夭，同時淸順治帝也因董鄂妃之死而有祝髮出家之傳說，因而附會成一人，吳梅村「淸涼山讚佛詩」中有「可憐千里詩，萎落無顏色」之句，遂更爲後人所指疑。然近人孟心史（森）

先生等以科學的方法，用年代的推算，知道兩者決不是一人；然而這樣一來，董小宛也隨之名傳不朽了。近年來上海的電影和話劇，似乎還應用這件故事；雖然浪漫得很，但於事實相去究已甚遠了。

陳圓圓和董小宛之次，身世事跡相同者，爲柳如是與顧眉生，柳如是嫁錢牧齋（謙益），顧眉生嫁龔芝麓（鼎孳），都是淸初的貳臣，而提倡風敎，獎掖後進，兩人又多相同。柳和牧齋的遇合，「絳雲樓俊遇」說得最詳：說柳「本吳江盛澤鎭名妓徐佛養女，原名楊愛，色美於徐，而綺淡雅淨亦復過之……竊自負，誓擇博學好古，爲曠代逸才者從之。聞虞山錢學士謙益者，爲當今李杜，乃駕舟來虞，爲士人妝，坐肩輿，造錢投謁，易『楊』以『柳』，易『愛』以『是』，刺入，錢辭以他往，柳於詩內微露色相，牧翁得其詩大驚，訪柳於舟中，則嫣然一美姝也。因出七言近體就正，錢心賞矣。視其書法，得虞褚兩家遺意，又心賞焉。相與絮語終日，臨別錢語柳曰：『此後卽姓柳是名相往復，吾且字子以如，爲今日證盟。』柳諾，此錢柳合作之始也。後來牧齋喪偶，就和柳正式結褵，爲築絳雲樓以居之，聚書萬卷，嘯吟其中。他們夫婦名位之高，當時殆無出其右者。

顧眉生名媚，號橫波，余澹心「板橋雜記」說她「莊妍靚雅，風度超羣，鬢髮如雲，桃花滿面，弓彎纖小，腰支輕亞。通文史，善畫蘭，追步馬守眞而姿容勝之，時人推爲南曲第一。家有眉樓，余嘗戲之曰：『此眉樓，乃迷樓也。』人遂以迷樓稱之，當是時，江南侈靡，文酒之宴，紅妝與烏巾紫裘相間，座無眉娘不樂，而尤美顧家廚食品，差擬郇公李太尉，以故設宴眉樓者無虛日。」後眉生嫁合肥龔芝麓，龔歡喜獎掖文士，而眉生佐之，更輕財好客，其聲名足和柳如是相抗手。

其中以巾幗英雄著聞者，爲李香君，淸雲亭山人撰「桃花扇」傳奇四十齣，極悲歡離合之致，卽敘李與侯方域（朝宗）事，「板橋雜記」記其人的容貌云：

李香君身軀短小，膚理玉色，慧俊婉轉，調咲無雙，人名之曰「香扇墜」。李麗貞者，李香之假母，有豪俠氣，嘗一夜博，輸千金立盡，與陽羨陳定生善。香年十三，亦俠而慧，從吳人周如松受歌玉茗堂四夢，皆能妙其音節，尤工琵琶，與雪苑侯朝宗善，閹兒阮大鋮欲納交於朝宗，香力諫止。朝宗去後，有故開府田仰，以重金邀致香，香辭曰：「妾不敢負侯公子也。」卒不往，蓋前此大鋮恨朝宗，羅織欲殺之，朝宗逃而免，幷欲殺定生也。

李香君之作爲，眞不愧巾幗英雄，爲女兒生色不少，一經桃花扇爲之渲染，更覺明季女子之秀氣，都鍾在秦淮河上了。

同時的著名妓女，尙有卞賽，字玉京，欲嫁當時名重一時之詩人吳梅村（偉業）未果，後出家爲女道士，今「梅村詩集」中有「琴河感舊」四律，卽咏其事，纏綿細膩，殊屬可誦之作，詩云：

白門楊柳好藏鴉，　誰道扁舟蕩槳斜；
金屋雲深吾谷樹，　玉杯春暖尙湖花；
見來學避羞團扇，　近處疑嗔響鈿車；
卻悔石城吹笛夜，　靑驄容易別盧家。

× × ×

油壁迎來是舊遊，尊前不出背花愁；
緣知薄倖逢應恨，恰便多情喚却羞；
故向閑人偷玉筯，浪傳好語到銀鈎；
五陵年少催歸去，隔斷紅牆十二樓。

× × ×

休將消息恨層城，猶有羅敷未嫁情；
車過捲簾勞悵望，夢來攜袖費逢迎；
青衫顦顇卿憐我，紅粉飄零我憶卿；
記得橫塘秋夜好，玉釵恩重是前生。

× × ×

長向東風向畫蘭，玉人微嘆倚闌干；
乍拋錦瑟描難就，小疊瓊箋墨未乾；
弱葉嬾舒添午倦，嫩芽嬌染怯春寒；
書成粉箑憑誰寄，多恐蕭郎不忍堪。

據梅村詩中的描繪，則卞玉京之風神與婉孌之態，完全活躍紙上了。當時的風尚，一洗胡元及明初之陋，所稱名妓者，必須於體態容貌之外，益以所居之處（大都是河房）清潔幽雅，更須精通文學藝術。據「板橋雜記」所載：顧眉生通文史善畫蘭，所居有眉樓，「綺牕綉簾，牙籤玉軸，堆列几案，瑤琴錦瑟，陳設左右，香煙繚繞，檐馬丁當」，卞玉京則「知書，工小楷，畫蘭鼓琴，喜作風枝嫋娜，一落筆十餘紙」，「年十八游吳門，居虎邱，湘簾棐几，地無纖塵」。舉一二以概其餘，則可知她們的學問與居處，實是用以招徠的工具，不僅是只以容貌酬對取悅於人了。

她們所作的詩，雖無十分巨手，但精緻之美是有的，茲據「列朝詩集」等書略錄數首，以見一斑：

金白嶼王仲房沈嘉則九日醵金會飲賦詩見贈即席和答（趙燕如）

少小秦樓學燕飛，楚雲浙水見應稀；
忻逢此日重陽酒，還整當年舊舞衣；
結束自憐非趙俠，歌妝無復夢南威；
勸君未醉休稱醉，但插黃花送客歸。

愴別（馬湘蘭）

病骨淹長晝，王生曾見憐；
時時對簫竹，夜夜集詩篇；
寒雨三江信，秋風一夜眠；
深閨無個事，終日望歸船。

送王仲房南歸（趙彩姬）

暮雪江南路，孤城尊酒期；
殷勤折楊柳，還向去年枝。

和牧翁秋日攜內出游（柳如是）

秋水春水淡暮愁，船窗笑語還紅樓；
多情落日依蘭棹，無籍浮雲傍綵舟；
月幌歌闌尋麈尾，風床書聽覓搔頭；
五湖烟水常如此，願逐鴟夷泛急流。

像這樣的詩才，求之今之賣春婦，恐怕渺不可以求的吧！這倒並不是妓女本身之退化，而是嫖客嗜好的不同；明季正是士子得志的天下，因此妓女們不得不練習這一套來迎合其所好了。

自從清兵南下，秦淮歌舞頓衰，其後雖再度崛起，但已非明季全盛時代的一副面目，我也就不再贅述了。

蠹魚篇（下）

楮冠

前段所提及的駱浩泉，也是一位橫通的專家，「書棚主人駱浩泉年七十餘，幼從曾文正莫獨山諸家販賣舊籍。眼見北宋本二百餘種。輯有板本格式二十本，蓋賬簿也。為江建霞攜去，據撰宋元明本行格表。」江標的書收在靈鶼閣叢書中，為向來談板本者必備之要籍，不料却係轉販於橫通大家，近來圖書館學的書報里，行格表的發表時有新者，蓋卽師駱氏遺意耳。

歷來的藏家，談到書的刼數大抵總不外乎「水火兵蟲」幾種。其實，這些是太不够了。仔細想來，書所遭逢的困厄總不外乎自然和人為兩種。而其中無疑以人為的禍患為最烈。其實，這也並非要鈔襲聖人的「天作孽猶可違，自作孽不可活」的老話，實在的情形本是如此。「水火蟲」三種，看來是自然的力量了，然而也各有避免的方法，更何況歷來所傳為神話的「天火」，往往是希圖滅迹的把戲。虞山孫慶增氏著有「藏書紀要」一書，黃蕘圃刊入「士禮居叢書」中。全書分購求，鑒別，鈔錄，校讎，裝訂，編目，收藏，曝書等八則。內容非常切實，文章也明淨可喜。黃丕烈氏稱之為「眞知篤好者」，大概是不錯的罷。書中前面幾則是搜訪者的責任，而後面幾則則專講保存了。談到書的裝訂，眞是研究得細緻極了。如關於蟲蛀的防止云：「書套不用為佳，用套必蛀。雖放於柴檀香楠匣內藏之，亦終難免，惟毛氏汲古閣用伏天糊裱厚襯料壓平伏裱面用洒金墨箋或石青石綠棕色紫箋俱妙。內用科舉連裱裏，糊用小粉川椒白礬百部草細末，庶可免蛀。而偶不檢點，稍犯潮濕，亦卽生蟲，終非佳事。」這里，很可以看出一點科學的方法來，是很有趣的事情，「編目」裏邊所講，大多與現代的圖書館學有相通處。「收藏」一則里講到書櫃應用什麼木材，建築要通風等點，關於防火一點有云：

「古有石倉藏書最好，可無火患，而且堅久，今亦鮮能為之。惟造書樓藏書，四圍石砌風牆，照徽州庫樓式乃善，不能如此須另置一宅，……小心火燭，不致遺失，亦可收藏。若來往多門，曠野之所，或近城市，又無空地。接連內堂廚竈衙署之地，則不可藏書，而卑濕之地，不待言矣。……櫃頂用皂角炒為末，研細，鋪一層，永無鼠耗，恐有白蟻，用炭屑石灰鍋鏽鋪地則無蟻。」然而後面也不免有什麼「供血經於中以辟火」之類的瘋話，然而一想孫君出生當二百餘年以前，也大可不必深責了。降至近代，那防火的法子是更完善了。用鋼骨水泥作書庫，鋼鐵作架。還有什麼自動的防火裝置，可以防避「天火」的來襲，似乎是「可策萬全」的了，然而，炸彈之來，也究竟還不能不化為灰燼。每回念李盛鐸氏捐給南大的「木齋圖書館」，終不能不為之痛惜，「道高一尺，魔高一丈」，這話是定命論式的陰暗的絕望之辭，然而我們也正可以從這話當中看出反抗的光芒來。

書籍的火災，似乎應當推秦始皇爲始作俑者，清初錢牧齋的絳雲樓的一炬，更是著名。水災則可以舉個現在的例子。據說北平圖書館的善本書運往內地時，曾因沉船損失了不少。而推想就是撈起來的書，大概也都變成餅子狀的紙磚，這大概不能不歌頌運送專員們的德政了。

關於古籍的燬滅，更有不少是有意或無意的摧殘。如「江唐別錄」所載：「元宗後主皆妙於筆札，好求古迹。宮中圖籍萬卷，鍾王墨迹尤多。城將陷，謂所幸保儀黃氏曰，此皆吾寶惜，城若不守，爾可焚之，無使散逸。及城陷，黃氏皆焚，時乙亥歲十一月也。」這種「全有或全無」的絕對精神，的確可驚。俗語云：「曾經滄海難爲水」，觀乎此，則對於過去的故宮守吏的偷竊一二王氏小卷，也就大可不必號啕了。

而慨自「打倒迷信」之說流行以來，一般志士往往手執挺杖，打倒佛像，焚燬廟宇。其志固可嘉，然而這辦法則未免還有商榷的餘地。

「又，當民國十七年間，某機關要提倡民衆教育，而將德州某寺的一間密封之圖書室——自明景泰左右封密到今——打開，將其中半成蠹爛狀態之圖籍，在庭前生了一盤火，一冊一冊的燒燬掉。後來，發現其間有完好者；有人說，可賣錢；方才留下來，整堆的以賤值售給了書賈。」（郭源新：保衛民族文化運動。）這種舉措，似乎除了金聖歎臨刑時的「痛快」之說外，不能更贊一辭了。

這里，我想回到開頭所引用的老殘的一首詩來了。那詩裏所提的柳家是影射着楊家，而也就是海源閣的主人。海源閣藏書的源流授受，在詩的

首兩句裏已經說得很清楚了。清初的有名的藏書家，如汲古閣，天一閣，絳雲樓，都有極豐富的收藏。汲古閣頗似現在的商務，它最大的業務還是刻書，至於收集古書，不過是副業，像涵芬樓；稍不同者即汲古閣的古書祕本也都標價出售而已。季滄葦，錢遵王，士禮居黃丕烈氏，藝芸精舍的汪閬源氏，也都是繼錢毛的藏書者。不過詩句因爲協韻關係，次序稍有倒置，這四人中遵王最早，黃氏，季氏，汪氏次之。道光間，聊城楊玫堂河督得汪氏之書，載歸東魯。子協卿又在北京收得怡府樂善堂舊藏，藏書遂益臻美富。洪楊之役，至堂更得鐵琴銅劍樓所散出，與鮑氏知不足齋，錢氏紅豆山房，秦氏石研齋的書。「南瞿北楊」，成了鼎足之勢。其他陸氏的皕宋樓，丁氏的八千卷樓都不足與比。而陸氏的書，也被日本靜嘉堂文庫以十萬元購去，所以海源閣已經可以稱爲國內的唯一的大藏家。不過，那種祕不使人見的情形，也眞厲害。據傅沅叔所說，似乎只有柯鳳蓀曾去一看。而江建霞也曾經看了一下，發了些牢騷：「昔之連車而北者，安知不捆載而南」。這一下傷了主人的心，於是更要重樓深鎖了。

在王幼遐刻四印齋詞的時節，曾經和海源閣發生過一段淵源，也似乎是楊氏藏書與讀書界發生的唯一的關係。那就是延祐雲間本東坡樂府與大德廣信本的稼軒詞的借刻，王幼遐曾稱讚說：「余復從楊氏海源閣段刻以行，三百年來，合并如故，洵乎藝林佳話，而鳳阿善與人同之量，亦良足多矣。」

這里所提起的鳳阿，就是協卿之子名保彝的。在他的一生，藏書並無大增益，只是守成，不料傳到他的族子敬夫手里時，就來了空前的浩刼。民國以來，山東匪患頻仍，十八年夏，匪軍王金發陷聊城。設司令部

在海源閣內。王獻唐君有所記載，已經是匪退後視察所得了：

「見其書籍零落，積塵逾寸。宋本史記，殘餘一冊。宋本咸淳臨安志，殘餘二冊。均散置地上，與亂紙相雜。字畫碑帖，僅餘軸木夾板，中心多被撕去。楊至堂圖像一軸，撕裂如麻，投置几下，黃蕘圃手校宋本蔡中郎集，竟以拭抹鴉片煙籤，塗汚滿紙，其家人并謂匪徒每以閣上書籍炊火。舊書不易燃燒，竟憤言『誰謂宋板書可貴』！因此均以毛頭紙印之，並不爇火也。」

這種瘋狂的舉動，直無異於中古的黑暗時代。匪才退，到十九年春，又因政局突變，聊城遂又陷入匪手。這次舊地重遊，自然更要加意的玩一下了，於是再往看時，則「楊宅已不見一人，院內室外，書籍滿地，廁所馬廐，亦無地無之。院內書籍，盡爲大雨淋濕」了。（見劉階平君文）

這種舉措，出自土匪手中，自然毫無可怪，因爲這多少還表示着一些蠻風之遺留。不過土匪本身並不懂板本，想刼掠，怎樣辦呢？只好借助於清客，這里似乎不能再稱爲幫閒或幫忙，援例稱爲「幫搶」罷，又似乎不大像，實在我也想不出什麽好名字來了。

「聞其損失情形，在土匪佔據聊城時，日常以楊氏書籍出售，購者隨意予價，略不計較。有時割裂包物煑飯，或帶出作枕頭使用，但仍不及百分之一，以楊氏藏書過多故也，及王冠軍以其新編之軍隊入城，索稔楊氏藏書美富，價值又昂，即從天津請一書籍古玩專家，號稱『九爺』者來聊，盡檢善本及一切有價值之書籍碑帖字畫，囊括而北。同時以竊匪名義，窮搜城內外居氏，凡私家書帖古玩，亦爲之一網打盡。并聞楊氏宋本咸淳臨安志八冊半篋，爲土匪帶入民家枕頭。後以王軍搜查，恐遭連累，即將臨安志火焚，并將書篋劈碎煑飯。余前往勘查，僅見臨安志二冊，書篋尚存；此次忽又增出四冊，頗不可解。…………所謂『九爺』者，居聊城月餘，始終不露姓名，但知爲天津籍，身長清癯，唇有黑鬚而已。」

這種敍述，倒很可以拿來做爲傳奇小說讀，很有神祕詼詭的韻味。這里，我又要想到現在，據說有人就聘請了兩位九爺似的人物，月薪數百元，另支車馬費，專門在各處搜書，如果買到善本他們還要照市價收進，也有地位相當高，口呼保存，而實際上却是爲美國人收書，賺取利潤者。茫茫天壤，處處皆是「九爺」的化身。返顧中國的古舊文化，這將淪的源泉，正好像爲一個大大的黑影子在暗中吮吸，殊不勝其危懼之感。

然而眞正的「九爺」，在海源閣內，不露姓名，只管收書，想來總不會發過什過什麽議論，倒還直爽的可佩。只是這些變相的「九爺」，如魯迅先生所說的蚊子，在吸血之前還要嗡嗡的發一大篇議論，他眞使人不舒服。

這雖然是匪亂，也大可歸入兵災里去。因爲在中國，這界限是一向分不大清楚。不見王冠軍一入聊城，就要向四鄉搜查民居有無窩「匪」了嗎？是兵是匪，老百姓那里還弄得清楚。

再有，古書的災難，據我看，要推清朝的文網了。因爲是無聲的，寓禁於改，用的是老聃的策略，所以也更厲害，所謂「積毀可銷骨」者就是，那涵義，在魯迅先生以次，已經有不少人談過了，所以這里姑略之。

還里，另外一個在我認爲是古書淪亡的原因的，就是所謂粗製濫造的坊本了。這在前幾年的中國，就有一批一折八扣的書和什麽珍本叢書，充斥於市場，吸收了大衆的注意。近來是變爲五彩封面的出品來獨霸大衆讀物的市場了。如果以爲這些不過是近年來的產物，那就大錯而特錯，原來這是「古已有之」的了。紅樓夢里寶玉忽然覺得不自在了，茗煙就買了些飛燕合德武則天外傳之類來給他。這就是那時的一折八扣書，茗煙絕不會走進那時的商務印書館去買什麼景宋本的。在明朝，這種東西就更多，戲曲小說，五彩春畫，盛極一時。流傳至今，金瓶梅詞話高登北平圖書館之寶座，風流絕暢圖則僅見日本翻印本，變成了寶貝。在當時一定是一折八扣書，不然何以藏家都不收？這原因只要看見現在的藏書家何以不收一折八扣的三笑姻緣就可以知道的，如果誰大批的買進這些書，藏之名山，五百年後，一定漲價有如今日之明板小說。不過這計劃又太紆緩了，投機家大概是不屑採用的。

再上推至宋元，那時的一折八扣書就是所謂「麻沙」本。查初白有詩云：

「江西估客建陽來，不載蘭花與藥材；
粧點溪山眞不俗，麻沙坊里販書回。」

朱竹垞亦有句云：

「得觀雲谷山頭水，忝讀麻沙坊里書。」

那時的麻沙，羣肆叢集，有如今日之文化街。因爲福建的木材質不堅韌，所以利用了來馬馬虎虎的開板，求速售而不求久遠，所以一般投考指南之類的東西，多在麻沙產出，成爲學子的必需品。同時也有一批詩文集的廉價本在出售，宋朝的高等刊書處在蜀中，是因爲蜀地的木材非常好的原故。黃庭堅「雲夫帖」云：

「龐老傷寒論，無日不在几案間，亦時時擇默識者傳本與之，此奇書也，頗校正其差誤矣。但未下筆作序，序成先送成都開大字板也。」

蜀大字本的史書，至今猶爲人所豔稱。是宋槧中的精本。麻沙本則不行。宋朱彧的「萍洲可談」里記有笑話一則：

元符初，杭州府學的姚祐教授考試學子的易經義，題曰：「乾爲金，坤又爲金，何耶？」題目出，學生大嘩，挾了當時教育部審定的監本易經去質問說：「恐怕先生所看是麻沙本罷？」監本上是「坤爲釜」。

這紀事說明了麻沙本在當時的地位。試想，現在的考試院長如果用一折八扣本的四書爲根據來出題，學生大概也早就鬧反了。

日前曾和友人談起這點，他要對我這個論點提出保留。說是不可輕視了「坊本」。我自然也不反對。不過我們要求更加謹嚴些。那天，我在友人案頭拿起本「詩人玉屑」來翻翻；不料遇到了這樣的妙文：「五絕如二十個賢人，着一個屠沽，不得……」這位標點先生大概是個自由主義者，硬要拖這位屠沽先生與賢人共坐，想來他一定有些受不了。於是鬧得我也有些糊塗。再看封面，這正是「國學基本叢書」之一，是專爲我輩「束髮小生」預備的，嗚呼，是亦如何得了乎？

再說那久爲士林所「贊歎」的四部叢刊罷，也的確有些不行。李商隱詩集是採用了江安傅氏雙鑑樓的明嘉靖本，一看那無序無跋無目的神氣，就可以斷定是當時一折八扣本之一。而誤字更不知有多少。「一春夢雨常飄瓦」錯成了「一春猛雨」，看到這最喜歡的一句詩時，眞不知是何感想？其餘如「嵩雲秦樹」誤爲「高雲」，「誰省」誤爲「誰雀」。「靑雀西飛」一首「漢宮詞」兩見，是非常壞的一個本子。李詩宋板不可得見，別的較佳的本子不能一定就沒有，現在採用傅沅叔這本本子，可說是大大的失策。馮浩注本最便讀者：如查古本必不可得，也應取較善的本子罷？

還有一句頗普通也頗實在的話，是「明人好刻古書而古書亡」，那就是說明朝人最喜歡改頭換面的把古書亂刻一通。最可怪的是毛氏汲古閣中多藏祕笈，而所刻者多不取所有最精之本作爲底本。這也是爲了保持他的藏書的「祕性」，是一種佔有慾的流露。

紅樓夢的作者曹雪芹的祖父曹寅也是喜藏書而又喜刻書的。所刻的「楝亭十二種」，非常罕祕，號爲精刊，而且也有過影印本的了。不過經人校對之下，就發現錯誤之多不可想像。眞是莫明其妙的事情。

然而這些還究竟是較小之點，雖然也足以使古籍逐漸淪亡，但比起遭逢國難的損失來是小得多了。歷史上所記，每逢異族來侵，那國人的顚沛流離之狀，眞有非人間的況味。爲患最烈的不能不推那趙宋的一幕了。金人薄河而南，河北的居民的逃難的苦況，在李易安的金石錄後序里有詳細的敍述。李清照與丈夫趙明誠是一對文學夫妻—如果可以這樣說的話—。她們在青州時，喜收書畫，相與賞玩，自以爲「樂在聲色狗馬之上」。「靖康二年春，明誠奔母喪於金陵，半棄所藏。其年十二月，金人陷青州，火其書十餘屋。」（癸巳類稿易安居士事輯）。又引易安金石錄後序云：「靖康丙午歲，侯守淄川，聞金人犯京師，四顧茫然，書畫溢箱篋，且戀戀，且悵悵。知必不爲已物矣。建炎丁未春三月，奔太夫人喪南來，既長物不能盡載，乃先去書之重大印本者，又去圖之多幅者，又去古器之無款識者，後又去書之有監板者，圖之平常者，器之重大者。凡屢減去，尙載書十五車至東海，連艫渡淮至建康，時青州故第尙鎖書冊竹物用屋十餘間，期明年春具舟載之。十二月金人陷青州，遂爲灰燼。」後又述轉徙流離，不能不再去書物。「必不得已先去輜重，次衣服，次書冊卷軸，次古器，獨所謂宗器者，自抱負與身存亡勿忘也。」

及奔至明誠所，明誠已病革，遂死。易安無所之，後又傳江當禁渡，乃急奔至洪州。「金人陷洪州，遂盡委棄（言行李），獨余少輕小卷軸書帖，寫本李杜韓柳集世說鹽鐵論漢唐石刻副本數十軸，三代鼎彝十數事，又唐寫本書十數冊偶病中把玩在臥內者獨存。」

後又因虜勢叵測，轉奔行在，隨帝舟以轉徙，終至杭州。又爲人妄言有頒金之語。易安大怖，「不敢留家中，並寫本寄剡。後官軍收叛卒取去，聞盡入李將軍家，惟有書畫硯墨六七簏，常在臥榻下，手自開合。在會稽卜居土民鍾氏宅，忽一夕穿壁負五簏去。余悲痛不欲治，立重賞收贖。後二日，鄰人鍾復皓出十八軸求賞，故知其盜不遠，萬計求之，其餘遂牢不可出。今盡爲吳說運使賤價得之。所餘一二賤零，不成部帙。書冊三數種平平，書帖猶復愛惜，如護頭目，何愚也耶！今開此書，如見故人。因憶侯在東萊靜治堂，裝卷初就，芸籤縹帶，束十卷作一帙。每日晚吏散，輒校勘二卷，題跋一卷。此二千卷有題跋者五百二卷耳。今手澤如新，而墓木已拱，悲夫！」易安的身世的飄零，遭時之多故，在這篇後序里細細寫來，委宛動人。吾輩生當衰世，自然更能有同感，我之所以不憚煩，縷縷鈔述此文，蓋亦欲使讀者有所警惕，不只是看看舊聞掌故就便了事耳。

★ ★

（完）

胡文虎與星島日報

夏曼

香港陷落之後，鼎鼎大名的胡文虎就聲明願把他的星島日報貢獻給和平運動，據聞當香港日軍總司令酒井中將在香港宴請當地聞人名流時，第一個到場者便是胡文虎，第一個起立致詞者也是胡文虎。他的演詞是：我是胡文虎，不但我本人非常贊成和平，連我的祖宗也是早講和平的。胡文虎的祖宗是誰，曾向那個友邦講過和平，記者無暇考證，只想在這裏略述一些星島日報的往事。

星島日報發刊於二十七年夏，第一任總編輯爲樊仲雲，編輯有詩人戴望舒，小說家穆時英，畫家張光宇，可說人材濟濟。可是樊君的總編輯報未出版即已去職，原因是和虎子阿好哥不甚相得。阿好哥當時年方弱冠，已任星島經理，勤儉有餘，學問不足，不但不知道禮賢下士，簡直有點無理取鬧。樊君不安於位，只得相應下野。

繼樊者爲祝伯英君。此君能言善辯，圓活勝人。同時原在香港申報的馮列山君往任該報主筆。經此一對哼哈的加緊籌備，星島日報乃於八一三創刊。事先租電車一列，兩旁綴以電燈，廣告煌煌，行駛全市終日。這是香港的廣告方式，大規模商店開幕時類用此，非廣告天才胡文虎的特創也。

星島出版之初，以老板擁有鉅資，編輯濟濟多士，銷行不惡，在腐氣沉沉的香港報界中不愧爲一明星。然內部多難，風波又起，不數月而祝伯英又繼樊仲雲開步走矣。繼祝任總編緝者爲金仲華。金君身長玉立，文采風流，與虎子契合無間，爲星島日報最長壽總編，自上任迄下野，享年三載有奇。

然而好夢不長，金仲華的金飯碗也終於不保。金君之開步不如樊祝脫離之大半爲虎子豹變，而全爲政治鬥爭結果。原來金君是『前進之士』，和胡愈之鄒韜奮二君素稱莫逆，其進星島也，半爲月薪港幣四百的厚酬，半爲攫取香港數一數二的大報，可以作政治鬥爭的武器，用來親俄擁共。所以在他主持下的老虎報上，常有他報所不見的國共糾紛消息，他報所不言的親俄擁共言論。這在不問世事的虎父虎子，原也視若無覩，不問不聞。但香港是國共之間的文化戰場，重慶的文化戰士濟濟一島，豈能熟視無覩，充耳不聞。於是代表國民黨的國民日報起而責難，斥星島取謠言攻勢。金君原非弱者，乃向不大看報的老虎進言，說國民日報如何如何的罵他。老虎一聽之下，以爲本虎有錢，竟敢來頭上動土，大怒之餘，下令反攻。金君一聲得令，奉旨回罵，把國民日報罵得幾無招架之工。國民日報不得已遂據情上聞，於是金總編輯及其同志邵宗漢郁風羊棗三君同以辭去虎報編輯聞。

繼金職者爲曾任中央日報社社長的程滄波。程君與虎子聞不甚相得，在調整編輯部人事上常受掣肘，蓋虎子與金君三年賓主，情投意合，一旦分袂，未免神傷，乃遷恨於程，來個讓你落得個不痛快。至金方則金君友人在華商報副刊上對程大肆譏評，不時攻訐，有一文竟引魯迅文中所述越諺『台上羣玉班，台下都走散』作冷嘲，意思是說你程滄波上台之後，星島的老讀者都會不看此報。事實如何，不得而知，但一股醋味，透人鼻尖，亦未免太情顯了。

（香港追記之二）

我的奮鬥

周佛海

我現在獻身於和平運動了。今後將爲復興中國而奮鬥，爲奠定東亞永久和平而努力，爲開拓中日兩國共存共榮的大道而勇往邁進。我已決心貢獻我的一切，犧牲我的一切，以實現我的理想，和完成我的使命。

自從海禁開通以後，中國的政治運動雖然取種種形式而表現，但是最後的目標都是在國家的生存與獨立。我個人一生的努力和奮鬥，雖然也分了幾個不同的時期，取了幾個不同的路徑，但是最後的目標也是在國家的生存與獨立。我現在略述幾十年來爲國家生存與獨立而奮鬥的大潮流，和我個人在這個大潮流中間的一些努力。

在西力東漸的時候，中國和日本，同樣的受着西洋勢力的壓迫和刺激，同樣的因爲這種壓迫和刺激而發奮圖强，以謀國家的生存和獨立。日本的這種運動，在尊王攘夷的口號之下，表現爲明治維新，而完成了偉大的事業。中國雖然一直到了現在，還沒有完成這個時代的使命，但是爲了實現這個目的，也盡了各種努力。我們可以把這些努力，分做幾個時期。

第一個時期，是富國强兵的運動。在太平天國消滅和捻匪肅清之後，所謂淸室中興諸名臣，如曾國藩，左宗棠，李鴻章等，都以爲西洋比我們中國優勝的地方，不過是堅甲利兵，和輪船火車，祇要中國也有了這些東西，立刻就可以强起來。所以他們當時的努力，是向西洋購買新式兵器和戰艦，以練成新式的海陸軍。他們不僅設立製船廠，兵工廠，而且努力敷設鐵路，建立電報，總而言之，他們對於交通，通信，以及軍事設施，盡了很大的力量。拿現在的名詞來說，他們所努力的，是物質建設。他們以爲西洋只是物質文明比我們好，其他文物制度，還是我們自己的好。因此，他們祇舉全力去謀物質建設，而沒有注意到政治制度和社會風俗的革新和改良，而且物質建設，也沒有得到多數人的了解，受了種種障礙和牽制，沒有充分實行他們抱負的機會，於是富國强兵運動，就是失敗了。

第二是變法維新運動。康有爲，梁啓超等，以爲單是物質建設，不足以使國家强盛，一定要把不合理的法律和制度，加以改革，使他們近代化，中國纔能成爲近代的國家。他們以爲明治維新，最重要的，是廢藩置縣，確立憲政等內政上的改革，所以他們主張以淸室爲中心，厲行變法維新，以倣效日本的維新運動。不幸他們的運動爲慈禧太后及一般守舊大臣所阻撓，終歸失敗了。

第三是孫總理中山先生所領導的革命運動。孫先生的革命運動，在康梁的變法維新運動以前，早已發生，而且不斷的在發展。不過因爲中國人民知識幼稚，所以一直到辛亥武昌起義，革命纔告成功。但是滿淸雖然推倒了，民國雖然成立了，第一因爲袁世凱的稱帝，第二因爲北洋軍閥的循環內戰，致使革命的目的仍舊不能達到，所以孫先生以「革命尚未成功，同志仍須努力」兩語來勉勵同志。這就是表示，革命運動雖然不能說失敗，至少可以說沒有成功。

第四，新文化運動。上面所述的富國強兵運動，變法維新運動，以及革命運動，都沒有成功。於是有識之士，研究這些運動之所以不成功的理由，就發現它的根本原因，完全在思想方面。湊巧這個時候，世界大戰告終，德國和俄國的革命完成，所謂Democracy和Bolshivesm等自由和解放的思潮澎湃於世界，於是有識之士，以為要改造中國，須從解放思想下手。因此，打倒舊禮教和推翻傳統思想，以吸收新興思想的所謂新文化運動，就此產生，而且迅速的發展了。但是這個運動的結果，舊的文化雖然破壞，而新的文化却未能建立，致演成思想界的大混亂。固然，這個運動，也有不少的成就，但是它的主要目的——由解放思想，而革新政治；由革新政治，而復興國家的這個主要目的，都沒有達到。於是新文化運動，也就失敗了。

第五，國民革命運動，自從中國國民黨於民國十三年改組以後，國家的一線生機就寄託於國民黨了。當時有志之士，以為北洋軍閥的封建勢力如果不打到，國家就不能統一。國家不統一，則國家生存與獨立就得不到保障。因此，國民黨在對抗共產黨的社會革命而提倡國民革命的時候，就得到了大多數人民—尤其是青年的擁護。因為國民革命運動得到大多數人民的擁護，所以國民革命軍的北伐，在很短時期內，就統一了中國。在北伐完成，中國統一之後，本來是中國努力建設的很好的機會，但是因為國民黨本身派別之爭，又演成不斷的內戰，使國民革命運動，也告失敗。

據上所述，我們知道中國生存獨立的大運動雖然屢次失敗，但是失敗之後，每每立即取着新的形式而表現，沿着新的途徑而前進。因為國家是要生存，是要獨立的。這個生存和獨立的迫切要求，無論遇着甚麼障礙，受着甚麼打擊，都要突破難關，打破障礙，而得到滿足的。所以中國現在的情形，雖然極端的困難，但是我相信，數十年來各種運動所匯成的國家的生存獨立運動這個大潮流，一定可以衝破千山萬峽而達到目的地的。在國家求生存和獨立的這個大運動中，前幾個階段，不幸我沒有機會參加，因為我現在祇四十三歲，武昌起義的時候，我還在鄉村一個小學校裏念書。等到一九一八年到日本留學的時候，就漸漸的加入這個偉大運動了。我是一九一七年六月到東京的，當時正是Democracy等潮流沖入東亞的時候，我受了這個刺激，一方面準備入學試驗，同時對於吉野造作，室伏高信，山川均，堺利彥各位先生的著作。感覺非常的興趣，在課餘之暇，很熱心的閱讀。一九一九年秋天，我便考入了第一高等學校為中國人所特設的預科。在預科一年中間，雖然忙於學校的功課，但是只要有空工夫，還是很熱心的閱讀關於新思潮的著作。因此，我對於社會主義，便漸漸感覺興趣了。我因為想找個清靜的地方好讀書，所以在一高預科畢業，要分發的時候，我便志願選了鹿兒島的造士館，就是七高。一九二〇年到了鹿兒島。這一年中間，我不僅讀了很多社會主義的書籍，而且常常做論文，送到上海各雜誌去登載。因此，我的名字便漸漸為人所注意起來了。我的父親早故，只有老母在堂，所以一九二一年的暑假，我便決定回湖南去省親。到了上海，因為湖南有內戰，道路不通，於是就在上海留上了。在上海，我便認識了當時主辦「新青年」的陳獨秀，和主辦「解放與改造」的張東蓀。又因為陳獨秀的介紹，認識了當時第三國際駐遠東代表Godinsky。當時中國社會主義的人士，還沒有具體的組織。Godinsky勸我們組織中國共產黨。幾個人談了幾次，張東蓀因為不贊成。沒有加入。於是我們七八個人，便決定組織共產黨了。到了秋天，因為學校開學，我便回到鹿兒島。一九二二年的暑假，我又到了上海。共產黨的組織，發展得真快，那時，已經有上海，北京，長沙，廣州，武昌，濟南六個黨部了。於是便在上海開一次代表大會。出席的人有：毛澤東，譚平山，張國燾，陳公博，李達和我。另外還有已死的李仁傑（即李漢俊）和鄧仲夏。還有現在成為Trosky派的劉仁靜。陳獨秀因為在廣州有事不能離開，所以沒有出席，當時第三國際的代表除 Godinsky 外，還有 Maring 。我因為和毛澤東同鄉。所以二人同住在一個私立女學的樓上。一連開了六天會，最後一天，為法國巡捕所包圍，幾乎全部被捉去。第二天，我們便都到嘉興，雇了一隻船，開到南湖中間，開最後一次會。結果推舉陳獨秀為委員長，我為副委員長。張國燾為組織部長，李達為宣傳部長。在陳獨秀沒有回上海之前，由我代理委員長。中國共產黨便這樣的在一隻小船中，正式成立了。現在回顧起來，真和做夢一樣。當時萬萬想不到我們幾個年青的學生，會鬧出這樣的大亂。念幾年來，流了多少血，死了多少人，燒了多少鄉村，破壞多少城市，損傷了國家多少元氣，都是我們幾個青年學生種下的禍根。我現在想起來，真對不住國家，對不住人民。國家弄到現在這樣危險惡劣的情形，我們不能單責軍閥和官僚，當時在嘉興南湖的小船中的幾個青年，也要負很大的責任的。我因為急於回鹿兒島，所以電催陳獨秀來滬，當時美國正在召開華盛頓會議，第三國際在伊爾維次克，召開一次遠東弱小民族會議，以對抗華盛頓會議。因此，中國方面，也要派代表出席。我於陳獨秀返滬之後，便親自冒着危險到當時軍閥勢力最大的長沙，武昌，安慶，蕪湖，和南京五處，去祕密活動，召集代表。在我離開長沙十二小時後，我故鄉的當時的當局，便派兵捉我。我在長沙勾留了四天，得到毛澤東的援助，在長沙召集了十幾個青年，送到上海轉赴西伯利亞。我到了長沙不能回家省母，當時非常難過。在武昌等地，也找了許多代表，在長江一帶由我召集送到西伯利亞去的，約有五十人左右。這些人中間，有三十多人，便到莫斯科去留學；以後回國後，便成為共產黨最堅強，最有力的幹部。我這段特別描寫得詳細，是表示我犯下的罪惡，實在太大。雖然在短短的兩三個月中，我已種下了十幾年大災禍的根源。我對不住國家，尤其是對不住我的故鄉湖南。但是當時我信念，以為只有這個辦法，纔能保障中國的生存和獨立。所以不畏危險，不辭犧牲，去追求我的理想的實現。回到上海之後，我便立即把經手的事務交清，回鹿兒島上學，這時學校已開學一個多月了。回到鹿兒島之後，便被刑事尾行了。我的擔任教師，也向我警告了，於是我便規規矩矩做了一個很純良的學生。當時中國的同學，並不知道我在上海和長江一帶活躍的情形，因為我對他們是保守祕密的。但是刑事都知道了。日本的警察，辦得真不錯。

一九二三年，畢業了第七高等，我因為仰慕河上肇先生，便進了京都帝大。當我初到京都驛的時候，京都的刑事，老早已在車站上等我了。在京都三年，常常麻煩京都的刑事，我實在非常抱歉；但是連我自己，都出於意外。我的思想，因為研究河上先生的著作，和聽了他的講義以後，竟完全變了。這個理由，說來很長，此地不必詳述。簡單的說，我的結論，便是：在產業不發達的中國，在勞資階級的對立沒有尖銳化和深刻化的中國，在無產階級沒有發達成熟的中國，在內受封建軍閥的統制，外受帝國主義者侵略的中國，絕對不能行共產主義的社會革命！我因爲思想上發生這樣變化，所以在京都三年，只是在教室中聽講義，和進可愛的圖書館；漸漸的和實際行動疏遠起來了。以後國民黨在廣州開了第一次代表大會，黃埔軍官學校也成立了。我接得戴天仇先生的電報，就到廣州，參加了國民革命的實際工作。

當時第三國際的代表是有名的Borodin，我和他說，共產黨的任務是社會革命，國民黨的任務是國民革命，中國現在所需要的是國民革命，而不是社會革命。因爲中國現在要以整個民衆的力量，打倒封建軍閥，要以整個民族的力量，抵抗帝國主義的侵略。中國現在，並不需要農民對地主，和無產階級對資本階級的鬥爭。所以共產黨應該放棄階級鬥爭的工作，以全力來參加國民黨的國民革命。我和他辯論了幾次，我深知第三國際是以蘇俄爲本位，而不是以中國爲本位。他們是要以中國爲他們的思想的殖民地和主義的殖民地。於是我便正式提出退出共產黨。當時周恩來聽見了這個消息，深夜一時半，跑到我的家裏，勸我不要退出。談了兩個鐘點，終不能變更我的決心，於是我便脫離共產黨了。

我自從參加國民黨，從事國民革命以後，逐漸得到蔣介石先生的信任。他的許多講演，命令和電報，都是我起草的。我在十年之中，曾經担任軍事教育工作，軍隊政治訓練工作，黨務工作，和行政工作。我一直到離開重慶的時候止，是蔣先生的忠實部下。就是現在，我雖然對於他抗日容共的政策不贊成，但是他對於我個人的私恩，我是感激的。道義上對於他個人，我仍是尊敬的。我脫離了他，是我很痛苦的事，同時也必定是他很痛心的事。他萬想不到我會有這樣的非常舉動。他對於我是十分信任的。他部下的秘密組織，我不單是參加，而且是負責的幹部。普通所說的CC團和藍衣社，都是錯的。這兩個名詞，不知道在什麽時候，什麽地方，忽然產生，且至於流行。本來，黨務人員所組織的團體，叫做『三民主義青白團』，並不是CC團。黃埔學生所組織的是『復興社』，其外圍團體是『力行社』，不是所謂藍衣社。青白團的最高幹部，爲陳果夫陳立夫等九人，其中一個便是我。以後青白團舉出五人，復興社舉出四人，組織聯合最高幹部，我也是其中的一人。青白團和復興社的下層同志，常常因爲工作關係，發生磨擦。我因爲曾經做過中央陸軍軍官學校政治部主任，又做過國民革命軍總司令部政治部主任，黃埔學生有的是我的學生，有的是我的部下，他們對於我的感情還好。所以我常常努力調和兩方感情。我之所以寫出這些事情，是表示我脫離重慶，是一件極不容易的事。在蔣先生看來，實在是一種叛逆行爲。事實上，我對他個人，實在也難免叛逆的責任。不過國家的生死存亡，比個人的毀譽榮辱，要重要幾萬倍，所以我甘願受人家唾罵和指摘，我毅然不顧一切，向我的所信邁進。關於我脫離重慶，主張和平的原因和經過，在九月號中央公論所載的「回憶與前瞻」一文中，已經詳細說明，現在不必重述。簡單的說，我的一生的努力，都是想在國家求生存獨立的大運動上，多少盡一點個人的責任。在二十一二歲的時候，因爲認識不足，以爲共產主義可以得到中國的生存和獨立，所以獻身於共產運動。以後知道中國需要的是國民革命，只有國民革命才能使中國生存和獨立，所以遂獻身於國民革命，現在，從中國本身的情形，日本對華的政策，以及國際的形勢，三方面觀察，深知抗戰到底，足以亡國；只有和平，才能使中國生存與獨立，所以又獻身於和平運動。我十幾年來的努力，雖然取了各種不同的途徑，我十幾年來的生活，雖然像戲劇似的變化，但是我的最後目標，乃在國家生存和獨立。一切變化，一切途徑，都是以這個最後目標爲鵠的。

湖南人的性質，是不幹則已，一幹就要拚命的幹。我是湖南人，當然不能例外。年青的時候，從事共產運動，我是不顧一切的幹。參加國民革命的時候，也是以全力去工作。今後從事和平運動，當然也是不顧一切危險和犧牲，拿出全副的精力和才智，去完成我應負的使命。不過我的目的，是在求中國的生存和獨立。我愛日本，但是我更愛中國。如果日本要威脅中國的生存或侵犯中國的獨立，我是隨時可以由和平運動轉向抗戰運動的。一個人只要不怕死，無論在甚麼環境都是不會受人脅掠的。我深信日本尊重中國的獨立，所以纔犧牲一切，獻身於和平運動。但是如果有萬一意外的場合發生，我個人也有個人的打算。拿着血和淚去應付一切，世界上還有甚麼可怕的呢？

中日合作的前途，當然還有許多暗礁。因爲自從甲午中日戰爭以後，兩國間的歷史，是充滿不愉快的事實的。日本人輕蔑中國，中國人畏忌日本，都是不必隱藏的事實。要把幾十年傳統的心理改變過來，當然不是短時期內所能成功的。但是我們不必悲觀，不宜悲觀，兩國有識有志之士，應該以極大的毅力，極大的努力，分別教育其國民，使他們消滅傳統的心理，以新的精神，協力合作，去開拓共存共榮的新天地。我個人雖然力量微薄，但是決心在汪先生的領導之下，以最大的努力，向着我們的目標前進。

中國公學復校緣起

時無論古今。地無論中外。未有不重視教育而能立國者也。往者有淸末造。識時之彥。羣知教育爲當務之急。於是有提倡留學。追蹤歐美。還以化行其國者。有主辦至高獨立學府。用以樹教育立國先聲者。而我中國公學乃應運而生。主之者爲姚宏業張邦傑王敬芳諸先生。聯合留日同學。於淸光緒三十一年倡議於滬。越一年宣告成立。蓽路襤簍。慘澹經營。卒於吳淞炮台灣建立宏壯之校字。僉定公學始基。賡續至民國一十九年。經之營之。規模大備。學員達一千四百餘人。其間幾費籌畫。幾經毅力。始克成此全國有數之學府。不幸毀於一二八事變。圖籍標本。蕩然無存。然而中國公學成立特殊意義與夫貢獻於黨國之犖犖大者。有可得而言焉。

（一）中國公學爲國人自辦之最高學府。進而爭取教育文化之獨立。夫國於世界。不僅政治經濟軍事等宜求獨立。卽教育文化。亦不宜依存他國。在昔日本維新也。其始大學各科教授類皆借才歐美。旋卽以本國人士起而代之。而外籍教授之績效宣著者。並爲鑄銅像於帝大以爲紀念。今外籍學生之肄業帝大者。來者不拒。而重要科系。均不得攻讀。所以示別於本國也。日本如此。各國亦然。則至高學府之爲立國要素。益曉然矣。

（二）中國公學爲昔年革命運動之策源地。如廖德潘之死於端方也。饒可權之成仁於黃花崗也。熊克武但懋辛之參與廣州之役也。任鴻雋之推赴日本學製炸彈也。黃復生之隨　汪主席赴平謀刺攝政王也。舉無不借此爲進行之區。他若教授如宋躍如馬君武于右任沈翔雲彭施滌諸先生，皆爲　國父最早之老同志。此外章炳麟先生之出獄。及戴天仇陳其美諸先生之蒞滬。亦無不先後托足於此。則中國公學之歷史。誠有非其他各校所可同日語者。

（三）中國公學之於中國現代化有不可磨滅之功績。他且勿論。卽以自丙午迄壬申垂三十年之畢業人士言之。其中如胡適任鴻雋何魯朱經農熊克武楊杏佛盛世才劉秉麟朱樸之等。皆吾國指數之人才。揭櫫姓氏。舉國皆知。其於促進吾國文化。實與有勞焉。

我中國公學歷史之偉大與光榮。既如上述。茲幸國府還都。邦家重奠。和平建國。在在需才。而此具有歷史有貢獻之最高學府。顧任其湮沒不彰。不隨和風吹拂而復甦可乎。同人等集合旅京校友。一再籌議。僉謂宜在首都復校。惟才力棉薄。肩斯重任。無異以蚊蟻而負丘山。綆短汲深。恆虞隕越。所望黨國先進。社會領袖。錫予贊助。進而敎之。俾同人等得繼續完成其使命。則拜賜多矣。

通訊處　南京中華興商業銀行許遜公先生轉

漫談古今

—代編輯後記

樸之

「古今」出版，忽忽一月，讀者歡迎之盛，出于意料之外。因爲初創及經濟的關係，創刊號印數不多。不料出版以後，五天之內，上海方面已完全售罄，向隅者要求再版，紛紛不絕，我們以限于財力及物力，無法滿償讀者之望，深爲抱歉！

南京方面的情形也完全相同，創刊號到京後僅僅兩天的時間，時代晚報社及建國書店兩家已銷去總數的大半，目前一本無存，不必再說。

創刊號出版後我曾返京一行，小住數日，在那幾天內所遇到的友朋，莫不讚頌「古今」，交口稱譽。就中如周佛海先生向我說道：『古今創刊號裏的文章幾乎可稱是篇篇都好；所代你担心的是不知將來能否永遠保持這樣高的水準。』江康瓠（亢虎）先生在電話中向我說道：『翻閱古今，欽佩萬分；名家手編，自是不凡』。李聖五先生向我說古今的文章編排印刷等等無一不好，祇是我那篇「四十自述」太消沉了，他勸我以後千萬不要悲觀………。

以上所舉的三位都是在著作界及出版界享有盛名而極有地位的人物，他們的批評都是「行家」之言，決非隨隨便便之人胡亂恭維者可比。除了江先生與我比較客氣外，周李兩位先生都是與我極不客氣極有交情的朋友，他們的忠言，至堪重視。

關于周先生所顧慮的一點，我認爲是一針見血之談，非常重要的。我過去辦刊物，向來抱「寗缺毋濫」主義，重視「質」的成份，而輕視以「量」炫人。古今出版于目前這個空谷足音的時代，尤應堅守素志，決不遷就時俗；這一點我自當特別注意，以期不負周先生之厚望的。

關于李先生所勸我的一點，可就難了。我自去年一年中妻兒兩亡之後，精神刺激，實在太深。尤其是榮兒之夭折，對我打擊之大，簡直不可譬喻。我對于他之痛悼，並非像普通一般庸夫愚婦之爲封建思想宗族觀念所囿，實以這個孩子，死得太可惜了。他雖年僅十歲，但他的性情，脾氣，嗜好，思想，行爲等等，簡直無一不與我相似。他雖還是一個小孩，但一切一切，絕不像一個小孩。在十年的時期中，我對于他從來沒有呵斥過一次或半次。在平時的腦筋中，我不以他是我的兒子看待。他是我的朋友，他是我的知已，他是我精神上的唯一安慰者，他是我的靈魂，他是我的一切。所以他死之後，我如失靈魂，如失一切，所謂「痛不欲生」，簡直是爲我寫照。半年以來，這種情緒，有增無減，我非不知逝者不能復生，非不知徒事傷悲亦屬枉然，但是不能自已，毫無辦法。因此我才體味出來父母對于子女之愛如是之眞切。在這種的心境之下，我的言論行動，不免大受影響，這是免不了的。不要說「四十自述」那一篇太消沉了，就像「發刊詞」那一篇，我寫好後自已覺得不滿意，給同社的某君看，他也以爲語氣太消沉，勸我最好重寫一篇，但是我試之又試，終于不成，可見言爲心聲，乃是自然之理。

我希望知我的人們能够原諒我同情我不要對我作冷酷的無情的批評。同時我也希望自已今後能勉抑悲思，從消極一轉而爲積極，以期不負愛我者的盛意。

末了，我對于所有歡迎本刊的讀者致謝，對于本期特賜大作的梁衆異先生江康瓠先生等致謝，尤其對于代本刊印刷及經售的國民新聞諸位先生深致感謝之意！

介紹上海四大日報

中華日報
社址：上海北河南路五十九號

國民新聞
社址：上海靜安寺路一九二六號

新中國報
社址：上海河南路三百〇八號

平報
社址：上海四馬路四三六號

介紹南京兩大報

中報

社址南京、朱雀路

時代晚報

館址 朱雀路邀貴井

電話 二二五九五
二三五九八

中央儲備銀行

中華民國國家銀行

資本總額國幣一萬萬元

本行特權

一、發行本位幣及輔幣之兌換券
二、經理國庫
三、承募內外債並經理其還本付息事宜

本行業務

一、經理國營事業金錢之收付
二、管理全國銀行準備
三、代理地方公債
四、經收存款
五、國民政府發行或保證之國庫證券及公債息票之重貼現
六、國內銀行承兌票國內商業匯票及期票之重貼現
七、買賣國外支付之匯票
八、買賣國內外殷實銀行之即期匯票支票
九、買賣國民政府發行或保證之公債庫券
十、買賣生金銀及外國貨幣
十一、辦理國內外匯兌及發行本票
十二、以生金銀為抵押之放款
十三、以國民政府發行或保證之公債庫券為抵押之放款
十四、政府委辦之信託業務
十五、代理收付各種款項

南京總行

行址：中山東路一號
電報掛號：中文五五四四 英文 CENREBANK（各地一律）
電話：二三二一〇—二三七五一
二三五四一—二三五四八

上海分行

行址：外灘十五號
電報掛號：中文八六二八
電話：一七四六三
一七四六四
一七四六五
一七四六六
（轉接各線）

蘇州支行

行址：觀前街一八九號
電報掛號：（中文）五五四四
電話：六九三，一八五六

杭州支行

行址：太平坊大街惠民街角
電報掛號：（中文）五五四四
電話：二七七〇

蚌埠分行

行址：二馬路西首
電報掛號：中文 五五四四
電話：

古今

第三期

昔余遊京華未嘗廢邱壑矧乃歸山川心跡雙寂寞虛館絕諍訟空庭來鳥雀臥疾豐暇豫翰墨時間作懷抱觀古今寢食展戲謔旣笑沮溺苦又哂子雲閣執戟亦以疲耕稼豈云樂萬事難並歡達生幸可託

・謝靈運・

特稿

苦學記…周佛海

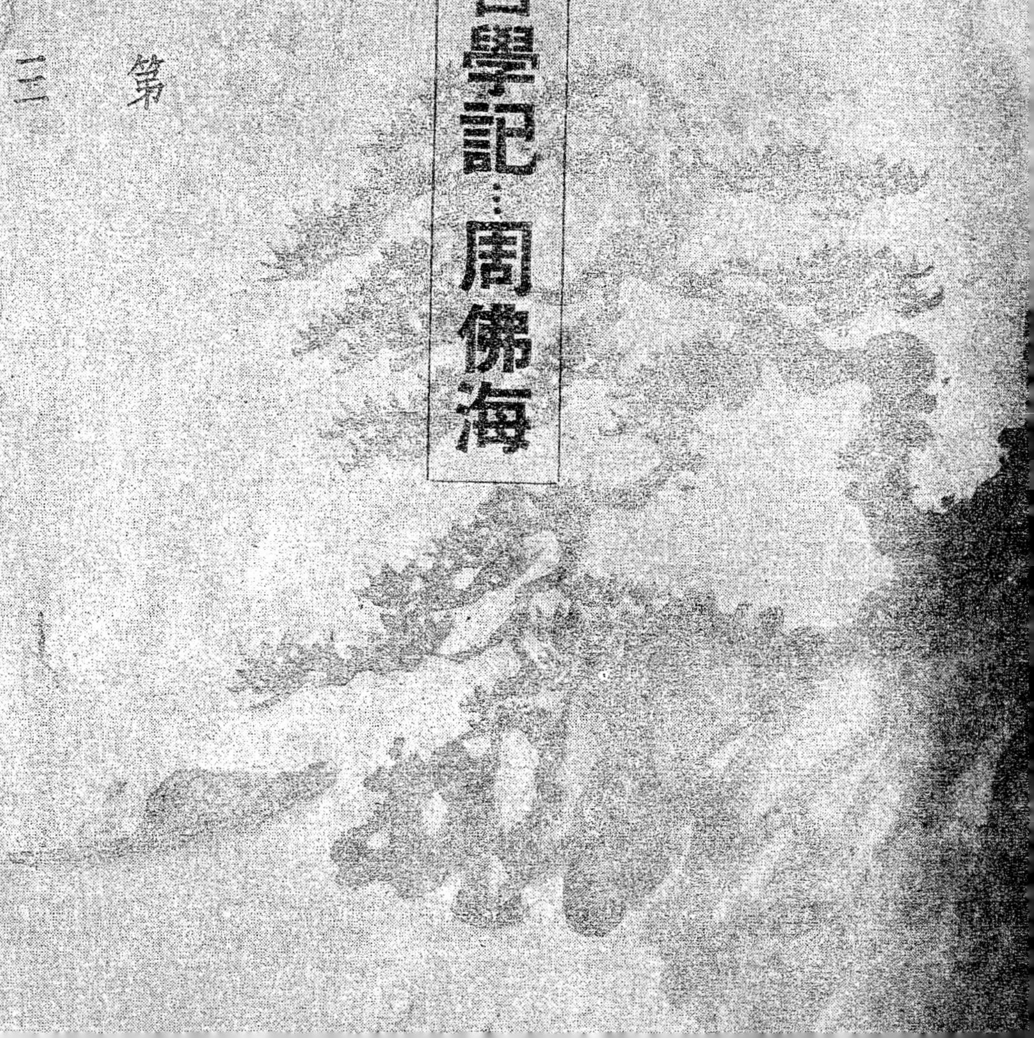

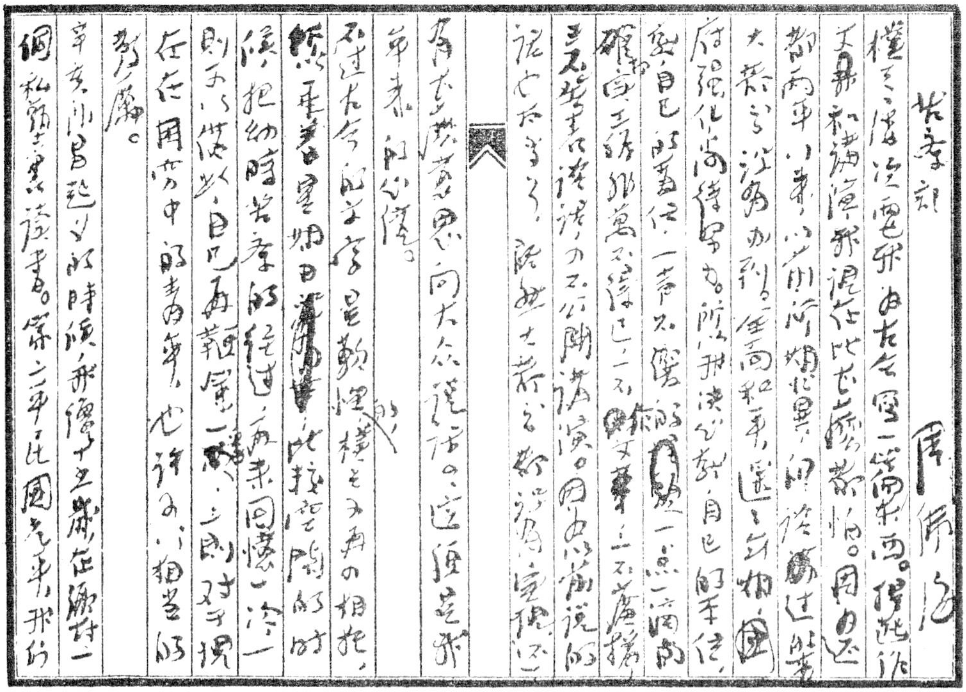

上：『苦學記』原稿之首頁

下：『雪堂自傳』作者羅振玉氏遺影

左：羅振玉氏乃遺墨

古今第三期目次

中華民國三十一年五月出版

社長　朱樸
編輯者　周黎庵
發行者　古今月刊社
通訊處　南京時代晚報館（南京遐貴井）
印刷者　國民新聞圖書印刷公司（上海靜安寺路一九二六號）
總經售　國民新聞圖書印刷公司（上海靜安寺路一九二六號）

本刊月出一册　零售每册一元

廣告價目

後封面	五百元
正封裏頁	五百元
後封裏頁	四百元
普通全頁	二百元
二分之一	一百五十元

本刊正向宣傳部及上海工部局申請登記中

苦學記

周佛海

樸兄屢次要我爲古今寫一篇東西。提起作文和講演，我現在比甚麼都怕。因爲還都兩年以來，以前所期冀，所談過的事，大部分沒有辦到。全面和平，遙遙無期，國府強化，尚待努力。所以我決心就自己的本位，就自己的責任，一聲不響的一點一滴的切實工作，非萬不得已，一不作文章，二不廣播，三不發表談話，四不公開講演。因爲以前說的話也太多了，既然大部分都沒有實現，還有甚麼意思向大衆說話？這便是我年來的心境。

不過古今的文字是軟性的，樸兄又再四相托，所以乘着星期日比較空閑的時候，把幼時苦學的經過，再來回憶一次，一則可以借此自己再鞭策一番，二則對于現在在困窮中的青年，也許可以相當的鼓勵。

辛亥武昌起義的時候，我纔十五歲，在鄉村一個私塾裏讀書。第二年民國元年，我們鄉下有幾個學生，都進城考了高等小學。我的消息很慢，等到考期已過，我纔知道。於是請求母親准許進城運動補考。到了城里探聽，知道距發榜的日子，只有三天，絕對不能再考了。我那時非常失望。湊巧那時縣政府的教育科長，是我鄉下的呂鶴立先生。我便請他寫了一封信給小學校長。居然得到允許了。因爲這是我一生發軔的起點，現在還很清楚的記得。我一個表兄，當時在中學讀書，送我去考。補考的只有我一個人，在窗明几淨的校長室考的。國文題是「愛國說」，還有兩個加法的算術。國文完了卷就做算術。算術的容案，我沒有把握，湊巧這時校長不在房間，我的表兄在窗外探頭探腦的向內張望。我便把算術答案給他看。他輕輕的由窗外告訴我說尾數上少了一個圈，於是我把圈加上，考試就算完了。考雖考了，究竟能不能取，還是一個問題。因爲當時許多年紀比我大，學問比我好的老童生去投考，而名額又不很多。所以非常擔憂。那曉得發榜的那一天，我竟中了第一名。當時眞是喜出望外！馬上帶信回家，報告母親，她老人家當然也非常歡喜。我自己想來想去，毫想不出何以會考得第一的理由，難道是校長徇教育科長的情面嗎？後來進了學校，聽見閱卷的國文先生說，纔知道這個道理。原來我當時雖然在鄉下私塾，不知道從那裏弄得兩本梁任公的「中國魂」，讀得濫熟。我就學他的文筆，把許多新知識，新名詞，以及憂時憤世的論調，裝入「愛國說」文裏去。在當時風氣未開的小州縣，居然有這樣的文章，當然要考第一了。

我因爲是第一名進學校的，所以在學校裏風頭頗健，被選爲班長。第一年沒有甚麼事情，第二年開學之初，便發生問題了。原來學校裏有老生欺負新生的習氣。第一年我們被人欺負，第二年輪到我們欺負人了。有一次我們在上體操的時候，有一個新生坐在草地裏看。我們便說他不應坐着，要他馬上立起來。這位先生也很倔強，偏不立起。我們覺得太沒有面子，便私下商議散隊後把他圍着打一頓。居然三四人把他圍起來。我的一個年長同班，站在他的面前和他理論，並未動手。我立在他背面，先動手打他一拳。於是就大打起來了。被打的同學，到校長那裏去控訴。他只指出站在他面前的我的同班，而沒有指出我，因爲我站在背後，他沒有看見。當時校規很嚴，我那個同班被開除了。我于是到校長那裏自首，請求處分。校長說我沒有被控告，而且也愛護我，不加以任何處分。我覺得對不住那位被開除的同學，于是自動退學，和他一起到長沙去。決心下了之後，便回家報告母親。母親痛誡了我一番之後，仍替我籌了五六十元錢，讓我出門。我父親早故。母親撫養着我和弟弟妹妹三人，艱苦度日，雖有薄田百餘畝，但是要籌幾十塊錢現款，實在是不容易的事。到了長沙，便進了湘西人士所辦的兌澤中學第二年第二學期。當時小學是三年，中學是四年。我以小學二年級第一學期的學生插入中學二年級第二學期，功課實在不易趕。一因功課很難，二因用費很大，實在不容易支持。湊巧呂鶴立先生由教育科長調任爲縣裏的中學校長。我便請得兌澤中學的轉學證書，轉入本縣的中學。呂先生勸我不要太躐級，功課不易趕上，便許我插入了第一學年的一學期。小學還差一年半，洗了一個澡，便進了中學，在當時也不是一件容易的事。進了縣中之後，既然可以時常菽水承歡，又可以節省用費，所以便拚命用功。我雖然不敢說「幼有大志」，但是上進之心，却是有的，而且確有相當的抱負。但是就客觀的事實看，上進發展的機會和可能，實在沒有。出洋？想都不敢想，那裏有這個希望！不單沒有出洋的希望，看見縣裏有一兩人進了北京大學，也只是徒然羨慕而已，根本不作此非分之想。唯一可能的出路，就是進高等師範。因爲長沙有個省立高等師範，一切用費，都是政府供給。這是貧寒學生唯一可能的升學途徑。但是名額有限，而貧寒學生那樣多，所以進高等師範，也不過是幻想中的安慰罷了。我想萬一不能升學，能夠謀一縣政府的書記，或者小學教員，也就心滿意足了。在學校讀了一年多之後，遇着袁氏稱帝，護國軍興，沅陵是軍事上必爭之地，北軍源源入境，學校也就停學了。在家無事，想起我父親在洪楊之役，入了湘軍的幕，因軍功而出身，我何不也去投軍？於是在袁氏死後，便得了母親允許，又到了長沙，想謀一個司書的位置，旅居兩月，百計不成。湊巧學校又將開學，於是又回鄉重復上課。當時臨澧鄧竹銘先生新來授歷史地理，深得他的賞識。那時我一面學做詩，一面讀東方雜誌等刊物，漸漸留心起政治來了。談到做詩，當時頗感興趣，師友又非常鼓勵，幼稚的作品，也做了不少。可惜到了日本之後，就不彈此調，現在一個字也做不出來了。初生犢兒不怕虎，當時膽子很大，到處題詩。沅陵位居沅水之側，城東波浪洶湧的江中淺灘上，有一小洲，上有龍吟寺，寺中有七級的龍吟塔。某年秋天，和同學去遊，在壁上題了一首詩，事隔二十五年，據湖南來人說，那首詩現在還在壁上。故鄉幼時釣遊之地，時在夢中，不知今生今世，還有沒有還鄉重溫舊夢的希望！那首詩雖然幼稚，現在還記得，特把他錄出，也可見當時的意氣了：

登高把酒飲神龍，拔劍狂歌氣似虹。廿歲中流攔巨浪，恥居窮壑伴羣峯。怒濤滾滾山河杳，落木蕭蕭宇宙空。不盡沅江東逝水，古今淘盡幾英雄。

因為留心政治，居然隱隱有以天下為己任的氣概。不是我自己誇張，恐怕每一個不安分的青年，都是有這個雄心的。袁氏死後，內閣常常更動，一下某甲入閣，一下某乙入閣。在看報之餘，居然也想將來要入閣了。我們學校擴充，把附近的文昌閣，併入學校做寄宿舍。我因為常常想將來一定要入閣，替國家做事，所以和同學說起到文昌閣去，便說「入閣」。譬如課後要問同學「你甚麼時候到文昌閣去」，便說：「你甚麼時候入閣？」但是主觀上雖然有這種氣概，客觀上上進發展的機會，可以說是絕對沒有。真是前途黑暗，四顧茫茫！當時因為常看商務印書館的出版書籍，知道商務印書館有學徒學校，很想托人介紹到商務印書館，做一名學徒，到上海去謀發展。但是就是這一條路，想了很多的方法，也沒有走通。

命運之說，說不靈有時也覺得似乎奇怪。我一生的遭遇，總覺得都是命運的支配。我現在能夠有這樣地位，負這樣的責任，決不是我的聰敏才智所得到的結果，完全是僥倖。僥倖，就是命運。我作此說，好像是迷信，但是人定是否能勝天，確是一個疑問。我最怕的是辦財政和外交，而現在却不能不負財政的責任，且實際上常當外交之衝。我以為教育工作沉悶，極不感覺興趣，但是却做了三年大學教授和六年教育廳長，這樣事與願違，不是命運是甚麼？出洋留學，我做夢都不敢想。但是命運却造成我留學日本的機會，這不是很奇怪的事嗎？

我家距城二十餘里，在沅水的南岸，我每兩週返家省親一次。星期六回家，星期一進城，習以爲常。每次步行，賞玩着沿途的青山綠水，倒也是一件很愉快的事。民國六年五月某日，照例返家，遇着山洪暴發，沅江水漲，不能渡河進城，於是在家住了四天，等着水退。那曉得我一生的運命，就在這四天決定了，而我還在鄉下，一點不知。等到了學校，一個朋友對我說：「老周！你可以到日本留學去了，最近就動身。」我以爲他是開玩笑。他說：「你不相信，我和你去見校長。」見了校長，果然是眞！原來我有個同班的朋友，他的哥哥在東京，前一年把他叫到東京去了。他來信說東京生活程度並不貴，每年只要百五六十元，如果肯用功，一年之後，就可以考取官費。我的好友郎詩齋便發起湊錢送我去。呂先生立卽拿出了三十元，那個時候的三十元，比現在的三萬元還要值錢。於是先生和同學，一共湊一百三四十元。我高興極了，雖然一年之後，不見得考取公費，但是這乃是唯一遠走高飛的機會，不能不冒相當的危險。於是立卽回家，禀告母親。他老人家極不願意，一則因爲出洋兩字，使他老人家覺得要不知出多遠的門，捨不得我遠離膝下。二則因爲如果考不取公費，家裏又無力接濟，深恐流落異邦。不過當時愛子和望子成名的心切，只好忍痛一時，並且東挪西扯，爲我籌了幾十元，湊成了二百元，離家之日，母親不忍送我，躲在廚房中暗泣，我到廚房中揮淚拜別了母親，從此便成了天涯遊子了。以前雖然兩次到長沙，但是時間很短，而且路也不遠，所以還不覺得難過，現在出這樣遠的門，又不知何時還家，所以母子分離的痛苦，特別感覺得深刻。朝發廬林潭口占說：

淚濛江霧暗，家落曙星稀。世亂民多散，年荒鬼亦飢。心傷慈母線，淚染舊征衣。回首風塵裏，中原血正飛。

詩雖幼稚，足見孺慕之心了。前幾年雖然兩次奉養來京，但是老人總不願久離家鄉，事變初起，就再回鄉。我參加和運以後，曾兩次派人奉迎，均以路遠辛苦，沒有得到老人的允許，到現在音問隔絕，生死不明。寫到此地，眞是痛不欲生了！離開沅陵的時候，還有一段佳話，有一位女士，是我們同學的親戚，在桃源女中讀書，地方風氣未開，女子出門求學，當時實在是鳳毛麟角。我在同學家見過她三次，因爲當時男女交際還不公開，所以從未交過一語，我當時在縣裏，微微有點小名，所以平常彼此都相當的傾慕。我在啓程的前兩天，忽然接得她一封信和四首詩，事隔二十餘年，詩已忘了，大意是仰慕和鼓勵，其中有「遙送君行暗舉觴」一句，因爲「遙」和「暗」兩個字用得很深刻，所以我至今不忘，當時也回了她四首詩，現在都已忘記了。後來聽說她嫁了個外鄉軍人，很不得意。現在不知飄泊何方，可嘆！

0093

同行還有兩個同學，三個人都不通日語。先到長沙，坐直航上海的船，坐的不單是統艙，而且是運滬的米包上。當時懷着乘風破浪的壯志，也不知道甚麼是苦。到了上海，住在法租界一家湖北人開的小棧房，三個土頭土腦的鄉下人，到了五花八門的上海，簡直無所措手足，只好托棧房的人，買日金和船票，後來纔知道被他們騙去了不少的寃枉錢。

到了長崎上岸，有中國酒店四海樓派人來接，稍事休息，晚上就坐火車。開車不久，我忽想大解。當時不知道車上有便所，可以解手，每次停車，看見了W. C.想下去大解，又怕車開，所以一直忍了八九小時，到了門司纔得輕鬆，眞是一個大笑話。車上買飯吃，看見筷子只有一根，有個同學說，「一根筷子怎好吃飯？」我自作聰敏的說：「折斷成兩根，不是可以吃嗎。」於是三人都折斷了，大家覺得日本筷子這樣短，眞不方便。後來看見附近一個日本人吃飯，他吃飯拿着筷子，不是折斷，而是分開，於是三人相視而笑。到了東京，按着地址，用筆談的方式，叫了三輛人力車，送到本鄉的福起館。於是有許多同鄉便來招待我們了。

到東京是七月底，於是開始學日語並補習其他科學。我雖是貧寒出路，但是用錢却面手不小，到了十二月，錢已用完了，今後怎麼辦呢？就算是公費考得取，也要到明年七月，以後半年怎麼支持？家裏接濟，是萬不可能的，眞是天無絕人之路，那時湖南又發生南北內戰，匯兌不通，所有在東京的湖南自費生，都不能得到家庭的接濟，於是大家跑到公使館請求救濟，結果每人得了一百元，這又可以支持幾個月了。那時段合肥當國，與日本簽訂軍事協定，日本留學生，羣起反對，一面分派代表回國到北京上海去運動學生，一面鼓動全體返國。留日學生到北京策動，和北京大學學生相聯繫，遂發生了所謂五四運動。國內國外的學生運動，相激相成，越鬧越大，於是東京留學生大都數都主張回國了。我雖然是初到東京，但也是主張回國最激烈的一人。如今回國空氣已造成，我自己焉有不回國之理。以前完全沒有想到個人問題，現在眞要回國，於是個人的種種難題，都不能解決。第一，旅館欠了三十餘元，有甚麼法子可以還清？三十餘元，現在覺得問題很小，當時實在比天還大。第二，回國的川資到那裏去籌？最要緊的，還是第三，到那裏去？到京滬去做愛國運動嗎？吃甚麼？生活都不能撑持，能做甚麼運動？又回老家嗎？不僅是沒有意義，而且好容易能夠出來，這一回去，就要老死溝壑，今生今世，再沒有出來的希望！不回國嗎？又萬萬不可以。於是左右爲難，進退維谷，眞苦死了，好在我到處人緣都好，朋友都肯幫忙。有個朋友說，旅館欠債替我付。另一朋友爲我籌三十元作川資。但是到那裏去呢？這個問題仍然不能解決。於是還有個朋友說：「你回國是不能不回的。但是飯都沒有吃的，那裏能做愛國運動。我看你還是回國謀一位置，每月積一點錢，過幾個月再來罷。我有個朋友在奉天安東縣辦厘金，我介紹你到那裏去罷。於是便坐車到下關，渡海到朝鮮，從朝鮮到了安東驛下車。厘金卡還在數十里外的鄉下。于是再渡民船，沿鴨綠江而下。到那裏一看，滿目蘆葦，幾家土屋，眞是荒涼得不能以文字來形容。那位同鄉看見我到，愁眉苦臉的說：「我這裏局面小極了；除我外只有八個巡丁，你來有甚麼辦法？旣然來了，只好住一住再講。」於是我積錢再去留學的夢，又不能實現了。前途渺茫，走頭無路。當晚夢見回家，倒在母親懷中痛哭。一個人到了山窮水盡的時候，就想起母親的慈愛，也只有母親的慈愛，纔能鼓起我們的勇氣。這乃是天性。每日徬徨海濱蘆葦中，幾欲跳海自盡。私念此生休矣！想不到我的生命，會斷送到這樣荒涼的海邊。過了兩星期，接到東京朋友的信說，回國的人並不多，第一高等學校，考期快到了，有許多人已報名，叫我何妨再去考一考。我想第一高等是最難考的，許多在國內有名的中學畢業，到東京預備了三四年，還有考不取的人。我中學沒有畢業，又只預備幾個月，那裏考得取？但是除了這條路之外，那裏還有第二條路可走？只得破釜沉舟的去！與其死在荒涼的海濱，不如到東京去流落！於是向那位同鄉借了二十元，沿路節食省用的到了東京，這個時候，已是一錢莫名了。不得已搬到原住的旅館，欠着賬住下去。這個時候，距考期只有二個星期了。名額只有五十名，而投考的却有六百多。我那裏會有希望？這三個星期中間，日以繼夜的趕着預備。到了考的那天，我只有半枝鉛筆，向朋友借了一毛錢，買一枝新的，並借了一件舊和服穿上。因爲沒有錢坐電車，所以把鉛筆放在衣袖內，緩步徐行的走去。照道理說，我心裏一定很慌。但是當時我却非常鎮定。一個人在患得患失的時候，心裏一定着急。如果眞的絕了望，也無所謂了。我當時斷定是考不取的，此次不過是盡人事而已，好像一個囚徒已經綁上法場，還有甚麼怕的。當時因爲沒有心亂意煩，所以頭腦非常清楚。這不單是我一生的成敗攸關，而且是生死關頭，所以和當年考小學時候一樣，記得很清楚。上午考數學，四個算術題，兩個代數題，一個幾何題。我的性情，與數學極不相近，所以我認爲第一場是個最大的難關。進了考場，把手向袖內一摸，昨天借一毛錢買的一枝新鉛筆，不知何時在路上去掉了。預兆這樣不好，還有甚麼希望呢？索性死心塌地不管，拿着半枝鉛筆去解答。過了一小時後，做對了五個題目。還有一個代數題和幾何題沒有答案。看看時間還早，把幾何題拿來再做，却被我做對了。於是精神爲之一振，再去做那個代數題。出於意料之外的，也做對了。這一難關突破，我便生出多少希望來了。下午考英日文的互譯。這一點我有相當的把握，成績也還不錯。於是第一天的考試，便覺得心滿意足了。第二天上午考物理化學。在國內既然沒有學過，到東京又沒有多預備。把兩本很厚的借來的書，悶悶的翻來翻去。看見有許多地方，有鉛筆的記號。我靈機一動，以爲這些都是要緊的地方，所以單選這些地方去死記。誰知第二天所出的題目，都是昨晚曾經死記過的。於是這個難關，又被突破了。下午考日文作文，便胡亂的做了一篇，也不知好歹。最後一個難關，就是日語的面試，這却把我爲難了。當時日語程度很不好，預備也來不及。只好聽天由命了。因爲我報名得晚，所以排在第四天面試。第三天下午，悶悶不樂，跑到中國青年會去看中國報。偶然遇見一個同考的，我問他已否面試。他說上午已經試過了。我便問他問些甚麼話。他說「還不是隨便問，例如你是湖南人，也許問你湖南打仗的情形。」我便跑去請一位老留學生，編了一篇湖南打仗的情形，拿來死讀。第四天面試的時候，是一位叫做今井的老先生。他問你是周某人嗎？我說是的。他看看我的報名單，就說你是湖南省的人嗎？我又答一聲是的。他又問我說：「湖南現在打仗的情形怎樣？」我便把昨晚背熟的，滔滔不絕的讀了一篇。他便不問我第四句話了。如果他再問我一句，我便要窮態畢露了。於是全場考試，就此完結。

考的時候不着急，考完了倒急起來了。如果考不取，怎樣辦呢？想去公使館做一個當差的工友。萬一連這個都辦不到，就想到華僑的商店去謀當一名伙計。這樣胡思亂想的過了一星期，聽說發表了。趕快的跑到學校去看榜。我想萬一我考取，一定名字列在最後。所以我不敢從第一名看起的往下看，却從最後一名倒往上看。看了一大半，沒有我的名字。我從頭上冷起，一直冷到腿上。快要冷到脚尖倒下去的時候，看到第四名却是我的名字。我疑心是做夢，把舌尖重重的咬了一下，感覺得很痛，於是我知道不是夢，是眞的。從此我生活不成問題了。從此我可以求學，一直到帝國大學畢業了。當時心中的愉快，不是言語可以形容的，馬上寫信去報告母親。考第一的是郭心崧，現在昆明，做郵政總局局長；第二是以後成爲左翼作家的鄭伯奇，第三是重慶交通部次長彭學沛。

現在，和我當時一樣困苦的青年，不知道有多少。大家不要灰心，不要餒氣，不要落膽，不要絕望！天無絕人之路，一根草有一滴露水養的！只要我們肯幹，無論在甚麼情形之下，可以從重重包圍之中，殺開一條血路！

（五月三日于南京）

閣下之誤（爰居閣脞談）

衆異

歸震川太僕上徐閣老書。稱少師相公閤下。其後刻集時。崐山本作閤下。常熟本則作閣下。清康熙間。其曾孫玄恭重刻震川全集。於文後附注曰。按漢書公孫弘傳。弘爲丞相。開東閤以延賢人。顏師古注。閤小門也。正門避掾史出入。特開小門以接士。故後世之士，上書于尊官稱閤下。又唐有宰相入閤故事。詳見五代史。嘗見宋板韓文。韓公上書。皆稱閤下。無閣下也。此集常熟本誤作閣下。當是但知閨閣之義。而不知有開閤入閤之義。遂妄改耳云云。而震川所爲項脊軒。舊南閤子也。又曰。吾妻歸甯。述諸小妹語曰。聞姊家有閤子。且何謂閤子也。皆作閤。不作閣。汪堯峯檢討與歸玄恭書則曰。昨讀所刻太僕先生集中。頗多牴牾。如閤字。考宋志三公黃閤。北齊書三公府三門開黃閤設內屏。皆作閤字。此杜詩黃閣老三字所自出也。竊謂凡唐宋稱閣老閣下者。其字皆从合。不从各。前明則不然。宮禁有東閣。有文華閣。學士入閣辦事者。有內閣。閣老閣下之稱。與前代不同。雖从俗稱閣可也。今足下於閣老不辨而獨謂閣下之閣。宜从閤至一百六十餘言。字同義異。未知何據云云。當時玄恭有無復書。今不可考。而余詳繹玄恭之注。則以上徐閣老書中之稱閤下。爲全集中稱閤下之始。（震川集卷一至卷六爲經解序論議說雜文題跋第六卷爲與人書上徐閣老書爲書中之第一篇）。故附注於此。以當發凡起例。至明制有內閣東閣文華閣及入閣稱閣老。震川固稔知之。故此篇標題仍稱徐閣老。未嘗稱徐閤老。玄恭刻集仍之。亦未擅改。尊時王之制。从流俗之稱。震川祖孫皆然。惟文中不能誤閤爲閣。以自貽不學之譏耳。鈍翁平日好與人爭。此亦一事。又嘉慶間阮文達公(元)巡撫浙江。築詁經精舍於西湖。並祀許鄭。而許叔重之主。則題曰漢洨長太尉南閤祭酒許公。於是段懋堂先生致阮公書曰。南閤誤爲南閣。此各本說文之誤。太尉南閤祭酒。謂太尉府掾曹出入府南門者之首領也。司馬彪百官志。掾太尉史屬二十四人。黃閤主簿錄省衆事。黃閤卽南閤也。沈約宋書志曰。三公黃閤者。天子當陽。朱門洞開。三公近天子。引嫌。故黃其閤。凡諸史言東閤南閤西閤者多矣。公孫弘傳之開東閤。今無不譌爲東閣。則南閤之誤何疑也。閤以閈閎爲義。謂小門也。閣以庋閣爲義。引申之。乃爲樓閣也。其義絕殊。其音復分。十九鐸廿七合。截然不同。而一切書史。以閣譌閤者十有八。以閤譌閣十有二。史漢之言閨閤。無不譌閨閣者。明史之皇子出閤。多譌出閣者。說部之小閤子。無不譌小閣子者。世說桓溫開閤放妓。無不譌開閣者。女兒出嫁爲出閣。俗無不言出閣者。唐人之稱閤下。無不譌閣下者。以及吠蛤聲閤閤。亦多作閣閣。蓋無處非譌舉者。宜隨在更正。執事每事必咨故實。望速改先儒室祏。勿使古人及後人均以爲笑也云云。段氏所述。與玄恭同其意旨。而引證加詳。文達畢書。護前不改。仍題南閤祭酒。孫淵如集中許叔重木主結銜議。亦稱閤下。不稱閣。蓋其時孫在阮幕。未敢與阮有所異同也。其後文達丁父憂。(事在嘉慶十年文達撫浙任內)。自爲先妣行狀。懋堂先生復貽書規其文中謬誤。(見經韻樓集卷三與阮芸臺書)。且謂人子爲己之父母作文。但可云述有述。以質於名人。采其言爲行狀。則可以申之史館。書之國史。可以更請名人據狀作志銘。以納於廟。以藏於墓。又謂父母作行狀者。如元之郝文忠。要不可謂甚合云云。其時文達名位已高。得書意殊不平。遂致隙末。今研經室乙集湘圃府君行狀之後。阮福注云。古者子不自狀其親。自元郝文忠始。國朝之制。大臣卒後。國史館行文取其家狀於其子孫。故不盡拘古制云云。文達刻研經室集之時。經韻樓集先已流布於世。阮福蓋承文達之意。(福爲文達次子)。飾詞以自解也。因記南閤祭酒事。連類出此。文達挾釁自封。終非儒者氣象。宋人所謂今日始知身孤寒者。吾爲懋堂誦之矣。

蘇遊散記

朱樸

四月二十九日在由滬返京的火車中，無意地遇到闊別已久的江蘇省政府主席李士羣先生。他一見我面就盛讚「古今」，說創刊號及第二期裏的文章他篇篇都讀過，愛不忍釋。他希望最好以後「古今」能改為半月刊，俾慰一般讀者的渴望。

車快到蘇州了，他和他的夫人誠懇地邀我往蘇州一遊。我深感他倆的盛意，覺得却之不恭，遂於五月二日約了汪曼雲兄一同由京赴蘇。

中午十二時十二分車抵蘇站，江蘇省政府祕書長唐惠民兄已在站相候。惠民兄告訴我士羣兄因有要事又已赴滬，不日即返；聞言之下，不勝悵然。出站後我們一直往松鶴樓午餐，大吃一頓。

飯後我們往遊聞名已久的靈巖山，車出胥門約二十餘分鐘即達。惠民兄先期已派了許多人在那裏照料，我們一到後即坐藤輿登山，這時候綠陰蔽日，輕霧霏微，正是春遊的最好天氣。抬我的輿夫是一男一女，係一對少年夫婦，在滑澤的山道上健步如飛，令我生欣羡而又慚愧之感。

山道的兩旁松柏參天，澗流潺湲，輿行忽東忽西，忽左忽右，約十餘分鐘抵達山巔，到時靈巖寺方丈妙眞和尚已在寺前相迎。他引導我們先參拜了大雄寶殿，後到殿左「香光廳」飲茶；壁間懸着張溥泉氏的一副對聯，筆鋒甚為蒼勁。繼到「東閣」稍憩，壁間懸着四幅畫，一曰「靈巖雲海」，一曰「秀峯晨鐘」，一曰「琴台秋月」，一曰「石壁瞻經」，都係描寫靈巖之特色者。可惜那四幅畫的本身不甚高明，未免美中不足。

在「琴台」上遠眺，太湖即在目前，波光帆影，一覽無餘，胸襟為之一暢。返至山麓，蔓草遍地，雜花滿野，欲探西施遺跡，杳不可得，祇有「智積井」中見黃色鯉魚一尾，燦爛如金，頗堪紀念而已。

下山後我們到木瀆著名的「石家飯店」吃點心。石家飯店有兩塊照牌：一塊懸在舊房子上，為邵元冲氏所書。一塊懸在新房子上，為葉恭綽氏所書。我們在新房子的樓上吃點心，兩壁滿掛書畫，有一幅是于右任氏手書的最堪注目，書曰：

老桂花開天下香，看花走遍太湖旁；

歸舟木瀆猶堪記，多謝石家鮊肺湯。

十七年十月五日鄧尉看桂，歸次木瀆，酒後書贈石家飯店主人。　于右任

還有一幅橫匾，爲李根源氏所書，題曰：

「鮊肺湯舘」

民國甲戌，與太炎先生飲於木瀆石家飯店，食鮊肺題此。　李根源

石家飯店的菜和點心眞不錯，我所最賞讚的是「三蝦豆腐」。（三蝦者，卽蝦子蝦仁蝦腦之謂也。）

從石家飯店返城，時已薄暮，我同曼雲兄瀏覽各舊書店，在文學山房購得「吳中舊事」、「平江記事」、「燼餘錄」、「鄧尉探梅詩」、「別下齋書畫錄」、「明辨齋叢書」等數十卷，價不很貴，得意之至。

五月三日上午由惠民兄導遊獅子林及省政府，前者係滬上富商貝姓之別墅，後者係補園舊址，各盡庭園之勝。獅子林中的假山聽說係倪雲林氏所設計，曲折巧妙，匪夷所思，眞是名不虛傳。「十八曼陀羅花舘」前茶花盛開，嬌豔非常。「卅六鴛鴦舘」後有山有池，景物如畫。

中午與惠民曼雲二兄同赴西園戒幢寺應方丈六淨和尚素餐之邀，先到放生池去看癩頭黿，進門時，恰巧一隻癩頭黿浮在池面，曼雲兄看見了大聲叫呼，那隻癩頭黿聞聲立卽沉下池底，永不再起，結果我們拋了許多個饅頭，都爲鯉魚所吞。我於失望之餘，深怨曼雲「一鳴驚黿」，他們聽此怪語，個個笑不可仰。

午後士莘兄返蘇，相敍至歡。晚承激宴，席間除曼雲惠民二兄外，並晤唐生明、張北生、陳光中、袁殊、明淦諸兄。

五月四日我因與滬上友人有約，預定乘中午十二時十二分的火車來滬，士莘兄堅留再盤桓幾天無效，就於十一時開中飯，匆匆吃了一半卽起身告辭，又承惠民兄代表士莘兄陪送到火車站上車，眞是盛意可感。

返滬後回想這一次短短在蘇兩天的經歷，頗有所感。第一，就我個人說，一年來的心境，眞是不堪爲外人道，可是在這兩天的時間內，至少我已暫時忘却了一切的痛苦。第二，就蘇州的一般說，我所見到的那種熙熙攘攘的情形，決非目前在上海的一般居民所能夢想，這不能不歸功於從政者之努力。就此兩點，我想已足夠紀念的了。　（卅一年五月五日於上海）

記爰居閣主人

經堂

聞着長樂才子梁衆異氏的大名，該已有二十年之久了吧！然而一直沒有一識荆州的機緣。最近却有一個偶然的機會，和本刊朱社長三言兩語的決定，就遠迢迢的跑到他的寓邸去訪謁他了。

這是一個明媚的春日上午，由電話中梁氏約定十一時半會見，而我們却於十一時已由遼遠的滬西抵達他的滬東寓邸了。他還出外未歸，我們置身於他的爰居閣中，得有仔細鑒賞他佈置精雅的『三十三宋齋』的機會。

爰居閣實在並沒有什麼閣子，正如梁氏自己的文字中所說，僅存其名而已，其實是位置在一幢古舊的洋房之中的。一進門便可以看到許多花木，想見主人不獨是一個知名的書畫善本的收藏者，而且還是一個園藝的愛好者。

爰居閣在那幢古舊的洋房的左廂，雖然離開喧闐的馬路很不遠，但兩邊的窗子被那花木的綠蔭一掩映，便很自然的使人忘掉了煩囂，頗有『結廬在人境，而無車馬喧』之樂。在這里我便找出梁氏選擇這幢古舊的房屋作爲住宅的理由；詩人的作風，原是不同於一般貴人達官的。

不用說，爰居閣中四壁所懸掛的，總是琳瑯滿目的了，那篇梁氏自譔的『爰居閣記』高懸在上首，和它遙遙相對的，是譚瓶齋所書的『三十三宋齋』一塊匾額。後來我曾問起過梁氏關於『三十三宋』的意義，在我的揣測，以爲不過和陸氏『皕宋樓』之類收藏着三十三種宋刻吧了。不料梁氏回答我的，却是三十三種宋人的書畫手跡，這就不能不令人爲之咋舌了。

在滿壁琳瑯的珍件中，令人們特別會注意的，却是一個人的照片，那便是過去和梁氏歷史最深的段芝老。那照片是和我們常見到的一樣，所不同的是多二行上下款：『衆異老弟』和『段祺瑞』，寥寥七個字，可見得他們關係之親切了。

準十一時半，梁氏恰似反主爲客似的回家來接見我們。魁梧的身材，配着方頭大耳的橫顏，穩健的步子和和靄的寒暄，再加上他一身藍袍黑褂的禮服，立刻使人感覺到在面前的是一位老前輩的政治家，在這一代的政府官吏中，很少再具有那種風度的。雖然梁氏不是淸季翰苑出身，而是京師大學堂的畢業生，但幾十年宦海的陶冶，已把他訓練成和他的前輩同一的風度了。

梁氏今年，是整整六十大慶了，也許是頤養得宜的緣故，一些不曾有蒼老的痕跡，只是頭上已稀朗的有了白髮，這一點上僅可以顯出一個政治家宣勤的劬勞或是一個文士嘔心血的辛苦，決不能說梁氏已經老了。在談吐和心境上，我們可以看出梁氏是很年青的；他決沒有什麼官僚的架子和暮氣。在他和後生小子的傾談中，只令人感到春風的煦拂，決不使人有所對的是一位大僚和老前輩的侷促不安之感。中國人最好的美德——風度與人情，梁氏便是這美德的保有者。

後世的史家要把梁氏的列傳不入文苑傳，我總要豫先提出抗議，他的文士生涯應比他的政治生涯爲可傳。無論他的詩詞或文章，在現代中國，應是很少人可與他抗手齊驅的。在閩詩派諸賢凋零的今日，他無疑的可成爲這一詩派的祭酒；而文章的謹嚴和守家法，在桐城派將作廣陵散的現在，梁氏恐怕也可算首屈一指的大手筆吧！有了以上的成績，所以我敢說梁氏應是入於文苑傳的。而他自已呢，恐怕也很不願以政治家自居的。據『新支那人物誌』一書中所記的梁氏，由他的女兒口中知道，梁氏燕居時是絕口不談政治的，無論什麼重大的政治上舉動，也不肯在家人面前談及。梁氏家居時，只是以詩文自遣，此外便是園藝了。把家事和國事分得如此的清楚，是深得頤養之一法的，梁氏的體健逾恆和將來之克享大年，或許是要得力於此吧。

福建長樂梁氏，在有清一代，是很出幾位名人的，我想大概和梁氏總不無關係。因之，就提出一位最具政績和文名的梁茝林中丞來詢問梁氏和他的關係，不料正是梁氏的曾祖。我是拜讀過茝林中丞不少著作的，現在所對的正是那位素所景仰的作者的後人，談話的興趣和資料便增加不少。梁氏便興致勃勃的引我們去看許多退庵公（茝林中丞諱章鉅號退庵）的墨蹟。據梁氏說，那些遺墨並非家傳，而是得諸書賈畫販之手，而今重爲子孫所保有，言下不勝欣然。我們訪見梁氏的日子正是四月初，朱社長對梁氏之重得其先人遺墨，名之曰『還都』，妙語解頤，主客三人都不期的哄堂起來。

就在笑聲中，結束了我們的訪問。然而對梁氏深刻的良好印象，却時刻縈迴於腦際，永遠不易湮滅呢。

（三十一年四月十六日）

古今月刊投稿簡約

（一）本刊接受外稿。凡掌故，史料，軼聞，遊記，人物，小品，金石，書畫，隨筆，及關於上述各種之畫圖照片等物，均所歡迎。

（二）來稿概須繕寫楚，並須將通訊地址及眞實姓名註明稿端。

（三）編輯人對來稿有增删之權，其不願者，須豫先聲明。

（四）稿費每千字十元起，於每期出版後發出。

（五）來稿在本刊發表後，版權由作者保留，惟本社於另行刊印文集時，有自由選用之優先權。

（六）來稿除致奉稿費外，並贈送刊登該刊之本刊一册。補白材料一律酌贈本刊。

（七）來稿除特別聲明，並附寄貼足郵票寫明通訊地址之信封外，概不退還。

（八）來稿請寄南京邀貴井時代晚報館轉古今月刊編輯部，勿書私人姓名。

古今月刊社謹訂

龍堆雜拾

魯昔達

前些日子，作了一件頗爲可笑的事。就是想把中國歷史上歷代的亡國帝后的事蹟搜輯一下。雖然孤陋寡聞，又鮮藏書，然而稍稍動手，居然得到不少，同時又發現一件頗爲有趣的事，就是中國過去的文人，對於這事的興趣之大，遠非我初料所及。他們其實並不是研究什麼歷史上存亡興廢的大道理，其實不過是摭取舊聞，發諸吟詠，作一些演義小說上「有詩爲證」的事。而這種興趣又往往是對了女人發的，因爲滄海橫流之際，殺戮之慘，當然是不少的了。這種事偶有一二，當然也頗可使痲木已久的神經刺戟震動一下，然而花樣終於不能多翻，正如吃鴉片找快樂，用春藥圖補救，屢屢爲之所得的結果是更益痲木。然而在這單調之中，也有一樣是頗不「枯燥」的，而且無論怎樣多來，也不會厭倦。那就是女人在刀下的「嬌啼宛轉」的表演。只要一翻「×國宮詞」「詠史詩」之類，就可以知道其量之多，雖不足以汗牛，汗狗總是可以的了。在這里，似乎是又可以得到頗爲可以樂觀的結論，那就是：屢經先哲所言的人性嗜殺之說大有動搖之勢，還是嗜「男女之事」，來得長久而熱烈。「飲食男女，人生之大欲存焉」原來是聖人的老話，讀經衛道的朋友如鬨儆說似乎是也大可樂觀者也。

話說回來，我怎麼也對這些事留神起來了的呢？這完全是受了對于南唐二主的感情的影響。二主的詞是不必說了，就是他們的一生遭際，似乎也大可作一篇上乘的小說讀。因爲這個，所以就搜集了渭南縣伯的南唐書來讀。而且用了景錢叔寶手抄的陸氏南唐書來校一下，因爲我的祕册彙函本是不大靠得住的。陸氏南唐書傳世最通行而較好的大概就是毛氏汲古閣的刋本，然而毛氏所刋，原來也就是翻祕册彙函，而「津逮祕書」裏的不少種，原來就是利用了胡氏的原板的，南唐書世有二本，即陸游與馬令兩家書。馬書在先，因爲南唐初爲宋滅，而馬令是宋人，所以對南唐諸朝，大說壞話。而且對于中主後主諸傳，題「書」而不稱「紀」，實在小器得要命。陸游生當南宋，見解比較寬大一些了。說的話比較公允寬和，所以後來的人都推爲良史。雖然不論怎樣，南唐書在「廿四史」中是沒有位置的。而在五代史中，南唐也不被認爲正統。關於這事的當否，我們外行人，不必妄加判斷。不過李慈銘在「越縵堂日記」裏曾經替南唐大抱不平，要給李昇爭回正統來。看日記時，是在所謂享福的姿態之下臥讀的，懶于摘記，已經忘記了他是怎麼說的了。大概總替李昇仔細排了一下家譜，證明他確是唐代龍孫。這種事在我們現代人看來不免要覺得無聊，因爲南唐世系自李昇以上，是靠不住的。因爲這大都是李氏有國以後，造出來用以裝演門面的結果，其實這種事所在多有，正不必大驚小怪，即唐初李淵，自稱是老子李耳的後代，也正是一件無頭公案，雖然請來了現代的考據大家，是大概也沒有什麼辦法的。

現在爲了免去線索零亂，想就來說說幾個亡國的帝后，因不願佔篇幅過多起見，現在只提出幾個大大有名的一說，即「花蕊夫人」•「馮小憐」和「張麗華」三人。

花蕊夫人世傳有二，第一個驗明正身的工作，就曾經使昔人紛紜有異說。這里據詩詞雜俎裏毛子晉的按語說：「按蜀主王建，納徐耕二女。姊爲淑妃，妹爲貴妃。俱善爲詩有藻思。妹生衍，衍即位，冊貴妃爲順聖太后。淑妃爲翊聖太妃。或卽以順聖爲花蕊夫人，如詩話所稱小徐妃者是也。及唐莊宗平蜀後，孟知祥再有蜀。傳孟昶青城女費氏，幼能屬文，尤長于詩，以才貌事昶得幸。賜號花蕊夫人。然則花蕊夫人果有二邪，但徐妃以汙亂失國，孟昶繼之。寵溺後宮而猶襲亡國夫人之號，豈大惑者固不知其不祥也，乃陶宗儀以孟昶納徐匡璋女拜爲貴妃，別號花蕊夫人而以費氏爲誤，蓋未詳王建之有徐妃，孟昶之有費妃也，意蜀主有前後之異，而世傳夫人爲蜀主妃，不及考其爲王爲孟爲徐爲費爲順聖爲花蕊耶？今宮詞百首實孟昶妃費氏作，不聞小徐妃云。」這里，倒底是怎樣，實在也弄不清楚，不過在世上大大有名的，却是爲宋太祖平蜀後俘虜入汴的那一位。她曾口占一絕云：「君王城上豎降旗，妾在深宮那得知？四十萬人齊解甲，更無一個是男兒。」實在對她的丈夫不大客氣。後來據說又有一首題葭萌驛壁云：「初離蜀道心將碎，離恨綿綿，春日如年，馬上時聞杜鵑。」據說當日不曾寫完，就爲軍騎所催，不得畢詞，實在也可憐得很，大有「宛轉哀啼」之勢了。不料後之君子，還不滿意，到底替她續成了。其詞云：「三千宮女如花貌，妾最嬋娟，此去朝天，只恐君王寵愛偏。」我在這里也不能加什麼按語，只能證明我前邊所說的孔子所云的那句話是千準萬確而已。明初靖難之役，鐵鉉被活活炸死以後，他的女兒還給下了教坊司去轉營，結果就有過一首自歎紅顏命薄的詩。據考證是曾經後人「潤色」過的。總之，中國的君子，是不大看得上平衍無奇的事的。一定弄得它「文彩爛然」而後已。說中國人缺乏浪漫性質的人，其難免「有目無珠」之誚乎？

至於花蕊夫人這次一去以後，下文是不得而知的了。不過記得某筆記上說她在宮中私掛蜀後主像，每日供養，爲宋太祖所見，問她是什麼人，她答說是張仙的像，婦人奉之可以多子云云。足見她到汴以後，實在還不曾忘記了後主的。

馮小憐的有名，大概是因爲唐代的幾個詩人都頗喜歡用她來作吟詠的對象的原因。記不起是那一位說過這樣的話：「婦人與酒之爲好詩料，勝聖君多矣。」（大意）因而一筆評定了李杜的優劣。我向來十分佩服這位先生的絕大手眼。外國人常常以 Wine Women and Waltz 並舉，中國古時可惜不大重視音樂，至於其餘的兩種，大概是無間古今中外一體同風的罷？

唐人詩中詠及馮小憐的，最有名的有以下幾首：

李賀有「馮小憐」一首云：「灣頭見小憐，請上琵琶弦。破得春風恨，今朝値幾錢？裙垂竹葉帶，鬢溼杏花煙，玉冷紅絲重，齊宮妾駕鞍。」

這些詩裏當然是說着一些故事的，至於小憐的事蹟，存於北齊書中的遠不如北史中來得多。丁福保輯「全漢魏晉三國南北朝詩」中有小憐之作一首，卽從原史中輯出者也。詩題是「感琵琶弦」：

「雖蒙今日寵，猶憶昔時憐，欲知心斷絕，應看膝上弦。」原有注云：「淑妃侍代王達，彈琵琶，因弦斷作詩。」丁氏在馮淑妃下更有小注云：

「名小憐，後主大穆后從婢也，穆后愛衰，以五月五日進之，號曰續命。慧黠工歌舞，後主惑之。立爲左皇后。周師取平陽，後主以淑妃奔洪洞戍，復奔靑州，爲周武所獲，以賜代王達，達甚嬖之。」前邊所作的詩蓋卽入代王達府中所寫也。

在北史列傳二裏，所敍淑妃事比較詳盡。述後主惑之之狀云：「坐則同席，出則並馬，願得生死一處。命淑妃處隆基堂，淑妃惡曹昭儀所常居也，悉令反換其地。」

淑妃的事蹟，最有名的，當爲李義山詩中所歌詠者：「巧笑知堪敵萬機，傾城最在着戎衣。晉陽已陷休回顧，更請君王獵一圍。」這詩之有名，至於在數年前由馬君武先生活剝一首以贈某將軍。本事風流逸宕，而殊不同於南唐史事，頗帶了些大漠風光。到底是北方之强，名馬美人，雖然鬧到亡國，也還不能不稱贊一聲是風流得好也。北史中記其事云：「周師之取平陽，帝獵於三堆，晉州亟告急，帝將還，淑妃請更殺一圍。帝從其言。識者以爲後主名緯，殺圍言非吉徵。」下面還紀有一事，更可以顯出滿不在乎的神情來。陶元亮作自挽歌辭，其坦然之懷抱爲人所稱。王景文將飲宋明帝所賜酖酒說，此酒不宜相勸，風神不異，世所同欽。這不過是在個人的生死之際，出以恢弘的度量，所以難得。至於帝王行輩中之以天下作孤注一擲而毫無吝色者，實在不很多見。幽王之于褒姒紂王之於妲己因爲是古史了，單靠了東周列國封神演義之流，不大十分有把握。至於惰煬帝的結末似乎有點豪氣，不過還有些悵恨的話與戀戀之態。一派天眞，眞是滿不在乎的，還到底不能不推北齊後主也。北史有云：「及帝至晉州，城已欲沒矣，作地道攻之。城陷十餘步，將士乘勢欲入。帝敕且止。召淑妃共觀之。淑妃粧點，不獲時至。周人以木拒塞城，遂不下。」這實在可以說是中國人的浪漫性的別一表徵。雖然這些浪漫的事，是不是全由中國人作出來的，很難確說。然而中國的民族，很難說是純粹的了，經過幾次大的揉和以後，民族的特性漸漸轉變，也許這種浪漫性是外族所帶入的也不一定。總之，在現在的中國人裏，浪漫的成份絕不缺少，似乎可以說是斷然的。

南北史號稱繁鉅而難讀，實在是因爲世系過於紛繁的原故。不過我覺得中國人的確應當一讀，不獨可以得到歷史知識，而且大可以明瞭在這一個混亂時代裏，有多少異族的特性和習俗是傳播到中國來了。這尤其是北史，宮闈的淫風之盛，對中國禮俗之不以爲法，處處可以看出不同民族揉和的形象來。如果只讀史漢三國，就想談中國文化固然是妄人，卽斷代取史而讀以後的諸史，雖然民族性也有轉變，然而經過融化以後是不大看得淸楚的了。如果讀北史而條記其値得注意之點，再在後代的史事中掘發它們的根源，應當是非常好的方法。

北史的文字也是很好的。如記後主與馮淑妃的另一事云：「舊俗相傳，晉州城西石上有聖人跡，淑妃欲往觀之。帝恐弩矢及橋，故抽攻城木造遠橋。監作舍人以不速成受罰。帝與淑妃度橋，橋壞，至夜乃還，稱妃有功勳，將立爲右皇后，卽令使馳取褘翟等皇后服御，仍與之並騎觀戰。東偏少卻，淑妃怖曰：『軍敗矣！』帝遂以淑妃奔還。至洪洞戍，淑妃方以粉鏡自玩，後亂聲唱賊至，於是復走。內參自晉陽以皇后衣至，帝爲按轡命淑妃著之。然後去，帝奔鄴，太后後至，帝不出迎，淑妃將至，繫城北門出十里迎之。」這里記淑妃之嬌柔好弄，實在是很出色的描寫文字。

前面曾引淑妃所作詩，係她在代王達府中所作。殊不知北齊亡後，淑妃並未一直就入代王府，其間還是有一些曲折的。北史云：「後主至長安，請周武帝請淑妃，帝曰：朕視天下如脫屣，一老嫗豈與公惜也，仍以賜之。及帝遇害，以淑妃賜代王達，甚嬖之。」這里所述妃之入代王府前，蓋仍送歸後主一次，及其死後始爾。周武帝的慷慨詞色，北史所記極妙。推想淑妃年事正青，此老嫗一語，蓋以俗語入詞，固無怪其文辭之流利而美富也。

後來淑妃到代王府中，還是不改故態。驕而善譖，至爲屏退，有如清代香妃故事云。

李商隱詩還有一首，也曾爲千古膾稱：「一笑傾城國便亡，何勞荆棘始堪傷；小憐玉體橫陳夜，已招周師入晉陽。」又齊宮詞云：「永壽兵來夜不扃，金蓮無復印中庭；梁臺歌管三更罷，猶自風搖九子鈴。」都是爲齊宮而詠者。

清元和顧宗泰（景嶽）有月滿樓詩別集八卷，前六卷皆詠史之作，有讀畫齋叢書本，卷三爲「北齊詠史詩」，末一首云：「宮婢新妝媚綺紈，平陽軍裏並雕鞍。一團更殺大家樂，十步方攻妃子觀。入鄴勞師猶掩笑，奔陳逼騎自遭殘。那肱賣主提婆叛，第一當軍寵要官。」歸納事實入律，如果和前面所說的對照來看，可以不用箋注了。

如果馮小憐的行迹可以代表北國的亡國亂后，那麽南國的代表，應當以張麗華爲最合適。胡曾詠史詩中有陳宮一首云：

「陳國機權未可涯，如何後主恣嬌奢，不知即入宮前井，猶自聽吹玉樹花。」而下引南史作注云：「後主名叔寶，常耽內寵不治國政。伯隨開皇九年隋文帝遣高頻等將兵南伐，後主乃令蕭摩訶任蠻奴等拒之，戰於蔣山之下。陳軍大敗。後主猶醉於後庭玉樹花，侍臣奏云隋軍至，君欲何計？後主云：「我當入井避之。及高頻等兵至金陵，不獲後主云。下先鋒將韓擒虎乃登樓，望見一婦人戴盤入後園，隋將乃云，此必是陳主在彼。乃命搜獲之。果有一大井，後主在中，隋人呼之不出。即欲投石，後主乃叫，隋人遂欠繩引之。乃曰：何太重乎？乃出。有三人同來一處，後主及張麗華趙貴人，皆後主愛妃也。」（詠史詩據景印景宋鈔本，與百衲本南史容有不合，非誤寫也。）

這一段最得要領而寫當時情事，逼眞如戲。因爲是在正史裏，所以大概是不會靠不住的。這使我們知道陳後主是這麽一位「公子哥」，比南唐李主，恐怕還「不更事」，與何不食肉糜的那一位晉惠帝，似乎很有些相似了。國亡以後，猶視園井如租界，與愛妃俱入其中，輸送飲食，大有終老之意，眞不能不歎服他的宅心仁厚，殊非常人可比矣。

長沙葉氏觀古堂刊宋曾極（景建）金陵百詠有臙脂井一則，下注云：「陳末後主與張麗華孔貴嬪投景陽井以避隋兵。舊傳云欄有石脈，以帛拭之作胭脂痕，一名胭脂井，又名辱井，在法華井或云白蓮閣下，有小池而方丈餘，或云在保甯寺覽輝閣側。」詩云：「寒泉玉甃沒春蕪，不染胭脂潤不枯。杏怨桃羞嬌欲墮，猶將紅淚洒黃奴。」

這裏所記一同入井的三個人，趙貴人變成孔貴嬪。而井的所在在宋時即已如此傳說紛紜，更不必說現在了。至於說井欄有胭脂痕因名胭脂井云，恐過於附會。這井應當是後宮遺棄剩水殘脂的地方。

後庭花的詩句，應當是無人不知的了。不過也只是口頭唱唱，在秦淮河上念起來，格外覺得有些飄飄然而已。李商隱有隋宮一詩，末二句云：「地下若逢陳後主，豈宜重問後庭花。」而更有景陽井一首云：「景陽宮井剩堪悲，不盡龍鸞誓死期。腸斷吳王宮外水，濁泥猶得悵西施。」蓋於張麗華之入井而終於復出之事，深致惋悵也。

查百衲本陳書紀六，記當時情景甚悉：「是時韓擒虎率衆自新林至於石子岡，任忠出降於擒虎。仍引擒虎經朱雀航趣宮城。自南掖門而入，於是城內文武百司皆遁出。唯尚書僕射袁憲在殿內……後主聞兵至，從宮人十餘出後堂景陽殿，將自投於井，袁憲侍側，苦諫不從，後閤舍人夏侯公韻又以身蔽井，後主與爭久之方得入焉，及夜爲隋軍所執。」

亡國之際，大臣散盡，只隨宮人十餘出，可謂極盡悲涼矣。而猶有袁憲諫之，試思後主不入井，將有何種作爲，恐未可樂觀，倒不如一同下井，留得此一段好題目，使後人多作些懷古詩發揮烏氣也。

魏徵於是在這後邊，大作駢驪的文章批評後主：「危亡弗恤，上下相蒙；衆叛親離，臨機不寤。自投於井，冀以苟生。視其以此求全，抑亦民斯下矣。」魏徵是唐朝的元勳，對於兩代前的亡國君王，痛加貶斥，大說其風涼話，原是當然的。不過這兒又令我想起一件事。就是亡國帝王，如果是天下斷送在前代手中，而由他來食惡果，如明末的崇禎帝，是大可哀的。至於自作孽的一羣，則往往有一段故事，可以使後人贊歎於他們的浪漫。至多也不過說一句這種人應當去作詩人，錯投胎到帝王家去而已。像魏徵那樣的憤憤，大有得色，我覺得是大可不必的。至于開國的君王，則往往沒有不是窮兇極惡，如明太祖和燕王棣（成祖）即是非常好的例子。周武王伐紂，雖然經後代聖賢辯護說是什麼伐不道，總也不免有些強奪的氣氛。遠沒有坐在摘星樓上自焚的紂王的有人情味了。小時候讀熟了「封神演義」，看到紂王自焚的一段，總覺得他是活該。後來細想實在是受了演義小說的影響，不免可笑了，而京戲上把紂王粧成奇怪的花面，帶了短髭，實在更不佳。我覺得紂王應當是非常漂亮，至少風流得很，不下于後代的隋煬帝的。結末的自焚尤其有骨氣，而非煬帝所可及了。偶翻看雲集中金魚一篇有云：「因爲皇帝壓根兒就非俗惡粗暴不可，假如他有點兒懂得風趣，那就得亡國完事。」李後主・殷紂王是都可以歸入這一派裏去的。

關于張麗華個人的傳記，是附在陳書傳一（皇后），後主沈皇后下邊的，題「張貴妃」：「後主張貴妃名麗華，兵家女也。家貧，父兄以織席爲事，後主爲太子，以選入宮。是時龔貴嬪爲良娣，貴妃年十歲爲之給使，後主見而說焉。因得幸，遂有娠，生太子深。後主即位，拜爲貴妃，性聰惠，甚被寵過。後主每引貴妃與賓客遊宴，貴妃薦諸宮女預焉。後宮等咸德之。競言貴妃之善，由是愛傾後宮。又好厭魅之術，假鬼道以惑後主，置淫祀于宮中。聚諸妖巫使之鼓舞，因參訪外事，人間有一言一事，妃必先知之，以白後主，由是益重妃，內外宗族，多被引用。及隋軍陷臺城，妃與後主俱入於井，隋軍出之。晉王廣命斬貴妃，牓于青溪中橋。」

觀所記，張麗華似乎不專是以色動後主，而且也頗用權術，能傾後宮，如果不是韓擒虎來得太快，也許還有什麼好戲演出也不一定。魏徵在按語中也頗有紀事，其關于貴妃者有：「其曲有玉樹後庭花，臨春樂等，大指所歸皆美張貴妃孔貴嬪之容色也。其略曰：『璧月夜夜滿，瓊林朝朝新。』而張貴妃髮長七尺，鬒黑如漆，其光可鑑，特聰惠，有神采，進止閑暇，容色端麗，每瞻視盼睞，光采溢日，照暎左右。常于閣上靚粧，臨于軒檻。宮中遙望，飄若神仙。才辯强記，善候人主顏色。是時後主怠于政事，百司啓奏，並因宦者蔡晚兒，李善度進請，後主置張貴妃於膝上共決之。李蔡所不能記者貴妃並爲條疏無所遺脫，由是益加寵異，冠絕後庭，而後宮之家，不遵法度有挂於理者，但求哀于貴妃，貴妃則令李蔡先啓其事，而後從容爲言之。大臣有不從者亦因而譖之，所言無不聽，于其張孔之勢，薰灼四方，大臣執政，亦從風而靡，閹宦便佞之徒，內外交結，轉相引進，賄賂公行，賞罰更常，綱紀瞀亂矣。」如果陳不是那麼快就亡掉，誰能說不會再有一個武曌出來呢？

五代十國之際，一般歸降的君主，多半被宋太祖養在一處，好像在集中營里一般。無事時就請來開開玩笑，其中也正有工於吹拍的人物，如南漢的後主劉鋹即是。吳任臣十國春秋云：

「一日宋太祖乘肩輿從數十騎幸講武池，從官未集。後主先至，賜以卮酒，後主疑有毒，泣曰：「臣承祖父基業，違拒朝廷，勞王師致討，罪固當誅。陛下既待臣以不死，願爲大梁布衣，觀太學之盛，臣未敢飲此酒。」太祖曰：朕推赤心于人腹中，安有此事，命取其酒自飮。而別酌以賜後主。後主大慚，頓首謝。太宗將討晉陽，召近臣宴，後主預之。自言朝廷威靈及遠，四方僭竊之主，今日盡在坐中，旦夕平太原，劉繼元又至。臣率先來朝，願得執梃爲諸國降王長。太宗大笑，賞賜甚厚。其詼諧皆類此也。」

觀此可以見劉鋹之爲人，而他在未歸降以前是怎樣的呢？十國春秋記有有名的一事，卽爲後世所豔稱的「大體雙」是也：「波斯女，失其名氏，黑腯而慧，光豔絕人。性善淫，後主甚嬖之，賜名『媚豬』。後主荒縱無度，益求方士媚藥，爲淫褻之戲。又選惡少年配以宮婢，使褫衣露偶，扶波斯女徧覽爲樂，號大體雙，卒以此亡國。」

前引「金魚」中後面又有兩句話，「至於那些俗惡的朋友也會亡國，那是另一回事」，劉鋹的行事，或可爲一例乎？

國民新聞　每月六元　半年卅四元

國民新聞周刊　每期二角半　半年五元　全年九元

金瓶梅畫集　每集七元　預約八折

國民新聞叢書

認識世界的政治經濟社會文藝之最佳讀物

㈠社論集……二冊五元
㈡風雲人物誌……一冊一元四角
㈢近東問題……一冊一元四角
㈣今日的蘇聯……一冊一元二角
㈤太平洋問題……一冊一元二角
㈥藍衣社內幕……一冊二元五角
㈦不愛江山愛美人……一冊一元二角

——以上各書業已出版——

㈧第二次世界大戰與各國軍備……一冊一元二角
㈨戰時日本……一冊一元五角
㈩太平洋戰爭探討……一冊一元五角
⑪美國的國防工業……一冊一元五角
⑫美國的戰時經濟……一冊一元五角

——以上各書預約八折——

（外埠掛號每種另加郵費二角六分）

國民新聞圖書印刷公司出版

上海靜安寺路一九二六號　電話二一六七二

分發行所各地國民新聞分銷處

中國圖書雜誌公司代理發行

上海福州路三八〇號電話九二三一三

雪堂自傳（三）

羅振玉　遺著

是年六月。鄂撫端忠敏公。移署蘇撫。過滬來訪。面請參議學務。謝之不可。七月往受事。謀刱江蘇師範學堂。卜地於撫標中軍操場。先繕紫陽校士館爲學地。卽舊紫陽書院也。以十一月開校。時公已移署兩江總督。初擬定學生分初級高等兩班。生徒共三百二十人。因校地狹。乃先招講習科生四十人。速成科生百二十人。予薦藤田學士任總教習。延山陽徐賓華廣文（嘉）爲監院。次年添設體操專修科。五月講習科及體操專修科畢業。七月招初等本科生八十人。八月朔入堂受學。是月設附屬小學校。十月開校。招初高兩級學生六十餘人。

予任蘇校。一如在鄂時。日至講堂督課。至齋室視察諸生行檢。課暇。分班接見諸生。戒以敦品立行。俾不媿師範二字。時無父無君之說。雖非猖獗若今日。然已萌芽。故於校中恭設萬歲牌。朔望率諸生於萬歲牌及至聖先師前行三跪九叩禮。各校無設萬歲牌者。僅予校有之。校中揭示皆手書。不假手吏胥。除休沐日。跬步不離校。學生初以爲苦。尋亦安之。平湖朱廉訪（之榛）。鯁直明察。以講習科畢業蒞校。昌言於衆曰。今日學校。糜國帑。壞學術。誤子弟。如羅君之於此校。如嚴父之訓子弟。如李臨淮之治軍。校風清肅。令我誠服。予深媿其言。實則予之治校。不過不敢素餐曠職而已。

紫陽書院。舊祀徽國文公。予嘗擬將過去院長。學行足爲師表。若錢竹汀先生等。附祀其中。以資學士觀感景慕。乃事冗不果。校中本有春風亭。故址不可尋。乃於荷池旁。構一小榭。揭三字榜。以存其名。捐經史書置其中。於門庭植卉木。宿舍前雜植桃柳。池中補蓮。並於撫標操場。擬卜築地。加圍牆。以定界址。今時移世異。不知如何。念之憮然。

蘇州自洪楊亂後。城內尙有廢基隙地。朱廉訪招人購領建屋。予於操場旁。從官購地二畝許。以滬寓狹。命工建樓五楹。旁造平屋十餘間。足容全眷。擬迎先府君至蘇。俾得晨夕侍奉。乃夏初先府君卽患小溲不暢。延東醫診之。謂腎病延及心臟。非數月不能致效。乃府君數日後。卽却藥不御。屢請不許。及十月。先府君書至。言脛腫。恐病勢增重。兒可歸一談家事。閱之。驚惶失措。亟請假歸。視府君尙坐起。至案前。諭予曰。往以家事累汝。且二十餘年。今庶孽衆。不忍再累汝。欲與汝謀所以處之。予知府君意。急應曰。大人安心養疾。兒必體大人意。必厚視諸庶母庶弟。府君曰。汝孝子也。我知之。然累汝矣。遂不言。予聞諭。泣不可仰。亟延醫診視。醫者謂病已亟。姑投瀉劑消腫。乃腫消而食不進。至十三夜。遂易簀。予再遭大故。泣念自辛巳府君離淮安。違侍卅年。幸得迎養至滬。又以寓宅小。別賃宅以居。蘇寓垂成。竟不及待。風木之悲。痛徹心骨。殮事畢。迎諸庶母庶弟至予宅。乃扶柩返淮安。暫停南門外僧寺。予卽借寺屋爲堊室。及卜葬。返滬。擬俟百日後赴蘇辭校務。而值江蘇教育會逐客之事。方此校招生時。忠敏謂予曰。此校雖爲蘇屬設。然蘇甯本一省。不當分畛域。有投攷者。一律收錄。於是揚徐淮海有投攷者亦憑文錄取。遵公旨也。蘇紳素不悅。又蘇紳素多請託。招生時。以竿牘至者。間不能副其請。意益不滿。至是。遂由教育會長張謇氏登報紙。謂予在蘇築室私佔校地。因予新築。去擬建新校地。僅數十步也。張與予素諗。一旦以戈矛相向。不欲與校。乃移書朱廉訪。謂宅地購自公家。非私佔。公所知。校地已築圍牆。新築地與校地無涉。亦人人知之。初不必與辯。予築此室。本以奉親。今堂上已棄養。亦不忍居此。卽以此宅。捐贈公家可也。廉訪初聞蘇紳事。已憤甚。及閱予書。益不平。因復書。謂有更以誣謗加公者。某當之。予再移書。請勿校。公知予決棄是宅。乃出官款還予購地及建築費。予乃以百日滿。至蘇辭職。蘇撫及公皆慰留。已而公知予必去。乃曰。公去。此校可停矣。予與公非素交。不知何以得此於公也。予將去。乃勉諸教習及職員。仍舊供職俟代。乃教員勉留。職員均憤而求去。堅留不可。乃請蘇撫派員。卽日來接校事。及代者至。款目卽日交割。予乃行。當予在校時。戒諸職員。謂治公家事。一切款目必每日清揭。俾隨時可交出。至是乃不煩而辦。

方教育會與予爲難。吾友錢唐汪頌穀文學(詒年)。爲不平。聞予去校。乃激予曰。人世無黑白久矣。公不辯。人且謂公果有佔地事。請告予本末。予一一誦言之。頌穀乃用予名。代予作答辯書。登之報紙。予訝其多事。乃報章出。竟噤無一言。蓋意在逐客。予既去。願已足。故不更煩筆墨也。書此以見當日尚有公論。若朱廉訪及汪文學者。皆古之遺直也。

予敍校事訖。更敍家事。當先府君存日。有一至痛心之事。蓋當析產時。先叔父攜眷赴遂昌。所得淮安居宅之半。無所用。乃作價歸併先府君。後無以償。先王妣乃割養膳田三之二。兩分之。給先府君與先叔父。以府君所應得者。償先叔父。府君傷因貧致割及膳田。抱痛至深。及先妣棄養。予乃請於府君。宿債甫清。不可因喪舉債。喪費由予任之。以後田租所入。積以贖膳田。及府君棄養日。膳田已將贖回。府君之喪。亦由予任喪費。諸庶母庶弟居上海半歲。請返淮安。乃措資送歸。時舊居賃於人。以別宅居之。以田租所入充歲用。予仍不取家中一錢。私慟往者先妣見背。尚有老父。今無怙無恃。天地間一鮮民耳。雖僅行年四十。然十年來。於世態思之爛熟。從前夙抱用世之志。今見民德友誼如此。官場積習如彼。爲之灰冷。幸予職已盡。意欲遂被髮入山。然我瞻四方。蹙蹙靡騁。方徘徊無計。忽得端忠敏電。謂學部初刱。相國榮公。已奏調君。請卽入都。予時既決計不復入世。乃以居喪固辭。公援滿人百日當差爲言。予復以漢臣無此例。不可自某始。公迫以卽不就職。亦當入見榮公。不得已。乃入都上謁。相國慰勉曰。君不欲援滿人當差例。請不照滿人吉服到署。卽以素服出入。君所不欲。皆不相強。但必助予。予見公意至誠切。乃諾以暫留數月。甯知由此竟不獲遂初志耶。

予至都。本擬卽南歸。然既許榮公暫留。家屬在南中。殊不便。又以北方風土氣候皆佳。人情亦較厚於南方。卽不官。亦可居。乃售滬宅。得萬元。爲移眷及在京用費。再徐圖治生之術。乃先一年。同鄉某君。在滬以二千金刱印刷局。强予入資之半。勉應之。至是聞予售宅。乃言印局虧耗。令出三千元閉局。予思鬻宅得贏。出諸意外。遂不與校。如數與之。平日向守古人犯而不校之訓。然於此可知南方人情儇薄矣。明年因農教兩館不能遙領。乃均停止。

學部初立。尙無衙署。先賃民屋爲辦事處。奏調人員。到部尙寡。相國令予入居之。時部章未定。司局未分。每日下午。令部員上堂議事。予蒞部日。初次上堂。相國出公文三通令閱。其一爲請廢國子監。以南學爲京師第一師範學校。予議曰。歷代皆有國學。今各學未立。先廢太學。於理似未可。時兩侍郎。一爲固始張公(仁黼)。一爲天津嚴公(修)。嚴答稱現在以養成師範爲急。南學向蒞國子監。新教育行。國子監無用。不如早廢止。予曰。師範雖急。京師之大。似不至無他處可爲校地。何必南學。即用南學。似亦不必遽廢國子監。且是否當廢。他日似尙須討論。張公聞之。啞然曰。相國以君爲明新教育。特奏調來部。乃初到。即說此舊話。某已頑固不合時宜。意在部不能淹三數月。君乃不欲三日留耶。予聞之。訝嚴之思想新異。張之牢騷玩世。均出諸意外。而於予之初到部。即縱論不知忌避。則自忘其愚。語已。相國徐曰。此事容再商。且議他事可也。至明日。予至太學。觀石鼓。見監中有列聖臨雍講坐。私意部臣欲廢太學。此坐將安處之。午後返署。以是爲詢。張公聞之。遽曰。是竟未慮及。本部新立。若言官知之。以此見劾。豈非授人話柄乎。此奏萬不可繕發。相國亦悚然。因撤消此奏。予始知此事嚴意在廢除。相國及張。則視爲無足輕重。雖非同意。尙可曲從也。及議學部官制。設國子丞。及各郡縣學。留教官一人奉祀孔廟。亦予所提議。其幸得議行者。實自保存國學始。自此部中。皆目予爲頑固懸贅矣。

及議學部官制。相國命黃陂陳君(毅)起草。陳君文襄所薦也。既援新設諸部例。於尙侍以下。設丞參各二人。又援日本官制。設參事官四人。列各司之前。予議既設丞參。則參事爲蛇足。部員有駁予說者。乃卒如陳所擬。厥後此廳立。乃廢上堂會議之例。每星期於參事廳開例會一次。有要事則開臨時會議。尙侍丞參及各司官咸與議。堂官奏派予在廳行走。月致餼七十元。堅却之。服闋後。始受餼。

部章改以前學政爲實官。各省設提學使一人。位次在藩司之後。臬司之前。一日堂上集議。相國詢衆。以提學使應以何資格請簡。嚴侍郎首建議。謂必須明教育者。蓋意在曾任學校職員及曾任教習者。故已調天津小學校長及小學教員數人到部行走。予議提學使與藩臬同等。名位甚尊。似宜選資望相當者。相國然之。因詢何資望乃可。衆未有以對。予曰。無已。亦但有仍如從前學政。於翰院選之耳。嚴意不謂然。予曰。堂官謂以明教育者爲斷。不知以何者爲準。殆不外學校職員及教員已耳。今各省但立師範及中小學校。其管理員及教員。不外地方舉貢生員。此等人亦未必即副深明教育之望。一旦拔之不次。驟至監司。恐官方且不知。能必其果舉職否。相國曰。然。亦但有於翰院取之。若謂翰林不明教育。俟奉簡命後。派往外國視察數月可耳。相國復令各舉堪任之人。衆又默然。莫肯先發。嚴侍郎曰。諸君且下堂。以無記名投票法舉之可也。相國曰。不如即席面舉所知。時同在坐者。有汪君穰卿。張君菊生。予語兩君。請盍三人同舉。予意舉沈太守曾植。黃學士紹箕。葉編修爾愷。兩君皆首肯願同舉。菊生別增一人。曰汪太史詒書。既下堂。即有部員數人同上說帖。力詆沈爲腐敗頑固。萬不可用。其人蓋皆曾任小學教員者也。顧所言無效。然予至是。知當世之習爲阿唯。非無故矣。

外省派遣留學生。多習速成法政。速成師範。予意學無速成之理。嘗於參事廳提議。謂無益有損。請由本部奏請停止。相國及坐中多然予說。嚴侍郎謂派遣短期留學。實因需才孔亟。亦具苦心。且謂爲無益或可。若云有害。非某所知也。予謂需才孔亟。亦如七年之病。求三年之艾。在早蓄之而已。若憚三年之歲月。而以數月之艾代之。其不能得效。三尺童子知之矣。且學術非可淺嘗輒止。速成求學。所得者一知半解而已。天下事誤於一知半解者實多。若全無所知。必虛心求慊。略知一二者。則往往一得自矜。最足害事。故某意非截止不可。嚴默然。既而曰。所言亦持之有故。但今日士子。望速成者多。因卒業便可圖噉飯處。一旦罷之。不慮其起哄乎。予曰。此予之所以謂非裁制不可也。國家養士。非但爲其噉飯地。至慮學生起哄。則可不慮。已派者任其卒業。未派者從此截止。何不可者。相國韙之。謂不必入奏。但通電各省及海外留學生監督可矣。遂令予起草。由此派遣速成之事遂止。

是年本部奏派視學官。命予視察直隸山西學務。戊申春。命視察山東河南江西安徽學務。是年本部考試留學生。奏派予充同考官。閱農科試卷及各科國文卷。明年復派充同考官。戊申己酉欽派充留學生殿試襄校官。

予視學山東時。東撫爲泗州楊文敬公（士驤）。總角舊交也。公與予同寄居淮安。且同里閈。其先德仲禾先生（鴻弼）。與先府君又通譜昆季也。公既貴。遂不通往還。至是相見甚驩。延予至其署。觀濟源。酒闌。予語公東省有大政二。一黃河。一外交。皆難措手。公何以處之。公曰。黃河潰決。由天者半。由人者亦半。予嚴責當事。厚賞罰。幸得無事。至對德外交。現與德新島督。相處甚洽。其棘手者。惟學務耳。此邦學風囂競。非得有幹力提學使不可。私與公商。若惠然肯來。當密商榮相。得公任此。吾無憂矣。予謝不可。公曰。公必不可。不敢強。然當爲吾謀適任者。予前視學保定。見羅順循太守（正鈞）。其人似有氣幹。允向榮相言之。其後由部奏簡順循提學山東。然亦無顯績。蓋其人亦老於仕途者也。公又語予。有一事頗關重要。且質之公。德國租借青島。初實欲用爲東方軍港。既至。乃知不可用。其政府深願示好我國。交還爲自闢商埠。但請以後東省路礦各政。聘彼國技師。此外別無要求。至其政府經營青島費用。願以最長期由我國政府逐年償還。不取息金。意欲請公密陳榮相。若以爲可者。某當任折衝事。予極贊之。乃歸爲榮相言。相國謂茲事體大。俟南皮入都後議之。及文襄至。亦然之。顧以西藏兵事。遂不暇及此。未幾。文敬亦擢北洋大臣去。此議若行。則歐戰時可免日德之爭。然天數如此。殆非人力所能挽耶。

予在濟南。欲觀東昌楊氏海源閣藏書。請文敬爲之介。文敬曰。東昌不通鐵道。往返辛苦。且閣主人老瞶。平生愛書甚。不僅寶舊藏。自購善本亦不少。顧老而無子。近支無可繼者。彼深憂身後散佚。嘗爲予言之。且此老自由外部歸。欲得一京卿頭銜以自娛。請予伺機奏保。至今無以報。其身前誓守藏書。必不可奪。且不肯示人。若於彼存日。奏請立案。將其藏書報效國家。先呈目錄。俟身後由東撫案籍點收解京。而賞以卿銜。彼必感激樂從。此事盍與榮相商之。予敬候部示。予歸即陳之相國。相國首肯。然卒以不關重要置之。今楊氏藏書。歷遭兵事。多散佚。則當日所請不行。爲可惜也。因楊氏藏書。憶及一事。歐人何樂模者。骨董商也。

至西安。欲竊取唐景教流行中國碑。復刻一本。將以易原碑。定海方藥雨太守（若）之宗人。爲何樂模舌人。以告藥雨。藥雨以告予。予乃白部。發電致陝撫及提學司。將此碑由金勝寺移置學宮碑林中。何樂模乃不得竊取。運復刻以去。當予以此陳當事。頗以爲多事。强而後可。然我國之古物流出者多矣。此特千百之一。國家不加意保護。亦無從禁其輸出也。

光緒季葉。各新部皆有顧問。學部亦仿行。將奏派頭二等諮議官。予以爲虛名無用。堂官謂他部皆有。學部不可獨異。卒奏派十餘人。予亦列二等。然奏派後無建言者。惟頭等諮議官江蘇教育會長某。有書到部。請奏定學校職員教員升轉。其大意謂欲求教育之興。必得深明教育之人。求深明教育之人。當求之各學堂職員教員中。學部宜定升轉之法。各省小學堂長治事有成效者。升中學監督。如是遞升高等至大學。小學教員教學有成效。升教中學。如是遞升高等至大學。並相其才力。內用爲堂司。外任提學使。以示鼓勵。如是則人才得而教育理矣。相國持至參事廳相傳觀。雖僉以小學教員得升大學教授爲奇特。未能據以入奏。然卒作復書。以示褒納。當時又有某直刺者。以卓異內用。調部。上說帖。請廢舉人進士名目。凡在學堂卒業者。一律授博士。小學卒業者授小學博士。中學以至大學。均如是稱。聞者莫不啞然。此均學部當日笑端也。

是時海外留學生返國。由部試及第者。皆奬以翰林進士舉人。以前歐美留學返國者。多爲不平。適四川擬修鐵道。喬茂譔左丞聘詹君天祐爲總工程師。詹微露此意。喬君遂以此提議於參事廳。堂司僉謂當援例奏請補奬。予議此事某亦贊同。但年來新學未興。舊學已替。頻年留學生國文試卷。皆予校閱。幾無一卷通順。滿紙膨脹運動等新名詞。閱之令人作嘔。亦當優奬海內宿學。經術文章夙著聲譽者數人。以示學子。俾知國學重要。並非偏重西學。相國首肯。令予略舉其人。乃舉瑞安孫君仲容（詒讓）。湘潭王君壬秋（闓運）。及已故紹興府教授烏程汪剛木先生（曰楨）。謂汪令雖已故。亦宜追奬。其後乃奬王君壬秋元和曹君叔彥（元弼）諸人翰林。而汪孫不與焉。

文襄入樞府。兼管學部。到部日。循例旅見。文襄止予曰。今日各司旅見。不能接談。明日下午幸過我。乃如約往謁。文襄曰。君此次到部甚善。幸勿再言去矣。予答以愚戇不通世故。且已陳榮相不久乞歸。並求中堂諒許。文襄色微不懌。已而莞爾曰。我必不任君去。因詢以在兩湖時。奏設存古學堂。君意云何。予曰。中堂維持國學之苦心。至爲敬佩。惟國學浩博。畢生不能盡。今年限至短。復加科學。成效恐不易期。公首肯曰。此論極是。但不加科學。恐遭部駁。至年限太短。成效必微。但究勝於並此無之耳。予曰。職往於集議此案時。曾有說帖。乃推廣中堂之意。略謂各省宜設國學館一所。內分三部。一圖書館。二博物館。三研究所。因修學一事。宜多讀書。而考古。則宜多見古器物。今關洛古物日出。咸入市舶。亟宜購求。以供考究。至研究所。選國學有根柢者。無論已仕未仕。及舉貢生監。任其入所研究。不限以經史文學考古門目。不拘年限。選海內耆宿爲之長。以指導之。略如以前書院。諸生有著作。由館長移送當省提學司。申督撫送部。果係學術精深。徵部面試。其宿學久知名者。即不必招試。由部奏奬。如是則成效似較可期。公聞之欣然曰。君此法良佳。當謀奏行。予又乘間言。以前奏定各學堂章程。乃以日本爲藍本。與我間有不合。尚有應增損者。我朝自世祖頒六諭以訓天下。厥後聖祖廣之爲十六條。世宗又推衍爲廣訓。從前學政案試各郡。必下學講演。童生考試。必令默寫。此誠敎化之本。中小學校。亦宜宣講。日本有敎育勅語。其例可援。至大學章程。經科課目。宜增歷法。文科宜增滿蒙回藏文。此皆我藩屬。且爲考古所必需。原課表皆無之。反有埃及古文。其實埃及文字。雖亦象形。與我文字。故非出一源也。公聞之首肯者再。令予將以前定章。加以補正。當具奏更改。予乃一一加籤呈堂。堂官以爲非急務。竟擱置之。後文襄引疾。此議遂寢矣。

予到部。本欲留數月卽去。乃榮相維縶甚殷。及文襄管部。爲言榮相倚畀君甚。幸輔助之。益不許退。至戊申服闋。適遣嫁程氏女。舊例部員無故不得請假。予欲借此乞退。據情上陳。乃許私假二十日。不許去。及至滬。値兩宮先後上賓。乃遄返京師。尋文襄奏請試署參事官。己酉春。奏補。遂不敢言去。至是實爲予致身之始矣。

學部定章。參事官內以丞參外以提學司升轉。先由本部奏請記名。予自補官後。自維以韋布驟致郞曹。忝竊非分。深懼無以報稱。乃一日左丞喬君來言。現奏保丞參及提學司。榮相欲留君在部相助。然提學司難得人。又欲保君提學。意不能決。屬質之君。願外任乎。抑在內乎。予爲愕然曰。此豈堂官可謀之屬員者。予補參事。已懼難報稱。請爲謝相國。以後保奏丞參及提學。幸勿及某。後半歲。又言之。予益驚愕。謝之如初。榮相初頗疑予爲矯强。至是信爲出於中誠。乃謂予曰。予知君性恬退。不願他任。但我意國子丞。不異宋人奉祠。惟非品學足爲國人矜式者。不克任之。梧生不耐冷官。不久必遷擢。宜莫如君。此可不必再辭矣。梧生者。臨淸徐君(坊)。時方任國子監丞者也。予復遜謝。已而榮相以病去。徐君亦未他擢。文襄奏補予農科大學監督。

文襄管部後。議奏設大學。侍郞嚴公。謂學子無入大學程度。且無經費。持不可。文襄曰。無經費。我籌之。由高等卒業者。升大學。無虞程度不足。侍郞爭之力。文襄怫然曰。今日我爲政。他日我爲賞陀羅尼經被時。君主之可也。乃奏設經法文格致農工商七科。奏任德化劉公(廷琛)爲總監督。經文格致農監督。任膠州柯學士(劭忞)。昭文孫吏部(雄)。元和汪侍讀(鳳藻)。及予。皆奏補。法工商監督。任侯官林參事(棨)諸暨何員外(燏時)。江夏權主事(量)皆奏署。

先是於參事廳議大學官制。予議不必定爲實官。當時頗有贊同者。文襄以他故。決定爲實官。遂定總監督正三品。分科監督正四品。及奏請分別補署。是時予應開參事官本缺。循例上謁。時灌陽唐公(景崇)代榮相國任部長。唐公曰。君在部久。一旦改官大學。義不可留。然大學故隸本部。且君爲諮議官。得與議部事。以後幸相助。乃次日復招至堂上。謂予曰。頃丞參堂因將請補參事缺額。檢閱前奏。乃知繕摺時漏去分科監督爲正四品一語。同人本惜君去。今因誤。君可以原官兼任。仍得在部相助。深以爲幸。但幸勿以此語管部。恐管部必欲補奏更正。轉多事也。予爲避求升級之嫌。唯唯而退。以前榮相奏任徐君爲國子監丞。因底銜錯誤。乃自請議處。唐公長部。頗異於榮相國。此其一端也。

予旣長農校。時大學行政。皆由總監督主之。各分科監督。畫諾而已。無從致力。惟是時七科皆在馬神廟。本某駙馬舊府。地狹不敷用。予請於管部。奏撥西直門外釣魚臺地建新校。設試驗場。溽暑嚴寒。往返監視。至辛亥秋。乃落成。而武昌之變作矣。

談英國人的迷信

微言

一般自認爲受過西洋文明洗禮的人們，總以爲迷信也像是我們古老中國的「國粹」一樣，在西洋是不會這樣多的，因此大歎中國思想陳腐，科學落後，一切非趕緊洋化不可。

固然，教一個西洋人到虹廟或城隍廟去燒香敬神，那是不可能的，而且穿着挺直西裝，跪拜起來，多少使人有些不大入眼。可是他們一到禮拜堂裏，恐怕這些就如『家常便飯』，神字不過換做上帝，紅蠟不過換了白燭。這事情如果併看起來，我不知道相差究竟在什麼地方，然而有許多人總是要說前者是迷信鬼神，後者是信仰宗教。

就說這種是信仰宗教，不涉迷信，但西洋人對於「十三」是一個極重要的諱忌，前幾年還有一種「幸福之連索」的把戲，居然也流行到中國，破費了中國人許多信箋和郵票，那不能不說是他們的迷信罷。至如英國賴愛德所著的「英國民俗」一書（Arthur Robertson Wright English Folkto-ne），那中間講到英國人的迷信，眞是俯拾皆是，頗與我國有不合而同之處。足見「人同此心，心同此理」，迷信之舉，中西固多一律，我們正可不必因此而大歎自己陳腐落後，而說他人文明進步已經到了透頂也。

譬如說罷，中國人是最迷信八字的，就是每個人所生的年月日時的干支，這本沒有什麼哲理可說。可是英國人也正有此種迷信，如他們俗語所謂「硬殼果的大年，也就是小孩的大年」。這是指年而言。同時在英格蘭北部有種歌訣，便是說出生的日子，即可預示他們將來命運的好壞：

星期一生，外表堂堂；
星期二生，福祿永昌；
星期三生，命苦無常；
星期四生，必走遠方；
星期五生，財多名揚；
星期六生，家無宿糧；
星期日生，伶俐有光。

生日以外，生時也被認爲有關，通常都以爲早上出世最能長壽，漸晚則漸短促，而且在東安格利亞（East Anglia）一書，一般以爲小孩墮地如果正在敎堂大鐘發出和聲時（即三—六—九—十二點），則必定格外聰敏。這種與我國的八字，正不謀而合，所差的不過沒有所謂月份，和計算時日方法有些不同罷了。

而且他們於小孩生產以後，還有種種迷信，這在中國恐怕還沒有的。如英國前首相鮑爾溫（Stanley Baldwin）曾經這樣說過：

「我生的那天，我們家裏的 Bewdley籍女廚師把我包一條氈毯，她因爲希望我將來能够步步高陞，就依規矩抱我走上幾步樓梯。但她還想我成爲一個前途非常偉大的人物，所以竟一氣走到頂級，到了以後，她在某一間屋頂小室的當中放了椅子，然後抱着讓我站上，她將我高高地舉起。」

這種規矩豈非就是迷信，然而鮑爾溫居然正被中着，也足見迷信有時竟成事實，無怪至今還是有不可破滅的潛勢力。此外如「頸上長黑痣，困苦必紛至」；「不到一歲莫剪爪，好教母親少煩惱」；我也不再一一細說了。

小孩長大便結婚，那中國人又要講到男女兩造的八字，還有什麽五行，我是弄不清的。記得我幼小時在祖父地方曾經看到一本「婚姻配合書」，裏面就是將男女八字配合爲五行，再由五行造出種種歌訣。可惜我現在已經忘記，不知吳鑒光（上海命相名家）家裏有沒有這個本子？我只記得頭一句是這樣的：「夫金妻金哭零零」，這當然是說這樣配合的男女，不會有好的結果。此外結婚日期必須選擇，也與兩造八字有關。同姓不能結婚，那因爲是血統關係，然而到現在年代已很久遠，彼此早已無血統可說，甚至像胡適「終身大事」中連田陳也不可結合，畢竟也成爲迷信。這些當然對舊式婚姻而言，現在新式早已不談了的。英國人雖然不像我們要配合八字，但是他們對於日期和姓氏倒也很講究的。譬如五月這月裏他們是不結婚的，俗有「五月把婚結，後悔來不及」。因爲以前羅馬在這月裏曾舉行「厲祭」的緣故。我們中國也認五月爲毒月，而且六月七月向來也不舉行婚禮，六月大約是怕天熱，七月則有鬼月之嫌。至如「變姓卻沒變字母，不是變甜是變苦」，這就是說英國人對男女兩造的結合，不可把姓的第一個字母相同的。這個限度，其實比我們同姓還來得厲害。如果我們也以注音字母第一字相同爲不可結合，那末和陳相同的車、柴、程等姓也不可能的了，還不僅如胡氏「終身大事」中所說田氏出於陳氏那樣的簡單而已。

生老病死，有生必有死，這是人人所不能避免的一件事，然而好生惡死，又是人人所想望的一件事，於是趨吉避凶，對死便有大大的諱忌。卽使不能不死，也得讓牠在可能範圍之內，能够多稽延幾許，這是中國人如此，英國人也何嘗不然。他們幾乎把稍微意外的事，如看見牆上掛畫墜了，鏡子破了，耶穌誕日的糕碎了，或者聽見雄雞在午夜前啼鳴，貓頭鷹奇怪的叫聲，都是有死消息的一種預兆。甚至像貓兒死了，狗兒狂吠，鼠咬咬物等等極其平常的事，也竟與死字有關，那比我們中國人所想像的死，實在還來得廣大。此外如人死以後，屍體如果並不變硬，三月之內必定再死人的；如果眼睛不閉，那是他還想找個伴兒同走；這也比我們中國人所迷信的來得厲害。中國人說人死不能瞑目，那是說他還有放不下的事，或者死得寃枉，所以如是，然而絕不是說他還要找個同伴。如果眞是這樣說法，那他的屍體，恐怕只好讓他永遠放在原來地方，沒有人會去收殮的罷。

中國人死後便稱爲鬼，而且鬼竟也如人般另有一個世界。這個迷信雖然二千年前漢儒王充大聲極呼竭力辨明過的，然而二千年後的今日還是有人深信無疑。這在英國也與我們不分軒輊，而且他們在報上和刊物上，還常常記載着鬼出現的消息，什麽伊麗莎白女王鬼，安妮王后鬼，紅衣主教烏爾賽鬼，大盜忑賽鬼等等，簡直都是歷史上著名的人物。這種鬼，有的穿着白衣，有的穿着灰衣，像大盜忑賽鬼還像生前騎着駿馬，在路上奔跑，眞是說得鬼生活與人生活完全一樣，沒有什麽半點差分。而且他們還有一種叫喑鬧鬼（Poltergessts）的，那更是稀奇，居然會做出種種聲音，還能使室內的物事，在空中飛舞。這種在中國不知道有沒有的？我所知道的五通鬼倒與牠有些相似，因爲五通鬼據說也能够移動物事，放在這裏會變到那裏，不過要看見能在空中飛舞，那倒未曾聞見過。這樣說來，五通鬼畢竟還要讓他們喑鬧鬼神巧一着的。

既然有鬼，而且鬼又是可怕的東西，就非避免不可，這在中國也有其種種的迷信的。而在英國，那末在人死的時候，隣居和親友爭來看屍，通常必定觸牠一下，觸手尤佳；據說這樣一來，便可表示與死者無仇，正像生前握手表示親暱一般，可以使鬼不來爲難。至於爲死者備食物，這在中國原是一種重要的禮節，春祀秋祭，孝思不匱，已不能作爲一種迷信。不過在西洋人看來是有些神祕的，尤其是信仰基督教的教徒，他們絕對不許有這種違教的舉動。然而這在今日的英國也未嘗絕對沒有，不過他們不像我們眞會擺起一席酒菜來的，只是一些果品、麵包、奶油之類而已。有時他們也拿到墳頭上去，如我們掃墓一般。

要想趨吉避凶，推命以外，還有占卜，那是預測將來的禍福，另有此種職業者，專司其事。此種方法，名目不一，而英國人的花色好像比我國人還多一些。

據賴氏調查，單是倫敦一區，就有紙牌卜，看水晶球，看年法，相手，占星，觸卜和千里眼等等。這種職業占卜家，據說方法是日新月異的，因爲有一般商賈們，早將舊有方法，爲便利衆人自卜起見，製成了種種的卜具。譬如紙牌卜就是在紙牌上印了占卜種種的符號；水晶球也在上面先刻了各樣的數目，無論那個只要把牠和一張附表合用，便可以自卜休咎。這門生意旣被奪去，所以他們非另想新法不可。此外他們還有一種找溺屍的卜法，在這裏順便談一談。

他們是用一塊挖空的麵包，裏面盛些水銀，讓牠放在河中漂流。據說一漂到屍體所在的地方，那塊空麵包，便會停着不動，或者在附近旋轉起來，然而有時聽說並不怎樣靈驗。

中國人有一種卜法叫做「輪時間」的，就是數着時間，可以找到人或事物，知道他在某方。這種在英國也大通行，尤其是婦女們要想卜她身旁的人兒，常常用此方法。不過她們是一邊數一些果核或鈕扣之類的小物件，一邊唸着「是今年，是明年，是總有一天，是永遠不然。」只要心誠，據說無論什麽東西都可以來卜，同樣得到靈驗。還有一個方法，據說先在一件東西上面畫一箭頭，然後自己雙目緊閉，旋轉身子，直到忘了原來方向，將手中所拿畫箭頭的東西從頭上往背後擲去，看那箭頭所指方向，再去找尋物事，就能如願以償。

占卜其實也並不限於人爲的方法，有時却可取於自然界中。譬如中國人以鵲鳴爲喜，鴉叫爲凶，所以鵲總是稱爲喜鵲，而鴉則在舊劇中更把牠固定爲凶禽，只要劇中人有凶事到來，事先必讓牠在臺上叫了三聲，以示凶的預兆。這在英國則認爲鴿是最不祥的鳥，只要牠停留在人家屋上，這家必定會死人的。甚至鴿毛也爲不祥之物，如牀上或枕中有了牠，要死的人便不容易死去。至於喜鵲，倒也與我們相似，不過不可只有孤獨的一隻，否則也還是不吉。他們的俗諺有云：「一鵲報愁，二鵲報喜，三鵲報婚姻，四鵲報兒女……」花樣又比我們多得不少了。

說到這裏，他們還有一件最可發笑的迷信，便是向蜜蜂報喪。據說他們養蜂的人家，如果遇到家主死了，家人必須也向蜜蜂報喪。通常還用黑縐紗打了一個結，緊在蜂窩上面，算作牠們也爲家主戴孝。假使不告訴牠們，牠們也便死了，豈非得罪了牠們？所以週到的人家，還須繼子親自告蜂。那樣鄭重其事的舉動，在中國恐怕任何地方都沒有的。

植物之類可以預卜吉凶的，每年第一次開的雪花不宜帶到家裏，或將此花贈與異性，否則等於咒他或牠快死。蘋果樹如在結實後開花，這也是不吉的，家裏有喪人的危險。胡荽無論如何不可把牠移植，否則家裏也要死人。此外還有許多，眞是說不勝說。我在中國，還沒有同樣東西可以與之比擬，這當然是我見聞寡陋的緣故，但我也敢自信，中國人以花草卜吉凶，恐怕是很的少見罷，就像我的故鄉，便沒有這種說法，而且稍一帶動，說是就會喪人生命的。

不過像下面以人身上發生痛癢而預卜未來如何，倒與我們若合符節。如說耳鳴必有人在說壞話，鼻癢是將有麻煩，右手癢主進財，左手癢主破財，脚跟癢主將往新地。至如打嚏有一首歌訣，如下面所列：

星期一打嚏，防危險近身；
星期二打嚏，有生客問津；
星期三打嚏，得一封書信；
星期四打嚏，必有事可成；
星期五打嚏，免不了傷心；
星期六打嚏，明日見情人。

那在我們中國却沒有這樣複雜了。中國人對於打嚏固然也有一種迷信，但不過是有人道我而已，沒有禍福存乎其間，詩裏所謂「願言則嚏」，可知即在古時，也只是這樣簡單解說而已。

與占卜性質略似的還有一種厭殃法（我國古時稱爲厭勝術），這在中國是最盛行的，甚至用法治病。占卜是推測未來的禍福，厭殃法却是欲把已來的禍患轉之爲幸福。此種用術治病的人，在英國亦有專門作爲職業，男女都有，大家稱他們做「草藥郎中」(Herbalist)。如他們治人燙傷時，先向患處連吹三次，然後口裏唸着：

我今來此治燙傷，
死人若知活人苦，
燙傷之處包清涼。

這種頗像我們中國的祝由科。因爲祝由科的治病，也是祝說病由，不勞鍼石，而其實就是一種厭殃法而已。

此外像治百日咳，他們厭殃的方法很多。譬如將病兒的一小片頭髮，夾在塗好奶油的兩片麵包裏面，然後拿去給狗吃，咳病就會傳給於狗了。這種正如中國人之出賣重傷風，那手續還要簡單，只要用一張小紅紙條，寫上「出賣重傷風」五字，貼在小便或車站衆人麕集常見之處，那一個不當心見了，據說重傷風便會傳給於他的。

還有像除肉瘤的，他們的厭殃法更多，最普通的是將肉瘤數清，然後把牠們和另外可以爛掉或拋掉的同數東西，象徵的聯合在一起，據說就可將肉瘤移去。譬如說，用一包小石子，數目與肉瘤相同，隨便拋掉；然後有人如果拾去那包小石子，肉瘤就移給那個人了。還有一種是用縫針，次第刺入每一個肉瘤，然後把牠種在槐樹上，據說也可把肉瘤消失。後那一個方法我們中國也有的，而且我還親自看見過，不過他不是把針種在槐樹上，而是將針刺在牆磚上，好像瘤有多少，刺在磚上的次數也是多少，意思讓瘤移刺於磚上。這個靈不靈我可不得而知，因爲我所看見的人他一面正在敷藥，後來據說果然好了，那其結果是不是應當歸功於施術者，實在是一個疑問，然而病者終是相信牠的，於是那個施術者也就被他稱爲「神乎其技」的神醫了。

但如上面所述還不過是一種咒語與動作，即使不靈，也不至於傷生，有一種却常常喜歡用些毫無根據的土藥，如「灰茶」之類，就是把東西燒剩的灰放在茶裏，這在中國是很普遍的，而在英國也是如此。他們認爲這種灰茶給小兒喝了，可以預除氣脹和肚痛。甚至一九二七年里茲地方，竟有人用水吞服猪爪熬煎後磨成的粉，以治糖尿症的，結果終於暴死，那不能不說因避禍而反生禍了。

此外還有一種護身物的，其目的也無非厭殃與避邪。據我所知，中國人在身上備護身物是很少的，只有小孩在項裏戴一種項圈（女子只作爲裝飾品），算是可以長壽，然而也極不普遍，尤其在現在則更爲少有。可是這在英國却大不相同了，據倫敦一位醫師統計，他所診察的各學校裏面，學童有百分之四十以上在衣服下面帶着護身物的。這種護身物向來藏在隱蔽之處，並不顯示於人，普通所用的是一串特製的藍珠子，云有防止胸部病痛之功。帶上以後，即永不得取下，甚至連洗澡的時候，也是如此，否則據說要患傷風呢。

這不僅學童是如此，成人男女亦莫不皆然。他們報紙上記載淹死的人或被謀害的人，身上總常常能够找到這種護身物的，不過名目不一，或者是一種錢幣，或者是一種豆類，或者像一種證章，做出各種各樣的形狀。即如上次大戰的時候，不但普通兵士要帶，官長們也多這樣帶着。又有一種小孩頭上的胎膜，據說可使人不至溺斃，所以在德國潛水艇橫行的時候，立刻成爲衆人想買的東西，很要破費一些錢後才得買到一具。這在中國人看來，無論如何不會相信小孩的胎膜還有這樣的妙用。不知這次大戰之中，他們還是這樣的帶着否？

總之，英國人的迷信是很多的，說起來眞是可以寫成一部大書，這裏只是隨便引談，不能徧及，欲窺全豹，還非長時間搜集不可，本文就在這裏帶住了罷。

（愚人節後一日草畢）

古今下期要目預告

中庸讀本書後……梁鴻志
談諸葛亮……朱樸
曾國藩與左宗棠……紀果庵
十園談助……陳寥士
關于珍妃……笠堪
談李慈銘……楮冠
記語言學家王小航……何默
明末的人物……劉平
「生活」興亡史……晦盦
美國投機家列傳……許季木

崇效寺楸陰感舊圖考（上）

張江裁

圖史

北平右安門內，有崇效寺。清初環寺多棗樹，花淡紅色，殊燦爛，人遂以棗花寺稱之。乾隆中葉，寺僧植丁香，遂又以丁香著。其後更植牡丹，遂以牡丹名。藏經閣前老楸二株，陰蔽天日。牡丹放時，寺僧設座楸陰，香茗供客。好事者，復以詩歌彰之。於是崇效寺楸花漸爲人所稱道。

北平寺廟，半多楸樹，而枝柯奇崛，獨以此稱。寺僧謂係五百年前物，雖未可遽信，但視其老態，當亦非近百年物也。光緒丁亥，詩人番禺沈南野先生與太湖徐芷帆徐養吾昆季，排日攜酒以遊。養吾逝，芷帆爲繪楸陰感舊圖，及芷帆下世，圖卷旋失，南野先生愴懷往跡，乃更補得斯圖，友好復施題詠，以塞其悲。時人謂是圖當與青松紅杏馴雞還卷移花三圖，同爲崇效寺史實。

民國十三年春，余謁南野先生於宣南青廠便佳簃，得瞻斯圖。先生謂將送置寺中，蓋深感私家之不易弃存也。

越二年，南野先生歸道山，圖書玩飾，多已易主，而是圖也，或云已送寺中，寺僧視同拱璧，祕不示人。或云遺孤以之易米，佚諸他姓。同一時世，所云異詞，又安知千百年後，此圖故事，傳聞不更支離耶。余與先生幸同時，瞻覽之頃，又得先生口述斯圖故事，乃更捃摭諸家文字，爲之排比，以爲談春明掌故之助。

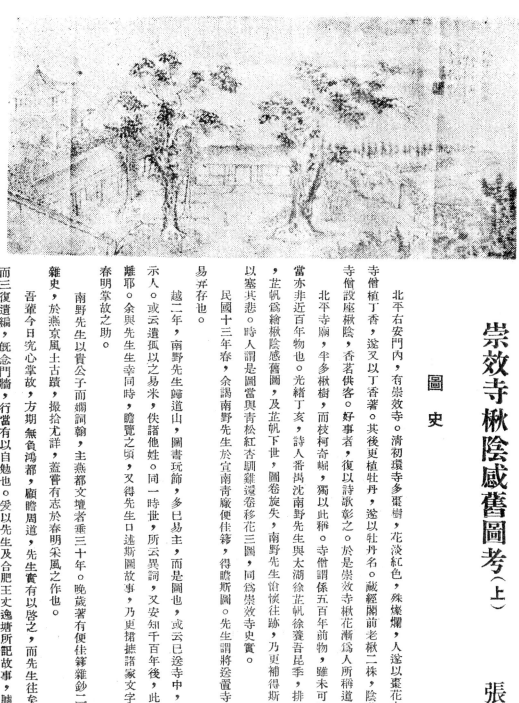

南野先生以貴公子而嫻詞翰，主燕都文壇者垂三十年。晚歲著有便佳簃雜鈔二十四卷，多晚淸四朝雜史，於燕京風土古蹟，攗拾尤詳，蓋嘗有志於春明采風之作也。

吾輩今日究心掌故，方期無負鴻都，顧瞻周道，先生實有以啓之，而先生往矣，請益無從，撫斯圖而三復遺編，旣念門牆，行當有以自勉也。爰以先生及合肥王丈逸塘所記故事，臚載三則，備屬懷此道者得徵實焉。

光緒丁亥，余年二十三，與徐芷帆侍御（德沅），養吾主政（德漑）昆仲，同受業於鄭東甫師之門。（師諱杲，事母至孝。原籍直隸，寄籍山東。光緒己卯解元，經術甚深，授賤子以毛詩，今茲略解詩義，吾師之賜也。）崇效寺有老楸二株，數百年物，暮春著花，作淡紅色。遊春士女，來賞牡丹，此樹婆娑，難邀一盼。余與芷帆昆仲，館課餘暇，排日載酒來賞楸花。養吾既逝，芷帆爲繪楸陰感舊圖，徧徵題詠。一時名輩如朱古微胡長木劉慈甫咸有題詞。余亦譜買陂塘一闋，稿佚已久。甲辰余再入都，芷帆逝逾十年，感舊圖不知流落何所。社友李紹堂（國瑜），爲陳松山給諫女壻，夫人陳佩彤，工繪事，爲余重寫楸陰感舊圖一幀，付之裝池，題者甚夥。（節錄沈氏便佳簃雜鈔）

白紙坊崇效寺大殿前，老楸二株，高數尋，花作淡紅色。余少時恆偕同硯友徐芷帆徐養吾，排日載酒，吟賞其下。養吾既逝，芷帆爲作楸陰感舊圖，偏徵題詠。朱古微先生（祖謀），題繞佛閣一闋。詞序云：崇效寺楸花最盛，往年徐芷帆養吾兄弟，花時輒宴賞其下，余季彥傅，間亦一至。養吾下世，晌又五年，彥傅墓亦宿草矣。芷帆作楸陰感舊圖徵題，執筆泫然，不止黃壚之悲也。詞曰：紺煙斂霽，香外梵歇，穎照蕭寺，珠露飄蕊，慣俊侶年年貰春醉，畫闌再倚，誰料素約，和恨難理，殘醅沾地，夜深定有，秋魂驚起。　蠹壁字零落，細數詞流空百輩，何況故人，傷春當日淚，總冷透風口，鄰笛悽異，斷鴻知未，有一樣西堂，孤坐無睡，繞花陰，夢痕如水。余於甲午隨侍揚州，甲辰再入都門，芷帆逝已數年，感舊圖不知流落何所。（節錄沈氏十藝禪語）

京師白紙坊崇效寺，本唐之棗花寺，蓋劉濟捨宅所建，元至正始改名崇效，明清因之。朱竹垞王漁洋手種丁香，聞在西來閣下，今久非故物。惟春時牡丹盛開，游賞如織。龔定盦詩所謂：詞流百輩花間盡，此是宣南掌故花者也。寺內楸花二株，幹可十圍，濃陰滿院，信爲巨觀。吾鄉太湖徐芷帆侍御與其弟養吾主政及番禺沈太侔（宗畸）游，常徘徊楸陰下。養吾逝世，芷帆爲繪楸陰感舊圖，海內名流，多有題識，未久芷帆圖卷不知流落何所？清季太侔乃倩陳松山給諫長女陳佩彤補繪徵詩，計題達四十餘人，洵爲棗花寺中一段掌故，當與青松紅杏圖及馴雞圖卷子並傳矣。太侔鬻客雞林，爲余舊識，風流文采，饒有典型。官祠部日，於宣南創著涒吟社，並刊國學萃編，表彰叢佚，沾溉藝林。晚年署繁霜閣主，身世侘傺，人以沈聾呼之。丙寅秋病歿都下，遺稿飄零，殊可念也。（節錄王氏今傳是樓詩話）

圖詠

漢陽易哭庵（順鼎）先生題楸陰感舊圖詩：爲看芍藥屢停車，幾度楸陰聽煮茶。尋夢更尋尋夢地，送春先送送春花。閒思棋局都成劫，小坐琴牀便當家。感舊却憐君似我，鬢絲禪榻共生涯。

仁和吳伯宛先生（昌綬）題楸陰感舊圖詩：且向樹陰求淨法，漫從花底問詞流。人生如此匆匆過，一瞥年光十倍秋。

番禺潘蘭史先生（飛聲）題楸陰感舊圖詩：看花前度駐吟鞭，忽忽回頭漫五年。我亦重來老居士，楸陰如夢問詩禪。滿眼滄桑感不勝，無端興廢到南城。喜君覓句蕭閒甚，名士前身定是僧。（己酉北來寓嵎山館，與太倅仁弟看花崇效寺，忽忽五年矣。癸丑七月重至都門，出此圖囑題，不勝舊游之感。）

孫天問先生（谷紱）題楸陰感舊圖詩：往事成煙散有痕，歌離弔夢易黃昏。春光零落詞人去，一種傷心古寺門。風廊小立奈情何，帽影鞭絲感逝波。欲譜山陽鄰笛怨，故人今日已無多。看花前度記曾經，頭白風懷淚易零。閱盡興亡閒欲語，古楸如昨可憐青。我亦曾攜𥚃褉遊，京塵回首冷於秋。欲將眼底滄桑事，親與先生話酒樓。

江甯夏蔚如先生（仁虎）題楸陰感舊圖詩：十里王城隔軟紅，招提來覓舊游蹤。楸花一樹垂垂老，惆悵山陽笛裏風。側帽重來鬢早凋，古愁鬱鬱邊難消。歌離弔夢尋常事，瘦盡休文一尺腰。桑樹成田海水枯，豪情綺夢兩模糊。思量唯有風前影，萬劫情天懺不除。最憶年時載酒行，鼠姑風裏祝長生。張侯奄化胡公逝，策馬西州共此情。（憶癸卯甲辰間，朋輩恆於牡丹開時，排日宴寺中，爲余作生日，合影爲記。今圖中已弱兩個，則張篤生郎中，胡劭介參議也，披是圖觸我黃壚之感，故末首及之。）

仁和徐花農先生（琪）題楸陰感舊圖詩：青松紅杏各分枝，歲歲看花盛一時。豈獨雙𪋇誇國豔，春風吹處客題詩。二百餘年事已遷，寺門猶聽曉鐘煙。莫談千古興亡局，無數桃花宿柳綿。

仁和徐仲可先生（珂）題楸陰感舊圖詩：尋芳古寺幾聯驂，鼻觀馨香肯共參。花自依然春易老，樹猶如此子何堪。廿年奄忽成殘劫，十步徘徊憶立談。舊恨更增家國感，詩人心事有僧諳。

高旭先生題楸陰感舊圖詩：俊遊如夢夢如煙，閱盡滄桑倍可憐。悄向楸陰無一語，兩行淚灑寺門前。繁華依舊事全非，載酒看花願總違。差喜東陽猶健在，只愁人瘦牡丹肥。才媛聰明絕世無，憑將彩筆寫繁蕪。他年韵事流傳遍，詎讓青松紅杏圖。回頭重話少年場，儂亦京華弔夕陽。怕向棗花寺裏過，數聲鄰笛譜淒涼。

常熟孫師鄭先生（雄）題楸陰感舊圖詩：聯吟俊侶憶陳（簡持）吳（伯宛），人世匆匆過隙駒。搖落怕吟枯樹賦，纂鈔勝佩辟愁符。（君有便佳簃雜鈔行世。）冰清首美棲烏柏，（李君國瑜，爲松山給諫之壻。）玉碎今凋集鳳梧。衆殿森嚴成廢苑，槐松憔悴有誰扶。（朱子語類云：國朝殿惟植槐楸，隱然有嚴肅氣象。）富貴春婆夢一場，漫誇花相與花王。繁華轉眼成蕭瑟，黯澹貞心耐久長。（甲午年遊棗花寺舊作云：洛陽富貴如春夢，爭及楸花黯澹容。）直諒良朋悲宿草，扶疏老幹閱滄桑。竹垞手把丁香植，掌故宣南幾輩詳。

趙炳麟先生題楸陰感舊圖詩：年年四月棗花香，（崇效寺，明棗花寺。）東客提壺古寺旁。今日披圖偏一淚，敗垣冷落對斜陽。舊籬斑駁有馴雞，（崇效寺有名畫二軸，一青松紅杏圖，一馴雞圖。）往事蒼涼厭鼓鼙。猶記當年戎馬警，一驢馳過寺門西。（庚子聯軍陷京師，余與陸紹淵司勳，騎驢由此，奔赴西安。）又著黃冠作夢游，離離麥黍故宮秋。人民城郭都無恙，孰悟莊生太壑舟。野草迷天楸影孤，難從滄海貢蓬壺。廿年牢落春明夢，愁看青松紅杏圖。（余在台六年，得友兩人，一陳松山田，一浮杏村春，故有青松紅杏結良緣詩。今松山不知流寓何處，杏村聞已入山爲道士。寫此圖之李君國瑜，松山壻也，觀畫懷人，感何於已。）

順德羅復堪先生（惇㬊）題楸陰感舊圖詩：人事百年隨例盡，詞流幾輩至今存。惟餘古木蟠根大，老鶴時來問子孫。楸陰閱世成長圍，不信桑滄有是非。牆角青鴛窺客盡，道人霜髩未忘機。

番禺陳公輔先生（慶佑）題楸陰感舊圖詩：文章吏部有傳人，感舊楸陰三十春。宮子（張延秋編修）踽翁都化去，（潘嶧琴學士）與君和淚說前塵。（先君子北遊日，與先德吏部潘張諸丈談宴甚多。）風廊可有舊詩僧，重話書燈與佛燈。老去詞人亦如樹，一朝纏繞困長藤。（韓退之楸樹句）

盛時先生題楸陰感舊圖詩：重尋蕭寺記模糊，老馬偏能識舊途。夢裏故人鄰笛斷，昔年遊侶畫圖孤。紗籠壁上題紅惢，花發階前對綠蕪。惆悵楸陰悟來去，一聲禪磬萬緣枯。

周退舟先生題楸陰感舊圖詩：棗花花事看成田，舊侶招邀憶卅年。猶有樹陰無恙在，一痕春夢已如煙。往事重思鬢欲皤，攜尊幾向寺門過。不堪一幅生綃影，寫出山陽笛裏歌。春風歲放牡丹叢，我亦搖鞭入寺中。不見當年人載酒，楸花猶作向人紅。小刼滄桑首重回，故人幾輩已塵埃。（題圖諸人，已逝十輩。）尺縑不是吳淞水，也試幷州快剪來。（題句爲人剪去一段。）芋火因緣話懶殘，搨來感慨總無端。青松紅杏依然在，留作他年掌故看。

沈研農先生（福田）題楸陰感舊圖詩：　披圖意我此尋芳，認得雙楸舊佛堂。當日看花楸樹下，迷濛小雨溼衣裳。老僧袖扇乞題詩，濡筆楸陰記共誰。（今春與胡遲圃到寺看花，僧出扇索題，各呈綠牡丹詩一首。）檢點前塵春似夢，比君惆悵又多時。同是東陽稱瘦沈，長安索米我還來，此楸可比金城柳，根觸君懷第幾回。（癸丑移居青廠邑館，與太侔宗兄同寓陸氏之屋，東西阮家之巷，南北無此密邇也。暇時出其楸陰感舊圖命題，爰成短句，以質方家，珠玉在前，慚惶無旣，願兄作寒具油之口汚觀可矣。）

陳之霈先生題楸陰感舊圖詩：抽身萬紫千紅裏，覓句蒼苔碧蘚間。飽臥綠陰人不管，算來得比老僧閒。看花歲歲一來過，此日披圖意更多。不買胭脂着顏色，無情碧樹自婆娑。

新會陳箾持先生（昭常）題楸陰感舊圖詩：宣南掌故費追尋，梵宇重來涕不禁。轉眼滄桑淪浩刧，感時花木損秋心。茫茫人海風騷歇，袞袞名流歲月侵。檢點舊題成隔世，東陽消瘦怨同深。（癸丑九秋，太侔同年出圖索題，適由崇效寺重展青松紅杏圖回，根觸前塵，悵然賦此）。

陳宗實先生題楸陰感舊圖：殘春載得當年酒，棗花寺裏重回首。看花還憶看花人，瘦腰更瘦腰圍否。舊遊成夢鬢成絲，廿載滄桑滿樹枝。紅杏青松期未管，楸陰佇立已多時。

程康先生題楸陰感舊圖詩：小立楸陰動客情，當時花外幾人行。眼前良友驚生死，身後遺編識姓名。投老未堪詩作祟，治聾還與酒爲盟。披圖臆有黃壚痛，廿載迴思淚不清，君身可是維摩詰，病裏光陰秋復春。往跡豈無鴻爪印，故衫猶有馬蹄塵。忍過百八鐘聲寺，苦憶重三禊事人。顧我年來同一恨（先師顧印伯，故人沈硯農，相繼去世），至今餘痛淚痕新。

順德辛倣蘇先生（耀文）題楸陰感舊圖詩：長楸不共刼灰沈，此樹婆娑百感侵。震旦憲章夷變夏，須彌法偈古猶今。玉階紅藥臨風笑，碧海金輪怨夜深。一樣興亡陳迹在，智公松杏有同心。（青松紅杏圖卷乃智朴禪師小照，向存崇效寺中。十年前寺僧質於廠肆，託云經亂遺失，後爲楊蔭北樞密所得，余曾觀於方壺寓中。初傳謂智公乃洪經略部將，甲申後，薙度於盤山，青松紅杏者，蓋指松山杏山兩役而作也。癸丑九月朔，蔭北以此卷歸回寺中，陳於東廊，任人觀覽。旬日後，北囑往持收藏，然寺僧惡俗，恐早墮塵刼耳。）

徐半夢先生題楸陰感舊圖詩：風颭殘花半是禪，空廊寂寂夢如烟。畫圖寫盡飄零影，疏雨黃昏又一年。閱遍滄桑一掬塵，楸陰無恙可憐春。憔悴莫道風懷減，腰瘦猶支刼後身。干戈滿地竟何之，忍淚看天到幾時。回首舊遊何處是，斷魂情緒鬢絲絲。轉綠回黃感慨深，浮生一例任銷沈。山陽笛裏愁多少，吹徧年年作賦心。

太湖袁瞿園先生（祖光）題楸陰感舊圖詩：往事沉思鎮日嗟，楸陰寂寂佛堂譁，故人隴樹劍雙匣，芳信刼餘春一花。老賣琴書作長客，病逢僧侶欲爲家。嚴徐東馬今安在，黯黯滄紅白露葭。

宛平慶博如先生（珍）題楸陰感舊圖詩：紅杏青松事太迂，美人名士莽平蕪。棗花我已傷寥落，况見楸陰感舊圖。樹獨如此總銷魂，蕭寺蕪烟日易昏。載酒看花吟未了，十年心事漫重論。

楊赫坤先生題楸陰感舊圖詩：詩外逃名二十春，至今欲見更無因。不知楸樹蕭疏裏，猶著坡仙貧病身。

李吉麟先生題楸陰感舊圖詩：詩人何處哭穲風，古刹重來頭白翁。縱使丹青能寫景，足音不入畫圖中。

周天球先生題楸陰感舊圖詩：楸陰如幄牡丹紅，嘉樹無忘賦角弓。似歷滄桑千萬刼，尙留畫本二三叢。當年載酒人如玉，此日披圖爪印鴻。好語先生莫惆悵，雲烟過眼太怱怱。

董玉書先生題楸陰感舊圖詩：楸花疎落棗花香，蕭寺尋幽對夕陽。松杏畫圖重問訊，詩家一例感滄桑。三十年前憶舊遊，雲烟過眼不勝愁。南州已徃東陽老，破壁龍飛風雨穲。昔時鴻雪影模糊，更展楸陰第二圖。好與吾儕添掌故，詩箋題罷話菱湖（書亦以菱湖圖囑題）。日下相逢兩鬢華，依依情誼舊通家。不堪回首揚州夢，愁對詩人沈落花。

陳訓先生題楸陰感舊圖詩：舊遊成夢夢成烟，小立楸陰意惘然。閱盡滄桑餘此樹，婆娑猶倚寺門前。斷井頹垣徑已荒；迷離枯草自斜陽。十年回首稱觴地，無怪腰圍瘦沈郎。重提往事不勝情，潦倒風塵已半生。今日京華一樽酒，願從古寺聽鐘聲。載滿奚囊便出都。家山小別憶蓴鱸。艸堂他日刪詩稿，證得鴻泥認此圖。

江甯管運衡先生（之樞）題楸陰感舊詩圖：懷古無殊後視今，棗花有寺幾來臨。當時主客都何在，空賸年年老樹陰。長楸松杏圖卷新，悽然入例迹成陳。滄桑變後重摹寫，感舊人哀舊人。

灘縣王蟫齋先生（寘生）次溪以楸陰感舊圖詩題詞輯本囑題：風景蕭條噪暮鴉，茶烟輕颺石闌斜。楸陰如夢僧雖老，感舊重因沈落花。忍看傷心第二圖，綠聽水墨費工夫。杏松紅杏依然在，能抵長楸一幀無。沈約原爲後死朋，幾回悵觸到徐陵。劇憐異代興亡感，又有多情張季鷹。尋詩載酒常年事，誰把游蹤認綠苔，多少名流凋謝盡，楸花依舊向人開。

朱樸啓事

頃見有「興亞月報」一者，內有署名「朱樸」之作品，查並非本人所作，不敢掠美，用特聲明。

再本人除主辦「古今」外，向不在其他刊物撰文，合併聲明。

香港的雜誌

夏曼

香港之有『海派』雜誌，恐怕要推宇宙風逸經社合辦的『大風』爲開山祖了。大風的社長是大華烈士簡又文，創刊於民國二十八年春。簡君雖貌如老粗，却雅愛文事，尤喜辦雜誌，初以大華烈士筆名爲論語半月刊撰西北東南風，摭述時人軼聞趣事，每則數十至百餘字，使讀者閱時閱後笑口難掩。後辦逸經半月刊，出版之日，在斑園（簡君滬寓）遍請滬上文士，大放爆竹以示開張之喜。出版後以內容精彩，銷數極佳。至八一三停刊，簡君舉家遷港，烽火漫天，而辦雜誌之心不死，函邀逸經編輯陸丹林君去港，並請宇宙風社合作，於是一陣大風，遂起於香港。

那時候的香港還是一片出版文化的處女地，星島日報大公報立報，還未出版。印刷所寥若晨星，印雜誌直若外行。除印刷困難之外，出版雜誌的最大障礙，是香港政府對於雜誌出版者要收三千元港幣現金保。幸簡君不是措大，其時港幣一元合國幣還不到一元一角，保證金又有月息二厘，遂於印刷問題解決之後，籌集保金繳付港府堂皇出版。創刊號中有葉恭綽、老舍、謝冰瑩、陶亢德、朱樸、馮自由諸氏的作品，琳瑯滿目，再加以華僑日報上的全封面套色廣告，把這陣大風吹遍港九，況且那時廣州未失，香港寄內地郵包未斷，大風簡直是風行全國，銷數竟逾一萬。到後來宇宙風遷廣州出版，大風遂由簡君獨辦，兵力一分，未免少勁，及至廣州陷，郵路斷，大風銷路自更減少下去。到現在香港也失，大風恐已影蹤全無，誰知道這個曾爲香港雜誌界墾荒者的刊物幾時再能供人購讀呢！

次於大風出版者恐怕是周鯨文君的時代批評。這雜誌周君曾以全力從事，惜乎批評時代，難免未能盡如人意，且內容枯燥，閱者難得，銷路之少，概可想見。不過周君是有心人，辦雜誌志不在乎進益，矢志努力，不屈不撓，以代售書店陰陽怪氣，索性斥資自開書店，定名時代。有志者事竟成，到去年香港文化戰士們聯合反對國民黨，周君旣富於資又爲港地出版先驅，自有羣衆擁護，結果雖非文壇盟主，已是一員大將，雜誌銷路漸增，雖因售價特廉，仍須虧本。而且餘勇可賈，在去年夏秋之際，另出時代文學月刊，由東北作家端木蕻良君主編，厚厚一册，只售三角，但因內容實欠高明，讀者殊少云。

三十年入夏前後的香港，雜誌出版之多實足驚人。最先出現者爲鄒韜奮主編的大衆生活（周刊）。鄒君挾其昔日主編生活的餘威，加上『抗戰以來』讀者稱快的餘勢，周刊一出，香港紙貴。內容仍是一套罵中國黨老爺，響蘇聯黨大人的老調，口誅筆伐，把國貨黨老爺罵得體無完膚，到後來也給香港政府的檢查處檢查得體無完膚，二十四頁之中足有一半是白紙。

因了大衆生活的銷數甚好，鄒君一系戰士中又繼出『青年智識』（周刊），主編者是張鐵生君。內容也是『革命底的』，青年總是革命之士，銷路自也不惡。繼青年知識而現者，是茅盾君的『筆談』（半月刊）。這刊物的內容很像論語和人間世，不過較爲『革命』。茅盾君原是著名文學家，撰稿者又多知名之士，故內容雖不能算眞個精彩，讀者却亦稱衆。

在香港最後出版的雜誌，是中國評論（周刊）。這是官方的刊物，但態度比較中正和平，對反官方的刊物並不謾罵，可是出不到幾期，香港失陷，和各雜誌與香島共存亡了。

（香港追記之三）

補談汪容甫

邱文簡

讀本刊第二期經堂先生的「談汪容甫」一文，不禁引起了筆者的興趣，姑且客串一次東施，補談一點汪先生當年的逸事。

筆者亦江都人，和汪先生有同鄉之雅，迴憶十三四歲時，從吾鄉老儒孫先生壽儀受業，汪先生爲有清一代研究小學的大師，同時也是做駢體文的好手，而孫先生也具有同好，因此對於汪先生遂極端崇拜，平居講學時，暇輒閒談汪先生，上自文章下至瑣事，知無不言，言無不盡。汪先生對於學術上貢獻，早有人作詳細之探討評論，筆者則僅僅將幼時所聽孫先生講汪先生的瑣事而爲經堂先生所未曾述及者，補記幾則於后。

汪先生的科第雖僅爲一名秀才，然其學術文章，早已譽滿海內。距離揚州三十餘里有地名十二圩，該地爲清初鹽船薈萃之區，蘇東坡前赤壁賦之「舳艫千里」四字，正可爲當時十二圩之寫照，某年十二圩河上忽發生大火，延燒達兩晝夜，結果焚燬鹽船近千艘，死傷幾三四千人，實爲清初之一大浩刦。汪先生是年僅十七歲，因事適留該地，目擊心傷，歸乃作「哀鹽船賦」，文章甫成，萬人爭誦，而汪先生之文名，於十七歲時遂傳誦於士大夫間。

先生於入泮後，每年要受學政按臨考試，而學政輒以揚州爲畏途，以先生在揚州故也。某年學政臨揚州，令秀才講書，依次至汪先生，先生問曰：「大講抑小講？」學政不解，曰：「何謂大講小講？」曰：「大講：三年，小講：三月。」學政恐，未敢停，即告病去。翌年有陳某，自以爲讀破萬卷書，特請署江蘇學政，來揚州，擬一試先生。甫抵揚，即召先生，命講解經書某段，適書中有「滅國者五十」句，先生遂列舉首滅某國，次滅某國，再次滅某國，直至四十九國而後止，其最末所滅一國名僞爲不知，乃返問學政，學政始驚先生之淵博不可及也。至於最後之一國名竟不能答，乃下座揖謝，先生乃又曰其最末一國乃某某也。學政面紅耳赤遁去，先生大笑曰：「吾今日難倒學臺矣。」其狂放有如此者。

當時揚州除有這位文章名天下的容甫先生外，尙有位「三朝元老，九省封疆」（引用阮氏門聯）的阮芸臺（元）先生。或者是文人相輕的原故吧，容甫先生每逢阮芸臺回到揚州時，輒避之若浼，不與一面，但是阮芸臺對於容甫却仍恭敬異常，呼爲老前輩。

某年阮芸臺擬在揚州蓋家祠一座，苦無空地，適阮宅右隣售屋，芸臺乃出資購其地，以造家祠，動工時，容甫過其地，哂之。有人告芸臺，阮亦不解其何以哂也。及家祠落成，芸臺遍招親友，往參觀，人皆訣贊其家祠如何華麗莊嚴，工程如何浩大。當時容甫亦在座，哂曰：「屋雖華麗莊嚴，工程雖浩大，其奈不合定制何！速召工匠毀之可也。」阮不解，請其故，汪曰：「焉有祀祖宗之家祠乃位於住宅之右乎？」芸臺忽省悟，然祠已落成，毀之又殊可惜，乃請計於容甫，容甫笑曰：「是易耳，在家祠之右再造一住宅，則家祠位於兩宅之中，不亦愈乎？」阮大喜，謝之，然心終不懌也。吾人今日如過揚州之太傅街，尙可得見阮氏家廟之位置於兩宅之中，而最右之宅實較左宅爲新也。

容甫性孝母，妻極美賢，然妻終不得於其母，容甫爲孝母故，乃出妻，然精神之苦痛當不可言喻，容甫日後之愈形狂放，或亦此種精神上之打擊之所致，亦未可知也。

再覆吳敬恆書

章炳麟

稚暉足下。前得手書。造次作覆。今見足下復以此函登諸新世紀中。故復詳疏本末以報。僕始終視足下。非革命黨也。非無政府黨也。非保皇黨立憲黨也。曰康有爲門下之小史。盛宣懷校內之洋奴云爾。足下輒以陵轢同輩爲言。誰視足下爲同輩者。乃牽涉陳範事。摘僕所著慰丹傳中之言云『清鉛山知縣免官欲報仇』者以相詰。陳範素以贓吏得名。淫昏欺詐。至免官後尙然。凡人書信札封面與範。題云大老爺則怒。題云大人則喜（範曾捐升知府）。此得爲眞革命黨乎。至云提考藍。戴銅頂。二者吾幸脫焉。少小未嘗應試。至今猶是漢族齊民也。足下嘗中式鄉試。私臆他人。非舉人卽學官弟子。盜跖以餘財汙良家。何足與辯。僕意固非謂應科舉者。卽不得爲革命黨。亦非謂曾入仕塗者。卽不得爲革命黨。要在觀其行事而已。陳範以贓吏免官。發憤而言革命。其心詐僞。非獨僕一人知之。若如香山陳景華者。殺岑春煊差官。因被拘劾。遂入革命黨中。當其攻殺差官時。已有骾直犯上之氣。故其言革命爲可信。亦誰得以陳景華爲免官報仇者。如範之倫。固遠非景華比矣。民族革命光復舊物之義。自船山晚村以來。彰彰在人耳目。凡會黨戶知之。凡婦女兒童亦戶知之。非自僕始。僕安得以革命黨前輩自居哉。世有材駿。或沈淪科舉仕宦之間。與昌言立憲變法而卒自悟其非豹變龍拏以歸於革命者。吾方馨香頂禮以造其門。獨于足下則異是。要以行事推知耳。昔聞康子有日月二侍者。怪而問其徒黨。則曰。林旭者。吾師之外嬖也。吳眺者。吾師之外嬖也。此所以赫然留『吳眺』之名也。前此作慰丹傳。由革命評論社人屬僕疏記。以充篇幅。書此相付。草次操觚。錄其事狀。所以發揚芳烈酬死友于地下者。無過毫末。痛心之事。言之能無訒乎。慰丹而外。死友復有秦力山氏。欲爲作傳。至今未成。誠以二子之提倡口口。收效至宏。與僕交義亦最摯。悲痛慘怛。度越恆情。故欲記其事而不能措諸文辭。若無革命評論社人之請。斯傳雖至今不作可也。而足下謂以此爲表旗。足下思想自由。僕亦豈能干涉。但自述素心。如是而已。足下詰僕云。『口口口君果有其人否。何以屢詢留歐同人。無知之者。新從東方來之人。亦不之知。』今告足下。口口口乃一幕友。前歲來此游歷。與僕相見而說其事。至其語所從來。僕何必問。度金陵皆已知之。足下雖以死抵讕。賜麵請安之事。卒不可諱。且足下既見明震。而火票未發以前。未有一言見告。非表裏爲奸。豈有坐視同黨之危而不先警報者。及巡捕抵門。他人猶未知明震與美領事磋商事狀。足下已先言之。非足下與明震通情之的證乎。非足下獻策之的證乎。僕輩入獄以後。足下來視。自道其情。當是時。足下亦謂僕輩必死。以此自鳴得意。故直吐隱情而無所諱（卽賜麵請安等）。及今自掩。奈前言不可食何。乃云『何不訇口君親叩俞氏。』足下既自述。僕又得二子證明。證據已足。又安用復叩爲。又云『獻策語與對學生語。未容隨便塡寫。』足下試念。僕作慰丹傳。非法廷錄供之爰書。有其事則略記其語。甯能適與聲氣相肖。非獨僕然。自來記事者皆然。足下自命爲無政府黨。與法律相攻。顧于尋常記敘之言。欲以法吏錄供爲例。豈足下不知文禮耶。抑攻擊法律者。所以自便。而挾持法律者。所以禦人乎。足下以直供蘇報主筆讓僕。

抑足下入獄省視時。已自述行期。倉猝告別。旣爲逋逃之人。無從捕錄。又何隱焉。足下復以簡邀鄒龍議僕。抑僕豈願入網羅。以珠抵鵲者。徒以學社未理。是故守死待之。猶軍吏之死城塞。不然。何苦而不自藏匿耶。學社之爭。僕與慰丹發之。『革命軍』爲慰丹所著。僕實序之。事相牽係。不比不行。僕旣入獄。非有慰丹爲之證明。則『革命軍』之罪案。將幷于我。是故以大義相招。期與分任。而慰丹亦以大義來赴。使慰丹不爲僕事。亦豈欲自入陷阱者。口氏雖以他事見捕。而人證未具。則獄不速決。獄不速決。則僕與蘇報館中三子。將永繫于捕署之中。是故亦以簡邀口氏。昔呂安嵇康。辭相引證。吾但知漢士先賢。有此成例而已。安知所謂落水求伴者哉。文辭記載。自有詳略。但說慰丹入獄。義不負心可也。縱自述簡邀事。于僕何損。而當深諱其文耶。愛國學社先進諸生。忿于社事。抵慰丹之門。拋磚罵詈云。『章某已入獄。爾不入獄爲無恥。』此非足下致之乎。僕于此事。蓋亦未及詳載也。足下睚眦報仇。與主父偃朱買臣輩異世同術。而外以博大之語自文。且前在學社。目中惟有南洋退學生。今在巴黎。目中亦惟有法國留學生。自此而外。四千年四百兆之士民。一切與犬羊同視。寙見狹陋。並世無雙。而反以心量過狹議人。此固足下所當自省者也。足下本一洋奴資格。迮而執贄康門。特以勢利相緣。非梁啟超陳千秋輩從之求學者比。先生旣敗。文武道窮。今日言革命。明日言無政府。外變大閹。忘其雅素。一則曰吾年長。再則曰君年少。是明以革命先輩自居。而反以是議人。何其自戾。足下果年長耶。保耆艾者。不在多言。善箝而口。勿令舐癰。善補而袴。勿令後穿。斯已矣。此亦足下所當自省者也。章炳麟白。

編輯後記

樸之

——介紹周黎庵先生

本刊創刊號出版後讀者歡迎之盛況，我已在第二期的「編輯後記」中約略述及。不料第二期出版後讀者歡迎之盛，更甚於前：印數增加之後，依然供不應求。我們一面雖感到精神上的欣慰，可是一面却又感到財力上的困難。因爲現在原料飛漲，百物騰貴，本刊每冊成本約需二元，而售價祗收一元，所以讀者要求再版，我們實難應命。區區苦衷，敬希讀者諸君鑒諒！

本期的內容比較一二兩期，更爲精采。周佛海先生於政務紛忙之際，竟肯撥其餘宂，特爲本刊寫「苦學記」一文，不特本刊引爲殊榮，抑且爲一般讀者慶幸。周先生此文爲近年來文壇上所罕見之傑作，其對於現代青年精神上之鼓勵，不言可喻。古今中外的偉人名人，十九是由艱難困苦的環境中奮鬥出來的，讀周先生此文益信。

餘如「爰居閣脞談」，「龍堆雜拾」，「記爰居閣主人」，「崇效寺楸陰感舊圖考」，「香港的雜誌」，「補談汪容甫」諸文，各有特色，值得一讀。「談英國人的迷信」一文，別開生面，尤饒趣味。

末了，我要向讀者報告一個好消息：就是我每月須往來京滬，不能傾全副精力從事於本刊，因此自本期起，特聘周黎庵先生爲本刊專任編輯。周先生過去曾任著名雜誌「宇宙風」編輯多年，蜚聲文壇，已非一日。自今而後，本刊的陣容愈益堅强，基礎愈益鞏固，這一定爲讀者諸君所樂聞的吧？

國民新聞

每月六元　半年卅四元

國民新聞周刊　每期二角半　半年五元　全年九元

金瓶梅畫集　每集七元　預約八折

認識世界的政治經濟社會文藝之最佳讀物

國民新聞叢書

(一)社論集……二冊五元
(二)風雲人物誌……一冊一元四角
(三)近東問題……一冊一元四角
(四)今日的蘇聯……一冊一元二角
(五)太平洋問題……一冊一元二角

——以上各書業已出版——

(六)藍衣社內幕……一冊二元
(七)不愛江山愛美人……一冊一元二角
(八)第二次世界大戰與各國軍備……一冊一元二角
(九)戰時日本……一冊一元五角
(十)太平洋戰爭探討……一冊一元五角
(十一)美國的國防工業……一冊一元五角
(十二)美國的戰時經濟……一冊一元五角

——以上各書預約八折——

(外埠掛號每種另加郵資二角六分)

國民新聞圖書印刷公司出版
上海靜安寺路一九二六號　電話二一六七二

分發行所各地國民新聞分銷處

中國圖書雜誌公司代理發行
上海福州路三八〇號電話九二三一三

時代之前驅　晚報之先鋒

南京

時代晚報

言論公正　特稿豐富　電訊翔實　副刊雋永

每日下午四時出版

館址　朱雀路邀貴井

電話　二二五九五　二三五九八

中央儲備銀行

中華民國國家銀行

資本總額國幣一萬萬元

本行特權

一、發行本位幣及輔幣之兌換券

二、經理國庫

三、承募內外債並經理其還本付息事宜

本行業務

一、經理國營事業金錢之收付

二、管理全國銀行準備

三、代理地方公債

四、經收存款

五、國民政府發行或保證之國庫證券及公債息票之重貼現

六、國內銀行承兌票國內商業匯票及期票之重貼現

七、買賣國外支付之匯票

八、買賣國內外殷實銀行之即期匯票支票

九、買賣國民政府發行或保證之公債庫券

十、買賣生金銀及外國貨幣

十一、辦理國內外匯兌及發行本票

十二、以生金銀爲抵押之放款

十三、以國民政府發行或保證之公債庫券爲抵押之放款

十四、政府委辦之信託業務

十五、代理收付各種款項

南京總行

行址：中山東路一號

電報掛號：中文五五四四 英文 CENREBANK（各地一律）

電話：二二二一〇—二三七五一 二二五四一—二二五四八

上海分行

行址：外灘十五號

電報掛號：中文八六二八

電話：一七四六三 一七四六四 一七四六五 一七四六六（轉接各線）

蘇州支行

行址：觀前街一八九號

電報掛號：（中文）五五四四

電話：六九三，一八五六

杭州支行

行址：太平坊大街惠民街角

電報掛號：（中文）五五四四

電話：二一七〇

蚌埠分行

行址：二馬路西首

電報掛號：中文五五四四

電話：

古今

此生生計愈蕭然　架竹苫茆只數椽
萬卷古今消永日　一窗昏曉送流年
太平民樂無愁嘆　衰老形枯少睡眠
喚得南村跛童子　煎茶埽地亦隨緣

·陸　游·

第四期

珍妃圖輯

左・珍妃遺影及其所居之景仁宮

右・珍妃被難之井及其印文印面

古今第四期目次

中華民國三十一年六月出版

社長 朱樸
編輯者 周黎庵
發行者 古今月刊社
通訊處 時代晚報館 南京朱雀路邀貴井
印刷者 國民新聞圖書印刷公司 上海靜安寺路一九二六號
總經售 國民新聞圖書印刷公司 上海靜安寺路一九二六號

本刊月出一冊 零售每冊新法幣一元

廣告價目

後封面	五百元
正封裏頁	五百元
後封裏頁	四百元
普通全頁	二百元
二分之一	一百五十元

本刊正向宣傳部申請登記中
上海工部局登記證C字第一〇一二號

汪精衛先生庚戌蒙難實錄序

周作人

數年前張次溪君以所編汪精衛先生庚戌蒙難實錄見示，屬爲作序，當時披讀一過，頗有感觸，但未及寫出，只以拙筆爲之題字，姑以塞責。今年春間張君自南京來信，云將併別錄合印爲一册，重申前請，予不能再辭，而頻年作吏，久絕文筆，乃略述所感，亦未能盡言也。予昔時曾多讀佛經，最初所見者有菩薩投身飼餓虎經一卷，蓋是什師所譯，文情俱勝，可歌可泣，至今相隔垂四十年，偶一念及，未嘗不爲之惻然動心。重理儒書，深信禹稷精神爲儒家正宗，觀孔孟稱道之言可知，此亦正是菩薩行，唯己飢己溺爲常，而投身飼虎乃爲變，其偉大之精神則一，卽仁與勇是也。中國歷史上此種志士仁人不少概見，或挺身犯難，或忍辱負重，不惜一身以利衆生，爲種種難行苦行，千百年後讀其記錄，猶能振頑起懦，況在當世，如汪先生此錄，自更令人低回不置矣。抑汪先生蒙難不止庚戌，民國以後，乙亥之在南京，己卯之在河內，兩遭狙擊，幸而得免，此皆投身飼餓虎，所捨不祇生命，且及聲名，持此以觀庚戌之役，益可知其偉大，稱之爲菩薩行正無不可也。丁未後予從太炎先生問學，常以星期日出入於東京民報社，顧未得一見汪先生，以至於今，唯三十餘年來讀其文章，觀其行跡，自信稍有認識，輒數書行，檃括所感，作爲題詞，未知張君見之，以爲何如也。

中華民國三十一年四月二十六日，周作人識。

曾國藩與左宗棠

果庵

太平之役，曾左宣力東南，非曾莫識左，非左莫輔曾。然曾博大而左尖刻，故論者每好左右袒，然以事功言，當曾氏長驅蘇皖，若非左牽掣浙邊，恐金陵之克，不能如此順利。及金陵克復，犂掃清除，尤以左力居多，沈葆楨次之，曾則積勞之餘，有不能穿魯縞之勢。然曾左卒以是搆衅，終身不聞問，幸彼此公私分明，無互爲牽掣事，東南收功，西北建勛，非偶然也。嘗索曾左交惡之內幕，是否盡由湖州一役，如陳其元、薛福成所云然者，乃知二書所紀，殆近皮相，若其萌孽，固非一日矣。陳氏庸閒齋筆記云：「曾文正公與左季高相國同鄉，相友善，又屬姻親，粵逆猖獗，蔓延幾遍天下，公與左相，戮力討賊，聲望赫然，合肥相國後起，戰功卓著，名與之齊，中興名臣，天下稱左曾李，蓋不數之唐之李郭，宋之韓范焉，比賊既盪平，二公之嫌隙乃大搆，蓋金陵攻克，公據諸將之言，謂賊幼逆洪福瑱已死於亂軍之中。頃之，殘寇竄入湖州，左公諜知幼逆在內，會李相之師環攻之，而疏陳其事。公以幼逆久死，疑浙師張皇其詞，而怒，特疏詆之。左公具疏辯，洋洋數千言，辭氣激昂，亦頗詆公，兩宮皇太后知二公忠實無他腸，特降諭旨兩解之。未幾洪幼逆遁入江西，爲沈幼丹中丞所獲，明正典刑，天下稱快，而二公怨卒不解，遂彼此絕音問。余爲左公所薦舉，公前在安慶時，亦曾辟召之。同治丁卯，謁公於金陵，頗蒙青眼。既攝南匯縣事，丁雨生中丞時爲方伯，具牘薦余甚力，公批其牘尾曰：曾見其人，夙知其賢，唯係左某所保之人，故未能信云云。蒯子範太守以告余，謂公推屋烏之愛也。辛未，公再督兩江，張子青中丞欲調余上海，商之於公，公乃極口讚許，是冬來滬閱兵，稱爲著名好官，所以獎勗者甚至，……後見常州呂庭芷侍讀談及二公嫌隙事，侍讀云：上年謁公於吳門，公與言左公致隙始末，謂我生平以誠自信，而彼乃罪我爲欺，故此心不免耿耿，時侍讀新自甘肅劉省三軍門處歸，公因問左公之一切布置，曰：君第平心論之，侍讀歷言其處事之精詳，律身之艱苦，體國之公忠，且曰：以某之愚，竊謂若左公之所爲，今日朝端無兩矣！公擊案曰：誠然，此時西陲之任，倘左君一旦捨去，無論我不能爲之繼，即起胡文忠於九原，恐亦不能爲之繼也，君謂爲朝端無兩，我以爲天下第一耳。因共嘆公憎而知善，居心之公正若此。余又謂洪逆未死，公特爲諸將所欺，並非公之自欺，原可無須芥蒂也。公歿後左公寄輓一聯云：『知人之明，謀國之忠，我愧不如元輔；攻金以礪，錯玉以石，相期無負平生。』讀者以爲生死交情，於是乎見。……」薛福成庸盦筆記卷三「庸閒齋筆記褒貶未允」一條云：「庸閒齋筆記……每於左文襄公事，頗覺推崇過當，又其間所論文襄與曾文正齟齬一條，則更持議偏頗，褒貶失當。余固疑大令嘗受文襄私恩者也，後又閱之，果言文襄於去浙時，保薦浙士三人，丁丙、陳政鑰與大令也。然文正實嘗訪得大令而薦之文襄者，何以大令又不知感，竊謂文正之安獎夙廣，廣則受之者不以爲奇，文襄之薦尠夙隘，隘則得之者益以自意，即大令於涉筆之時，亦時存一沾沾之意，曰：我左公所薦也，且文襄意氣之矜忮，素著於時，彼意以爲偶一紀述，毋寗抑曾而揚左，抑曾則斷無後患，抑左則或招尤悔，此又因畏之之心，轉而爲譽，亦人情所時有也。嗚呼，世風之偷薄久矣，余常恠世之議者，於曾左隙末之事，往往右左而左曾，此其故亦有兩端，一則謂左公爲曾公所薦，乃致中道乖違，疑曾公或有使之不堪者，而於其事之本末，則不一考焉；一則謂左公不感私恩，專尚公義，疑其卓卓能自樹立，而羣相推重焉，斯皆無識者流也，夫公義所在，不顧私恩可也，若既受其薦拔之恩，後挾爭勝之意，則人何憚而不背恩哉！余恐後之在上位者，以文正爲鑒而不敢薦賢也，此亦世道之憂也。」

薛氏以爲世多非曾是左，當日輿論，不知如何，以近日傳世筆記觀之，蓋非左者多。唯論事實，則洪福瑱之未死，固的然可徵，不然石城之誅，豈贋鼎耶。曾氏於同治三年六月廿三日奏克復金陵全股悍匪盡數殲滅，言忠王李秀成傳令舉火焚天王府，只有一股七百餘人由太平門地道缺口竄出，但被追殺淨盡，幼主洪瑱福在宮中積薪自焚，問題焦點即在於此。其後餘賊入湖州，戰事中心轉入浙境，左李奏章，屢見幼主之名，並云淺髮效夷人逃竄。清廷已惡曾所報未實；先是，李秀成被捕後，湘鄉奏聞並詢解京抑就地正法，乃朝旨令其解京時，曾已就地處決。蓋李氏供詞，有請曾招撫各節，多所牽涉，曾爲免去糾纏，毅然爲之，以曾氏之地位，朝廷自無如何，唯對曾氏之不快，則毋庸爲諱耳。至七月六日左氏奏攻勦湖郡踞逆苦戰情形一摺，指明洪幼主由金陵至廣德，再由黃文金迎入湖州府城，中旨遂責曾氏所報「斬殺淨之說，全不可靠」，並着曾氏查明，此外究有逸出若干，將防範不力之員弁，從重參辦。此於曾氏顏面，甚不好看，曾於七月二十九日復奏力辨，雖未明白否認幼主尙存，但指左氏所奏，據難民口說，殊難置信，而查參不力員弁一事，則反唇相稽，謂左氏於克復杭州一役，汪海洋陳炳文各股十萬餘衆全數逸出，尙未糾參，金陵逸出不過數百，似應緩辦。九月六日左氏奏全浙肅清一摺，對此再加辨白，謂杭城賊兵不過一萬五六千名，所云十萬之衆，毫無根據，夸賊勢以張已功，兵家之恆，唯此則力減其數，亦一奇矣。曾左交誼，自此奏後，竟破裂不可收拾。

湘陰甲子答駱籥門宮保（秉章時爲川督）書云：「敝軍自肅清浙東後，彼時若直搗杭垣，爲力較易，乃以皖南羣盜麕集……不得已分軍助勦，……幸竭萬人數月之力，得以蕆事，而蘇杭援常之賊，遂畢萃浙西矣。富陽克復後，賊退杭餘二城，誓死固守，宗棠……水陸各營，……直逼杭城……羣賊窘蹙萬狀，乃有乞降之請，計賊衆二十餘萬，安插匪易，若概行收納，後此必別釀事端，勢非且勦且撫，不能完事，未敢取快一時，致貽後患也，滌相於兵機，每苦鈍滯，而籌餉亦非所長，近時議論多有不合，祗以大局所在，不能不勉爲將順，然亦難矣。」……此書頗可爲曾左交惡線索。其不慊於曾者有二；一，兵機鈍滯，二，不能籌餉。若杭餘之賊明言二十餘萬，則杭州一城，絕不止一萬五六千，與前文對看，其專爲自辨而發，不無曲隱，固彰彰矣。（王闓運湘軍志浙江篇：「寇之自杭湖廣德西走，浙軍將報言衆數千，江西軍將言精悍者過十萬，督撫各據以告，左宗棠前以洪福未死，譏切江南大軍，及自浙逸出，諸帥諸言洪福由浙縱之。……」亦可參證此事，如王所云，左亦未嘗討好也。）所稱因皖南羣盜麕集，影響浙局，即指曾兵機遲鈍者。以用兵言，曾慮深而左果決，固各有短長，當徽州安慶已下，金陵合圍，曾國荃及左氏實主之，而湘鄉不以爲然，同治元年，曾已統軍過十萬，左李各將數萬（左初起自練楚軍只七八千人），合湖北江西，湘軍幾三十萬，東起大江，西至秦隴，連兵數千里。斯時國藩日夜憂懼，以進攻江寧爲非計（見湘軍志），蓋恐一旦敗衄，運用不靈，勢必土崩瓦解，且尾大不掉，亦足慮也。左氏當是時，已與曾意兩歧。是年四月，唐義訓朱品隆分防皖南祁門等處，以赴戰不速，爲湘鄉所斥，左氏遺書云：「朱唐本庸材，非堪一路之寄者，既無能戰之實，又懷怯戰之隱，公復慮其戰而以勿浪戰申警之，宜其不戰矣！兵事變動不居，隔一日兩日之程，便與千里無異。若預爲之制曰：『賊如何，我如何。』是教玉人琢玉，未免徒勞，且機宜亦必多不協，前周制軍天爵章奏中有曰：我以速戰法，賊不如法而來，至今傳爲笑柄。元戎之職，在明賞罰，別功罪，一號令，其於戰陣之事，籌劃大局而已，若節節籌度，則明明有所蔽而機勢反凝滯而不靈，公宜終納斯言，勿哂其妄。」可見左對戰機一層，比曾注意，而其語亦甚刻薄，此乃左氏天性，非盡對曾如此也。翌年，江寧之圍益急，宗棠主分軍圍廣德，以減其勢，國藩以寇勢猶盛，不許。宗棠復奏言嘉興常州可緩攻（時李軍攻蘇松一帶），曾亦不以爲然，是皆其意見衝突之昭昭者。

籌餉爲行軍根本，宗棠之脫湘幕統軍入浙也，曾氏界以婺源景德河口三處釐局，而以徽州饒州廣信三府錢糧爲濟，然三府常在有無之間，自以釐金爲重。同治元年，左氏致郭意城書云：「……自十餘歲孤陋食貧以來，至今從未嘗向人說一窮字，不值爲此區區撓吾素節，故軍餉項已欠近五個月，滌公不得已，以婺源浮梁樂平三縣錢糧釐金歸我，實則浮婺皆得之灰燼之餘，樂平則十年未納錢糧，未設釐局，民風刁悍，甲於諸省，仍是一枯窘題耳。兄前在湘幕時，凡湘人士之出境從征者無飢潰之事，且有求必應，應且如響，故浪得亮名，今亮孰如古亮邪？天下事未嘗不可爲，祇是人心不平，無藥可醫，閣下謂相信者心，相保者大局，果如斯言，不特東南之幸，亦鄉邦之幸，特恐人心之不同如其面耳。」所謂人心不平，人心不同，當有所指，而此區區釐金，左之不愜於意，情見乎詞，左素以諸葛自況，此處今亮孰如古亮一語，常爲掌故家稱道，「春冰室野乘」稱氏督陝時，吳清卿爲學使，試題有「諸葛大名垂宇宙」一則，左氏撚鬚微笑，連稱「豈敢豈敢」，其自命之態，恍在目前，斯亦士林之所不喜，而左氏未嘗自斂者也。左與各處呼籲欠餉之函甚多，不一一贅舉（如粤省即屢次呼籲而無結果，江西協餉，靳不與曾，曾爲此大發牢騷，甚至上疏請開缺，而左則對贛多諒詞）。及左督軍入浙，兼閩贛事，曾又索還景鎭河口及婺樂之釐，左尤不快，致徐樹人（閩撫）函中云：「餉事直不可問，……用兵日久，各省均以餉絀爲苦，亦無怪其然，九峯將軍所部江粤各營，餉無蒂欠，而閩汀漳詔楚勇，則各欠數月，上年即有鬧索之案，亦實由飢飽不均所致，弟以餉絀之故，撤遣南康勇三千，而粤勇之病弱者，亦飭……隨時裁汰，……或者可期得力，此策亦曾陳之九翁而未即舉行者也。」九翁即九帥，湘鄉九弟國荃也。（同治三年曾致李鴻章書云：「餉絀異常爲近數年所僅見，霆營尤有立見譁變之虞，……實則霆營今年發餉不滿五成，舍弟營不滿三成，國藩未敢厚他營而薄霆營也。」霆營卽鮑超軍，由此則左所云九帥兵餉不欠，未知眞象如何。）其後左曾以鹽稅爲軍餉大宗，各整理銷鹽引地，左意徽州廣信，當屬浙引，曾以爲應屬淮引，意見尤齟齬，左致沈葆楨函云：「廣信徽州，本浙引地，浙撫淸鹺引地，幷非過分，節相咨覆，雖未禁阻，卻以兩湖收淮鹽稅爲言，其實兩湖自三年以後，幷無淮南片引到境，所抽者淮北之鹽及川粤之鹽，此皆非其引地，故兩湖得而抽之，若徽信則分明浙紹引地，豈可以轄境爲詞乎？節相尙氣好爭，亦可笑耳。」以轄境則徽信屬兩江，以引地則入浙紹，餉源所在，宜其各不相讓矣，同時，左又致曾一函，痛辨此事，甚至指摘曾用人不當，原文略云：「鹽事尙無起色，……引地僅徽信兩處可以就近料理，餘則杭所未復，松所被佔，無從下手，……兩淮鹽課甲天下，陶文毅(澍)在日，試行票鹽，已覩明效，唯淮北行之，而淮南有志未逮，……今若一律辦理，當於尊處餉事有裨，而淮南之鹽，行銷淮南引地，於義爲正，……前讀大咨，以只論轄地，不論引地爲言，而引鄂湘之收淮鹺證之，鄙懷竊有未喩，前此安慶未復，其浸灌鄂湘之鹽多從淮北而來，否則賊中所帶淮南之鹽耳。淮北之私賊中之物，故鄂湘得抽其鹺，然鄂湘所抽之鹺，仍以川粤私鹽爲多，而淮南不過偶有其事。……公督兩江，又値安慶九袱洲先後克復，江路大通之時，專兩淮之利，整頓固有鹺綱，收復淮南引地，鄂湘何能與公爭？……乃以論轄境不論引地之說先資鄂湘話柄何也？因公旣免浙鹽之鹺，未便再有辦駁，故止不言，亦慮公與弟均尙氣好辯，彼此更涉形迹，於大體多所窒礙也。弟更有請者，凡辦鹺務在各局委員得人，能與彼地紳民商賈浹洽，然後民不擾而事易集。……景鎭河口鹺務之旺，實由敝處委辦之員認眞綜覈所致，於江西各局之鹺，無所侵占，現在由尊處委員接辦，虛實自明，無煩置辯，而公前此頗疑景鎭河口之鹺日增，則江西各處之鹺日減，弟慮公一時遽難燭察，而江西總司鹺局者之益觸公怒也，故自承恐有侵占，飭委員各淸界劃，不料公不信其爲權辭，而信其爲確實供招也！玆已委員接辦，水淸石出，弟之苦衷亦可略白否？……」此函雖措詞甚銳，而曾却回應極緩，只云：「景鎭河口之鹺日旺，由公委任得人，自無疑義，顧二處之旺，爲他處之衰有所侵占，弟却無此疑問，卽閣下自恐有侵占，弟亦了不記憶。」以柔馭剛，以緩制急，頗得大將風度。按當日軍餉之支絀，初不止左氏，朝廷羅掘俱窮，造大錢，行鈔法，開捐例，借錢粮，甚至變賣各省常平倉米，强收民間銅器。若鹺金則幾全以供湘勇。曾以餉事難决，屢疏言去，或請簡大臣主持，迄未邀准，淸廷亦深知東南危局，只曾氏尙可勉爲支持。然則左之所苦，不過一枝，曾之所苦，實爲全體，人人索餉，處處無錢，以若此情形，居然挫太平數十萬衆，倘非上下一致，化私爲公，眞恐不堪設想。故無論曾左是非如何，卽其不以私廢公一點已足爲後世表率。此曾左交惡之由見於餉者。夫金錢勢力，顚倒一切，昔賢猶不能免，又何怪於後此軍閥之因爭地盤而自相攻殺耶？

唯上述兩事，仍屬曾左交惡之外緣，若其內緣，鄙見所及，似因治亂方策根本歧異。金陵旣下，曾主撫而左主勦，此事雖無確證，然觀同治二年二月曾氏視察金陵軍情後密報云：「但求金陵蘇杭三處，有一二克復，卽當大赦羣酋，廣爲招撫，庶幾赤眉百萬，同日納降之盛軌，此中自有天意，不盡關乎人謀。」曾氏所以主此，良以深悉兵凶戰危，曠日持久，絕無坐理，其同奏言蘇皖一帶難民苦況云：「自池州以下，兩岸難民，皆避居江心洲渚之上，編葦葺茅，棚高三尺，壯者被擄，老幼相攜，草根掘盡，則食其所親之肉，風雨悲啼，死亡枕藉。臣舟過西梁山等處，難民數萬，環跪求食，臣亦無以應之。二月十五日，大勝關江濱失火，茅棚數千，頃刻灰燼，哭聲震野，苦求賑恤。他處蘆棚叢雜，亦往往一炬萬命，徽池甯國等屬，黃茅白骨，或竟日不逢一人，又聞蘇浙之田，多未耕種，羣賊無所得食，故一意圖竄江西，幷窺伺皖浙已復之區。……」此爲當時戰區人民生活之寫眞，不特此也，曾國荃之攻江甯，死亡無慮數萬，加之軍中疫癘，幾於斷絕炊煙，即左氏營中，亦所不免，惻隱之心，人所同具，誰更願以血肉之軀攖此鋒鏑乎？況彼此相殺，不出蚌鷸，最後之利，歸于清廷，曾氏智者，豈無稍民族思想？太平忠王李秀成被捕後，其供狀有勿專殺兩廣之人而當設法招降等語，曾以文多牽涉，大爲刪削，近日忠王手蹟發現，影印行世，（惜乎無此書，竟不能摘引。）乃獲大白。（有太平天國軼聞一種，補載曾氏刪削之文兩段，其一即勸曾改剿爲撫者，歷陳十項理由，然此文一望而知爲僞造。）曾氏上刪供於朝，以爲「其言頗有可采」，則曾實已不主再戰。（金陵攻下後曾致左李書均有「據忠王供稱……力勸官兵不宜專殺兩廣人，致粵賊必益固結，軍事仍無了日。」幷盛言金陵城內變後慘狀之可痛，似以此向左李探口氣。）奈清廷見金陵攻下，自力持穴庭之誅，區區十六齡幼主，猶使曾氏不免於呵斥，其心情如何不難想像矣。左於金陵一役，未邀功賞，世傳其對曾封一等侯爵，甚爲不平，（後文正薨逝得謚，左猶不以爲然，嘗忿然曰：「他都謚了文正，我們將來不要謚武邪麼？」見梵天廬叢錄，未知所本。）爭功之念，人情所常。李文忠當金陵將陷時，正攻蘇松太一帶，亦不肯助攻雨花台，以爲有攘功之嫌，其實正是五忌表現。試閱前記左於同治三年致駱秉章函所云：「……非且剿且撫，不能完事，未敢取快一時，致貽後患也。」曾左政策之對立，昭然若揭。是時鮑超在皖南，太平軍聽王陳炳文十餘萬衆均願投誠，超以部下雜有降人，離叛不恆，要被詬病，不敢主持，炳文既無所投，遂入浙力戰，此則不能不怪左之失矣。左個性忮刻，同治二年台灣事起時，致閩撫徐樹人函即云：「凡兵事未有不痛剿而能撫者，未有着意主撫而能剿者，……官軍勝賊，則民不畏賊而畏官軍，一戰之後，解散必多矣，解散多則所殺者眞賊，打一仗是一仗，辦一起了一起。……」雖係對台事而言，實可作左之軍事一貫主張看。至其好大喜夸，固始終如一，晚年入相樞機，終坐是不容於朝士而出督兩江。薛福成紀其議李文忠海防事宜一事，尤足見其個性：「李相覆陳海防事宜一疏，即余代草；……疏上時，適文襄在關外奉詔將至（時左督陝甘），恭邸及高陽李協揆（鴻藻）以事關重大，靜俟文襄至乃議之，文襄每展閱一葉，每因海防之事而遞及西陲之事，自譽措舉之妙不容口，幾忘其爲議此摺者，甚至拍案大笑，聲震旁室，明日復閱一葉，則復如此，樞廷諸公，始尙勉強酬答，繼皆支頤欲臥，然因此散値稍晏，諸公並厭苦之，凡議半月而全疏尙未閱畢，恭邸惡其喧聒也，命章京收藏此摺，文襄亦不復查問，遂置不議。」（庸盦筆記卷二）徐凌霄先生云：「薛爲接近李鴻章之人，李左間夙有意見，所記對左或不免有形容過甚處，而左氏俯視一切之態亦見其大略也（李草稿即薛所擬，薛之不快宜然）。」誠非誣言，諸家筆記中言左此等事者至多，或均不無渲染，即庸盦筆記亦明言：「文襄以同治甲子與曾文正公絕交以後，彼此不通音問，迨丁卯年，文襄以陝甘總督入關剿敵，道出湖北，與威毅伯沅浦宮保遇，爲言所以絕交之故，其過在文正者七八，而已亦居其二三。」是氏未嘗不認已短。左以舉人游至卿貳，立絕代之功，平生不重科第，有高祖溺儒冠之風，晚年入副樞密，一掌翰林院事，羣儒每揶揄之，著述家不免因無生有，以小爲大，斯亦王仲任「藝增」之流亞，讀者不可不以意逆志者也。

江蘇省立國學圖書館影印陶風樓名賢手扎載郭嵩燾致曾文正函多通，中一通即郭被劾引退後致曾者。與曾左交惡有關，抄之如下：

「滌生宮太保通侯中堂閣下……左君在漳州，初拜督辦三省軍務之命，合廣東督撫而幷傾之，其言曰：天下安，注意相，天下危，注意將，今之所謂將者，即督撫是也。廣東軍務方興，諸事廢弛，必得李某任兩廣總督，蔣某任廣東巡撫，方能望有起色。（原注：都門信言，朝廷疑子文不任疆事，以太沖求之甚堅，不得已應之。）其後兩保皆以便言之，（原注：蔣君幕友言，左君錄寄摺稿，蔣大喜，即日刋刻廣東巡撫封條，以必得爲期。此兩保皆交通左君幕府吳夏諸公贊成之，摺稿皆私寄蔣。）最後一摺，直謂廣東軍務專以騙餉爲事，毫無籌劃，……非得蔣某經理，萬不能有補益，請飭蔣某前赴廣東辦理軍務兼籌軍餉，前後兩摺稿所在有之，公豈未及見耶？鄙人致憾左君，又非徒以其相傾也，乃在事前無端之陵藉與事後無窮之推宕。如此兩摺之排擠，而曰實未劾及鄙人，此猶其羞惡之心所發端，聊以自解而已，於義無害也。……吾謂左君之服膺蔣君，宜也，所不可解者，左爲浙撫，蔣浙藩也，朝夕與處，又用其力克復一省城四府城十餘縣，非唯沒其功又摧折之，辱詈之，蔣君屢致鄙人書深懷怨懟，已而左爲閩督，相距三千里，漳州一保，乃遂信之深如此，蔣君至廣東，爲鄙人言生平受左君挫折至多，始猶相與爭勝，繼乃一力周旋之，無論其他，其赴閩也，浙餉每月二十萬，供給年餘之久，皆以每月十二日起解，未嘗一日後期，安得而不保我？即蔣君所言觀之，左君之前後矛盾輕重失倫，居心果何等也！……且又甚感官相之一劾，以朝廷眷公之深，左君一加齮齕，言者紛紛，至今攻揭不已，粵東使者至其營中十餘輩，每見必呼賤名而詬之，且言歸語汝撫，放賊入粵者乃渠親家（曾郭姻親），賊至閩我赴閩剿辦，今又赴粵剿辦，汝撫亦知之否？昨赴岳州迎候霞老（劉蓉），聞吳退菴在左君營，終日詬公，兼及鄙人，舉以詢之南屏，南屏云退菴言在營日兩食，與左君同席，未嘗一飯忘公，動至狂詬，其於鄙人，似尚從末減，吾謂左君豪傑，唯曾公足當一詬，我豈唯不受其詬，正當反詬之，左君之詬曾公，以怨報德，我則直討有罪耳。公與解釋舊嫌，以濟公家之急，此盛德事也，附會左君以咎鄙人，則過矣。左君曰：吾未嘗相傾，彼罪自應逐耳，公亦曰：左君未嘗相傾，汝罪自應逐耳，是知燕之當伐，而不悟伐燕而取之者齊也。……鄙人……疑公之斷斯獄也，未得其允，謹抄錄全案附呈以備處斷。其於左君之兇橫，亦可略得其梗概。……」按嵩燾爲粵撫，事在同治二年，時毛鴻賓督兩廣，事皆決於幕僚徐灝，後毛罷，瑞麟繼至，灝益橫，嵩燾上疏舉劾，請逐灝，並自請罷斥，事下左宗棠，宗棠言其迹近負氣，被訶責，左郭本姻家，左氏先厄於官文（左在胡文忠幕時官文曾劾之），罪不測，嵩燾爲求解肅順，並言於同列潘祖蔭，白無他，始獲免，至是左不爲疏辦。翌年，郭遂解職回湘，郭與左意早已不協，數訴之曾，曾並挽其弟郭意城勸之，至是益不自解，乃悉暴左短於曾，由郭言則左之排去郭氏，全係欲位置蔣益澧，而蔣以在浙時協餉不誤，得歡於左（郭去後，粤撫卽改蔣，實不無可疑），似亦甚鄙，唯左蔣之沆瀣一氣，以意度之，仍是由於彼此均略有流氓氣，不同郭之書生氣耳（蔣根本不識字，全以軍功爲左所提拔）。然曾嘗屢規郭之性褊，故此函自鳴其寃，盼曾勿再爲左說話，曾復函則極有趣：「接五月惠書，敬悉一切，其謂左公竭力傾公，鄙人雖未見摺稿，而路人皆已知之，不才豈故疑之？其謂鄙人附會左公以咎公，則又似汪鈍翁私造典故，不察於事理之實也。左公之朝夕詬詈，鄙人蓋亦粗聞一二，然使朝夕以詬詈答之，則素拙於口而鈍於辯，終亦處於不勝之勢，故以不詈不詬，不見不聞，不生不滅之法處之，其不勝也終同，而平日則心差閒而口差逸，年來精力日頹，畏暑特甚，雖公牘最要之件，瀏覽不及什一，輒已棄去，卽賀稟諛頌之美者，略觀數語，一笑置之，故有告以詈我之事者，亦但聞其緖不令竟其說也。……」不讀此函，不知文正之偉大寬厚處；昔富弼聞人詬詈，以爲天下同姓名者尙多，雖較此更恕，然未免矯情，若曾此言，始不失人情者。余歷觀曾氏與人書，偶亦有人言可畏之嘆，然大體不作倖倖語，終始如一，或半由天性半由涵養者深歟？此種精神，則誠非左氏所可及矣。

（四月廿八日于南京）

左列佳作將在本刊陸續發表

中庸讀本書後……梁鴻志
南京與北京……巢庵
牡丹亭女讀者的戀慕狂……仲玉
十園談助……陳寥士
記語言學家王小航……何默
談狐……微言

記金聖歎

何默

凡是讀過水滸傳和西廂記的人，當無不知道金聖歎其人。這位臨終曾經說過『鹽菜與黃荳同吃，大有胡桃滋味』的才子，他的生平實在也有胡桃滋味的，因此興之所到，就隨便把他記上一記。

據說他本來姓張，名采，字叫若采。後來因爲歲試屢遭斥革，就冒了金人瑞的姓名，才能名列首薦，如願以償。但這說現在也有人反對，以爲他的族兄金昌，正是姓金；同時淸代確也有張若采其人，是乾隆五十五年的進士，籍貫婁縣，卽今江蘇松江，距聖歎故鄉吳縣不遠，且乾隆與順治（聖歎死於順治十八年）亦不遠，當不容有第二人的。但我以爲這說根本不能成立，原因是天下不能無同姓同名的人，如果偶然相合，就說一個是眞貨，一個是贋鼎，那在姓名還沒有實行專有權以前，恐怕是不可能的罷！而且他所謂族兄金昌，這族字也毫無根據，因爲金昌所作第四才子書小引，只云『唱經，僕弟行也』。（聖歎有唱經堂，故以相稱。）稱爲弟行，也是朋友間的常事，豈得卽爲同族的明證？何況他的引末具名，正稱着『同學矍齋法記聖瑗書』，（按金昌字長文，號矍齋，法名聖瑗。）那同學又應當作如何解釋，豈兄弟之間，也可稱做同學嗎？至於聖歎之稱他爲『家兄長文』（見聖人千案敍），也不過因自已已改姓金，就隨便加上一個家字，以與自已所改的姓相符契，恐怕也未必是同族的『確據』罷！

其實這些是無用再加反證的，正如周樹人先生自己改稱魯迅，他喜歡這樣做就這樣做，這有什麼不可能呢？何況他正爲了一些功名的關係，我記得在從前科舉場中，這種改名冒姓的事，也是屢見不鮮的，那何獨疑聖歎不會出此，替他洗得一乾二淨呢？

不過這些終究無關大體，我們也不必多費篇幅。倒是他的出世以後，有種種離奇的傳說，那是很可記一記的。據楊保同『金聖歎軼事』，說他生於三月三日，正是文昌的誕辰，因此有人說他是文曲星。他母親夢見紫衣人抱小兒放她懷中，這樣一驚而醒，遂生聖歎，故又說夢中的紫衣人，就是文昌帝君。這種說法，其實也很平常，現在有許多起名夢龍夢熊，大抵都是如此而來，做母親的總是想一個吉利的兒子，於是不夢也就變爲有夢。其次『景紱齋雜說』，竟說他前身是杭州昭慶寺和尚，據說這是他死後托夢於朱眉方的，說他前身乃是和尚，因爲游歡於愛河之中，所以有此殺頭之刼，現在則去做鄧尉山神。殺了頭居然還有山神可做，倒恐怕是他夢想不到的事。而事情還有更奇怪的，像錢謙益『天台泐法師靈異記』竟說他曾憑過泐法師的靈異，這泐法師就是慈月宮的陳夫人。後來到了俞樾手裏，他著『茶香室續鈔』，又說這靈異是狐。於是金聖歎由和尚變爲文曲星，又由文曲星變爲狐狸精了。

至於他之所以自號聖歎，那也有來歷的。據他自己說，論語裏有兩『喟然歎曰』，在顏淵爲歎聖，在『與點』爲聖歎，他是以曾點自居的，所以自號聖歎。但也有如『辛丑紀聞』，多出『名喟』二字，那恐怕是杜撰，因爲除牠以外，在別書上沒有說過他又名喟的。

聖歎既然這樣苦得一個秀才，按理對於秀才應當是尊視的，然而有時他却大罵秀才，如他所作『左傳釋』中，於『遂置姜氏於城潁』，他便說：『秀才不識，卻將城字連下潁字』。又如『西廂記』寺警一齣中批云：『從來秀才天性，與人不同。何則？如聞一請便出門，一也；既出門反回轉，二也；既回轉又立住，三也；雖聖歎亦不解秀才何如此。意者秀才性好愛容，還要對鏡抿髮，爲復酸丁，不捨米甕！』這雖然是對張生而言，其實却是痛罵一般秀才的酸態的。這些看來好像都是聖歎自己拆坍自己的台，然而仔細一想，確也他有他的隱衷，這正如他自己所說：『越是讀書人，越把讀書人痛惡。』（見水滸傳第三十二回批）又如他在『杜詩解』評黃魚一詩云：『爲見時自負大材，不勝侘傺，恰似自古至今，止我一人是大材，止我一人獨沉屈者。』是的，他起初自負大材，不勝侘傺，所以亟想得一個頭銜，待既得一個頭銜以後，回頭想想自己畢竟還是個大材，那又何必同他們爭榮，所以他便痛罵同道，以示自己決不與那般酸丁相伍。他有一篇『丁祭彈文』譏吳中諸生云：

『天將晚，祭祀了，忽聽得兩廊下吵吵鬧鬧，爭胙肉的你瘦我肥，爭饅頭者你大我小。顏回德行人，見了微微笑。子路好勇者，見了心焦躁。夫子喟然歎曰：「我也曾在陳絕糧，幾曾見這餓莩。」』

這更明顯可以看出他之所以『越把讀書人痛惡』，正是這個微妙的理由。

他既痛罵秀才，於是他的讀書方法便要自標新異，以示與一般秀才不同。他自己說十歲方入鄉塾，隨讀大學中庸論語孟子等書，然而意惛如也，不知習此將胡爲者？只是柏先生扑，不免讀得爛熟，可知他自幼即不愛所謂正統文學。後來他雖也做『左傳釋』『孟子釋』等書，然而均爲零篇斷簡，不足成稿，而且此種釋法，也與前人大異其趣，只是標異洩憤而已。左傳釋上面已舉過一條，現在且看他的孟子釋：如孟子見梁惠王第一段，他釋『孟子對曰王何必曰利』的『王』字須斷句，以與『王曰叟』相對，說是『王開口先呼叟，孟子亦開口先呼王，應對之禮也』。這樣割裂的說法，正明示他要與人處對立的地位，實在沒有維護之可言的。

他旣反對正統文字，於是他便倡六才子書，這六才子書的次序，是一莊子，二離騷，三史記，四杜詩，五水滸，六西廂，以一種代表一種文體，使散文，詩歌，小說，戲曲在文學上佔着同等地位，這種眼光在當時可說很難得的。雖然在他以前，李卓吾也有宇宙內有五大部文章之說，然其所推重的爲史記，杜詩，蘇文，水滸及李獻吉集，那畢竟不如聖歎來得確當，而推重夢陽，更有標榜的嫌疑，所以聖歎的見地又能高他一着的。

這六才子書，他最早着手的是水滸傳，其次爲西廂記，再次則爲杜詩，未卒業而難作；至於莊子離騷，則僅存釋名，史記根本沒有動筆，所以現在爲人所熟知的，只有所謂第五才子書與第六才子書兩種。

他批水滸傳據辛丑紀聞說他在甲申，那是明崇禎十七年，卽爲明亡之年，但他的序文却說崇禎十四年二月十五日，那也許始於十四年而終於十七年的。據他自己說，他十一歲時就愛讀此書，成爲『無晨無夜不在懷抱者』。至十二歲時，『便得貫華堂所藏古本，吾日夜手鈔，謬自評釋，歷四五六七八月而事方竣』。但這說並不可信，因爲在他的批文之中，他的口氣決不是一個十二歲的童子，如第六十一回載柴進簪一枝花蔡慶後，說『好漢做事，休要躊躇』。他在下面批道：『至此不免滿引一大白也。或曰，然則當子之讀是篇也，亦大醉兮乎？笑曰，不然。是夜大寒，童子先睡，竟無處索酒，余未嘗引一白也。』如果自己是一童子，而竟呼人亦爲童子，那至少有些不倫不類。大約他十一歲讀水滸是可信的，十二歲抄水滸也是可信的，所謂歷四五六七八月而事方竣，必是手抄方竣，至於謬自評釋，也許當時只是隨便塗鴉，決不是現在所存的樣子。按貫華堂主人爲韓住，字嗣昌，觀此可知另有其人。今人以貫華卽聖歎，實誤。現在所流傳的『貫華堂原本水滸傳』，就是聖歎所批，而由韓住所刻行的。因爲聖歎家本貧乏，實在沒有刻書的能力，觀金昌第四才子書小引云：『夫唱經室中書，凡涉其手者，實皆世人之並未得見者也。問嘗竊請唱經，何不刻而行之？喟然應曰，吾貧無財。然則何不與坊之人刻行之？則又顰蹙曰，古人之書，是皆古人之至寶也。今在吾手，是卽吾之至寶也。吾方且珠櫝錦襲香熏之，惟恐或褻，而忍遭瓦礫荆棘坑坎便利之苦命哉？』可知他不但自己無力刻書，也不喜人家替他刻書，貫華堂水滸傳之所以被刻，大約是韓住慫恿而來，故冠之以『貫華』，而不以他『唱經』命之的。

他批水滸，最可使我們注意的，便是把七十回以後都割了。據他自己說：『一部七十回，可謂大鋪排，此一回可謂大結束，讀之正如千里羣龍一齊入海，更無絲毫未了之憾。笑殺羅貫中橫添狗尾，徒見其醜也。』此一回卽指第七十回，敍『梁山泊英雄驚惡夢』爲止，而以敍招安以後的事爲非。本來水滸一書，正是處處褒强盜爲忠義，事事貶官府爲貪暴。凡是看過此書的人，都無不同情於他們而痛恨於官府的，聖歎旣好其書，自亦愛其書中人物，所以我以爲他割了七十回以後，正是爲梁山諸人張目，因爲在此七十回以前，正是他們的光榮時代，以後則死的死，傷的傷，都落一個悲慘的結局。但現在有許多人說聖歎是痛恨强盜的，因爲他批此書，正是流賊遍地的時候，所以他覺得强盜是不能提倡的，是應該口誅筆伐的。

固然聖歎在敍中也說『其人不出綠林，其事不出刼殺，失教喪心，誠不可訓』。然而他後面又說『如欲苛其形蹟，則夫十五國風，淫汚居半；春秋所書，弒奪十九；不聞惡神姦而棄禹鼎，憎檮杌而誅倚相。此理至明，亦易曉矣』。可知他表面是如此，暗地實不是如此的。只是當此流賊猖獗的時候，他不無有些顧忌，所以隨便來一套『不可訓』的說法。而且再如第二回『史大郎夜走華陰縣』所批，那更是明目張膽了：

『一百八人，爲頭先是史進一個，出名領衆。作者却於少華山上，特地爲之表白一番云：「我要討個出身，求半世快活，如何肯把父母遺體便點汚了。」嗟夫！此豈獨史進一人之初心，實惟一百八人之初心也。蓋自一副才調無處擺劃，一塊氣力無處出脫，而桀驁之性又不肯伏死田塍，而又有狡猾之尤者起而乘勢呼聚之，而於是乎討個出身旣不可望，點汚清白遂所不惜，而一百八人遂入於水泊矣。嗟乎！才調皆朝廷之才調也，氣力皆疆埸之氣力也，必不得已而盡入於水泊，是誰之過歟？』

這豈不是對一百八人大有恕詞的，有什麽深惡的地方呢？無怪歸玄恭（莊）見之，認爲『倡亂之書』。所以聖歎果眞痛恨盜賊，那倒是『有益世道人心』之作，倡亂云云，寧非寃哉枉也！我想以聖歎的才情狂放，決不會幹此傻工作的。

其次他批西廂記，他在讀法中便大言『子弟至十四五歲，如日在東，何書不見，必無獨不見西廂記之事。今若不急將聖歎此本與讀，便是眞被他偷看了西廂記也。他若讀得聖歎西廂記，他分明讀了莊子史記』。他竟勸十四五歲子弟們讀西廂記，這在當時也認爲有『誨淫』罪惡的。（亦玄恭語，謂此誨淫之書也。惑人心，壞風俗，其罪不可勝誅矣。按此與水滸連語）。聖歎如果也想維護名教，我想決不出此，因爲西廂只是『誨淫』，所以他就狂放大言；水滸大有『誨盜』甚或『倡亂』嫌疑，所以他不得不稍斂話鋒，然而文字之間，還時時露他本來眞面目的。

至於他批西廂記的時間，據辛丑紀聞在順治十三年丙申，那已是入清以後了。但據徐增才子必讀書敍，則他應坊間請，已於是年刻行此書，是他動手或者還要稍前 。他批西廂較批水滸更爲大膽，上面已經說過，原因當然由於『誨淫』畢竟與『倡亂』不同，可以使他無用再顧慮了。譬如『酬簡』一齣他總批道：

『有人謂西廂此篇最鄙穢者，此三家村中冬烘先生之言也。夫論此事，則自從盤古至於今日，誰人家中無此事者乎？若論此文，則亦自從盤古至於今日，誰人手下有此文者乎？誰人家中無此事，而何鄙穢之有歟？誰人手下有此文，而敢謂其一句一字之鄙穢哉？……蓋事則家家戶戶之事也，文乃一人手下之文也。借家家家中之事，寫我一人手下之文者，意在於文，意不在於事也。意不在事，故不避鄙穢；意在於文，故我眞曾不見其鄙穢。而彼三家村中冬烘先生猶呶呶不休，詈之曰鄙穢，此豈非先生不惟不能解其文，又獨甚解其事故耶？然則天下鄙穢者殆莫過先生，而又何敢呶呶爲？』

簡直把冬烘先生（其實就是指當時所謂正人君子）駡得體無完膚。的確，文學是一件事，鄙穢又是一件事，怎可混爲一談？因此倒使我想起二十餘年前，上海美專因創設人體實習，雇用女性模特兒，當時淞滬督辦丁文江氏，竟認爲此種乃是春畫，非禁止不可，而該校校長劉海粟氏，則辨之爲藝術，在報上大開筆戰。我想如果當時聖歎還在，必定也要出來說一聲『又何敢嗷嗷爲』的。

不過這終究是閒話，回頭我們再來說他批西廂，雖然確實能夠抓住了以文學而評文學，然而竄改原文，割裂宮調，那不能不說有意標榜新異的了。這種凡是讀過他書的人，都已知道，我也不再一一證引了。

至於他批解杜詩，據辛丑紀聞說在亥子間，那是在順治十六十七兩年之間，所以結果未至卒業，只存四卷。另據金昌敍此書所云，則聖歎在十五歲的時候，已醉心於杜詩。然而他解杜詩，亦不免有割裂腰斬之處，譬如他的『杜詩解』卷一贈李白詩批云：

『唐人詩多以四句爲一解，故雖律詩亦必作二解，若長篇則或至作數十解，夫人未有解數不識而尙能爲詩者也。如此篇第一解曲盡東都醜態，第二解姑作解釋，第三解決勸其行，分作三解，文字便有起有轉有承有結。從此即多至萬言，無不如線貫花，一串固佳，逐朶更妙，自無非然者便更無處用其手法也。』

這種把杜詩也如古文看法，分爲起承轉結，似未免失杜詩渾然之趣。而且分解之說，始於樂府，如陌上桑所註一解二解三解，此乃歌的節奏，並非什麼起承轉結。他自己雖說『正是對病發藥』，但實際有些『好肉生瘡』的。

聖歎的著作，就以上面所舉三者爲最重要。此外順治十七年他還爲兒子雍選唐人七言律詩五百九十五首，粗作解說，名爲『唐才子詩』。又雜選左國莊騷公穀史漢韓柳三蘇等文一百餘篇，名爲『才子必讀書』，也爲他兒子及甥侄輩所撰的。至於現傳的毛宗岡批『三國志演義』，雖也有聖歎敍文，那是毛所僞撰，未足爲信。其餘聖歎所作，儘是零篇斷簡，我們也不必一一縷錄。不過有一點值得我們注意的，便是他也好佛，曾寫過什麼『法華三昧』『寶鏡三昧』『聖自覺三昧』一類佛書。而且常在家中登壇講經，據說『稿本自攜自閱，祕不示人。每鼎座開講，聲音宏亮，顧盼偉然。座下緇白四衆，頂禮膜拜，歎未曾有』（見廖慈金聖歎先生傳）。也足見他之講經，儘有可取的地方。不過因此也遭人家的蜚議，說是『每食狗肉，登壇講經』（見艮齋雜說）。講經而竟吃狗肉似乎大違於佛旨，但他批水滸魯達想吃狗肉時，却說『相傳有此言，而實非也』。那不能確定他也眞有這麼一回事了。

最後我們應當記一記他被禍的情形了。這是大家都知道的，順治十七年十二月間，吳縣新知縣任維初到任，徵錢糧甚急，而自己一面反盜糶倉米，因此激動一般諸生，於第二年二月，在文廟哭訴，聲言要逐任知縣。那時恰巧世祖皇帝駕崩，哀詔到吳，撫臣朱國治等以爲『震驚先帝之靈，罪大惡極』，下令捕獲諸生倪用賓等十一人，那時聖歎猶未被獲。可是上疏以後，得旨付江甯研審，於是當事者以人數太少，又拘聖歎諸人，解至江甯，但其實也只有十八人而已。據說哭廟一文，就是聖歎所作。後來至七月十三日，便奉旨處斬於江甯的三山街，家產籍沒，妻子則充軍於甯古塔。

相傳聖歎於臨刑時，大驚咤道：『殺頭至痛也，籍沒至慘也，而聖歎以不意得之，大奇！』而胡桃滋味一語，則因臨刑作家書付獄卒寄妻子，獄卒疑有謗語，呈之官，官啓緘視之，則見其上書云：『字付大兒看：鹽菜與黃荳同吃，大有胡桃滋味。此法一傳，吾無遺憾矣。』官笑云：『金先生死且侮人。』此事是否屬實，不得而知，但以聖歎的狂放，不能不說是『事出有因』的。

（三十一年五月十二日）

談諸葛亮

朱樸

我在『四十自述』（本刊第一期）一文中，曾提起我識字後所第一次看的一部小說書是『三國志演義』。又在該文的結尾中說起我生平自勵的格言是『澹泊明志』四個字，這也是受『三國志演義』中一個人物的影響，那便是諸葛亮。所以如果有人問起我對於我國歷史上的人物誰最是欽佩，我將毫不遲疑的說是諸葛亮。

『三國志演義』對於中國知識階級的影響，我想是很大的。有許多人或許因爲它太普遍的緣故而加以鄙夷不屑，其實是不對的。我們應該承認它是通俗文學中最有力量的一部鉅著，它之影響不僅及於漢人而已；據說入關時的滿洲人，他們並沒有什麽『孫武兵法』或『步兵操典』之類，便是以滿譯『三國志演義』作爲他們的軍書的。一時名將如平定大小金川的海蘭察和戡略七省敎亂的額勒登保，都是仗着這一部小說以成其大名；而其中爲他們所效法的人物，便是諸葛亮。

其實我所欽佩的諸葛亮，倒還不是像『演義』中那樣所描繪的。『演義』中所描繪的諸葛先生，正和現在京戲中所扮演的一樣，太傳奇化和神格化了，令人看來，像一個邪道之士，只是穿着八卦衣和搖着鵞毛扇，不像個堂堂正正的人物，和實際上的人物相去似乎太遠。『演義』雖然予一般的讀者以好奇的滿足，然而嚴格地說起來，是有些侮辱千古人物諸葛先生的。

諸葛先生一生行事，只是一個『誠』字，無論他的友人或敵人，都受他『誠』字的感動，決不像『演義』中所說的那麽險詐，甚至把那位東吳大都督周郎氣死。陳壽『三國志』『進諸葛集表』有云：『……然亮才於治戎爲長，奇謀爲短，理民之幹，優於將略。』很淸楚的說他並不長於陰謀奇計。當時他部下有一位著名的戰略家，即是『演義』中踢翻他『本命燈』的魏延，當他六出祁山的時候，幾次三番要請兵萬人，從歧道出師，和他相會於潼關；又欲領兵五千，循秦嶺而東，直取長安，以爲一舉而咸陽以西可定。這些奇計，都爲諸葛先生所不許。蓋在他以爲堂堂之鼓，正正之旗，以數十萬之衆而臨有罪，正可不必用奇兵詭計，甯願出師不利，全軍而退，而不肯用什麽詭計，這在正史上所載是非常淸楚的。然而稗官野史上却把他描繪成一個邪道之士，我實在覺得有加以匡正的必要。

當東漢之季，天下鼎沸，諸葛先生躬耕南陽，儻使沒有徐庶之一言和劉先主之三顧，他是決不肯求聞達於諸侯的；但是一經出山，即保持他的出山時的初志，以爲曹氏不可與爭鋒，孫氏則可與爲援，直到至死不渝。後來雖明知其不可爲而爲之，足見他忠貞不拔之氣，可以與天命抗衡，鞠躬盡瘁，死而後已，這種精神，大可爲處今日之亂世的人們效法的。

在他入世的二十餘年中，劉先主信任他無微不至，甚至臨終時云：『嗣子不才，君可自取。』後主雖然庸劣，然而竟肯舉國付之而不疑，可謂『得君』之至。他的部下更信服他，斥廖立而廖立垂涕，廢李嚴而李嚴致死，『演義』上揮淚斬馬稷一事，決不能說作者是憑空虛搆；後主左右這許多姦邪，竟不能以一讒言相加，可謂『得人』之至。夷狄如孟獲，至七擒七縱，非使他說『南人心服永不復反』不已；司馬懿鍾會乃其敵人，對他敬畏備至，身後軍退，司馬懿按視其陣壘，不覺大爲稱嘆，自以爲不如遠甚；鍾會於他死後伐蜀，至禁令軍士近其墓地；其使敵人心折，又一至於此。像他這樣的人物，千古以來，簡直沒有一個可以比擬。更何況前後出師兩表，足以驚天地而泣鬼神，其身後得在兩廡佔一席地，實在是很應該的。

蜀漢丞相諸葛亮畫像

（據故宮南薰殿所藏歷代名臣像複製）

後人對於諸葛先生的敬佩，實不自『三國志演義』風行後始，只要看唐人杜工部的詩句，已可見那時人對他的態度了。我少時讀工部詩至『伯仲之間見伊呂，指揮若定失蕭曹』句，竊常爲諸葛先生抱不平之念。我覺得杜甫還是持那種成敗論英雄的看法，其實諸葛先生雖然『出師未捷身先死』，其地位實是不可與蕭何曹參同日而語的，區區漢家刀筆小吏，豈足與臥龍高士爲比。我覺得用伊尹和呂望來比倣他，或許還可以，雖則我們對伊呂的歷史覺得不是十分靠得住的。

諸葛先生雖不似項羽之爲失敗的英雄，但總也不能說是成功。他的不幸，乃是他生在那個羣才濟濟的時代，曹孟德司馬懿之流的『客觀環境』都在他之上。所以『三國志』的作者陳壽評論他說：『……而所與對敵，或值人傑，加衆寡不侔，攻守異體，故雖連年動衆，未能有克。昔蕭何薦韓信，管仲舉王子城父，皆忖己之長，未能兼有故也。亮之器能政理，抑亦管蕭之亞匹也。而時之名將，無城父、韓信，故使功業陵遲，大義不及邪？』於是只好歸之於『蓋天命有歸，不可以智力爭也』了，陳壽之論諸葛先生，實在也還公允得體得很。

成都浣花溪畔的丞相祠堂，自從杜工部一唱三嘆之後，久爲人們所憧憬。清代文壇怪傑金聖嘆於病中忽思成都，我想大概是丞相祠堂和工部草堂在值得他的懷戀吧。而唱經堂平生又未得到過成都，足見諸葛先生的魔力了。至今日四川人還有頭上纏白布的風氣，據說是他們爲漢丞相帶孝的遺風。我想歷史上人物像諸葛先生的，實在很難找出與之爲伍的了。

諸葛先生因爲『三國志演義』的傳播，使他的大名更爲普遍，差不多『諸葛亮』三字，幾成爲智慧的代名詞，後來的人們自稱或號稱爲『諸葛亮』的，眞是車載斗量，不可勝數；但學的大都是邪道之士式的『演義』中人物，離他『澹泊明志』的偉大的人格不知多遠，這大概便是『古今人不相及』的地方吧！

清代中興名臣左宗棠，也是一個自命爲諸葛亮的脚色，他在運籌握算之際，每遇得意忘形之事，常會拍腿大唱大讚的說：『此「諸葛」之所以爲「亮」也。』不料有一次碰到他屬下的一位藩司林壽圖，却也接着他拍腿大唱大讚的說：『此「葛亮」之所以爲「諸」也。』於是左宗棠大爲不悅，林方伯竟因此丟了前程。這雖是一個煞風景的笑話，但引來作爲本文的結束，或者可說是一闋絕妙的尾聲吧。（卅一年四月二十日）

後記：這一次蘇州之行，無意中在舊書店看到『明辨齋叢書』三冊，乃明楊時偉編的『諸葛忠武書』，亟購以歸，這也可以說是我這次蘇遊的一種收穫。

按『諸葛忠武書』十卷，曾收入『四庫全書』，撰者明太倉王士騏（冏伯），計十六卷，茂苑楊時偉（去華）病其蕪冗，更爲編次，成書十卷，自從陳壽撰『三國志』的『諸葛亮傳』後，關于他的正式傳記，這可說是第一部了。

我所得本，乃同治丁卯余氏據『四庫』本校刋，原刋本則是和『陶靖節集』合刻，題曰『忠武靖節二編』，『四庫』史臣以爲陶的詩文，自爲別集之流，應當入於集部，而本書則述一人之史跡，應當錄於史部，說編者不合於體例，故把他們分了家，著本書於史部而錄陶集於集部。

『四庫』皇皇巨帙，言編制當然是不錯的，但原編者把忠武靖節兩書放在一起，蓋亦有深意存焉。卽所謂『進則當爲亮，退則當爲潛』之意。這兩句話令我大爲欽佩，覺得很値得我們處今日之亂世的人效法。

忠武靖節兩人，一以蜀漢相父之尊，一則不屑彭澤一令，然而處世的態度是一樣的，卽我在文首所說的『澹泊明志』四個字是也。

（五月十八日補記）

談李慈銘

南冠

久想找越縵堂日記來一讀，沒有機會。去年年底，由朋友在某圖書館中借到一部。我去把它取回家來的時候，眞是大大的爲了難。一部部的總有十多函。論高低，我不知道李蓴客先生是不是矮子，大約可以和我家弟弟等身；論重量，總有一百斤。眞是洋洋大觀。不過不到幾時，發生了特別事故，不得不仍由我原車送回。至于原書，雖只看了不到十分之三的樣子，然而，我覺到頗能得到一個淸楚的影子，李慈銘的。

我對于李蓴客最初的印象，是得自曾孟樸的孽海花中。就是那『的爍三明珠，一笑來觴名士壽』一回裏所描寫過的。那情景，大有『吐半口血，由侍兒扶着，到堦下去看秋海棠』的神情。不過在李蓴客却是易侍兒爲『相公』罷了。記錄『相公』的筆記正多，小說較少，大品的恐怕只有『品花寶鑑』一種罷，男色的流風，大概古得很，春秋時代就已經有了『嬖人』之類，到後來甚至于有些人非此道不快。明末的小說中描寫這個的不少。不過多係禁書，且爲珍本，不易入覯。不過在『金瓶梅』中也可以稍知一二。淸代數百年中，沒有什麽文獻可徵，太平天國初期勇將李開芳被逮受訊之際左右還有兩個穿着紅綢子的絕色的孩子，打扇伏侍，是可以知此道之消長矣。不過雖然不絕如縷，總還不能大盛，推原其故，大概因爲他們的出路宏于俊僕，除了士豪西門慶大將李開芳，別的人是不大養得起的，作爲此業的功臣的，實在不能不推演那時戲的演員們了。舉其著者，則石頭記中的琪官是也。演至淸末，流風大暢，試一翻『燕蘭小譜』，『金臺殘淚記』之類，就可以知到那情形。梅大王現在是老了，不過當時是曾經爲『才子』們捧過的。可惜北京改爲北平以後，此道竟大大的衰退了，甚至于讓我們想要知道一二的人，除了翻書以外絕少實例可見，是則大可『慨歎』者也。

說李慈銘是名士，是淸客，都不錯的。他玩『相公』，說回來，『相公』們也在玩他。曾孟樸道：『他喜歡鬧闊相公，又不肯出錢，只說相公都是愛慕文名，自來賬就的……老先生還自鳴得意，說是風塵知己哩。』這里寫得眞是活靈活現。李慈銘生平好罵人，殊不知他自己老實得可驚，雖然是出師爺地方紹興的產物，我看倒頗有些燕趙之士的氣概的。早期『日記』中時常可以看見一片片塗得一塌胡塗，那多半是記和一些朋友們親熱的話，而晚年却凶終隙末，所以塗去，並加頂批，如咸豐八年中有一條記叔子書慰其落解事，旁加黑槓，上有眉批云：『豎子欺心欺天，一至于此，自恨目中無瞳耳。』又有一批曰：『二豎賣余至此，恨不生食其肉。』是可以知老先生火氣之盛矣。

日記中有記早年事者殊有趣，如『二更出，有一阮姓武舉，邀余微行，三叩夜度娘家，其一護門草長一見雌胸豕腹者類萑疊股牀上，而畏畫君作眢目媚之，予望不敢入。至最後一處，則室中吁吁聞牛喘，而所謂煙甯鐺耳者並杳然矣。相與大笑而別，夜半歸寢頗憊。』則記冶遊事也。又記郡守以旱禁屠，俄而雨，『郡守竟以禱有驗，令民屠如故。』兩則都頗有諧趣。又一則云：『傍晚歸，過關帝廟觀劇，見一孌者，約十五六，亦鏡湖春色也。』則幼年時綺語也。據此種記錄尚有數則，玆錄一較有趣者：『上午，偕蓉生芝舫出錢塘門遊西湖，見唊夷五人，其二爲夷女。至一湖莊樓下。有垂髫而凭闌者，三四倚肩而立。釵梁錯顏，粉暈互光，笑重裝慵，鬟低香近。其尤粲者輕牓拭花，稺犀隱雪，秋波所流，山水貽豔，平生眼底第一人也。』這裏記所見外國人，因爲那時洋鬼子還是珍物的原故。至于後面所描寫，粗看似是夷女，其實非也。蓴客好用駢語入文，觀此例可知。

我前面曾說李蓴客的脾性是直切的，善于鍾情，却也善于翻臉。如他在鄉觀劇時，水路舟中又有豔遇，與儒林外史中所寫頗有似處：『鄰舟偶值，有女相窺，綃裳不華，寶鈿微見，露鬟碧重，星靨紅輕，淡月疎燈，愈爲斌媚。鴿首錯並，坐席几連。微息相聞，清影不隔，屧韻靜拍衣香，暗坐問通殷勤，益藹顧盼。逮乎管弦漸闌，歌舞將歇，妝慵益整，語低轉嬌。削腰强持，倦睫猶睇，眞欲逃幼輿之梭，訂虎頭之棘矣，予因物色其里居，乃知洛陽對門，城南尺五，特柳枝年少，未曾向玉溪乞詩耳。予雖入市甚稀，而枇杷花下，從無閡門之面，何怪非司空見慣者乎？是夜戲殊不佳，以此事遂至徹曉，昔東坡不能忘情于東州女子，良可自咍也。』

這些事在年輕的人，所在多有，而李君更能曲曲寫出就更爲難得了。文章典麗如小賦，讀來大有唐張鷟游仙窟與出自燉煌的『交歡大樂賦』的韻味。這可以表出李君是一個文人，而非專門的經學家考據家，因而『越縵堂日記』中往往有許多有趣的文字可讀，不像『緣督廬日記』『三魚堂日記』等的面孔扳緊，笑靨毫無也。

緊接着就是拜別老母，進京入貲爲郎的事，在從水路入京，經過幾個大邑鎭時，每每上岸尋花，甚至把老鴇所教給妓女的米湯眼淚，一概認爲美人的深情，還戀戀不捨，欲行又囘，白首訂盟的作了許多可笑的張致。那時尚無九尾龜之類的『嫖界大全』，就是有了，李君也不會去看的，所以一入花叢，即不免爲章秋谷之流所笑耳。

慈銘雖文名早著，然而屢困棘闈，宦途極不得意，這就養成了他的孤介的性情，每每對人盛氣罵之。推源溯始，也是一種變態心理的發露。玆錄其同治辛未在京覆試不中的日記：『峴卿來言，昨侂人至禮部求得予覆試卷觀之。其卷爲侍郎魁齡所閱定，惟于文中一「致」字旁帖黃籤，蓋其意以「致」右從「文」不從「夊」也。人不識字至此！伏臘金銀，枲枲省闥，于侍郎何誅焉！前日試殿上者九十二人，連鋪接席皆傖楚耳。予自以脚間夾筆足以埽之！又以故事必派一二品官十二人閱卷進擬，其差第皆以律詩，故于八十字中，頗推敲之，以求其易解，乃猶在下等，此輩肺肝眞不可測！』這里對試官的謾罵可謂刻毒之至。而其火氣外露，功名心熱，更可覘耳。從今以後，凡會試被擯，對考官的批語就是『不識字！』這在小學家看來，也眞是如此，而並抱着一本『字學舉隅』爲天下法的筆帖試，自然更是格不相入了。我在這里看出他的另一點苦楚，就是想極意迎合考官的程度，而猶不能無患，這在古今考試的事件中，恐怕是難免的一種悲劇。『人之患在好爲人師』，從今而後，不知高坐以文字（或無論什麼）

決人生死者（在當時確是如此），亦微覺有動于中乎？

光緒乙酉正月二十五日日記云：『張廷燎，河南人，甲戌翰林，嘗分校鄉試，出闈語人曰：「我此次同考，絕不草『官』人命！」蓋不識菅字讀爲官也。時又有一翰林，論及時事，慨然曰：「何苦「茶」毒生靈！」以荼爲茶也。都下以爲絕對。』此李君駡人不識字之例也。其實前淸專講究寫兩筆『館閣體』所取中的翰林，也的確不高明，其不認識菅荼，蓋亦事之當然，李君因自己比不過這批翰林前輩，遂常發爲牢騷，令數十年後的我們，也不禁覺得啞然。丁丑年慈銘會試又報罷，日記中記其秩序紊亂之事云：『故事，殿試題旨下時，士子先行三跪九叩首，禮畢皆跪，大臣監之，司官以次授題訖，始皆起。今年題紙始到，人爭攫取，多裂去首一道，碎紙狼籍遍地。有不得題者百十人，復爭主者索再給。主者不得已，乃別以一紙榜帖殿柱，傳觀之。桓東子弟悉以曳白登科，於是策試于庭者十九無賴矣。擬題皆歷科陳言，字字可宿構，而狀元王仁堪尙持筆不能下。措辭里鄙，無不可笑。有常熟人管高福者，以腎腸字單擡，我皇上我字雙擡，亦得居三甲，朝考日，試畏天之威于時保之論，雪白茶靡紅實相八韻詩，有福建人謝章鋌揣摩論題之意，執政以媚夷人也，遂援引漢唐，力申以小事大之義。沈吳江素主夷人，得之大喜，欲置高等；有力爭之者，始退三等。直隸人王鳳藻，詩文皆他人爲之，而書不能成字，詩之首句看罷荼蘼了，書作看羆，亦僅置三等。其不能成文者數十人，皆知識爲之代作，公然挾書執筆，東西傳遞，監試王大臣臨視嘻笑，恬不爲怪。蓋法紀蕩然，廉恥喪盡，時事可知，不須識者矣。』

竊以爲人的本性，本素是不大看得出的。總是裝在紳士的面具下面，往來跳躍，像煞有介事。一旦遇到大喜怒，不免千年老尾，曳以俱出。李君這里，不免帶出他紹興師爺的工架來。就文章論，的確未能恬淡，失之下乘，然而李君平素並不戴着假面具，雌黃人物，隨處可見，那麽他還是表露他本來的一面，而罵得是那麽痛快，眞如一面照妖鏡，照出了各色人等的形相。竊以爲可比果戈理的死靈魂，雖繁簡異致，其傳神處固未見得比下來也。

嚮讀唐元微之遣悲懷詩，每爲悽然。蓋文人而困于窮阨，實在極可憐，而尤可悲哽在悼念死者，感遺言之可慟，遂重可歎也。慈銘屢試不售，乃發斷念功名之語：『比日稍蘇，春氣漸動，遂覺疲苶，時欲就床偃臥，病體日深，老景日益。龍鍾至此，尙復逐黃面小兒，提籃踏闈，爭冬烘之一決耶？今年誓不應試，並擬閉關謝絕計偕之客。念明日是先母生日，因賦一詩以當誓墓之文：先母生日前一夕大風獨坐京邸泣賦是篇：「五十孤兒泣斷篷，亡靈慚對影堂中。豈眞白髮充朝隱，虛負黃泉昒祭𠦃。（先母臨歿時，語慈銘曰：汝貧甚，藥物不必復求，他日富貴祭我稍𠦃可也，每思此語，肝腸欲裂。）徙宅分無酬教育，首邱何日得來同？猶期地下萊衣戲，一盞殘燈獨聽風。」』詩不必佳。而小注乃眞可見性情之文字也，與汪龍莊雙節堂庸訓中記其母遺事同令讀之者悲哽不可自已。其意雖若甚堅，然終不能克功名之熱，又復入試而又不中，又駡中式者，駡考官。『是日報紅錄，雲門紫泉皆中，紹府共中五人，山陰得三人，庚午同榜僅中一杭人蔣某，則吾不忍目之矣。國家取士，至於如此，使我猶與此曹角逐，尙得謂之靦然人面哉！』又云：『晡後取闈卷，爲第五房編修臧濟臣所點抹，鼠輩何足責哉！』

慈銘終于光緒庚辰成進士，年已五十二。雖然中式，然而還不改悻悻之態，記其事云：『余卷在林編修紹年房，初不知所謂，以問其鄉人陳編修琇瑩，陳君力贊之，猶不信，更質之錢辛伯，辛伯謂通場無此卷也，始請陳君代擬評語，呈薦于翁尙書，尙書大喜。』自憙之狀可見，所謂翁尙書，翁同龢也，是專門喜歡得名士爲門生的人物。試後謁房師林紹年，出而語人曰：『適所見非人也！』謁許應騤，則評之曰：『此公素以不學名，語言甚鄙。……外間皆言其有捷徑，所未詳也。』雖然不會再度失意，然而究竟脾性依然，久已養成，不可去矣！後來朝考時因必欲歸本班（戶部候補郎中原班即用，化原來之貲郎爲特旨郎中，即得補缺。）故僅書三開有半。然而對這畢生一次的機會，翰林院頭銜的榮耀却不能無所戀戀，記云：『貲郎回就，桑榆之景已斜；流品既分，蓬瀛之路遂絕。虛望後車之對，長循選格之名，雖出陳情，實非雅志！羞與少年爲伍，洒與俗吏隨波乎！金榜一題，玉堂永隔，當亦知己所欷噓，後人所深惜者也！』詞旨甚哀，有若曳殘聲以過別枝之秋蟬，所發皆凄楚之音也。

到這裏，似乎可以接得上孽海花的第十九回了。李蓴客作他的老名士，『三朝耆碩，四海宗師。』正是作御史的資格，一到台諫，就可以彈譏朝士，發揮他師爺的本能，所以一般大人先生，都想預通聲氣，先把這個『相貌清癯，脾氣古怪，一雙穀秋眼，三根曉星鬚，肆口謾駡，不留餘地，性情直率，不過是個老孩兒』的李慈銘應酬好了。我們且看蓴客寓所所貼一幅淡紅硃砂箋的門對：

保安寺街，藏書十萬卷；

戶部員外，補闕一千年。

依然是那一套寒酸之氣，撲鼻欲醉。秋千院落，木芙蓉娟娟作花。蓴客却向來速駕的客人裝病。曾孟樸的描寫眞把這種『名士』刻畫盡緻了。這是一幅絕妙的『名士圖』，可補『儒林外史』之遺的。多抄不免罪過，看官且對照原書，即可得一幅清楚活現的印象，而此印象又實在可貴，因數千年文化的精英，從舊時代的素質中提煉出來的積粹，都萃于一身而發揮之。如果想了解上一代的文人，可以從這兒看，因爲我們生當季世，已經接不上佢們的謦欬，如果只看道德經濟的大品文章，想來明瞭這種人物，不免如緣木求魚，實在是徒勞的事也。

古今月刊投稿簡約

（一）本刊接受外稿。舉凡掌故，史料，軼聞，遊記，人物，小品，金石，書畫，隨筆，及關於上述各種之畫圖照片等物，均所歡迎。

（二）來稿概須繕寫楚，並須將通訊地址及眞實姓名註明稿端。

（三）編輯人對來稿有增删之權，其不願者須豫先聲明。

（四）稿費每千字新法幣十元，於每期出版後發出。

（五）來稿在本刊發表後，版權由作者保留，惟本社於另行刊印文集時，有自由選用之優先權。

（六）來稿除致奉稿費外，並贈送刊登該刊之本刊一册；補白材料一律酌贈本刊。

（七）來稿除特別聲明，並附寄貼足郵票寫明通訊地址之信封外，概不退還。

（八）來稿請寄南京邀貴井時代晚報館轉『古今月刊編輯部』，勿書私人姓名。

古今月刊社謹訂

關於珍妃

笠堪

一斛珍珠慰寂寥，倉皇西幸總魂銷；
馬嵬山下同遺憾，淒絕長門賦大招。
——清宮詞

末代帝王的生涯，總是一個悲劇，清光緒三十四年的帝王生涯中，更是悲劇中的悲劇。他不獨外受制於強敵；內且受制於母后。不但朝政大權不能操諸已手，連婚姻戀愛的自由也被剝奪得乾淨。李三郎馬嵬坡之變，以帝王之尊而不能保護一個弱女子，卒至『君王掩面救不得』，被後人責爲千古薄倖，『長恨』一歌，此恨綿綿。不圖千載之下，帝王制度的結局時，尚遺留下相同的一齣悲劇，那便是光緒的恪順珍貴妃他他拉氏。

關於珍妃的記載和詩詞，似乎很多，數月前聞上海話劇有『清宮怨』一劇，亦即係演珍妃事，但我未曾看過，想來總是哀豔得很的吧。不過文人的記載，總不及永新念奴之口述天寶遺事爲可靠。故宮博物院曾於民國十九年五月三日在『故宮週刊』出一『珍妃專號』，其中頗多珍貴的資料以其出諸白頭宮女之口，當屬較傳聞之說爲可信。因摭拾其間資料及同時人詩文，來談一談這位清代楊貴妃，想也不無一看的價值吧。

珍妃姓他他拉氏，爲禮部左侍郎長敍之女，志銳、志鈞、志錡之妹。在旗人中，長氏一門，實爲較開明者流，戊戌庚子之際，爲滿族清貴中流砥柱的人物。珍妃和其姊瑾妃同時選入宮，其所以獲選爲妃者，實有滿廷家庭間一段痛史在，茲據舊日宮監唐冠卿之言錄之：

光緒十三年冬，慈禧太后爲德宗選后，在體和殿召備選之各大臣少女進內，依次排列。與選者五人：首列那拉氏都督桂祥女，慈禧之姪女也（即隆裕）。次爲江西巡撫德馨之二女。末列爲禮部左侍郎長敍之二女（即珍妃姊妹）。當時太后上坐，德宗侍立，榮壽固倫公主及福晉命婦立於座後。前設小長桌一，上置鑲玉如意一柄，紅繡花荷包兩對，爲定選證物（清例：選后中者，以如意予之，選妃中者，以荷包予之）。太后手指諸女語德宗曰：『皇帝，誰堪中選，汝自裁之，合意者即授以如意可也。』言時即將如意授與德宗。德宗對曰：『此大事當由皇爸爸主之。子臣不能自主。』太后堅令其自選。德宗乃持如意趨德馨女前，方欲授之。太后大聲曰：『皇帝！』並以口暗示其首列者。德宗愕然，既乃悟其意，乃不得已將如意授其姪女焉。太后以德宗意在德氏女，即選入妃嬪，亦必有奪寵之變，遂不容其續選。匆匆命公主各授荷包一對與末列二女，此珍妃姊妹之所以獲選也。嗣後德宗偏寵珍妃，與隆裕感憎日惡，其端實肇於此云。

珍妃冊立之後，極爲那拉氏所鍾愛，她性喜書畫，那拉氏命內庭供奉繆嘉蕙女士教之。平時居景仁宮，和光緒同住，則居養心殿。光緒甚爲妮嫟，常與互易衣冠以爲戲。隆裕則不得光緒歡，因妬生恨，常在那拉氏前進她的讒言，說她研究攝影術，非妃嬪之所宜。於是寵愛漸弛，終至於一度遭斥，其經過茲據白姓宮女口述錄之（此宮女今日若在，年當七十左右矣，當時侍珍妃時，年僅二十歲云）：

慈禧六十萬壽時，値福州將軍出缺，隆裕后欲以此職畀予乃舅，因妃頗得德宗寵，倩其請於德宗，而妃則以『誰說均是一樣』之語謝，后誤以妃恃寵而驕，乃趨慈禧前告妃欺壓皇后，后本慈禧女姪，平日有對后小不敬者，必嚴刑責罰，謂正宮中體制也。今聞忤后者，乃素不善之珍妃，其忿怒之狀，較之平日十倍而不止，時慈禧居南海儀鑾殿（即今南海居仁堂），德宗居瀛台，隆裕與珍瑾兩妃居同豫軒，慈禧乃傳同豫軒侍妃之宮女太監等至儀鑾殿，面詢妃平日起居狀況，叱咤備至，凜不可犯，宮監等悚惶萬狀，乃言妃平日甚爲恭謹，從無大舛，慈禧聞而怒，疑宮監祕不直陳，乃命掌刑太監杖擊之，哀號踣踊，皮肉皆綻，但宮監所言，仍如前說，時妃侍側，慈禧盛怒之餘，更令太監掌責之，令自陳，妃以皇帝所寵，今乃當衆受辱，痛不欲生，終無結果，慈禧愈怒，遂奪其妃號，令降爲貴人，太監王有兒輩八人充軍，宮監等減逐大半，時妃已回同豫軒，哀毀異常，慈禧復施其牢籠手段，賜妃溫諭並食品八盒以慰之。翌早八時，慈禧又傳轎至同豫軒，行至流水音，見撑船太監未着袍，怒其大不敬，命責之，而宮杖未至，憤怒之餘，乃掣所乘之轎竿撻之甚苦，嗣至同豫軒，見隆裕及瑾珍兩妃均因懼慈禧之威，同時昏暈，僵而不甦。慈禧乃大懼，亟至瀛台告德宗，德宗憤以『死就死了，此後永不立后』之語示決絕之意。自此事過後，妃之與慈禧間益增嫌隙，但起居各節尙如舊，只縮減其侍從而已。又隔二三年始因戊戌變政事，囚妃於鍾粹宮後北三所，窘苦備至，所攜什物，均晨藏於宮壁上豫挖之空洞中，夕再持出，蓋防慈禧攫去也。至光緒二十六年庚子拳匪之變，慈禧乃令崔玉貴推珍妃入甯壽宮後井中，從之者尙有一宮女及一太監。時珍妃已遷禁於景祺閣小屋，入井前一夕，慈禧尙召妃朝見，謂『現今江山已失大半，皆汝所致，吾必令汝死』。妃憤曰：『隨便辦好了。』翌日即推之入井。後慈禧出走至長安時，復封妃爲神，亦追薦之意。是日慈禧假寐時，即夢見妃告『不必加封，吾已成神矣』。並力數慈禧之惡，醒而不語者半日，咽喉盡腫。回鑾後，出妃屍於井，顏色如生，胭脂尙存，只失去紮腿一飄帶而已。妃宮女尙存二，曰春豔，春壽，聞近年已故云。

又據劉姓宮女（此宮女乃德宗行大婚禮時，慈禧派其充喜婆，於坤甯宮守喜，二十三歲入宮，於光緒二十五年五月出宮，時女三十五歲，今若尙在，則年八十七歲矣）所言，則於珍妃所以致死的原因較詳，蓋慈禧之必欲死珍妃者，決不在普通的家庭小故，其間必在較大的原因，劉姓宮女所言，亦可給我們一些端倪也：

珍妃十三歲入宮，十五歲行大婚禮，時光緒十四年正月也。珍瑾二妃異母所生，相差只一歲，（封裏所刊）之像乃光緒二十一二年之間所照，所着之衣服，長袍爲洋粉色，背心爲月白色鑲寬邊，乃光緒二十一年最時髦之裝束，係於宮中另做的。珍妃每早於慈禧前請安畢，即回景仁宮

•任意裝束，並時攝取各種姿式，此像則於南海所照，後為慈禧所見，頗不悅。光緒二十年時，有耿九者，賄結慈禧之小太監王長泰（即王有兒）聶德平（即聶八十），謀取粵海關道，密陳德宗准其事。同時復有寶善者，乃慈禧侄之岳父，駐兵於鳳凰城，因兵敗失守，輦金運動免罪，亦經王聶二監請於妃，並進呈慈禧背心及大衣衣料兩件，此二事均以不密外洩，聞於慈禧，大怒，將珍瑾二妃均板責之，將王聶二監充軍於黑龍江，遇赦不赦。王聶本精於皮黃劇，至營口逗不前行，並於當地搭班演劇，解卒不得已內聞，慈禧乃命就地正法，時妃二十一歲也。時妃被責後仍居景仁宮，因喜攝影術，復暗使戴姓太監於東華門地方開設照相館，復為隆裕后密告於慈禧，乃將戴姓太監杖斃於廷。至珍妃二十三歲，光緒二十四歲年戊戌之變，慈禧乃幽妃於建福宮，繼徙北五所，令二宮女侍，門自外鎖，飲食自檻下送進，珍妃被困後，原住之景仁宮即被封，其守宮太監全體被逐。至光緒二十六年庚子，妃乃被迫入井。珍妃性憨厚，喜游嬉，頗得德宗寵，以此為隆裕所嫉。按宮例妃不應乘八人轎，德宗特賞之，被慈禧見而令將轎摔毀，德宗不悅，嗣隆裕竟以短妃於德宗，反為所毆，自此妃遂益為慈禧所不悅，其死因蓋早種於此也。

珍妃在家時，延江西文廷式（道希）為之師，時文尚未及第，妃入宮之後，文中庚寅科榜眼，甲午大考翰林又列第一，相傳均乃出其女弟子的力量，因此文的勢力大張，可以交通宮闈。在光緒戊戌以前的一時期，那拉氏雖歸政於帝，但對於內外的賄賂還是不肯放手，而珍妃耳濡目染，當然也效法老佛爺的所為，苞苴兼進，於是和那拉氏方面，不免有權利的衝突。戊戌之變，乃師文廷式又是站在新黨一方面的，於是更疑珍妃和康梁有關，遂非置之死地不可了。

至於珍妃死難的情形，言人人殊，據『清朝野史大觀』所言，則乃在於宮監崔某之誤會那拉氏意志，西狩之時，那拉氏謂『予將率爾行，拳衆如蟻，土匪蜂起，爾年尚韶稚，倘遭污，莫如死。』崔某一聞此言，遽率珍妃，氈裹而推諸井中。夫以一區區宮監而有此大胆，吾未之敢信，其為那拉氏事後掩飾之談可知，較可徵信的，當然還是當日目擊其事的人口述，宮監唐冠卿云：

庚子七月十九日聯軍入京，宮中驚惕萬狀，總管崔玉桂率快槍隊四十人守蹈和門，予亦率四十人守樂壽堂，時甫過午，予在後門休憩，突覘慈禧后自內出，身後並無人隨侍，私揣將赴頤和軒，遂趨前扶持，乃至樂壽堂右，后竟循西廊行，予頗驚愕，啓曰：『老佛爺何處去？』曰：『汝勿須問，隨余行可也。』及抵角門轉灣處，遽曰：『汝可在頤和軒廊上守候，如有人窺視，槍斃毋恤。』予方駭異間，崔玉桂來，扶后出角門西去，竊意或將殉難也，然亦未敢啓問。少頃，聞珍妃至，請安畢，並祝老祖宗吉祥。后曰：『現在還成話麼？義和拳搗亂，洋人進京，怎樣辦呢？』繼語音漸微，噥噥莫辨，忽聞大聲曰：『我們娘兒們跳井吧！』妃哭求恩典，且云未犯重大罪名。后曰：『不管有無罪名，難道留我們遭洋人毒手麼？你先下去，我也下去。』妃叩首哀懇，旋聞后呼玉桂，桂謂妃曰：『請主兒遵旨吧！』妃曰：『汝何亦逼迫我耶？』桂曰：『主兒下去，我還下去呢！』妃怒曰：『汝不配。』予聆至此，已木立神癡，不知所措，忽聞后疾呼曰：『把她扔下去吧！』遂有掙扭之聲，繼而砰然一響，想珍妃已墜井矣。斯時光緒居養心殿，尚未之知也。後玉桂疽發背死。

儻若撇去滿清季年宮闈間爭招賄賂因而釀成悲劇不提，單就洋兵入京，賢妃殉國的一樁故事看來，則其哀豔淒絕，又何讓於唐人之於馬嵬坡呢！因之晚清詩人，以此事見於詩詞者，數見不鮮，茲錄數章於後，以作本文之殿。惲毓鼎詩云：

金井一葉墮，淒涼瑤殿旁；殘枝未零落，映日有輝光；溝水空流恨，霓裳與斷腸；何如澤畔草，猶得宿鴛鴦。

朱祖謀（古微）彊村詞聲聲慢和味聃落葉云：

鳴螿頹感，吹蝶空枝，飄蓬人意相憐，一片離魂，斜陽搖夢成煙，香溝舊題紅處，拚禁女憔悴年年，寒信急，又神宮淒奏，分付哀絃，終古巢鸞無分，正飛霜金井，拋斷纏綿，舞起迴風，才知恩怨無端，天陰洞庭波闊，夜沈沈，流恨湘絃，搖落事，向空山休問杜鵑。

又李亦元『湘君』，亦咏珍妃之作，詩云：

青楓江上古今情，錦瑟微聞鳴咽聲；遼海鶴歸應有恨，鼎湖龍去總無名；珠簾隔雨香猶在，銅輦經秋夢已成；天寶舊人零落盡，隴鸚辛苦說華清。

又曾重伯有『庚子落葉詞』，亦悼妃之作，詩凡十二首，描繪較詳，茲錄其八首：

甄宮一夕淪秦璽，疏勒千年出漢泉；鳳尾檀槽陪玉椀，龍文瓔珞殉金鈿；文鸞去日紅爲淚，輕燕仙時紫作烟；十月帝城飛木葉，更于何處聽哀蟬。（其一）

赤闌迴合翠淪漪，帝子精誠化鳥歸；重璧招魂傷穆滿，漸台持節召眞妃；清明寒食年年憶，城郭人民事事非；湘瑟流哀彈別鵠，寒魚哀雁盡驚飛。（其二）

銀床玉露冷鸞鋪，碧化長虹轉鹿盧；姑惡聲聲啼苦竹，子規夜夜叫蒼梧；破家巨耐雲昭訓，殉國爭憐李寶符；料得佩環歸月下，滿身星斗泣紅蕖。（其三）

朱雀烏衣巷戰場，白龍魚服出邊牆；鷗波亭外風光慘，魚藻宮中歲月長；水殿可憐珠宛轉，冰綃贏得玉淒涼；君王莫問三生事，滿驛梨花繞佛堂。（其四）

王母傳籌擁桂旗，閭門宣詔肯教遲；漢家法度天難問，敵國文明佛不知；十宅少人響白柰，六宮同日策青驪；玉孃湖上粘天草，只託微波殺卷施。（其五）

天文正策王良馬，地絡先摧蜀后蛇；太液自來涵聖澤，水仙從古是名家；蕙蘭悼影傷瓊樹，河漢同心濕絳紗；狄女也憐人薄命，繞欄爭挂相生花。（其六）

十海停歌山罷舞，芙蓉獵獵鯉魚風，璇台戰鼓驚朱鷺，瑤席新香割綠熊；魂魄暗依秦鳳輦，聖明終屬晉蛟宮，景陽樓下胭脂水，神岳秋毫事不同。（其七）

簾外曉風吹碧桃，未央殿前咽秦簫；石華廣袖誰曾攬，沉水奇香定未燒；荷露有情拋粉淚，凌波無賴學纖腰；雲袍枉繡留仙褶，白石清泉任寂寥。（其八）

（完）

美國投機家列傳

許季木

樊德璧與屈魯

一千八百五十年至六十年間，美國金融中心華爾街，爲樊德璧與屈魯兩氏所操縱，兩人私交甚厚，但在市場中則爲死敵。屈魯氏（Drew）名丹尼爾(Daniel)，生于一七九七年，比攷尼流斯•樊德璧（Cornelius Vanderbilt)小三歲，他追隨樊氏之後，經營汽船業，日漸發達，未幾即成樊氏之勁敵，他在幼時最愛說的一句口頭禪是：「貓要吃魚，一定要願意浸濕她的脚。」(If a cat would eat fish, she must be willing to wet her feet.)觀其生平行事，處處與此語吻合，不惜使用詭計，博取大利。

他在早年一度做過牛販子，積資甚豐，不久成爲紐約屠宰業中的領袖。當時紐約牛商中，以享利•亞斯道(Henry Astor)最有名，他所要的牛，須肥壯碩大，但是屈魯的牲口，像他本人一樣，瘦瘠荏弱，不合標準。某日，屈魯將牛羣趕過哈倫山谷(Harlem Valley)時，思得一計，乘牧童熟睡的當口，沿路灑滿鹽屑，次晨，牛羣口渴不已，却無法喝水，一直等到趕入市集，方才讓它們放量縱飲，等到亞斯道奔來的時候，看見牛隻肥大，中心大悅，全數承購。至今華爾街上尙沿用"Watered Stock"一詞（按"Stock"可解釋爲「股票」，亦可解釋爲「牲口」，此處原義爲「攙水牲口」，其後引申爲「攙水股票」，指內容可疑的股票），卽淵源于此。

屈魯從事航業之初，出資一千元，購得汽輪一艘，在赫得遜河（Hudson）上載運客貨，與樊德璧互爭一日的短長，但是樊氏的船隻速率大，取費低，屈魯損失甚大。樊氏向他取笑。他心有未甘，集資另組新公司，籌造新船，樊氏見他聲勢蓬勃，向他求和。兩氏妥協後經營均極順利，賺錢不少。當時鐵路事業方興未艾，前途希望無窮，兩氏見之，甚爲眼紅。

未幾，他利用手頭餘資，創辦屈魯•羅賓生公司（Drew, Robinson and Company)，專營經紀人業務，他以全副精力從事銀行與投機事業。他發現操縱市場的妙訣，在設法使他成爲鐵道業的幕後股東。他運用手腕，最後跨入歐里鐵道的董事會(The Directorate of the Erie Railway)，大肆活動，容後續談。

至于樊德璧的爲人，與屈魯絕然不同。屈魯爲「空頭」，而樊氏爲「多頭」。屈魯孤僻善疑，樊氏則交友廣闊，談風甚健。他在少年時期，事業已有成就。至一八四五年時，家產不下七十五萬美元。其時加里福尼亞金鑛出現，樊氏卽將原有航輪業務積極擴充，以應旅客之需。他一再擊敗同業的競爭，取得領導地位。

他爲發展國外航業起見，取得中美洲各國政府的合作，並募集軍隊，組織探險團體，以保障並促進他的業務，他從小規模的輪渡業，逐漸發展，至一八六〇年成爲航海業中的巨擘，他不但是該業中的首選人物，而且是美國金融史上最有勢力的怪傑。美國南北戰爭爆發之初，他的財產計有一千五百萬美元。其後，鐵道事業蒸蒸日上，他不惜放棄航業，改營鐵道，此時他已七十歲了。

自從屈魯與樊氏在華爾街登場之後，風潮迭起，開操縱壟斷的先聲，在投機史上有它不可埋沒的一頁。

一八六二年，樊德璧着手買進哈倫鐵道股票，買價爲每股八元。由于他的大量購買，同年升至每股三十元。至下年四月，他在市場上已鋒芒畢露，每股更漲至五十元。這一條鐵道，經過哈倫山谷，以紐約第四大街與第二十六條街的交义口爲終點。他認爲須將鐵道延長，展築到百老匯區，他說動市政當局，翻掘街道，敷設新軌。此時除樊氏以外，屠維特（Tweed）及屈魯二人亦在搜購此項股票，不過數目較小而已。擴展路線之說一起，市價飛升，但是屈魯氏並不以到手的利益爲滿足。他串通屠維特預備將股票拋出，其法運動市議員將百老匯區築路權撤回。屠維特表示首肯。當時哈倫股市價約爲每股百元，漲勢甚穩，一面因爲樊德璧積極活動，一面因爲南北戰爭中，北軍得勝，消息有利。各股行情，一致向上。屠屈二人即照市價；將手中股票完全脫手，並大量拋出。市政當局若干參議員得悉此項消息，追踵賣出。未幾，市政會議，將百老匯築路案否決，原准築路特權，下令取消，此訊一出，哈倫股猛降至每股七十二元。但是樊德璧氏竭力拉抬。行情在七十二元上站穩，不再下跌，空頭一看情勢不對，趕緊補進，但是樊德璧氏不肯輕易饒恕他們。此時市場上共有哈倫股十一萬股，而拋出之數，較此數更多二萬七千股。樊德璧見空頭有補進之意，將市價抬至百元，由百元而跳至一百五十元，一百七十元，一直到一百七十九元的高價，結果市參議員以此價補進，屈魯亦受到損失，但他的手中倘有哈倫股甚多，統扯一算，仍舊有利。

其後樊德璧又親赴亞爾貝尼州（Albany），再度籲請築路特權，屈魯氏又賄賂州議員將此案否決。一面在市場上將該股以一百五十元的高價拋賣。議案否決後，鐵道股果見銳降五十元。但是新漲風突起，由一百十元飛騰至二百八十五元，且市上無現貨可購，樊德璧躊躇滿志，擬將市價抬至一千元，後經第三者說項，讓空頭照二百八十五元的行情結清，由屈魯氏出給樊德璧氏五十萬元支票一紙，作爲了結，此次風潮中屈魯弄得焦頭爛額，威望大減。

屈魯與樊德璧兩氏除在哈倫股上角逐外，又對歐里股爭奪甚力。按歐里鐵道（The Erie Railroad）於一八三三年開工，旋以經濟支絀，到一八五一年方才完成。早年經營不善，屢有虧損。倘無英國投資家出面支持，該路或將廢棄不用。中途歷經風波，幸賴英國人的臂助，得以穩渡難關。在該路財政困難時期，丹尼爾•屈魯使用政治手腕，獲選爲該路董事。他在市場上散佈對該路不利的消息，使行情自六十三元跌至三十元，接着屈魯與鐵路當局開始談判，假使對方願意聘任他爲董事，他答應以一百五十萬美元的巨款出借。鐵路當局需款孔亟，同時行情銳跌，信用大受打擊。結果向屈魯氏宣稱願意接受此數。他身爲董事後，對于該股的行情，能夠任意操縱。當時市場上有一句流行語說：「丹尼爾說『漲』，歐里就漲，丹尼爾說『跌』，歐里就跌。丹尼爾說『跳上跳下』，它就跳上跳下。」

至一八六八年間，歐里路軌已展長至七百七十三英哩，其準備金超出一千六百萬以上，此路已成爲値錢的產業，開始分派紅利。但是屈魯氏在華爾街上賺的錢，遠較在鐵路本身賺的錢爲多。

丹尼爾•屈魯氏在華爾街上的成功，使金融家爲之側目，引起他的敵人樊德璧的嫉妒。約在一八六六年，樊德璧已經公開宣稱，他要攫取該路的管理權，把屈魯之流趕出去，他說屈魯這一批人毫無成就，祇是賭徒而已。他說歐里鐵道應該交給正當人士管理。

屈魯氏爲鞏固本人勢力計，拉攏傑•戈爾特(Jay Gould)與傑姆斯•費斯克 (James Fisk) 兩人，合組反樊德璧陣綫，展開華爾街上有史以來最緊張最劇烈的一幕鬥爭。

先是屈魯已吃過樊德璧的苦頭。對他的實力不敢輕視，他聯絡戈爾特與費斯克兩人，自覺較可放心，就當時情勢觀之，屈魯較佔上風，因爲鐵路在他的手中，他可以利用鐵路的收入，作爲自衛的工具。至于樊德璧則自信力甚强。他知道他的對手不易應付，設法結納若干波士頓的資本家，引爲同志。他們曾經買進大量歐里股票，預備迫令該路與他們所有的一條支綫合併。樊德璧爲報答他們的合作計，答應一旦得手後，願以歐里鐵道担保支綫債劵息的償付。

其初，屈魯求見樊德璧，向他妥協。但是屈魯反覆無常，一再背約，不再得到樊氏的信任，樊氏將屈魯的求和條款斷然拒絕。他對他的經紀人說「買進歐里股，照最低的市價買進」，這位沒有慈悲心的七十四歲的鐵路大王一意克服任何困難，他決心殲滅阻擋他的敵人。

至一八六八年三月，歐里鐵道公司，定期選舉新董事，選舉權可出錢購買。樊德璧爲了購得該公司的管理權起見，勢須買進它的巨額股票，這不是一件輕而易舉的事情，非有成百萬的財力不爲功。他覺得可以重施操縱哈倫股的故技，再度奏捷。

二月十七日樊德璧發動第一次攻勢，向法庭請求轉令歐里董事會停付在一八六六年積欠屈魯的借款三百五十萬美元。此案由紐約最高法庭法官巴那特 (Judge Barnard) 氏批准，兩日之後，樊德璧的律師又出庭籲請將屈魯免職。法官已受樊氏的運動，將屈魯革職待審。其後又判令屈魯將一八六六年非法發行的六萬八千股歐里股歸還當局。

屈魯集團對于此類判決，置若罔聞，屈魯力斥巴那特爲樊德璧的爪牙，親赴平罕登 (Binghamton)，向他的心腹法官巴爾康(Balcom)起訴，結果由法官三十三人會審，將判決否認，並由法官巴爾康將樊德璧判罪，深文周納，對樊氏所加的罪名，與巴那特控告屈魯諸罪，不相上下。樊氏對此判決亦視若無睹，自行其是的放出成百萬的本錢，大事吸收歐里股。

屈魯集團却儘量求售，拋出之數遠較實際股票額爲多，華爾街上的第二流投機家，深爲疑懼，恐怕屈魯重蹈哈倫股的覆轍，無法脫身。樊氏已將市上的歐里股全部購得，屈魯集團，似將束手無策，處于窘地。但是這批聰明的年輕人，另有錦囊妙計，待機使用。

在此次角逐之始，屈魯已有準備，在早期董事會中，已由會中通過發行一千萬可以換股票的債劵，將此費購置鋼軌，以替代原有的鐵軌。屈魯氏使着這一着棋子，才敢大胆拋售，在鐵路行政會議閉幕後的十分鐘，即有五十萬元的可換債劵在市場上出賣，而由丹尼爾•屈魯的掮客全數承購，債劵頓時兌爲普通股，便有五萬股的新股，可供屈魯支配，三日之後，另外的五萬股，亦在市面出現，該股充斥市面，而行情却堅穩不變。樊德璧一意買進，在一八六八年三月十日，開盤價爲八十元，旋經樊德璧吸進，升至八十三元，其後突有五萬股在市上求售，歐利股跌至七十一元。樊德璧竭力傾購，到該日收盤時，市價爲每股七十八元，這一天晚上，樊德璧買進歐里股十萬股，而屈魯及他的同屬賺進七百萬元的現款。印刷公司的排印機已經擊敗了樊德璧。

此時樊德璧身瀕絕境，他手中的十多萬股票，沒有人要，也不敢出賣。他照常行歡作樂，但是無法掩飾他內心的焦急。

三月十日這一天，屈魯，戈爾特和費斯克在歐里鐵路公司辦公處碰面，分派七百萬元的盈利，正當興高采烈之際，忽然有人來說，樊德璧已領得拘捕狀，要把他們拉進監獄去。三人聞訊，趕緊將賬冊、有價證券等物帶在身邊，向傑賽（Jersey）出發避難。

這一天十時，他們安抵傑賽城，脫離樊德璧系法官的勢力範圍，他們寄寓在泰勒旅館中，暫避風頭，謠傳樊德璧忿怒異常，已經派了五十人，要把他們綁回紐約去。結果泰勒旅館一變而爲泰勒砲台。

丹尼爾•屈魯往晤當地警長福勒（Fowler）氏，挑選警察十五名，作爲武裝保鏢，歐利鐵路雇用的探目麥斯透森（Masterson）亦供給探夥多人，在碼頭及旅館鄰近各處巡邏。又設法在碼頭上裝置重達十五磅的鋼砲三尊，另有救生艇四艘，每艘十二人，配有斯潑林費牌（Springfield）來復槍，在水濱守望。

傑•戈爾特氏在屈賽城處理鐵道業務，召集鐵路高級職員，在旅館中聚議，擬將歐里鐵路在傑賽城註冊。戈爾特又申稱將紐約至白法洛（Buffalo）間的旅費，自七元減至五元，其用意在和樊氏所有的紐約中央鐵道競爭，追令該股行情的下降，使樊德璧的地位，更見困難，戈爾特本人又偷至紐約，賄賂當局，以便將新發股票，追認爲合法。

樊德璧深感難以對付，叫苦不迭，他的財產雖多，但已羅掘俱窮，他要全力支持股票的行情，賄賂法官和議員，覓取他們的歡心，還要激厲同夥的熱心。銀行不願接受歐里股票做抵押品，拒絕放款。他走頭無路，祇有向若干銀行威嚇，倘不借錢，他要壓低紐約中央鐵道股的行情，因爲這幾家銀行擁有紐約中央股極多，這樣一來，他才得到一筆巨款，此時，樊氏已有妥協之意了。

來幾，他寫了一封短札給屈魯。直捷了當，詞簡意明：

「屈魯：

這種斷命的把戲，我討厭極了，即來看我。 樊德璧」

屈魯對此次鬥爭，亦有倦意。他很惦記他的家屬，他瞞住戈爾特與費斯克二人，私赴樊德璧處談判。

但是戈爾特與費斯克亦非好惹的傢伙，他們跟踵屈魯，參加談判，樊德璧惟願求和，他卻不願接受屈服條件，四人會商結果，由戈爾特與費斯克將歐里股自樊德璧處購還，屈魯仍得保持原有盈利，但須退出歐里鐵道公司。於是一幕激烈的鬥爭，於此告一段落。

樊德璧經過此次風潮後，心灰意懶，表示放棄鐵道事業，他後來與傑•戈爾特祇競爭過一次，事緣樊氏所有者爲紐約中央鐵道。戈爾特則爲歐里鐵道的總裁。兩路均從白弗洛裝牛，運往紐約。兩路取費均爲每車一百廿五元，後由樊德璧減爲一百元，戈爾特再減爲七十五元。中央鐵道又減至五十元，歐里鐵道更減爲二十五元。樊德璧大發雷霆，下令將運費減至一元。戈爾特無法再減。樊氏大喜至少此次已擊敗戈爾特了，因爲歐利鐵道已停止運牛，而中央鐵道則營業奇旺。但是樊氏在不久之後，即發現他的失策。何則？傑·戈爾特已經改營販牛業，將白弗洛以西，所產牛隻全數購來，按每車一元的運費，直裝紐約，獲利不貲。樊氏無法同他爭氣，放棄競爭，他說：「戈爾特是美國最聰明的人。」

此後他息影家園，難得參加市場的活動，自奉甚儉，一八七三年時，他已達八十歲的高齡。某次病劇時，醫方中須用香檳酒，他說：「噢，大夫，不要用，我買不起香檳酒，蘇打水好代替嗎？」四年後（一八七七年）一月三日，他棄世長逝，遺下財產九千萬元。一世之雄，得到了最後的安息。

屈魯自被戈爾特與費斯克驅出歐利鐵道公司後，遷居鄉間，消磨優閑的歲月。他的淨利合計一千三百萬元，本可置身局外，逍遙自在，然而他雄心勃勃，嫌鄉間消息隔閡，又搬到城中。他和戈爾特費斯克再度合作，預備做一次「大空頭」。即由費斯克及戈爾特出資一千萬元，屈魯亦醵資四百萬元，將總額一千四百萬元，分存各銀行中，當時銀根鬆動，人心看好，股票買戶甚多，而屈、費、戈三人則大量拋出，同時向銀行取得保付支票，向市場押借現鈔，大事收藏，他們用迅雷不及掩耳的手段，使銀行頭寸奇缺，紛向各債戶索欠，一時現鈔昂貴，貼現率漲至百分之一百六十以上，（160 per cent），經紀人紛紛將股票脫手求現，行情大跌，而屈費戈三人得到了預期的收穫，依費戈二人之意，擬再拋賣，屈魯則恐怕引起公衆不滿，自願退出。

此種囤積現鈔不但擾亂股票市場，且亦引起一般經濟情形的不安，紐約大商人向財政部部長麥克勞許（McCulloch）要求將華盛頓庫存現鈔，發至市面流通，最後麥氏加以許可，於是戈費二人從空頭突然改做多頭，而屈魯却尙蒙在鼓中，一無所知。

屈魯氏自顧自拋售歐利鐵道股，計拋出七萬股，由戈爾特買進，到相當時機後，戈氏着手拉抬，行情在一日之中，從三十五元跳至四十七元，三日後升至五十七元，屈魯氏爲之目瞪口呆。其後又升至六十二元，屈魯知道他上了人家的當了。他想援用對付樊德璧的舊例，與戈爾特私了，而戈氏却不顧。屈魯揚言向法庭告發，戈氏僅付諸一笑。

次日，屈魯果向法庭起訴，但法官爲戈爾特的知友，不願援助屈魯，同時戈爾特聲稱倘使屈魯再遷延時日，他要把歐里行情抬至一百元，屈氏無法可施，照當日市價補進，損失近二百萬元。

其次，屈魯一再失利，他的怨家對他提出控告，追究十五年前私發歐里股票的舊案，一八七三年美國經濟大恐慌時，以他爲主體的肯融·考克斯銀公司（Kenyon, Cox and Company）周轉不靈。他想東山再起，連做幾次交易，均告失敗，未幾，這位華爾街上一度最有勢力的「大空頭」（The Big Bear）宣告破產，他在八十歲的那一年，身邊的財產如次：

錶及錶鍊……………………一百五十元
豹皮大衣……………………一百五十元
衣着零件……………………一百元
聖經及讚美詩等……………一百三十元

他在這樣的高年，身處這樣的窘境。對華爾街仍舊戀戀不捨，現在他無法再在市場涉足，深感人生一無可爲，他在最熱的天氣，蓋了四條被褥，翻讀讚美詩，以盡他的天年。悲夫！

0161

生活興亡錄

晦盦

要是將來有人寫一本中國期刊史的話，我想無論如何不能不把生活周刊大書特書，因爲在中國過去現在的千百種刊物中，銷數最多者無過於生活，最多時曾銷至十五萬五千有奇，這數目不但非其他雜誌所敢企及，就連最大最老的申新兩報也要自愧勿如。銷數多的書報原不一定是好的書報，例如張競生博士的性史，雖說也是一紙風行，但究竟是人人搖頭的東西，而生活則不然，在其內容未『革命』以前，它是父親叫子女購讀，老師勸學生多看的刊物，它勸人爲善——叫人樂觀，叫人努力，叫人修養和鍛鍊心身，而文字復淺易多姿，確曾做到有趣味有價值這一點。因其銷數多，得讀者信仰，於是生活周刊社附設起書報代辦部來，再進而自己出版書籍，成立生活書店，突飛猛晉，分店遍全國，而至於刊物被禁，終至於分店被封，其間經過，雖未必可驚鬼神震天地，但其在我國出版文化界所留下的遺跡，却决不能輕易磨滅的。

創辦生活周刊者是中華職業教育社，最初的主編人爲王志莘君。王君主編時的生活周刊，內容極爲幼稚，原因是一則王君才智不宜於作雜誌編者，二則是當時一般雜誌的內容均是初生貓兒，不獨生活一刊如是。及王君致力於銀行業務，生活由鄒韜奮君（原名恩潤）接編。鄒君江西人，爲宦家子，初肄業於南洋大學，以性不喜理工，改入聖約翰大學文科，約翰學生原多富家子弟，而鄒君却淸貧萬分，連一頂帳子也七空八洞，熱天時以血肉之軀供蚊子螫毒。至於籌措學費，更是煞費苦心，幸得熱血友人如畢雲程諸君時時資助，及自己譯譯文章教教小學生以應付。鄒君天資既高，又兼苦學，能文善辯，洞達人情，讓他來主持一個旨在啓迪讀者理智的生活周刊，眞像是天造地設一般。而且作事不苟，精神奮發，更促成生活的生氣勃勃，日進無疆。

中華職業教育社原是一個窮機關，辦生活周刊本無多大經費，所以鄒君在初任編輯時活像作無米之炊的巧婦。刊物的性命是內容，當初爲雜誌寫稿之風既未盛，生活又無多少稿費以搜羅名作，鄒君就只好老生花旦全由我來，十八般武藝件件玩到。一本薄薄的生活周刊雖然題目不少，作者甚多，而其實中是鄒君所作，如心水，心因，落霞等作者，原來全是他一個人的化名。談修養，講生活，評人物，記風土，無所不寫，無所不談。有些材料係摘自外國雜誌，而由其加以點染改裝。每逢周末，他總到西書店裏去巡閱一番，看到題目適於取材的西洋雜誌，就翻開來快讀一過，覺得名副其實，這纔購下，因爲外國雜誌原多題目極好而全文不妙者，況且生活周刊經費不足，不能隨意購書。

到後來生活周刊銷數日增，廣告收入日盛，這雜誌的內容才不由鄒君一人包辦。其時生活的刊用外稿方針，有兩點極可注意，其一是論來稿內容好壞，不論作者名氣大小，其二是稿費特別從豐。關於第一點，九一八以前的生活原是一張啓迪理智增益見聞的刊物，絕無最容易下筆的政治革命國際鳥瞰文藝講話等作。所以向生活投稿可說是如登蜀道，要得採用十有九九須是國內國外的通訊文章，而這些通訊又非如今之『巡禮』『剪影』那樣的可浮光掠影，空洞無物，總要夾敘夾議，記事與說理並到。鄒君閱稿極精細，如果內容極好，而文字欠佳者，常不惜工夫，爲之通篇潤色，例如那時李公樸君的美國通訊，在文字上大半已是鄒君之作。至言稿費，則其從豐卽在今日亦足驚人，例如王光祈君的德國通訊，多至十五元千字，其他亦在十元左右。而王君稿費之較高於人，亦非王君的大名響於別人，而是那時候王君羈居異域，貧病交加之故。

生活成功的原因當然不一，如那時候刊物少，生活內容又獨樹一幟，競爭者無；如生活同人的個個年青力壯，克苦耐勞，但成功的最大要素，還在於鄒君的一枝筆及其一副辦事頂眞的精神。生活發達後鄒君所最致力的是小言論和信箱兩欄，前者是評論社會及人生。論人生，能摭拾耳聞目見的平常材料加以發揮，評社會，就當時社會情形痛加鍼貶，前者以近情穩健勝；後者以敢言無忌勝。至於信箱，則答復的話少有牛頭不對馬嘴之談或空疏迂闊之論，來和今日各刊物的信箱一比，不容不說後無來者。說到辦事精神的頂眞，如上述的買西洋雜誌先要看過一遍，用外稿爲之全篇改作都是明證，他如印刷所對於已校出的錯字未加改正就要暴跳如雷，也是辦事不苟的一證。

生活是成功了，鄒韜奮也成功了，樹大招風，就引起了一批野心文人的思加利用。在九一八以前，韜奮對政治不特並無野心，恐怕連興趣也沒有多少，所以生活的內容就是生活，雖然也罵罵貪官，責責汚吏，如對於王伯羣娶保志甯造大洋房的筆伐，對陳調元爲老母做壽的口誅，但究竟並無什麼政治主張。及九一八事變發生，國人密切注意，韜奮的筆鋒就整個兒從人生社會轉向國事，同時撰稿的人也多了一批國際及政治專家。這時候爲生活撰述時事論文的人還只是一批國家主義派式的文人，所發議論，不外乎內求團結外抗强權之類。到了後來，這批國家主義派式的撰稿者就相率退伍，而由一批左傾革命家代而執筆。左派的對人對事，總是有計劃且有組織，不像別種文人那樣的一本『個人自由主義』，高興時寫寫個人所欲一寫的文章，不高興或不合時就擱筆，初無搶取地盤以作宣傳根據地之意。左派文人則不然。舉一個例，他們初爲生活撰文時，第一個挨罵的是胡適，罵的方法極巧妙：先由某一位寫信給生活信箱，恭維胡適一番，而故留漏洞，接着是由另一位出來駁覆，批評胡適，更由同志六七人更番攻擊，眞想拿胡適之一把從新文化先驅的寶座上拉下來。到後來生活對當局的指摘愈來愈烈，鄒君又加入了民權保障大同盟，生活周刊就此受到禁止郵遞的打擊，韜奮遂籌了一筆旅費，出國赴英。後來遍歷歐美，觀光蘇聯，及至回到祖國，這位本是思想中庸談修養講生活的傑出文人，已變成一個開口社會革命閉口勞工神聖的左派健將了。

在鄒君出國期間，生活書店出版了『新生周刊』以代生活周刊。編者杜重遠，遼甯人，曾留學日本，在瀋陽創辦磁器廠，製造飯碗茶杯，以興實業。因以前常爲生活撰文，頗受讀者歡迎，遂出任新生主編。不料後來因一篇涉及外交的文字，刊物被禁，杜氏亦鋃鐺入獄。

鄒君返國之後，雄心愈大，復出大衆生活，思想更左傾，言論愈激烈，終因組織救國會與沈鈞儒章乃器王造時李公樸沙千里史良同時被捕入獄，時稱所謂七君子。到西安事變後獲釋出獄，接着八一三戰啓，以後南京陷落，國民參政會成立，被任爲參政員，直到二十九年春因生活書店各地分店被封，憤而辭職，逃出重慶，到香港後復刊大衆生活。

韜奮在離開重慶前夕，曾寫一信留給在野各黨派領袖，中有幾句說：

『就韜奮參加工作之生活書店言，自前年三四月後所受之無理壓迫，實已至忍無可忍之地步……乃最近又於二月八日至廿一日，不及半個月，成都桂林昆明貴陽等處分店，均無故被封，或勒令停業，十六年之慘淡經營，五十餘處分店，至此已全部被毀。貴陽不僅封店，全體同事均無辜被捕……在此種慘酷壓迫之情況下，法治無存，是非不論，韜奮苟猶列身議席，無異自侮，即在會外欲勉守文化崗位，有所努力，亦爲事實所不許，故決計遠離，暫以盡心於譯著，自藏愚拙……』可見韜奮之出走，完全爲的生活書店之『無故被封』。然則生活書店的被封，究竟是否無故呢？據韜奮所述『直接間接得到中央黨部及各地黨部的意見』，不外說它效勞共黨，含有政治作用。對於這『意見』在鄒君自然認爲是謠言，但平心而論，生活書店後來之已非純粹商業書店，却是事實。例如它對於經售別家的雜誌書籍，其審查之嚴與胡鬧，比之韜奮所口誅筆伐的黨部『審查老爺』更甚，常有正正經經的書籍雜誌，因了內容略有對蘇聯暴行作批評之處，就拒不代售，又如天月山那種地方，絕少讀書人士，而生活去開分店，在商言商，也有點不可思議。總之生活的全部被毀，雖不見得全部咎由自取，也決不是無故摧殘。中國的書店說少不少，出到七八個雜誌千餘種書籍的書店也不只生活一家，別家存在而生活全毀者，恐怕別家的書店不過是書香兼銅臭，而生活則於二者之外還加上政治作料，而它的政治作料又飽含毒素，於是乎就全部被毀了。

曾在文化界彪炳一時的生活，在目前已壽終正寢，此後能否復活，恐怕誰也不能逆料吧？

崇效寺楸陰感舊圖考(下)

張江裁

江蘇吳瘦鶴先生(堅)題楸陰感舊圖詞(調寄疏簾淡月)：淒灣病翮，伴古殿冷碑，石髮愁翳幽魅，花詞解檝，酒泉横溜，斷腸漱玉栖烟外，使荒坵髑髏悄咽，蠶天恨墜，華星曙墉，寸灰明滅。　似夢寐英靈勃鬱，記走馬長楸，觴詠清㠗，一往情深，强半付之秋殺。舊游雪印皆成土，祗哀青虛白縈骨，恨有人蒼鬢，黃昏獨立，亂雪寒纈。

壽石工先生(璽)題楸陰感舊圖詞(調寄瑤華)：棗花雨溜，斂霽烟荒，正鳳城寒食，沈沈俊侶，還貰春輕醉，東風芳陌，相鶯憔悴，暗額照雙楸顏色，涴淚痕，流染滄波，喚起秋魂悽碧。　籠紗蟲夢危牆，但蹋牒苔紋，墨影誰識，黃昏短隙，隨例盡，百號詞流慵立，晝闌低亞，點亂絮都迷陳迹，莽十年香海詩塵，恨迸斜陽鄰笛。

太湖袁瞿園先生(祖光)題楸陰感舊圖詞：一角殘陽天半醉，斷井荒垣松杏，都憔悴，五百年來如夢寐，此間何限飄零淚。　日日憎雛談富貴，魏紫姚黃，不管閒花卉，篋病沈郎添記憶，楸陰更說繁華鬼。(舊題楸陰圖句，載瞿園癸丑稿中。乙卯秋中重來京師，太伴囑題，率書此闋答之，昨日之事，今已舊矣，亦感不勝感云爾。)

陳述先生題楸陰感舊圖詞(調寄清平樂)：寒楸滴翠，一片秋滋味，白髮沈郎餘老淚，哭盡九原隨會。　眼前亦是滄桑，鐘聲百八淒涼，莫上西城晚眺，客愁多是斜陽。

王蘊章先生題楸陰感舊圖詞（調寄憶舊游）：記看雲洗眼，排日邀頭，來聽疏鐘，京洛風流舊，慣題香擣麝，種草呼龍，酒波吹起離恨，滴滴比愁濃，只天外觚稜，佛前瓶鉢，尙識遊蹤。　匆匆，最難遣是送得春歸，不駐殘紅，濺沮花無語，但么絃凄響，留韵枯桐，飄風忍訴燐邃，雙袖拂龍鐘，又碾碾輕雷，誰家鈿轂飛玉驄。

傅熊湘先生題楸陰感舊圖詞（調寄浣溪沙）：感舊傷離未有涯，一回根觸一吁嗟，今年愁看去年花。　過眼人天成小刼，稱心姚魏屬誰家，零驢斷夢記些些。

駱南禪先生（成昌）題楸陰感舊圖詞（調寄如此江山）：一聲冷磬疎煙邊，碧雲眼底無際，太（一作可）惜殘紅，又驚新綠，往事東君能記。韶光漫計，儘禪榻依然，墨痕塵翳，老樹婆娑，問伊曾閱幾身世。　當時遊賞如夢，嘆山陽邃裂，臨風垂淚，閑認西來（寺有西來閣），山窺北向，祇有斜陽空墜，詩懷酒意，奈落月屋梁（作平），相思誰寄，忍話萍縱，三生尋舊侶。

勞勸叟先生（乃宣）題楸陰感舊圖詞（調寄清平樂）：靑幢紫蓋，細雨浮煙外，枝上新花春藹藹，可似舊時情態。　有人負手花前，山陽笛韻悽然，一掬銅仙清淚，畫圖不是當年。

惠州李漢父先生（綺靑）題楸陰感舊圖詞（調寄憶舊游）：記楸花檻曲，棗樹籬邊，幾度幽尋，卅載清遊興，念承平少日，歲月驚心，牡丹與人俱老，無恙舊禪林，嘆俊約尊前，詞流散盡，愁到而今。　難禁展圖看，漫溯憶當年，枉賦苔岑，斐尾杯誰勸，怕杖頭銷減，易見春深，感時暗拋淸淚，搔首共悽吟，更縱目蕭條，山陽怨笛雲半陰。

張孟劬先生（堯燊）題楸陰感舊圖詞（調寄秋霽）：遼鶴歸時，甚換了斜陽，舊日城闕，樹冷驚鳥，幕危巢燕，賦懷頓添悲悒，夢痕漫憶，少年觴詠今銷歇，古寺寂寂零落，棗花開苑暈苔碧。　當此慨想，紫色鼃聲，但如飄烟，過眼無迹，荒寒塵龕蘚砌，西風愁老茂陵客，啼斷蜀鵑空淚滴，最怕聽，是月下隔院誰家，夜深催起，一聲悽笛。

周癸叔先生（岸登）題楸陰感舊圖詞（調寄遶佛閣）：夢回淚滿，花外小刼，殘照蕪館，蠔荔游短，試教喚起當年散愁伴，壞墻暈蘚，猶認淡墨題句悽惋，扶醉歸晚，素絃漫理，塵襟對秋苑。　步屧舊蘭若，望裏觚稜巢野燕，聞道綵都，春移歌舞換，怕念遠傷高，吟鬢搔亂，有人腸斷，使細寫生綃，鑄恨臨怨，老懷孤，露痕輕翦。（崇效寺，舊名棗花寺。在都城白紙坊西，楸花三本，與所藏青松紅杏圖，並稱古物，不數落花五色也。二十年前，沈君太侔與徐芷帆蹇吾昆仲，排日載酒遊賞其下。蹇吾歿後，芷帆爲作楸陰感舊圓。朱古微爲作題遶佛閣一闋，兼以悼其弟彥併。所謂不止黃壚之悲者他。市朝既換，芷帆墓亦宿草，太侔遼鶴重來，感概即深，更爲是圖命題，爲倚古微舊調歸之，短歌之哀，過於痛哭矣。）

京兆顏冰奮先生題楸陰感舊圖詞：琚花未落，重到慈仁，牡丹魂歸斷，紅杏青松，已併滄桑同掩，幾歲生成爲大樹，彩霞勝地空消散，倩誰來，悵舊日鴻泥前塵還戀，（鄙人於清代光緒癸巳以後，宦水曹時，暴直之餘，輒復一至火藥局灈鹽工廠，今則楊柳春田，皆成往事，舊地重來，不堪回首。）　歎年時天涯羈泊，無限春愁，看花難遣，遼鶴歸來舊侶重尋都懶，也護碧紗名蹟在，待燒絳蠟歡期短，羨同心誠口辭毫，翛然意遠。

（圖爲李紹堂國瑜妻佩形夫婦同繪。）

張瞿仙先生題楸陰感舊圖詞（調寄惜餘春）：碧涴京塵，紅飄春感，卅載神皋芳草，楸陰一苑，佛閣三楹，禪榻鬢絲侵曉，長記當年，醉時眝立，東風繡絨珍小，倏前遊如夢，宣南掌故，又增多少。　消幾許紅杏青松，重來朱十，贏得離徙懊惱，芳縱暗省，淡墨輕勻，一例放愁如掃，搔首天涯，鬢霜詞賦，近來相驚俱老，盼珠江歸棹，梅花香裏，夢魂飛遶。

圖主事蹟

先生番禺沈氏，原名宗疇，字孝耕，後易名宗畸，字太侔，號南雅，又曰南野，則近年之別署也。生於同治乙丑（西歷一八六五）。十歲，侍母來京。姊妹各一，弟二，皆同胞也，初寓西草廠，年十四，納貲爲光祿寺署正。十七，丁生母憂。翌年，扶櫬歸粵，安葬後仍來京。父筆香公，官銓曹，歲辛酉，寓移韓家潭，故李笠翁芥子園舊址也。有小園石山小池，景物清幽，又有石笋三，皆高尋丈，蓋京塵中之一清涼地也。時塾師先後爲柳仲平鄭東甫。某歲，塾師課試帖題爲燕草如碧絲，先生作起句云：『猶是秦中草，隨人綠到燕。』東甫嘆賞，謂可以學詩矣，因授以毛詩，從游五年，受益至深。己丑（西曆一八八九）與弟宗疇同登京兆北榜，時名宗疇，字孝耕也。

三十歲，始病聾。先二年，筆香公由吏部郎簡揚州知府，值中日戰起，乃偕弟攜眷隨宦揚州郡齋。自是乃盡棄舉子業，研究詞章，旁及校勘目錄之學，又喜爲書牘。維時書值尚廉，購藏至五十餘大櫥，金石書畫，亦多佳品。（按先生十髮禪語中，多述在揚州時事，可與此並觀，禪語云：吾甲午到揚州，兩耳已塞，讀書臨帖，鑑賞書畫古玩外，絕少出署。常見者金子久家單，此君談吐風雅，鑒別書畫甚精，書賈湯氏兄弟，每得佳槧，均屬吾購藏，吾略習目錄學，皆湯氏所授也，畫友則李叔士陳席帆吳笠仙王蕊仙，篆刻家則徐德卿，古玩商爲王某及某某，以上皆吾座上客。方外交則平山堂方丈星悟，上人工詩善畫蘭，俗姓歐陽，別署六一頭陀，所居曰半間雲，吾每遊平山堂，必與星悟抵足禪榻，一住輒三數日。庚子拳亂，吾撰長聯雕以楠木，懸平山堂壁，聯曰：好續勝游來，白髮催人，莫把韶光輕擲去。不知征戍苦，青山向我，無多塊壘已刪平。辛丑冬先君調任江寧，吾往蜀岡與星悟話別，星悟發願爲吾誦大悲陀羅尼咒十萬遍，祝吾復聰。自是別去，甲辰再入京，曾得星悟書，謂經願已滿，問耳疾何如，時吾右耳已漸聰矣，爰專函謝之，高僧唪誦，自有無量功德也，郡署有刻字匠，取値甚廉，吾在揚八年，刻書頗多，三十三歲爲蕊芬詞史賦落花詩，一再疊得七律三十首，大江南北和者數百人，刊有落花酬唱集，又刻拜鴛樓小品四種，亡姬趙靜嫺，起居一小樓中，偶讀杜詩，笑語吾曰：鴨可拜，鴛亦可拜。樓名姬自擬也，四種者，一曰板橋雜記，二曰海漚小譜，三曰欠愁集，姬嗜讀西青散記中雙卿詩詞，迻錄成帙，以雙卿詞中有舊愁還欠句，故以欠愁名集。四曰影梅庵憶語，附祭文哀辭題詠一冊，爲吾手輯本。比年遷徙，此版失去十一頁，已無存書，補刻不易，吾隨任白下，得與羅雪堂翁訂交，時翁字叔蘊，又字刖存，在上海刊行農學報，別後數年，光緒戊申再晤於京師。吾以千金託雪堂翁校刻晨風閣叢書，助吾校讎者，王君靜安蔣君伯斧吳君印丞，今蔣吳兩君，墓木已拱矣。歲甲子，吾六十初度，雪堂翁自東瀛返國，駕敝廬，爲篆獲新尙齋膀，蓋取昌黎趣有獲新尙句也。又集殷墟文贈吾一聯曰：楚史名家，不避彈射。王官有谷，相與盤桓。跋曰：太倅仁兄，以名孝廉供職郎曹，海桑以後，蟄居都門，賣文自給，間爲小說家言，以諷當世，今年十月，年政六十，爰集殷墟文字，爲楹帖以贈，世無王官谷，即以長安人海，爲王官可也，按楚之檮杌，檮杌史也，清人著有檮杌閑評，吾壬子後鬻文爲活，亦偶編小說，若云名家，則吾豈敢。）

辛酉筆香公任江甯府，次年五月，以明保卓異，俸滿，請咨赴京，道出上海，六月以疫卒，先生受遺貲萬四千元，因耳疾日深，淡於榮利，擬棄官而商，不意爲人所愚，在上海設泰東印書局，經營印刷事業，不三年折閱殆盡，筆香公宦游三十餘年，故鄉無尺椽片土，壬寅秋八月，隨櫬回粵，旋仍返江甯，與弟賃屋二道高井，及甲辰服闋，仍回光署供職。

迨光署奉裁，先生以正途改主事，留禮部，未幾禮部又裁，而清社亦屋矣，民元二年之際，在民主亞東二報任編輯，兼女子白話報總編輯。先是，光緒戊申，先生傷左足，臥病兩月餘，於病榻間組戊申社，次年刊行國學粹編至五十期，值辛亥國變，粹編始停，而詩社亦解矣，民四年春，復組藝社，課以詩詞文章書畫篆刻，先後二社，社友達三百餘人，海內名輩，聯翩蔚集，極詩詞文采之勝。

是秋，帝制禍起，籌安會孫少侯劉申叔兩君，爲先生世交，而庶務主任金實齋，又先生十年老友，堅約入會，以某事相委，先生知項城必敗，不願置身其間，乃託詞赴沙市視女疾。既至漢皐，寓鄭韶覺許，（先生祖氏鄭，以姑子入繼。）設南雅樓詩文社，得門弟子廿餘人，先生在漢皐，日以吟詩顧曲爲樂，贈男女伶詩極多，有客嘗問京中女伶何人爲佳，答以不知，友人大詫，以先生語不誠，乃曉之曰，吾以客中太無聊，賴藉聲歌聊以遣興耳，若在京中，則千目千手，指謫可畏，吾又何敢放浪形骸，效他人之捧角耶，友人聞之，始知先生之誠，爲之歎喟不置。

先生寓漢皐，有客感詩，所謂『歲晚阿咸容寄食』者是也，又有和盧仝月蝕詩，和吳梅村滇池鐃唱詩，題爲感事七律四首，皆指斥項城作也。感事詩刊之武漢日報，滬港粵各報皆轉載焉。時粵某報刊此四首，附注云：『沈君因賦此詩，觸項城怒，已被捕，今尚在獄中云。』實則作此詩，爲乙卯十一月，尚安居漢口也。

先生生平得文字知己數人，一爲陳簡池中丞，宣統元年，攜眷游吉林，民政司長徐錫臣，知先生旅況艱窘，面商中丞，請以官紙局主任委之，以先生詩有『我來欲鍊冰霜骨，不向東風借一枝』之句。中丞於吉林報端見之，舉以示錫臣，謂不宜屈先生以俗事，自是月餽朱提二百，資先生旅費，次年五月，吉林大火，寓廬被燬，先生入關，秋八月，武昌革命軍起，避亂津沽，鼎革後，簡池解組，扶病來京，未幾病逝申江，此先生生平第一知己也，客漢皐，值暮歲，貧不能舉火，時京漢南段處長劉若生慕先生名，浼袁瞿園爲之介，囑先生代撰壽詩五排一百韻，以五十金爲壽，先生竭三日兩夜力成之，劉君見詩激賞，設筵定交，既詢知先生旅況蕭瑟，自是月餽乾脯。次年，項城逝，先生始返京。仍鬻文爲活，雖困甚而安之若素，丙寅冬卒於都門，鄭韶覺葉遐菴爲營其喪云。

先生生平所著書有：南雅樓詩鈔，繁霜詞，南雅樓駢文，南雅樓詩話，繁霜閣曲話，便佳簃讀書記，便佳簃雜鈔，東華瑣錄，校勘之書有：兩漢書校，二窗詞校。校刻之書有：晨風閣叢書共二十二種。選刊之書，均入國學粹編約五十餘種。

雪堂自傳（四）

羅振玉遺著

當戊申冬。今上嗣位。醇邸攝政。令內閣於大庫檢國初時攝政典禮舊檔。閣臣檢之不得。因奏庫中無用舊檔太多。請焚燬。得旨允行。翰苑諸臣。因至大庫求本人試策。及本朝名人試策。偶於殘書中。得宋人玉牒寫本殘頁。甯海章檢討（梫）。影照分饋同好。並呈文襄及榮公。一日榮相延文襄午飲。命予作陪。文襄詢予。何以大庫有宋玉牒。予對以此即宋史藝文志之仙源集慶錄。宗藩慶系錄。南宋亡。元代試行海運。先運臨安國子監藏書。故此書得至燕。且據前人考。明代文淵閣並無其地。所謂文淵閣。即今內閣大庫。現既於大庫得此二書。則此外藏書必多。盍以是詢之閣僚乎。文襄聞予言。欣然。歸以詢。果如予言。但閣僚謂皆殘破無用者。予亟以文淵閣書目進。且告文襄。謂雖殘破。亦應整理保存。大庫既不能容。何不奏請歸部。將來貯之圖書館乎。文襄俞焉。乃具奏歸部。奏中且言片紙隻字。不得遺棄。因委吳縣曹舍人（元忠）寶應劉舍人（啓瑞）司整理。面令予時至內閣相助。一日予往。見曹舍人方整理各書。別有人引導至西頭屋。曰。此選存者。指東頭屋。曰。此無用者。當廢棄。予私意原奏言片紙隻字。不得遺棄。何以有廢棄者如此之多。知不可究詰。又觀架上有地圖數十大軸。詢以此亦廢棄者乎。對以舊圖無用。亦應焚燬。隨手取一幅觀之。乃國初時所繪。乃亟返部。以電話告文襄。文襄立派員往運至部。於是所指爲無用者。幸得保存。然已私運外出者。實不知凡幾。今庫書自南北人家流出者甚多。皆當日稱無用廢棄者也。方予至內閣視察庫書時。見庭中堆積紅本題本。高若邱阜。皆依年月順序。結束整齊。隨手取二束觀之。一爲陽湖管公（幹貞）任漕督時奏。一爲阿文成公用兵時奏。詢何以積庭中。始知即奏請焚燬物也。私意此皆重要史稿。不應燬棄。歸部爲侍郎寶公（熙）言之。請公白文襄。寶公謂既已奉準焚燬。有難色。强之。允以予言上陳。及告文襄。文襄韙予請。然亦以經奏準爲慮。低回久之。曰。可告羅參事。速設法移入部中。但不得漏於外間。寶公以告予。予乃與會稽司長任邱宗君梓山（樹枏）商之。宗君明敏敢任。且移部須費用。故與商。梓山曰。部中惜費甚。若堂官不出資。將何如。予曰。若爾。予任之。宗君乃往觀。越日報予曰。庭中所積。僅三之一。倘有在他處者。相其面積。非木箱五六千不能容。無論移運及保存所費實多。公何能任此者。部中更無論矣。盍再請於文襄。予以此事文襄已有難色。若更請。設竟謂無法保存。仍舊焚燒。則害事矣。因告宗君。但先設法移部。移部後再思貯藏法。宗君思之良久曰。然則先以米袋盛之。便可搬運。米袋有小破裂。不能盛米者。袋不過百錢。視木箱價什一耳。部中倘可任之。然非陳明堂官不可。公能白之唐公乎。予稱善。乃上堂言之。唐公顰蹙。倘未作答。予遽曰。此所費不逾千元。設部中無此款者。某任之。唐公微笑。命由部照發。乃裝爲八千袋。及陸續移部。適堂後有空屋五楹。因置其中。明日唐尚書招予上堂曰。君保存史料。我未始不贊同。奈堂後置米袋纍纍。萬一他部人來。不幾疑學部開大米莊乎。幸君移他處。予曰。是不難。以紙糊玻璃。則外間不見米袋矣。唐公乃默然。已而仍令丞參與予商移出。復籌之宗君。宗君言南學多空屋。貯彼何如。予曰。善。適監丞徐君在丞參堂。予與商。徐君拒之曰。現宣聖改大祀。南學設工程處。無地容此也。予意頗慍。語之曰。君殆謂南學君所掌。予不當爲是請耶。然太學徵予。改廢久矣。今以官物貯官地。望君終不見拒也。徐亦怫然。左丞喬君曰。君毋慍。此非安也。爲語當日議廢監事。徐乃謝予。於是移貯敬一亭。予平生以直道事人。榮相幸能容之。復以是事唐公。遂益彰予之戇矣。然大庫史料。竟得保存。後十餘年。又幾有造紙之厄。予復購存之。雖力不能守。今尚無恙。但不知方來何如耳。至宗君實有勞有史料。世罕有知者。故特著之。

光緒季年。歐人訪古於我西陲者。爲英德法三國。宣統紀元。法國大學教授伯希和博士。賃宅於京師蘇州胡同。將啓行返國。所得敦煌鳴沙石室古卷軸已先運歸。尚有在行篋者。博士託其友爲介欲見予。乃以中秋晨驅車往。博士出示所得唐人寫本及石刻。詫爲奇寶。乃與商影照十餘種。約同志數人觴之。博士爲言石室尚有卷軸約八千軸。但以佛經爲多。異日恐他人盡取無遺。盍早日搆致京師乎。予聞之欣然。以語喬茂譤左丞。請電護陝甘總督毛實君方伯。託其購致學部。予並擬電言。需款幾何。先請墊給。由部償還。喬君搦電上堂白之。則電允照發。而將還款删去。予意甘肅貧瘠。若令甘督任此。必致爲難。乃復提議於大學。由大學出金。總監督劉公亦謂大學無此款。予曰。若大學無此款。由農科節省充之。即予俸亦可捐充。劉公始允發電。逾月大學及學部同得復電。言已購得八千卷。價三千元。兩電文同。部中初疑價必昂。聞僅三千元。乃留之學部。不歸大學。及甘省派員解送京師。委員某爲江西人。到京。不先至部。而主其同鄉某家。其同鄉乃竭日夜之力。盡竊取其菁華。卷數不足。乃裂一軸爲二三以充之。解部後。予等轉不得見。後日本京都大學諸教授來參觀。予等因便始窺其大略而已。後廿餘年。予寓津沽。人家所私竊之卷。往往得之估人手。此又予所不及料者也。

予自三十出游。在野凡十年。漸諳世態。少年邁往之氣。已爲稍挫。然用世之心。尚未消泯。在野所建白。雖當道不以爲非。然無一事見諸實行者。故入都時。自號刖存。意尚欲爲鉛刀之一割也。及在部派參事廳行走及諮議官。但有言責。而無事權。予本不求進。故論事侃侃。無所避忌。乃改字曰舌存。以示尚有言責。且寓老氏尚柔之旨以自儆。乃在京既久。目擊元凶在朝。太阿倒持。宮中府中。廣布耳目。其他大臣。則唯阿粉飾。若無知聞。訛言莫懲。翻以爲輿論而曲徇之。其在下則奔競鑽營。美其名曰政治運動。毫無顧忌。老成之士。獨居深歎而已。及元凶斥退。斬草又不去根。逆知禍且不遠。乃又改吾字曰目存。辛亥夏。部中奏設教育會。以江蘇教育會長張君(謇)爲會長。俾與議教育。阻之不可。予亦濫竽爲會員。及開會。由會員譚太史(延闓)陸太史(光熙)提議。以後教育當定爲軍國民主義。令各學堂練習軍事。行實彈打靶。欲隱寓革命勢力於學生中。兩太史平日爲黨中之錚錚者。主張革命最力。其後陸在山西。隨父任。倉卒死亂軍手。謚文節。其結局與其懷抱正相反。亦異事也。此議提出。附和者衆。予首抗議以爲不可。予友王君(季烈)蔣君(黼)恩君（華）等。均贊予說。汪君（康年）。時久病。亦扶病出席抗議。孫君（雄）亦反抗之。黃君（忠浩）則駁以事實不能行。乃不得議行。一日又提議學科中廢除讀經。則太倉唐君（文治）倡議。託副會長張君（元濟）攜至會中付議者。予時病足。不能赴會。乃寫予意見。託蔣君（伯斧）代予抗議。王汪諸君均力爭。亦不獲議行。彼黨乃憾予甚。予自是益萌去志。顧不能辦歸裝。及秋而武昌之事起。不假教育會之力。革命已告成功。予目存之號乃中矣。

當予抗議於教育會後。侍郎于文和公（式枚）至予家。言君執義不回。至爲敬佩。然彼黨凶燄方張。其勢力已成。抗之無益。彼黨已憾君甚。請勿再攖其鋒。以蹈危險。方今同志甚少。幸留此身以有待。予感公厚意。答以今爭之固無益。異日挽逆不更難乎。公慨然曰。某異日必不顧成敗利鈍。犧牲此身。某固非畏難以阻君者。幸君鑒之。至海桑後。公果奔走青島上海間。有所謀。不就。卒於嶗山舟中。卒時無爲之遞遺摺者。予戊午春。以放振至津沽。與吾友王君九學部議爲之請謚。王君乃合舊日屬吏具呈。由前侍郎寶公（熙）領銜。因得予謚文和。予錄錄無似。無以謝公。今日記此。以志知己之感。惓言往昔。爲之涕零。

予丙午入都。吾友汪君（穰卿）。先在春明。已補應朝殿試。得內閣中書。既相見。謂予曰。予往者以道蒴不治。欲別啓山林。闢一新徑。乃山林未啓。虎兕已出噬人。先後數年。誤國之罪。實無可逭。今力謀補救。恐已晚矣。予深贊其不護前往。嘗論其人爲篤實君子而誤其步趨者。至是知所見之非妄也。時君已抱病。以一手一足之力。挪掇言報。以抗革命。黨人憾之甚。其參與學務。主張亦皆正大。在京落落。罕與往還者。予書獨立不懼遯世無悶楹帖贈之。及武昌變起。君至津。招予往。言留屋三間相待。予是年夏。卽擬出京。而川資莫措。適東邦友人借所藏書畫百軸。往西京展覽。彼邦有欲購者。予移書允之。欲以是辦歸裝。乃至秋尚無消息。至是無所措手。乃謝之。不數日。君在津。方晚餐。聞袁世凱復出之訊。於坐中遽委化。不數日。蔣君（伯斧）亦以病歿於京寓。兩君俱無子。舍人有嗣子。不久亦逝。蔣君以猶子嗣。其遺書僅予爲刻沙州文錄一卷而已。至是予之舊游。乃日就彫謝矣。

武昌變起。都中人心惶惶。時亡友王忠慤公。亦在部中。予與約各備米鹽。誓不去。萬一不幸。死耳。及袁世凱再起。人心頗安。然予知危益迫矣。一日日本本願寺敎主大谷伯（光瑞）。遣在京本願寺僧某君來。言其法主勸予至海東。並以其住吉驛二樂莊假予棲眷屬。予與大谷伯不相識。感其厚意。方猶豫未有以答。而舊友京都大學敎授內藤（虎次郎）狩野（直喜）富岡（謙藏）諸君書來。請往西京。予藏書稍多。允爲寄存大學圖書館。且言卽爲予備寓舍。予乃商之亡友藤田君。藤田君爲定計應諸敎授之招。而由本願寺爲予擔保運書物至京都。運費到京後還之。且願先返國爲予籌備一切。事乃決。遂以十月初出都門。往天津待船。時大沽已將結冰。商船惟末班溫州丸。船小僅千噸。予與忠慤及劉氏壻三家。上下約廿人同往。船至。艙已滿。乃棲家屬於貨艙中。船長以其室讓予。途中風浪惡。七日乃達神戶。藤田諸君。已在彼相迓。卽日至京都田中村寓舍。東京舊友田中君(慶太郎)亦至京都。助予料理。狩野博士夫人。在寓舍爲備饔飧。諸君風誼。不減古人。終吾生不能忘也。

方予攜家浮海時。漢陽已克復。武昌尚未下。都中同志。倘冀時局可以挽回。寶公(熙)謂予曰。君竟潔身去耶。盍稍留俟。必無可爲。然後行。予乃諾以從眷東渡後。即孑身返都。既至東三日。即附商船至大連。遵陸返春明。知已絕無可爲。踐宿諾而已。比至。衆亦謂大事已去。留旬日。乃復東渡。壬子歲朝。遜政之詔。乃遽至海東矣。

予初至京都。寓田中村。與忠慤及劉氏壻同居。屋狹人衆。乃別賃二宅以居兩家。時季弟子敬（振常）。方任奉天某校教習。復寄資迎其眷屬。別爲賃屋居之。三宅月僦各百元。季弟讀書知大義。居東歲餘。返國。於上海設一書肆。苟全性命於濁亂之世。皭然不汙。昔徐侯齋傅靑主兩先生。清風亮節。爲海內所推。獨不能得之於其弟。予乃無此憾。此平生差可自慰者也。

予寓田中村一歲。書籍置大學。與忠慤往返整理甚勞。乃於淨土寺町。購地數百坪。建樓四楹。半以棲眷屬。半以祀先人。接賓友。門側爲小榭四間。樓後庖湢奴子室數間。植松十餘株。雜卉木數百本。取顏黃門觀我生賦語。顏曰永慕園。尋增書倉一所。因篋中藏北朝初年寫本大雲無想經。顏之曰大雲書庫。宅中有小池。落成日。都人適有書爲趙爾巽聘予任清史館纂修。既焚其書。因顏池曰洗耳池。日本國例。外邦人可雜居國內。但有建屋權。無購地權。乃假藤田君名購之。家人既移居。未幾。更移寄存大學之書於庫中。乃得以箸書遣日。

予在海東時。以不諳東語。往還甚簡。惟大學文科諸教授。半爲舊契。以文字相往還。大學總長延予爲文科講師。請藤田君爲之介。至爲殷拳。堅辭乃允。是時王忠慤公。盡屏平日所學。以治國學。所居去予不數武。晨夕過從。忠慤資稟敏異。所學恆兼人。自肄業東文學社後。予拔之儔人中。以後所至皆與偕。及予官學部時。言之榮文恪公。奏調部行走。充編譯官。每稱之於當道。恆屈已下之。而聞譽仍未甚著。及至海東。學益進。識益完。十餘年間。遂充然爲海內大師矣。

予往歲家居修學。無師友之助。聞見甚隘。三十以外。聞見漸增。始稍稍購書器。而江海奔走。廢學者且十年。及四十後入都。聞見日擴。致書器日多。每以退食之暇。欲有所造述。牽於人事。無所成就。逮辛亥間。始擬爲國學叢刊。不數月。以國變而止。至是賡續爲之。時忠慤迫於生事。乃月餽二百元。請主編校。又歲餘。上海歐人聘忠慤至滬。乃輟刊。予遂以一人之力。編次平生所欲刊布之古籍。並著錄所見所得古器物墨本。次第刊行。歸國後。復賡續爲之。先後得二百五十餘種。九百餘卷。撮其序跋。爲雪堂校刊羣書敘錄。

予平生所至輒窮。而文字之福。則有非乾嘉諸儒所及者。由庚子至辛亥。十餘年間。海內古書器日出。若洹濱之甲骨。西陲之簡牘書卷。中州之明器。皆前人所未及見者。洹濱甲骨。自庚子歲。始由山東估人。攜至都門。福山王文敏公（懿榮）首得之。未幾殉國難。亡友劉鐵雲觀察。得文敏所藏。復有增益。予在申江。編爲鐵雲藏龜。瑞安孫仲容徵君。據以作栔文舉例。於此學尙未能有所發明。且估人諱言出土之地。謂出衛輝。及予官京師。其時甲骨大出。都中人士。無知其可貴者。予乃竭吾力以購之。意出土地必不在衛輝。再三訪詢。始知實在安陽之小屯。復遣人至小屯購之。宣統初元。予至海東調查農學。東友林博士（泰輔）。方考甲骨。作一文揭之雜誌。以所懷疑不能決者質之予。予歸。草殷商貞卜文字考。荅之。於此學乃略得門徑。及在海東。乃撰殷虛書契考釋。日寫定千餘一月而竟。忠愍爲手寫付印。並將文字之不可識者。爲待問編。並手拓所藏甲骨文字。編爲殷虛書契。後又爲續編。於是此學乃粲然可觀。予平生箸書百餘種。總二百數十卷。要以此書最有裨於考古。厥後忠愍繼之。爲殷先公先王考。能補予所不及。於是斯學乃日昌明矣。

西陲古簡。英人得之。請法儒沙畹教授爲之考證。書成寄予。予乃分爲三類。與忠愍分任考證。撰流沙墜簡三卷。予撰小學術數方技書簡牘遺文各一卷。得知古方觚簡之分別。及書體之遷變。忠愍撰屯戍遺文。於古烽候地理。考之極詳。後忠愍在滬。將所箸訂正不少。僅於觀堂集林中記其大略。惜不及爲之重刊也。

伯希和教授歸國時。予據其所得敦煌書目。擇其尤者。請代爲影照。勸滬上商務印書館任影照費。並任印行。而予爲之考證。乃約定而久不踐。予乃自任之。先將中土佚書。編鳴沙石室佚書。嗣編印古籍叢殘。復選印德人所得西陲古壁畫。爲高昌壁畫菁華。嗣日本大谷伯得西陲古物。陳列於住吉二樂莊。予據其所得高昌墓甎。爲高昌麴氏系譜。於是西陲古文物。略得流傳矣。

中州墟墓間所出明器。春明估人。初無販鬻者。土人亦以爲不祥物而棄之。故世無知者。光緒丁未。清暉閣骨董肆徒。偶攜土俑歸爲玩具。予見而購焉。肆估乃知其可貿錢。予復錄唐會要所載明器之目授之。今凡遇此類物。不可毀棄。翌年各肆。乃爭往購。遂充斥都市。關中齊魯諸地。亦有至者。初所見多唐代物。尋見六朝兩漢者。歐美市舶。多載以去。此爲古明器發見之始。予在海東。就往昔所藏。編爲古明器圖錄。並嘗會最古明器之見載籍者。爲之說。至今草稿叢脞。尚未暇寫定也。

編輯後記

編者

上期本刊周佛海先生『苦學記』一文刊出後，中日各報章雜誌無不爭先載譯，誠爲出版界一時之盛事。據周先生面語本刊朱社長，不久尚有續稿見惠，謹先豫告，祈讀者密切注意。

紀果庵先生專研歷史，著述宏富，本期所刊曾左一文，於中興兩鉅公搆隙之始末，探討至詳。下期更有『南京與北京』一文，亦爲不可多得之作，可爲讀者告。

『記金聖嘆』，『談諸葛亮』，『談李慈銘』，『關于珍妃』四文，均是敍談人物之作，各可一讀。李慈銘之爲人，於南冠先生的筆下，尤栩栩欲生，吾人耳『越縵堂日記』久，而苦其卷帙浩繁，讀此文亦足以窺一斑。

近來投機之風甚熾，市場白浪滔天，因此新興的『投機家』之流，想亦不少，觀本期所刊『美國投機家列傳』一文，則不啻如小巫之見大巫，頗使人生中外人不相及之感。『生活興亡錄』作者於『生活』之全部歷史，羅列胸中，在此文中可見中國最好銷路的雜誌的內部情形。

本刊定名『古今』，顧名思義，當是古今兼收，中外並列。照本期及過去數期的內容，似是專於古而忽於今，詳於中而忽於外，且於人物一門有特殊注重之嫌。此後當力矯此弊。還望海內文友，不吝賜助，是所至禱。

介紹上海四大日報

中華日報

社址：上海北河南路五十九號

國民新聞

社址：上海靜安寺路一九二六號

新中國報

社址：上海河南路三百〇八號

平報

社址：上海四馬路四三六號

介紹南京兩大報

中報

社址南京朱雀路

時代晚報

館址 朱雀路邀貴井

電話 二二五九五 二三五九八

中央儲備銀行

中華民國國家銀行

資本總額國幣一萬萬元

本行特權

一、發行本位幣及輔幣之兌換券

二、經理國庫

三、承募內外債並經理其還本付息事宜

本行業務

一、經理國營事業金錢之收付

二、管理全國銀行準備

三、代理地方公債

四、經收存款

五、國民政府發行或保證之國庫證券及公債息票之重貼現

六、國內銀行承兌票國內商業匯票及期票之重貼現

七、買賣國外支付之匯票

八、買賣國內外殷實銀行之即期匯票支票

九、買賣國民政府發行或保證之公債庫券

十、買賣生金銀及外國貨幣

十一、辦理國內外匯兌及發行本票

十二、以生金銀為抵押之放款

十三、以國民政府發行或保證之公債庫券為抵押之放款

十四、政府委辦之信託業務

十五、代理收付各種款項

南京總行

行址：中山東路一號

電報掛號：中文五五四四 英文 CENREBANK（各地一律）

電話：二三二一〇—二三七五一 二二五四一—二二五四八

上海分行

行址：外灘十五號

電報掛號：中文八六二八

電話：一七四六三 一七四六四 一七四六五 一七四六六（轉接各線）

蘇州支行

行址：觀前街一八九號

電報掛號：（中文）五五四四

電話：六九三，一八五六

杭州支行

行址：太平坊大街惠民街角

電報掛號：（中文）五五四四

電話：二一七七〇

蚌埠分行

行址：二馬路西首

電報掛號：中文五五四四

電話：

古今

第五期

懷弘雅量涵高遠
領略清言見古今

洪慧賢嫂正書

汪兆銘

周作人先生南游圖輯

紀果庵先生攝贈

謝太傅之子及外甥等共諫劉夫人方便稱關
雎螽斯有不妬忌之德夫人知諷已乃問誰
撰詩答云周公夫人曰周公是男子乃相為耳
若使周姥傳應無此語也 廿九年霜降日寫應
梨菴先生雅令
兆銘

封面：汪先生贈周佛海先生夫人楊淑慧女士聯

周氏與樊仲雲氏（左）合影

周氏與褚民誼李聖五樊仲雲戴英夫諸（合影

周氏在中央大學農場宴華對客揮毫

古今第五期目次

中華民國三十一年七月出版

社長　朱樸

編輯者　周黎庵

發行者　古今月刊社

通訊處　南京邀貴井時代晚報社　上海靜安寺路國民新聞社

印刷者　國民新聞圖書印刷公司　上海靜安寺路一九二六號

總經售　國民新聞圖書印刷公司　上海靜安寺路一九二六號

本刊月出一冊　零售每冊新法幣一元五角

廣告價目

後封面	五百元		
正封裏頁	五百元	後封裏頁	四百元
普通全頁	二百元	二分之一	一百五十元

宣傳部登記證滬誌字第七六號

上海公共租界警務處登記證C字第一〇一一二號

甘遯村居日劄（一）

吳昌綬遺稿

伯宛先生邃於詞章之學，兼悉目錄，博識考據。此卷則多記藏書舊事，野史逸聞，予素亦究心此事，乃益覺其珍秘。此先生手書稿本也，小楷細麗，絕可愛玩。而兵戈未已，刼火猶新，先哲遺編，亡失可懼，用付梨棗，以永流傳。　編者附識。

長洲蔣氏鐵華館藏書散出，中有吾家瓶花齋舊藏抄校之本十數種。亟蹤跡之，已爲書估挾之他適，因記其目，以俟搜訪。「續宋中興編年資治通鑑」繡谷影抄本「南燼紀聞」瓶花齋抄本「杜工部年譜」附詩年譜繡谷抄本「錦里耆舊傳」吳尺鳧校本「湛淵靜語閒居錄」「庶齋老學叢談」並繡谷抄本「鐵圍山叢談」瓶花齋抄本「司空表聖文集」吳尺鳧抄本「雪谿集」「北澗文稿」並繡谷抄本「三劉家集」瓶花齋抄本「吳尺鳧集」三冊抄本

尺鳧老人著述，惟南宋雜事詩盛傳于世。經山游草一卷手稿僅存。光緒丁丑族兄文祐刊行。兄跋遊草記老人所著有「藥園詩稿」「渚陸鴻飛集」「瓶花雅集詩草」「紅豆花軒詩草」「玲瓏簾詞集」「蟬花集」，皆梓行于世，其「繡谷文集」「荒谿稿」「征樓稿」「魚睨軒詩詞集」「繡谷叢說」「易經臆說」「十三經音注辨訛」「山海經音注釋」「諸子集解」「讀史有懷詩」「詠懷明季諸臣詩」「南宋雜事詩抄補遺」「擬蘇白二公西湖詩」「南北游詞曲」藏稿于家，咸豐間燬于兵火。兄字端甫。官山陽丞，今年逾七十矣。庚子秋，獨山莫棠楚生以所藏藥園詩稿二卷歸昌綬，版刻精好，猶是初印，蔣氏抄本三冊，未審何集，恨不能致也。紅豆花館詩草版在同郡丁氏

乾隆甲午，四庫館開，詔訪遺書，族祖黎平知府小谷公玉墀恭進瓶花齋舊藏經部陸氏易解等九十餘種，史部四明它山水利備覽等二十餘種，子部東宮備覽等三十餘種，集部李遐叔文集，風雅逸篇，石洞遺芳三種。蒙賜御題宸翰，賞給內府佩文韻府。（按：賜，御，賞諸字均擡頭，茲錄從略，下倣此。）

先是康熙乙酉歲，聖駕南巡。尺鳧老人獻詩行在，進呈書籍數十種。丁亥翠華再幸，進呈海潮集說三卷。聖因寺志四卷。歲華紀麗續編十卷。海潮集說特留乙覽，餘宣付內閣。兩世獻書，傳爲浙中盛事。昌綬思輯瓶花齋題跋暨經進書目，搜撫未備，尚待博徵。

昔歲于里門得繡谷亭薰習錄殘本一巨帙，蓋卽藏書編目，解題甚詳，惜祇經部易類九十餘種。書中夾籤題薰習錄八册，此僅首册，知所闕尚多。未知世間更有傳本否？卷耑敍例，亦闕前半一葉，末署男城玉墀恭記。則甌亭小谷兩公手筆也，朱字删改處頗多，當是初稿。

王司寇國朝詞綜卷二十七吳焯字尺鳧號繡谷，錢塘人。有玲瓏簾詞一卷，錄惜分飛，一萼紅，風入松，解語花，玉京秋，百字令，玲瓏四犯，市橋柳，鳳銜杯，芳草被花惱凡十闋。樊榭文集卷四有玲瓏簾詞序，有詞集甲附錄思佳客一闋。

甌亭翁于京師重獲瓶花齋舊藏許渾丁卯集，因賦長律三首。同時樊榭諸老均有題詠。前歲莫君以樂園詩稿見贈。昌綬用甌亭翁韻亦賦三律酬之。漫筆於此，詩不足存，用志家世舊聞，兼記友朋之惠。副墨分貽祕笈中，寄廬過往近城東，（楚生爲邵亭先生猶子家富儲藏榜所居曰銅井寄廬）新知投分初傾蓋，舊學傳家愧紹弓。異代星霜耆宿盡，名山風雨夢魂通。倚花亭子聯吟地，把卷徘徊讀未終，（武林吳氏號詩巖亭于倚花名繡谷雅集當時多勝流聯吟邇尚當耆宿魏柳洲之雋句也兵後故居盡燬羣從凋零收藏家不可問矣）蕓煙過眼劇堪憐，東閣曩遊感逝川。故物漫搜元氏譜。輕裝剩返米家船，（丁酉北行有書數千卷留歸安吳布政所布政殁爲一殘客胠竊殆盡中多舊帙歎恨不已）重經兵火摧殘刼，（庚子北事起書卷存津門者所失亦不少）緬想官私簿錄年，（方輯瓶花齋經進書目及藏書記未竟）借與一瓻勤護惜，更從翰墨訂深緣。掇拾蘩殘慰寂寥，短檠寒餤伴清宵。亡書積歲猶心恋，蠹字長年歎腹枵。夢裏奇編探宛委，圖中別業負漁樵，（時乞石芝堪主作甘遯郈居圖）強鄰幸許追皮陸，詩事同尋臨頓橋。（楚生與僕所居近臨頓路唐人所謂不出郛郭曠若郊墅即皮陸聯吟地也）

甌亭翁得丁卯集後尚賦五言長古，樊榭和之，見詩讀集卷二。題云和吳敦復題重得先人舊藏宋刻丁卯集後。敦復卽甌亭翁字也。樊榭集中兩世唱和酬贈之作甚夥。續集卷六又有瓶花齋百八瓷酒器歌。族兄端甫跋徑山遊草謂酒器百八種，瓷銅玉石咸備者誤也。平湖張鐵珊（雲錦）珊亦有長歌，見樊榭集附錄。

毛西河樂園詩稿序，尺鳧曾於皇上南巡時迎鑾賦頌，聖心嘉之。已召對吳閶舟中，使隨鴐北行。而尺鳧以親老辭。昌綬案藥園近體詩有南巡迎鑾七律四首，又七絕八首題云：「乙酉四月十日，上自西湖回鑾，臣焯於杭關謝郎送駕，蒙賜御箭，命赴吳門行宮。至十八日辭歸，恭進紀恩詩。第三首云：「郎官封敕賜嚴親，幸上春臺已八旬。今日忽聞親召問，主恩重沐一番新。」

尺鳧老人舉丙辰詞科，與歸安沈東甫幼牧兩先生爲同徵友。藥園詩有竹墩訪沈厚餘留飲賜書堂一律，自注云：尊人懷庭宮詹，奉命抄全唐詩集于揚州。則吳與摯從，固早締交矣。

詞科掌錄，鶴徵錄，兩浙輶軒錄，杭郡詩輯，杭州府志，可采佚事必多。病起當一一檢錄也。藏書紀事詩亦須補錄重得丁卯集三律即從紀事詩得之。

汪千陂憲振綺堂詩存，繡谷亭紫籐盛放，步入瓶花齋，牡丹未殘，坐久雷雨。口占呈主人，自注新羅山人寫籐花圖。幅頭題詠者十一人。

昌綬案。繡谷蓋因籐花得名，樊榭詩亦數及之。新羅圖詠不知猶在人間否？

吳門蔣氏有別業，亦曰繡谷，在花橋西。國初文讌極盛。張憶娘簪花圖即作于蔣園也。二百年來，園久易姓，斥爲民居。臺榭池石，僅有存者。繡谷二大字刻石尙在。昌綬拓得一紙，思借作吾家舊額。特無地起樓臺耳。

樊榭秋林琴雅有尺鳧老人序，自署鵝籠生吳焯。此別字之僅見者。序作于康熙壬寅，論詞極精。中有云：「余弱年從羨門侍郎竹垞翰林論詞」，則及見國初諸老矣。

「江湖流落玉溪生，長念神州淚眼橫。一曲鈞天聞廣樂，始知夢裏者有承本。」

「早識安危仗異才，請纓無路祇堪哀。書生可有封侯相，試問橋頭日者來。」

寄玉義門　冒鶴亭廣生

葉水盛字子沐，涇縣人。明萬歷中以御史巡視浙江鹽政，疏請許商人占籍應試。有葉玉成全集四卷。附鄉會中式錄一卷。所載至本朝康熙某科，蓋後人增入，見九九消夏錄。曲園老人嘗見其書。記此以俟假觀。

（按此下有兩則蠹損，不可讀矣）

宋周晉仙有浪淘沙「明日新年」詞，元張伯雨追和之。國朝人多用其韻，病榻無憀，戲爲纖聲，時辛丑除夕也。「病人費醫錢，文枕枯眠，轉喉禁口學寒蟬，（時病喉初愈）背出飛龍衾潑水，不解衣船。愁夢絮燈邊，藥裏爲緣。餘生乞與總欣然。阿誰也同添一歲，明日新年。」「窮盡賣文錢，擁雪高眠。近來生計等秋蟬，經卷藥爐蕭瑟甚，斗室如船。消息問梅邊，蠟屐無緣。嫣紅雙穗燭花然。次第春風適到也，明日新年。」

中表佩君女士，以扇索書，漫賦一律贈之。「北郭郵居繫夢思，舊家書味話兒時。鴛湖詩句黃皆令，虎阜丹青李定之。斛泪孕愁銷酒琖，尺鱗緘怨託機絲。絕憐翠袖伶俜甚，日暮天寒倚竹枝。」昔人稱皆令所適非偶，故以爲喻，李定之名慧生，長洲李子仙（福）女，黃飲魚（美鎬）室。飲魚即蕘圃中子也。

「叢雜零篇臨頓宅，清貧眷屬伏川家。」樊榭移居詩。余取以爲聯。

平湖高文恪公舊藏南宋畫院祇候馬麟畫梅絹本二小幀。公子巽庭編修嫁其女祥于張涇南司寇爲繼室，以此爲匳媵物，有文恪題記。記後有小正書匳十八號字，高祥朱文印。張司寇有跋，夫人亦有七絕詩一。

萊陽姜學在先生姬人陳素素畫櫻桃一株，嫣然飛動。萊陽題清平樂詞。雪窗展卷命小姬慈箬臨摹一幅，并錄萊陽原唱郘作附和于後。（秦敦夫編修摹帝詞）

黃陶菴（淳耀）草菴絕筆曰：「七月四日，進士黃淳耀死此。嗚呼！進不能宣力王朝，退不能潔身自隱。讀書寡益，學道無成。耿耿不沒，此心而已。」

黃忠端著述目（據東南紀事）三易洞璣，易象正，緇衣儒行坊記表記集傳司經局進呈諸書，行業詠業焚草解遼環解齋環，榕壇問業，逆流草，駢枝集，浙闈榮問，洪範月令明義，孝經大傳，鄴書，大滌函書，石齋逸詩。

★

★

★

藥味集序

周作人

鄙人學寫爲文章，四十餘年于茲矣。所寫的文字，有應試之作，可不具論，有論文批評，有隨筆，皆是寫意之作，有部分的可取近來覺得較有興味者，乃是近於前人所作的筆記而已。其內容則種種不同，沒有一定的界限。孔子曰：『吾少也賤，多能鄙事。』鄙人豈敢高攀古人，不過『少也賤』則相同，因之未能求得一家之學，多務雜覽，遂成爲學藝界中打雜的人，亦不得已也。

若言思想，確信是儒家正宗。昔孔子誨子路：『知之爲知之，不知爲不知，是知也。』鄙人向來服膺此訓，以是於漢以後最佩服疾虛妄之王充，其次則明李贄，清俞正燮；于二千年中得三人焉。疾虛妄的對面是愛眞實，鄙人竊願致力於此，凡有所記述，必須爲自己所深知確信者，才敢着筆，此立言誠慎的態度，自信亦爲儒家所必有者也。因此如說此文章思想皆是國粹，或云現代化的中國固有精神，殆無不可。

我很怕說話有點近于誇大，便不足取，但是這裏實在是很謙虛的說的，只因不願虛僞的謙遜，故或不免過于率直耳。

自丁丑至庚辰此四年中，陸續寫有六十餘篇，茲因書局之需，擇取其三分之一，得二十一篇，公之于世，題名曰『藥味集』。

拙文貌似閑適，往往誤人，唯一二舊友知其苦味，廢名昔日文中曾約略說及，近見日本友人議論拙文，謂有時讀之頗感苦悶。鄙人甚感其言。今以『藥味』爲題，不自諱言其苦；若云有利于病，蓋未必然，此處所選亦本是近于閑適之文爲多也。

中華民國三十一年，作者自序於知堂。

中庸讀本書後

梁鴻志

光緒戊子。余年六歲。先大父隨使日本。擧家居長崎。伯兄長余七齡。已從塾師。受左氏傳。余聞兄讀書聲。輒喜笑求就學。先夫人以齒弱多病。未許也。繼請益力。乃入塾讀蒙書。未幾而塾師病沒。先大夫同官仁和許氏陽湖左氏。爲子弟延師。曰戴先生者。余從而附學焉。是年始受大學。明年己丑之夏。遂肄中庸。今篋中兒時所讀書。惟中庸一冊在耳。朱墨爛然。往往有戴先生字蹟。戴先生之塾去余居里許。余荏弱不善步。則傭嫗襁以往還。每傍晚散學歸。將抵家。遙見先夫人危坐樓闌間。若余待者。旣極喜樂。又惴惴所業不熟而致詬責也。先夫人理家嚴。督課余兄弟書尤不肯假借。余歸自塾。取所受書責之背誦。無一字誤乃已。歲盡則輟講授。溫故書。必首尾背誦爛熟。設有齟齬不貫串者。則使覆誦。猶不熟。雖鞭韃不恤矣。又明年庚寅。先大夫以憂歸。盡室旋里。里中子弟。年相若。業相等。殆數十輩。而熟於經籍者。擧莫吾兄弟若也。先夫人嘗詔余曰。母子至愛也。至授書則吾爲若師。不以愛而弛吾教。見其憤之。故戚黨無遠近親疎。皆知吾母善教子矣。夫以吾母之勤於訓迪。而余學殖荒落。術業無成。默誦故書。十不記一。於聖賢經訓之旨。更茫昧無所窺。辜負慈恩。思之媿汗。而此中庸一冊。去始業時垂五十年。當時父師母兄。無一存者。余亦白髮被面。頹然一老書生矣。循覽是編。泫然不知涕之何從也。

秣陵十日

柳雨生

一

離開了南京七八年了，這次有一個機會來舊地重遊一下，不覺的有許多新印象新感念。什麼是新印象呢？南京城的偉大，是任何其它的城市所不能比較的，就是巍峨的故都北平，雖然是我們公認的歷史文物景色的薈萃之地，也決沒有南京的氣象萬千般的雄渾。我上一次游京只有五六天的機會，走馬看花一般，雖也覺得它的偉大，究竟還未有很深刻的認識。這一次住了已經一個月，日子較久，觀察也較爲深刻一點，也愈能夠看得出南京的偉大處來。

初到下關，發現和其他的城市一樣，沒有那麼多的汽車了。駛行全市的公共汽車，改用木炭駕駛，便利城內外的交通不少。我們坐着『大』汽車，由下關駛到新街口市區，差不多走了一點半鐘，坐在車上，遠眺市景，不覺使人發生一種驚奇的感覺。路面這樣的坦闊，城牆這樣的曲折綿延，樹木這樣的繁茂，遠山這樣的蒼茫幽密，哦，我們認識了南京城的偉大的所在了。中山陵斜倚着深碧色的樹叢裏的山岡，一片純潔的晶瑩色的象徵莊嚴和平的建築，遠遠的已經被我們瞭望到了。河山依舊，陵墓也依舊很肅穆很巍峨的矗立在紫金山上。車子一路駛着，在綠色的樹木和紅色的杏花叢底下經過，高壯的深灰的石象石駝又射進我們的眼簾裏，這又已經到了明孝陵的地方了。這一帶的道路非常的寬闊，兩旁都是滿植着蒼老的柏樹的山邱，偶然還夾雜着些肥簇的梧桐。幽靜極了，也安閒極了。在中山陵的乳白石牌樓的對面，現在還有一個幾百斤重的銅質紀念香爐，很完整的保全着。爐上刻嵌着些有意義的字句，我們因爲時間匆促的關係，就主張先去瞻拜陵墓了。

陵墓的一切情形和從前沒有變更。我們稍微休息了一刻，慢慢的登上了三百多級的寬大的石階，就到了國父靈堂的門前。一個雄壯的武裝衛兵，紅紅的面龐，精神飽滿的舉着鎗在門前巡視。我們和他招呼之後，先站在堂前向下面眺望，幾十條交錯的道路織成偉大的首都街道的圖案，一塊一塊的棕黃色和綠色的方格，夾雜在灰綠色的山嶺和白練似的小河中間，偉大的城垣又連綿的穿插在這一幅圖畫的外圍，我們從高處望去，愈覺得這個龍盤虎踞似的大都的美麗，愈顯得我們自己這一羣的孤寂和渺小了。等到我們再踏進那個紀念堂，恭敬而沉穆的站在高巍的國父石像的前面默禱，仰望着國父的偉大的莊重慈靄的顏容，我們整個的精神都感受到一種革面洗心的力量和自己懺悔自己認罪的勇氣了。

當我離開陵墓的時候，我覺得幾年來心裏的鬱結的苦悶都湔除了許多。我羨慕幸福的南京市民們啊，你們的偉大的城市使你們的胸襟也跟着偉大了幾倍！

二

初到南京，吃飯也成了問題。我們既不住在旅館裏，也不是在朋友家裏借住。那麽，是不是自已租到什麽適當的房子呢？更沒有。在南京找房子，據說是比向朋友借錢還要難上數倍的，我們自然也沒有什麽特殊的運氣。

然而居住的問題解決之後，家常吃飯的問題還是很不容易解決的。自已既沒有請女工煮飯，『包飯』的舖子又不大肯送，於是乎只好常常在外邊『掛單』。

南京的飯莊飯館飯舖食堂都不少，除了夫子廟、新街口等繁鬧的街市外，其他重要的馬路，也都有許多大小飯館散布着。我們來了幾天，常常被朋友拉到外面去吃飯，也常常爲了吃飯而在外面東西奔忙。好，讓我現在介紹幾家我所熟悉的吃飯的地方罷。

我是不大喜歡吃羊肉的人，原因自已也不大說得出來。我自幼在北方生長，本來對於牛肉羊肉是不應該認爲是羶腥的。可是，我先後在北平十幾年，『東來順』『西來順』這兩家著名的館子，老是不常進去。冬天最寒冷的時候，一面吃着涮羊肉一面和老朋友們談天，本來是最令人高興的事情，但是我却不大能够習慣。誰知南京最著名好菜的一家館子，却也是以吃羊肉著名的，更奇怪的是，我居然覺得這家館子的菜，也的確可以認爲是『頂』好吃。

這間館子的名字叫做馬祥興，很著名，大約我不必再通知你它在中華門外的地點，你到了南京也會知道的。這間飯館的房屋並不高明，一律是普通的平房，後邊還有一個小小的庭院，頗富於鄉村風味，雖然它的前部的房子是靠馬路的。但是，到馬祥興來的吃客們，依舊是十分擁擠，絡繹不絕。他們也從來不注意它的房子、桌椅、杯箸，而只是注意它的美味的菜餚。

最著名的一個菜是『美人肝』。其實就是燴鴨肝，但是，馬祥興的廚子的本領的確不同凡響，能够把它燴得又香又嫩，遠非他處的庖丁所能望其項背。其他的菜，像炒羊肚絲，鳳尾蝦，燜牛肉……，也都極適口好吃。我頭一次到這家飯館去吃飯的時候，是和七八個朋友一起去的，其中偶然有一位朋友提議去吃馬祥興，立刻有四五位贊成，我當然也沒有法子推却。誰知，這眞可以算是到這裏來的一種口福了。馬祥興的燜牛肉固然是十分可口，調味得既不過鹹，又不過淡，並且燜得極熟極爛，配合的香料的味道又很醰厚，一大碗濃濃的汁子，熱氣騰騰的，裏面幾大塊半肥半瘦的肉，眞可以令人『垂涎欲滴』。至於鳳尾蝦呢，它不過是普通的炒蝦仁，可是，每個蝦仁的尾部都是連着一點殼的，決不會完全脫離，除非你把那鮮嫩滑口的蝦仁嚼上一嚼，蝦仁很輕鬆的滑進你的嘴裏，那半截蝦殼也自然而然的脫落，一點不用費你的氣力。也許是我孤陋寡聞罷，這樣的熱炒，不但可以說是好，簡直可以算是『近乎道矣』，豈止『神乎技』而已哉！

不想再專替一家飯館做廣告，所以讚歎的話也該告一段落了。聽說，在戰事發生以前，喧赫一時的某鉅公時常微服出城，攜一衛兵，到馬祥興

『吃小館子』。這並不見得就增加了它的聲價，不過，故事究竟是故事，我既這樣的講了，你又何妨聽聽呢。

在南京吃東西，固然有許多佳處，可是，同時也不能免去事實上必要的麻煩。第一，普通飯館比比皆是，認真高明的却多數麕集在夫子廟一帶，現在交通既不很利便，而這座大城又特別的偉大，『代步』的費用頗為可觀。第二，吃飯的時候人不能太少，人少了並不見得準能經濟，可是興趣未免差一點，又往往吃不着著名的好菜。例如，南京肥鴨是極有名的，倘使一個人獨酌，你還能要一個烤掛爐鴨來吃不成？還有第三點，照例應該是物價太貴的問題。然而這是現在各地普遍的現象，非想根本解決的辦法不可，若單就這裏一隅而論，照我個人的經驗看來，南京可算是飲食最便宜的都市了。譬如，三個朋友在新街口的小飯舖吃飯，要了三碗肉麵，再賫三十個餃子，切一盤醬牛肉，六個花餑兒，……臨了算賬的時候，也不過舊鈔八塊錢的樣子。求之其他著名的都市，這樣的物價，還能不說是難能可貴麼？

三

新的朋友，老的朋友看到的都很多，新朋友們相見都很客氣，老朋友們相見都很親暱。客氣的裏面，包含着許多誠懇而愉快的感情，親暱的當中，不免有些『他鄉遇故知』的樂趣。這兩種感覺都是只可用腦和心去領略感受，不容易也不能够用筆墨去形容它的。

先說老朋友罷：我舉兩個例子。一天傍晚的時候，陰雨濛濛的天氣，我坐在一輛破舊的洋車上，半垂着前面的帆布簾子，從豆菜橋經過。正在

永慶禪寺前轉灣的時候，迎面一輛車子過來，一個很熟悉而又多年不見的老面孔忽然在眼前雪亮的閃了一閃。哦，他是老金！幾年不見了。他也瞧見我，大家趕着招呼，走下洋車來，有雨傘也來不及撐了，忙於大家說話，誰又顧得這條街道上的潮濕泥濘？在冷風裏兩隻手緊緊的握住，眞有一股溫暖的熱力在交流着。

又是一天傍晚，我到陰陽營去找另外一位詞人。屈指算來，大約也有兩年沒有見面了。找尋到門口，發見外面的鐵門是開着的，就一直走進去，問訊之後，纔知道我來得不很湊巧，他恰在昨天乘夜車到上海去了，要五六天後纔能回來。可是，他的太太和小孩們都還記得我，一定要我留下地址，好等先生回來回拜。我因為自己不知究竟勾留多久，就說，『過幾天我再來好了』。結果呢，不行。地址非留下不可，誰叫是老朋友呢？何況大家又都是『獨在他鄉為異客』？

新的朋友們都是到這裏後纔見到，纔認識的，可是大家無拘無束的情形，却也和老朋友相彷彿。那一個朋友是生下來就認識的呢？人和人之間情感上的聯繫，最重要的是心靈上的契合和嗜好上的相投。有許多新認識的朋友和我的感情的融和，並不在其他的老朋友們之下，大概也是這個緣故罷！

恰巧有兩位異國的著名女作家——眞杉靜枝、窪川稻子到這裏來觀覽，並不打算住得很久，就要到別的地方去，所以文藝團體的招待集會，就顯得排列堆積在一起，熱鬧得很了。草野先生主持了一個文學研究會，某天晚上也請這兩位小姐來吃飯，另外還約了許多文藝界的朋友們。我也算是遠道來的客人，草野先生於通知之外又連連叮囑了兩次，就不好意思不

赧着顏去赴會了

吃飯的客廳是一間極幽雅的屋子，四壁掛滿了現代書畫墨迹，都是很有價值的作品，裱工也很精緻。——這是一個文化協會二樓的某一角落。靜靜的坐在這間客廳裏的柔軟的絲絨沙發上面，抽上一枝紙煙，喝一兩杯濃濃的紅茶，再和朋友們談着各種有趣味有意義的人生問題，不能够不認爲這是個很適宜的環境和佈置了。我從前一向是不抽紙煙的，至今也並不公開的抽煙，但是最近因着幾個很巧妙的場合，我竟然也會只用一枝火柴就可以把我自己的紙煙燃着，並且我的嘴也會吐出一陣一陣的烟霧來了。烟對於我，大約未必能够幫助思想，也不能够提神醒腦，然而，我覺得它至少能够幫助我同情別人，使我時常能够置身處地的，另一方面替我對面談話的朋友們着想。兩個人互相談話的時候，專爲自已打算是不行的，同時也應該爲對方想想看。這種相互的諒解對於兩方面都是很有好處的。我近來已經能够學習嘴裏『叼烟』了，我因此果然又多認識了許多朋友，應該不算是什麼稀奇的事情。

我那一天和眞杉小姐她們對談了約二十分鐘，大家因爲言語不通，就請草野先生翻譯。雖然大家說的都是很平常的話，好像在感情上已經有了相當的認識和瞭解了。語言的隔膜在我看來並不能够算是很大的困難的。我們平常互相通語言的人很多，爲什麼還會發生誤會、隔膜、摩擦，甚至於衝突呢？不肯平心靜氣的爲對方着想，專看重自已這一方面，這也是使我們不能得到好朋友的一個致命傷。看啊，當你的朋友用火燃着一枝烟的時候，你無論如何也該效颦一下的。我現在寫到這裏，我的左邊的手已經摸着了我書桌上的煙匣了。

兩都賦

——南京與北京

紀果庵

雞籠山上雞鳴寺，紺宇淩霞鳥路長，古堞尚傳齊武帝，風流空憶竟陵王；白門柳色殘秋雨，玄武湖波澹夕陽；下界銷沈陵谷異，楓林十廟晚蒼蒼。——王漁洋：登雞鳴寺

冰簟胡床水上頭，起看纖月映淮流，三更入破誰家笛，子夜聞歌何處樓？澹澹星河耿斜照，娟娟風露始新秋；謝郎今日思千里，獨對金波詠四愁。——王漁洋：題秦淮水榭

南風綠盡燕南草，一桁青山翠如掃，驪珠晝擘滄海門，王氣夜寒居庸道，魚龍萬里入都會，澒洞合沓何擾擾？黃金台邊布衣客，捫髀激嘆肝膽裂，塵埃滿面人不識，骯髒偃蹇虹霓結，九原喚起燕太子，一樽快與澆明月……

——郝經：入燕行

都會盤盤控北陲，當年宮闕五雲飛，峥嶸寶氣沉箕尾，慘淡陰風貯朔威；審勢有人觀督亢，封章無地論王畿，荒寒照破龍山月，依舊中原半落暉！——王惲：燕城書事

一個是秦淮水碧，一個是居庸夜塞，這兩個性格不同而同具幾百年帝都歷史的古城，於今仍然作爲中國政治上南北二中心，舊都與新都，曾引起多少詩人的讚嘆。中國歷史上的古都，隋唐以前是東西配列，非長安即洛陽，那種居中環拱的地勢，是足以雄馭四方的，宋以來，政治重點逐漸東徙，由京洛而汴梁，當時以北地異族突起，幽薊十六州，河北三鎭，先後劃入契丹，政治地勢，已由東西變爲南北。及汴京陷落，高宗遵海而南，自此至清，七百年間，只以南北二京，爲帝王互爭消長之地，原來古代國家，是十分大陸性的，所以要居中馭外，近代國家，是海洋性的，故注意交通便捷，經濟繁昌。南京雖曾在隋唐以前，作爲六代帝都，而爲時之暫，恰似電光石火，如今只留下鷄鳴古埭，陪伴着梁宋諸陵，供考古家和騷人憑弔，其餘建置，明代的已是不多，何況更早？所以我覺得以帝京而論，南京雖老而實新，北京似近而頗古，只要我們把街道民廛宮城帝闕一加比較，是不難立知的。

讓我們放棄考古的迂談，說幾句有感的閒話罷。我在北京住過十五年，而在南京只住了一年，自然對於兩方面都談不到深刻的認識，尤其是南京。但爲了感情的關係，有時對於舊都起莫名的懷念，恰似遊子之憶家鄉。而南京呢，亦有許多新的接觸，特別是屬於生活的瑣瑣碎碎，因此執筆略加抒寫，假使兩方面朋友看了，也許認爲是有趣的事吧。

比較說來，南京是太不幸運了，在近一百年中，不知遭逢多少次兵災戰禍；尤其是清末太平天國及此次戰役，損失幾至不可計算。洪羊亂後，直至國民政府建都，元氣迄未恢復，於是這有名的龍蟠虎踞古城，竟降爲人口不逾二十萬的內地小都市，秦淮河水壅塞不流，明孝陵前秋風落木，七十里大的城郭，只落得如桃花扇所云「莫愁湖鬼夜哭，鳳凰台棲鵰鳥」，雖以曾國藩那樣魄力，也未能把牠復興起來；民國十七年以前，又經過幾次軍閥戰亂，即非戰時，也剝削得人民血肉枯竭。十七年至廿六年十年間，可謂南京建設的猛晉時期。如今我們進挹江門直至新街口一帶所見的街道住宅，寬闊整潔，碧綠的梧桐，花翠的冬青，和山西路寧海路一帶德國式住宅竹籬外的薔薇，大有異國風趣，這些差不多都是那時建築起來的，而以前則是菜圃竹園，荒蕪三徑。只有城南一路窄狹汚穢的小街，牛屎薰天，傖俗滿目，還保留着南京原有色澤。可惜這次事變，只賸下些燒燬的殘骸，在晚照中孤立着。尤其是自下關進城，首先看到交通部原址，那美奐美侖的彩色樑棟，與炸藥的黑烟同時入目增愁，不禁令人生「無常」之感。刻下南京人口約七十萬，尙未恢復事變前九十萬的紀錄，住民分配大約是：

山西路一帶　官廳及新住宅區

中山東路及太平路一帶　商業區（日商尤多）

南城一帶　商民輻輳區，因爲這裏是道地「老南京」，與其餘各地顯然有新舊之分。

南京是不調和的，新的極新，舊的則簡直是垃圾堆，似不容一刻存留，這正是建設進展過猛的表現。北京呢，自庚子亂後，幾乎五十年中未嘗遭過兵燹，且七百年來無日不在帝王的經營中，廛市整齊，配列勻稱，無刺目的新，亦無可厭的舊，是其特長，但是缺乏朝氣，則無庸諱言，這正如京派的人與海派的人一樣，前者是典型化而持重，後者是喜變化而活潑，誠然是各有千秋。不過以居住的便利說則南京似絕不如北京，北京唯一特長，即無論何人均可得到適當的舒適，南京則天堂地獄之判，十分顯然。

雖是大陸性氣候，而防冷防暑都有價廉而適用的設備，故亦不覺其風霜炎熇，這是住在北京的人都曉得的。北京住宅很少像南京山西路一帶那樣歐美化的設計，往往是四合瓦房，大門則髹紅漆，金黃色閃亮的銅環，使一個小康之家也增加幾分堂皇氣像，潔白的紙窗，扶疏的花木，老槐是庭園最普遍的點綴品，因爲牠有好的「清蔭」，若夏日則更有一窗碧紗（這紗是線織的，價甚廉而能阻蚊蠅，南京就買不到，還有北京人糊窗的高麗紙，南京也難得），這時最宜於午眠一覺，聽賣菱聲聽冰盞聲（賣冷飲小販所敲的銅盌），那種韻律都可以催眠的。冬天必有一窗暖和的陽光，而廉價的煤供我們滿室溫煦（北京硬煤不過三十元一噸，南京則要八百元以外），於是你可以在晚上聽虎虎的大風，和賣花生賣蘿蔔小販的清脆音調，一面賚茗清談，或剝花生米吃，有一盌香茗助你寫寫文字，都是詩的境界，在南京很難覓到的。

北京沒有春天，一因爲多風，二因爲沒有溫和，非嚴寒即酷熱，所以許多花都不能好好開放。即如牡丹，本是北方名種，而此花開時，無日不沙塵滿目，號稱以牡丹著名的中山公園、崇效寺，實際上人們到那裏還是憑弔落英的機會居多。豐台從遼金以來，就是燕京的花事中心，那裏的匠人，雖會在大雪中培養出帶花的王瓜，鮮碧的豌豆，嫩黃的春韭，使農學專家大吃一驚，但也奈不得「風姨」何。南京的住宅、零吃，以及其他舒適均不能與北京比，唯花木的繁茂易生，則遠非舊京可及。（雖然這裏天氣也會「十日雨絲風絲風片裏，陽春烟景似殘秋」，但風雨頗可養花釀葉。）譬如一家用蘆席搭成的「棚戶」，院子裏會有很名貴的薔薇，而老舊的瓦房前也常有絢爛的紫荆和潔白的繡球，在鷄鳴寺考試院前馬路兩旁，我采過許多野生的山茶，那惑人的嫩紅比中央研究院的辛夷和丁香還有力。山西路一帶新式公館的年青娘姨，在早晨八九點鐘提菜籃上市時，手裏常拈着一枝淡黃玫塊或木香什麼的，令人豔羡她們的幸運。不過是，有這種花的人家，總是兩扇鐵門緊閉的，而在鐵門上甯一只小洞裏，可以看見軍帽下的獰目，不時向外打量，如果門開了，那一準有部 Chevolet或Plymouth 之類嗤的一聲開出來，使你不由的讓開馬路，吃一鼻子灰。

南京除洋房以外，舊式房子眞沒法問津，尤其像我這樣一個來自北方的人。他們老是把屋子裏糊起花報紙，頂棚及木板壁則用暗紅色，窗子很少有玻璃，只是那種黯淡的調子就够你受了，加上馬桶的臭氣，「南京虫」的臭氣，以及陰濕的霉氣，無怪住在裏邊的人終年要害濕氣。道地南京人可以在這種卑濕黑暗的客堂間打上一晝夜的痲將，可以在這裏度一生，那才是奇蹟。當我一租到這樣一幢房子時，沒辦法，第一步先將牆壁頂棚刷白，第二步將門窗釘好，換上兩塊玻璃，好容易恢復一點光明，但是罅漏的地板和霉濕氣依然沒法可想。南京住宅普通都院落很小，屋瓦是浮放在房脊上，一到梅雨時節，豈只是「家家雨」，簡直可以說「屋屋雨」，假設不是「床床屋漏無乾處」，則聽雨亦復大佳，無奈地上得放許多盆子罐子，不湊巧被褥也得收拾過。南京老鼠也是有名的寶貝，其形色比北京大而深，專門在信紙封或藏在抽斗的文件上大小便，或是在窗楣檐角間作飯後散步，以及滾一顆胡桃在地板上玩耍，時間則在人已睡倒將入夢不願因些須小事而起床之時，其聰明誠不可及。或云，重慶之鼠更甚於此，其大如貓，能噬幼兒之鼻，然則我們還得讚一聲大慈大悲也。

全國研究學問最方便的地方怕沒有比得上北京的了，不但有設備完美的北平圖書館；那兒還有許多活的歷史。譬如我們喜歡晚淸掌故的人，你可以找到勝朝的太傅太保，你可以和白頭宮女話開元舊事，你可以見到大阿哥，你可以聽七十左右歲的人講紅燈照，到偉大的故宮可看見荒涼凄慘的珍妃井，可以歌詠慨嘆當年帝王起居的養心殿。每一條街或胡同都有他的美麗故事，六必居可以使你看看五百年前老奸臣的榜書，這好像在古老的京城都算不了什麼。掃街夫也許是二等戈什哈，拉車的會有輔國公的后裔，開府一方的宗室弱息居然變了戲子，以四郎探母換她的吃喝，下台軍閥的姨太太在偷偷摸摸與汽車夫度安閒的日子，而不會起訴，這都是活的學問，活的歷史。此不過我所研究的一端，假設你喜歡音韻學，那好，這兒是國語的中心，你喜歡外國文學，這兒有住了一百年開外的外國人，有會唱中國戲的德國客；你喜歡音樂美術，那就更合適，從荆關吳陸以來的畫幅，眞的假的立卽排在眼前，只要你肯到琉璃廠走一走；而多少譚鑫培曾演戲的地方，現在仍然保留着那時的打鼓人與胡琴手。北京飯店有意大利的提琴名手在開演奏會，你也不妨去觀光。總之，這裏有羅掘不窮的寶藏，每個人都可得到他所需要的東西。去年，我想專門搜集甲午戰爭的史料，在南京走遍了書店，只有劉忠誠遺書和澗于集之類，始終不到十種，後來索性寫信給北京朋友，他托了書店去找，這一下可不得了，連中文帶日本就有二百多種，連我一個朋友的父親，官只做到潮州知府的，一部沒名氣的摺稿，都赫然在目，這就是北京書坊老板的本領。你不記得嗎？李南澗和梁任公都和書店老板作朋友，葉緣督在「語石」中更稱譽碑估李雲從不置，雖然潘伯寅先生也上骨董商不少的當，但琉璃廠那許多書店和古玩字畫店却眞正是不花門票的博物館和義務顧問。我曾在南新華街（琉璃廠附近）的松筠閣整日觀書，他們并不以爲忤，假使你不願意花車錢，你可以借一個電話打給他：「咻，把三朝北盟會編給我送來看看；你們那部水曹淸暇錄賣了嗎？如果沒有賣，也給我拿來。」於是就有穿藍長衫光頭髮的學徒用藍布包給你把書送來，他雖騎車累得滿頭大汗，但是，連一盌茶也不要喝，臨走還要說一生：「×先生，您用什麼儘管說一聲，我們就送來了，回見，您！」這實在比看圖書館管理員的嘴臉舒服得多，而你呢，到了端午中秋新年三節，只要稍微點綴十元八元就可以了，不用的書儘可送回，絕不會嫌你買得少。

在南京以至於上海都沒有設備較好的圖書館，有關掌故的人物更不願住在這種海派十足的地方，——因爲這裏再不能瞻依北闕。卽使有一二歷史人物，他們生怕你會是綁匪，或者藉名募什麼捐，你休想接他們的謦欬。這地方的人情，普遍說起來是比較冷酷、刻薄。比如拖黃包車的吧，他一開口一定要加倍的價錢，甚至說一種讓你不能忍受的話，「你媽，這樣遠給一塊洋鈿，乖乖！」我寧可走那些用碎石砌就崎嶇的小路，也不再嘔氣了。店舖裏的老板都是高高在上，「老板，這只熱水瓶幾個錢」？「二十多塊錢吧！」「到底二十幾塊？」「你買不買？不買何必問呢？」一個北佬到這時不是氣昂昂出去就是給他一記耳光。書店我都跑遍了，也委實花過一些血汗之錢，總算博得點頭的交誼，但想拿他們做顧問却够不上，欠債一過十天也會連番找上門來，給你面孔看。何況這裏事變後一點書也買不着。至於夫子廟的古董店，只看見粗惡的僞張大千或趙撝叔的作品，而價值又是嚇人一跳的。

讓我談談吃和娛樂，以作結束。北京是有名的「吃的都城」，那些堂倌的油圍裙同光頭頂胖肚子代表他的資格與和氣，若是熟主顧他立刻會配四樣你高興的菜，且告訴你：「五爺，今天蝦可不新鮮了，您不必吃，我叫劉四給您熘個蟹黃吧，眞好，勝芳新來的。」你聽了在誠懇之外，還感到一陣溫暖。好些地方你可以出主意要他們給你做，不是嗎？江春霖有江豆腐，馬敘倫有馬先生湯，……你若高興，何嘗不可以來個張先生餅？有一特點，是海派先生們最不慣的，便是，館子愈大越沒有女招待。同時，凡用女招待爲號召的館子一定不登大雅，且飯菜亦無可吃。假如願意侑酒，可以叫你熟識的「伊人」，或者一直將酒席攏到伊人「香巢」去。像南京這樣有侍皆女，無女不蘇（姑蘇）的現象是絕無僅有的，這好像北京處處都保留着古老的官架子，絲毫不肯通融。女招待我不反對，因亦「雅事」之一，無奈此地的招待與食客，實在「風」而不雅。遏緊嗓子唱「何日君再來」或皮簧已可令人皺眉，何況一直可以幹堂上燭滅的把戲！說到娛樂，一是遊賞之區，二爲視聽之娛。北京有許多帝王時代的園囿，那不只南京，卽世界帝都都很難比擬的，現在却花五分錢乃至一角錢就可進去吃茶了。中山公園的古柏，北海的瓊島，南海的瀛台，頤和園的十七孔橋，以及天壇孔廟，差不多成了北京的代表，沒有到過北京的，在明信片上，在地理教科書上，在啓文絲織廠的風景屏條上也可以領略一二。然北京於此亦有不及南京處，卽南京雖無公園而處處野塘春水，花塢夕陽，皆可算公園是也。莫愁湖之野趣，清涼山鷄鳴寺之荒曠，玄武湖之淡遠，各有其致。我頂歡喜考試院前一泓河水，夾岸垂楊，放牛羊的與火車相映照，這很像北京永定門內一帶光景。若有蒼脂粉故事的秦淮河，只好在板橋雜記中去回憶，休去看他，桃葉渡左右全是刷馬桶的金汁與爛菜葉，使你不相信三百年的李香君柳如是會選這麼一個所在住下來，儘管隔岸太平洋六華春酒樓中也在金迷紙醉的吵作一團。且自事變以來，頹垣壞瓦，儼然桃花扇哀江南中景物。卽朱俞二公的「槳聲燈影」之文，到此也成謊語，所以趕熱鬧的大都到「羣樂戲院」「飛龍閣」之類的地方去，只剩下一二詩人向着鈔庫街的暗巷沉吟。提起戲劇，北京人是聽南京人則看。聽戲是坐在角落，沏一杯香片茶，閉了眼睛，用右手手指細按板眼，遇會心時點點頭，咽一口茶的風格。看戲是眉挑目語的看，品花寶鑑中潘三看蘇蕙芳那種看，奚十一看琴言那種看！——因爲南京的戲，大部分是「歌女」唱的，歌女之在南京，恰如一百餘年前「相公」之在北京。唱雖是職業，却不是維持生活的法門。於是爲達某一目的起見，遂有「捧×團」等等說法，好像這也是「古已有之」的事了，但究與易哭厂之捧梅博士，羅癭公之捧程硯秋，相去有間吧？我于此道，十分外行，恕不多瀆。

天下事永遠逃不過歷史，清朝人對着「春明夢餘錄」一類紀述咨嗟，同光間人則已慨嘆嘯亭雜錄中之種種，時至今日，豈唯「天咫偶聞」「藤蔭雜記」等竟如三代以上，卽「宇宙風」之「北平特輯」亦邈若山河矣。南京掌故之書所知不多，「客座贅語」是較早的了，甘實庵君的「白下瑣言」甚風行，紀洪楊以後事頗楚楚，不失爲好文章，不知數十年後，仍有此種文字否。「後之視今，亦猶今之視昔」，一念及此，不禁致慨於滄桑之速也。

一九四二之夏，南京。

★　★　★

我所知道的陳獨秀

靜塵

陳獨秀死了。死於四川江津縣，是死在牀上的。

假使陳獨秀死在十年或二十年前，噩耗傳來，無疑將引起全中國或甚至全世界的大衝動；可是這個時候，他的死不過像一片小小的瓦片投到大水裏，祇在水面上略略掀起幾圈微波。死非其時，這情景對於一位怪傑的殞落實是最淒慘不過的。

一個偉大的人物死了，人們照例要來一套『蓋棺論定』，或歌頌，或罪責，各依各的主觀，有的把死者捧上三十三天，有的把死者打入十八層地獄，使他永不翻身。其實這種行徑都有點近乎無聊。尤其此時此地，筆者對於陳獨秀之死，既不想談他從事政治活動的經過，也不想批評他的思想，更不願論述他對於近代中國到底發生了些什麼影響，從而確定他的功罪。我想這些工作最好讓諸幾百年後的歷史家們去開始，去完成吧。所以筆者於此，僅願約略談談關於陳獨秀的爲人以及他生前事蹟的一部份。

× × × ×

·陳獨秀氏遺影·

（一九三六年出獄後攝）

無論如何，陳獨秀是够得上稱爲中國近代史上的一個傑出的人物。假使我們願不以成王敗寇的眼光去觀察一位歷史人物的話。

『五四』以後，國民黨北伐之前，青年人誰不曉得中國有南陳北李（李即李大釗）。當時陳獨秀身爲中國共產黨的領袖，威名顯赫，誰個不曉。國民黨清黨以後，共產黨人不能公開活動了，而李大釗既死於北京，陳獨秀在上海，也成爲天字第一號的罪犯，於是他的聲名，便像糊在牆壁上的花紙一般，在歲月剝蝕之下漸漸褪了色。時至今日，提起陳獨秀，簡直覺得有點生疏了。

其實陳獨秀的沒落還並非由於當年國民黨的清共。倘然國民黨清共以後陳獨秀還是中國共產黨的『中央執行委員會總書記』，『長征』有他的份，事變發生後與重慶合作有他的份，他還不是又成了重慶方面數一數二的一位大要人！所以陳獨秀的沒落，實在應該是由於中國共產黨內部對於陳氏的傾軋。陳獨秀畢竟不够做一個政治家，他不過是一位學者，是個共產主義的信徒，所以他一而再，再而三地失敗了！政治上失敗的結果，自然逃不了沒落的厄運。

× × × ×

矮小的身材，老是穿着一襲深褐色或深綠色的嗶嘰長袍，禿頂的頭髮，老是望後梳得很整齊，但是沒有油光。面孔很黑，一對尖銳的眼睛，炯炯有光，鼻子和嘴吧生得都合適，唇上唇下略有幾根鬍子，使人一望而知他是一個善良而富有毅力的人物，這是陳獨秀容貌的大概。手脚都很小，右手手指間老是夾着根『價廉物美』的土製小雪茄烟，不斷地吸，不斷地彈灰，吸完一根接一根，右手和嘴唇從來沒有空閑過。從前在上海，住的地方非常秘密，而且始終只有一個人（僅僱一名女傭給他煑飯洗衣服）。跑出門來，從不坐車（因爲坐車容易使人注意），也從不招呼和他認識的人。一個矮小的老頭兒夾雜在人叢之中走，夏天的草帽和冬天的呢帽永遠罩沒前額，碰到他的人自然做夢也想不到他就是一個被政府懸賞五萬元，長年通緝的大罪人。然而這個一直爲政府當局要得而甘心的大罪犯始終安安穩穩生活在上海，直到有一個他的親信門徒出賣他，被政府當局捉着押到南京去爲止。

陳獨秀並不長於口才，不會辯論也不善演講。但是他的熱情，同他談天的人總會被他那股說不出來的熱情所吸引。他歡喜閒談，閒談時倒像白頭宮女話天寶，有點兒娓娓動聽。他也愛講笑話，談女人，雖然他講出來的笑話並不十分好笑，他談女人也不戴什麽戀愛的假面具。他是一個直爽而富於情感的人物，他不矯揉造作，他從不以無產階級爲口頭禪，以無產階級作爲一切一切的辯護；他是一個非常合乎人情的人。

他的個性很强，不大肯承認自己的錯誤。他忠於人，忠於事，忠於他自己的意志和思想。這是他成功的基礎，但也是他失敗的要素。他很固執他自己的意見，有些地方，他不免有點獨裁。每當辯論的時候，他會聲色俱厲地堅持他個人的主張，倘然有人堅决反對他，他竟會站起身來拂袖而去。但他也很感情用事，有時候，倘然與他爭論的對手是他平日所敬愛的，他會無條件地讓步，放棄他自己的主張。他有堅强的意志，却缺乏冷靜的頭腦，這是他身爲領袖的唯一缺點，也是他一生事業的失敗之癥結。

他有豐富的感情，他有豐富的愛。而他把他的感情和愛都交給了他的政治思想。他的兩個兒子——延年和喬年都爲共產黨死了。他從不提起，也不覺得老來無子的悲哀。他的一個媳婦和一個孫兒一直在蘇聯，她們不給他來信，他也不記掛他們。他的老妻住在安徽原籍，從來不曾到過上海，他也從來不回家去瞧瞧。聽說他還有一位哥哥和一個已經出嫁的女兒。他的哥哥先他幾年死了，他的老妻和女兒，自他被捕後才到南京陸軍監獄裏去探望他，有一個時期還陪他住在一起。『八一三』後，他從南京釋放出來到武漢，後來再從武漢到四川，他的老妻和女兒就陪着他轉輾遷流。一個政治上和文學上的怪傑到暮年居然還能享受幾年家庭的清福，恐怕完全出乎陳氏的意料之外吧？

陳獨秀也是一個出色的老師。對他青年的教誨，眞可說『誨人不倦』。並且很高興給青年改文章。他的字寫得很細很潦草，但是他做起文章來却很仔細。他書讀得很多，尤其對舊學頗有修養，所以他的白話文詞句工整而且簡潔。我始終覺得，陳獨秀與胡適眞不愧爲一對中國白話文的大師，兩個人各有所長，而且一個詞藻的穠麗和一個行文的一清如水，恰巧成個對比，這也是中國近代文學史上怪湊巧的一回事。

陳獨秀的體質並不怎麼弱，只是他終年害胃病，所以飯吃得很少，時時吃麵包。他除了抽香烟外沒有別的嗜好，酒是絕對不喝的。原來有沒有心臟病倒不得而知，不過他的肝火很旺。

從政治上失敗下來陳獨秀是受盡了磨折，尤其是共產黨那方面，簡直連氣也不肯給他透。但是陳獨秀始終要做一個共產主義者，執迷不悟。記得他被捕時候，章行嚴以老朋友的資格，願意做他的義務辯護律師，給他出了一次庭，因爲要辯護他的無罪，便在法庭上列舉他早年同情國民黨，反對北洋軍閥，擁護孫中山先生及其三民主義的種種論據，最後還代表他說他並不反對國民黨，並不想推翻國民政府。但是陳獨秀却立刻不同意章行嚴那種辯護，他自認他是一個共產黨員，自認他反對國民黨的主義和政策，並要奪取政權，組織共產主義的革命。並且又當場拒絕章行嚴充當他的義務律師，回到監獄裏親自寫了一篇『辯護狀』，交進法院去。

出獄以後，陳獨秀除在武昌大學作了三兩次公開演講外，即無其他政治活動。所以陳獨秀的行動，也一直不爲國人所注意。那時候（也許在那時候以前）他最受人注意的行動恐怕只有一件事，就是給上海的宇宙風半月刊寫了幾段『實庵自傳』（他的自傳），可是這『實庵自傳』不過寫了一個頭就擱起了。中國近代史上少了這一篇傳奇式的文獻，實在太可惜了。前幾年我與朋友有時偶然閒談到陳獨秀，我總覺得陳獨秀晚年政治生命的斷絕，並不怎樣可惜，因爲他不是政治上的梟雄，其失敗也固宜。只是他不能完成他的自傳，這不僅是中國近代史上的一個損失，也是中國近代文學上的一個大損失！

現在獨秀死了，我不爲獨秀的生命哀，也不爲獨秀的不能成功哀，——因爲政治上的成功不一定是眞的成功，失敗不一定是眞的失敗。——却爲陳獨秀不能完成他的一部自傳哀。

× × × ×

陳獨秀雖在政治上全盤的失敗了，但他在提倡新文化運動這方面，却是絕對的成功的。『五四』新文化運動的推動，固不祇得力於陳氏一人，然而陳氏是新文化運動的褓母並且又是新文化運動的領導者，却是不容否認的。

在民國六年一月胡適發表『文學改良芻議』（這篇文章可以說就是後來新文化運動行動的綱領）以前，陳獨秀在上海創辦『新青年』，就致力於提倡進步的西方科學，反對守舊的中國玄學和一切落後的倫理觀念，在文學方面，陳氏更大胆地揭起反對古典主義和理想主義之旗，而主張應當趨向於寫實主義（時在民國五年）。胡適的『文字改良芻議』，顯爲陳氏這種主張所引起。及至胡適的『文字改良芻議』在『新青年』發表後，陳獨秀更進一步地發表了他那篇震撼全國學術思想界的『文學革命論』。雖然這篇『文學革命論』寫得並不長，但這篇短文的發表，確像在死沉沉的中國學術思想泥潭裏投下了一顆最猛烈的炸彈，將停滯已久的一潭腐泥臭水炸出一個大缺口，使新文學的嫩芽得以滋長。且並就在這篇『文學革命論』中，我們可以充分看出陳氏腦海裏革命思想的濃厚和前進精神之驚人。他最後一段這麼說：

『歐洲文化，受賜於政治科學者固多，受賜於文學者亦不少。予愛盧梭、巴士特之法蘭西，予尤愛虞哥、左喇之法蘭西；予愛康德、赫克爾之德意志，予尤愛桂特郝、卜特曼之德意志；予愛培根、達爾文之英吉利，予尤愛狄鏗士、王爾德之英吉利。吾國文學界豪傑之士，有自負爲中國之虞哥、左喇、桂特赫、卜特曼、狄鏗士、王爾德者乎？有不顧迂腐之毀譽，明目張胆以與十八妖魔宣戰者乎？予願拖四十二生的大炮，爲之前驅！』

陳獨秀遇事堅決，以及當時對新文化運動努力推進的斷然精神，我們已可從這短短一段文字中明白體味出來。以陳氏這種個性，其後來接受第三國際駐東方代表的邀請而組織共產黨，當然不足爲怪了。

胡適與陳獨秀先後發表『文學改良芻義』和『文學革命論』之後，中國的新文化運動，就如龍騰虎躍一般向前推進了。當時全中國的學術思想界除守舊迂腐的一派極力反對白話文，反對革新文字的思想外，其他凡有進取心的學者和青年知識份子，無不竭力擁護陳胡二人的主張。其中最著名的即有錢玄同、劉半農諸人。而胡適的努力寫作白話文、白話詩，並努力與一般迂腐之士如林琴南之流筆戰，寫文章來痛斥許多舞文弄墨之徒的不通，與陳獨秀之『拖四十二生的大炮』，爲新文化運動的前驅，使許多文人的散漫的學術思想匯合起來成爲一支文學革命的隊伍，與千百年來的舊文化宣戰，朝氣勃勃，絕不妥協，眞可謂一吹一唱，少了一個都不成。所以今天許多人都稱胡適爲中國新文學的導師，同時就該稱陳獨秀爲中國文學革命的領導者。陳獨秀在文學革命上的成功，着實可以彌補他在政治革命上的失敗。陳氏死而有知，也當瞑目含笑於地下了吧。

啓事：本刊爲便利上海方面通訊起見，特商請國民新聞社收轉，此後凡上海方面之函件，均請投該社轉收爲荷！

記語言學家王小航

何默

現在通行的注音符號，是始於民國初年的。在他以前，清時原也有幾種拼音方法，那最早的是福建同安縣人盧戇章的「中國第一快切音新字」，那是在光緒十八年（一八九二），不過他用的多是本地土音，所以不能通行。其次便要算王小航了，他的「官話合聲字母」，於光緒二十六年（一九〇〇）出版，以後就在京津甯奉一帶大規模地推行，傳播過十餘省，到現在還有許多人沒有忘記的。所以他在我國國語運動史上，的確是一員老將。

據說他發明這種合聲字母，天津嚴範孫幫他的忙很多。有一天，他正在凝坐執筆審音的時候，嚴氏便送他一部李光地的「音韻闡微」，這書原是清聖祖把滿洲語「合聲」的方法，命李光地應用於漢文字音的。所以王氏談了以後，才知這個方法並非自己獨得之祕，於是就定名爲「官話合聲字母」。後來嚴氏又首先替他宣傳提倡，使家裏人個個練習，結果據說連車夫廚子和丫頭老媽子等，都會用這種字母來寫信做文章了。

這種官話合聲字母一共有六十二個，其中聲母五十個，就叫做「字母」；韻母十二個，另稱爲「喉音」。都採取漢字中的某一部分，故頗如日本的片假名。像現在注音符號的ㄆ，他作扌，就是取「撲」字的偏音；注音符號ㄨ，他作五，就是取「五」字的下部；注音符號ㄚ，他作了，就是取「阿」字的首筆。他的合聲，就是把字母與喉音雙拼，却極端反對三拼的方法（現在注音符號却有三拼法的）。當時日本服部宇之吉來中國，嫌他字母太多，就對他的門人王璞說道：「尊師官話字母數實太多，不如用三拼法以減其數。」王璞對他說了，他却大不以爲然，說是「服部未嘗親投愚蒙，故不知學三拼較雙拼其難數倍。學三拼有數月尙不能用，雙拼則至鈍者十餘日必可用。」

後來這種字母，又經當時桐城派的古文健將吳汝綸的贊同，也極力替他宣揚，並且上書學部大臣張百熙，說是「此音盡是京城口聲，尤可使天下語言一律」。這不但推行這種字母，可以使人們便利識字，還可以進一步統一全國語音。這一塊統一大招牌被吳氏這樣抬出以後，果然張氏也大以爲然，於光緒二十九年（一九〇三，距字母出版僅後三年）和榮慶張之洞奏定學堂章程，其中學務綱要第二十四條，就有「自師範以及高等小學堂，均於國文一科內，附入官話一門」的規定。那時中央權力甚大，各省勢不能不遵行的。不過條文中未規定必須用王氏的「官話合聲字母」做教本，因此偏遠諸省，就只得請駐防的旗人權做教習，鬧出種種笑話。例如福建各學堂旗人教官話時，開頭總是「皇上」「朝廷」「主子的家」「我們都是奴才」。一般稍有新思想的人聽了，就不免要起來反對，那時就有一位林白水（即名記者林萬里，於民國十五年爲北政府所捕殺），爲此而捉將官裏去了。

不過到了直隸總督袁世凱手裏，他的手段便不同了，他於光緒三十年（一九〇四）飭督署的學校司妥擬推行辦法，於是學校司便通令全省啓蒙學堂傳習，又飭提學司將官話字母加入師範及小學課程之中，又命在天津設立簡字學堂。其後兩江總督周馥，盛京將軍趙爾巽，也各在省城設立

同樣學堂，於是才見得大規模的推行起來。直到民國七年，注音字母（當時稱爲字母，現在改稱符號）公布通行以後，他的方法方才被人漸漸淡忘了。

以上所說，只是說他推行官話合聲字母一種情形，他的「蘆中窮士」別號，就是用在這本字母書上面的。他爲什麼要號蘆中窮士？說來也有原因。原來他也是戊戌政變聲中一員新黨人物。他生於咸豐九年（一八五九），十九歲時（光緒三年）入庠，便喜讀譯時務諸書，因此親族鄉人都目他有魔氣。三十三歲（光緒十七年）中了舉人，三十六歲（光緒二十年）成爲進士，入翰林爲庶吉士，次年散館，改禮部主事，仍歸縣辦鄉團。至光緒二十三年（一八九七），他居然創設小學堂於蘆台，這是州縣地方設學校的最早者。第二年戊戌，他在京供職，又與徐世昌李石曾等創設「八旗奉直第一號小學堂」。他在總理各國事務衙門呈文立案，便說「名爲第一號者，以後儘力推廣二號三號以至十百千萬號，多多益善也」。當時王大臣斥爲妄誕，然而這個學校，到現在還依然存在，即燕冀中學是也。學校而名爲第一號，在當時確實有些異想天開，聞所未聞，然而後來各省中學師範有第一第二等等之稱，小學也有此種辦法，不能不說都是沿襲他的先例了。

王氏既在京中辦了學堂，那時康梁正欲變法，德宗極想推行新政，於是他也上書言事，請帝奉太后出洋，並專設教部。可是禮部漢尙書許應騤以爲其言闊大，格不代奏。這可氣倒王氏，過了一月，便到禮部當面詰問，責許犯上抗旨。許氏老羞成怒，索性劾他包藏禍心，肉不足食。幸而德宗聖明，下諭「朕心自有權衡，無庸該尙書等鰓鰓過慮」！立將禮部堂官

六人，盡行革職。當時滿尚書懷塔布閣命，對人連喊冤枉，說是「我並沒有看見人家摺子說的什麼話，跟他們一同革職，冤不冤！」（清時各部例有兩尚書，一滿一漢）。因此倒便宜了王氏以爲「勇猛可嘉」，超擢爲四品京堂候補，並賞三品頂戴，預備簡授出使日本大臣。那知好景不常，發生政變，他亦在被捕名單之中，於是只得逃往日本，暫避鋒芒。

隔了二年，就是光緒二十六年，他潛行歸國，以僧裝漫游山東，自稱台灣和尚。不久又返津蟄居，改姓名爲趙世銘。是年冬，始刊所著「官話合聲字母」於天津，即自署蘆中窮士。足見這個別號，來歷實在非小也。

那時王氏還不過四十二歲，所以他後來的事情還多着呢！我們都知道那年是鬧過八國聯軍故事的，兩宮蒙塵，早已偷偷地跑到西安去了。王氏想這時總不至於再會受禍，便於第二年跑到京中，去謁見當時與聯軍議和的全權代表李鴻章。那時他倒沒有什麼野心，只想推行自己的官話字母。李鴻章命于式枚代見，式枚原是王氏舊日同僚，便問他：「老前輩（當時吏禮兩部司員以此爲敬稱）！現在從海外歸來，亦將有策略救中國嗎？」王氏道：「天下事豈一策一略所能爲？現在全國共計二十萬秀才舉人進士，比日本五千萬受過普通教育的人民少二百五十倍，以一敵二百五十，還有什麼策略可說？中國政府非注重下層教育不可！欲去下層教育的障礙，非製出一種溝通語文的文字，使言文合一不可！」式枚那裏想得到他說的策略原來只爲自己，大不高興的說：「這不像老前輩的雅言哪！老前輩必有雄謀碩畫，不屑對我們這般小角兒說出來罷！」王氏聽了也大不高興，斥爲「不懂人話」，立刻辭別而出。

等到辛丑和約告成，第二年兩宮回京。王氏以爲舊案當不再重翻，所以於光緒二十九年（一九〇三），他在京創設「官話字母義塾」，令門人王璞爲之教授，又漸漸大張聲勢。那知西太后還是不忘情於戊戌黨人，依然恨之徹骨。恰巧譚嗣同的故友沈藎，就以黨人關係被捕，杖斃於刑部獄中。他原也與沈爲朋友，知道自已決難倖免，遂於第二年到步軍統領衙門自首，希望能夠減些罪刑。當時慶親王弈劻請旨於太后，太后只是冷笑，指德宗道：「你問他。」這樣德宗實在左右爲難，如果直爲王氏作袒護的話，必爲太后所不喜，所以思索好久，才吐露一句「免其一死罷！」仍歸含有徵求太后同意的意思，而且也不讓王氏一些沒有罪孽；於是交刑部永遠監禁。後來得慶親王的營救，乘機對太后說：「近接見各國公使，多謂政府猶仇視新黨，變法恐無誠意。宜寬赦戊戌黨人，示欲起用，外議自息。」太后以爲然，遂降旨「戊戌黨人除康梁外，一律赦免，並開復原銜」。所以王氏不久也就出獄，但他已不想再做官，赴保定去創辦拼音官話書報社了。

這書報社第二年（光緒三十二年）又移設於北京，出版修身、倫理、歷史、地理、地文、植物、動物、外交、家政等的初學拼音官話書，多是他自已動手編輯，銷數很好，多至六萬餘部。又出「人人能看書」數冊，即所謂拼音官話報者是。此報直至宣統二年（一九一〇），因遭攝政王載澧之忌，方才被封停出，他也避到江南來了。

但他因受德宗的寵遇，所以他對德宗還有一件報忠的故事，在這裏不能不補述一下。原來光緒三十三年（一九〇七），德宗那時還被禁於瀛台，他聞知太后密遣太監孫小胖子身藏利刃，恐怕有不測的情事，就偕一太監和伶人田際雲於夜裏去見肅親王善耆。肅親王對他說道：「我有辦法，你只顧放心！我所編防消隊，實在是個勁旅，雖以救火爲名，如遇危急時候，就會保護皇上的。」雖然不到幾天，太后已調回孫小胖子去了。

第二年，這是光緒的末年了，王氏又聞太后已經病篤，請肅親王趕快率隊入瀛台，擁帝升殿，若等太后崩駕，事就落後。肅親王答以「無旨安可入宮？錯走一步，便是死罪。」他說：「太后未崩，那得降旨？」肅親王說：「這就沒有辦法。」他說：「不冒險，不濟事。」肅親王說：「天下事不是冒險可以成的！你冒險會冒到刑部監裏去，中何用來？」他的話便塞，只得扼腕而出。但不到數月，德宗果先太后一日而崩。所以他對德宗，的確是忠心極了。

到了民國二年（一九一三），他受聘爲教育部讀音統一會會員。他從南京返京，教育部次長董鴻緯對他禮待很殷，還說「大總統屢詢先生來否，明朝當往一談。」王氏却說：「我是閒人，不便去攪忙人。」董復勸他，他便不高興的說：「我從南來，專爲社會事，不爲作官事。若見大總統，人必謂王小航混入官場，這不是丟臉嗎？」於是董也無可奈何，就不請他去見。其實王氏所以不願去見袁世凱，混入官場云云，不過借借帽子而已，實際上却是因爲袁曾背帝附后，所以不願再與他去接近。袁氏對王本來也幫過許多忙的，但王氏這時却不以私忘公，也可見得他是怎樣的正氣凛然了。

那讀音統一會會員共八十人，其中由部延聘者三十餘人，部派者十餘人，餘則爲各省所選派的代表。籍貫以江蘇爲最多，佔十七人，浙江次之，佔九人，因此王氏對此多寡不均，大不滿意。然正式開會，會員到者僅四十四人，即照章選舉吳敬恆爲議長，王氏爲副議長。王氏既嫌江浙會員太多，又見吳氏爲議長，於是一幕暗鬥就從此開始了。

依開會的程序，第一步先審定國音。其預擬辦法，先依李光地「音韻闡微」各韻的同音字，採取其較爲常用的，名爲「備審字類」，徧夜印發各會員，以便各自商定應讀的音，而用會中預定的「記音字母」注於其上（此記音字母即後來通過的注音字母）。然爲此記音字母，會中即大起風波，而其關鍵則在濁音問題。議長吳敬恆說：「三十六字母是我們中國人的老祖宗給我們留下的，我們應該遵守。」蘇人汪榮寶也說：「南人若無濁音及入聲，便過不得日子。」於是東南會員，都主張將三十六字母中的十三濁音加入新字母中。但王氏却竭力反對，雙方爭辯甚烈。吳氏乃出以滑稽的語調說：「濁音字甚雄壯，乃中國的元氣。德文濁音字多，故其國强；我國官話不用濁音，故弱。」因試唱一段弋陽腔，以證明濁音的雄壯處。王氏於退會後，乃與馬體乾劉繼善及其門人王璞商議（皆直隸籍），邀集北方諸省及閩粵川滇代表三十人，別開一會於安立甘教堂，倡議道：「字母加入十三濁音，則是以蘇浙音爲國音，我全國人民世世子孫受其困難。今吳稚暉恃有基本隊二十餘人；我們意見雖同，人數略相當，倘表決時有怵於勢者，事必敗。」並建議於表決時，應以省爲單位，每省不問有多少會員，只有一表決權。衆皆鼓掌贊同。第二天開會，王氏即提出此案，蘇浙會員譁然。汪榮寶且大聲說道：「若每省一表決權，從此中國古書都廢了。」王氏問：「此語作何解釋？」汪不答，王氏又說道：「是否蘇浙以外更無讀書人？」汪纔說：「我錯了就是！」偶然汪與同座用蘇白閒話及黃包車，王氏以爲罵他，大怒道：「你罵我王八蛋，我就來揍你這個王八蛋！」幾乎要動起武來。幸得汪即離席而去，始安然無事。但議長吳敬恆仍謹愼其事，不敢付諸表決。王氏認爲侮已，遂率其同黨向代理部長董鴻禕處辭職，說「這完全是蘇浙讀音統一會，我等外省人攔入多日，甚爲抱歉！」董勸他不必盛氣，且說：「當即日付表決，且定通過，我負責任。」後來果然將此十三濁音字母，用每省一權表決打消。但東南會員暗地仍用濁音，則多仿日本以雙點記於字母的右上角。

等到會期即將結束的時候，王氏又與吳氏鬧了一件公案，原來吳氏於開會之初，曾親至勞乃宣處，請其出席與會。勞則辭以未便，僅允貢獻一些意見，以私函寄於吳氏。此書中極贊許王氏的官話字母，以爲簡易直截。吳氏得此書後，恐增王氏氣燄，故隱而不宣，並未印送於會員。後來勞氏長女勞絅來會旁聽，與王氏談及，王氏即向吳氏索得副本，於次日開會，登台詰問吳氏。吳氏說：「此玉初（勞字）寄我私函，公開與否，我之自由。」王氏便指書中有「諸公共同決定」之語問道：「我且問你，你是姓吳名敬恆呢？還是姓諸名共同呢？」吳氏憤極，就辭職不幹議長。照例議長缺席，由副議長主席，但他也怕蘇浙會員側目，所以不到幾天也辭退了。結果由他門人王璞代之，草草收束會期。

此後王氏惟一度入段執政幕中，旋即隱居，築水東草堂於德勝門內馬家大院，故晚年又自號水東。他所著書，除官話合聲字母等外，又有水東集十五卷，於民國二十年刊行，內分上下外三編：上編四種，㊀小航文存四卷，自戊戌上書，庚子行脚，字母序論以及雜文書牘均屬之。首有胡適序，頗恭維他的爲人。㊁三草刪存一卷，即「雪泥一印草」，爲戊戌至庚子所作詩，「照膽台吟草」，爲光緒三十二年在杭州所作詩，「下里吟草」爲民國元年在南京所作詩。㊂航泊軒吟草刪存二卷，爲閒居北城淨業湖西東時所作詩。㊃方家園雜咏紀事一卷，專咏晚清軼聞，而紀其事於其後。下編亦四種：㊀表章先正正論一卷，爲晚年表章毛奇齡等爲僞古文尙書辨護之作。他嘗對馬裕藻說：「你們浙江人眞高明啊！我們北方人眞不行！」意謂毛奇齡乃蕭山人，曾爲古文尙書作寃詞，而閻若璩乃太原人，曾力攻僞古文尙書也。㊁三體石經時代辨誤二卷，爲斷三體石經出於漢代力辨魏正招所立的錯誤。㊂讀易隨筆讀論語隨筆合一卷，均宗程朱之說。㊃讀左隨筆一卷，對杜注略有疑義。外編一種，即古來女子軍事二卷，係選輯歷代女傑的事蹟六十篇而成，各篇均附有自已的按語。

王氏卒於民國二十二年（一九三三），年七十五。原名照，小航其字，河北甯河縣人。

政治月刊　第三卷　第六期　要目

親兵之官……汪精衛
中國問題觀……孟祺
清鄉運動之我見……陳憲
新的中國問題……杉村廣藏
歐亞兩戰爭的合流……伯孚
大東亞戰爭與印度……亦曾
勝利者的反省……野村重臣　默君譯
新經濟政策的施行
統一幣制與新法幣……俞仁
珊瑚海大海戰……鎌田正一
日本海軍的戰果……平出英夫
與廢之關鍵……大陸新報
珊瑚海大戰紀詳……安籐新
中共最近的動向……林勵譯
新國民運動應注重的幾種教育……吳家煦
舊史鈎沉……景清陶
汪精衛先生傳……雷鳴

牡丹亭女讀者的戀慕狂

仲玉

在中國舊有戲曲中，最能打動萬千少男少女心懷的，北曲莫如西廂記，南曲要算到牡丹亭。但西廂記完全敷衍會眞記故事，曲詞雖佳，遠不及牡丹亭的『情文並茂』。牡丹亭出世後，使無情的人讀了變爲有情，有情的人讀了變爲癡情；尤其是一般深閨少女，她們所受的刺激尤深：有的爲他痛哭斷腸，有的想嫁給他的作者不遂而短命，甚而至於有的爲他而自殺。這種偉大的奇跡，西廂記那能與之相提並論？今人郭沫若，他譽西廂記爲『有生命之人性戰勝了無生命的禮教底凱旋歌、紀念塔。』我以爲如移來贊美牡丹亭，更是確切而適當。

但這種種奇跡的發生，都是出於作者湯顯祖意料之外的。他的作曲，在他不過借來自發牢騷，決不希望得到什麼人的了解。所以曾經有人可惜他的聰明誤用，勸他把作曲的精神來講學。他笑答道：『諸公所講者「性」，僕所言者「情」也。』他旣與當時一般士大夫的主張背道而馳，所以很傷心的在他七夕答友一詩中說道：

『玉茗堂開春翠屏，新詞傳唱牡丹亭；傷心拍遍無人會，自掐檀痕敎小伶！』

其實他儘可不必傷心。一本有生命的文藝作品的成功，有的在當時就有人賞識，有的往往要待之千載之後；他的牡丹亭出世後，雖未卽蒙士大夫的譽揚，然而閨閣流傳，立卽博得萬千少女的同情，俞二娘第一個替他校閱，第一個爲他而情死。茫茫塵世，知己難得，他亦可以無憾。他有哭婁江女子一詩云：

『畫燭搖金閣，眞珠泣繡窗。如何傷此曲，偏只在婁江！』

他詩中有『偏只在婁江』一語，可知婁江傷此曲的人，還不止一個俞二娘，至少須有兩人。可惜『書缺有簡』，現在已不易查考。

在這篇文章裏，是要把牡丹亭作者的閨閣知己一一介紹於讀者。現在就先從俞二娘說起。俞二娘的名字已不傳，依張大復梅花草堂筆談所載，當作俞三娘；然他書則俱作俞二娘。她的身世，以梅花草堂筆談所載爲最詳：

『俞娘，麗人也，行三（張友鸞「湯顯祖及其牡丹」亭引此文，逕改作「行二」，不知與下文「恨子不識阿三」語不呼應，不如仍原文「行三」爲是）。幼婉慧，體弱常不勝衣，迎風輒頓。十三，疽苦左脅，彌連數月，小差，而神愈不支；媚婉之容，愈不可逼視。年十七，夭。當俞娘之在床褥也，好觀文史，父憐而授之，且讀且疏，多父所未解。一日，授返魂記，凝睇良久，情色黯然，曰：「書以達意，古來作者，多不盡意而止。如生不可死，死不可生，皆非情之至；斯眞達意之作矣。」飽研丹砂，密圈旁注，往往由寫所見，出人意表。如感夢一齣，註云：「吾每熹睡，睡必有夢，夢則耳目未經涉，皆能及之；杜女固先我着鞭耶？」如斯俊語，絡繹連篇；顧視其手跡，遒媚可喜，當家人也。某嘗受冊其母，請祕爲草堂珍玩。母不許，曰：「爲君家玩，孰與其母寶之爲吾兒手澤耶！」急急令倩錄一副本而去。俞娘有妹，落風塵中，標格第一，時稱仙子。而其母私於某恨曰：「恨子不識阿三。」吾家所錄副本，將上湯先生，謝耳伯願爲郵，不果上。先生嘗以書抵某：「聞太倉公酷愛牡丹亭，未必至此。得數語入梅花草堂，並刻批記，幸甚。」又虞山錢受之，前取西廂公案，參倒洞聞漢老諸老宿，請俞娘本戲作傳燈錄甚急，某無以應也。「世間好物不堅牢，彩雲易散瑠璃脆。」斯何足怪！不朽之業，亦須屢厄後出耶？挑燈三嘆，不能無憾於耳伯焉。」（卷七俞娘）

除了俞二娘外，同時有內江女子（不知姓名）及金鳳鈿，都因讀了牡丹亭，想嫁給他的作者。結果，內江女子投河溺死，而金鳳鈿却患相思病而死。內江女子事見尤西堂艮齋雜說，他書亦有記載。本事是：

『內江一女子，自矜才色，不輕許人，讀還魂而悅之，逕造西湖訪焉，願奉箕帚。湯若士以年老辭，女不信。一日，若士湖上宴客，女往觀之，見若士皤然一翁，傴僂扶杖而行。女歎曰：「吾生平慕才，將托終身；今老醜若此，命也！」因投於水。』（據『湯顯祖及其牡丹亭』引『黎瀟雲語』，但『黎瀟雲語』似非書名）

此事與清末曲家黃韻珊事極相似：相傳『韻珊才豐而貌陋，曾有一女，欲委身焉；覿見其貌而止。』（顧曲塵談引劉毓盤語）金鳳鈿事見鄒弢三借廬筆談：

『湯臨川牡丹亭記，膾炙人口。相傳揚有女史金鳳鈿（原注：梅仙云，蘇州人，宋姓。毓仙云，浙江人，不知其姓），父母皆故，弟年尙幼，家素業鹺，遺貲甚厚。鳳鈿幼慧，喜翰墨，尤愛詞曲。時牡丹亭書方出，因讀而成癖，至於日夕把卷，吟玩不輟。時女未字人，乃謂知心婢曰：「湯若士多情如許，必是天下奇才，惜不知里居年貌。爾爲我物色之，我將留此身以待也。」婢果托人探得耗，知若士年未壯，已有室，時正待試京師，名籍籍，傳人口，即以復鳳鈿。鳳鈿默然久之，作書寄燕都達意，有「願爲才子婦」之句。年餘，亡復書，蓋已付洪喬公矣。復修函寄之，輾展浮沈，半年始達。時若士已捷南宮，感女意，星夜來廣陵，則鳳鈿死已一月矣。臨死，遺命於婢曰：「湯相公非長貧賤者，今科貴後，倘見我書，必來相訪。惟我命薄，不得一見才人，雖死目難瞑。我死，須以牡丹亭曲殉，無違我志也！」言畢遂逝。若士感其知己，出己貲力任葬事，廬墓月餘始返。因理金氏產，並其弟，悉載以去。後其弟亦成名。楊雲生爲余述。』（卷二金鳳鈿）

西湖女子馮小青，和作者也是同時人，她是以『自我戀』出名的；但她對牡丹亭的女主人公杜麗娘，却也表示着十分的同情。她爲此寫了一首詩，一時頗流傳人口。那詩是：

『冷雨幽窗不可聽，挑燈閑看牡丹亭；人間亦有癡於我，不獨傷心是小青！』

稍後，杭州女伶商小玲，演牡丹亭的時候，唱到傷心的句子，忽然兜起心事，竟至氣絕倒地而死。據任訥曲諧云：

『磵房蛾術堂閒筆云：杭有女伶商小玲者，以色藝稱，於還魂記尤擅場。嘗有所屬意，而勢不得通，遂鬱鬱成病。每作杜麗娘尋夢、鬧殤諸劇，眞若身涉其事者，纏綿淒惋，淚痕盈目。一日，演尋夢，唱至「待打併香魂一片，陰雨梅天，守得個梅根相見。」隨聲倚地。春香上視之，已氣絕矣！按此節，鮑倚雲退餘叢話以爲見於玉几詩話。』（卷三牡丹亭注本）

綜觀上面所述，凡傾心於牡丹亭或牡丹亭作者的女子，沒有一個不是短命而夭折。牡丹亭幾乎成爲一本不利於女子的象徵劇。到後來吳吳山三婦合評牡丹亭本出世，有人一考她們的身世，於是更替上面所說的話多添了許多的證據。

有人以爲三婦合評牡丹亭事，係出於吳吳山的僞托，說見清涼道人聽雨軒筆記：

『康熙間，武林吳吳山，有三婦合評牡丹亭一書。按吳山名人，字舒鳧，吳山其號也。工詩文詞曲，與同里洪稗畦（昇），並馳名江浙間。吳山始聘於陳，未婚而夭；取談，逾年亡；繼娶爲錢，與吳山偕老。三婦皆具妙才，詩筆清麗。其牡丹亭一曲，則陳談評其前半，而錢繼之，評語咸列於上方；吳山復引詩經語作旁批，梓行於世。人皆豔稱之。予獨以爲吳山所聘所取，咸能讀書識字，事或有之；若云所評係三婦相繼而成，則其中當有分別之處，何以心思筆氣，若出一人？鄙見論之，大約爲吳山所自評，而迻其名於乃婦，與臨川之曲，同一海市蜃樓，憑空架造者也。』

記中所說，雖言之成理，可惜尙沒有佐證。今人任訥就不信這一段話，以爲：

『三婦合評一書，其事殊韻，足資談助。而三婦之文，即觀其卷端題詞，已覺清靈幽窈，自具一種陰柔之美，爲不可及。至於前後事夫之賢，三人相望之厚，深情淑德，尤多足焉。』（曲諧卷三）

他既說牠的題詞有一種『陰柔之美』，那他當然是承認出於女子手筆的。他接着就略記三人評書經過。本文就依據了寫成後面的記述。

三婦爲吳人之未婚婦陳同，繼娶婦談則，三娶婦錢宜。陳同字次令，黃山人。吳人評本自序有云：

『初聘黃山陳氏女同，將婚而沒。有邵媼者，同之乳媼也，來述：同於病中猶好觀覽書籍，終夜不寢。母憂其茶也，悉索篋書燒之。僅遺枕函一冊，媼匿去，爲小兒女夾花樣本，今尙存也。人許一金相購。媼忻然攜至，是同所評點還魂記上卷。密行細字，塗改略多；紙光冏冏，若有淚迹；評語亦癡亦黠，亦玄亦禪，即其神解，可自爲書，不必作者之意果然也。惜下卷不存，對之便生於邑。』

觀此故事，則陳同之死，似又蹈了俞二娘的覆轍，僅因時代已遷，易相思爲幻想而已。談則字守中，清溪人。吳序又云：

『已取清溪談氏女則，雅耽文墨，鏡奩之側，必安書簏。見同所評，愛玩不能釋，人試令背誦，都不差一字。暇日倣同意補評下卷，其杪芒微會，若出一手，弗辨誰同誰則。則既評完，鈔寫成帙，不欲以閨閣名聞於外間，以示其姊之女沈歸陳者，謬言是人所評。沈方延老生徐丈野君談經；徐丈見之，謂果人評也，作序貽人。於時遠近聞者轉相傳訪，皆云吳吳山評牡丹亭。』

觀序中『不欲以閨閣名聞於外間』一語，可知吳山後來用三婦合評名義出版，原非本心。由是以言，那麼清涼道人之言，似屬神經過敏了。

錢宜字在中，古蕩人。序又云：

『則又沒十餘年，人繼取古蕩錢氏女宜。初僅識毛詩字，不大曉文義；人令從崐山李氏妹學。妹教以文選、古樂苑、漢魏六朝詩乘、唐詩品彙、草堂詩餘諸書，三年而卒業。啓篋得同、則評本，怡然解會，如則見同本時。夜分燈灺，嘗倚枕把讀。一日，忽忽不懌，請於人曰：「宜昔聞小青者，有牡丹亭評跋，後人不得見。見『冷雨幽窗』詩，淒其欲絕。今陳阿姊評，已逸其半；談阿姊繼之，以夫子故，掩其名久矣！苟不表而傳之，夜台有知，得無秋水燕泥之感！宜願賣金釧爲鍥板貲。」人不能拂，因序刻之。』

書中有陳同題詞兩則，談則繼題兩則云：

『右二段，陳阿姊細書臨川敘後空格七行內，自述評注之意，共二百四十字。碎金斷玉，對之黯然！談則書。」

『向見牡丹亭諸刻本，詰病一則無落場詩，獨陳阿姊評本有之；而他折字句，亦多異同，靡不工者。洵屬善本。每以下卷闕佚，無從購求爲快快。適夫子遊苕霅間，攜歸一本，與阿姊評本出一板所摹。予素不能飲酒，是日喜極，連傾八九瓷杯，不覺大醉。自晡時睡至次日，日射帳鈎，猶未醒。鬥花賭茗，夫子嘗舉此爲笑噱。於時南樓多暇，倣阿姊意，評注一二，悉綴貼小籤，弗敢自信。積之累月，紙墨遂多，夫子許可與姊評等埒，因合鈔入苕溪所得本內，重加裝璜。循環展覽，笑與抃會，率爾題此。談則又書。」

『予素不能飲酒』以下一段文字，任訥以爲『風致獨絕。想見歡融芸卷，春嬋花枝，無限酣情，都緣風雅中出。抑何清豔乃爾！』此後吳人又記一則云：

『同語二段，則手鈔之，復以自題二段於后。後以評本示女甥，去此二頁，摺疊他書中，予弗知也。沒後檢點不得，思之輒增悵惘！今七夕曬書，忽從庾子山集第三本翻出，楮墨猶新，盎然獨笑！又念同孤篆薙香，奄冉十三寒暑；而則戢身女手之卷，亦已三度秋期矣。悵望星河，臨風重讀，不禁淚潸潸下也！吳山人記。」

錢宜又繼此題一則云：

『此夫子丁巳七月所題，計予是時，才七歲耳。今相距十五稔，二姊墓樹成圍，不審泉路相思，光陰何似？若夫青草春悲，白楊秋恨，人間離別，無古無今。玆晨風雨淒然，牆角綠萼梅一株，昨日始花，不禁憐惜。因向花前酹酒，呼陳姊談姊魂魄，亦能識梅邊錢某，同是斷腸人否也。細雨積花蕊上，點滴如淚，旣落復生，盈盈照眼，感而書此。壬申晦日，錢宜記。」

任訥又於此記後評云：『縹緲興懷，淒涼入骨。讀此一則，錢姊恐亦非厚福之人；而文字清淡雋逸，直是小品中上乘，不可沒也。』果如所言，則吳山三婦，竟沒有一個能掙脫『薄命』之網了。然『縹緲興懷，淒涼入骨』，讀牡丹亭者亦莫不有此感覺。那麼傾倒於此者必成薄命，亦屬『物以類聚』之理，毫不足怪了！

除了上述諸人外，湯顯祖還有一個最幽默的女性知己。牡丹亭出世後，在閨閣中得到了這許多知己；於是因了酸素作用，却引起了僞道學家的反對。像徐樹丕活埋庵識小錄所云：

『聞若士死時，手足盡墮，非以綺語受惡報，則嘲謔仙眞，亦應得此報也。然更聞若士具此風流思想，而室無姬妾，與夫人相莊至老，似不宜得此惡報，定坐嘲謔仙眞耳。」

『手足盡墮』，這種無根之談，不知自己先當受若何惡報！至以若士『室無姬妾，與夫人相莊至老』爲不宜得此惡報，倘還有識。由『室無姬妾，與夫人相莊至老』一點上，尤足顯示若士人格之高，用情之摯；全異於以風流自命，朝秦暮楚，用情汎濫的無道德小人。又如顧公燮消夏閑記云：

『昔有人游冥府，見阿鼻獄中，拘繫二人，甚苦楚。問爲誰？鬼卒曰：「此卽陽世作還魂記、西廂記者，永不超生。」宜哉！』

活着奈何人家不得，只有造些鬼話來中傷人家，這是一班無恥小人的勾當。所謂『宜哉』，只是他自己一人之所謂宜而已。對於這樣無根讕語的駁斥，却有一位女士說得最幽默有味。這位女士是閑餘筆話作者湯傳楹的夫人丁氏。她眞不愧爲若士第一知己，而且她又是一位明末同丈夫殉國的烈女。閑餘筆話裏說：

『夜坐閱牡丹亭，因憶比來所傳，世上演牡丹亭一本，若士在地下受苦一日，未知人語鬼語，意甚不平。竊謂才如臨川，自當修文地府，縱不能遇花神保護，亦何至摧殘慧業文人，令受無量怖苦！豈冥途亦妒奇才耶？內子在旁語道：「當係臨川不幸，遇着杜太守、陳教授一般人作冥判耳！」……』

臨川眞正不幸，就是他在陽世裏所遇到的人裏，杜太守、陳教授一般人也是何其多啊！

從魯迅談到龔定庵

陳亨德

　魯迅先生的舊詩，眞是『震礫古今』，聲調藻飾各方面都好極了。就可惜不多，除了集外集與集外集拾遺中所登載的以外，散失的一定多得很。周作人氏的『回憶魯迅』中道：『詩則有庚子年作蓮蓬人七律，庚子送灶即事五絕，各一首。又庚子除夕所作祭書神文一首，今不具錄。辛丑東游後曾寄數詩，均分別錄入舊日記中，大約可有十首，此刻也不及查閱了。』就只這一處，就是十餘首，別的不留稿的想還有，現在距先生逝世，不及十年，而輯逸的工作，就無法動手了。思之可歎。

　前些日子香港有人說魯迅曾受龔定庵的影響，後來爲上海的文人譏諷得很厲害。好像都不大看得起龔定庵，不過龔在淸代的文人中，也眞了不起。不用說那些考據詞章掌故及蒙古史的大學問，就是兩卷古今體詩與三百十五首己亥雜詩，就足以永傳不朽。如果要看定公的不羈之氣的發洩，那是只要一翻『干祿新書』的序文，就可以明白的了：

　『敘曰：凡貢士中禮部試乃殿試，殿試皇帝親策之。簡八重臣讀其言。……八人者則朝服北面三跪九叩頭。率貢士亦三跪九叩頭就位有處。旣試，八人則慕遴其頌揚平仄如式，楷法尤光緻者十卷呈皇帝覽。……龔自珍中禮部試，殿上三試三不及格，不入翰林。考軍機處不入直，考差未嘗乘軺車。乃退自訟，著書自糾。凡論選穎之法十有二。論磨墨膏筆之法五。論器具五。論點畫波磔之病百有二十。論架構之病二十有二。論行間之病二十有四。論神勢三，論氣稟七。旣成，命之曰干祿新書。以私子孫。』

　我們不妨想想，在天子臨軒策士的時代，竟敢如此的誹謗朝章國典。而且不快之氣也時時在字里行間瀉出。幸而那時是道光年間，淸主偃武修文已久。沒有再興文字獄的想頭。不然，那還了得？

　定公的文字思想，都可以用『疏狂不羈』四個字包括起來。而他的詩，更有一種特別的風格，爲前人所無的。普通人喜讀他的詩的，往往沉迷於字句的空靈譎幻。音韻的鏗鏘裏，眞能道出『爲什麼』的人，就沒有。我只在郁達夫先生散文集『閑書』中，看到一篇『談詩』，那裏邊可以說是非常了解定公的詩的了：

　『作詩的祕訣，新詩方面，我不曉得。舊詩方面，於前人的許多摘句圖、聲調譜、詩話、詩說之外，我覺得有一種法子，最爲巧妙。其一，是辭斷意連，其二，是粗細對稱。近代詩人中，唯龔定庵，最善用這祕法。』

　郁先生說的這一種方法，他自已就在巧妙的運用着。是呀，詩人唯有自已運用得熟練的方法，才能有這樣深切的體會。

　他舉的定公詩例，如『終勝秋燐亡姓氏，沙渦門外五尚書』，『近來不信長安隘，城曲深藏此布衣』，『祗今絕學眞成絕，册府蒼涼六幕孤』，『爲恐劉郎英氣盡，卷簾梳洗望黃河』，『蒼茫六合此微官』說：『……之類，都是暗用此法，句子就覺得非常生動了。』可是郁先生自已呢，『中秋無月風緊天寒，訪詩僧元禮，與共飲於江干，醉後成詩，仍步曼兄牯嶺道嶺韻』一詩就是如此：

『兩度乘閑訪貫休，前逢春盡後中秋。偶來遂閣如泥飲，便解貂裘作質留。吳地寒風嘶朔馬，庾家明月淡南樓。東坡水調歌頭唱，醉筆題詩記此遊。』

我非常愛這詩的第五六兩句，第五句是多麼的雄壯，然而還並不算是好，只是第六句的一句，就好像垂河香象，無跡可尋了。如果允許我用一個譬喻，上句是一幅漠北的風煙，而下句則是江南的悠怨閑愁了。對照的多麼親切而有味呢。

郁先生又有步原韻的一首：

『語不驚人死不休，杜陵詩只解悲秋。揚來夔府三年住，未及彭城百日留。爲戀湖山傷小別，正愁風雨暗高樓。重陽將作茱萸會，花萼江邊一夜遊。』

這首詩的五六句也是用的對照的方法。一個是淡淡閃愁，一個是重重憂患。一眼看去，好像在大佛的塑像上掛着一個極精緻的小數珠。

我於是就用這方法來審查魯迅先生的舊詩。果然，在某種地方得到相似之點了。魯迅先生的喜歡龔定庵，也並不是無案可稽。前幾年『現代』上的文藝畫報中刊有郁達夫寫的對聯一付，即集定庵句：

『避席畏聞文字獄，
著書都爲稻粱謀。』

據說這就是魯迅先生的集句，而贈給郁氏的。天衣無縫，而正都關切了時事。如果不是把定庵詩翻得熟透，怕不能拈來這天造地設的兩句來罷？從這一點就已經可以證明魯迅先生與龔氏的文字因緣，和我下面主張魯迅受過龔的影響之說大有裨助。

我們現在先找一個例子來看看，在定庵文集補，古今體詩上卷中就有三首『秋心』。那第一首說：

『秋心如海復如潮，但有秋魂不可招。漠漠鬱金香在臂，亭亭古玉佩當腰。氣寒西北何人劍，聲滿東南幾處簫。斗大明星爛無數，長天一月墜林梢。』

這一首詩如果用郁達夫的看法來分析一下，那簫與劍的對比，可以說就是粗細對稱法。而我又可以另外指出一個顯著的特點來，就是在律詩的末一聯，平常往往不用對句的。但定公這首里所用的就頗有對句的意趣。現在我們再看一下收在集外集拾遺中的一首『亥年殘秋偶作』：

『曾驚秋肅臨天下，敢遣春溫上筆端。塵海蒼茫沈百感，金風蕭瑟走千官。老歸大澤菰蒲盡，夢墜空雲齒髮寒。竦聽荒鷄偏闃寂，起看星斗正闌干。』

試看一下這兩詩的神情是多麼的肖合。而魯迅在首聯末聯一概用的是對句。格調和定公十分相似。要說兩詩之間一些沒有血緣，我是不敢相信的。

另一個相似之點，就在兩人都喜歡使用『拗體』的癖性。

龔氏在秋心的另一首中五六兩句云：『某山某水迷姓氏，一釵一佩斷知聞。』而魯迅的湘靈歌中聯也是：『高丘寂寞竦中夜，芳荃零落無餘春。』而『贈鄔其山』（即內山老板）中也有『一闊臉就變，所砍頭漸多』之句。從這些地方可以看出魯迅也是非常愛用拗句的。這造成了詩中的一種特殊風格。

至於那位『批評家』爲什麼嘲罵主張這一說的人呢？他一定是看不起龔氏。覺得他是一個舊派的文人，專門喜歡寫點肉麻詩文的，那裏配和魯迅相比呢？在『批評家』的眼中，龔氏一定是個無行的文人。因爲他和作東海漁歌的太清春曾有過戀愛的關係。冒鶴亭太清遺事詩云：『太平湖畔太平街，南谷春深葬夜來。人是傾城姓傾國，丁香花發一低徊。』末一句這就關合了已亥雜詩中的幾首詩。這種說法頗流行，在孽海花的第三回『半倫生演說西林春』和第四回『光明開夜館福晉呈身』中也詳細地描繪此事，說得活現，好像聊齋志異上的『天宮』一樣。足見這一種傳說不是沒有來由的了。已亥雜詩有一首云：『空山徒倚倦遊身，夢見城西閬苑春。一騎傳牋朱邸晚，臨風遞與縞衣人。』自注：『憶宣武門內太平湖之丁香花一首。』這太平湖分明是指的七爺府了。縞衣人是誰呢？該是王府中的小使，不，應當就是太清春。不過孟心史先生對這一說有過駁論。孟老先生眞不愧是古道熱腸，對於古人的受誣的，往往起來爲他們辨白。如董小宛與董鄂妃非爲一人，已成世間公論。不過這一回爲太清春辨，就非常勉强了。

孟先生引詩經：『縞衣綦中，聊樂我員。』解縞衣人是貧家婦女與朱邸之嬪五相對照的。因而說該縞衣人就是龔定庵的夫人。太清春折花以贈定公之婦，所以詩云如此。這一解眞不免膠柱鼓瑟了。第一，該詩是不是用的詩經的典故，就不一定。而定公的已亥雜詩和無著詞里邊，全是不明白的戀愛詩詞，已經爲後人所公認。如果縞衣人指的是定公婦，那末這首詩豈不成了自詡結交王府的招供？一些戀愛的解說也用不上，和定公的作風大相逕庭的。

孟先生又說：『貝勒卒於戊戌七夕，見集中。時太清已四十歲。蓋與太素齊年，當三十二歲時，太素正室妙華夫人先逝，冒鶴亭詩所謂『九年占盡專房寵，四十文君儻白頭』者也。已亥爲戊戌之明年，貝勒已沒，何謂爲尋仇，太清亦已老而寡，定公明年已四十八，俱非清狂蕩檢之時。』這說得更勉强，定公詩的說：『憶太平湖之丁香花。』則桃色事件發生在昔年可知。『俱非清狂蕩檢之時』一句豈非無的放矢。而說貝勒已死，就不會尋仇，據我猜想，亦不盡然。因爲貝勒與太清伉儷素篤，雖然太清有些風流事跡，貝勒不見得會知道；而即知道也不會認眞辦的。可是家里的人就不然了。他們覺得這是敗壞門風，所以貝勒一死，就把太清趕出家來，和洪鈞一死賽金花就被趕出來的事如出一轍。足見貝勒家人已經對太清素不滿意了。而定公的自畫招供尤其是鐵案如山，不可動搖的。

定公北上迎眷，不敢入都門。作詩云：『任邱馬首有箏琶，偶落吟鞭便駐車；北望觚稜南望雁，七行狂草達京華。』自注：『遣一僕入都迎眷屬，自駐任邱縣待之。』又一首末兩句：『漸近城南天尺五，迴燈不敢夢觚稜。』注：『兒子書來，乞稍稍北，乃進於雄縣；又請，乃又進，次於固安縣』。兒子一定就是那個龔半倫，據孽海花言，這回桃色新聞是出之於半倫之口入其妾之耳，又轉述給別人聽的，孽海花雖然是小說，對時人的影射也常用化名之法，但對這件事，全是實寫，並無化名。足見這一定有些根據的。

定庵爲什麼那麼怕，不敢入京呢？據我想，理由不外這幾種：㈠怕皇帝治他的罪，㈡怕御史參他，㈢有見不得面的朋友。但這全不成立。只可以說是定公在北京有過不可『恕』的地方，怕人家會尋到他頭上來。而這種事件不是『姦』是什麼呢？

對於這件事，孟心史先生的辨解是：『定公清興所至，原難以常理論。』這更是所謂『游辭』了。清興一至，或者會鄙夷日下紅塵，不願再蹈斯土。那麼『不敢』是什麼意思呢？

定公在丹陽縣署暴卒，有人說就是爲仇家所

害。這在專制時代是可以作的出來的，至於這件事，我還聽見過一則傳聞，是得之於家祖父的。據說定公當時，因爲有戒心，所以一切事都非常注意避免，一些也不敢狂放。以致仇家無可下手。後來總算買通了一個妓女，與定公相戀的。請定公到妓家去玩。飯時定公酒也不動，菜也少吃。簡直沒有機會。結果却是由該妓女和定公調笑之時，拿了一枝冰糖葫蘆，自己先吃了第一隻，然後把第二隻送到定公口中，定公以爲這不會有差了，就吃了下去。不料第二隻「山里紅」中，正放了毒藥，結果暴死了。

還傳說的可靠與否也不敢定，然而定公是風流的人，年紀大起來，還眷戀着妓女，也是可能的。這只要看黃季剛（侃）先生晚年的行爲就可以明白的了。

又前面我說太清已久不得於姑，連家中人也都對他不滿，只爲了貝勒和她的感情素篤，所以沒有辦法。等到貝勒一死，就馬上拿出他們的威風來使太清出府了。關於這一點孟心史先生也加以承認，說她是失歡於姑的。太清集中有出邸一詩，題云：『奉堂上命，攜釗初兩兒，叔文以文兩女移居邸外。無所棲遲，賣金鳳釵，購得住宅一區，賦詩以紀之。』這題中所述狼狽之狀可見。按前清時代，家法是非常嚴厲的。尤其是皇親貴冑的貝勒與福晉，如果照常理來講，貝勒一死，福晉就該在家守節，更何況是有了兒女的。然而這兒却是趕了出來。照『大清律』七出之條，包括姦情，也就是最重要的一點。普通出婦的最大理由也就是不貞，不然似乎絕不至於此。賽金花的趕了出來，原因也是他在家中『不老實』。至於爲什麽不明正其罪呢，不用說，是爲了貝勒府的面子起見，不得不爾。

關於這一段事，孟先生說：『太素逝後，長子載鈞襲固山貝子，與太清極不相能，變亂太素存日所經營之手澤，不恤南谷墳塋，屢見太清集，則造作蜚語，以誣太清，當是載鈞輩所爲。』這明的承認載鈞是造作這蜚語的人了。對於父親生前所寵幸的人，要說他的壞話，什麽不能說，而偏要說他不貞？況且太清也不是普通不識字的婦女，可受人欺侮。她可以辨解。然而我們讀太清集，只有窮愁潦倒，想念盛時的話，而沒有一句反駁那當日盛行的『流言』。就可以知道此中消息了。而有載鈞那樣的兒子，想爲父親『整頓家風』，是極可能的事，派人尋仇，卒至毒列定公，一大半是出之於這些人之手的。

至於孟先生說：『然定公已亥出都雜詩所憶，倘在太平湖之丁香花，其時太清實已移居，詩自憶花，乃與其人無預，可以推見。』這種見解更覺可笑。文人的憶，當然是憶當初最值得留戀的地方。或是定情之所，或是遊賞之地。決不會跟人家跑，『我之所愛在山腰，想去尋她山太高』。魯迅先生在『我的失戀』中已經這樣說了。當時定公出都甚久，太清移居之訊他不一定知道，即或關心故人蹤跡，也不會先派人打探居址，然後作詩的。至於『詩自憶花，乃與其人無預』兩句，眞是老先生的話，使二十世紀的上海人聽了，大概不免要失笑了。

至於太清的名盛，『當時文士多有得一贈答爲幸者』，孟先生也加以承認了。大清詩集中有一題云：『錢塘陳叟字雲伯，以仙人自居，著有碧城仙館詞鈔，中多綺語。更有碧城女弟子十餘人，代爲吹噓。去年曾託雲林以蓮花筏一卷墨二錠見贈。余因鄙其爲人，避而不受。今見彼寄雲林信中有西林太清題其春明新詠一律，並自和原韻一律，此事殊屬荒唐，尤覺可笑。不知彼太清與此太清是一是二，遂用其韻以紀其事。』足見太清多與當時名士唱酬。而定公又是名士中的佼佼者，更應當過從了。至於集中沒有說及，推想起來，大約當時已經流言甚多，所以爲避嫌疑起見，不再提了。而孟先生所說雲伯之所以爲太清所痛詆之故，『殆其春明新詠，體非大雅耶？抑雲伯與定公爲同里，於當時蜚語有所闕合耶？』明明承認當時此種蜚語之流行。更可見這說法實在是『事出有因』而並非『查無實據』了。

最後這樁公案還有一點小小的笑話。在太清集中有一詩題：『六月十五日，山東苗道士寄來七寸許小猴一雙，每當飼果，必分食之，似有相愛之意，詩以紀之。』冒鶴亭在後面加了一句話：『此亦長安佼物也。』孟先生說：『驟見之不知爲何意，意其賞此猴耳。』後來在定公的己亥雜詩中找到根源。『憶北方獅子貓』詩云：『繾綣依人慧有餘，長安佼物最推渠。故侯門第歌鐘歇，尙辦晨餐二寸魚。』後面大加諷刺：『幸而太清自詠小猴，設亦有詠獅子貓詩，則將謂與定公所憶同是一貓矣。』這眞俏皮得很，後來冒君去訪孟先生，對於揭穿他的西洋景，『言次若有微慍』哩。

好像有人稱讚過，在滿洲詞人中男有成容若，女有太清春，都是足以千古的。宋朝出了個李易安，後來人也大造她的謠言，說她改嫁了。其實這又有什麼要緊，然而李易安就有過『猥以桑榆之晚景，配茲狙獪之下才』的牢騷話。後來直到清朝，出了個『書簏』俞理初，替她鈎稽事實，辨明寃枉。孟先生大概是受了俞君的影響，才來替古人作義務律師的，可惜這一篇沒有强有力的反證，還是不能駁倒舊說。

雖然，像冒廣生的强拉猴貓，自然也不免多事，這是錦上添花的朋友。然而他的詠太清的詩，却作得相當好，孟先生也稱讚了一聲『楚楚有致』，現在就鈔來作結：

『一夜瑤臺起朔風，凋殘金鈿淚珠紅；秦生晚遇潘生死，腸斷天家鄭小同。』

銀錠橋話往圖記

張江裁

舊京地安門外。夙多潭沼。荷菱菰蒲。不掩淪漪之色。銀錠橋尤爲第一絕勝處。橋東西皆水。在三座橋北。以形得名。南眺宮闕。北望梵刹。西山千萬峯。遠體畢現。宋牧仲詩所謂『不盡滄波連太液，依然晴翠送遙山』者是也。宣統初元。精衛先生與喻紀雲黃復生潛入京師。思於首善根本之地。爲震奮天下人心之計。庚戌二月二十三夜。躬懷藥彈。於橋西掘土預埋導火線。惕息竟夕。布置粗帖。天未厭亂。遽陷囹圄。於是東都黨錮之英。西臺慟哭之彥。咸翕然和之。相與悲歌慷慨。唏嘘震盪。聞風慕義。千里一室。而銀錠橋之名亦因是藉藉人口焉。烏虖。可謂壯巳。夫破竹之勢。迎刃在所必解。而蓋世之氣。先聲尤貴奪人。曾未二年。中原舉義。傳檄皆下。河山昭蘇。非上智何以洞幾。非神勇何以倡衆。厥功無耦。來者難誣。共後共和旣建。先生來止上京。偶經是橋。俯瞰流波。澄碧如昨。感曜靈之易逝。慨陳迹之弗留。臨風賦詩。歸示賓客。其辭吾不得記。其意則周伯仁新亭涕淚之餘也。今距庚戌才三十年。災難洊至。生民丘墟。先生不憚疑謗。與海內仁人志士共挽垂亡之局。其事誠艱。其心彌苦。人苟良心未死者。莫不投衛轡於社會。而自爲之牛馬。此先生昔日與人書中語也。勉踐斯言。足關衆口。江裁兩世相親。於先生志慮事功。闚之獨深。記之特備。（拙輯有汪先生年譜及庚戌蒙難實錄乙亥遇險記復國言行錄等書。）意者魯邀之瑟。有相應之聲。然明之心。有握手之歎。是以託於小知。未敢多讓云爾。湘潭齊丈白石北平李丈雨林。雅擅丹青。爰乞繪銀錠橋話往圖。偏徵題詠。爲北燕革命史留一故實。覽斯圖者。其亦頌壯猷珍曩迹也乎。中華民國三十一年五月東莞張江裁記於秣陵行館。

十園談助

陳寥士

蘇曼殊詩

蘇曼殊全集，以柳亞子所編者，遺箸殆已完備。初，青浦王氏輯燕子龕遺詩，香山馮氏，吳興沈氏，吳門周氏，城步段氏，咸有增補。厥後亞子之子無忌刊印蘇曼殊詩集，並附校勘記，此在全集未成之先，搜羅最精博者。曼殊詩，才氣橫溢，如天馬行空，不可羈勒，於定公爲近。少年人好曼殊詩者，易入魔道。世所傳名作，如本事詩十首之一云：「春雨樓頭尺八簫，何時歸看浙江潮，芒鞋破鉢無人識，踏過櫻花第幾橋。」瞑目推想，一個詩僧活現於前。他如簡法忍云：「落花深一尺，不用帶蒲團。」寄晦聞云：「欲寄數行相問訊，落花如雨亂愁多。」斷句云：「山齋飯罷渾無事，滿鉢擎來盡落花。」三用落花皆新穎警策。又如「一自美人和淚去，河山終古是天涯。」「壯士橫刀看草檄，美人挾瑟請題詩。」皆有意境。至於「我本將心向明月，誰知明月照溝渠」二句，乃宋人作，意者曼殊取以題畫，而無忌誤爲曼殊自作也。爲玉鸞女弟續扇云：「日暮有佳人，獨立瀟湘浦；疎柳盡含烟，似憐亡國苦。」則題畫詩中之上乘者。

齊白石三銘

湘潭齊璜，字白石，久居春明，以畫著名。曾作被銘云：「窄則不掩，薄則不溫，累人至重，御寒覺輕。」石硯銘云：「汝潤吾樂，汝破吾饑，汝頑吾噫。」筆銘云：「破筆成塚，於世何補！筆兮筆兮，吾將甘與汝同死。」

姜啓贈李郎詞

會稽姜啓，字開先，有贈歌者李郎詞，調寄秦樓月云：「天下李，一般柯葉分仙李，東西南祖，故家苗裔。　漢時有個延年李，唐時有個龜年李，龜年李，崔九堂前，岐王宅裏。」此詞恰到好處。朱竹垞題醉太平一闋云：「支郎眼黃，何郎粉香，尊前一曲迴腸，愛秦樓月涼。　公羊穀梁（鄭清之送新囊詩，公羊穀梁並出一人之手，其姓皆姜，蓋四字反切皆姜字），翻陽括蒼。詞人試數諸姜，算堯章擅場（梅山姜特立，括蒼人）。」

王漁洋序吳野人詩

清初詩人，世稱「二人」。二人者何，顧寗人吳野人是也。野人有陋軒集，余於單雲閣詩話中已詳論之。集後夏嘉穀跋云：「王公阮亭，時官揚州推官，雪夜被酒，爲作詩序。今集中并無王序，即帶經堂集，亦未編入，殊不可解」云云。頃者南瓜居士於別集中檢得，錄以示余，因錄之如下：「癸卯孟春，周櫟園司農將之靑州，過揚州，遺予陋軒詩一卷，海陵吳君嘉紀之作也。披讀一過，古澹高寒，有聲出金石之樂，殆郊島者流。近世之號爲詩人者衆矣！掇拾漢魏，撏撦六朝，以獻酬標榜爲名高，以類函韻藻爲生活，此道糟穢榛莽久矣。如君白首藜藿，戢影窮海之濱，倖爲詩歌，託寄蕭遠，若不知有門以外事者。非夫樂天知命，烏能至此！余在揚三年，而不知海陵有吳君，今乃從司農得讀其詩，余愧矣愧矣！」

蠡海談花木

蠡海集，宋錢唐王逵撰。所記多偶語，庶物類中有談花木者，甚新穎可喜。如云：「春之花，至殘而飄零，得敷暢之氣焉。秋之花，至殘而萎損，得收斂之氣焉。」又云：「或問木色本靑，而草木皆綠，何也？蓋綠，靑黃之間色，木非土不養，故靑依于黃而綠矣。」又云：「草木之花，雖曰五色，然獨無黑色。黑爲水色，毋道也。毋但陰育於中，故不現也。」

金陵貢院考

金陵秦淮河畔，地名貢院街。貢院原址，事變前爲南京市政府，今爲司法院與內政部。余考白下瑣言，貢院創於明永樂間，乃籍沒錦衣衞同知紀綱宅。又取懷來衞指揮陳彬家人陳通忠勇伯家人侯淸房宇。明德堂有應天府尹王弼碑記可據。紀綱事詳明史佞臣傳，及王鳳洲錦衣衞志，陸燦庚巳編。而淸修府志，竟以綱爲元集慶路行省丞相，與御史大夫蒱壽偕死，葬於明遠樓下，靈爽赫濯，爲貢院土神云云，非特時代訛舛，抑且忠佞倒置。蓋沿金陵聞見錄之誤，而不考碑記使然也。

讀書與飯量

胡心齋一生積學，著書數十卷，年逾八十始歿。生平不好烟酒，而獨健飯，每餐必四碗。嘗論諸弟子曰：汝曹有志讀書，必先學擴充飯量，能吃得方能讀得。昔盧抱經從學於桑弢甫，有學約曰：「放開肚皮吃飯，打起精神讀書。」來學者每餐不能吃四五碗飯者不納。抱經本此法以敎心齋，心齋又勉其門人。若在今日，米價如此高漲，若再奬勵吃飯，則學校當局，更難處理飯堂風潮矣。少吃一碗飯，多做一分事，方爲適合環境也。

宋王臺秋唱圖

九龍海汭，巒嶂沓匝中，有崔巍峙列者三，大書深刻曰「宋王臺」。臺南平眺，綠樹寒蕪，有村曰二王殿，即宋季南遷之「官富場」也。地卽宋行宮故址，有亡國之餘痛焉。九龍眞逸于丙辰九月十七日玉淵子生日，招友爲祝，搆圖賦詩，和者甚衆。玉淵子者，宋遺民趙秋曉也。秋曉有生朝觴客詩，眞逸卽次原韻爲首唱，和者亦共用其韻。茲錄永晦一首云：「天風吹水迴靈槎，重雲黯黮厓門遐，終古啼鵑怨落霞，眉端苦上不甘茶，龍湫千年亦帝家，崇臺刻石森交加，曠代生感誰期牙，紅羊歷劫飛風花，山中尙薦東陵瓜，羣仙雜遝來雲車，白頭吟望傷鬢華，高原空悔前途賒。」他詩不贅錄。

羅浮仙蝶詩

番禺汪伯序先生，諱兆鏞，今國府主席之長兄，詩詞集均已行世。頃張君芾亭以微尙齋詩續稿見示，則晚年所作蟄居集也。集中有記羅浮仙蝴之詩數首，因錄之以實余談助。其一：壬申五月廿三日羅浮酥醪洞道士以山中蝴蝶一枚見貽，越七日而出，五采繽紛，張闇公伍叔葆桀介如廖伯魯鍾玉文陳守初同觀。翌晨，翩然還山矣。翁山新語云：其出繭絕不使人見，雖晝夜伺之弗覺。其去亦然。誠不虛也。詩以紀之云：「抱朴有丹灶，靈異時吐芒。林際蝴作繭，羅浮書能詳。卅載思窮探，神遡仙洞旁。山人忽寄餽，似卵枯葉藏。匪若箔上蠶，豈其肘後囊。置向藤陰中，更受風露香。二三小春駒，旦夕來迴翔。且月丙寅朔，晨靄方蒼蒼。煜然脫穎出，奇采六寸强。初疑翦綵勝，繼迺舒瓊肪。絳印翅叠翠，蠟暈腔塗黃。玉腰被五銖，錦裙織七襄。宜歌金縷衣，當呼紫鳳凰。火速召嘉侶，雅賞羅酒漿。讚歎動鄰里，十色而九光。誰始表章之？厥維屈陳粱。亦有朱（竹垞）與查（初白），載之隨歸艎。知非籠中物，體物窮形相。願得留信宿，試仿圖滕王。詰朝露未晞，沖舉還仙鄉。遁虛不委蛻，信哉程侍郎。（程春海侍郎羅浮蜨賦，終遁虛于夢中，不委蛻于籠底。）懸知示衆妙，精氣成文章。同塵甯足絆，歸潔終允臧。逸聞記舊京，老道稱太常。昝茲古藥洲，曾來一襄羊。（道光間，太常仙蜨曾至廣東督學署，許學使乃釗有詩紀事。）靈姿悟物化，南北相頡頏。朝野各殊迹，心曲同芬芳。瑤台意無盡，高寒彌跂望。安得適吾志，復夢追蒙莊。」其二：六月廿三日，酥醪道侶陳至亮守初，又以蜨繭一枚來。廿六夕急雨潦發，敝廬被淹，書藉散失，不勝慨歎。水退後，七月初一晨，蜨繭迺出，日期前後相符，奇矣！初二曉起，蜨猶在也。余朗誦查初白羅浮蜨詩：「人間何足戀？早去莫徘徊」句，轉晌遂杳不可見，神物其有靈感乎！翁覃谿有後九曜石歌，因仿其例，作後羅浮蜨歌云：「羅浮之蜨來者稀，一月再來蹟尤奇！侵曉城南酒家得此繭，云是羽客敏門來見貽。但言羅浮來，不言名姓誰。陳子邂逅攜以歸，神仙狡獪烏得而測之！盛之碧筠籠，懸諸紫藤枝。衰年重見迺符朱十詩。（竹垞詩，衰年再見眞難得。）深夜獰雨翻，滔滔山洪發。彈指陋室中，平地成澤國。慘聞鄰家呼號聲，遑計架書漂散失，蜨兮蜨兮胡爲來？忍見澒洞之橫災！區區辛勤有此廬，不難摧拉成蒿萊。將與蜨兮同歸卞瑤台。詰朝水勢縮，晴曦乍照灼。屈指七日來復期，恰爲孟秋之月朔。繭破後看鳳子出，霧帔霞綃儼如昨。朋舊款荆扉，瑩視互詫愕。委地斷編當爲弔，絕世神姿致足樂。李侯知書厄，謂我何奢求。抱殘猶可珍碎錦，拾遺亦免汙濁流。且召盧生（子樞）作繪事，爲蜨寫照鴻雪留，託興丹青銷煩憂。吁嗟乎，人生一夢本等閒，神州陸沈愁漫漫。身外長物奚足歎！獨念此老仙，尙容良覿遲還山。澄觀倘有作，塵網甯能干？烟波釣徒好詩句，歸歟靈感翔彩翰。物我俱化道非遠，去住不苟情相關。昔年護節渡瓊島，詎敢竊比慚癡頑。惟蘄歸告粵嶽靈，爲述如水益深多痌瘝。何以福我嶺海兮無後艱！」其三：乙亥秋杪，復得二繭，丙子閏三月十日出其一，有五古一首。其四：丁丑四月，有詠太常仙蜨詩一首，茲並從略。

古今月刊投稿簡約

（一）本刊接受外稿。舉凡掌故，史料，軼聞，遊記，人物，小品，金石，書畫，隨筆，及關於上述各種之書圖照片等物，均所歡迎。

（二）來稿概須繕寫清楚，並須將通訊地址及眞實姓名註明稿端。

（三）編輯人對來稿有增删之權，其不願者須豫先聲明。

（四）稿費每千字至少新法幣十元，於每期出版後發出。

（五）來稿在本刊發表後，版權由作者保留，惟本社於另行刊印文集時，有自由選用之優先權。

（六）來稿除致奉稿費外，並贈送刊登該刊之本刊一册；補白材料一律酌贈本刊。

（七）來稿除特別聲明，並附寄貼足郵票寫明通訊地址之信封外，概不退還。

（八）來稿請寄南京邀貴井時代晚報館或上海靜安寺路一九二六號國民新聞社轉『古今月刊編輯部』收，勿書私人姓名。

古今月刊社謹訂

雪堂自傳(五)

羅振玉遺著

本朝經史考證之學。冠於列代。大抵國初以來。多治全經。博大而精密略遜。乾嘉以來。多分類考究。故較密於前人。予在海東。與忠愨論今日修學。宜用分類法。故忠愨撰釋幣。胡服考。簡牘檢署考。皆用此法。予亦用之於考古學。撰古明器圖錄。古鏡圖錄。隋唐以來古官印集存。封泥集存。歷代符牌錄。四朝鈔幣圖錄。地劵徵存。古器物範圖錄。古鉨印姓氏徵諸書。

予三十以前。無境外之交。旅滬時。始識東邦諸博士。宣統初。因法國伯希和教授。得與沙畹博士書問相往還。又與英國斯坦因博士通書問。嘗以我西陲古卷軸入歐洲者。所見僅百分之一二。欲至英德法各國閱覽。沙畹博士聞之。欣然。方聯合英德學者。欲延予至歐洲。爲審定東方古文物。予將約忠愨偕往。乃未幾。而巴爾幹大戰起。乃中止。今沙畹博士及忠愨墓已宿草。予今且戢影海濱。萬念都灰。此願恐不克償矣。

予於前輩學者。猶及見者。爲江甯汪梅村先生(士鐸)。寶應成芙卿先生(孺)。烏程汪剛木先生(日楨)。並世學者。若會稽李蒓客侍御(慈銘)。宜都楊惺吾舍人(守敬)。膠州柯蓼園學士(紹忞)。嘉興沈子培尚書(曾植)。皆嘗與從容談藝。王忠愨則同處垂三十年。至孫仲容徵君。則通書問。未及識面。于文和公。則未嘗論學。今多已委化。僅蓼園巋然如魯靈光。予則亦老且衰矣。

予自寓海東。壬癸二歲。足迹未嘗涖中土。甲寅春。乃返國。擬至淮安展視先壟。以漕渠水涸。乃留滬上。與朋舊相見。話隔世事。如在夢寐。明年春。再返國。乃得償祭埽之願。瞻先人舊廬。愴然涕下。尋至曲阜。謁至聖林廟。至安陽之小屯。訪殷虛遺址。往返五十餘日。復返海東。自是以往。歲輒一至滬。或二至三至。由今思之。當日之僕僕道途。居諸虛擲。爲可惜也。

予往歲在滬。遭先妣之喪。此身塊然木石。厭厭無復生意。然念先府君在堂。子職未盡。不能不強自排遣。時南中故家。若兩罍軒吳氏。鰈硯齋沈氏。愙齋吳氏。南匯沈氏。上海徐氏。嘉興唐氏。所藏書畫碑版古器。充斥滬上。時流於書畫但重王惲。宋元明人眞蹟及古器。罕過問者。予乃稍稍收集。及備員京曹。當潘文勤王文敏之後。流風已沫。古泉幣古彝鼎亦購藏者少。退食之暇。每流覽廠肆。間遇珍本書籍。於是吳中上海售屋之價。太半用之於此。及居海東。無所得食。漸出以易米。予本不事生計。至遭遇國變。覺此身且贅。更何問資產。每有餘力。即以印書。繼念先王妣先妣兩世劬勞。意欲斥其所藏。得金。將淮安田廬照時値收爲公產。以現金分給諸庶弟。屋宇改爲祠堂。田畝以充義莊。諸庶弟乃百計抗之。喟然而罷。爲致病胃。垂三年。自分無生理。思贍族之願既不償。何如出以濟世。及丁巳。近畿水災。乃斥鬻所藏。卽精品若王右丞江山雪霽卷之類。亦不復矜惜。沈乙庵尚書贈予詩。所謂羅君藏有唐年雪。揮手能療天下飢者是也。得日幣二萬圓。戊午春。扶病返國。攜大兒福成。與滬上紅十字會員。散放保定之清苑淶水二縣春振。此雖於民生未必有濟。卽濟亦幾何。然亦推吾錫類之心而已。

袁氏假共和以竊國。陰欲竊帝號以自娛。及稱帝不成而憤死。柯蓼園學士。乃郵書招予返國。謂元凶已伏天誅。遼東皂帽。盍歸來乎。予復書言。郿塢雖傾。李郭尚在。非其時也。及歐戰告終。疫癘大作。家人無不感染。四兒婦李。致成肺病。次兒福萇。轉爲肋膜炎。乃送兒婦返國。不數月身故。次兒轉地療養。亦無效。予病胃。復不瘥。乃慨然動歸歟之念。欲於淶易間卜宅以老。東方友人聞之。多方維縶。京坂諸公。欲於吉田山。爲予築精舍。且爲謀致月廩。情至殷厚。堅謝乃得免。瀕行。兩京神坂耆舊數十人。公餞於圓山公園。念予初至時。亡友富岡君（謙藏）。同諸博士。至神戶相迓。才逾八載。遽作古人。爲之黯然。而君之先德鐵齋先生。年垂九十。亦扶鳩來餞。諸博士復送予至神戶登舟。此邦人情之厚。令我至今感歎不忘也。

方東邦耆舊餞予時。酒闌。犬養君（毅）詢予曰。公居此邦。平日但言學術。不及政治。今垂別。破例一言可乎。予應之曰。辱承下問。敢不以對。東西立國。思想迥異。而互有得失。東方以養民爲政本。均安爲要歸。而疏於對外。西方則通商練兵。長駕遠馭。而疏於安內。今歐戰告終。赤化遽興。此平日不謀均安之效也。此禍或且延及東方。願貴邦柄政諸公。幸早留意。犬養君曰。此雖當慮。但東方素無此等思想。似不至波及。予曰。歐洲開化遲。今日所謂嶄新思想。在中國則已成過去。不但曾有此思想。且實行試驗。蓋試而不能行。故久廢也。卽如今日蘇俄。所倡產業國有。及無階級政治。中國固已早行之。而早滅矣。犬養君聞之。愕然請其徵。予曰。井田之制。非產業國有乎。阡陌開而井田廢矣。孟子言貉之爲國。無君臣上下。百官有司。非無階級政治乎。此等政治。僅見孟子書中。不見他載籍。蓋至孟子時。廢且久矣。竊謂今日爲國。不謀均安。而騖富強。則蘇俄其前車也。犬養君乃掀髯首肯。今去予返國甫逾十年。而東方少年思想日異。予當日所慮者。乃不幸而中矣。

予在京都。既影印西陲古卷軸。欲繼是影印東邦所藏卷子本各書。顧僅成數種。卽告歸。乃捐淨土寺町寓宅於京都文科大學。售之以充繼續印書之費。且爲居東之紀念。以託內藤狩野兩博士。予歸國後。成書數種。今又十餘年。聞將有續印者。想兩博士必始終竟予之志也。

予自海東歸國。歲在己未春末。先至滬遣嫁王氏女。預於津沽賃樓三楹。以貯由海東運歸之書卷長物。請姊夫何益三孝廉住津接收。並請吾友王君九學部代覓宅以棲眷屬。天津金浚宣民部（鉞）聞之。慨然以英租界集賢村別業二十餘間相假。予與金君未謀面。聞其於海桑後。閉戶謝客。讀書養志。迥異時流。及至津。遂訂交焉。居集賢村逾年。乃卜地法界三十一號路。建樓十數楹。尙餘二宅。賃之於人。顏之曰嘉樂里。於是留津垂十年。

予至津後。卽至梁格莊。展謁德宗山陵。且謀購地卜宅。乃以故不能遂初志。亡友南豐趙聲伯太守（世駿）。勸予入居都中。謂後門有宅。價至廉。數千金可得也。意頗動。時番禺梁文忠公（鼎芬）病。往視之。尋見報紙載梁公將薦予代彼爲師傅。知謠諑必有由來。遂謝趙君。決居天津。不復徙矣。

居天津後。舊游往還頗多。不能如海東之靜謐。且一再移居。料理書籍。費時日頗久。然胃病乃自愈。始在海東久不痊者。半由水土所致也。在津稍久。得識南皮張小帆中丞（曾歇）。豐潤張安圃督部（人駿）。時舊交如姻丈桐鄉勞玉初尚書（乃宣）。蒙古升吉甫相國（允）。皆僑居青島。時往存問。以後歲或一再至。略如往在海東時之歲至中江矣。

予與吉甫相國。初非素諗。往歲旅居海東時。公亦僑居東京。由文求堂主人田中君爲之介。乃得相見。公時寓深田銀行別邸。衣服不完。而志氣彌厲。平日不事生產。罷官後。躬耕渭濱。辛亥國變。朝旨授陝西巡撫督辦陝甘軍務。乃領甘軍力戰。至壬子春。乃罷。居東不久歸國。寓青島。渭濱田已遭沒收。貧不能自存。勞丈移書故交。爲謀饔飧。予乃歲餽銀幣千元。及青島收回。予迎至天津。割嘉樂里樓三楹以居之。歲餽如故。公嘗自歎。任疆吏多年。乃以豬肝累人爲歎。予曰。久任疆吏。至貧不能自存。乃盛德事。何歎耶。居東時。日本內藤湖南博士贈公詩。有絕世奇男王保保。可能痛飲岳耶耶語。異邦人亦欽挹若此。在青島已幽憂致疾。旅津後。頻上封事。甲子之變。益憤懣。疾日進。然日必扶病造行朝。近則神識衰頹飾巾待盡。予二十年來見遺臣能任社稷重寄者。公一人而已。

予去國八年。及返津沽。見民生彫弊。京旗人民。死亡枕籍。無顧卹者。庚申秋。柯蓼園學士至津與予商。擬鳩款二三千元辦冬振。俾略綏須臾之死。予意此亦姑救一時。所裨至微。不如寬籌款項。刱一京旗生計維持會。蓼園韙焉。而慮巨款難集。予乃檢所藏書畫金石刻數百品。於京師江西會館。開會展覽。售以捐該會。三日間得二萬元。乃以萬八千元爲維持會基礎。以二千元拯豫災。復至滬上募義金。先後共收十三萬餘元。乃於十月望放急振。推及東西兩陵。並於京師設文課。以卹士流。設工廠二所。以收少年子弟。明年於天津設博愛工廠一所。會紳金息侯少府(梁)。倡議維持生計。必須由銀行入手。少府乃於義金中。提出五萬元。並招集商股爲東華銀行。自任其事。至每年冬。例辦急振。津廠初設織布織帶織巾織簾製漆布沙紙諸科。後生徒再畢業。乃罷諸科。專設印刷科。經費不足。募商股及慈善股充之。津廠初賃屋充用。後乃於河北購地建屋。並議於京師設貞苦堂。以卹孤嫠。乃以銀行連年遭兵事折閱。不能進行。印刷廠則以津沽爲商業地。文化未開。印書者少。由予出資印行古書籍。以充廠用。及予移居遼東。津廠不能兼顧。遂停止。此會先後垂十年。終以賚絀。不能發展。予對義捐諸人。負媿無地。若猶得苟活數年。終當補償折閱。否則望之我子孫。苟具天良。必不忍使吾留此憾也。

歐戰以後。歐美各國。爭研究東方學術。法國大學院。乃公舉予爲東方通信員。回顧我國。則異學爭鳴。斯文將墜。乃鳩合南北同志。刱東方學會。會中擬設四部。一印刷局。以傳布古籍。二圖書館。以收集古籍。三博物館。以蒐集古器。四通信部。與國內外學者通音問。相切磋。而先從印刷始。借博愛工廠印刷處。由予捐資印書數十種。所謂學會者。僅留此爪痕。其二三兩事。則以經費浩繁。不願向人集資。乃無從進行。今且並印刷事亦中止。平生所懷願。大者固莫能償。即此小小者。亦不克成就。良自恧已。

燕都自明季甲申之變。宮中文物。一時都盡。我朝治平垂三百年。以康乾之隆盛。復爲蒐聚。天府之藏。遂駕明季而上之。海桑以後。宮禁稍疏。間有一二。爲宵小竊出者。不逞之徒。遂謂禁籞所藏。乃歷代留傳。非一姓所有。又因一二流出之物。遂謂爲不能保存。蓋甲子之變。彼輩生心久矣。當道顧瞢然如睡。予私意不如由皇室自立圖書館博物館。但慮首都頻年兵事不已。即設立亦難免咸陽一炬。不如立之於使館界內。顧庚子條約。國人不能在使館界居住。外人或以爲口實。繼念兩館關係文化。或不爲使團所束。乃以此意與德國友人衛禮賢商之。衛時爲德使館顧問。聞之欣然。轉謀之德使。德使與荷公使至契。復商之荷使。皆極端贊許。爲予言奧國自大戰以後。未派遣使臣。以後且無派遣之日。其館地甚大。由荷使代管。現方閒曠。若皇室定計。即由荷使電商奧國。借爲兩館籌備處。奧必允諾。至以後建造兩館。德使願將彼國在京兵房操場捐爲館地。皇室若無建築費及維持費。當由使團在各國捐募。不難集事。屬予以此陳之皇室。予聞之欣然。乃據情作函。請師傅及內務府大臣代陳。乃久無復音。升相國聞之。復據予函所言。以封事上陳。亦無效。且有謠言。謂予與時流某。將借此謀盜竊者。知阻力甚深。乃謝衛君。衛君亦爲長喟。吾謀不用。及甲子十月之變。於是三百年實藏。蕩然無復遺矣。

壬戌冬。皇上大婚禮成。升相國奏陳皇上春秋方富。請選海內士夫學行並茂者入侍左右。皇上俞其請。乃於癸亥夏。詔溫肅楊鍾羲王國維景方昶入值南書房。首命檢景陽宮書籍。知聖意仍欲立圖書館博物館。不因左右之言而阻也。及甲子秋。予繼入南齋。諭令審定內府古彝器。又命檢查養心殿陳設。於是聖意益明。然爲時則已晚矣。

予自返津後。每歲正月十三日。皆入都祝賀萬壽聖節。及大婚禮成。乃蒙召見於養心殿東暖閣。奏對頗久。溫諭周至。甲子夏五月。奉旨著在紫禁城騎馬。八月又奉命入直南書房。疏遠小臣。驟擢近侍。聖恩稠疊。至今無以報稱。念之惶媿汗下。

予以中秋三日奉恩命。熟籌進退。頗有顧慮意。欲懇辭。商之升吉甫相國。相國謂義不可辭。然方寸仍不能無慮。乃先作書致螺江陳太傅。請先代奏以京旗生計會須料理。以後擬半月在京供職。半月乞假理會事。預爲日後求退地。螺江許之。乃以八日入都。具摺謝恩。蒙賜對。賜餐。諭京旗事。不必每月請假。務留京供職。且諭令即檢查審定內府古彝器。既退。謁陳朱兩傅。螺江太傅謂所託已代奏。朱傅謂南齋現已有六人。事務至簡。已代爲懇辭。今既入謝。以後不必案日入直。隨時可返津也。已而又親訪忠愍。屬勸予不必留京。然予既奉檢查內府古器之命。不可遽辭。幸當時即面薦王國維同任檢查事。仍預爲乞退地。意欲於一二月後陳乞。乃於次日即與忠愍同檢查寗壽宮藏器。甫三日復奉命與袁勵準王國維先檢查養心殿陳設。既逾月。私喜內務府尚未爲予請食俸未頒月餼。以爲進退益可裕如。乃至十月而值宮門之變。遂萬不忍以乞身請。憂患乃洊至矣。

當馮玉祥軍未入城前數日。國民軍孫岳。即遣礮兵駐紮大高殿。距神武門僅隔一御溝。已咄咄逼人。逆知必有故。及孫岳私開城納馮軍之晨。即於景山架礮。直指皇居。益知變且亟。乃與同寮。亟詣內務府大臣許。籌商備禦。予言未竟。內務府紹大臣哂曰。馮軍之入。與我何涉。不觀已禁曹錕耶。君甫入直內廷。予等數年來。所經變故多矣。均以持鎮靜。得無事。萬一城內騷動。以土袋塞神武門。決無慮也。乃命備土囊數十。予聞之。愈不安。時京津汽車不通。乃詣日本使館。商附列國車赴津設法。使館許給證。瀕行。屬日本兵營軍官竹本君。萬一有事。幸以無線電報我。竹本君謂一二日內或不至變。乃以昧爽附車行。向夕始抵津。一日未食。方擬具餐。而日本司令部參謀金子君遽至。謂得京電。馮軍鹿鍾麟部入宮。逼改優待條件。聞之神魂飛越。詢以後事如何。對以未詳。乃急詣司令部。請司令官爲介。往見段祺瑞。將陳說大義。令發電止暴動。司令官許諾。出刺爲介。持刺往。則段將就寢。丁君問槎出見。謂有事當代達。予告以來意。且堅訂面見。丁君將予意告段。段如命發電。而謝面見。乃商定電文。交日司令部拍發。予心稍安。歸思電由日司令部拍發。馮軍或不承認。乃又往請再發官電。段亦允諾。並託丁分電兩傅及內務府大臣。電旣發。乃歸。夜不成寐。坐以待旦。翌晨附車入都。夜三鼓方至前門。先至金息侯少府許探消息。始知聖駕已出幸醇邸矣。心乃稍安。是時予乇忠慤家。所居在後門織染胡同。急驅車往。既見忠慤。乃爲詳言逼宮狀。爲之髮指眦裂。因告予上諭已派貝勒載潤及紹英耆齡寶熙及予。爲皇室善後委員。與國民軍折衝。時鹿鍾麟派兵一營圍行朝。名爲保衞。陰實監視。羣臣須投刺。許可乃得入。向夕即出入不通。時夜深不能詣行朝。侵晨乃得展覲。上慰勉周摯。爲之泣下。是日初與鹿鍾麟輩相見。先議定諸臣出入。不得禁止。及御用衣物。須攜出兩事。會議散。鹿等乃封坤寧宮後藏御寶室。憤甚。欲投御河自沈。尋念不可徒死。乃忍恥歸寓。撫膺長慟。神明頓失。時已中夜。忠慤急延醫士沈王楨君診視。言心氣暴傷。投爲安眠藥。謂若得睡。乃可治。及服藥。得稍睡。翌朝神明始復。蓋不眠者逾旬矣。自是遂却藥不復御。蓋以速死爲幸也。乃卒亦無恙。

編輯後記

編者

上一期本刊出版後，即在上海銷售一空，致預定運京的無法寄出，南京的許多讀者，大爲失望！從本期起本刊決定增加印數，並有一個好消息報告給買不到上一期的讀者：本刊出完六期後，即將訂製合訂本，雖然訂數不多，但捷足者總可先得，請留意下一期的廣告爲荷。

本期的內容，編者自認爲非常滿意，上期『編輯後記』中所說的缺憾，可以說已經泯除了不少；但欲做到盡善盡美的地步，自尙非海內文友通力合作不可。

周作人先生的『藥味集』，係由北平新民印書館印行，爲周先生最新的結集，其中頗多南中讀者所未見的文章，惜乎南中沒有法子可看到。本期所刊的是該書的序文，頗可見周先生近來的思想態度，文雖短却是值得重視的一篇佳作。

『廿遯村居日劄』是本期的特別貢獻。作者吳昌綬，字伯宛，清道咸間仁和人，爲著名的詞家和刻書鑒藏家，刻有『雙照樓所刻詞』，至今海內推爲善本。本篇爲吳氏遺稿，爲本社以重價所購得，全文約二萬字，約三期可刊畢。

『秣陵十日』的作者柳雨生先生，新自天南北返，立刻爲本刊撰寫此文，極爲生動。紀果庵先生的『兩都賦』，是一篇極出色的力作，可與柳先生一文同讀。

陳獨秀氏新近在川逝世了，本刊特請靜廬先生撰文一述他的生平，對於這位怪傑的傳記，確是一件不易着筆的事，但在本文中，至少已可見一鱗一爪。

餘如「中庸讀本書後」，「記語言學家王小航」，「牡丹亭女讀書的戀慕狂」，「從魯迅談到龔定庵」諸文，都是上選之作，值得一讀。

國民新聞 每月六元 半年卅四元

國民新聞周刊 每期二角半 半年五元 全年九元

金瓶梅畫集 每集七元 預約八折

認識世界的政治經濟社會文藝之最佳讀物

國民新聞叢書

㈠社論集……………二冊五元
㈡風雲人物誌…………一冊一元四角
㈢近東問題……………一冊一元四角
㈣今日的蘇聯…………一冊一元二角
㈤太平洋問題…………一冊一元二角

——以上各書業已出版——

㈥藍衣社內幕…………一冊二元
㈦不愛江山愛美人……一冊一元二角
㈧第二次世界大戰與各國軍備……一冊一元二角
㈨戰時日本……………一冊一元五角
㈩太平洋戰爭探討……一冊一元五角
(十一)美國的國防工業……一冊一元五角
(十二)美國的戰時經濟……一冊一元五角

——以上各書預約八折——

（外埠掛號每種另加郵資二角六分）

國民新聞圖書印刷公司出版
上海靜安寺路一九二六號 電話二一六七二
分發行所各地國民新聞分銷處
中國圖書雜誌公司代理發行
上海福州路三八〇號電話九二三一三

時代之前驅　晚報之先鋒

南京

時代晚報

言論公正　特稿豐富　電訊翔實　副刊雋永

每日下午四時出版

館址 朱雀路 邀貴井　電話 二二五九五 二三五九八

中央儲備銀行

中華民國國家銀行

資本總額國幣一萬萬元

本行特權

一、發行本位幣及輔幣之兌換券

二、經理國庫

三、承募內外債並經理其還本付息事宜

本行業務

一、經理國營事業金錢之收付

二、管理全國銀行準備

三、代理地方公債

四、經收存款

五、國民政府發行或保證之國庫證券及公債息票之重貼現

六、國內銀行承兌票國內商業匯票及期票之重貼現

七、買賣國外支付之匯票

八、買賣國內外殷實銀行之即期匯票支票

九、買賣國民政府發行或保證之公債庫券

十、買賣生金銀及外國貨幣

十一、辦理國內外匯兌及發行本票

十二、以生金銀爲抵押之放款

十三、以國民政府發行或保證之公債庫券爲抵押之放款

十四、政府委辦之信託業務

十五、代理收付各種款項

南京總行

行址：中山東路一號

電報掛號：中文五五四四 英文 CENREBANK（各地一律）

電話：二三二一〇—二三七五一 二二五四一—二二五四八

上海分行

行址：外灘十五號

電報掛號：中文八六二八

一七四六三

電話：一七四六四

一七四六五

一七四六六

（轉接各線）

蘇州支行

行址：觀前街一八九號

電報掛號：（中文）五五四四

電話：六九三，一八五六

杭州支行

行址：太平坊大街惠民街角

電報掛號：（中文）五五四四

電話：二七七〇

蚌埠分行

行址：二馬路西首

電報掛號：中文 五五四四

電話：

古今

第六期

恢弘雅量涵高遠
領略清言見古今

淑慧賢嫂正書

汪兆銘

汪兆銘

精衛

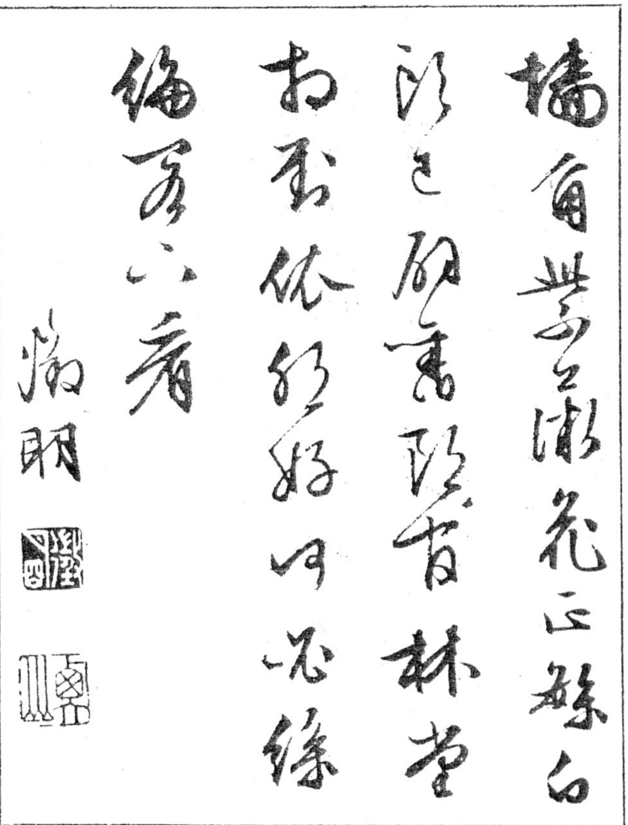

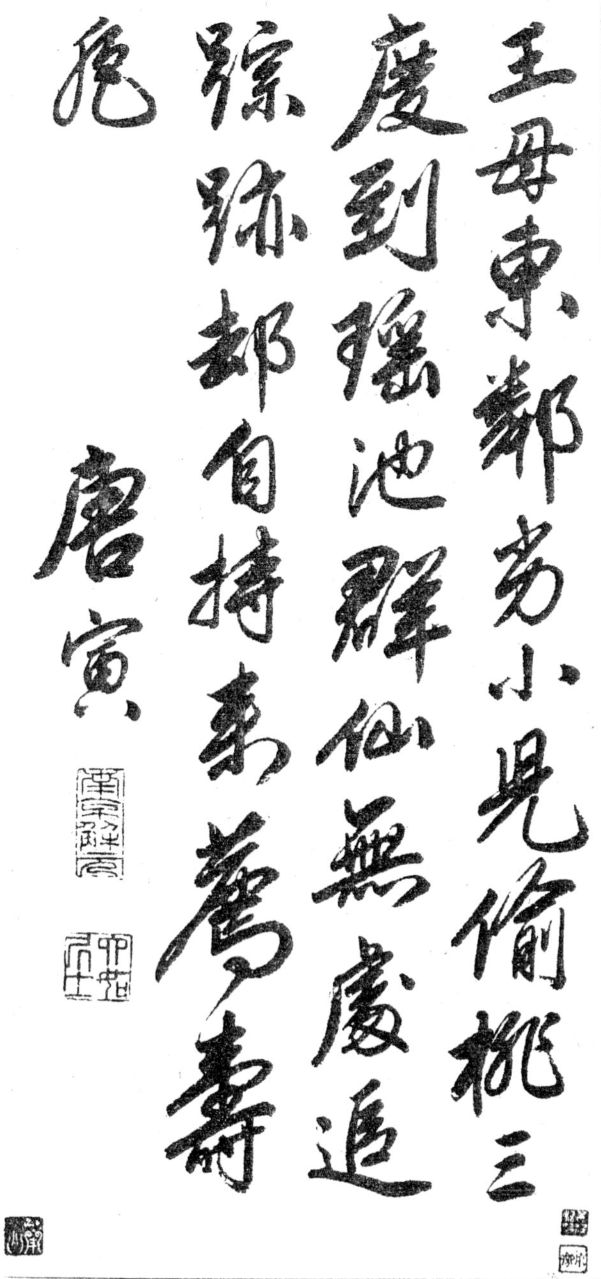

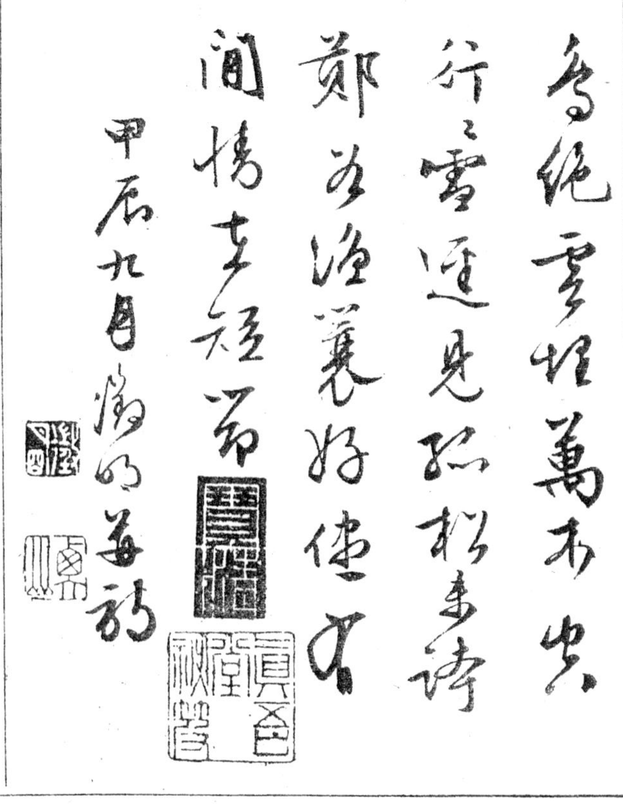

右：明文　壁（徵明）墨跡

上：明唐　寅（六如）墨跡

（樸園主人藏）

古今 第六期目次

中華民國三十一年八月出版

社長　朱樸
編輯者　周黎庵
發行者　古今月刊社
通訊處　南京邀貴井時代晚報社　上海靜安寺路國民新聞
印刷者　上海靜安寺路一九二六號　國民新聞圖書印刷公司
總經售　上海靜安寺路一九二六號　國民新聞圖書印刷公司

本刊月出一冊　零售每冊新法幣一元五角

廣告價目

後封面	五百元
正封裏頁	五百元
後封裏頁	四百元
普通全頁	二百元
二分之一	一百五十元

國民政府宣傳部　登記證滬誌字第七六號
公共租界警務處　登記證C字第一〇一二號

諸貞長大至閣詩序

梁鴻志

余識貞長。逾二十年。癸丑甲寅間。貞長宦京師。見輒談藝。又時時相聚飲博。越十年癸亥。余居上海。貞長參浙江軍幕。其主將每招余至杭州。暇則與貞長游湖上飲酒樓。各出詩相視以爲笑樂。又二年乙丑。余在樞府。邀貞長北來治官書。晨夕相見。顧簿書塡委。而文酒之樂。邈不可得。居數月。余謝病去。貞長倉黃歸。以貧故。復爲人掌書記。體力漸漸衰退矣。越六年辛未。以病起樓詩寄余大連。盡一册。皆絕句。讀其詩。私心慨歎。憂其不久于世。是年余來上海。復與相見。輒和余妙高臺二詩。未幾又病。余走視諸寢。因懷蔘餌貽之。貞長目余曰。環堵蕭然。語次長喟。余亟亂以他語。壬申三月。游華山歸。貞長已前死三日。夫以貞長文學粹美。交友遍天下。傭書老死。而不獲一日之逸。士之憂生失職。至于此極。然則詩人多窮之說。其信然耶。貞長治詩垂四十年。不名一家。而所詣與范肯堂爲近。陳伯嚴鄭太夷兪恪士黃晦聞夏劍丞李拔可交口稱之。余最喜其靜安寺追懷恕齋一詩。以爲瀏亮沉痛。而家國身世朋友之感。胥寄于是。蓋貞長嘗居湖廣總督幕府。恕齋則總督瑞澂字也。貞長才氣橫溢。賦詩喜和韻。和落葉詩疊韻至四五十不肯休。朋輩無抗手者。顧其過人處則在獨吟孤詠。情與景融。悠然意遠。而不繫于更唱迭和之所爲也。貞長既死。其友朱鉢文爲之董理遺稿。凡七巨册。余鈔得三百十三篇。稿本則歸諸鉢文。度必有好事過余而舉授之梓者。然即此以概其全。亦足以盡吾貞長矣。

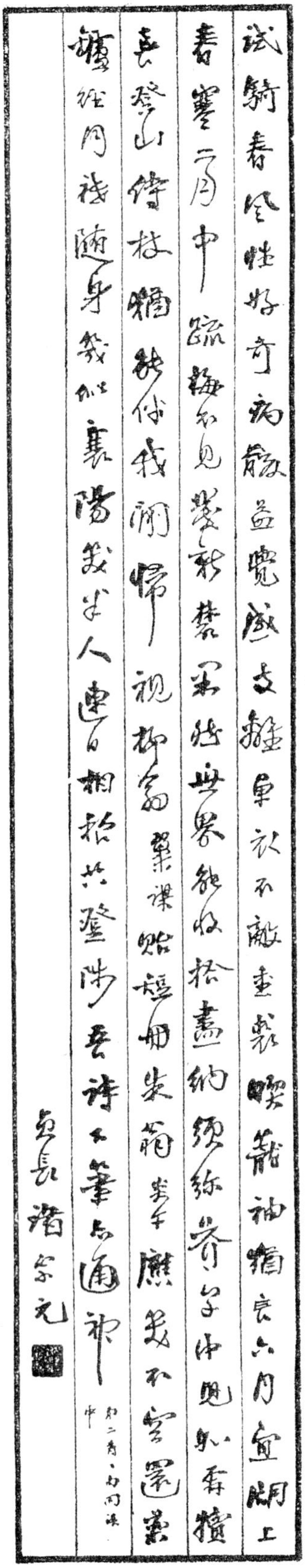

甘遯村居日劄（二）

吳昌綬遺稿

黃忠端從祀之議，發于陳恭甫編修壽祺，見阮文達隱屛山人陳編修傳。又云：忠端所著經解九種及榕壇問業，或已著錄四庫，經解雖久經刊行，其餘遺書文集，散見未及進者尙多。於是積十餘年之力，購得易本象鄴山講義駢枝別集大滌函書及公門人石秋子洪思與莊起濤所譔黃子年譜，又得漳州士人藏本，海澄鄧白麓中書所編公文集三十六卷，詩十四卷。又假得公季子子平所編全集原本，校補數十篇，彙成全集，重定目錄，輯爲六十六卷，訂以年譜，謀于總督孫文靖刊布之。

嘉興錢本之聚仁曾輯黃忠端公年譜，見衎石先生刻楮集自注。

黃忠端有博學典彙一書，中有紀本朝事跡一篇，乾隆四十一年，奉旨采入開國方略。

讀小腆紀年再過，見宏光搜括諸政，有慨於中，因備錄之。令童生納銀免府州縣試（馬士英請免童生府州縣試，上戶銀六兩，中戶四兩，下戶三兩，徑送學院收考。其銀以充兵部招練軍器之用，從之）。開佐工事例（武英殿中書銀九百兩，文華殿中書千五百兩，內閣中書二千兩，待詔三千兩，拔貢一千兩，推知銜二千兩，監紀職方萬千不等。時爲之語曰：中書隨地有，都督滿街走，監紀多如羊，職方賤如狗。相公只愛錢，皇帝但喫酒。掃盡江南錢，塡塞馬家口。明年二月授輸納富人翰林待詔，更有翰林滿街走之語。然止兩殿中書及改貢考銀入于官，其職方待詔監紀追蔭起廢則向權門投納。故御史郝莢又有官買私賂，量出賸餘助公之疏也。）命太監孫元德督催錢糧。令直省贖鍰解部充餉。

榷酒稅（酒一觔稅一文，從馬士英請也），逮助餉福建右參議夏尙駉（馬士英票旨謂道臣而捐萬金，操守可知。况汀寇猖獗，貽害地方，著革職提問，或曰，怒其無私進也）。命太監盧九德丈量蘆洲升課。行稅契法。開納文武職官誥命例。

佃丹陽練湖（太監高起潛請佃練湖，歲可得五百萬，從之）。太監高起潛請開納銀贖罪之例（王曰：納銀免死則富豪何所不至，流罪以下，或可贖耳。下部酌議）。命太監李國輔開採雲霧山，給事中吳适疏諫不聽（雲霧山卽青禁山也）。加鹽課（給事中倪壽慶，中書胡承善製鹽于瓜棧，加鹽課引五分。史可法疏言揚州城內有總督，有提督，有鹽科，今又添監督，人人可以剝商，商本盡虧，利歸豪猾。不足之害，朝廷實自受之）。增派浙閩餉二十萬。以太監喬上總理兩淮鹽課。許罪廢諸臣輸銀復官。按崇禎季年蔣德璟擬旨言向時聚斂小人，倡議搜括，致民窮禍結，誤國良深。觀于宏光時事，晉江之言信矣。

崇禎十一年三月行取主事張縉彥疏言：「臣任清澗知縣，於兵情賊勢，親見有素，蓋賊之得勢在流，而失勢在止。長技在分，而窮技在合。樂時在秋夏，而失時在冬春。昔大賊王嘉允破河西據其城。曹文詔奪門斫殺而嘉允殲。李老柴破中部據其城，巡撫練國事督兵攻圍而老柴擒。神一元破甯塞據其城，左光先等與戰而一元死。譚雄破安塞據其城，王承恩等攻圍而譚雄誅。此皆守而不去之賊，故速其死也，通天星老回回混十萬等，所破城邑無算。官軍未至，旋即奔逃。此皆流而不居之賊，故緩死也。賊入晉豫，分頭成部，自秦及汝雒以至江北，無處不被賊。豈賊眞有數十百萬，蓋分股以牽制我兵，故見多也。前總督陳奇瑜驅天下之賊盡入漢中，出棧道，正可一鼓而滅，乃以招安致敗，不可復收。古人以八日而平賊數萬者，利其合也。夏秋之間，芻粮在場圃，足供士馬之資。冬春非攻城破堡不能得食，官軍促之，則尤易，故時有利有不利也。今欲破賊，惟在亂其所長而使之短，破其所得而使之失。直截以攻之。分為兩軍，一追一駐，賊當之必破矣。賊黨雖衆，其先倡者不過一二支，故盡一股則論賞，不必事乎彙數。縱一股卽論罰，不許報級塞責。誠如此，賊不望風而靡，未之有也。」

按縉彥人不足道而所論精當。後來平賊之策，不出無數百言中。粵匪捻匪之異，亦卽在此，徐氏附論曰：「縉彥抵掌談兵，洞中機要。」諒哉！

左忠貞懋第北使，臨行疏曰：「必能渡河而戰，始能扼河而守。必能扼河而守，始能畫江而安。」史閣部論恢復疏曰：「晉之末也，其居臣日圖中原，而僅保江左。宋之季也，其君臣盡力楚蜀，而僅固臨安。蓋偏安者恢復之進步，未有志在偏安，而遽能自立者也。」按兩說相為表裏，皆至當不易之論。

明末流寇蜂起，上杭尤甚。當事議募鄉兵。魯曰：「四鄉皆寇出沒之區，召募之兵，憲卽寇也。兵寇雜伍，此以城與寇耳。在城者向大戶捐貲結義以固城，在鄉者與大戶鳩宗築砦以固鄉。上書於撫軍張肯堂，撫軍稱善。（李魯字得之上杭人明職方主事）隆武時魯詣行在上封事，其一曰加守令之權以練士兵，略謂守令治民，卽治其伍，有故則猝然為百人之集。守令治兵，但治其隊，有故則猝然爲千萬人之集。以民食膳民兵，久則守令皆良將。而郡邑皆金城。昔勾踐以生聚教訓殪夫差，光武以舂陵子弟殲尋邑。小如馮驩之用薛，尹鐸之用晉陽。皆未嘗募烏合以戰豺狼者，得強富之本計也。徐氏曰：嘉慶川楚之亂，知府龔景瀚上堅壁淸野議，容皇帝嘉之用平教匪。今上皇帝（咸豐朝）御極之元年，粵匪竄湖南，華陽卓相國請舉行之。未及刊布而楚北已失陷。粵匪乘勝踞金陵。薙謀之湜北屏大令師其意，小試之，城邑獲全。然則昔所言屯練之法，與其上撫軍書，誠殄賊安民之良策矣。按昌綬嘗得刻本明亮德楞泰築堡禦賊疏，及堅壁淸野議。出示曉諭條款，乃咸豐三年奉旨刊刻頒發，並冠以是年正月初八日諭旨一道，詢守禦之寶書也。方朔枕經堂文集有㕕冬伯大令「鄉守輯要」序，其書未見。蓋亦本築堡堅壁之法。又有淮海築圩圖說書後，乃吳勤惠任淮徐道時所通行。一圖一說，附見方集。禦土寇者，不可不知。惟火器大行，寇亦操至精之器，以與官抗，所向披靡，又非區區圩堡得而抵制。則嚴斷接濟與張縉彥亂其所長破其所得諸策尤要略也。（錢泳守望新書亦鄉里自固良法，陸中丞申明約束，示所言守禦之方，勦賊之方，明切有用，亦當纂錄。）

宋李忠定言：「自古中興之主，起于西北，則足以據中原而有東南。起于東南，則不能復中原而有西北。」

陸朗夫中丞答章觀察問保甲啓，引眞西山云：經理田野之政，自一保始。每保畫一圖，凡田疇山水道路橋梁寺觀之屬，靡不登載。卽以民居分布其間，某治某業，丁口老幼凡幾，悉附見之。合諸保爲一都之圖，合諸都爲一鄉之圖。可以正疆界，可以稽戶口，可以起徒役，可以備奸偸。凡按徵發爭訟追胥之事，披圖一見可決。在田野爲保。在軍旅爲伍。韓信多多益善，用是法也。中丞又曰：保甲大旨，總在不擾民三字。能使州縣官不差一役，百姓亦不用一人進城，則不勞而民爭勸矣。又曰：如果州縣官實心爲民，只照志書及賦役全書所開道里村莊山河地界，各發告示，開示淸查之法，使民間自推一人爲首，管理十家，十長復推一人爲首，管理十長。層層約束，達于州縣，有所奉報駁查，只用片紙往來，奸胥蠹役，不得過問。則民亦何懼而不爭乎？又曰其法莫詳於黃給諫福書全書。然條件太多。于淸端政書內弭盜條約，親切近情，宜以照抄出示。

崔亭伯達旨曰：「韞櫝六經，服膺道術，歷世而游，高談有日。」又曰：「師友道德，合符曩眞。抱景特立，與士不羣。」予將用此三十二字以次書櫝，複一道字，無傷也。

記蔡子民先生的事

周作人

蔡子民先生原籍紹興山陰，住府城內筆飛坊，吾家則屬會稽之東陶坊，東西相距頗遠，但兩家向有世誼，小時候曾見家中有蔡先生的硃卷，文甚難懂，詳細已不能記得。光緒辛丑至丙午我在江南水師學堂，這其間大約是癸卯吧，蔡先生回紹興去辦勸學所，有同學前輩封君傳命，叫我回鄉幫忙，因爲不想休學，正在躊躇，這時候蔡先生也已辭職，蓋其時勸學所（或者叫作學務公所亦未可知）的所長月薪三十元，在鄉間是最肥缺，早已有人設法來搶了去了。以後十二年倏忽過去，民國五年冬蔡先生由歐洲回國，到故鄉來，大家歡迎他，在花巷布業會館講演，我也去聽，那時我在第五中學教書兼管教育會事，蔡先生來會一次，我往筆飛坊拜訪，都未會見。不久蔡先生往北京，任北京大學校校長之職，六年春寫信見招，我於四月抵京，蔡先生來紹興會館見訪，這才是初次的見面。當初他叫我担任希臘羅馬及歐洲文學史古英文，但見面之後說只有美學需人，別的功課中途不能開設，此外教點預科國文吧。這些都非我所能勝任，本想回家，却又不好意思，當時國史館剛由北京大學接收，改爲國史編纂處，蔡先生就派我爲編纂員之一，與沈兼士先生二人分管英日文的資料，這樣我算進了北京大學了。

民國六年八月我改任北京大學文科教授，仍暫兼了編纂員一年，自此以後至二十六年，我一直在北京大學任職。民六至民八，北京大學文理科都在景山東街，我們上課餘暇常順便至校長室，與蔡先生談天，民八以後，文科移在滿花園，雖然相距亦只一箭之遙，非是特別有事情就不多去了。還有一層，五四運動前後文化教育界的空氣很是不穩，校外有公言報一派日日攻擊，校內也有響應，黃季剛謾罵章氏舊同門曲學阿世，後來友人都戲稱蔡先生爲『世』，往校長室爲『阿世』去云。我那時在國文學系與新青年社都是票友資格，也就站開一點，不常去談閑天，可是我覺得對於蔡先生的了解也還相當的可靠。民六的夏天，北京鬧過公民團，接着就是督軍團，張勳作他們的首領，率領辮子兵入京，我去訪蔡先生，這時已是六月末，我問他行止如何？蔡先生答說：『只要不復辟，我是不走的。』查舊日記，這是六月廿六日事，閱四日而復辟事起。這雖是一件小事，但是我記得很清楚，至今不忘，覺得他這種態度甚可佩服。蔡先生貌很謙和，辦學主張古今中外兼容並包。可是其精神却又强毅，認定他要做的事非至最後不肯放手，其不可及處即在於此，此外儘多有美德，但在我看來，最可佩服的總要算是這鍥而不舍的態度了。

蔡先生曾歷任教育部，北京大學，大學院，研究院等事，其事業成就彰彰在人耳目間，毋庸細說，若撮舉大綱，當可以中正一語概之，亦可稱之曰唯理主義。其一，蔡先生主張思想自由，不可定於一尊，故在民元廢止祭孔，其實他自己非是反對孔子者，若論其思想，倒是眞正之儒家也。其二，主張學術平等，廢止以外國語講書，改用國語國文，同時又設英法德俄日各文學系，俾得多了解各國文化。其三，主張男女平等，大學開放，使女生得入學。以上諸事，論者所見不同，本亦无妨，以我所見，則悉合於事理，若在現今社會有所扞格，未克盡實行，此乃是別一問題，與是非蓋無關者也。蔡先生的教育文化上的施爲既多以思想主義爲本，因此我以爲他一生的價值亦着重在思想，至少當較所施爲更重。蔡先生的思想，有人戲稱之爲古今中外派，或以爲近於折衷，實則無寧解釋兼容並包，可知其並非是偏激一流，我故以爲是眞正儒家，其與人不同者，只是收容近世的西歐學問，使儒家本有的常識更益增强，特此以判斷事物，以合理爲止，故即可目爲唯理主義也。『蔡孑民先生言行錄』二册，成於民國八九年頃，距今已有二十年，但仍爲最好的結集，如諸公肯細心一讀，當信吾言不謬。還以前有『中國倫理學史』一書，還是民國前用『蔡振』名義所著，近年商務印書館又收入『中國文化叢書』中，雖是三十年前的小册子，至今卻還沒有比他更好的書，這最足以表現他的態度，我想正是他最重要的功績。說到最近則是民國二十三年，在『安徽叢書』第三集『俞理初年譜』中有他的一篇跋文，也值得注意，其時蔡先生蓋是六十八歲矣。起頭便云：

『余自十餘歲時，得俞先生之「癸卯類稿」及「存稿」而深好之，歷五十年而好之如故。』文中分認識人權與認識時代兩項，列舉俞氏思想公平通達處，而於主張男女平等尤爲注重，此與『倫理學史』所說正是一致，可知非是偶然。我最愛漢王仲任明李卓吾淸俞理初這三位，嘗稱爲中國思想界不滅之三燈，曾以語亡友玄同，頗表贊可，蔡先生在其書中蓋亦有同意也。王仲任提示宗旨曰疾虛妄，李卓吾與俞理初亦是一路，其特色是有常識，唯理而復有情，其實即是儒家的精髓，惜一般多已枯竭，遂以偶有爲奇怪耳。王君自昔不爲正人君子所齒，李君乃至以筆舌之禍殺身，俞君幸而隱沒不彰，至今始爲人表而出之，若蔡先生自已因人多知其名者，遂不免有時被罵，世俗譽影之談蓋亦是當然，唯不佞對於知不知略有自信，亦自當稱心而言，原不期聽者之必以我爲是也。

我與蔡先生平常不大通問，故手頭別無什麽遺蹟可以借用，只有民國廿三年春間承其寄示和我茶字韵打油詩三首，其二是和我自壽詩，均從略，一首題云用知堂老人自壽韵，別有風趣，今錄於下方：

新年兒女便當家，
不讓沙彌袈了裟；（原註：吾鄉小孩子留髮一圈而剃其中邊者，謂之沙彌。『癸巳存稿』三，『精其神』一條引『經了筵』『陳了亡』等語，謂此是一種文理。）
鬼臉遮顏徒嚇狗，
龍燈畫足似添蛇；
六幺輪擲思贏豆，（吾鄉小孩子選炒蠶豆六枚，於一面去殼少許，謂之黃，其完好一面謂之黑，二人以上輪擲之，黃多者贏；亦仍以豆爲籌馬。）
數語蟬聯號績麻；（以成語首字與其他末字相同者聯句，如甲說『大學之道』，乙接說『道不遠人』，丙接說『人之初』等，謂之績麻。）
樂事追懷非苦話，
容吾一樣吃甜茶。（吾鄉有『吃甜茶講苦話』語。）

署名則仍是蔡元培，並不用別號。此於游戲之中自有謹厚之氣，我前在讀春在堂雜文時也說及此點，都是一種特色。蔡先生此時已年近古稀，而記敘新年兒戲情形，細加注解，猶有童心，我的年紀要差二十歲，卻還沒有記得那樣淸楚，讀之但有悵惘，即在極小處前輩亦自不可及也。

讀知堂文偶記

默菴

幾年來陸續買讀知堂先生所著書，也常在舊書攤上蒐到初版各本。除在東京所印的『域外小說集』始終不曾得到外，其餘的如新潮社出版的『雨天的書』『陀螺』，晨報社本『自己的園地』，說部叢書本『紅星佚史』等都曾買得。總算起來，大大小小，已經有三十冊左右了。每常翻讀，覺得有一種樂趣。早年著譯以紹介外國文藝作品論文爲多，這些勞作在文藝界所得的影響顯然可見。不過這裏却不想說及。我所喜歡的還是散文。自『看雲集』『夜讀抄』『苦茶隨筆』『苦竹雜記』以次，直至『瓜豆集』『秉燭談』，都爲我所愛讀。早年所寫『雨天的書』，韻味較清新，似不若後來所作的醇厚，好比陳年的紹興老酒，年代愈久味道自愈永也。

『澤瀉集』可以說是作者早年自選的散文集。『陶菴夢憶序』裏含了一種淡淡的憂鬱氣，或如作者所自云的『傷感』。與『夜讀抄』的小引頗相像。作者曾自云：『紹興是我生長的地方，有好許多山水風物至今還時時記起，如有閒暇很想記述一點下來。』（『北平的好壞』）然而除『烏篷船』等有限幾篇以外，我們沒有福氣多讀到。然而鄉土的懷念在一個人的筆墨中自然會不時流露出來，而它們又是帶了那樣的輕微的憂鬱味，於是就更令人讀了悵然。

夜讀抄里的『姑惡詩話』，的確可以說是寫得異常淒豔的一篇文字。我曾反覆地讀過十餘遍，覺得這是我所讀過的最悲惻的一篇文字。並不是說悲壯，那只是一陣感情的奔瀉而已；這個則有如一條小河，水紋時時若隱若現，可是鬱結得厲害。文中有一段云：

『沈園不知早到那裏去了，現在只剩了一片菜園，禹蹟寺還留下一塊大匾，題曰「古禹蹟寺」。裏邊只有瓦礫草萊，兩株大樹。但是橋還存在，雖是四十年前新修的圓洞石橋，大約還是舊址，題曰春波橋，即用放翁詩句的典故。民間通稱羅漢橋，是時常上下的船步，船「頭腦」湯小毛即住在橋側北岸，正與沈園相對。越城東南一隅原也不少古蹟，怪山，唐玉潛墓，季彭山故里，王玄趾投水的柳橋，但最令人惆悵者莫過於沈園遺址。因爲有些事情或是悲苦或是壯烈，還不十分難過，唯獨這種啼笑不敢之情，深微幽鬱，好像有虫在心裏蛀似的，最難爲懷。數百年後，登石橋，坐石闌上，倚天燈柱，望沈園牆北臨河的蘆荻蕭蕭，猶爲悵然，——是的，這裏悵然二字用得正好，我們平常大約有點濫用，多沒有那樣的貼切了。』

這裏作者對禹蹟寺的景物加以描摩，只是輕輕的一掠即已經抓到悲哀的核心。作者近作有一首云：

『禹跡寺前春草生，沈園遺跡欠分明。偶然柱杖橋頭望，流水斜陽太有情。』聞新出的『藥味集』中也收有『禹蹟寺』一篇，而前引的一段，在『老學菴筆記』一文中也曾加以引用，足見作者自己對這一段也是非常喜歡的了。

作者曾寫紀念舊友的文章不少。有志摩、半農、隅卿、魯迅、品靑、玄同諸人，在我看來，就中以『錢玄同先生記念』一文最爲沉痛。這沉痛並不是說在表面上如何如何，只是寂寞的記述彼此的友情，於是就更可以看出知己的可貴來，而那悲哀却是力透紙背的。

紀念逝者的文字，向來有兩種，一種是痛哭流涕，如韓愈祭十二郎文，非不痛切，然其所表現的感情多爲表面的，一慟之後，遂爾已矣。不若深鬱的一種來得沉痛。作者在挽玄同先生的聯語上，附有小註曰：『余識君在戊申歲，其時尚號德潛，共從太炎先生聽講說文解字，每星期日集小川町民報社。同學中龔寶銓朱宗萊家樹人均先歿，朱希祖許壽裳現在川陝，留北平者唯余與玄同而已。每來談常及爾時出入民報社之人物，竊有開天遺事之感，今併此絕響矣。』這是多麼沉痛的話，有許多地方，眞是不敢回憶，好像是一塊脫皮的血肉，用火酒搽上去的那種味道一樣。我自己常有這種經驗，深切的明白爲什麼一個人獨坐空房會突然跳起來，這種情感的激動蓋非假事而是的確的。晉阮籍遭父喪飲酒食肉不輟而一慟輒嘔血數升，其不爲普通人所了解，豈不是當然的麼？

『讀初潭集』一文中有題記一則，也是關於玄同先生的事：

『久欲得初潭集，畏其價貴不敢出手，去冬書賈攜一冊來，少敝舊而價不出廿元，頗想留之。會玄同來談，又有生客倏至，乃屬玄同且坐苦雨齋北室，即前此聽蝦蟆跳處，今已鋪席矣。可隨意偃臥，亦良便利也。比客去，玄同手初潭集出曰，此書大佳，如不要勿即退還。——蓋自欲得之也。未幾全書送來，議打一折扣而購得之，尚未及示玄同，而玄同已歿矣。今日重翻此集，不禁想起往事，感慨系之。於今能與不佞賞識卓吾老子者尚有幾人乎？廿八年二月四日春夜，知堂記於北平。』可與上述一文參看。

即在同一文中，作者曾提起他所佩服的中國思想界的三賢——漢王充，明李贄，淸俞正燮。在別的地方也時常稱道。俞正燮痛斥纏足，並重立貞女節婦的定義，被李慈銘譏爲『出于周姥』。其實他的思想不過是正直與同情而已。

李卓吾的行逕比較怪僻，然而所主張仍舊是出於人情，並不足異，不過戴了各式眼鏡看去，就難免都不順眼。

至於他的思想，受外國哲人的影響實多。他曾自稱是唯物論者，在『關於自己』一文中曾提起所曾受過影響的幾個人——克魯泡特金，勃蘭兌恩，茀來則與藹里斯。他曾解釋『虛無主義』道：『所謂虛無論的意思實在只是中國所云無徵不信，換句話說就是唯物的人生觀，重實證而輕理想。』這種思想我想即是作者所一向奉行着的。看一切文藝作品，即以此爲判斷中心。至於藹理斯的影響則更是顯然。『要正當的生活，我們須得模仿大自然的豪華與其嚴肅』。作者演其意云：『生活之藝術即中庸，即節制，即爲縱欲的禁欲。』

至於茀來則，作者從他所得到的是關於文化人類學方面的知識與興趣，『夜讀抄』中多有介紹。這種研究文化的方法看似迂遠，其實乃是最正確的。

這些似乎全是作者自已的意見。可是我覺得最好也還是信奉他的自述。我們所能作的，最多的還是文章的鑑賞方面。論及思想，不免多有謬誤，所以就擇要抄了作者自已的一些話來作說明。

作者的散文的另外兩條路是『草木蟲魚』和談『社會文化』。前者如看雲集中的『金魚』『虱子』等七篇和後來的『苦茶』『野草』等，他在這裏是發揮着對於名物的愛好。文章的內容充實，而又出之以前述的那種明徹的人生觀。談論無不如意，在讀者方面所得，除了新知的獲得外，更可以賞鑑文字的趣味，如聽一位通達人情物理的老先生的絮談，在聆者自然是一種悅樂。

至於談一般文化人類的現象的呢，在我就更爲喜歡。像『縊女圖考釋』那樣的文章，眞可以說是寫得活動極了。他從這個現實的事件中看出『屍體賞鑑』的事實來，掘發了中國古今文人的變態心理，至於那結尾的一節，更是值得援引的，不獨文字好，思想上似乎也可以作爲代表：

『再想那李姓女子，生前認識了一個男人，旋被遺棄，家裏又很頑固，迫得上吊畢命，遺言只願穿上紅袍，死後挂上一天一夜，殮時據報載家裏也沒有人到，只派兩個聽差來，這也就够悽慘了。不幸的人，我們對於她不能有什麼一點供養，只希望她的苦辛屈辱就此完畢，早早入土爲安，身滅名沒，歸於空虛，不要再被人說以至想起。何苦來再留下一張懸於窗上的照片供千百人的隨喜賞玩，此雖或有慚於文人畫家之雅鑒，吾們凡人乃終不能解也。審如是也，吾之考釋又豈靠得住乎？』

這文章是爲『論語』所寫，所以題名及結尾頗具波俏之致。後來還被選入『幽默文選』中。這自然是一種看法。我覺得如果用來說明作者的『中庸思想』，該是十分合適的。這位李姓女子死後，社會上對她的態度有可能的幾種。爲當時報館記者所奉行的一種自然是不高明的了。如果由熱心的人們看來，似乎應當拿來作爲一樁社會問題議論一番。或者來追根求底作法律上的根究，是法家的辦法。作者却只要求她『身滅名沒，歸於空虛』。這似乎可以拿來作『中庸』的注脚了。其實這正是中國民族數千年來所養成的一種『現實人生觀』，看來似乎極不積極，然而却是最實用的。事實上也的確這樣正好。其餘的辦法在理論上雖佳，實際上却不然。這是多麼陰黯而悲慘的思想。

在苦茶隨筆的小引中說及中國對於忍的說法有儒釋道三派，而以釋家所說爲最佳。儒家『小不忍則亂大謀』，是入世者的方法。道家『安莫安於忍辱』，則是遯世的方法也。總之這都是一種手段。獨釋家拿忍來作爲生活的一種，態度莊嚴而鄭重，令人敬愛。而中國人一向看釋家爲出世者，殊不知他們對於生活態度是那麼積極的。反而是『苟全性命於亂世』的道家思想，一向瀰漫於全國人的心底，根深蒂固不可動搖。

這兩篇文章都寫得好，讀之如聞說法，令人頓生澈悟，獲益匪淺。在領略文章之美以外，更是另一種收穫也。

苦竹雜記中有『說鬼』與『關於活埋』兩文，可以作爲另一種文字的標本。前者結尾有幾句話，可以拿來說明這類文章的特色：

『現在如只以中國爲限，却將鬼的生活詳細的寫出，雖然是極浩繁困難的工作，值得當博士學位的論文，但亦極有趣味與實益，蓋此等處反可以見中國民族的眞心實意，比空口叫喊固有道德如何的好還要可憑信也。』

我還裏也不是在提倡『功利主義』，說是可以『小題大做』，在一粒沙里來見大千世界，只是覺得這事頗為有趣，試想活人的腦子中却幻出了死人的世界，而花樣繁多，並不寂寞，該是多麼好玩的事，如果到了心理學家手裏分析起來，這許多又是陽世間所希望着而作不到的事，是一種壓迫的反應。一句話，這種工作的出發點大都是源於『趣味』，此則在一般讀者所不可不知者也。

在前面我曾提出作者文章中的一個特點來，曰『沉痛』。其另一特點則是『詼諧』，而這詼諧又包含了『說反話』與『波俏』兩種，『說反話』在寫某種文章的場合確是必需的，在我看這種地方日本夏目漱石的影響很是顯然。尤其在早期的作品是如此。甚至有時在篇末還要特別注曰：『又上文所說有些是玩話，有些不是，合併聲明。』（死法）當然這在讀慣了洋洋灑灑正面文章的人是理應聲明以免誤會的。近時所作却具有另外一種詼諧趣味。舉例來說，如『家之上下四旁』一文的附記云：

『關於漢川縣一案，我覺得乾隆皇帝（假如是他）處分得最妙的是那鄧老太太，當着她老人家的面把兒子媳婦都剝了皮，剩下她一個孤老，雖是每月領到了藩臺衙門的二兩銀子，也沒有家可住，因為這掘成一個茅廁坑了。走上街去，難免遇見黃宅親家母面上刺着兩行金印 ，在那面看守城門，彼此都很難為情。……甚矣皇帝與道學家之不測也，吾輩以常情推測，殊不能知其萬一也。』雖然是詼諧，然而還到底露出『反動』的痕迹來。

另有一篇『談勸酒』的文章，登在『朔風』上的，作者說明他不喜『豁拳』的第二個理由曰：『豁拳的叫聲與姿勢有點可畏，對角線的對豁或者還好，有時隔着兩座動起手來，中間的人被左右夾攻，拳頭直出，離鼻尖不過一公分，不由不感到點威嚇。』這裏把極平凡的事，加以點染，便成笑料。讀之欲不笑，不可得也。

俞平伯古槐夢遇中有一則云：『有一聯不知賀誰新婚，其詞曰：「此冀北生徒中之知禮者，有江南兒女喜曷稱詩乎」，一本者作者也，乎作云乎。苦雨齋本知作守。』

這一聯可以借來說明苦雨老人是個『守禮者』。何以知之？於寫文章的風格中可以覘之，我們似乎常常可以在作者的文字中看見這樣的附記，『為行文便利起見，除特別表示敬禮者外，人名一律稱姓字，不別加敬稱。』（關於魯迅之二）這種地方看似小節，不過很可以看出一種『誠敬之表示』來，間常推測，這或者就是所謂古之儒家的風度罷？又同文末一節云：『我嘗說過，豫才早年的事情大約我要算知道得頂多，晚年的是在上海的我的兄弟曉得頂清楚，所以關於晚年的事我一句話都沒有說過，即不知為不知也，早年也且只談這一部分，差不多都是平淡無奇的事，假如可取，可取當在於此，但或者無可取也就直於此乎。』

這是我喜讀的一段文章，却說不出什麼地方好來，勉強要說，可以說是那一種空氣雍睦得好罷。

還有一卷小文，為我所愛讀，即收在『周作人書信』裏邊的一些小札，由作者寄給俞平伯廢名沈啓无三人者，或者可以譬作精緻的小糕點罷，入口即溶，不留渣滓，每隔若干時，取來重讀一過，味道依然。作者自己對這些小札也非常中意，曾在『序信』中提起：『挑選結果僅存此區區，而此區區者又如此無聊，覆閱之後不禁歎息。沒有辦法。這原不是情書，不會有什麼好看的。這又不是宣言書，別無什麼新鮮話可講。反正只是幾封給朋友的信，現在不過附在這集裏再給未知的朋友們看看罷了，雖說是附，在這裏實在這信的一部分要算是頂好的了，別無好處，總寫得比較地誠實點，希望少點醜態。』

這話是真的。我喜歡談題跋短簡之類的小品文字，而這種文章近來却少有，新文學作品中除琢磨晶瑩的一種華美的小品文以外，普通的都不佳，登在人間世第一期的劉大杰的春波樓隨筆，初讀時在八年前，覺得甚佳，後來逐漸覺得不行，最近重讀更是看不下去了。即劉半農先生的小品文也覺得搖曳太過失去了本來的面目。不知爲何，不自然的東西我始終不喜歡，無論本來是想裝扮作少艾或是什麼。這一卷小札即甚中意，茲抄兩三爲例：

『好久沒有見了。雖然已是春天，而花葉尙未茂發，不免有寂寥之感。「愚」年老多病，近來患脅痛，輟學多日，亦不能執筆，或把卷，深覺此日可惜。但實在無可爲，只想多飲一杯不蘭地，且食蛤蜊耳。紹原走後無消息，想早已到廣，匆匆不盡。』（與俞平伯信）

昨日棐公打電話來問尊寓地名，想係奉訪乎。新製一種信封，覺尙清疎，但只可自怡悅不堪轉贈君耳。平伯看見云似蘇字，不爲無因。匆匆不備。』（與廢名信）

『昨日亘公光降敝廬，已將人間天上集奉還。據云兩三日來住在清燕，故未見足下。咖（此字製作似仿獮字）哩飯之約未決定日期，照今晨樣子恐還有很熱的天氣要來，或者以略略展緩爲宜乎？但又慮不在大熱天喫之，便少安南氣味耳。未知何如也。匆匆不悉。』（與沈啓无信）

以上隨便抄錄，沒有什麼取捨的意見，不過有一個共同的特色，即全是很自然的。也或者存有作者的特有的風趣的說笑話。即作者所自謙爲最缺乏的『閑適』和『流連光景』的處所，這裏也有不少留存。是頗值得欣賞的。

作者的文章浩瀚，平日雖然常常翻讀，却沒有研究的準備，長篇也不曾作過，現在不過隨便摭拾，附以已見，關於思想方面又沒有多觸到。只不過是一些文章欣賞的話而已，不過這些久存在心裏的意見，得爲記錄一二，倒也是值得高興的事耳。

本刊合訂本預約啓事

本刊出版以來，倏已半載，茲將第一期至第六期彙訂一冊，藉便保存。本刊此舉，原爲分贈友好起見，目的非在發售，以是訂製之數不多；僅以分贈所餘，應一般未能按期購到本刊讀者之需要耳。捷足者或可先得，後至者難免向隅。自即日起發售預約，每冊國幣拾伍元，郵費在內，八月底出版奉上，額滿當將原款奉還。

（預約處：上海靜安寺路一九二六號國民新聞社營業科轉古今社）

四庫瑣話

庚持

四庫全書是淸代文化政策上一大表現。在當時自然是衆口同聲的稱道不已，這聲勢一直不衰者總有數十百年。一直到淸末，才漸漸聽到別人不滿的微詞；直至最近，罵者輩出。對證祖本，校出破綻。眞相總算大白於天下了。然而我們所看見的，不過是一鱗一爪；絕少縝密的敍述。我深信這題目值得一賦，如果鉤稽史事，旁及遺文，再看那些工作人員的作風，乾隆皇帝的手腕，實在有趣得很，而且也並非无益的。

數年前曾讀過一篇『關於命運』的文章，有幾句話，使我非常佩服：

『好幾年前我就勸人關門讀史，覺得比讀經還有用，因爲經至多不過是一套準提咒罷了，史卻是一座孽鏡台，他能給我們照出前因後果來也。』

我自己是個非常『浪漫』的人，對於天下古今一切經典全都望望然去之，不想觸手。史呢，也不會讀過多少。興趣倒是有一些兒的。說起來不敬得很，我讀史是抱了讀小說的態度的。對於那來龍去脈，人物衣冠很有興趣，並无想在這中間發現什麼大道理的野心。不過有一點很令我肅然，就是前面那孽鏡台之說。往往有多少事，看來看去總像眞事，再也保持不住讀小說的閒情逸致，實在是大可悲哀的事。

話說『紛紛五代亂離間，一旦雲開復見天。草木百年新雨露，車書萬里舊江山。尋常巷陌陳羅綺，幾處樓台奏管弦。天下太平无事日，鶯花无限日高眠。』每逢干戈擾攘，羣雄競起，弄得民不聊生，大家連作一頭太平之犬都不可得，那里還有吟詩作賦的興緻？所以无疑的，人材輩出，而且都是馬上的英雄，一旦這些英雄之間分出了高下，一個無賴一朝得志，作了皇帝，天下大定。然而他心里到底放心不下，因爲他出身於艸澤之間，十分明白這種地方情形是多麼不穩；無已，只好想法子把他們引上正途，不要再作亡命的勾當。然而，不爲無益之事，何以遣有涯之生呢？於是苦心焦思，想出了一種無上法寶來，那就是文縐縐的書本兒。

語云：『皓首窮經』，而且這不過是一經而已，如果收集了全國的純正典籍，使一般無知小子們去窮起來，豈不大妙？試想，古往今來可有讀了金瓶梅要解放，看了紅樓夢要革命的人？那麼，這策略之妙極當可無疑義耳。

且說這種事業，是古已有之的。宋板的文苑英華，我們還可以看到三兩本。榮寶齋並且把它複刻爲箋紙。宋亡以後，馬端臨隱居不仕，成文獻通考。這後者還不過是社會史文化史的著作，至多在目錄學上稍有規制而已。直至明代，朱棣靖難以後，想修文治了。召解縉等作永樂大典，上承太平御覽，太平廣記，文苑英華之遺規，把古今的典籍，分拆零散，依韻排列，化整爲零，實在是極偉大的工作。四庫全書的辦法則正相反，有許多書反而是從大典的零零碎碎之中輯成全本。不過，它的受了永樂大典的影響，是不可否認的事。

乾隆皇帝的詔修四庫全書的起因，另一個極重要的是由文字獄所引起的。他看見明屋以後竟有如許不法之輩惓懷故國，時時露諸筆墨，得到了一個極刺激的啓示。於是想徹底的來一次淸除。第一步就是向民間徵求遺書。

在雍正八年（一七三〇）呂留良晚邨的文字獄後之十一年，乾隆六年（一七四一）已經出過這樣的上諭了：『從古右文之治，務訪遺編。目下內庫藏書，已稱大備。但近世以來，著述日繁。如元明諸賢，以及國朝儒學，研究六經，闡明性理，潛心正學，純粹無疵者當不乏人。雖業在名山而未登天府。着直省督撫學政，留心采訪。不拘刻本鈔本，隨時進呈，以廣石渠天祿之儲。』

如果要明瞭十全老人爲什麼對這些事忽然如此熱心，淸初的幾個文字獄的始末，似乎應當稍爲知道一些。這些文字獄，比較重要的當然是易代之際的歷史案件。至於其餘的小小的事件不知凡幾。而大半倒是莫須有的罪過，尤可痛心的是這已經成爲當時人的告訐的目標，爲報私仇，就不惜摘了別人文字間的一二不相干處所，橫加附會，弄得別人家破人亡而後止。這種手段，大概也眞是禽獸間之所無者。這些小事件，爲大家所熟習的如『淸風不識字，何事亂翻書』，在性靈文學家看來，眞是十足的天籟的流露，不料作者却因此而身首異處了。

乾隆二十六年胡寶瑔奏余騰蛟詩語狂悖，請卽正法。這事倒還是乾隆稍稍細心，一加檢閱原詩，不過是蹈襲前人，十足的惡詩。結果意在拍馬的胡寶瑔，是碰了一鼻灰而去了。

後來又有人批評王爾揚在墓誌上用了『皇考』字樣，罪當大逆。也被乾隆置之不問。

莊廷鑨是有錢的人，明相國烏程朱國楨所作明史稿本，因後人乏食，質于莊氏。莊氏就另招集名士，補上了崇禎一朝的史事，刻爲明書。結果爲破家縣令吳之榮告發了。

那罪名是奉隆武永歷的正朔而不書淸代年號。和一二背逆文句。結果除莊廷鑨因已死只戮屍外，其餘子孫朋友刻工販者校對的人一共殺掉二百廿一人之多，眞是洋洋大觀。婦女則給邊人爲奴。現在只錄一段小事算是畫龍點睛罷：『凡刻書送板釘書者，一應俱斬。一刻字匠臨刑哭曰：「上有八十之母，下有十八之妻。我死妻必嫁，母其誰養！」言畢就刑。首滾至門忽然自豎，蓋行刑之所，去家不遠也。』

這一下禁得十分徹底，直至現在雖在易代之後，莊氏的明史還是不得看見。只有商務印書館的四部叢刊續編里，印行了兩册零落的抄本，翻了一過，了無生氣，也眞看不出有什麼值得那麼大舉殺戮的地方。

這樣雷厲風行的查辦，自然要產生兩個結果：第一個是人家家里藏有這種書的，不是私行銷燬，就是深藏密鎖，不敢令人看見了；第二，當然是禁書的效果，只不過刺激起別人的好奇心，反而都想看看也不一定。

這又使皇帝的心里大大不安，不得已，只能在本來的面目上加了一層假面：康熙四年八月諭禮部云：『前於順治五年九月內，有旨纂修明史。因缺少天啓甲子丁卯兩年實錄，及戊辰年以後事蹟。令內外衙門，速查開送，至今尙未查送。……其官民之家，如有開載明季時事之書，雖有忌諱之語，亦不治罪。爾部卽從速傳諭行。』這顯然有些發急了。可是成績也終於不大佳，因爲很少有人敢作這沒有好處的投機生意的了。

從這以後直到前引的乾隆六年的上諭，徵書的工作始終不曾終止。而這時也有人發揮應當修四庫全書的暗示，謝在杭五雜組云：『余嘗獲觀中祕之藏，其不及外人藏書家者遠甚。但有宋刻五十餘種，精工完美，而日月不及，日就浥腐。恐百年之外，盡成烏有矣。胡元瑞欲以三年之功，盡括四海之藏，而後大出祕書，分命儒臣編摩論次。噫！談何容易！不惟右文之主不可得，卽知重文史者，在朝之臣，能有幾人？而欲成萬世不刊之典乎？』

這就很有代表民意的資格了。而乾隆中歷城周永年提倡『儒藏』，與『釋藏』『道藏』鼎足而三，也是這一派的意思。而康熙年間所修的那一部雜亂無章的大雜拌兒——圖書集成，更是這事的先聲；直至乾隆三十七年大興朱笥河（筠）上條陳開館校書，這事才算是有了相當的眉目了。

至於皇帝的心理，倒也有研究的必要。他看穿了人性，如果你說某書不好，不許看；那結果是偷看的人反而更多。倒不如經過一番審定之後說：『這些全是純正無瑕的好書，大家快來看呀！』這樣一來，大家或者不想看也不一定。就是看，也已經經過檢定，毫無妨礙的了。

朱筠是當時大大有名的愛好風雅的大官，門下士多如過江之鯽。如洪稚存黃仲則都曾經作過他的座上客。當時他正作安徽學政，因爲看高宗徵書的結果不大佳妙，竟至『迄今幾近匝歲，曾未見一人將書名錄奏。』只賸下高宗一個人在上面吹鬍瞪眼，大發雷霆，有些看不下去。覺得這是自已的造化來了，於是條陳說：『竊維載籍重於左史，目錄著於歷代，典至鉅也，制至詳也。我皇上念典勤求，訪求遺書，不憚再三。凡在鼓篋懷槧之倫，莫不蒸蒸然思奮，勉獻一得。矧臣蒙恩，職廁文學？敢竭聞見知識一二，爲我皇上陳之。』

他也眞不愧爲文學侍從之臣，深知個中祕妙，所以出起主意來非常周密。當時他就有四點條陳：

一、舊本抄本尤當急搜也。

二、中祕書籍當標舉現有者以補其餘也。

三、著錄校讎當並重也。

四、金石之學圖譜之學在所必錄也。

封事一上，高宗就要『原議大臣議奏』。大學士劉延淸說這『非政之要而徒爲煩』，欲議寢之，幸得于敏中的力爭，覆奏了：

『伏查永樂大典一書，成自前明，但誇捃拾之繁，未協編摩之式，雖善本之流存不少，而遺編之叢雜尤多。仰蒙論斷精微，折衷至當，欽承訓諭，獲奉準繩。竊維採錄固在無遺，而別擇尤宜加審；……再查翰林院衙門內，現有迤西房屋一區，從前修輯皇淸文穎及功臣傳各書，皆在此纂辦，今奉旨校核永樂大典，應請卽將此項房屋作爲辦事之所，於檢查較爲近便。惟是此項書籍，幾及萬本，篇帙浩大，頭緒紛繁，所有查校人員，必須多爲派出，分頭趕辦，方能迅速排纂，尅期集事。臣等謹遵旨於翰林等官內，擇其堪預分校之任者，酌選三十員，專司查辦，仍卽令辦事翰林院。並酌派軍機司員一二員，作爲提調；典簿廳等官，作爲收掌，常川在署，經理催趲，毋致稍有作輟。……』

這一個奏摺頗關重要，可以說是『四庫全書』的一塊基石。而全書規制的宏大，動員臣工的衆多，也都可在這個奏摺裏看出。從此翰林院迤西一帶房屋裏正式成立了『四庫全書館』，自總裁總纂以次三百多名文化人就開始了偉大的工作，在乾隆的指揮之下，把數千年來所遺留下來的古籍實行閹割變質的手術了。

前邊曾經略略提起開始徵書以後的成績不大佳妙，這就使乾隆皇帝大爲着急，下了一個軟硬兼施的上諭：

『前曾降旨令各該督撫等訪求遺書，彙登冊府，……乃各省奏到書單，寥寥無幾，且不過近人解經論學，詩文私集數種，聊以塞白。其實係唐宋以來名家著作，或舊板僅存，或副稿略具，卓然可傳者，竟不概見。當此文治光明之日，名山藏弆，何可使之隱而弗彰？此必督撫等視爲具文，地方官亦第奉行故習，所謂上以實求，而下以名應，殊未體朕殷殷諮訪之意，且此事並非難辦，倘爾率略若此，其他尚可問乎？』

這裏先來一下恫嚇，使該督撫等心裏惴惴，然後就來了較爲和緩的轉圜的話：

『必係督撫等因遺編著述非出一人，疑其中或有違背字面，恐涉干礙，預存寧缺勿濫之見；藏書家因而窺其意旨，一切祕而不宣，甚無謂也。文人著書立說，各抒所長，或傳聞互異，或紀載失實，固所不免，果其略有可觀，原不妨兼收並蓄；即或字義觸礙，如南北史之互相詆毀，此乃前人偏見，與近時無涉，又何必過於畏首畏尾耶？朕辦事光明正大，可以共信於天下，豈有下詔訪求遺籍，顧於書中尋摘瑕疵，罪及藏書之人乎？若此番明切宣諭後，仍似從前疑畏，不肯將所藏書名開報，聽地方官購借，將來或別有破露違礙之處，則是其人有意隱匿收存，其取戾轉不小矣！』

寬嚴交施，恩威並用，正是『英主』駕馭臣下的唯一妙訣，結果是寬了半年的限期，並且令地方官不必檢閱，凡有所得，即送呈進京。假使還是那樣麻木不仁，就『惟該督撫是問』！

高宗不但熟悉於江南藏書家的流傳授受之源委，並且對於書賈的販賣情形也瞭若指掌。我們推想他深居宮中，怎樣會知道這些事呢？那時皇帝在江寧有一個親信的奴才，就是江寧織造，他的職務是替皇帝打探一應民間的風俗，官吏的動靜，收成的良窳。總之，織造是有一切『情報處』的職責和權力，爲皇帝引爲左右手的。紅樓夢作者曹雪芹的祖父曹寅就以藏書著名，家多宋元祕本，而且還刻過奇祕的『楝亭十二種』。並且在北京的怡府樂善堂，也正因何義門的介紹，買得徐乾學季滄葦兩家的藏書。由這些地方，大可以使我們明瞭乾隆的對於藏書事蹟的熟悉，正是並非偶然的了。他的詔書上說：

『聞東南從前藏書最富之家，如崑山徐氏之傳是樓，常熟錢氏之述古堂，嘉興項氏之天籟閣，朱氏之曝書亭，杭州趙氏之小山堂，寧波范氏之天一閣皆其著名者，餘亦指不勝屈。並有原藏書目，至今尚爲人傳錄者。即其子孫不能保守，而輾轉流播，仍爲他姓所有，第須尋源竟委，自不至湮沒人間；縱或散落他方，爲之隨處蹤求，亦不難於薈萃。又聞蘇州有一種賈客，惟事收買舊書，如山塘開舖之金姓者，乃專門世業。於古書存佚原委頗能諳悉。又湖州向多賈客書船，平時在各處州縣兌買書籍，與藏書家往來最熟。其於某氏舊有某書，曾購某本，問之無不深知。如能向此等人善爲諮詢，詳加物色，因而四處借抄，仍將原書迅速發還，諒無不踴躍從事。』

這不但是指揮，而且是畫策。果然成績大佳。兩淮鹽政李質穎（與江寧織造負有同等使命的）就在淮揚（當時的上海）商借了馬裕家的書。其餘的藏家，如鮑士恭范懋柱汪啓淑等也都陸續進呈，高宗也就湊趣，擬定了獎勵的規則：

一、獎書　進書在五百種以上者，賞古今圖書集成一部。在一百種以上者，賞佩文韻府一部。

二、題詠　進書中有精醇之本，高宗親爲評詠，題識簡端。並令書館錄副後，儘先發還。

三、記名　私人進書在百種以上者，其姓名附載於各書提要之末。各省採進本在百種以下者，亦將由某省督撫某人採訪所得，附載於後。

這種辦法果然甚妙。尤佳者在好書善本反而儘先發還，使藏書家無庸担心。不過既經高宗題識，那讀書者不免大大可念。照當時的習慣，該書是要供之香案，淨手焚香，三跪九叩而讀之。這種姿勢，不免令人見而生畏，殊非風雅之道耳。

要目預告

爰居閣脞談……梁鴻志
論從容就死……紀果庵
龍堆再拾……魯昔達
清光緒帝與那拉后……陳亨德

談四大名旦

肅容

四大名旦——梅、程、尙、荀，自從民初以來，卽享盛名，至今不衰。這四個姓名，聯在一起，差不多已成了戲劇界的專門名詞，雖婦孺也都知道中國有這四位人物。二三十年來，多少達官貴人名卿巨商，其姓名已隨流光以俱去，唯有這四位却屹然如故，也可見其藝術入人之深與飲名之盛久了。

亂戰以來，四大名旦的首席梅畹華遠走天南，旅居香港，港戰發生，人們所特別關心的，除却各人的親友外，大都還帶上一句錦注他的起居。有人說他留了寸許鬍子杜門謝客，甚至還有海外東坡之謠，幾乎把一般愛好他的藝術的人們急死。現在消息傳來，畹華安然無恙，怎不令人以手加額呢？而且聽說不久便要在紅氍毹上，可以與我們相見了。江南搖落，重逢龜年，總令人不勝其感慨吧！

天這樣的熱，迴憶天各一方的朋友，也是一件消夏的好方法，我且談談就我所知的四大名旦私人生活，以實『古今』，想爲關心他們的讀者所樂予一看的吧！

梅畹華的私人生活，抽象說起來，可以說是最雍容最華貴的了。從前在無量大人胡同的住宅，佈置得非常華麗，可也非常大雅，一付對聯，一條字屏，都經他的手，位置得井井有條，梅雖不是埋頭伏案的書生，可是眞能得到書中的趣味，也是得到書中涵養的一個人。每天下午，擁書理曲，跟笛工琴師，底吹曼唱，那韻味實在遠勝過戲台上的表演，可惜得見的人不多，而能够發見他的趣味的人，恐怕還更少呢。

自從他移居上海以後，雖是住所不大，草地一方，也是非常整潔，他自從出國幾次以後，對於藝術的興趣，更不止些舊的戲劇，已經進行到並且領略到外國劇藝的精神；同時除掉戲劇以外，凡關於圖畫、雕塑、無線電、影戲，無一不愛，也無一不細細研究，而且同時他還是請了一位鬍子很長的老畫師——湯定之先生——每天下午，在書桌上大畫其梅花，一枝樹幹，必定要剛勁；一朵花蕊，必定要圓熟。如此的孜孜不倦，不曾忘了原來的「國故」，可算是眞能够實行「中學爲體西學爲用」的一個。

程禦霜呢，此人眞不像個劇界名角，非但他的氣派不像，連他的身裁動作，都完全不像。那巍然一表的身材，背後看來，好像是個舶來品的少爺兵，當面看來，口中銜了一枝三B牌的菸斗，有時高興起來，白蘭地可以吃上一瓶半瓶，打起麻雀來，可以連上十六圈乃至廿四圈的「無奇不有」。可是他唱起戲來，非常認眞，一絲不苟。平日受慣了羅癭公先生愛好文字的熏陶，所以寫起字來，也是一筆張猛龍，還要參加些鄭文公爨龍顏的意味，在偶然筆致之中，還得流露些漂亮的意味，眞是說得上嫵媚兩字。北京住在十景花園多年，離開叱咤嗚喑的孚威將軍吳佩孚的住宅不遠，後來他的朋友李老頭兒，替他經營了西城的一所大房子，非常幽勝，更加舒服，祇是朋友去的時候，不免嫌地方太遠車錢太貴了。

他來過上海多次，後來向住滄洲，最先則是在丹桂第一台對門的元元旅社，那時還未結婚，頗爲上海時髦惡劣的異性所注意，可是他守身如玉，連異性打來的電話，都不敢接，這是何等自重。但是我想交際還是不妨的，後來遠涉重洋，應該不至於隨時面赧罷。

尙綺霞乃是一個公子哥兒派頭的人兒，他住的椿樹胡同，佈置是特別富麗，差不多像朱門貴族的家庭，他自已不能喝酒，卻愛打牌，替朋友往還，沒一個不是如飲醇醪。空的時候，一樣的寫字畫畫，疏疏淡淡的幾筆菊花，雖功夫不深，卻也當得雅潔兩字。至於他愛好藝術收藏字畫等等，那是他的嗜好。

他交際的範圍，非常廣闊，交際的手段，非常週到，所以大家都願意和他來往。同時對於公益的事情也非常熱心，什麼梨園公益呀，窩窩頭會呀，他都是滿口應承，首先發動，這也是博得一般人的同情和好評的。

他也是老到上海來的人。照例名角來滬，必先拜客，所拜有初次見面的報館先生，有多年交好的票房名票，這是一種「阿姨撒子」，任何戲劇巨頭，都不能規避的，可是別人有時應付不及他的圓到，見了人總是「您好吓」「你多捧吓」這一套，不像有人在台上儘能的「引吭高歌」，下了台見人的時候，卻「沉默寡言」，這一點上，有人說是他的天賦擅長交際，也有人說他不免有點北京習氣，這卻是見仁見智，不必深究。

荀慧生最妙的是一般人都叫他苟老板—荀字少了日中一劃，因而諧聲—他在梅畹華頭幾次到滬唱上元夫人等戲時候，還替姚玉芙等一同充當舞綵帶的宮女，可是自已有些聰明，力爭上進，非但短短時期，已經達到了第四名「傳臚」的地位，並見一樣的能書能畫幾筆山水，著實有些樣兒。

慧生在四大名旦之中，是個最有福氣的，他的兒子令香，已經「箕裘克紹」的家學淵源了，他因爲一時同行，無不編排新戲，所以也由陳墨香等，爲之排了很多的新戲，編的成績，也不算壞，可是最近聽得北方的消息，陳墨香已經作了古人，斗方名士，身後例屬蕭條，慧生所送的賻儀，未免過於非薄——×十元？——這一方面固然要與潦倒文人表深切的同情，寄無窮的感慨，那一方面想起梅畹華的厚奉易實甫羅癭公諸名公，程豔秋的爲羅經營殯葬，實在不可同日而語，寫到此地，我不敢有別的希望，只希望這是謠言，而不是事實。

明末的人物

劉平

讀史至明末，往往會令人廢卷三歎，這倒並非爲古人担憂，而是普通人隨歷史之治亂興亡而喜怒哀樂，原是常情所在，不足爲異。因爲古今究爲一體，從我們的身上能尋出祖先的一點善固足可喜，若不幸發覺祖先們遺留下來的一些罪惡和錯誤，那痛苦也是當然的。然則明末之史，固不僅看了使人發深惡而痛絕之感。在廢卷三歎以後，鄙意以爲不妨再請過那座胡塗荒唐的孽鏡臺過來細看一看，然後是不免發覺自已的悲哀的。

明末三案，那班朝士們很因此慷慨激烈地爭論了一番，反復得簡直令人生厭，結果好像是雷聲大，雨聲小，收束得頗爲糢胡；倒引得他們沾沾自喜，以爲總算替國家出了力，辦了事，而其實也祇是東林及非東林諸君子之擾擾嚷嚷而已。到得那位『凡事憒憒，獨於夫婦間不薄』的熹宗，三案總算告一段落，而太監魏忠賢卻乘此粉墨登場了。戲的開始，自楊漣那篇經繆昌期潤色過的上魏忠賢二十四罪疏（其中以忠賢意欲竊器，搧動性不謂不大，但畢竟落了空）而後，繼之以諸賢之一哄而上，忠賢始終不動聲色，頗足見出沉默之與嚷嚷者的形勢。此後是一段悽慘的歷史，朝士們便默默地挨受着刑罰和虐殺了。看來魏忠賢是不失爲爽利的，——在中國，太監往往具有此種性格，有人說便是所謂殘忍。蓋『忠君愛國』的擾擾嚷嚷有時實在令人頭痛，那些言官大臣雖未必有『朱雲折檻』之風，倘遇到『王赫斯怒』，那情形卻也不堪設想的。故作太監的看慣了這些『世故人情』，一朝權在手，往往襲取主子之故技以遂其征服慾；此種情形在歷史上不乏先例，固非自魏忠賢始，恐亦未必至魏忠賢終，然則這位猜狠自用的東廠大璫，瞧不起所謂朝士者流，便無怪其然了。熹宗天啓五年（一六二五）十二月黨人姓名如『天鑒』、『東林點將錄』等成，乃悉刊黨人名以示天下（見明鑑），及後不到兩年間，東林之中堅分子虐殺殆盡矣。

可惜魏忠賢殺戮禁錮所假的罪名往往是很蠢笨的。其黨羽許顯純專爲司拷訊之責，死於非刑及爲斃害者不計其數。這倒也罷了，可歎的是：有時無干於東林者亦因主事者之妒憤而逮去。無以解之，這大概便是屬於所謂暴虐了。明史紀事本末卷七十一云：

『揚州知府劉鐸下獄，僧本福攜鐸贈三詩至京，爲其語多譏刺，遂逮之。』

按原書『僧本福攜鐸贈三詩至京』或爲『僧本福攜贈鐸三詩至京』之誤。若照前語，其人便是多此一舉，否則便是因嫌疑或『礙眼』而遭捕，劉鐸下獄，本福明明是到京探監的，因此順便作幾首詩送給他，以抒憤懣，此亦人情之常；至於詩中『語多譏刺』，照情理想，定是這位和尚『義形於詩』。如爲劉鐸所作，則恐將不僅謂其詩多『譏刺』而直截稱之謂『

反詩』了。殺人者是瘋狂的，但諒亦不至胡塗至此也。此說若對，則亦未可厚非老魏，蓋歷史上此類事件最爲普遍，雖遁入空門的佛弟子如本福者，其思想亦大有問題，更無論以擾嚷爲能事的朝士了。但這祇是就狹義的來說。至於魏忠賢畢竟是一名太監，因『目不識丁』，終於不免暴氣，自然其命運不會長久。否則他會覺到躲在文字後面的也還有思想，思想才是眞眞抓得住人的東西。蓋有正義感的人必有思想，——此思想亦必與壓迫者相反，相抗，正不必藉諸文字也。那麼，魏忠賢之前不及嬴政，後不及玄燁，蓋因其爲一不學無術的太監之故；而嬴政玄燁之高於魏忠賢，或亦因其較一太監想得週到歟？

然而，朝士僅祇是朝士，祇在於嚷嚷之間，倘有壓力加諸其身，抵抗是沒有的，但他們嚷嚷卻未必因而趨於消滅。前之東林，後之復社，無非爲『王陽明這面大旗底下一羣八股先生和魏忠賢那面大旗底下一羣八股先生打架』，結果是『幾十年門戶黨派之爭鬧到明朝亡了拉倒』（見飲冰室專集之七十五），舜水遺集答林春信問中亦云：

『明朝以時文取士，此物旣爲壓糞土飯，而講道學者又迂腐不近人情，………講正心誠意，大資可笑。於是分門標榜，遂成水火，而國家被大禍。』

如此而已。宜乎趙翼有『書生徒講文理，不揣時勢，未有不誤人國家者』（這『人』字很有意思，見二十二史劄記卷三十五）之歎了。蓋這些人也自有其本領，嚷嚷爲其一；其二，也還是嚷嚷；其三，倘不是嚷嚷，便祇是一死。這辦法在永樂大帝欽定的性理大全中似乎有所『指示』的，不過由這等士大夫之流加以發揚而光大之罷了。李剛主云：

『高者談性天，撰語錄；卑者疲精死神於舉業，不惟聖道之禮樂兵農不務，即當世之刑名錢穀亦懵然罔識；而搦管呻吟自矜有學。』（見恕谷集書明戶部墓表後）

但這裏卻出了一些傑出的人物，非但對於明末影響非常之大，即對於後世其影響亦遠在諸朝士之上。此類朝士可以阮大鋮作代表，大鋮一面陰結中璫，一面卻處處顯出自己孤高勁節。東林諸君子除自己而外也還顧及朋友，大鋮的一生卻作過無數出賣朋友的事（如左光斗、魏大中之被陷皆出大鋮意），於是更談不上被他一時利用的主子了。對主子不忠心，我認爲是一件帶有矛盾意味的可悲的事。明史馬士英傳（阮大鋮附）云：

『大鋮事忠賢極謹，而陰慮其不足恃。每進謁，輒厚賄閽人，還其刺。』

這行徑較崔呈秀及倪文煥之入豬幕，青衣叩頭，珍奇盈列，呼忠賢曰爸爸的還要細心而妥貼，大概便是所謂士大夫的本色之一相罷。

明末朝士雖不終日忙着做『策論』『經義』或『賦得』什麼的，但那些時文似乎永遠隱隱地刺在他們的臉上，後來讀史的人也往往在他們的一舉一動一嚷嚷之間看得出，顏習齋謂『明亡天下，以士不務實事而囿虛習』（見顏李弟子錄），大概就是這個意思罷。這在上文已經約略說過，不再贅述。但總而言之，這些士大夫之流未必肯直接一手破壞國家，故有因必有果，當另有一批人物於他們的嚷嚷而外補上貪污、殘暴、無厭、賄賂和淫虐，則小民之苦況可想而知。其時民逋賦者以陝西、江西、福建、四川爲最；而不計其數的官地、采邑及權貴的土地，又因無人耕種之故，遂驅此等逋賦的農民前往工作，於是農奴之制大興矣。日知錄云：

『歲僅秋禾一熟，一畝之收，不能至三石，少者不過一石餘；而私租之重者，至一石二三斗，少者亦八九斗。佃農竭一年之力，糞壅之工作，一畝之費用爲一緡，但收穫之日，所得不過數斗，有今日完租，而明日乞貸者。』

而稱貸則『輕者加二，重者加五，穀花始終，當場扣取，勤勤一年，依然凍餒！』（見呂坤實政錄）于是繼害賽兒、葉宗留、鄧茂七、徐鴻儒、于宏志等人的叛亂而後，遂興李自成等人聲勢浩大的農民暴動。河曲之陷，全在內應，皇帝曾問『導賊何人』？對曰：『大抵出於飢民。』噫嘻，飢民之爲可畏也！無怪一提起流寇之亂有人便覺得恐怖，恐怖的聯想是可以的，倘以爲全部的流寇之亂僅此而已，便是迂陋了。我從前曾經看過蜀碧、蜀難紀略之類的書，原也看得這般流寇非人性的，照書上的話，張獻忠的那一支流寇似乎的確是如此；但因爲是數百年前的事，當時倒也不甚覺得恐怖，至於放大眼光，看一看歷史的背景以及全盤形勢，是可以覺出流寇也者也並非不配接受多少的同情的。自成軍至太原，曾移檄遠近，其中有一段說：

『君非甚暗，孤立而煬蔽恆多；臣盡行私，比黨而公忠絕少，甚至賄通宮府，朝廷之威福日移，利入戚紳，閭閻之脂膏盡竭。』（見明史紀事本末卷七十九）

又云：

『公侯皆食肉紈袴，而倚爲腹心；宦官皆齕糠犬豚，而借其耳目。獄囚累累，士無報禮之心；征斂重重，民有偕亡之恨。』（全上）

看了這些話，是不致使人恐怖的。且自成軍常取所掠金錢以賑饑民，因此所過府縣或由守軍或由人民迎降者頗不少，蓋此輩亦多爲飢民也。

自成軍由陝西經山西攻河北，所向無敵，直逼畿南，崇禎皇帝這才決心死守京都。於是按籍勳戚大璫征其助餉，結果卻寥寥無幾，這已經很可悲了，但後來情形卻越發顯得悽慘。明史紀事本末卷七十九云：

『上復問戰守之策，衆臣默然。上歎曰：「朕非亡國之君，諸臣盡亡國之臣爾！」遂拂袖起。』

這是一句急了的話，但也頗中肯，雖然不免太自信了一點。又自云：

『上召對，惟問兵餉，以舉朝無人常泣下。廷臣長策惟閉門止出入，餘無一籌。』

倒是『細民有痛哭輸金者，或三百金，或四百金。』但所可歎者，自成兵臨城下，這班平日以擾嚷爲能事的朝士至死猶不信人民的力量。柴哈洛夫的北京東正教會中有云：

『三月一日京城附近的軍隊叛變，……有許多人主張組織民團，保衛京城，但以大臣的反對而罷。……從這個時候便禁止人民上城援助軍隊作護城的工作。』

這情形是的確的，明史紀事本末卷七十九亦有同樣的紀載，不過日期恐稍有參差耳：

『京城武備積弛，禁兵皆南征，太倉久罄。至是命襄城伯李國楨提督守西直門，各門勳臣一卿亞二，諭文武各官輸助。衆議僉民兵，魏藻德曰：「民畏賊，如一人走，大事去矣。」上然之，禁民上城。』

這似乎委實是沒有辦法的了。於是祇好命大小太監守城，但他們卻大聲嚷起來道：『那些文武大臣幹了些什麼？』城破時，朝廷裏沒有一個官，連那些閣臣們也作鳥獸散了，也不知他們究竟『巷戰』了沒有？及至崇禎鳴鐘集百官，無一至者，才覺到他一個人是完全孤獨的。——昔之嚷嚷者今皆無言而不知所往了。

甲申殉難之朝士爲數不少，但自然也有人降了的。就是那位連罵帶嚇，把人民說得狗屁不值的大學士魏藻德還曾率百官入賀，稽首勸進。但李自成卻頗乾脆，終至被『打發』了完事（凡流寇殺人謂『打發』。見寄園寄所寄）。至於殉難的朝士之中，竟無一人殺賊而死，大都非自縊，即投井，可見『巷戰』之說，也還是騙騙皇帝的。日知錄卷七夫子之言性與天道條下有一節云：

『昔王衍妙善玄言，自比子貢。及爲石勒所殺，將死，顧而言曰：「吾曹雖不如古人，向若不祖尙浮虛，戮力以匡天下，猶可不至今日。」今之君子，得不有媿乎其言？。』

亭林先生身遭桑海之變，這話說得感慨而且沉痛，但鄙意殉難諸朝士死得並不寃屈或有所怨艾，彼輩以爲事急時爲皇帝一死即是忠臣，一了百了，就此塞責，而平日的擾嚷以及殃民誤國等等，到此便可一筆勾消，而大搖大擺地見列祖列宗於地下了。其實氣節是必須講的，但却是不得已的最後一着棋；若不謀於先，也祇是一着空着，那危險是不僅僅關係於個人生命之隕滅的。所以推諉才眞眞的是罪惡。但這原是明末諸朝士的第三着絕技，即所謂『三上吊』是也。看罷，黨禍時以一死了之，破國時以一死了之，却絕沒有一個人想到自已『一哭二鬧』是錯誤和荒唐。至於後來，連『三上吊』似乎也不多見了，剩下的，祇是擾擾嚷嚷之更厲害些而已，顏氏學記性理書評中有云：

『吾讀甲申殉難錄，至「媿無半策匡時難，惟餘一死報君恩」，未嘗不泣下也。至覽和靖祭伊川不背其師「有之有益，於世則未」之語，又不覺廢卷浩歎，爲生民愴悽者久之。』

這一段的意思頗可見出習齋低徊激越的心情。但我似乎記得他也有過這麼兩句詩：『無事袖手談心性，臨危一死報君王』，則又不過是甲申殉難諸朝士的一流人物罷了。

崇禎未必是一個怎麼壞的皇帝，其實似乎比他的爸爸和阿哥都要好些，東廠之禍，他頗能不動聲色地獨自除逐元凶，且於流寇逼近京畿以至臨死以前都能鎭靜，不能不說是難能可貴。其『朕非亡國之君』一語更可見出他的悲壯和大膽，這樣的『亡國之君』在歷史上恐怕是少見的。故崇禎始政，天下翕然稱之，可惜這位皇帝以爲除去東廠黨人便可天下太平，而置其他關係國家存亡斷續之大計於不顧，却不能算是越乎諸朝士以上的人才。其一切加派、捐助、搜括、水旱災傷，一切不問，『甚者參核之法，惟重征輸，官愈貧，民愈困，而賦愈逋。』（見明史紀事本末卷七十二）終至逼到老百姓山窮水盡，自然祇有起來叛亂了。故哈拉博維茨基的『明朝滅亡時之北京』中說：

『崇禎對於民間疾苦均無所聞見，臣下又虛爲粉飾以示太平。』

如此，有明焉得不被誤？故較太監尤爲可恨者，這才使皇帝感覺到是那班朝士，但這已經晚了，於是，在朝士、太監、流寇、皇帝而外，又加上一個建州衛，這條垂死的鼠終於爲肥壯的貓所吞食。後來那貓雖曾很爲老鼠的死歎息過一番，但也做不出什麼來；至於有人恨那位『衝冠一怒爲紅顏』的吳三桂，原也不過祇是書生之見罷了。

談狐

微言

百獸之中，中國人對於狐似乎特別具有興味，而且也看得神秘一些，居然會說牠百歲之後化為美女，千歲之後化為淫婦。又說牠本是古代的淫婦，名叫阿紫，後乃化而為狐。（均見明黃省曾獸經前引，前說謂本之郭氏玄中記，郭氏相傳即為郭璞。後說本之名山記，作者不詳。）

因為有這樣的說法，所以自來文士作筆記或小說，總是愛提到牠，古的如搜神記，廣異記等等，近的如聊齋志異，閱微草堂筆記之類，談狐的故事，真是屢見不鮮。而長篇小說封神傳，雖以殷周盛衰的故事，而其實不過寫狐精妲己的一生，所以小說的開頭，便是寫殷紂進香女媧宮，因題詩瀆神，神遂命三妖惑紂以助周。三妖之中，自然以狐精最有魄力，其餘不過作為附翼而已。又如平妖傳一書，此妖也是一個狐精，結果大亂天下，費了官軍許多的力才得平定。

像這種的例子，在外國可說是一些也沒有的，就我個人所知，歐洲中世紀時有一部『列那狐』(Reynard the Fox)的，那純粹是一個諷刺的故事，性質近於童話，說狐還是狐，從來沒有把牠變為美女或淫婦。那末中國人為什麼喜談狐呢？而且還把牠作人形看待，那確是一個有趣的問題，值得我們來談談的。

其實狐的動物決不能活到百歲或至千歲。據動物學家告訴我們，牠的壽數至多不過十三四年而已。所以說牠百歲千歲，根本是迷信之談。然而迷信動物本來什麼都可以的，為什麼對狐格外有興味呢？

如果我們拿中國所謂幾部古籍來看，像五經諸子之類，可說對狐只是作狐的解釋。當時所以要一再提到牠，不過貪牠一張皮，那是可以做裘的，是一種名貴的服裝，如詩七月：『取彼狐狸，為公子裘。』禮記玉藻：『君衣狐白裘。』墨子親士：『千鎰之裘，非一狐之白也。』其實這不但當時如此，現在也何獨不然，狐裘還是屬於上選的皮貨。其次則無非說牠性極狡滑，疑而不決，於是借之以喻邪人，如詩南山：『南山崔崔，雄狐綏綏。』此狐舊說乃比齊襄公居高位而行邪行。又如易未濟：『小狐汔濟，濡其尾，无攸利。』是說狐老者多疑，小者未能慎，故濟水濡尾，而仍不能濟。是此種解釋，皆極正當，絕無有迷惑之言。即使志怪之書如山海經穆天子傳等，也不過是『青丘之山有獸焉，其狀如狐而九尾，其音如嬰兒，能食人，食者不蠱。』（山海經）『天子獵於滲澤，於是得白狐玄貉焉，以祭於河宗。』（穆天子傳）均沒有變化人形之說。

到了漢代，諸書所載，亦大抵如此，可以不再一一引證。只有西京雜記載『廣川王去疾發欒書塚，棺柩明器，朽爛無餘，有一白狐，見人驚走，左右擊之不能，傷其左足。』這本也極平常的事，獸類大多愛居古塚之中，以為隱匿。但後却說『其夕王夢一丈夫，鬚眉盡白，來謂王曰，何故傷吾左脚？乃以杖叩王左足。王覺，脚腫痛生瘡，至死不差。』這當然是附會之談，然而此狐還畢竟不會變作美女。只是化一老人，而且事在夢中，也與後來所說不同。還有西京雜記是否爲漢劉歆所撰，現在也大有疑問，有許多都主張還是晉時葛洪所僞託的，那末漢代也還是沒多狐妖之說。

說到葛洪，我就懷疑狐妖之說，就是他所睹造的。史稱他『尤好神仙導養之術。從祖玄，吳時學道得仙，號曰葛仙公，以其煉丹祕術，授弟子鄭隱。洪就隱學，悉得其法焉。』可知他之好道，原是學有淵源。今人亦謂自東漢張陵創道敎以後，至魏伯陽從而和之，道敎的學理基礎始立。至洪更著抱朴子一書，認神仙鬼怪爲必有物，於是道敎的眞相更爲明顯。試看他的對俗篇云：『狐狸豺狼皆壽八百歲，滿五百歲則善變爲人形。』他雖說此文根據於老君玉策記，老君相傳即老子，老子而有玉策記，這恐怕只有他們道家是這麽說的，餘外就未之聞。我疑此書也正是葛洪自己僞撰，一如他的西京雜記僞託爲劉歆一樣。

葛洪之後有郭璞，這也是晉代與葛洪齊名的談神仙鬼怪專家。郭氏玄中記是否爲他所作，我們不得而知，但如晉書他的列傳也曾有過一則狐的故事，那是可信他也相信狐會成妖。茲試將這段傳文，轉錄如下：

『暨陽人任谷，因耕息于樹下，忽有一人著羽衣就淫之，旣而不知所在，谷遂有娠。積月將產，羽衣人復來，以刀穿其陰，下出一蛇子便去，谷遂成宦者。後詣闕上書，自云有道術，帝留谷於宮中。璞上疏曰：「任谷所爲妖異，無有因由。……臣愚以爲陰陽陶烝，變化萬端，亦是狐狸魍魎，憑假作慝。願陛下採臣愚懷，特遣谷出。臣以人乏，忝荷史任，敢忘直筆，惟義是規。」其後元帝崩，谷因亡走。』

任谷不知爲男爲女，居然因羽衣人一淫，即能產蛇。看郭璞的疏文，則此羽衣人，大似狐狸所化。玄中記今亦有傳本，說『狐五十歲能變化爲婦人，百歲爲美女，爲神巫，或爲丈夫，與女人交接，能知千里外事，善蠱魅，使人迷惑失智，千歲即與天通，爲天狐。』與黃省曾獸經所引，略有不同。旣云百歲或爲丈夫，則此羽衣人當是百歲所化的狐。所以如干寶搜神記之類，記狐也有書生，也有婦人，固不僅專化美女或淫婦而已。

至於干寶，原也是葛洪的好朋友，洪傳稱『干寶深相親善，薦洪才堪國史』，可爲明證。晉書也有他的列傳，說他『性好陰陽術數，留思京房夏侯勝等傳。寶父先有所寵侍婢，母甚妬忌，及父亡，母乃生推婢於墓中。寶兄弟年小，不之審也。後十餘年，母喪開墓，而婢伏棺如生。載還，經日乃蘇，言其父常取飲食與之，恩情如生，家中吉凶輒語之，考校悉驗，地中亦不覺爲惡。旣而嫁之，生子。又寶兄嘗病氣絕，積日不冷，後遂悟，云見天地間鬼神事，如夢覺，不自知死。寶以此遂撰集古今神祇靈顯人物變化，名爲搜神記，凡二十卷。』可知他的搜神記，是大談古今靈異故事的。狐妖當然也是靈顯之一，所以他也雜談一些。然如仔細看他的故事，只有一則發生於後漢建安中，其餘的出於晉時。是亦可知狐妖之說，最早不出於漢末，而至晉時方才大行特行的。

在他所談狐故事之中，有一則可以值得我們注意的，便是說狐妖也有所忌，一是獵犬，一是千年古木，獵犬只能別數百年的，千年古木方能別千年老妖，照之則形立見。這種在抱朴子中，則還未曾說過，牠只云『山中戌日稱成陽公者，狐也。但知其物名，則不能爲害。』（見登涉篇）干氏此言，據說出諸張華。大略說晉惠帝時，華爲司空。那時燕昭王墓前，有一斑狐，變作書生，持刺來謁。華見他舉動容止，顧盼生姿，與論經史百家，無不應聲而出，因此疑此年少若非鬼魅，定是狐狸。華初以獵犬試之，狐竟毫無懼色。後知燕昭王墓前的華表木，已經千年，乃遣人伐來，燃之以照書生，果然立顯原形，烹之而死。按張華爲晉代名臣，史稱他『雅愛書籍，天下奇祕，世所希見者，悉在華所，由是博物洽聞，世無與比。』著有博物志十篇，乃類記異境奇物及古代瑣聞，而未曾一說狐事，也足見此種所說，非張華自己僞撰，即由干寶代爲捏造。但如晉書韓友傳所載，驅狐之法，還可用占卜的，則事更玄妙。現在也不妨抄錄於此，以明晉人對於狐妖之學，實在大費一番研究之功的：

『韓友字景先，廬江舒人也。爲書生，受易於會稽伍振。善占卜，能圖宅相冢，亦行京費厭勝之術。……劉世則女病魅積年，巫爲攻禱伐空冢故城間，得狸鼉數十，病猶不差。友筮之，命作布囊，依女發時，張囊着牕牖間。友閉戶作氣，若有所驅，斯須之間，見囊大脹如吹，因決敗之，女仍大發。友乃更作布囊二枚沓張之，施張如前，囊復脹滿，因急縛囊口，懸着樹，二十許日漸消，開視，有二斤狐毛，女遂差。』

是女病完全爲狐妖作祟，故雖得狸鼉數十，病猶不差，此所謂道不同不相爲謀，亦無怪其然也。至如韓友此法，大約用以咒語，故與張華之法不同。然而咒語如何，則非韓友復生，吾人恐不能得其究竟。不過在南史顧歡傳中，却有這樣一段記載，說是山陰白石村多邪病，歡往村中，一面大講老子，一面令人作獄，過了一會，即見狐狸自入獄中，病者皆愈。這樣看來，韓友咒語，恐怕也是老子，然則老子一書，還有驅狐妖的魔力，眞是前所未聞，不得不在此特提一筆。

但是事情也有例外的，如唐代王義方，從鄉人郭無爲學道術，郭敎他使野狐，他雖能呼，但狐却不伏使，反擲瓦甓擊義方，並聞空中有聲云：『有何神術而欲使我乎！』他竟不能禁止，結果一病而卒（見張鷟朝野僉載）。這也許是王義方的道術未精，或者此野狐還未成妖，所以不能使他伏使罷！

除上述諸法以外，隋末王度所作的古鏡記，據說此鏡也能驅狐，不但不可逃形，而且竄跡無路，頗如後來白蛇傳中的法海，能用手鉢使白蛇傷生，而無法遁脫的。

到了唐代，談狐的作品愈多，如廣異記，宣室志之類，都是連篇累牘，述不勝述。所以至宋撰太平廣記，專錄狐事的，竟多至九卷。不過所談往往開門見山，一望知爲異類，未免使人索然寡味。且所談亦不外乎狐妖作怪，使道士作法而已，亦使人多見之後，望而生厭。惟其中也有一篇，在這裏得特別提出的，那便是沈既濟所作的任氏傳。這原是唐代新興文體傳奇文之一，內容雖然也是談狐，然而寫法可說與衆不同，使人驟看起來，決不以爲她是害人的妖精。此文大家也許已經讀過，可是我還想在這裏敘述一下，因爲在我所見的記狐作品之中，此篇可說是古今唯一傑作，除牠以外，其餘均可不談的了。

故事大略是這樣的：唐天寶九年，有鄭六者，不詳其名，好酒色，因貧無家，託身於內兄韋崟家中。有一天，他乘驢行於長安昇平的北門，碰到三個婦人，其中穿白衣的最有容色。他遂戲而挑之，跟隨她們到樂遊園。那時天已昏黑，只見一個大宅，土垣車門，白衣的就向內而入，回頭却對他說：『願少踟蹰！』於是只留一女奴守門。他問女奴，方知白衣的姓任。果然不久之間，請他入內，先由任氏之姊招待，列燭置膳。後來任氏更粧而出，姸姿美質，殆如天仙，鄭就留在她家過夜。可是天將明時，她即促他速去，說是有兄弟到來，不可淹留。鄭旣出門，路上遇見一賣餅的，問他那裏究是誰家第宅，賣餅的却說那是一塊棄地，並無第宅，只有一狐，常誘男人往宿。鄭於是才知任氏乃屬異類，然想到她的豔麗，仍存一見之心。這樣過了十日，鄭偶遊西市，忽見任氏正在衣肆中買衣，鄭上前連呼，任氏却背立不肯相見，說：『公知之，何相近焉？』鄭說：『雖知之何患！』並發誓決不相棄，任氏因此也願終身相事，於是稅屋以居，且向韋假什器。韋本亦好色之流，一見任氏，即欲求歡，却被任氏厲色相拒，韋遂不敢。但任氏以飲食所需，皆賴於韋，也想有所報謝。恰巧韋見一吹笙女子，嬌姿豔絕，問她可曾相識，任氏便說：『此寵奴也，其母即妾之內姊也。』遂設法密引，與韋相通。不意過了年餘，鄭竟調授槐里府果毅尉，欲邀任氏俱去。任氏知此去不利，堅不允許，但鄭仍再三固請，任氏不得已，遂與同行。果然到了馬嵬，恰巧有西門圉人敎獵狗於洛川，與任氏相遇，任氏即歘然墜地，復本形而遁。結果爲狗所獲，喪生而死。鄭乃銜涕出錢爲之瘞葬以去。

這故事初看起來，雖沒有像其他的傳奇奇離曲折，平淡得很，然而爲狐妖的任氏，寫得這樣眞具人情，和易可親，實在前所未見。後之聊齋志異，其載狐事亦能如談平常故事，未始不受牠的影響，所以我說有此一篇，其餘便可不談。不過也得注意，便是狐妖故事一到宋明，談的就不很多，大部如洪邁的夷堅志，原是全談鬼怪之書，然而說狐的事却極罕見。世傳關漢卿所撰的鬼董狐，也只談鬼事而沒有狐事。不過其中有一段文字云：『夫物之魅人者必以淫，淫者其自魅也久矣，已魅而物之魅類至矣。』這雖仍說物魅爲必有，但說原因是己魅，正與『色不迷人人自迷』之理正同，倒可解釋狐之魅人，正也如此。以我推想，狐本無也。中國人自來思想，總以爲一切皆有物爲主宰，善則爲神，惡則爲妖，已魅旣久，無可怪之，於是就怪之於妖。病可說妖作祟，繼而至於一個絕頂聰明或絕美豔的人，也可誣之爲妖，因爲事非希有，視當例外。此妖本無可指，於是索性名之以狐，此所以狐又有或爲美女或爲丈夫之分也。而丈夫畢竟不及美女，於是更有狐能專化美女淫婦之說。在說者則偶然是夜中夢見而已，在聽者則以爲像煞眞有其事，遂致纏繞不分，狐的故事便多。蓋大多以虛爲實，故往往說牠無意而逢，又由實爲虛，故往往說牠倏然而去，根本不出一個『無』字。這不是我的狐妖哲學，實在狐之爲狐，恐怕如是而已。至於淸代談狐之風復盛，如前擧聊齋閱微之類，到此已不必再述。有人說，聊齋談狐，含有反淸之意，所以蒲氏也就終身不得其志，那我是根本反對的，而且蒲氏眞有此種思想，恐怕早已鬧起一件文字大獄，還會讓他善終下去嗎？

五月二十日燈下。

啓事

本刊自第七期起，調整出版日期，每期改爲准月之一日出版，除有特別事故外，決不愆期。讀者諸君，屆時請注意上海中華日報國民新聞新中國報平報等四大報及南京中報時代晚報等二大報刊佈之廣告，向各大書坊報攤購取可也。

香港戰爭目擊記（上）

靜塵

大英帝國經過了一百多年全盛的黃金時代，到底好景不常，一步步踏上衰老的暮境，終而至於開始崩潰了。

只消在四五年前，倘然有人肯定地對你說，大英帝國就要崩潰了，並且崩潰得出乎意料的迅速，我相信你一定不會相信。可是，目前是鐵一般的事實擺在我們每個人的眼前，不容你不信。盛極必衰，我們的古聖賢們原早看破了歷史的定律。所以我們今天對於大英帝國的崩潰，不為盎格羅民族哀，却為歷史的循環往復慮。

我不知道英德之戰中英國的情形怎樣，因為我看不到倫敦大轟炸的景象。但我總算在大英帝國統治下的一塊小小屬地——香港居住了四五年，對於這個帝國的小小一部份的面貌，有個粗知大略的認識；並且更幸運的，我在那裏切身經歷到一次翻天覆地的大變動，眼看着這帝國一小部份的傾覆崩潰，像潮水捲流沙那麼輕快。以小喻大，我們若以香港的陷落為藍本，去想像星加坡緬甸，以至於將來印度的相繼失守，也不會覺得驚奇了。何況香港雖然是個小小的地方，對於大英帝國究屬是塊拱門脚下重要的基石。

× × ×

大家都知道英德之戰爆發時英國在國防上毫無準備，所以戰端一啓，英國在軍事上顯然處於劣勢的地位。但是英國紳士們受到這個大教訓，很知道亡羊補牢。尤其在香港這方面，遠從廣州被日軍佔領（那時候歐戰尚未爆發）的時候起，大英帝國已經知道這塊小小的殖民地，總有一天會受外力的侵襲，所以早在暗底裏積極準備了。不過當時的準備僅僅止於『有備無患』的準備，除開報紙上常常登載什麼山裏有老虎，勸大家不要再去遊玩外（實際上有老虎的地方就在那裏築砲台），表面上並無什麼動靜。可是就祇這一點，香港四周山裏的大砲台，造得實在够堅固了。

歐戰爆發，香港跟着英國的投入大戰漩渦，起了一陣並不算小的騷動。做了近百年『太平犬』的香港小市民，一向對中日戰爭總取隔岸觀火的態度，在與我們這批來自外方的流浪者閒談，往往自己覺得是永遠不會受砲火洗禮的天之驕子，這時候大都哭喪着臉，憂慮戰神的來臨，惶惶然不可終日了。但是曾幾何時，太平的香港依然太平無事，『太平犬』們心目中的戰事，並未展開，於是騷動過去，一切又都歸於照舊的安定，照舊的繁榮。

『戰爭，香港總不會有！』——香港人十個倒有九個這麼想，好像香港真是上帝在創造宇宙時就派定了不會有戰爭似的。

只是英國當局的騷動一直沒有停止。香港政府的第一道命令，便是强迫全港英籍婦孺疏散，徵用了好幾艘郵船，先把她們裝到菲列濱，再由菲列濱送去澳洲。這在英國當局總算盡了未雨綢繆的能事，可是對於這塊小小殖民上的英國臣民們，真是椿從未有過的大災難。你想平時在殖民地上過慣了養尊處優生活的官吏和大腹賈，身邊怎麼可以一日沒有太太？而那些被老爺嬌養慣的太太少爺小姐們，怎麼可以一日沒有老爺，拋開了丈夫，到別地去空閨獨守？所以當港政府的疏散命令頒發時，許多大帝英國的臣民就對這道命令表示不服從，慢吞吞地不願登記，慢吞吞地不願登船。因爲他們認定香港並無戰爭的威脅，大可不必疏散他們的家屬。可是港政府奉行倫敦政府的命令，不理睬他們的不滿，一而再，再而三地把全香港的英籍婦孺强迫載送到了澳洲去，絕對不許她們回到香港來。但是這樣一個月，兩個月，三個月……地過去了，香港的樣子似乎愈來愈太平，沒有太太的英國紳士們也愈覺得閨房之間太寂寞，於是乎一致起來組織『丈夫團』，向港政府追索被疏散的太太；在澳洲的太太們也聯合起來組織『太太團』，要求香港政府准許她們回香港陪丈夫，兩邊廂鬧得烏烟瘴氣，熱鬧非凡！香港這個『丈夫團』差不多每星期都在半島酒店或香港酒店飲茶開會議，直到日本對英美開戰的前幾天，『丈夫團』裏的負責者們還在那裏開會，議商對策，向政府索取太太。他們的精神，眞有『一息尙存，此志不渝』之概！

港政府的第二道命令是由港督宣佈香港戰時狀態的存在，實施了十多條戰時的法令。只是這些法令大半與人民的日常生活無關，所以我們這些居住在香港的『太平犬』們也懶得去注意。只是有一點顯然比平時不同，使人一望而知香港已在戰神的兩袖籠罩之下，那就是凡屬政府機關的公共建築之前，無論大門小戶，出入口處，都須堆壘沙包。就是救火會救火汽車出入的大門，因爲那也屬『政府機關』，依法須得壘沙包，可是事實上救火會的大門不可擁塞，爲了『合法』起見，只得在大門外的左右兩邊直壘兩條沙包，以資點綴。雖然這些沙包的堆壘，已經沒有實際效用之可言，但是有了這點沙包，一方面既可不違背凡屬政府機關都須壘置沙包的戰時法令，一方面也不會壘塞救火會的大門，火災時把救火車擋在屋子裏開不出來。另方面，多少連救火會也好穿上一襲戰時的外衣，站在人烟稠密之區警告來來往往的行人：『看，戰爭已經來了！』

但是這些沙包壘得久了，人們習見之後，當然也就不以爲奇；而香港政府似乎也把這些沙包作爲『戰時流行』的裝飾品，一直在它們的外觀上用功夫。起先是僱用大批工人，把一堆堆已經壘好的沙包從新卸下，整理一番，使蔴袋的色澤相同，大小劃一，然後重複整整齊齊壘起來。繼之日子久了，有些蔴袋經過雨打日晒，變了顏色，就把它們取下來換過新的，再在沙包脚下，圍上半尺多高的一條刨得光光的白木板，使蔴袋裏的沙泥不致瀉開來。接下去索性在木板上漆上一層淡藍色的油漆，以增美觀。這還不够，有一天我趁電車經過滙豐銀行前的法院大廈轉灣時，看見兩個小工手持小帚和小箕在烈日之下小心翼翼地清掃壘在法院走廊下每個沙包上的灰塵。他們那種從容不迫，細心專意的神情，倒與堆得高高的沙包成一個頗有奇趣的對比！我坐在電車上一面看一面想，想不起別的，只想到『這就是英國人在抗戰』！

但是這到底不足以說明英國人只顧表面，不求實際。在平時，英國人的辦事情，確實相當認眞，現在戰爭來了，而且飛機炸彈已經光臨到了他們的頭上，雖然在英倫三島不免有點手忙脚亂，但在殖民地——尤其在東方殖民地這方面，戰火既未燒着眉毛，他們對于戰爭的準備，既有充裕的時間，也有儘够的資源，當然會得仔仔細細，作種種必要的準備。在香港，英國人自歐戰爆發以後日以繼夜地忙於種種軍事設施的建築，有關祕密的我們自然不得而知，但可公開見到的，其不惜工本的情形，已使我們咋舌不置了。所以太平洋戰事發生後香港不過半個月即爲日軍攻陷，有些人歸咎於英國的毫無準備，眞是大錯特錯。

前年初夏，游泳的季節到來時，報紙上忽然宣佈，淺水灣石澳兩個游泳的天堂，沙灘上都已裝好鐵絲網，要去游水的朋友，下水去須得小心。這段消息在報紙上一披露，全香港的『美人魚』『美人蟹』們看見了自然又不免相顧失色，到淺水灣去游水的人，大打折扣。一向爲紅男綠女們優哉游哉週末遊樂的聖地，一旦成了未來的戰場，看來眞大煞風景。

像淺水灣這樣一個供人遊玩的地方，沙灘上也滿佈了鐵絲網，其他近海之處以及形勢險要的地方之鐵絲網密佈，自在我們意想之中。

說起鐵絲網，英國人在這方面的『準備』其規模眞够偉大！俗語形容一個牢不可破的軍事要塞爲『銅牆鐵壁』，我想假使以二十世紀發達的科學與工業，倘然眞能建造一道『銅牆鐵壁』來保護一個地方的話，那末英國人——至少香港的英國人已經首先創製了。因爲據我親眼所見，英國人爲防止『敵人』的進襲香港在海邊登陸起見，就在全香港的海岸上架起鐵絲網來。這種鐵絲網在形勢險要之區赤柱，香港仔，淺水灣，深水灣，石澳，以及九龍許多地方，前年夏季就已完全佈置好，等到前年秋季，連在人烟稠密的市區海岸邊，也興築起架設鐵絲網的工程來。這種預備一旦有事時便於架設鐵絲網的工程構造得眞够聰敏，港政府僱好幾千名工人，在洋工程師領導下，在沿海邊的每一條馬路上距離三五尺挖一個用水泥澆成的小孔，小孔上面還有一個可以啓閉的鐵蓋。這種小孔內外兩排，像摩登女郎衣服上的滚條一般，把全香港的海岸綫都滚遍了。平時，鐵蓋蓋着，走路不會踢脚，汽車開過也頗光滑，不留心的人死也想不到這些小孔就是一種戰事準備。等到去年十二月八日日軍開始進攻香港，一根根六七尺高的鐵桿就插進這些小竅縫，成爲支架鐵絲網的鐵柱，再在這些鐵柱上佈起生刺的鐵線，看來旣整齊，又堅固，這一來眞把香港團團圍住，連蒼蠅也飛不進一隻了。（倘然這些鐵絲網眞是銅牆鐵壁的話。）

在香港以及九龍許多山裏，這種鐵絲網架設得更多更堅牢。支架鐵絲網的不是鐵桿而是澆住在地裏的水泥鋼骨柱，柱面上還漆上花花綠綠的油漆作爲戰地保護色。橫一道竪一道的眞如蛛網之密佈，有幾道長得把一座高高的山嶺分隔爲二，在我們這種毫無軍事學識的平民看起來，眞覺得英國軍事家的佈置腦筋實在够精密，方法實在够巧妙。想不到這樣不惜工本的軍事佈置後來都變成日軍的戰利品。

鐵絲網的佈置在香港整個軍事準備工作上自然還不過是其極渺小的一部份。更偉大的工程如大砲壘，飛機場，彈藥庫大營房的建築，我們都不能看到，自然難明其究竟。但是也有兩種偉大的工程能爲我們平民所見到的，一種是山上公路的改造，一種是港九防空洞的挖掘。

香港山上的公路四通八達，平時可以駛汽車，以便那些住在山頂上別墅裏的英國臣民來往上落。戰時可以駛戰車運大砲，以便居高臨下，抵禦來自海上的敵人。歐戰起後，九龍許多荒無人烟的高山上，天天有工人在開路築路，炸山石，削斜坡，叮叮噹噹，終年不息地工作着。據說這種道路的開築和修改，都與軍事有關。工程繼續到兩年之久，到太平洋戰事發生的那一天，還有不少工人在深山裏築路。

與築路工程同時進行的我們還要附帶談談那些築在路邊的機關槍巢和小堡壘。這種機關槍巢和小堡壘差不多在十字路口和峽道兩頭都像小偷一般躲在路邊。鋼的門，鋼的窗戶，尺來厚水泥鋼骨的牆壁，外面塗一層花花綠綠的保護色。堡壘前面再種些靑竹茅草，遠望過去眞不容易發見。堡壘的附近，又是曲曲折折的幾條鐵絲網，這些鐵絲網又往往攀山越嶺，像萬里長城般看不到它的頭尾。

關於防空洞的建造，全部工程看來也眞够咋舌。據到過重慶的朋友說，重慶的防空洞還沒有香港開得多。不過重慶的防空洞全靠成千成萬的工人以最落後的方法日以繼夜地鑿成，而且都鑿在山岩當中，不像香港防空洞開鑿的時候那樣可以用電力，用機器，所以重慶的防空洞在看到過的人不能不認爲是戰時的奇蹟，而香港的防空洞至多不過稱賞它一聲偉大。

香港防空洞的興築，開始於前年夏季。爲了建築防空洞，港政府特地派防空總監史堅柏飛到重慶去實地考察。史氏回港後，就與幾個工程專家繪好圖樣，招標興造。

香港原來是孤立海中的一個小島，所以香港市廛，都結集在海邊山脚下。從上環到中環，從中環一直到北角筲箕灣，幾條馬路負山面海的舖展着，正好在路後那些山上開築洞穴，以爲戰時防空之用，空襲時候，各區居民都有就近洞穴好躲，不必長途跋涉去逃警報。九龍也是一樣。合計香港和九龍的防空洞，大小約有百餘個。

這些防空洞自從開築以來，日夜加工的一直趕造着，到十二月八日戰事發生時，十分之九還沒有完工。戰事發生後我去過好幾個防空洞躲飛機，有兩個比較小一點的差不多已全部完工，裏面頂上有水泥鋼骨的樑條，支架得密密層層，兩邊是碎石砌成的厚壁，壁上還釘着木條櫈，底下的水門汀也舖得很平，而且洞裏全部刷白，電燈一亮，樣子彷彿如上海新世界貫通南北部的那個地洞，不過頂上低些，兩邊狹些。進了洞門，裏面縱橫交叉的十字路，一條有一條的出口，一條有一條的空氣調節機，所以幾千人躲在裏面，（須一律坐在凳上，不准站立路口，免礙空氣流通。）也不覺得氣悶難受。外面的槍砲聲在洞裏根本聽不到，只有炸彈下來時稍稍有點震動。那些大的沒有一個已告完工，雖然空氣調節機和電燈都已裝好，靠近洞口的幾段木櫈也舖好了，但是越進去就越不好。有幾個洞穴的盡頭，頂上還是成天漏水的岩洞，地下還是七高八低的碎石子。那樣子眞像神話裏妖怪居住的山洞，也像齊天大聖的老家——水簾洞。

爲了建築防空洞，防空總監史堅柏和一家承包防空洞工程的捷和建築公司，又鬧了一樁風流舞弊的大訟案。原來這家公司爲要承包防空洞工程，投標後不會落空起見，特地僱請了一位年輕美貌，英語流利，風流絕倫，且曾一度貴爲師長太太的劉美美女士爲女祕書。由這位祕書出去與港政府防空總監部負責諸『番鬼』（香港人稱英國人爲『番鬼』）應酬，不斷地請客，不斷地送禮物，而且還由劉美美女士不斷地到史堅柏公館裏去『交際』。（因爲史堅柏的夫人照戰時法例已經撤退到澳洲去了。）結果劉美美女士有了價値五千元的鑽鐲，也有了花旗銀行的存摺，捷和公司與防空總監部也訂下了不少比別家價目要貴的工程合同。不料好事多磨，據說因爲是『同行嫉妒』的關係，史堅柏和捷和公司被人向政府告發了，弊端透了天，香港是個『法治』的殖民地，這種案子經法院偵查之下，事情鬧大，便得由法官提起訴訟，公開審判了。這一來眞個哄動了全香港，尤其在洋人這方面，對於此案較中國人尤感興趣，各英文報紙每逢此案審訊，都把這條新聞用最大的大字標題編排起來放在第一版的第一條，劉美美的照相，也做二三十吋銅板印出來。而劉美美的芳名，也常常掛在香港酒店裏吃茶的英國紳士們嘴角上了。

這樁公案鬧了好幾個月，最後法院宣判防空總監史堅柏無罪，劉美美也無罪，捷和公司則須另行偵查。可是這一來已鬧得史堅柏害了精神病，審判時候史氏一直住醫院，等到判決無罪他才病愈出院，悄然去職找他底太太去了。只是除開史氏之外，還有一位英國軍官，他是負責起草防空洞圖樣的軍事工程師，因爲史堅柏的東窗事發，把他也牽進在內，他在未受法院審判之前，就在山頂住宅裏開槍自殺了。這位要面子的工程師出此一策，倘然他泉下有知，後來知道史堅柏並未有罪，恐怕也要自悔孟浪了。

除了這兩項較大的準備之外，其他準備工作之爲我們耳聞目覩的，還有粮食魚肉等項的儲備和不斷舉行防空演習。據說香港政府對於戰時粮食準備得極其充分，英國人（包括兵士，公務員和人民）吃用的，連啤酒香烟都設專倉存儲，數量之多，我們實難想像。中國人吃用的，則如米，鹹魚，鮮魚，鹹菜，鹹肉等的儲藏，據說足够全香港一百五十萬人半年之需，所以戰端一起，香港毫無粮食恐慌的現象，非但粮食不恐慌，就連煙，酒，茶，糖，也不愁缺乏。

防空演習在香港也不知一而再，再而三的舉行過多少次。從大前年秋季開始，起先從發警報到解除警報不過演習兩三個鐘頭，後來時局越緊張，演習也就越頻繁，並且演習的時間，由數小時延長到一整晚，由一整晚延長到三整晚。香港戰事發生前半個月，港政府舉行了好幾晚燈火管制，事後又公佈：在以後半個月內，將於不規定的日間突然發出空襲警報，舉行完全逼眞的防空演習，（這就是說警報一發出，全港交通立即停止，人民均入防空洞，好像眞有敵機來襲似的。）所以當十二月八日早晨八點多鐘第一次眞的空襲警報發出時，香港的人們全不知道日本飛機已經飛到九龍啓德機場去丟炸彈，還以爲眞的要來一次白晝防空演習了。

★ ★ ★

政治月刊

四卷一期・清鄉特輯・要目

清鄉一週年……汪精衛
一年的回顧……李士羣
新國民運動之起步……袁殊
清鄉革命論……張修明
清鄉文化建設論……孟祺
清鄉民運論……史訓遷
清鄉工作之意義與一年之經過……金子俊治
清鄉運動中的政治工作……亦曾
舊史鈎沉……景清陶

元和諸子之文藝批評……楊即墨
北平歲時史料長篇……張江裁

清鄉一年
一年來之民政……張北生
一年來之清鄉機構……唐惠民
一年來的清鄉宣傳工作……明淦
清鄉政治工作一年間……沈無捐

大東亞戰爭中的中國問題
解決中國問題之關鍵
世界維新
蘇聯外交部與共產國際
汪精衛先生傳
……高橋正雄　石濱知行　岩井英一　白鳥敏夫　小林五郎　楊光政　雷鳴

每冊售新法幣二元

政治月刊社發行
上海郵政信箱一七〇六號

經售處：
上海新中國報社　街燈書報社
南京建國書店
蘇州新國民書店
中央書報發行所　三通書局

施德樓隨筆

胡詠唐

霧

霧之美，美於撲朔迷離，夢之所以有趣，亦以其恍惚模糊如霧，鬼故事之能引人入勝，也是因爲鬼之來蹤去跡，往往難以捉摸，故夜色比白天動人，西湖夜景比日間尤爲柔美。讀史前人類之事跡，比某朝帝皇如何如何有意思得多。所以有意思者，乃以我們不甚清楚，作者也不甚清楚，大家模模糊糊，我們的想像力才有用武之地故也。

考古亦然。古玩，古書，古跡等之受人愛好，亦正是此理，譬如破缺不全的孤本，內有題辭甚多，圖章多個，並經前人朱筆圈點批註，吾人必想像此書之前所有人爲何等樣人，探究其字跡，考訂其年代，猜測其批註時之心境。吾人手握此書，雖身坐沙發，却猶如探險，亦猶如偵探深夜匍伏盜窟門口側耳傾聽屋內劇盜之動靜。反之，偵探影片固可使觀衆心驚魄蕩，然演員之心境必與觀衆不同，因爲對於情節早已弄得明明白白，爛熟於胸，所以並不覺得有趣矣。

又如築造一座花園，不管空曠如上海兆豐花園橋南一部份也好，曲折如橋北一部份也好，要佈置得可愛好玩，總不能平坦無奇，比方走過一座小邱，邱上滿植各種好看的花木，以花木叢中罅隙處望去，邱之那邊還有一座松林，林下還有紅白相映悅目動人的花草，不過要走到那座松林去，却須繞幾個灣，穿過幾座假山，渡過一條小溪，此時在遊客的心中，必以爲那邊景色經小邱上的花木，這麼一間隔，看去尤有意思。這大概就是所謂藝術了，好比從杭州樓外樓端詳迷霧中的西湖景色，或是於微風細雨中獨小舟眺望鄉間原野，又或是月色迷朦中看隔江遠處山嶺，大地經迷霧細雨或月色蓋上一層薄幕，自又另有一種意思，其理正同，此外又如成語中的『曲徑通幽』『柳明花暗又一村』等佳句，至今爲人所愛好，以其確實富有藝術意味也。

夜半鐘聲

數年前遊蘇州城外楓橋附近之寒山寺，那時寺已破壞不堪，屋宇殘缺不全，滿地斷磚敗葉，殿中懸大鐘一，已非夜半到客船之鐘。寺西楓橋亦只普通的橋，橋下河流不甚廣闊，惟當時心頭總有奇異之感覺，眞是所謂有點感慨系之，感慨的來源，後來加以分析，原來無非從前寒山、拾得、豐干等高僧曾留居於此寺，唐詩人張繼曾夜泊楓橋，並賦有：『月落烏啼霜滿天，江楓漁火對愁眠，姑蘇城外寒山寺，夜半鐘聲到客船』那首好詩，加以那時寺中的鐘已非昔日之鐘；這幾種聯想作用雜湊起來，便形成心頭那種感覺。

實則時空二事，無時不在變移，張繼時的楓橋，當非今日的楓橋；其夜泊楓橋之『夜』，亦無從復之可能；寺經屢次失火，數度修葺，更非今日之寺，原來之鐘早已『渡海雲東』，就令還是那個古鐘，今日夜半有人擊之，亦非張繼當年夜半聽得之鐘聲，蓋此擊非那擊，時間早已隔了許多年代也。

不過話若是可以說回來的話，我們也可以說殿中懸着的那個鐘總還是個鐘，鐘之爲物，大致總也差不多；拆穿了說，夜半擊之，其聲亦卽與張繼夜泊楓橋時所聽得之鐘聲無甚區別，然心頭仍難免感慨一番者，此由於情，非基於理。

上面說的是關於被擊之鐘與聽到鐘聲的人，居於鐘和聽到鐘聲的人之間的那個擊鐘之人，史藉紀載上却始終無人加以說明，然而那位擊鐘者却是三者之中最重要的，因爲沒有他那一擊，張繼就聽不到鐘聲，也許因此就做不出那首詩來。那位擊鐘者當年當然並非故爲張繼擊鐘，可是，他於無意之中的一擊，以張繼之詩爲媒介，其聲傳於永久，似乎今日還在空氣之中震盪着，這眞是所謂『不同凡響』了。其功之大有如是，而其名終於不傳，未免憾事，本刊編者是考據專家，不知亦可略施其考據技術，考訂出擊鐘者是誰來否？（編者按：嘗閱某筆記，言某寺中有巨鐘一，夜半必撞之，聲震數里，其司鐘之人，則一老且聾之僧也。此僧口不能言，耳不能聞，遂以撞鐘爲業，以至於老死。吾閱此札，頗覺有寂寞之感，此僧豈異常人，能長耐寂寞，得毋所謂做一日和尚，便舍此不得耶？作吏出告示，和尚撞鐘，然與百姓看布告，詩人夜半聽鐘聲，則其心境大不相侔矣。）

馬戲

做馬戲的人要擧止笨重的象怎樣，牠就怎樣，要牠坐，牠就坐，要他兜圈子，牠就兜圈子，而且四五頭象集體行動起來，甚是整齊。觀衆甚表驚異，頗加讚嘆，這是因爲我們人類素來認爲象是笨蠢的動物，而今竟能做各種非其他的象所能做的動作，於是認爲希奇，如果那種動作由人來做了，便必認爲無聊，因爲人是做聰明事的。

然考動物界，自相咬鬥的雖然也有，然發明了飛機炸彈轟轟烈烈大大屠殺一場的却未之聞也。發明飛機炸彈是人的聰明，自相殘殺却也和別的動物無異，聰明的人做愚笨的事，和愚笨的動物做聰明的事，看來同樣足以令人驚異。

一個賣藝的人在一個懸空離地五六丈的小型木架上翻斛斗豎蜻蜓並玩各種的把戲，看來很是驚險，觀衆甚爲嘆服，其實仔細一想，那種把戲如果只在地面一條凳子上玩起來，實在毫不足奇，不過在很高的處所上玩起來看來覺得驚險而已。據我的想像，那懸空高處賣藝的人，如果目不視地，姑把身子看作在地面一樣，或是置生命於度外，玩起來也不甚難。反之，如果心中專想念着登在高處的危險，則人尙未臨空，而氣已先餒，那裏還玩得好。這可以拿鴿或警犬爲喻，這類動物傳遞信息較人穩便，原因之一便是對於危險牠們沒有像人那樣感覺靈敏，心中根本沒有怕被敵人射擊或捉獲的意識。嘗聞竊盜之術於偷兒：偷兒之言曰：『我也沒有別的本領，只是入他人之家，視之爲自己的家，取他人之物，視爲自己之物而已，故能身不顫，心不悸，持之以靜，臨陣不懼。當時雖或爲人所見，然不自視是賊，人常不以賊目我。』斯言是已。莊子不是說過麼：『無己』的至人『赴湯不熱』，『墮馬不傷』，這無非『當他沒有這回事』，所以倒也不覺得怎樣。莊子又說：『以其小者視之，萬物莫不小；以其大者視之，萬物莫不大。』所以賣藝的人身居高處，心中但思身雖離地百尺，但和太陽與地球間之距離相較，十丈之高不也無所謂麼？這樣就可身臨危境，而仍泰然處之。

不過話又要說回來了：那半空中玩藝的人如果一不小心，失足墮地，雖然在尙未着地之時心中可以『惡乎知夫死者不悔其始之蘄生乎』自慰，然而一旦着地，性命必然是喪掉的，所以半空中玩把戲與在地面上玩把戲，其間究有區別。復次如果高底遠近大小眞的沒有區別，如何士女們喜把照相到光藝照相館去放大？

雪堂自傳（六）

羅振玉 遺著

鹿軍入宮時。端康太妃金棺。尙停宮中。敬懿榮惠兩太妃。亦未出宮。鹿鍾麟等。催促早日移出。諾以端康太妃金棺可先出。敬懿榮惠兩太妃。非得兩太妃同意不可。予乃入覲兩太妃。敬懿太妃言。鹿軍以非禮加皇帝。不能以加我。否則我且以死殉。我不畏彼也。予以此語鹿等。並與約三事。（一）太妃出宮時。不得檢查。一切服用器物須攜出。（二）中國男女之防素嚴。本朝家規尤肅。太妃出宮時。民國諸委員及軍人等。均須屛退。（三）出宮日期。由太妃自定。不得干涉。鹿等初尙欲以女學生代軍隊檢查。及諸人屛退。但照一相片。又謂出宮不强迫。但須示以約期。予皆嚴拒。彼等不得已。均允從。於是兩太妃遂自擇日出宮。鹿等亦不敢逾前約。至端康太妃金棺移出前。與約典禮必照舊制。彼等亦堅拒。及金棺外出。時方大雪。盡廢舊制。僅舊臣數十人隨從。道旁耆老觀者多泣下。自太妃移出。予等遂拒絕鹿等。不復入議席。

鹿軍圍守行朝。與商代以警察。彼堅持不可。予夙夜祇懼。私意萬一變出非常。予有死無貳。乃夜起作遺屬。諭諸兒。部署未了各事。書成。封固。寄津沽升相國長嗣叔炳兵部（際彪）。語以倘有變故。卽投予家人。兵部。予之門生也。予以鹿不肯撤兵。乃商之段祺瑞侍從武官長衛興武。請由段飭鹿撤兵。衛以語段。段允飭。乃一日午後撤兵。中夜又來。明晨更與衛商。兵再撤。予念彼等允撤兵。必有他陰謀。乃於撤兵第一日。商之陳太傅。請於上。令警察隨從往謁太妃。又越日。予與陳傅密商。謂撤兵亦至危。非速移使館不可。議定。由陳傅借英文師傅莊士敦汽車。赴北府迎上微行赴使館界。先至德醫院小憩。後至日本使館。日本芳澤公使（謙吉）。乃通電其國政府。並以電話報駐京各國使館。公使夫人親洒掃館樓。並命書記官池部君（政次）常川照料。翌日公使復遣池部君往迓皇后。鹿鍾麟抗不放行。公使復親往。乃不敢再阻。當皇上出北府時。風霾大作。官道中不辨行人。故沿路軍警。皆無知者。遂得安隱出險。

當上未蒞日館之前。予與膠州柯學士（劭忞）憂北府危地。不可久居。乃同訪日本公使。商假館事。公使謂由使館往迓。種種未便。若諸君能衛上蒞此。當竭誠保衛。及上蒞使館界。莊傅先先至英使館商稅駕。英使以未便辭。乃仍至日使館。

上蒞使館之翌晨。予奏國民軍以暴力逼改優待條件。當時處危地。不可以理喩。今旣出險。若仍不言。是默認也。宜向各邦宣告當日以暴力迫脅。由片面擅改優待條件情形。並預擬一諭旨納袖中。上曰。連日廷議。各執極端。有主張自消尊號辭優待。謂帝號優待實爲厲階者。有稱與段祺瑞厚善。必能使其恢復舊約。取消新約者。且謂出宮須卜新居。宜向民國追索歷年積欠優待費者。其說均不可行。今向各國宣布。將何以爲辭乎。予啓但言暴力迫脅。由片面擅改條約。於法律不能生效力。矢不承認可矣。并出袖中擬旨上呈。上以爲然。乃飭由內務府先傳達段祺瑞。尋函告駐京各國公使。俾轉報政府。於是持自消尊號者始結舌。而自謂能令段祺瑞恢復優待者。以不能實其言。亦不告而南歸矣。

車駕幸日使館後。王公師傅及內務府南書房諸人。分班入侍。旣月餘。上與諸老臣謀他徙。皆不可。與公使商之。公使礙於邦交。亦有難色。謂茲事體大。容詳圖。最後上乃派柯學士偕池部君往商之段祺瑞。段言上意旣願他徙。不敢違。然須伺相當時機。妥爲保護乃可。幸勿造次。蓋段意實不欲上他徙。姑以此塞責也。於是移蹕之事。乃益梗矣。

予自隨侍入使館後。見池部君爲人有風力。能斷言。乃推誠結納。池部君亦推誠相接。因密與商上行止。池部君謂。宜早他去。以就宏圖。於是兩人契益深。乙丑二月朔。上密招予。商去使館。赴日本。令予隨從。以公使礙於邦交。欲自動出京。不復商之。予謂現國民黨方日侍中山先生病。防備實疏。且臣有門生在某銀行。能得國民軍消息。凡京津駐兵更替。令密報。現國民軍方換防。僅豐台廊坊駐奉軍少許。出京正值其時。然出京後。卽須由日本保衛。仍非得公使同意不可。請招池部君謀之。池部至。極贊同。亦謂非得公使同意不可。但非解除邦交困難。不能得同意。知必有以處此。予謂但以有權辭告公使。謂上自動出京事。已密商段。段默認。亦請公使默認。如是公使或不至爲難。池部君稱善。乃由渠商之公使。公使諾焉。遂以晚八時。由池部君衛上出前門登車。予與兒子福葆隨從。乙夜遂安抵津站。日本總領事。已密在站迎迓。爲備大和旅館駐蹕。詰晨。池部君夫婦。亦侍皇后。由京至天津。乃移寓前湖北提督張彪別墅。方予隨蹕前二日。柯蓼園學士密戒予。謂有諸公於上前。言公與民黨交厚。恐且謀危聖躬。宜斥逐。勿與近。公宜善自爲地。予訝其言離奇。然不能恝置。時津寓有病者。乃乞假一二日。以覘上意。上溫諭曰。卿之請假。殆託故求退耶。知卿忠悃。必未忍出此。予因以所聞對。謂旣有此謗。分宜遠嫌。上笑曰。謗人不類至此。朕何能信。一二日有要事相商。卿必不可去。予遂不敢復言。越日。乃商移蹕事。謀旣定。予啓上是否密告左右重要諸臣。上曰。烏可告。又啓是否密告皇后。上亦曰否。予曰。事固宜至密。然左氏所謂六逆。臣已蹈其五。異日讒謗之來。弗可免矣。上諭以勉膺艱鉅。勿避嫌怨。予感激知遇。遂冒險不辭。幸賴九廟之靈。屬車不驚。予至是雖爲叢怨之府。亦非所恤也。

聖駕駐蹕張園。初擬小憩數日。卽東渡。已由池部君部署船位。而京津諸臣。乃謂東渡不如在津之安。又有飛語中池部君者。謂池部有腦疾。隨從殊不妥。南中諸遺臣。又有以函電阻行者。因是乘輿遂滯津不去。是年池部君調宜昌總領事。未幾。以疾卒。上厚恤其遺孤。予亦爲位哭之。每念往日患難中竭誠相助。雖骨肉不能逾。感謝之忱。畢吾生不能忘。卽吾子孫。亦當世世尸祝者也。

車駕蒞津之次日。都中諸臣至。又數日。滬上諸臣亦至。留津議旣定。奉諭。命予幫辦留京善後事宜。兼辦天津臨時交派事件。尋與升允袁大化鐵良同拜顧問。予與升公。均以名位太崇。辭不敢就。奉諭不許辭。然實無所報稱。且乙丑以後。連年値內戰。津沽甚危。予與升文忠公王忠愨公憂之甚。然均無從致力。予拜疏求退。上命陳傅就予家勉留。乃不敢復請。至丁卯。時局益危。忠愨遂以五月三日自沈於頤和園昆明湖。上聞之悼甚。所以飾終者至厚。予傷忠愨雖致命仍不能遂志。既醵金恤其孤嫠。復以一歲之力。訂其遺箸之未刋及屬草未竟者。編爲海甯王忠愨公遺書。由公同學爲集資印行。念與忠愨交垂三十年。其學行卓然爲海內大師。一旦完大節。在公爲無憾。而予則草間忍死。仍不得解脫世網。至此萬念皆灰。乃部署未了各事。以俟命盡。顧匆匆又五年。公平日夙以宏濟期予。不知異日將何以慰公於九原也。

予既不得乞退。閉門思過。無補涓埃。且數年不理家事。致多逋負。乃於戊辰冬。鬻津沽寓居。別卜地於旅順。以賣宅之資。從事建築。餘以償負。以孟冬再求退。上手諭數百言。慰留甚至。乃復面陳在津無以報稱。移居後仍當勉竭駑駘。謀補萬一。上乃許行。遂以歲莫攜孥赴新居。爾後每年正月必赴津恭祝聖壽。辛未秋。蒙古升文忠公允。沒於津門。往哭之。予平日交游至少。忠愨既逝。文忠亦騎箕天上。海內同好。益寥如晨星矣。予往在海東。築小樓。敬儲列聖宸翰。番禺梁文忠公。爲署樓榜曰宸翰。及寓遼東。復以是榜揭寓樓。庚午歲。予敬檢列聖翰宸及列聖御集進呈。承賜研精綈帙額。憶往歲大婚禮成。蒙賞貞心古松額。乙丑六十。荷親灑宸翰。錫歲寒松柏額。及山陵之變。予進呈修復銀兩。復荷賜言泉文律額。先後凡四拜賜。歷年並蒙賜大吉。日健。延年春條。三荷御容之賜。復歷賞花瓶。福壽字。紗縠。如意。湯圓。暑藥。月餅。臘八粥。野雞。江魚。餑餑。蜜橘。蘋菓。炒麵。西洋茶點。自惟以諸生濫竽郎署。以大禮恩。賞三代正三品。海桑以後。復入侍南書房。殊恩異數。叨竊至此。世世子孫。當銜結圖報。甯止沒齒不敢忘已哉。

予在津沽以前。曾編平生箸書。得百種。二百四十一卷。居遼以後。閉門不通人事。仍以箸書遣日。三年間。復成書十四種。四十餘卷。辛未夏。東北文化會。請予講攷古學。予意有清一代。學術昌明。明理訓詁。兼漢宋之長。中葉以後。偏重訓詁。名物不能無失。至於今日。人倫攸斁。聖學垂絕。非講求三千年精神文明。不能救人心之陷溺。乃爲講本朝學術源流派別。金州士紳。又邀予講學於孔廟明倫堂。復爲講論語義。惜以滿洲兵事輟講。安得禹甸復淸。俾得竟此志耶。

予自卜居遼東。寓居頗隘。別賃二宅。庋所藏書。閱覽殊不便。乃以辛未夏。別賃宅後地二畝。爲書樓三楹。旁附二小室。仲秋經始。逾年春乃訖工。初擬晚年盡屏百家之學。歲溫經一二遍。並課子孫於此。乃兵事起。錄錄道途。憂患餘生。恐無復讀書之樂。而回天事業。亦百不稱意。七尺之軀。且付諸大造。於斯樓又奚戀耶。

予自辛亥。避地海東。意中日唇齒。彼邦人士。必有明輔車之相依。燎原之將及者。乃歷八年之久。竟無所遇。於是浩然有歸志。遂以己未返國。寓天津者。又十年。目擊軍人私鬬。連年不已。邪說橫行。人紀掃地。不忍見聞。乃復避地遼東。又三年。衰年望治之心日迫。私意關內麻亂。無從下手。惟東三省尚未甚糜爛。莫如籲懇我皇上先拯救滿蒙三千萬民衆。然後再以三省之力。戡定關內。惟此事非得東三省當道有勢力明大義者。不能相與有成。乃以辛未春。赴吉林。與熙君格民（洽）密商之。熙君夙具匡復之志。一見相契合。勉以珍重待時。又以東三省與日本關係甚深。非得友邦諒解。不克有成。故居遼以後。頗與日本關東軍司令官相往還。力陳欲謀東亞之和平。非中日協力。從東三省下手不可。欲維持東三省。非請我皇上臨御。不能洽民望。友邦當道聞之。頗動聽。及是年秋。奉天兵事起。乃六次渡遼。與熙君及友邦軍部協商。遂決迎駕滋東之計。復詣天津行在。面奏請旨。得俞允。是年冬。聖駕遂由天津至營口。暫駐蹕湯崗子。而至旅順。

（下略。全文完。）

古今文選

與文徵明書

唐寅

寅白：徵明君卿。竊嘗聞之，累吁可以當泣，痛言可以譬哀。故姜氏嘆於室，而堅城爲之隳堞，荆軻議於朝，而壯士爲之徵劍。良以情之所感，木石動容，而事之所激，生有不顧也。昔每論此，廢書而嘆；不意今者，事集於僕。哀哉！哀哉！此亦命矣！

俯首自分，死喪無日，括囊泣血，羣於鳥獸；而吾卿猶以英雄期僕，忘其罪累，殷勤教督，罄竭懷素。缺然不報，是馬遷之志，不達於任侯，少卿之心，不信於蘇季也。

計僕少年，居身屠酤，鼓刀滌血，獲奉吾卿周旋，頡頏婆娑，皆欲以功名命世。不幸多故，哀亂相尋，父母妻子，躡踵而沒，喪車屢駕，黃口嗷嗷。加僕之宕跌無羈，不問生產，何有何亡，付之譚笑。鳴琴在室，坐客常滿，而亦能慷慨然諾，周人之急；嘗自謂布衣之俠，私甚厚魯連先生與朱家兩人，爲其言足以抗世，而惠足以庇人，願賚門下一卒，而悼世之不嘗此士也，蕪穢日積，門戶衰廢，柴車索帶，遂及藍縷。

猶幸藉朋友之資，鄉曲之譽，公卿吹噓，援枯就生，起骨加肉。猥以徵名，冒東南之士之上。方斯時也，薦紳交游，舉手相慶，將謂僕濫文筆之縱橫，執談論之戶轍，岐口而贊，並口而稱。牆高基下，遂爲禍的。側目在旁，而僕不知，從容晏笑，已在虎口。庭無繁桑，貝錦百匹，讒舌萬丈，飛章交加，至於天子震赫，召捕詔獄。身貫三木，卒吏如虎。舉頭搶地，涕泗橫集。而後崐山焚如，玉石皆燬，下流難處，衆惡所歸。繢絲成網羅，狼衆乃食人，馬氂切白玉，三言變慈母，海內遂以寅爲不齒之士，仍拳張胆，若赴仇敵，知與不知，畢指而唾，辱亦甚矣。

整冠李下，掇墨甑中；僕雖聾盲，亦知罪也。當衡者哀憐其窮，點檢舊章，責爲部郵，將使積勞補過，循資干祿。而遷篨戚施，俯仰畢態，士也可殺，不能再辱。

嗟乎吾卿！僕幸同心於執事者，於玆十五年矣。錦帶縣髦，迨於今日，瀝胆濯肝，明何嘗負朋友，幽何嘗畏鬼神？玆所經由，慘毒萬狀，眉目改觀，愧色滿面，衣焦不可伸，履缺不可納。僮奴據案，夫妻反目，舊有獰狗，當門而噬。反視室中，甂甌破缺，衣履之外，靡有長物。西風鳴枯，蕭然羈客，嗟嗟咄咄，計無所出。將春掇桑椹，秋有橡實，餘者不迨，則寄口浮屠，日願一餐，蓋不謀其夕也。

呼欷乎哉！如此而不自引決抱石就木者，良自怨恨。筋骨柔脆，不能挽强執銳，攬荆吳之士，劍客大俠，獨當一隊，爲國家出死命，使功勞可以紀錄；乃徒以區區研摩刻削之材，而欲周濟世間。又遭不幸，原田無歲，禍與命期。抱毀負謗，罪大罰小，不勝其賀矣。

竊觀古人，墨翟拘囚，乃有『薄喪』，孫子失足，爰著『兵法』，馬遷腐戮，『史記』百篇，賈生流放，文詞卓犖，不自揆測，願麗其後，以合孔氏『不以人廢言』之志，亦將隳括舊聞，總疏百氏，敍述十經，翱翔蘊奧，以成一家之言，傳之好事，託之高山，沒身而後，有甘鮑魚之腥而忘其臭者，傳誦其言，採察其心，必將爲之撫缶命酒，擊節而歌嗚嗚也。

嗟哉吾卿，男子闔棺事始定，『視吾舌存否也？』僕素迭佚，不能及德，欲振謀策操低昂，功且廢矣；若不託筆札以自見，將何成哉！辟若蜉蝣，衣裳楚楚，身雖不久，爲人所憐。僕一日得完首領，就柏下見先君子，使後世亦知有唐生者。歲月不久，人命飛霜，何能自戮塵中，屈身低眉，以竊衣食！使朋友謂僕何？使後世謂唐生何？素自輕富貴猶飛毛，今而若此，是不信於朋友也。寒暑代遷，裘葛可繼，飽乃夷猶，饑乃乞食，豈不偉哉！黃鵠舉矣，華騮奮矣，吾卿豈孌戀殘豆赫腐鼠邪？

此外無他談，但吾弟弱，不任門戶，傍無伯叔，衣食空絕，必爲流孳。僕素論交者，皆負節義；幸捐狗馬餘食，使不絕唐氏之嗣，則區區之懷，安矣樂矣，尚復何哉！惟吾卿察之矣。

題集蓼編

羅振玉

自分此身廿九死。天心特許保餘年。篝鐙細數平生事。寫入烏絲百幅箋。

百歲駸駸歎逝川。不成一事已華顚。淒涼家國無窮感。一度思量一泫然。

已從有盡悟無生。安問人間利與名。一任藩籬鶯鳩笑。此心早訂白鷗盟。

膝前喜有讀書孫。淸白家風望汝存。一語書紳牢記取。莫忘祖德與君恩。

編輯後記

編者

古今和讀者見面以來，轉瞬已是半年了，讀者的歡迎和作者的扶助，都值得我們自慰和感謝。有幾位先生善意的批評我們，說古今水準太高不夠通俗，這一點我們是承認的；但通俗未必便是好文章，不如甯精毋濫的好。因之第七期起還是依照固有方針做去，暫時不想有所改革。

本刊的合訂本，原爲分贈友好而製，但爲應付屢次補書未得的讀者起見，特提出一部分發售，冊數自然不多，捷足者當可先得，詳情請參看本期廣告。

諸貞長爲近代知名詩人及書家，梁衆異先生序其遺集，足爲生色不少。下期本刊有陳蓼士先生談海藏樓詩一文，也是介紹近代大詩家的大作，可先預告。

『甘遯郇居日劄』，本期多敘明季故事，編者特選『明末的人物』一文以作陪襯。

默菴先生醉心知堂先生文字，卽書法亦可亂眞，本刊特請其撰此一文，當屬多年讀書有得之作。記蔡孑民先生一文，可與默菴先生文中的見解參看。

『四庫瑣話』的作者頗留心故籍，多悉目錄之學，四庫這個大題目，本期僅刊其開端，以後一定還有好文章可看。

肅容先生是知名的顧曲家，百忙之中，承他爲本刊揮汗談談『四大名旦』，盛情自屬可感，希望以後一定還有好作品見貺。其他如『談狐』『施德樓隨筆』『香港戰爭目擊記』，均是可誦的作品。

唐六如一向被人目爲歷史上的風流人物，七美八美的攪不清楚，不知其實際上的遭遇，所處殆非人境，枉論溫柔鄉了。本期特選其與摯友文徵明書，可以使大家一醒耳目，該不是煞風景之舉吧！

國民新聞　每月六元　半年卅四元

國民新聞周刊　每期二角半　半年五元　全年九元

金瓶梅畫集　每集七元　預約八折

國民新聞叢書

認識世界的政治經濟社會文藝之最佳讀物

(一)社論集……二冊五元
(二)風雲人物誌……一冊一元四角
(三)近東問題……一冊一元四角
(四)今日的蘇聯……一冊一元二角
(五)太平洋問題……一冊一元二角

——以上各書業已出版——

(六)藍衣社內幕……一冊二元
(七)不愛江山愛美人……一冊一元二角
(八)第二次世界大戰與各國軍備……一冊一元二角
(九)戰時日本……一冊一元五角
(十)太平洋戰爭探討……一冊一元五角
(十一)美國的國防工業……一冊一元五角
(十二)美國的戰時經濟……一冊一元五角

——以上各書預約八折——

（外埠掛號每種另加郵資二角六分）

國民新聞圖書印刷公司出版
上海靜安寺路一九二六號　電話二一六七二

分發行所各地國民新聞分銷處

中國圖書雜誌公司代理發行
上海福州路三八〇號電話九二三一三

時代之前驅　晚報之先鋒

南京

時代晚報

言論公正　特稿豐富　電訊翔實　副刊雋永

每日下午四時出版

館址　朱雀路邀貴井　電話　二二五九五　二三五九八

中央儲備銀行

中華民國國家銀行

資本總額國幣一萬萬元

本行特權

一、發行本位幣及輔幣之兌換券
二、經理國庫
三、承募內外債並經理其還本付息事宜

本行業務

一、經理國營事業金錢之收付
二、管理全國銀行準備
三、代理地方公債
四、經收存款
五、國民政府發行或保證之國庫證券及公債息票之重貼現
六、國內銀行承兌票國內商業匯票及期票之重貼現
七、買賣國外支付之匯票
八、買賣國內外殷實銀行之即期匯票支票
九、買賣國民政府發行或保證之公債庫券
十、買賣生金銀及外國貨幣
十一、辦理國內外匯兌及發行本票
十二、以生金銀爲抵押之放款
十三、以國民政府發行或保證之公債庫券爲抵押之放款
十四、政府委辦之信託業務
十五、代理收付各種款項

南京總行

行址：中山東路一號
電報掛號：中文五五四四　英文 CENREBANK（各地一律）
電話：二三三一〇—二三七五一　二二五四一—二二五四八

上海分行

行址：外灘十五號
電報掛號：中文八六二八
電話：一七四六三　一七四六四　一七四六五　一七四六六
（轉接各線）

蘇州支行

行　址：觀前街一八九號
電報掛號：（中文）五五四四
電　話：六九三，一八五六

杭州支行

行　址：太平坊大街惠民街角
電報掛號：（中文）五五四四
電　話：二七七〇

蚌埠分行

行址：二馬路西首
電報掛號：中文 五五四四
電話：

古今
第七期

古今 合訂本 第一冊

本刊出版以來，倐已半載，銷行之廣與夫讀者愛護之切，俱非初辦時意料所及。中間有數期因印數略少，致向隅者甚多，函索補購者，紛紛不絕。本社爲彌補此項缺憾起見，特訂製合訂本，旣便保存，又便閱覽，而訂製精美，猶其餘事。惟訂數不多，至今僅餘數十冊，欲購者請卽日賜購爲幸。

定　價：每冊拾伍元（郵費在內）

經售處：國民新聞社營業科
上海靜安寺路一九二六號

古今合訂本第一冊要目

古今第七期目次

中華民國三十一年九月一日出版

社長 朱樸
主編 周黎庵
發行者 古今月刊社
通訊處 南京邀貴井時代晚報社 上海靜安寺路國民新聞
印刷者 國民新聞圖書印刷公司 上海靜安寺路一九二六號
總經售 國民新聞圖書印刷公司 上海靜安寺路一九二六號

本刊月出一册 零售每册新法幣一元五角

廣告價目

後封面	五百元
正封裏頁	五百元
後封裏頁	四百元
普通全頁	二百元
二分之一	一百五十元

國民政府宣傳部 登記證滬誌字第七六號
公共租界警務處 登記證C字第一〇一二號

先退庵公宦蹟圖殘册後記

梁鴻志

光緒戊戌己亥間。余年十六七。嘗从福州再从昆弟家得見曾大父退庵公宦蹟圖册數十幅。幅圖記參半。圖出誰何手不可知。而記則公自書所歷者也。當時記得一幅。道光間公開府廣西時事。圖中畫越南遣使入貢。陳方物于庭。使者三數人。衣中國古衣冠。蒲伏階下。巡撫堂上南面坐。布政使以下。道府州縣官咸左右侍。極喬皇威重之觀。蓋貢使入中國。先至桂林。參拜疆吏之盛典也。自余之初生。越南已不隸藩屬。及觀是圖。勃然動容。有國家今昔之感。越二十餘年。歲在癸亥。余再歸福州。求觀是圖。已不可復得。閱肆見殘册四幅。賈者知爲吾家物。故昂其值。余既留之。未幾。又得一幅。迹其餘。則無有。蓋散佚於外者亦已久矣。夫是圖之作。不詳何年。然必在道光二十二年公再度歸田之後。距今八十餘載。僅存五幅於閒攤冷肆間。不及原册什一。爲子孫者。不能愛護先澤。思之心痛。而當時所繪。如越南貢使類者。亦復不止一事。圖記既佚。則文獻無徵。抑亦留心國故者之所深慨也。今所存五圖。一塞垣跋馬紀。嘉慶二十五年公直軍機隨扈木蘭事。一江漢行春。爲道光三年守荆州時勸農之儀。一淮浦修防。則翌年任淮海道時治河之績也。一吳淞視工。事在道光七八年。公官江蘇布政使。首倡濬江以興水利。別有吳淞濬江圖。繪公及陶文毅（澍）陳督部（鑾）之象。蓋其時陶方巡撫江蘇。陳則蘇州知府也。今榻本僅有存者。一蘇台督賑。事在道光十一年。公以布政使總其事。所活災民。蓋六十萬人云。嗟乎。之五圖者。雖非完帙。而前代典制之精。先人政學之微。粗具於是。後世子孫。什襲而覽觀之。欲述祖德而廣舊聞。亦足以窺見崖略矣。

編者謹按：長樂梁氏，世代纓黻，本文所述之退庵公，蓋諱章鉅，字茝林，清嘉道間以名進士歷中外，歷仕至江蘇廣西巡撫，所至有政聲。官禮曹尤久，熟諳南省掌故，著有「南省公餘錄」「浪蹟叢談」「歸田瑣記」等書云。

甘遯村居日劄（三）

吳昌綬 遺稿

江都黃春谷承吉有夢陔堂集。又撰文說十一篇，三十餘萬言，未知有刻本否？孫芝房芻論，胡文忠曾刊行，當訪求之。

（王子壽樞言已刻。）

定庵年譜應改之事。曾賓谷任兩淮鹽政在何年？葉小鸞眉子硯原題本事。湯雨生太夫人吟釵圖本事。碧城仙館飛燕玉印詩。沈歨庚詞三闋。顧澗蘋集。成均課士錄有先生試藝（王嘯龍說）。青陽王尙書有諡否？年譜中應補之事尙多，此其尤要者記之。

方崧卿校韓昌黎集云：「唐人書修似脩，故修脩字通用不別。」

阮文達擬立揚州府志圖說一門。圖說者，以一邑分四鄉，以四鄉分都圖。每一地保所管之地繪爲一圖，周回徑直，不過二三里耳。圖內爲說曰：東西南北至某處，有某山與何處相連，有某水某路，自某處來，自某處去。所管之地有某村某橋某廟某墓。聚十數地保之圖卽成一鄉，聚四鄉卽成一邑，一邑之圖說須以數十紙計，而城池廨宇街巷更在此外。此所以爲圖經也。嘗畫雷塘一地保之圖刻爲木板，印百紙呈太守，屬其頒之。令爲式。使各保呈此圖，遲之又久，卒無圖者。余路經堡城，呼其地保詢之曰：若具所管地圖乎？若見所頒圖式乎？地保曰：未之見也。縣吏匿其圖曰：各保如題圖式者，輸我錢若干，故至今未呈圖也。余瞿然而止，不敢再言。嗟乎，幸地保之未呈圖也，使再促之，未有不轉斂錢於村民者。弊之難防如此。昌綬案：雷塘圖亦見文達集中。此與眞西山每保畫圖之法正同。竊意爲牧令者，必如此而後可知一境之事，然如文達及陸中丞言其弊亦有不易防者。要當加意籌之，而不假手胥役，庶有成乎？愛公必達撫黔，下十八事於所屬，責令州縣條呈以上彙纂成書，爲黔南志略一書，翔實簡當，亦此意也。汪龍莊說可相發明，亦當采錄。

乾隆三年，兵部侍郎舒赫德請改考試條款，鄂文端奏駮。

道光二十三年兩廣總督祁墳奏三場策問，請特立五科考校。

三十年候補京堂張錫庚請開博學宏詞科。

同治元年刑部主事王柏心請開特科。知縣桂文燿貢士萊均應詔陳言。

元年御史劉慶奏儒科省分，請另開薦辟一科。貢生黎庶昌條陳考校事宜。

光緒二十四年編修嚴修請開特科。禮部設改科舉章程。

二十四年兩湖總督張之洞條陳鄉會試改章事宜。

二十七年奉旨開特科。

又　奉旨廢四書文改用四書五經義

蔣彤編李申耆先生年譜一卷暨陽問答二卷

李先生與鄧守之書：默深初夏過此得暢談。又得讀定庵文集。兩君皆絕世奇才，求之於古亦不易得，恨不能相朝夕也。

劉申受先生譔詩聲衍未成而卒。先生子承寬介默深定庵屬陳君潮為之協理，稿乃寫定，見集中附識。

嵇康高士傳，自混沌至管甯，凡百一十九人。見三國志王粲傳注引康傳。世說有司馬長卿等二傳均有贊。皇甫謐書似無贊。

臨桂朱琦伯韓跋孔母孫孺人墓誌，仁和龔定庵自珍此志最簡勁，梅伯言農部書後稱敍仲之賢皆其母孫孺人之教。又云，敍仲交廣而不濫，是爲難也。琦與敍仲別十年，復見京師，酌酒論詩，座上客恆滿，敍仲信多賢友，而又能爲共難者，與卷中題跋，多余舊遊海內賢豪長者，豐才博聞之士。嗚呼，梅龔二先生死矣，覽茲遺刻，不獨賢母遺徽，邈不可及，而於友朋離合死生之感，亦不能無慨於中已。咸豐七年六月。

墨林今話卷十六，戴竹友太守延祈，休甯籍，寄居吳門，嘗校定宋六十家詞，擬付刊行世，刊十之二中止。嘉善黃霽長太守，素與君善，頗有意成之，而費甚鉅未能决也。

西湖釋蒙玉讓山話墮三集甘墩村看桃花：煖煙烘朝日，晴霞絢春空。花遊正是時，況有詩人同。三艙平底船，小泊花陰重。花光詢明媚，里湢無詑逢。我來亦云暫，管領慚村農。斷岸橫短橋，復與人境通。一簇爛漫開，落英繽紛紅，卻疑在畫里，頻入囘文中。即事多所忻，言歸毋匆匆。

按諸家多作甘墩，作甘遯者，阮文達詩一見耳。當考諸志，以實其名。

一官匏繫，不得窮訪空谷，親質方聞。瑋編陜袠，豈絕天壤。輟翰相思，屏營局已。性非彊記，家鮮儲書，掌錄徒勤，汗青難信。

匠石運斤，久忘其質，伯牙撫弦，惘乎有餘。

葉水盛，字子沐，涇縣人，明萬曆中以御史巡視浙江鹽政，疏請許商人占籍應試，有葉玉成全集四卷，附鄉會中式錄一卷。所載至本朝康熙某科，蓋後人增入，見九九消夏錄，曲園老人曾見其書，記此以俟假觀。

桃溪客語，仁和卓去病先生，少負經濟才，常以天下爲己任，舉萬曆壬子鄉薦，歷工部員外郎，左遷大同府推官，罷歸，年七十餘卒。去病湛□經術，□□□詩經春秋辨義。予嘗得易學凡五十卷，蓋其精究易旨，而尤詳於象數之學。昌綬案：先生名敬。易學一書，後在獨山莫子偲徵君所，此鄉先喆遺書，亟當搜訪刻之。

王延年補通鑑紀事本末（豐順丁氏有之），張星曜通鑑紀事本末補後編五十卷（亦在丁氏），中書典故八卷（見橫西雜記），陳芳生先憂集五十七卷（見東湖叢記，捕蝗考其全書之一也），杭堇浦續衞氏禮記集說。

右皆鄉先喆遺書之尤要者記之。

橫艾攝提格之歲，病起觀書，有得輒記。第引其端，不能詳盡也。

甘遯村萌自識

龍堆再拾

魯昔達

我寫龍堆雜拾，在半年以前；那時不過是一時興到，便爾涉筆。換一句術語說，即『爲藝術而藝術』的寫法是也。雖然這種不成樣的東西，難得稱爲『藝術』。不料時至今日，人事已非，因而執筆的心情也就改變。雖然所寫的東西，仍舊是那樣的物事，不過這心情大有不同了。也許文字之中，漸漸減去了浮燥之氣，而多添了些蒼涼的情調罷。辛稼軒詞有云：『少年不識愁滋味，愛上層樓，愛上層樓，爲賦新詞强說愁』，這恐怕也算是少年文人的一般的心情。現在怎樣呢，哀樂漸逼於中年，歷經憂患，匪可言說。『而今識盡愁滋味，欲說還休，欲說還休，却道天涼好個秋。』這『欲說還休』的滋味，我眞是非常痛切的感到了。我絕不願效法古來多少文人，遇見一些小事，就大發牢騷，好像上下古今中外的委曲都叢集一身，非說出來令普天下才子同聲一哭不可。不過今天執筆來草這一篇東西，在我個人的確是一個永遠的紀念，值得一記者也。

上次曾說到李後主是個懂得風雅的皇帝，我實在很喜歡他的爲人。然而這並不是全部的原因。因爲，丁此衰世，提起風雅來，往往不禁令人痛心。他還另有一點可愛的地方，就是天性的特別豐富。這裏所謂天性，是指忠厚、善良……一些特點。晉惠帝於荒年之際，教人何不食肉糜，大爲後世所訕笑。我對這事素來頗爲不平。其實這正是他的老實之處，肯說實話，而富於同情心。比起一般飽飫肥甘而對在飢餓線上掙扎的朋友大說風涼話的東西來，實在不知要高明了多少倍。而世人不察，拿來作爲笑料，實在是大可悲哀的事。

後主天性寬恕仁孝，陸氏南唐書記云：『嗣位初，屬保大軍興之後，國削勢弱，帑庾空竭。專以愛民爲急，蠲賦息役，以裕民力。……憲司章疏有繩糾過訐者皆寢不下。論決死刑，多從末減。有司固爭，乃得少正，猶垂涕而後許之。』這些事在『法家』看來，不過是婦人之仁，沒有什麼道理。不過我却很重視它。因爲這是爲『人』的一個非常重要的要素。缺少了這個，不論其餘有何殊勝，便亦無足觀耳。『殂聞至江南，父老有巷哭者』，正是當然的結果。王靜安論詞別具隻眼。他說『詞至李後主而眼界始大，感慨遂深。』這是要用深厚的感情作底子的。其他的詞人，或者會作綺語，或者說些俏皮話，其不能偉大，亦正是當然。

後主善書畫，記載散見於古今各種書畫史的記錄中。他寫的字是豪放一路。據硯北雜志記云：『南唐李後主謂善書法者各得右軍之一體，若虞世南得其美韻而失其俊邁，歐陽詢得其力而失其溫秀……。』後面略去者多批評名書家之語，觀此可知後主頗知書法。他自己的字現在似乎還有眞蹟流傳，往日曾見影印本，大草類岳武穆草奏。至於邵博聞見後錄所引後主所爲『撷襟書』宮人慶奴扇云：

『風情漸老見春羞，到處銷魂感舊遊；多謝長絲似相識，强垂煙穗拂人頭。』

這一首詩我非常喜歡。可以見後主的深厚的人情味。而一種纏綿之致，尤可愛玩。

蘇東坡仇池筆記批評後主的書法云：『僕嘗論蔡君謨書爲本朝第一，議者多以爲不然。或謂君謨書爲弱，殊非知書者。若江南李主外險而中實無有，此眞所謂弱者。以李主爲勁，宜以君謨爲弱。』看這裏所說後主的書法外表總是很奔放而雄勁的了。南唐去晉唐未遠，所以內府所藏的鍾王墨迹最多，令保儀掌之，國破之日，盡焚無餘，爲文獻一大刧。

他所自製的文具，更是名重一時。尤其有名的是『澄心堂紙』。稗史類編云：『建業澄心堂，即今內橋中兵馬司遺址也。李後主時，製紙極光潤滑膩，往往書畫多藉之。』

七修類稿云：『陳后山以爲膚如卵膜，堅潔如玉。』梅聖俞詠之云：『李主用以藏祕府，外人取次不得窺。城破猶存數千幅，致入百朝誰謂奇。漫堆閒屋任塵士，七十年來人不知。』可見宋時尚存澄心堂舊紙。蘇東坡詩云：『詩老囊空一不留，一番曾作百金收。』則已視爲奇貨。故宮多存舊高麗紙，以之影印書畫，於此差近。

後主知音律，曾自撰『念家山』一曲，既而又廣之爲『念家山破』，未幾國除，當時人以爲讖。吳梅村詠董小宛有一句詩，『念家山破定風波』，郁達夫靑島雜事詩云：『唱破家山節太平』，皆用此也。

南唐三世只有藝祖算是開國的英主，中主也是有名的詞人，已經不是守成的人材了。雖然幾次想擴充地盤，結果往往是弄了個大敗而回，不但沒有結果，反而喪失了國民的自信心，以致裨將也有反叛的了，弄得舊地盡失。後來又開罪於後周，保大十四年正月周世宗親征南唐，破滁州，中主求和，願以兄事周，結果不理，甚至削去帝號請爲外臣都不許，還是努力打了一仗，把周世宗趕回去。不料明年周師又來，南唐還是不行，降將甚多，那原因當然是因爲中主根本不是治軍的人，後來納貢稱臣，失盡了體面，現在先抄一段降表裏的話來看一下：

『八月辛丑（中興元年），太府卿馮延魯，衛尉少卿鍾謨自江南使回，李璟手表來上，手表者蓋李璟親書，以表其虔懇也。表云：皇帝陛下賜異常之顧，垂不世之私，外雖君臣，內若父子，然天地之功厚，實父母之恩深，然而子不謝恩於父，人且何報於天。…』（周世宗實錄）。這實在已經很不像樣子了，這里有一段非常有趣的故事：

『陶穀學士（周兵部侍郎）奉使，恃上國勢，下視江左，辭色毅然，不可犯。韓熙載命妓秦弱蘭詐爲驛卒女，每日弊衣持帚掃地，陶悅之，與狎，因贈一詞名風光好云云。明日，後主設宴，陶辭色如前。乃命弱蘭歌此詞勸酒。陶大沮，即日北歸。』（南唐近事）

這可以說是外交上的新手腕，爲別國人所不曾運用過的也。

建隆二年中主遷都洪州。那理由是：『建康與敵隔江而已，又在下流，敵兵若至，閉門自守。借使外諸侯能救國難，即爲劉裕陳霸先爾，今吾徙豫章，據上流而制根本，上策也。』其實還是畏敵勢逼而出此。這種舉動在一般有識的國人，却並不贊成。『江南野史』記：『嗣主擊南昌，既至星子渚，復召（史虛白）至問曰：處士隱居，必有所得乎？對曰：近得漁父一聯。乃命誦之，虛白曰：風雨揭却屋，渾家醉不知。嗣主聞之爲之變色。賜粟帛遣還。』中主自己也常鬱鬱不樂。『江表志』引中主詩二斷句云：『靈槎思浩渺，老鶴憶空同』，蓋卽表示此一種意思也。結果還沒有來得及遷回，卽已病死。

這時宋太祖的事業已經很成功了，差不多中原已經鼎定，只差四邊的一些小國還來不及收拾罷了。後主卽位以後，對宋是執臣子禮的。不過自已却還是關起門來作皇帝。宋太祖在鞭長莫及之際，也只好眼開眼閉的假作看不見。五國故事記有笑話一則：

『初，煜建隆二年七月廿九日襲僞位於金陵，因登樓建金鷄以肆赦。太祖聞之大怒，因問其進奏使陸昭符。符素辯給，上頗憐之，是日對曰：此非金鷄，乃怪鳥耳。上大笑，因而不問。』

後主見宋使穿紫袍，等到回來以後，還是穿他的皇帝衣服，這許多掩耳盜鈴的辦法，實在不免可笑。

後主的風流韻事，多見於所作小詞中。他與小周后出會調情諸作，都異常有趣，知者尚多，所以這裏不多引用。他描寫少女的姿態，眞是活生生地呼之欲出。如『眼色暗相鈎，嬌橫波欲流。』『剗襪步香堦，手提金縷鞋。』這些都是白描的好句子。而他的另外一首『玉樓春』，是寫他少年行樂的光景的。末兩句是『歸時休放燭花紅，待踏馬蹄清夜月』，我讀了頗得到了一種感興，和徐志摩作的那一篇記康橋的文字頗爲相近。

大周后是懂音樂的。於是與後主每天在紅梅花叢中的小亭子裏面行樂。唐時楊玉環的那有名的一曲霓裳羽衣曲，自從天寶亂後，就已經散佚不傳了，後主得到了原譜，不過還未盡善，『后輒變易訛謬，頗去洼淫，繁手新聲，淸越可聽。……中書舍人徐鉉聞霓裳羽衣曰，法曲終慢，而此聲太急何耶？曹生曰：其本實慢，而宮中有人易之，然非急徵也。』

乾德二年，因爲國用匱乏，所以鑄鐵錢，實行通貨膨脹，結果物價大高，民不聊生。

小周后在大周后寢疾之時，就已經入宮了。陸氏南唐書記云：

『初后（大周后也）寢疾，小周后已入宮。后偶褰幔見之，驚曰：汝何日來？小周后尚幼，未知嫌疑，對曰：旣數日矣。后恚，至死面不外向。後主過哀以揜其迹云。』這事的眞確與否，不可得知，然陸放翁作南唐書在南宋，相去未遠，足見當時傳說之盛。而前所引的兩首詞，後人皆指爲小周后作，當亦不爲無因也。

南唐當時對宋的態度，一方面是畏懼，而另一方面却是看不起。自己以爲是文化高的所在，而居於黃河流域的宋朝，則是野蠻的人種。所以常想在文詞上佔些小便宜，賣弄一下，阿Q的神氣十足。這裏有兩件事可引：

陸游入蜀記：『戒壇寺古謂之瓦棺寺，……南唐後主時，朝廷遣武人魏丕來使。南唐意其不能文，卽宴於是閣，因求賦詩。丕攬筆成篇，末句云：莫教雷雨損基局。後主君臣皆失色。』

這一段事頗可信。因爲那令人失色的一句詩，的確作得聲勢異常雄渾，無怪後主君臣喫嚇也。這種取笑反得辱的作法，恐怕比那要顯弄女婿的文才而要求作滕王閣序的某公更要不及了。

另一則事見岳珂的『桯史』：

『二徐名著江左，皆以博洽聞中朝，而騎省鉉又其白眉也。會修述職之貢，騎省實來。未及境，例差官押伴，朝臣皆以辭令不及爲憚，宰相亦艱其選。請於藝祖。玉音曰：姑退朝，朕自擇之。有頃，左璫傳宣殿前司，具殿侍中不識字者十人以名入，宸筆點其中一人曰，此人可。在廷皆驚，中書不敢請，趣使行。殿侍者慌不知所由，不獲已，徑往渡江。始宴，騎省詞鋒如雲，旁觀駭愕。其人不能答，徒唯唯。騎省叵測，强聒而與之言。居數日，旣無與之譸，騎省亦倦且默矣。其不戰而屈人之上策歟。』

這個作法頗似武俠小說中所稱賞的那一套軟功的形意拳，無論對方用了怎樣大的力氣，却不過是打在運了氣的肚皮上面，結果是白費，太祖蓋亦深知此中奧祕者乎？

南京是中國的古代名都，也可以說是佛教的勝地。自梁武帝餓死臺城，而猶誦佛號不絕以來，蓋已久矣。南唐後主亡國的原因，一部份也就是喫了佞佛的虧，因留下了不少慘痛的遺跡。最著名的自然是『小長老』。陸書浮屠傳記云：

『開寶初，有北僧號小長老者，自言募化而至，多持珍寶怪物，賂貴要爲奧助，朝夕入論天宮地獄果報之說。後主大悅，謂之一佛出世。服飾皆縷金絳羅，後主疑其非法，答曰，陛下不讀華嚴經，安知佛富貴？因說後主多造塔像，以耗其帑庾。又請於牛頭山造寺千餘間，聚徒千人，日給盛饌。有食不盡者，明旦再具，謂之折倒。蓋欲造不祥語以搖人心。及宋師度江，即其寺爲營。又有北僧立石塔於采石磯，草衣藿食，後主及國人施遺之，皆拒不取。及宋師下池州，繫浮橋於石塔，然後知其爲間者。』

這種利用和尚作第五縱隊的戰略，也已經是古已有之的了。戰前曾有外國異僧來華掛單，惹起國際警界的注意。觀此當益信其有來由矣。

據江南野史所說，這小長老還是與出賣李後主的樊若水勾通了的。『李煜有國日，樊若水與江氏子共謀，江年少而黠，時李主重佛法，即削髮投法眼禪師爲弟子，隨逐出入禁苑，因遂得幸。法眼示寂，代其住持建康清涼寺，號曰小長老，眷渥無間，凡國中虛實盡得之。先令若水走闕下獻下江南之策，江爲內應。』

至於兵臨城下以後，後主請小長老發揮法力，則更令人憶起清末庚子時之求救於大師兄來。

金陵受圍，後主召小長老求助。對曰：『北兵雖强，豈能當我佛力？登城一麾，圍城之師爲之小却。後主眞以爲佛力，合掌歎異，厚賜之。』這裏小長老與北兵之有連系，似乎已經十分明白的了，然而後主並不了悟，還『下令軍民，皆誦救苦菩薩，聲如江濤』。這種描寫雖然過份一些，然當時的情形之糟也可見一斑了。後『未幾梯衝壞城，矢石亂下如雨，倉皇復召小長老，稱疾不至。始悟其姦，殺之。』這麼一說，似乎小長老的法力不行了，不過也還有異說，揮麈後錄說小長老『又以計免而歸』。我看還才像近代的間諜行徑咧！

陸書又記一事，頗足資笑噱。『僧尼犯姦淫，獄成。後主每曰，此等毀戒，本圖婚嫁，若冠笄之，是中其所欲，命禮佛百而捨之。』這不免大殺風景，不能使善男信女結香火因緣，實可惜之甚矣。至於墨莊漫錄所記：

『王師攻金陵垂破，後主倉皇中作一疏，禱於釋氏，願兵退後許造佛像若干身，菩薩若干身，齋僧若干萬員，建殿宇若干所，數多而字艸，蓋危窘中所書也。』則與相傳後主作臨江仙未就而城破之事相類了。還未完的詞就是『櫻桃落盡春歸去，蝶翻輕粉雙飛。子規啼月小樓西，玉鉤羅幕，惆悵暮烟垂。別巷寂寥人散後，望殘烟艸低迷……』也。

後主旣失國，遂與子弟及官屬四十五人歸宋，除了臨別宗國，吟了那一『闋揮淚對宮娥』之外，還有如下這麽一首詩：『江南江北舊家鄉，三十年來夢一場。吳苑宮闈今冷落，廣陵臺殿已荒涼。雲籠遠岫愁千片，雨打歸舟淚萬行。兄弟四人三百口，不堪閒坐細思量。』到汴梁後，白衣紗帽，待罪於明德樓下，封爲違命侯。

這以後，後主所遇的就是『以眼淚洗面』的日子，而他的幾首不朽的詞，也多作於此時，直至作了那首『小樓昨夜又東風』的詞以後，爲太宗賜牽機藥毒斃，結束了他的悲劇的生涯。這許多事一向爲大家所熟知，所以不多說。不過對于小周后的結末，我曾經略作調查，作過一篇雜記，現在拿來作爲本文的結束：

『據說崇禎帝自殺以前，用劍要刺死他自已的女兒，女兒說，我沒有該死的罪，崇禎帝說你生在我家就是罪。我們同樣可以說李後主作個詞人倒是滿出色的，可是，「可憐薄命作君王」，於是就倒了楣了。

『南唐在未亡國以前，就很不像樣子了，後主自去帝號，納貢，還得遣弟從善到汴梁爲使，被留不返，於這從善妃屢謁後主泣，後主聞其至輒避之。因而後之好事者把從善妃改爲小周后，就有了默記的傳說：「小周后隨後主歸朝，封鄭國夫人，例隨命婦入宮，每一入輒數日而出，必大泣駡，後主多宛轉避之。」

『現在無不論這是否小周后，「命婦入宮」的事總是可信的了，於此可見宋太宗也並不比明太祖高明，與當時臣虜的苦狀。男人爲奴，女的獻身。太平盛世的代價眞也不小。元朝人還畫了一幅春宮，曰「宋太宗强（或作逼）幸小周后圖」。野獲編與見只編都對原圖有詳細的記載，跡近性史，所以不抄了。有詩一首云，「江南剩得李花開，也被君王强折來，怪底金風從地起，御園紅葉滿龍堆。」這裏說宋太宗作的孽要由金人來報復，如同德伯家武士的祖先作了孽須台絲來遭殃相同。一種定命論的思想。然而事實也未必不然。我們睜了眼睛一看，就可以知道歷史的可怕也。』

三十一年六月二十七日

附記

前所引我自已的筆記，係兩月前所記。現在因爲尙有餘紙，所以將未收的記載仍附于下：

張宗楠題小周后提鞋圖云：『北征他日記匆匆，今復珠翹鬢朶工，一自宮門隨例入，爲渠宛轉避房櫳。』

見只編：『余嘗見吾鹽名手張紀臨元人宋太宗强挐小周后粉本。后戴花冠，兩足穿紅襪，襪僅至半脛耳，裸身憑五侍女，兩人承腋，兩人承股，一人擁臂後，身在空際。太宗以身當后，后閉目轉頭，以手拒太宗頰。』

野獲編：『偶於友人處見宋人畫熙陵幸小周后圖，太宗頭戴幞頭，面黔色而體肥。周后肢體纖弱，數宮人抱持之，周后作蹙額不能勝之狀。』

按上二記所言悉合，足見當日果有此圖。宋太宗逼幸降王國后，還令人圖之，以垂久遠。可謂韻事。即使該圖爲『藝術家』想像之作，也可以看出他們對這事發生的興趣，是多麽濃厚。如不稱之爲藝林佳話，不可得也已。

四庫瑣話（之二）

庚持

編纂四庫全書的主要目的，就是在收集了自古迄今的「違禁」書籍來一個大檢閱和大毀滅。上文所說大抵是徵書的情形和附帶而來的文字獄事件。這裏就緊接着來談一談刪剪的手段和改易的技倆。那手續是相當周密的。大概先由各省地方官搜集的書籍，陸續交與布政使，由他來彙齊，申詳到督撫處去。再交到專門的局裏去，在這個局裏，再由督撫會同藩臬兩司，率同司員詳加校閱，他們所作的工作，是訂定何者應當全燬，何者應當抽燬，來一個詳細的統計，做成報告。奏進中樞，然後再將這些贓物，包封運京，送到軍機處。

然而這種彙齊以後再呈進的辦法也是有例外的。如果是發現了特別有違礙的書籍，那麼該督撫等就要神志昏迷，或者大喜逾望，等不及彙齊，先把它送進去了。

「前據高晉奏繳違礙書籍內，有九十九籌一書，計四本，係明人顏季亨所撰，其中詆毀之處甚多，較尋常違禁各書，更爲狂悖不法，隨即銷毀。但此書既已流傳，必不止此一部，着傳諭薩載楊魁於江省再行切實搜查，如有續行查出者，即封固送京，不必俟彙同他書奏繳。並應查此書有無刊刻板片，一併起出解京。並恐各省亦有傳布收藏者，著傳諭各督撫，一體嚴查，盡數解京銷毀，勿使片紙隻字存留。」

這是十全老人在乾隆四十三年十二月初九日下的上諭。

這種違礙的書籍，自然以明末清初所有的爲最多。當那個天翻地覆的時代，身爲讀書種子，自然口中筆下會有不少不快活的話發出來，這種不中聽的話，不是痛罵就是酸得十分的議論，在「明主」的眼裏當然是「大不謂然」的。再溯上去，宋末元初之際，這些東西也不少。雖然清朝與女眞的金，並無若何血統上的關係，可是看在「同志」的面上，也不得不勉爲盡力。而且「對了和尙罵禿驢」，凡在「人類」，如何可漠不相關呢？這里就有過一個好例，在張元濟先生跋宋晁說之嵩山文集中，在「且介亭雜文」中，也有所說及，至於再上去就比較保險，到了上古，雖然也有黃帝蚩尤事件，究竟太古了，比較可以安心。雖然蚩君是否赤化之尤，如與子玉大帥所說，還沒有由攷古家攷證出來，那麼上古的書籍，是否也會有違礙，在這裏也只好加以保留。

嵩山文集中的「負薪對」，用舊抄本和四庫本對校之餘，就有不少妙處。我們不多重抄，只擷取一二，加以點染，也就够有趣了。

舊抄本有句云：「金賊以我疆埸之賊無狀，斥堠不明，遂豕突河北，蛇結河東。」四庫本則作：「金人擾我疆埸之地，邊城斥堠不明，遂長驅河北，盤結河東。」加以對勘，就知道「賊」字改爲「人」字，「豕突」

改爲「長驅」，「蛇結」改爲「盤結」了。當然，說別人是賊，豕，蛇，自然非「君子」所宜有，大有阿Q氣息，這是中國人一向的脾氣，也本難怪，可是易賊爲人，這種着眼不高的辦法，也不免陷於阿Q的作風。殊非初入中原的一個年靑的民族所宜有。我想這些事一定是儒臣們的業績，如果照了主子的意志，爽爽快快，全部燒燬完事。雖然是同一摧殘，那作風之不同就如此！

可是儒臣們也究竟怕煩，遇到了繁複的處所，一一改正，那裏有這樣的閒情，於是整段的刪去了。準以上所云，這也並非是什麼豪爽，不過是屬於根性的幫閒的偷懶而已。

至於主子所要全燬的東西呢，那就是明末的貳臣，其最觸霉頭者，則錢謙益也。

「明末諸人書集，詞意抵觸本朝者，自當在銷毀之列。…如錢謙益在明已居大位，又復身仕本朝，而金堡屈大均則又遁跡緇流，均以不能死節，靦顏苟活，乃托名勝國，妄肆狂狺，其人實不足齒，其書豈可復存？自應逐細查明，概行毀棄，以勵臣節而正人心。…又彙選各家詩文內，有錢謙益屈大均輩所作，自當刪去，其餘原可留存，不必因一二匪人，致累及衆。」（乾隆四十一年十一月十七日上諭）

這裏有一個徼倖者，則是吳梅邨，他是明遺臣，入仕清朝，而常作些緬懷故國的詩文，與錢謙益齊名，又是復社的巨子，結果却並無關係。我有一部原刻的「吳詩集覽」，在布函的裏面就貼了小小的一張紙頭，有如前幾年「子夜」後邊的鋅版的「檢查證」一般，文云：

「江甯布政使奉督撫二憲飭發

四庫館查辦違礙書籍條款

一吳偉業梅邨集首奉有

御題其綏寇紀略等書亦並無違礙字句現在外省一律擬燬蓋緣與錢謙益並稱江左三家曾有合選詩集是以牽連並及此類應核定聲明勿庸燬銷其江左三家詩嶺南三家詩內如吳偉業梁佩蘭等詩選亦並抽出存留（直隸省於乾隆四十六年四月十七日准咨）」

這種文獻在我看來是頗足珍貴的。有如馬匹屁股上的一塊塊烙印。隔時既久，漸易忘却，但又可常撫舊創也。

還有一種刪除的藉口，則是攤出了衛道的架子來了。十全老人要管文人吊膀子的詩文閒帳，眞可謂雅興不淺。東華續錄載有諭旨，是針對了清朱存孝的迴文類聚補遺內所載美人八詠者：

「自玉臺新詠以後，唐人韓偓輩務作綺麗之詞，號爲香奩體。漸入浮靡，尤而效之者，詩格更爲卑下。今美人八詠內所列麗華髮等詩，毫無寄托，輒取俗傳鄙褻之語，曲爲描寫。無論詩固不工，即其編造題目，不知何所證據？朕輯四庫全書，當采詩文之有關世道人心者。若此等詩句，豈可以體近香奩，概行採錄，所有美人八詠詩，着即行撤出。至此外各種詩集內有似此者，亦着該總裁督同總校分校等，詳細檢查，一並撤去。」這裏皇帝面孔上又加上了一個道學家的面具，遂益覺其可厭耳。

當日刪書勝事，蓋猶不止此也。高宗在痛斥錢牧齋之餘，又要獎勸忠義，敦勵臣節。最著名的一事，則當推其大捧關雲長君之諭旨。

「關羽在當時，力扶炎漢，志節凜然，而史書所謚，並非嘉名。爰改其謚爲忠義，所有三國志抄本，刻本，一律照改。」這裏硬作主張，毫不尊重著作法權，是其道德更出今日編輯先生之下矣。

他這樣作，在編例上就有遇「酌量改易」的話，乾隆四十一年十一月十七日諭云：

「彼時直臣如楊漣左光斗李應昇周宗建繆昌期趙南星倪元璐等，所有書籍…即有一二句傷觸本朝，本屬各爲其主，亦只須酌改一二語。…近復閱江蘇應燬書籍內，有朱東觀編輯崇禎年間諸臣奏疏一卷，其中多指言明季秕政，漸至瓦解而不可救，亦足取爲殷鑒。雖諸疏中多有乖觸字句，彼皆忠於所事，實不足罪。惟當酌改數字，存其原書。」

四十六年十月又諭云：

「歷代名臣奏疏向有流傳選刻之本，四庫全書內，亦經館臣編次進呈，其中危言讜論，關係前代得失者，固可援爲法戒。因思勝國，去今尤近。三百年中，藎臣節士，風節偉著者，實不乏人。跡其規陳治亂，抗疏批鱗，當亦不亞漢唐宋元諸臣。而奏疏未有專本，使當年繩愆糾繆，忠君愛國之忱，後世無由想見，誠闕典也……則諸人奏疏，不可不亟爲輯錄，除明史本傳外，所有鈔入四庫全書諸人文集，均當廣爲蒐採，裒集爲編。即有違礙字句，祗須略爲節潤，仍將全文錄入，不可刪改。此事關係明季之所以亡，與我朝之所以興，敬怠之分，天人之際，不可不深思遠慮，觸目警心。」這說得是多麼冠冕堂皇，然而實際豈堪問乎？

至於毛奇齡詩話中有：「清師下浙」之語。奇齡係康熙鴻博翰林，並非身事前明，未仕本朝者，不應書清師，當改稱「大兵」「王師」字樣，這些小地方看似瑣細，然可以見到仔細得很。

前些日子香港的出版物上盛行着一種東西，或謚之曰「開天窗」，總而言之就是那些×××之類的花樣，也有用口口口的，倒頗與古書爲近。在高宗雷厲風行的大興文字獄之際，著作家與刻書者眞是「苦矣」，疑神疑鬼，惶惶若不可終日，於是板片中挖去一些的就數見不鮮了。或者用同音的字來代替違禁字樣，高宗看了就大不高興，他說：

「前日披覽四庫全書館所進宗澤集，內將夷字改寫彝字，狄字改寫敵字，昨閱楊繼盛集內，改寫亦然。而此兩集中，又有不改者，殊不可解。『夷狄』兩字，屢見於經書，若有心改避，轉爲非禮，如論語夷狄之有君，孟子東夷西夷，又豈能改易？亦何必改易？且宗澤集所指係金人，楊繼盛所指係諳達，更何所用其避諱耶？因命取原本閱之，則已改者皆係原本妄易，而不改者，原本皆空格加圈。二書刻於康熙年間，其謬誤本無庸追究，今辦理四庫全書應抄之本，理應斟酌妥善，在謄錄等草野無知，照本抄謄，不足深責，而空格則係分校所填，既知填從原文，何不將其原改者悉爲更正？…除此二書改正外，他書有似此書，並着一體查明改正。」前人言明人好刻古書而古書亡，以於好改易行款，分割卷帙也，乾隆却要「代古人立言」，古人有知，寧不痛哭流涕！

經過如此大規模的工作以後，總統計一下，全燬書目有二千四百五十三種之多，抽燬書目四百零二種；銷燬書板目五十種；銷燬石刻目二十四種。至於每燬一書，可不止幾部，有多至數十百部者，銷燬總數當在十萬部左右。這全是先民的遺蹟，而且是一塊塊刻成板片，一張張攤印成葉，再一本本訂起來的。言念及此，眞不禁痛心，其爲害之烈，實較秦火蠹魚爲猛烈矣。

如果拿一本舊書店的目錄來翻一下，在書名上邊如果發生了「禁書」字樣，價錢就會嚇殺人。在戰前，動輒百數十元，現在則動輒數千元了。前些日子在某肆見到一部明刻「眉公祕笈」藍綾黃封，還是明代原裝，價兩千元。這就因爲它是禁書，不然像那樣一種「雜燴」，也實在沒有什麼大不得了。更有許多明淸之際的野史，更多半是禁書，謝剛主著「晚明史籍攷」，洋洋數十萬言，然而也還不過是一部份，而這些東西，也多是孤本祕笈，還有不少是歸諸存目的。其實拿了原書一看，其板刻之劣，書品之糟，甚至內容之蹩脚，大有一言難盡之概。而一登禁目，遂爾身價百倍。現在的舊書店老板，其實大可供起淸高宗的長生祿位來，有如梨園行之於李三郎，實在並非玩笑之談。

像我們這些買不起禁書而又看不到禁書的人們，最大的悅樂，也不過是弄一本禁書目錄來翻翻。我有一册叢書集成本的「全燬抽燬書目」「禁書總目」「違礙書目」，小小一册，正是舊書店主人的枕中鴻祕。一看那內容，明人集部，幾乎無所不包。有多少名稱，在我們幾乎是沒有聽到過的樣子。在「梅村詩文集」下面，注云：「此種係國子監祭酒吳偉業撰，偉業詩才俊逸，卓然成家。曾蒙皇上御題褒詠，外省祇以其與錢謙益並稱江左三大家，因而牽連並燬，實無干礙，應請勿庸銷燬，惟卷首有錢謙益序一首，書一首，仍應抽燬。」

這兒就說得非常明白。所以有時有同樣的兩部梅村集，如果有一部是錢序未抽去的，那麼價就大貴，非另外一部所可及了。這些道理，眞是非書店老板之流不能精通的。

四庫館中的職官也頗多知名之士。除去正總裁官多由皇子充任及勳臣之外，其餘像紀昀的總纂官，永樂大典纂修分校官的戴震，邵晉涵；校辦各省送到遺書纂修官的翁方綱與朱筠；篆隸分校官的王念孫；也都知名一時，戴震還利用他的纂修官資格，有獨入中祕觀永樂大典的權利，在學術工作上大玩花樣。竊取趙一淸水經注的校記，由他的弟子段玉裁揭開了一幕大論戰。直至最近大典水經注已經影印行世，事實才得大明。而且有某君在燕京學報上作了一個總批判，判決戴震的抄襲是實，眞讓這位名震一時的樸學大師丟盡了面子。這也算是四庫館中一件逸聞。

還有一件事值得一述的，則是四庫館的正總裁官于敏中與淸高宗的關係。于於四庫全書有奠基之功。乾隆卅五年以戶部侍郎入軍機，官至太子太保，文華殿大學士兼戶部尙書，爲軍機大臣者二十年，後數年且爲樞臣領袖，然李岳端「春冰室野乘」記云：

「金壇于文襄，在高宗朝爲漢首揆，執政最久，恩禮優渥。輔臣不由軍功而錫世爵者，桐城張文和廷玉而外，文襄一人而已（新疆底定時，文襄以帷幄贊襄之勞，錫一等輕騎都尉世職）。然世頗傳其非考終者，云文襄晚年偶有小疾，請假數日，上遽賜以陀羅經被，文襄悟旨，即飲鴆死。往者聞萍鄉文道希學士談此，方以爲傳聞之辭，絕無依據。比者讀武進管緘若侍御韞山堂集，有代九卿祭文襄文，中四語云：『欲其速癒，載錫之葠；欲其目覩，載帽之衾。』乃知陀羅經被之賞，固當時實錄也。經被之爲物，凡一二品大員卒於京邸者，例皆有之，幷非殊恩異數，以文襄眷膺之隆，身後奚慮不能得此，而必及其未死以前，冒豫凶事之戒，使其目覩以爲快耶？此中殆必別有不可宣布之隱，故特藉兩漢災異策免三公故事，以曲全恩禮，如孝成之於翟方進耳。國朝雍正以前，漢大臣居政地者，雖無赫赫之功，然大抵硜硜自守，不肯以權勢自肆。洎張文和當國，風氣始一變，而文襄實承其衣鉢，士大夫之浮薄者，紛紛趨其門下，權勢赫弈，炙手可熱，國初諸老剛正謹厚之風，至是乃如闕文乘馬矣。裕陵之聰察，豈有不燭其隱者？文襄之禍實由自取。昔文和晚年，以致仕歸里，陛辭日要請宣布配享世宗廟廷之旨，致觸聖怒，下詔譴責，撤其配享。及其薨也，以配享爲先朝所許，復下詔還之。其用意殆與此舉同，英主之駕馭臣工，眞有非常情所能測度者矣。」

李君這裏說得很是幽默，其實就由我看來，十全老人的爲人也的確十分小氣，有許多恩遇，常常是給了人家，又復收回，大有七擒七縱之勢。乾隆三十九年因爲內監高雲從洩漏記名人員硃批記載事，牽及敏中，上諭謂：「自川省用兵以來，于敏中書旨查辦，始終是其經手，大功告竣在卽，朕正欲加恩優敍，如大學士張廷玉之例，給以世職，乃事屬垂成，而于敏中適有此事，實伊福澤有限，不能承受朕恩，于敏中寧不知痛自愧悔耶？因有此事相抵，于敏中着從寬免其治罪，仍交部嚴加議處。」

高宗拿了一些恩遇，與臣下斤斤論價，其態可掬，後來又賞他輕騎都尉世襲，死後使入賢良祠。後來就又因原籍財產發生爭執一案，借題罵之。然而還說「今旣完名而沒，朕亦惟始終保全，以存大體，本無庸治其生前之罪。」到了五十一年三月就撤出賢良祠，降諭歷數其罪，末了有一段妙文：

「若賢良祠，爲國家風勵有位，昭示來茲，盛典攸關，豈可以不愼廉隅之人，濫行列入，朕久有此心，茲因覽嚴嵩傳，觸動鑒戒，恐無知之人，將以嘉靖爲比，朕不受也。于敏中著撤出賢良祠，以昭儆戒。朕用人行政，一秉至正大公，從不稍涉偏私，亦豈可意存迴護。前明嚴嵩之營私植黨，嘉靖非無聞見，第已用於前，不免迴護，遂以釀成其惡。朕寧受乏知人之鑒，斷不使天下後世謂朕有爲于敏中始終蒙蔽之名！刑賞黜陟，彰癉所繫，賞一人而天下知勸，罰一人而天下知懲，是以不得不明白訓諭，俾天下後世，咸知朕意，將此通諭知之。」

這可以作皇帝文的標本來看。指桑罵槐的罵人，還要給自已留一些地步。後來又奪其輕車都尉，五十二年因陸費墀的校對四庫全書不力，遷怒於原奏保人的于敏中，降旨大罵。就連生前所荐的人所校的四庫全書，也要由他來負責。因此一端，附紀于敏中氏遺事數則，亦可見十全老人之不可測也。

左列佳作將在本刊陸續發表

自反錄……周佛海
拙政園記……袁殊
談命運……朱樸
漫談蟫香館主人……徐一士
題未定……陶亢德
記金冬心……鄭秉珊
朱竹垞戀愛事蹟……吳詠
喬白巖守南京記……何海鳴

海藏樓詩的全貌（上）

陳寥士

一　同光體

什麼叫做同光體？簡單言之，就是清代同治光緒以來的詩人，不專宗盛唐，是和明代前後七子的强烈反映。明詩學盛唐，甚至學老杜，專襲皮毛，是一種優孟衣冠。在膚廓上，但堆砌了唐人習用的字面，內中沒有眞性情，沒有作者的眞實意思，同光體則不然。

時代和風氣，好像受着自然律的支配一般。往往在某一時代的詩人，他的作風，難免有共同的影響，這是無可疑義的。同光體的代表，當然要推陳三立和鄭孝胥。他們二個兩個巨頭，就是代表剛柔兩派。陳三立，字伯嚴，義寧人，有散原精舍詩。鄭孝胥，字蘇戡，號太夷，閩縣人，有海藏樓詩。

十餘年前，朱古微馮君木二先生均流寓滬瀆。有一天，古微先生問君木先生道：散原海藏二家，世所共推，殆少異議，但二家造詣，究以那一家爲勝？君木先生道：散原排奡，一時健者。若論詩中肌理，海藏爲精細。古微先生極贊同，以爲這是公允的批評，常舉此說告人。

石遺室詩話：『前清詩學，道光以來，一大關捩。略別兩派；一派爲清蒼幽峭，自古詩十九首，蘇李陶謝王孟韋柳，以下逮賈島姚合。宋之陳師道．陳與義．陳傅良．趙師秀．徐照．徐璣．翁卷．嚴羽。元之范梈．揭傒斯。明之鍾惺．譚元春之倫，洗鍊而鎔鑄之，體會淵微，出以精思健筆。陳太初魏默深後，此一派近日以鄭海藏爲魁壘，甚源合也。而五言佐以宋野，七言作以宛陵荆公遺山，斯其異矣。後來之秀，效海藏者，直效海藏，未必效海藏所自出也。其一派生澀奧衍，自急就章，鼓吹詞，饒歌十八曲，以下逮韓愈．孟郊．樊宗師．盧仝．李賀．黃庭堅．薛季宣．謝翺．楊維楨．倪元璐．黃道周之倫，皆所取法。語必驚人，字忌習見，鄭子尹爲其弁冕，莫子偲足羽翼之。近日沈乙庵陳散原實其流派。而散原奇字，乙庵益以僻典，又少異焉。』他以海藏一派代表清蒼幽峭，和散原一派的生澀奧衍不同，可謂定論。兩派都代表同光體，現在單說海藏吧。

二　鄭重九

在二十多年前，我最喜海藏樓詩。除鉛印本外，後來又陸續得木刻的八卷本，九卷本，十卷本，最後得十三卷本，可謂完帙。

石遺序海藏樓詩有云：『君詩始治大謝，浸淫柳州。乙酉歸自金陵，訪余於西門街。則亟稱孟東野。』又云：『已丑庚寅入都，君寓可莊所及官學，案上手鈔詩本有晚唐韓偓，吳融，唐彥謙諸家，北宋梅聖俞王荆公諸家。君詩已一變再變，爲姚合體，爲北宋，服膺荆公。』又云：『君始於七古，常獨舉韋蘇州溫庭筠，然亦一時興到語。』這些都可看出他個性之所近，及其所溯的源流脈絡。

海藏主張律詩全首用高調，我以爲他的七律，高調爲多。世人呼他爲鄭重九，都佩服他的重九詩。其實他重九詩以七律爲多，以高調賦登高，最是出色當行之作。靈敗云：少陵近九章，太白近九歌，公年年重九詩，練蕭慘懭悵之氣，以平淡語紆折出之，而自然深雋，宜一世人推鄭重九也。評語精當，以重九詩爲海藏代表作，誰云不可呢？如已丑九日獨登清涼山云：『科頭直上翠微亭。吳甸諸峯向我青。新霽雲歸江浦暗，曉風浪入石頭腥。忍飢方朔非眞隱，避地梁鴻自客星。意氣頻年收拾盡，登高何事叩蒼冥。』辛卯九日愛宕山登高同秋樵袮海云：『秋懷閉戶兀嵯峨。都付登臨眼底過。巒菊那知佳節重，霜林也傍醉顏酡。樓西地盡鄰斜日，海上帆收展夕波。愛宕山頭三客望，鄉愁誰似舍人多。』癸巳九日大阪登高云：『霜風連朝作重陽。蕭寥坐落無人鄉。端居秋氣最先感，起與虫鳥爭號翔。樓頭山海自圍繞，於意不樂如羈纆。逝將去此更一縱，瞬息百里遙相望。未花巒菊那足道，眼底正喜落日黃。登高聊欲去濁世，負手天際終旁皇。空中鳥跡我今是，底用著句留蒼蒼！故山歸隱有兄弟，倒海浣此功名腸。』甲午九日與胡康安同登北極閣云：『雨霽秋高最蕭灑。北城登臨俯原野。海外歸來多感傷，脈脈江山待來者！胡子可人能醉我，共看落日天邊瀉。吾儕未知所歸處，復際中原動兵馬。丈夫忘世乃大雅，謀國區區策殊下。道旁茅屋猶有人，歲晚雞豚足同社。』丁酉九日五層樓登高云：『市樓便是登高地，我輩方隨行路人。一醉不辭中酒病，九秋還門百年身。書來兄弟顏俱瘦，愁裏江山事更新。紅紫打圍須未老，可能麾眼向風塵。』戊戌九日虎坊橋獨坐偶成（前一日乞假得允）云：『九日宣南晝閉門。幽花相對更無言。殘秋去國人如醉，橫照橫窗雀自喧。坐覺宮廷成怨府，仍愁江海有羈魂。孤臣淚眼聾還暗，爭思登高望帝閽。』己亥九日風雨中子培自揚州來見示新作云：『重九不能出，江天風雨霾。故人吟楚調，秋氣滿高齋。離合十年所，交親百事乖。莫言堪放浪，可念是形骸。』甲辰九日小連城登高云：『峯羅四野翠成堆。溪繞邊州去又回。雲樹蒼蒼收百里，洞天鬱鬱起孤臺。登臨始覺清秋入，懷抱端須濁酒開。玉洞連城隔年事，可堪還此共徘徊。』乙巳九日不出云：『登高亦何爲，謂可舒抑鬱。今朝雖重陽，抱鄰獨不出。此州乃井底，無處見天日。從躋萬山巓，猶在千丈窟。三秋不易過，業滿當自脫。滔滔海揚波，吾意行一豁。』又七絕二首云：『九秋佳節去堂堂。無酒無花意欲狂。但使棄官仍濟勝，登高何日不重陽。』『黃花歲歲傲西風，漢上江南舊寓公。誰見戍樓人欲老，夕陽來對拒霜紅。』壬子九日與鑑泉介庵同遊徐園云：『空將目力送歸鴻。意氣頹然一禿翁。辟世猶能作重九，汙人終有厭西風。無山易敗登高興，得酒聊忘失路窮。霜菊名園堪徙倚，未妨同戀夕陽紅。』癸丑九日病愈出游云：『鬱鬱藥爐經卷邊，偶聞重九意蕭然。國亡安用頻傷世，病起猶思一仰天。幾換園林吾亦老，休談人物夢何年。菊前桂後秋先斷，却買登高半日顚。』甲寅重九雨中作云：『風雨重陽秋愈深。却因對雨廢登臨。樓居每覺詩爲祟，腹疾翻愁酒見侵。東海可堪孤士蹈，神州遂付百年沈。等閒難遣黃昏後，起殘望陽奈暮陰。』丙辰重九云：『雲斂吳天日愈涼。風生雁影氣初霜。添衣猶覺樓難倚，入肆翻憐酒未嘗。短髮誰從藍田客，放歌聊試接輿狂。栖遲自是達天者，莫爲達人評海藏。』（陳仁先自西湖寄書云：聞九日逸社有高會，先生踽踽於何處登高耶？杜甫有九日藍田崔氏莊詩。

0279

）已未九日云：『却病因之廢酒杯。杜門誰復覽崔嵬。一庭秋氣人先覺，累日霜風菊又開。遂付蟲沙期共滅，並疏文字但餘哀。朋儕亂後凋零甚，悵望斜陽更不回？』壬戌九日云：『十年幾見海揚塵。猶是登高北望人。霜菊有情全性命，夜樓何地數星辰。晚塗莫問功名意，往事惟餘夢寐親。枉被人稱鄭重九，更無豪語壓悲辛。』甲子重九日曹纕蘅向仲堅邀至靈光寺登高云：『白日銷沈兵氣昏。漫持熱淚灑中原。燕遼一戰民應盡，江海橫流溺當援。玉貌無求猶不去，西山始到欲何言！殘年殘世還相對，便乞餘杯酹斷魂。』乙丑九日天津公園登高復過李公祠云：『疎材亦解縱秋聲。堆阜塡胸故未平。如此登高元失路，何須感事任孤行！兵戈豺虎天休問，覊紲君臣世所輕。四十年來老賓客，荒祠猶愴夕陽明。』丁卯九日云：『西風欺我又三秋，抑鬱猶能隱市樓。不飲而狂應勝醉，達人誰伴亦成遊。亢龍用九曾何悔，旅雁隨陽豈自謀！見說戰場叢菊在，歸心一放思難收。』戊辰九日雨中日光山湖樓云：『江戶東趨揭日光。泉飛楓醉及重陽。正從雲裏窺山態，却向峯頭得水鄉。台下故人殊繾綣，雨中吟思極蒼茫。登高莫動將歸感，聊借深杯作道場。』己巳九日中原露台登高示同遊諸子云：『枉負劉郎一世豪，登臨猶自怯醇醪。河流貫市潮痕上，夕照當樓朔氣高。逐鹿中原成浩劫，飢鴻四野極哀號。諸公更事應同慨，試爲蒼蒼念彼曹。』壬申九日云：『壯年猶記戍南荒。晚向空桐惜鬢霜。自窺豈廿作遺老，獨醉誰與遣重陽。菊華未見秋無色，雁信常遲海已桑。定有餘黎思故主，登高試爲叩蒼蒼。』癸酉九日文教部登高云：『雪後重陽夕照明（初四日雪）。高台縱目俯神京。平原已覺山川伏，投老翻教歲月輕。燕市再遊非浪語，異鄉久客獨關情。西南豪傑休相厄，會遣遺民見後淸。』甲戌九日云：『天外飛翔莫計程。登高誰憶舊詩名。半生重九人空許，七十殘年世莫輕。晚倚無閭看禹域，端迴絕漠作神京。探囊餘智應將盡，却笑南歸計未成。』乙亥重九云：『登高還有壯心無？詩酒闌珊興亦孤。付與閒人話心史，却收餘論作潛夫。天傾西北漫倉皇。地缺東南孰主張。俯視中原三萬里，不妨抱膝過重陽。』

細讀上面歷年的重陽詩，可以覆驗興亡的痕迹。對於晚淸政治窳頹的感慨，以至宣統遜位，及滿洲事變，都有顯明線索可尋。他自說枉被人稱鄭重九，其實他重陽詩中十九牽及斜陽，不如呼他爲『鄭斜陽』了。

三　鄭龍州

海藏上半世的政治生涯，龍州一役，可說是最有意義了。以詩人而作邊帥，關於他生命歷史上是佔着重要的一段。他自己說：呼我鄭重九，到不如呼我爲鄭龍州了！我想想古來有韋蘇州岑嘉州柳柳州，再加上一鄭龍州，正可後先輝映呢。

他駐武漢五年，癸卯正月廿八日始去漢口赴連城。十一月廿九日率左旂兩營移駐龍州。有詩云：『羣山破散縱雙流，蕩蕩平原入戍樓。試遣勞人歌一曲，倚闌斜日看龍州。』又有龍州雜詩云：『一旅當邊鎮，中朝意甚輕。疲氓殊未活，强對况難攖。坐見前車轍，寧論臥榻爭。官家方省事，付與老書生。』老書生。乃用蘇詩，堪笑錢塘十萬戶，官家付與老書生。海藏與人書有曰，以詩人而爲邊帥，俗子或疑邊帥之貴，海藏解之云：『高樓先生耽苦吟。廿年來往江之潯。何曾夢見煙瘴地，蠻荒一落顏爲黔。連城三月脫鬼手，龍州還對山嵚嶔。邊關形如馬振鬣，戍卒狀似猿投林。風情收拾付隔世，坐覺老大來相侵。豈無春花與秋月，路絕不到詩人心。

終年望饟數不至，欲和乞食誰知首，此人此地竊足變，廟堂用意殊難尋。天高非高海非深。平生詩人豈不貴，何以卑我空傷今。」他自以爲詩人貴于邊帥也。次年甲辰，十月十七日，奏辭督辦邊防，有詩云：「我雖敦詩書，何嘗習爲將。事急適無人，馬箠偶一放。瓜時當受代，豈免懷怏怏。登樓登長嘯，遮眼憎疊嶂。濠堂與鷗榭，恍惚夢欲忘。上書亟自劾，不恤天下謗。方將投江湖，物外肆豪放。獨來還獨往，意氣詎非壯。寸心照人間，皎若月初上。頹波既難挽，用舍貴有當。安能事纖兒，束縛作恆狀。」又次年乙巳，偶作云：「解兵如息陰，去官即飛舉。歸山養須髯，猿公是吾侶。」又一首云：「一落南荒忽至今，滿腔幽恨獨沈吟。亂山圍繞眞何益，難阻龍江北去心。」其他各詩，都是寫去志的。七月十六日，又作懷歸篇一首。未幾，又作將去邊防雜述三首。在龍州共約二年餘。

在龍州最後半年，有幾首風懷詩，在「家人行後偶作破悶」之後。大約他的家人是三月間先離龍州的。後來有許多清詞麗句如「祇應木石心腸在，除卻巫山不是雲。」如「主人親挾胡姬出，試問何如雲彈娘。」如「棄官入海非難事，曾欠蛾眉一諾來。」

四　懷人亭

自辛卯後，二次赴日，日人對海藏印象的深刻，這三四年內的僑居，實有莫大的關係。直至甲午中日戰爭起，始回國。

海藏自序懷人亭詩云：自余東游日本，朋好睽隔，時有投荒居夷之歎。子朋子培爽秋皆有詩見寄。子朋詩曰：早日忘形歡太甚，如今舉目覺都非。子培詩曰：日下雲間虛想像，奇花秀竹澹淹留。又曰：秋半有懷憑海客，太虛明月近誰圓。又曰：久息朱絃遲歎唱，爲摭蠻語入詩篇。神戶理事署中有茅亭，九月十三日清晨獨登之，雲濤澒洞，曉日瀲映，其蒼茫之致，足以迴腸盪氣。撫然良久，乃名亭曰「懷人」，仍系以詩。詩云：「孤亭雲海渺相思。獨上惟吟懷我詩。從此故人感天末，不妨來此立移時。」「海邑微茫自入簷。亭中最好眺風煙。如今題作懷人地，白鳥滄波共惘然。」這是詩人在日本的一個鴻爪。晚年再渡海時，因爲多係政治性質，恐不像那時的閒情逸致了。

五　夜起庵

乙丑以後，自題所居曰夜起庵。世稱海藏的，也改稱夜起翁了。大凡古今詩人所留連吟詠過的，誰都沒有注意過每夜三四鼓以後直到天明這一段的情景。所以他就在晚年詩境中獨闢了一個未明前的異境。

他自題夜起庵云：「一別高樓寄此庵。五年況味更誰語？枕堪待旦天難曉，薪已將然臥豈酣！滄海徑歸眞上策，舊京入夢奈空談。丹青自寫靈台狀，莫信人誇蔗境甘。」自注，相者謂余當有晚遇。這詩作于己巳，後果晚貴，在他個人而言，自是甘回蔗境了。

又夜起庵雜詩云：「望前及望後，未曉見月落。明鏡斜入窗，可愛伴寂寞。連宵光漸縮，半規尚抱魄。一瘦感蛾眉，悄然傍簾幕。吾齋不施燈，幽若在岩壑。夜起定何心？無心亦無著。」夜起絕句之一云：「立于萬物先，獨明我得天。衰殘何足歎，曒日在窗前。」十六曉月云：「雞待五更能一叫，鶴知夜半不須眠。沈吟送盡西窗月，回首東方白竟天！」均有啓明的微意。其他詠夜月曉月的詩很多。甲戌赴滿後，述懷云：「夜起二十年，倉卒當此局。依然坐待旦，自顧殊碌碌。」有躊躇滿志之慨。

論『從容就死』

紀果庵

『從容就死難』，歷史對此種人，似比慷慨捐生更加讚頌。總因爲死是人最討厭的事情之一，普通，一個人雖知免不了死，却日日在求不死，必不得已時，也願意知道自已何時死，譬如算命卜卦，就是這一套。然假設眞知道自已幾時要死，這種有生之日怎樣過下去，在我想來實在成問題。古所謂待決之囚，殆即如是吧？當自已尙未分曉之時，一旦了結，如陣上失風，被人揮作兩段，『死於非命』，或一枚流彈一塊炸彈碎片，碎脰穿胸，到底不必滿腹狐疑，此其爲死，較之眼前儘量造成極惡幻象，戲言身後，都到眼前，實不能相比，昔日刑法中有『斬監候』，就是利此怕死心理而故意讓你神魂失措，可算殘忍之尤！如果不大淸楚，讀讀方望溪的『獄中日記』好了。（方文，我只此篇印像甚深，足徵現身說法在文藝作品中之重要。）

知不免於死而無法挽救，旣爲人生最大悲哀，此即死之所以不能從容也。但這裏却又有分寸，假使伏闕上疏痛哭流涕，或一擊不中，陷爲虜俘，或國破家亡，求生不得，即使未能立時效命，固亦大有可以慷慨者在，有此決心，便有此勇氣，死，不過時間問題，於是其就義亦遂覺得無所謂，楊繼盛臨刑具書妻子，詳論泰山鴻毛之判，稱得起從容。其餘如古今刺客之絕命詞，書不勝書，鑑湖女俠以巾幗之身，倘能寫出其『秋風秋雨愁殺人』之詩篇，然後授首，亦不可多覩人物。若文信國柴市一歌，指南兩錄，至今虎虎有生氣，凡此臨難不苟，俱可認爲慷慨的從容一類，好像倘非極難。唯有一種人，似並未十分觸時忌，批逆鱗，然其結果則殊慘，這種在自己或他人都出乎意外的遭遇，例是很不好從容的，心中寃屈，眼中落淚，乃人情之常，若必引吭高歌，亦覺不近情理，以此想到世說記『孔融被收，大兒九歲，二兒八歲，時正爲琢釘戲，了無遽容，融謂使者曰：冀罪只於一身，二兒可得全不？兒徐進曰：大人豈見覆巢之下，復有完卵乎？尋亦收至』一段，昔人多以二子爲偉大，吾獨覺其太酷，黃口小兒，如不知其父爲一去不返則已，既已知之，了無遽容，其將來不爲忠臣定是巨憝，周知堂先生曾謂中國人好看出紅差爲國民的殘忍性，我則覺得像世說一類的從容閑雅的書，有此記載，並非讀者之福。又記嵇中散臨刑：『神色不變，索琴彈之，奏廣陵散，曲終曰：袁孝尼嘗請學此散，吾靳固不與，廣陵散於今絕矣。』亦作如是觀，後世金人瑞一流之殺頭至痛，飲酒至快，皆此一脈之傳，蓋以生命視如兒戲者。夫孔嵇之罪，皆止於『議論惑衆，輕時傲世。』（參世說各節箋註）頗似近代之所謂思想犯罪，豈能與上疏言事爲國捐生同科，然則此種從容，又比較不易，且不必要也。

自殺是最大的勇敢，有人說自殺是怯懦，我總不相信。例如我自已，殺鷄宰豬，都不敢看，操刀而割，那更談不到。有次我到北平歷史博物館參觀，看見歷年劊子手所用的『鬼頭刀』，刀柄上的鬼眼睛滾上滾下，已不由打一冷戰，而殺人的刃部大都缺進去一塊，呈微凹形，足以證明他本身的經歷，更令人咋舌，像這樣的人，殺人尙觀之惴慄，殺已當何以堪，故說自殺是懦弱者，亦忍人也。又聞人云，劊子手當執行職務之前，亦須飲大量燒酒，以壯膽量，然則其動手時，毋乃亦利用其瘋狂的心理乎？倒是那些專看出紅差的仁兄們心裏有譜兒，從前我們鄉下殺死土匪，常將血淋淋人頭懸之里門，於是有許多人嚇得不敢經過，古人棄市之意義，即此種心理之應用。看來愍不畏死，亦談何容易？嘯亭雜錄及春冰室野乘記成德謀刺嘉慶皇帝被刑時云：

『德之處決也，已至市曹，縛諸樁，乃牽其兩子至，一年十六，一年十四，貌皆韶秀，蓋尙在塾中讀書也，至則促令向德叩頭，訖，先就刑，德瞑目不視，已乃割其耳鼻，及乳，從左臂魚鱗碎割，以至胸背，初尙見血，繼則血盡，祇黃水而已，割上體竣，忽言曰：快些！監刑者一人謂之曰：上有旨，令爾多受些罪。遂瞑目不復言。』

以敢於行刺皇帝的人猶不肯正視其子死於刀下，足爲予上說之證。其所謂『快些』，亦即不能充分從容者也。然則現在回過頭來講自殺，又豈懦夫之所能辦？我於『書舶庸談』中偶讀到董綬經記日本豐臣秀次自剖切腹事，其爲從容，實可駭人聽聞，而日本武士道之勇敢精神，恐以此爲表現得爲最充分了。董君也是雜譯各書，以備異聞者，唯筆墨風度頗可玩味，不妨抄來一讀。（豐臣秀次爲豐臣秀吉之外甥，養爲己子，武勇善戰，立功甚多，後以恃寵自驕，多爲虐殘，頗爲秀吉所惡，適有人誣以謀叛，遂令自盡，年僅二八，妻妾三十餘人，駢戮於市，亦日本一大慘案也。）

『一、文祿四年（明萬曆二十三年）七月十五日五時，福島大夫池田伊豫銜豐臣秀吉命，令秀次切腹，甫詣高野山，關白（官名）秀次與隆西堂博將棋，篠部淡路白二使蒞臨，秀次詰何事，淡路守達二使意，謂事既如斯，從事緩頰，終多遺憾，請公自裁。維時諦視局中，秀次方勝，隆西堂桂馬奪圍無路，秀次取侯駒入之篋中，取隆西堂侯駒置之蓋上，意不令二駒失散也，收貯訖，謂二使曰，時尙炎蒸，途中勞苦，且至白洲待命，且曰：余欲作書遺家人可乎？二使曰：度日之長，可從容將事，秀次濡筆命紙，一致親父御二樣，一致親母北之方，一致三十四姬人，命富田齎投。

『一、僕之司傘者名吉若，備湯請秀次入浴，浴竟衣冠如平時，取鑰從篋出劍，命山田三十郎仍納劍函於篋中，別出則重江，藥淬藤四郎，光國，貞宗，中當，五劍，用紙裹劍刃三寸許，備書自裁者姓名於其上，於是從者麕集，秀次謂隆西堂曰：汝職非侍從，且屬緇徒，速去速去！隆西堂曰：愚僧前日始至，亦三世緣，此志已決，無多囑！秀次曰：若然，且聽君，從死者題己名於劍之紙上，取儿至，承以紙，分列五劍，秀次所用者名獅子正宗，未題己名，橫陳於互鋏之腰際。

『一、從死之人既定，乃張最後之宴，肴品淨素……秀次居中，左次隆西堂，次山田，右次篠部淡路，次山本主殿，次不破萬作……秀次舉杯欲酌隆西堂，隆西堂惶悚上陳曰：此杯宜先酌介錯人（凡切腹後須斷其首，承此役者名介錯人）。山田曰：此杯宜傳於我，淡路曰：余當承此役，二人競辯，秀次停杯凝慮，以山田之祖即隸邸籍，依習慣宜屬之，唯座中淡路年最長，遺長而命少者，於理未順，乃勸山田讓於淡路，山田首肯

0283

，即謂淡路曰：余等赴三途之大河，宜互相提攜，以奉主公，如違其訓，即戾前旨，余固無芥蒂也，君其速受斯酒。淡路乃與山田握手爲禮，接杯飲畢，依次傳於隆西堂，山田，山本，末爲萬作，萬作跪而言曰，余素不嗜飲，然値此時，須沃素穎，以誌特徵，强飲而盡，傳觴竣事。萬作曰：余取饌奉主公，座中羣注視，以爲別取饌以進，而事殊不然，第見萬作由几取萬作名之劍，徑赴白洲，秀次揣知其首先自裁，曰：稍待，我當爲汝介錯人，諸人離此室赴白洲，隆西堂自廊欲下，秀次命取大夫刀，繼而曰：庶民刀亦可，時萬作已將腹切作十字形（萬作山田皆十八歲），腸出，秀次揮刃，刃鈍，二砍方殊其首，乃易大夫刀，意謂此及不論何物當犀利也，淡路置萬作骸於牆側，山田亦切作十字形，臟腑皆出，秀次一砍即殊，親爲置骸，主殿亦如上自殺，秀次復爲揮刃，三人之骸，俱置一所。

『一、秀次入廊，隆西堂約各庋一聲，同時納刃，此據几上，秀次東向，隆西堂欲易座，秀次曰：十方皆在佛土中，拘執胡爲？隆西堂曰：誠然，所謂無二亦無三也。吉兵衛爲隆西堂之介錯人，甫舉聲各切一橫刀，尙未切直刃，淡路即進刃，首揮中肩，次復過高，秀次屬以鎭靜，三刃始殊，淡路納其首於新桶，封題交二使，復納屍體於桶，覆蓋加封焉。

『一、淡路語二使曰：技拙殊惶愧，今介錯者爲主公，目眩心悸，狼狽特甚，二使曰，曩時介錯平民，余等處之泰然，今見關白切腹，俱俯首淚濡，誠狼狽也。淡路曰：余今奏技，請公等拭目，若覆前轍，斯狼狽也。即切腹作十字形，出其臟腑於兩股，置劍合掌，吉兵衛就而進刃焉，吉兵衛即據其處，呼曰：誰人介錯我者？謹待命！二使亟止之（一云，即自刎死）。』

書抄得太多，實在不成話，然非如此，不足彰余自殺爲勇敢之說，亦無以見其文章，這個請讀者原諒。按除隆西堂爲秀次夙所豢養之僧侶外，餘皆秀次家臣，張燈排宴，禮讓後先，此自殺一幕，頗極藝術之能事，一個被砍頭的人，還向人說：『你不要慌，鎭靜點兒，藝術點兒！』還好像看打籃球的人，在鼓勵選手投籃。然淡路之目眩心悸，蓋猶不能出乎恆理之外。因而想到史督師臨危時將刀授給義兒，那個人淚如雨下，到底下不下手，唯此於從容之際，彼於慷慨之時，則此又難乎彼耳。吾所謂武士道精神，表現得最充分者尤在『余今奏技，請公等拭目，若覆前轍，斯狼狽也。即切腹作十字形，出其臟腑於兩股，置劍合掌』數語，中國只有田光，樊於期，荊軻之流有此，田橫五百，恐已是最後的光芒了吧？譬如拳匪之亂的罪魁之一趙舒翹，也是賜自盡的，當監視官將慈禧的詔旨頒下後，他還問『尙有後旨乎？』監視官云：『無！』趙則很自信的說：『必有後旨也。』其時趙夫人謂趙：『我夫婦同死好了，後命恐一定不會有的。』於是給他吞金，但過了幾點鐘，並無動靜，且精神甚足，與家人大講身後事，又痛哭老母九十餘歲，見此大慘，時趙之寅友親戚往視者頗多，監視官不能阻，趙向親友云：『這是剛子良害我的。』語甚宏亮，監視官見其毫無死意，又命進以鴉片烟，仍不死，進以砒霜，始臥倒呻吟，以手搥胸，大呼難過，時已夜半，距覆命限甚近，左右獻計，以皮紙蘸燒酒，搨其面及七竅，凡五次，始斷氣息（據梵天廬叢錄載），則此公精神，與豐臣相去遠矣。妙在其明知必死，而希望後旨，又計劃後事，此即文前所云種種惡劣幻想一時俱來之最具體表現，而人生頂難熬過之一關也，由人情言之，這死法倒眞是難於處理的，我們於趙氏亦有若干人道上之同情，唯彼爲政治上之負責人，似不當等到這一步才『計劃後事』，如果有決心的話，則應早圖有以報國人，想及此點，我們對他的責難超過同情心，不免又生厭薄之感。可是同時與趙氏賜自盡的莊王載勛就很有趣，他見欽差已將匹帛高懸古廟中一間空房內（時彼待罪蒲州），就大聲說：『欽差辦事眞周到，眞爽快！』懸帛於項，頃刻而死，這個帶有怨望氣氛的幽默，倒完全可以代表一個粗鄙的貴族之高傲，與瑞澂下輪船匿上海頗有天淵之判了。

顏李學派罵宋儒『無事袖手談性命，刻危一死報君王』爲『不濟事』，其實卽此已大不易。清代外患最多，而殉國者最少，鴉片戰爭以來，不是望風遠颺的伊里布牛鑑這樣，就求神問卜的葉名琛一流。及至國亡，名義上是大家作遺老，實際上乃是作吳稚暉所說的耗子痨蟲，看在骨董字畫的面上，三呼萬歲。空剩下書呆子王靜安『從巫咸之所居』，易得『忠愨』一謚，爲清史稿忠義傳作殿軍，惹人譏笑。這些人看來看去，與其說是人情之畏死，不如說『私不勝公』，最不足與顧炎武黃宗羲諸先生相見於地下，雖然滿口自稱爲『漢學』傳人。在這兒我又想到史書裏面的義烈義民諸傳之無理，封疆大吏可以捲款逃走，而老百姓却盡着爲國捐軀的義務，暑日揮汗讀宇宙風馮和儀君『論道德』一文，說道德乃是少數人爲了自已利益使多數人由之的路，此亦顯例之一，唯少數人並不由之，只是讓多數人來跳下陷阱以襯託自已的功蹟耳。一將成功萬骨枯，當兵的固多傻瓜，老百姓中癡人亦不少！近來似乎好一點了，但是大家又跑到囤五洋米麵一途上去，等於驅天下人入餓死地獄，此輩不死，則天下人也許要從容而斃了。

友人來信主張平民大可貪生，官吏不當畏死，卽是上述一段意義。明末李自成入都，大吏紛紛獻金求用，而均不免於一死，此最不明於死生之義者，從容慷慨，兩俱無緣。夫國除身退，亦無不可，初不必一定要死，現在却定要不要臉地求人家可憐，豈有不挨耳光者乎？甲申傳信錄紀魏藻德之被掠逼云：

大學士魏藻德，字師令，順天通州人，庚辰進士，廷試……賜狀元及第，尋以談兵見拔，遂加少詹，兼東閣大學士……自入相，無一建明，而爲上所重信，甲申三月三日，加兵部銜，往天津調兵，不果，自成旣入，二十日午刻，同陳演留閉劉宗敏家小屋中，藻德自窗隙語人曰：『如欲用我，不拘如何皆可，鎖閉此房，奈何！』二十一日，同邱方二相發營中，羈守之，辱加拷掠，吐金銀以萬計，四月朔，宗敏夾訊藻德曰：『若居首輔何以政亂？』藻德曰：『本是書生，不諳政事，兼之先帝無道，遂至於此。』宗敏曰：『汝以書生擢狀元，不三年爲首輔，崇禎有何負汝詆，爲無道！』呼左右掌其嘴數十，仍夾不放，藻德謂用事王旗鼓曰：『願奉將軍爲箕箒妾！』王旗鼓鄙而蹴之，唾罵不絕，或言忍汚……何至此！然此是王旗鼓而與苕溪沈氏言之，且都人亦實聞之，比言已，益加拷掠，凡六晝夜，夾腦至裂而斃，復逮其子，訊之，對以：『家實無銀，若父在，猶可從門生故舊措置，今父已死，何處可得！』賊揮刀斬之。

如果我是李自成，我也不要這樣的人，蓋愈是强盜出身，愈是重視義氣，劉邦之殺丁公，也是此理。所謂『在我願其詈人，在人願其從命』，魏藻德這位狀元郎連國策都讀不通，更有何說？其所以死得狼狽不堪，毫無『從容』可言，亦大足爲殷鑒矣。

拳匪之亂時，有兩個兒子逼老子上吊的，可爲此文趣味的結尾，老子不能從容就死，兒子逼他非從容一下不可，於是從容者變爲不從容，大義滅親者，變爲大逆不道，惲毓鼎日記云：

『黑龍江副都統壽梅峯殉節，朝衣冠坐於棺中，令親兵以洋槍擊之，連中左右肩，不死，其子乃手轟焉，正中其心，即闔棺，有聲如牛，閱兩時始絕，吁！人倫之大變也。徐蔭軒相國之縊，其子承煜亦坐視於側，待其氣絕而後解之，父固當死忠，然以聖賢處此，當自有道，日本人執八國護照，擒尙書啓秀侍郞徐承煜及其弟承熊，送順天府。(庚子十二月初九)

朝衣冠坐棺中，有陶公自營生壙自爲祭文風味，不得謂不從容矣，乃必待其子之一槍，糟糕糟糕！若徐相之死，董綬經紀云：『聯軍大索朝臣之附義和團者，崇綺合門自埋殉節，徐相年老，頗鎭靜，家人照常治餐，僕某於梁間結二環，語承煜曰：「中堂義當死國，即奴才亦當殉主！」意諷承煜同殉，詎承煜扶其父投環，後未即死，乃破衣櫃盛其父尸埋於階下。無何，逮者至，幷逮啓秀拘於順天府署中。』柴小梵記云：『聯軍入京，徐避匿於馬大人胡同某相國故第，初無殉難意，其子承煜逼之曰：吾父庇佑拳黨，久爲各國指目，洋兵必不見容，若被捜捕，合家皆將不免，若吾父能死，既得美名，又紓各國之恨，家人或可倖免，唯兒輩則仍當隨侍地下耳。徐乃涕泣自縊，尸懸梁間，煜即棄之而遁，後被戮。』惲氏紀載態度較右，柴氏則太左矣，董爲當時刑部主事，徐啓被誅時爲監刑，所記宜確。徐相爲理學家，其敢於伸脖子入圈套，還得說有點修齊誠正的工夫在內，如其子被誅時，神氣瞀亂，不知人事，實較其父丟人多了，然於此爲達官要人得一教訓，即應死不死，豈只不容於國人，抑且不容於兒子，雖然兒子也不是好東西。

賦得廣州的吃

柳雨生

離開自已羈留着的孤島香港已經逾三個月了，三個月來，行旅中的悲歡哀樂的印象很多。等到住定和生活安閒之後，老是想找一個機會把它多少寫一點兒出來，但是每到動筆的時候，便又覺得有一種無興味的感想發生。現在勉勉强强的寫下去，大約也還是人類的感情作祟，多少我所遇到的事情、印象、感念，有一部分仍舊很深刻的記憶着，不容易完全忘懷也。但是也祇能這樣，隨便抓到什麼材料就零零碎碎的寫一點，寫完即止，並不想創造什麼題材了。

此行最先到廣州，那麽，就先留下一點廣州的影子罷。

『吃在廣州』這句話不知道是從什麽時候有的，但是在我很小的時候，就常常聽到許多鄉人談起。我自已雖然也是粵人，可是出世的地方是在故都北平，長大後又有多少年住在江南，對於廣州的感念，可說奇少。民國十七年曾經回去過一次，那時候正值北伐告成後，住了不過一年，又回到上海來。所以最近這一次我由香港到廣州去，中間已隔離了十三年，許多平淡的事情在我看來，都覺得新奇可喜了。

這裏開頭提到吃在廣州的話，所以不妨先從吃的方面說起。『吃』當然包括飲食兩方面，本來是人之常情。不過在目前這個艱辛的生活環境裏而高談飲食，不免有一點兒奢侈罷，却又不然。因爲照我的思想，總是覺得飲食也够得上是藝術的一種，不過這種藝術在中國的情形通常是平淡的，無名的，不自利而利人的，並且也常常是非職業性的。職業的飲食家就是庖丁，通常稱爲大師傅或二師傅的，那是酒樓或公館裏面的事務，這裏姑不深論罷。但是平常的家庭裏面的女太太，也往往有精於烹調的，隨便弄幾味清潔而又美味的菜，異香撲鼻，又經濟又好吃，不由得你不食指大動。這裏當然也並不是專指廣東菜而言。事實上，我對於吾鄉廣東菜向來並沒有頂大的好感，廣東點心尤其不愛，直到最近才稍微改變一點我的成見。我所習慣和愛嗜的飲食，恐怕還是以江南方面的居多。我在香港居留的時候，和一位蘇州友人沈君同住。我並不很講究飲食，沈君則不然。他在一個銀行裏任職十餘年，素來生活淡泊，也不講究房屋，也不講究衣着，除了買些喜歡的書籍雜誌之外，大部分的收入，完全用在維持全家的生活上面。但是他對於飲食的烹調和味道，却很注意。他的老太太，平日是吃齋念佛，戒忌葷腥的，却爲我們不吃素的人燒得一手極好的小菜。每逢三五個朋友聚會，吃吃飯，閒談天，大約不過十塊錢的樣子，她便很熱心的替我們做去，很可以有七八樣適口的鮮美的菜吃。這裏並不見得十分奢侈，祇是適合人生的口腹的需要而已。

然而還祇是我個人的癖好，廣東的飲食又當別論。在廣州，別的特點也許還不算怎樣顯著，而吃的方面則極爲有名。在民國紀元以前，康南海環遊世界的時候，他在義大利看到古代羅馬偉大的建築的遺跡，危垣斷牆巍然矗立，不禁發生一番議論。他說的大意是，一個民族的文化發達到相當程度之後，他們努力的對象不免向奢侈的一方面去發展。這種發展有的可以說是好的，有的却是不好的。他以爲，在衣食住三項，最上等的是奢侈的建築，因爲它除了富麗堂皇的外觀之外，還有實用的目的。像歐洲的古代建築物，都可歸入還類。其次是奢侈的衣服，因爲它也有較長時間的用處。祇有食的方面的奢侈，才是眞正的奢侈。他歎惜中國人的飲食，特別是廣東的飲食，爲世界冠，而其他方面，則不逮外國遠甚。南海的觀察和認識，可以說是很深刻的。他是我們廣東人，廣東的飲食，說它是爲世界冠，或者不免過分一點，然而從這裏也大概可以看到它的美味適口了。

依照我個人的嗜好，廣東的飲食本來不值得怎樣去多談它。但這也許是因爲我久住北方和江南的關係罷，既沒有很多的機會去嘗試，未能細細的咀嚼，慢慢的欣賞，也就無從道出它的佳處了。但是許多外省的朋友們，都頗愛吃所謂廣東菜。即如上文所提到的沈君，他對於廣東館子的脆皮炸雞和紅燒鮑脯，就常常稱道不置。我最近這一次在廣州雖然住的時候不多——祇有四十天，但是因爲和許多親戚朋友們久別重逢的關係，不免多少有些飲食宴樂的應酬。據說，現在廣州的飲食業，比起從前已不算十分發達了，有些『老廣州』的人們甚至覺得它有點兒近乎蕭條。但是從我的觀察看來，還可以認爲是很高明的。特別是從香港返到廣州的人，許久沒有嘗着較好的飲食了，一旦回到自己的故鄉來，即使是鄉土觀念向來很薄的我，也不能不有一點蓴鱸之思罷。

今日粗說廣州的食品，想把它分爲三種，曰粥，菜，點心。在廣州吃麵食是不免遜色的，雖然廣東朋友們還有很多不肯同意這點的，那是因爲他們足跡不離廣東的緣故。凡是在北方居住的廣東同鄉，吃慣了大碗的炸醬麵，打滷麵或是蘇州館子的鱔背麵一類的麵食的，對於廣州，香港那些又黃又細團糅在一起的麵餅煮出來的湯麵，早已不會發生什麽興趣了。就算是護短一點，也至多覺得在廣東所吃的麵，湯汁比較的够味，配料比較的豐富而已。但是配料和湯汁並非就是麵的本身，廣東人煮麵用的配料或湯好，那是因爲他們所做的其他的菜餚好緣故，和麵的本身並沒有什麼關係。祇有在北方吃的麵條兒，配料是異常簡單的，湯汁就是煮麵時用的平常的開水，決無襯托形容的作用，但麵的質地却和南方的相反，又爽又滑，顏色又是雪白的，切上一蝶紅蘿蔔絲和綠黃瓜絲拌着，加上一勺熱香上冒的滷，不由得不叫你垂涎三尺。這樣好吃的麵，當然你要吃兩大碗的。但是在廣州，即使是最大最新式的酒樓的窩麵，客人也都是用很小很小的碗盛着它，慢慢的隨着談話夾上一二箸而已，決不會狼吞虎咽。可是在北方和長江流域其他的城市呢，麵就無疑的變成主要的食糧了。

廣東的麵比較的可口的，恐怕祇有蠔油撈麵一種，那是有點兒像江南吃的拌麵的，其實也未必怎樣可口，不過還不妨一吃而已。記得香港有一家有仔記麵家，在中環砵典乍街（這個街名很難念，自然是譯音。原來本是人名，鴉片戰爭時英國的一員統帥罷，通常漢譯爲濮鼎査）。這條街還有一個名字叫做石板街，因爲是上山的路徑，完全用長條的石塊砌堆起來的，一塊整齊的一塊碎的，走起來很不便利。但是頗些人不怕麻煩，每天那兒去吃一碗最著名的蠔油撈麵。這麵的好處恐怕仍是在湯，它的湯大約是用很多脂肪質的肉骨和大蝦米熬的，味道非常的鮮甜；這裏的麵雖然也是黃黃的，但是煮起來也相當的滑爽，一小碗撈麵，連湯帶麵，至多四分鐘可以吃完。這家麵舖的主人，又提倡薄利多賣主義，售價很便宜，每碗不過兩角，所以生意鼎盛，也不是沒有原因的。香港戰事平定之後，這家『有仔記』仍舊恢復營業。舖裏祇點着幾盞像豆瓣大小的油燈，映照着吃客們的面龐。麵的價錢也漲了三倍。——話愈說愈遠了，不如還是談談廣州最好的吃食罷。

還是就講廣州的粥罷。粥本來是大衆食品，原無足奇。但是廣東人吃粥，除了一鍋白稀飯之外，還有許多佳美的配料在一起燒煮。最著名的似乎是魚生粥，裏面的配料有生魚片，有江瑤柱，有細蘿蔔絲，有『薄脆』（一種炸過的麵製的食品，非常的酥脆），有時候還有海蜇皮。這種魚生粥的製法，不過是在煮滾了白粥之後，把這些配料很快的完全倒進鍋裏面，略微燙熟，立刻就盛出取食。這種滋味當然是很鮮的，但有時也不免有過生未熟之弊，未必適口。我自己就是不甚喜歡吃此種魚生粥的人。這裏忽然想到一件相似的事情。我有幾位潮州朋友，他們平常嗜食的東西就頗可怪。據說有一種海邊捉來的極細的蝦，嫩極，他們都是生吃的，味纔叫鮮美呢，煮過就不甚好吃了。此亦可爲吾鄉吃魚生之一種副署。然而我總是覺得煮熟的較爲可愛，這裏面未必有什麼熟食衞生的主張，不過第一是向來對那種腥鮮的口味有一點兒怕，第二則不忍看見那些腥東西的樣子耳。有時候看見一盤白切雞，同座的人吃了都說很鮮嫩，非不知其適口。忽然看見雞脖子上面還有幾縷鮮血，就有些兒不好意思下手了。這大約也只只是順自然之情，沒有什麼奇怪，祇是一點不願意看綵女圖的貓哭耗子的感情而已。

所以我比較喜歡吃的粥，並不是魚生，而是『魚片及第粥』。這個及第粥的名字，至少要包括三種不同的豬肉類做配料，通常爲豬肉（切碎，弄得和肉圓相似），豬肝，和豬腰。但是常常於上列三種之外，還要加上豬腸，豬肚。另外，最好還有一個新鮮的雞蛋打在每碗裏面。這些豬肉豬肝……等配料，都是放在白粥裏一齊煮熟的，雞蛋則在半熟時放入。魚片呢，平常是切成一小碟子，拌些薑絲，胡椒粉，和醬油，等到粥從鍋裏盛出來之後，把它一齊倒在碗裏，用匙羹攪上幾攪，看到那些魚片由生嫩的顏色變到發白的程度，就是熟得可吃了。這樣的一碗粥，在自己家裏也可以做，在廣州的大小粥店裏，用很便宜的代價，也都可以吃到。雖然各家的配料都是差不多的，但是仍要看煮燒時的火候和調味的高下。在陰雨濛濛的季節裏，悶坐在市樓的一角，看完了自已愛讀的幾部書籍，正待蘇散一下精神的時候，忽然你的太太端上一碗熱氣騰騰的魚片粥來，這個大概是沒有方法拒絕的罷！許多人侈談精神，不重物質，有人的却又相反，非薄精神。這原是一柄兩面鋒的利刃，自古迄今，原有許多場官司。不過我的意思，則以爲此種爭端，大可免掉。精神的饑餓和物質的需求，本來並不會衝突的，它們祇是相利的，一貫的。不過每一方面，都不必太苛責就是。一位普羅列塔利亞希望吃得一碗好粥，吃到之後就歡喜讚歎，這就叫人生。

粥之餘，順便談談點心。廣州點心的特點，不外乎它的巧小玲瓏，和種類奇多。什麼是巧小玲瓏？每入一間廣州茶樓（在廣州，像陶陶居，蓮香，占元閣，惠如樓都很好，）必可看到夥計們捧着大盒的各式新製好的點心，走來走去，任人選擇。每一小碟，至少一件，至多呢，却也不過三件。如果要像在南京夫子廟的雪園吃灌湯包子，一籠十二個，那是從不來會有的。並且，點心的樣式，又是新奇而巧小的居多，在那裏所謂大的雞肉包子，一碟一個的，還不及夫子廟的包子的一半大。

至於種類呢，雖然不外包，餃，餅，糕，酥……等幾種形式，然而它們的花樣幾乎是三五天就要換一換的，比起京滬的廣東館子，式樣還要多個幾倍。外省朋友們通常以叉燒包子代表廣州點心的全體，這個，有時候至多祇能認爲『以類舉，以類求』而已。

最後的一樣應該談吃菜，這雖不完全是奢侈，但是作專指營養滋料豐富的多寡而論的文字，我自知也決不擅長。好在奢侈的食品我也是同樣的不甚清楚，雖然普通所論的『廣州的吃』，向來是以包翅，熊掌，三蛇龍虎等佳餚做代表的。那麼，我就祇能談談普通的了。芥蘭炒肉片很不錯，土鯪魚的味道極佳美，此外的菜，老實說我都不甚喜歡。難道除此之外就沒有好吃的菜了麼？這未免有點兒矯情罷。不過寫文章的人平常都不大談到他們的飲食，好像都是得道的神仙似的。我愧未能做伯夷叔齊，却來侈談飲食，大概在有道之士的眼中看來，罪行已經不祇矯情一點而已了矣。

政治月刊

四卷二期・清鄉特輯・要目

最近的時局……汪精衛
怎樣去實現全面和平……周佛海
翼贊運動與清鄉工作……山本昇
論蔣介石……陳彬龢
蔣介石之獨裁機構……曄譯
大東亞共榮圈的經濟性格…加田哲二著・林勵譯
德蘇戰爭新形勢……許正
甘地論……孟祺
周財長訪日與中日新借款……（特輯）
新中國建設座談會……（特輯）
求已錄論和戰……伯孚
中國進步與日本……內藤湖南遺著
鄭蘇戡軼事……陳寥士
北平歲時史料長篇（續）……張江裁
布拉格的時運……詹姆孫原著
汪精衛先生傳……雷鳴

每冊售新法幣二元

政治月刊社發行
上海郵政信箱一七〇六號

經售處
上海新中國報社　街燈書報社
南京建國書店
蘇州新國民書店
中央書報發行所　三通書局

光緒帝與那拉后

陳亨德

晚清以來的第一件宮闈大事卽光緒帝與慈禧后的關係的演變。其實這也是關係着百年來中國的命運的大事。不單單是帝王家的私事而已。關於這些事的傳說非常之多，有許多是野史，雖然頗有趣味，但到底未足憑信。現在我就幾種較爲可靠的史料，給它排比一下，應當是不無意義的事。

孝欽后是一個英明而有非常政治野心的婦人。當咸豐帝逝世以後，她便要垂簾聽政，等到同治帝漸漸成長，不幸爲宏德殿行走侍講王慶祺導之冶遊，染了惡疾，以致大漸。這時徘徊在慈禧心裏的就是立嗣的問題了。因爲同治帝本身又無子，而皇后却是有的。如果照理而論，當然應該爲同治立嗣，不過這麽一來，她自己就成了太皇太后，地位雖高，實權却沒有了。於是只好昧了良心還是給咸豐立嗣。羅惇曧的『德宗繼統私記』云：

『同治十三年十二月，穆宗大漸，兩宮皇太后御養心殿西煖閣，召惇親王奕誴，恭親王奕訢，醇親王奕譞，孚郡王奕譓，惠郡王奕詳，等入，孝欽后泣語諸王曰：「帝疾不可爲，繼統未定，誰其可者？」或言溥倫長當立。惇親王曰：溥倫疏屬不可。后曰：「溥字輩無當立者，奕譞長子今四歲矣，且至親，予欲使之繼統。」』

『諸王皆愕，不知所對，醇親王大驚哭失聲，伏地暈絕，恭親王奕訢叱之，令內侍扶出，諸王不敢抗后旨，議遂定。』

看羅氏的記載，醇親王聽到了這個消息——他的親子入繼大統的消息，却嚇成如此模樣，眞是莫明其妙，然而帝王非福這個道理他總是深切明瞭的。慈禧爲人的陰毒，他也是素知的。在慈禧這第一次發表了這個決定以後，他就好像已經知道了德宗畢生的命運似的。結果上疏言：『臣侍從大行皇帝十有三年，時値天下多故，嘗以整軍經武，期睹中興盛事，雖肝腦塗地亦所甘心。何圖昊天不吊，龍馭上賓，臣前日瞻仰遺容，五內崩裂，已覺氣體難支，猶思力濟艱難，盡事聽命。忽蒙懿旨下降，擇定嗣皇帝，倉猝間昏迷，罔知所措，迨舁回家，身戰心搖，如癡如夢，致觸犯舊有肝疾等病，委頓成廢，惟有哀求皇太后恩施格外，洞照無遺，曲賜矜全，許乞骸骨，爲天地容一虛糜爵位之人，爲宣宗成皇帝留一庸鈍無才之子，使臣受帡幪於此日，正邱首於他年，則生生世世感戴高厚鴻施於無旣矣。』

這裏邊所說的話，可謂沈痛已極了。另外還附帶了一件慘事，就是同治帝后，她是承恩公崇文山尙書的女兒，與鳳秀之女同選入宮，慈安喜歡她，而慈禧却喜歡鳳秀之女，結果令同治自擇，就定她爲后，這個悲劇與光緒帝的選后如出一轍，薛福成『嘉順皇后賢節』一文有云：

『慈禧皇太后憐慧妃之未得尊位也，召穆宗諭以慧妃賢慧，雖屈在妃位，宜加眷遇，皇后年少，未嫻宮中禮節，宜使時時學習，帝毋得輒至中宮，致妨政務。穆宗性至孝，重違太后意，而又憐皇后之不得寵於太后也，乃不敢入中宮，亦竟不幸慧妃。常在乾清宮獨居無聊。既而有疾，慈安太后偵知諸太監越禮狀，於是兩宮太后輪流省視，帝疾稍瘳，太后回宮，亦召皇后留視之，皇后權素輕，不能以威讋諸太監，又性羞澀，守禮法，帝亦命皇后回宮，每苦口亟諫然後去。無何疾復大作，龍馭上賓，慈禧皇太后召皇后訓責備至，蓋本朝家法最嚴，又值皇太后哀痛之餘，故不覺有疑於皇后而責之過深也。』

她受了這個委曲，而青年守節又不得立嗣子，上有宿怨的皇太后，實在無復生人的樂趣了。於是就絕食以殉，距穆宗大行未及百日。就是一本正經的薛老先生，也喊出來『豈不懿歟』的贊歎詞來，其實由我看，這事一點也不懿，十足的一個悲劇。珍妃的事已爲大家所熟悉，而這事則知者不多。實在是有幸有不幸。後來有御史欲爲嘉順皇后加封，被慈禧痛罵了一頓，以爲『別有用心』，足見她的這怨毒之心，是一直不曾放鬆了的。

關於這事的記載還有一個異說，是以爲同治所生非花柳毒而是痘症的。惲毓鼎『崇陵傳信錄』記云：

『惠陵上仙，實係患痘，外傳花柳毒者非也。甲戌十二月初四，痘已結痂，宮中循舊例謝痘神娘娘，旛蓋香花鼓樂，送諸大淸門外，是日太醫院判李德立入請脈，已報大安，兩宮且許以厚賞矣；夜半忽急詔促入診，踉蹌至乾清宮，則見帝顏色大變，痘痏潰陷，其氣甚惡，德立大驚，知事已不可爲，而莫解其故，未久即傳帝崩矣。嗣後始有洩其事者：孝哲毅皇后爲侍郎崇綺之女，明慧得帝心，而不見悅於姑，慈禧太后待之苛虐，初四日，不知何事，復受譴責，后省帝疾於乾清宮，泣愬寃苦。帝宿宮之暖閣，屋深邃，苦寒，中以幕隔之，慈禧偵后詣帝所，竊尾之，宮監將入啓，搖手令勿聲，去履韈行，伏幕外聽之，適聞后語，帝慰之曰：「卿暫忍耐，終有出頭日也。」慈禧大怒，揭幕入，牽后髮以出，且行且痛抶之，傳內庭備大杖，帝驚恐且悲，墜於地暈昏移時始甦，痘遂變，慈禧聞帝疾劇，始釋后，而誣以房幃不謹，致聖躬驟危云。』

所記嘉順皇后之不得於姑，可備觀覽，慈禧對待嘉順皇后與對待珍妃的手段，大同小異，也可以對照來看。

同時還有吳可讀爲立嗣事以死屍諫，也足見慈禧太后這一種措置，深爲當時民衆所不滿了。

光緒既入繼大統，即入宮。至丙子，德宗六歲，即入學讀書，師傅就是曾傅同治的翁同龢，在他的日記裏記載了光緒的入學情形頗詳細，實在也相當有趣的：

（二月二十一日）寅正入，與子松敬侯於朝房。是日上於養心殿東煖閣見侍學諸臣，恭親王偕伯彥諾謨祜景壽臣龢夏同善爲一起。上南嚮坐，設矮案，鋪紙索筆作書，臣龢以墨染筆，即寫『天下太平』四字，又書『正大光明』四字，極端正。臣等以朱書仿格進，上運腕稍澀，臣龢引袖，書四字訖。伯王等以淸字條子投。（一字。）上略觀，即應曰『阿』。（滿洲字頭第一字。）臣等以『帝德』二字進，上亦應口誦數四。又以帝鑑圖進，指點開說，上甚會意，引手指帝堯大舜，若甚喜者；並命臣書帝德二字，恭親王又接書『如天』二字，玩視良久，乃退。俛仰身世，不覺汗之沾衣也。凡三刻許退，時辰初二。

（四月十一日）是日入見於東煖閣，與劻貝勒夏侍郎同起。懿旨謂：

0291

『入學期近，爾等辛苦。』又言：『皇帝向學，卽爾等退後，猶尋檢書籍，溫熟字號，無他戲弄。』（所講帝鑑，上能爲兩宮言之。今日上體稍不適，本輟講，猶屢催宣入講。）又言：『可謂近君子遠小人。』語次因流涕久之。臣龢奏對，謂：『皇上正在沖齡，輔導之責，臣等無所辭。首宜讀書涵養性情。功夫當有次第，不可躐進生厭。又騎射因爲根本，此時少緩正所以保衛聖躬，專心講習。』語甚多，不悉記。退復待於廬中，惇親王起下，復偕諸臣入，勸講良久乃出。

（閏五月二十四日）上讀書極好，指書內財字曰：『吾不愛此。』又曰：『吾喜「儉」字。』此眞天下之福矣。

（七月二十三日）以第二起入對於養心殿西煖閣（不垂簾，無帶起。）先論書房功課，極獎，以爲得宜。

（二十八日）日來正講人心道心之分，上曰：『吾作事皆依道心也。』

（十月初八日）讀生書十遍，不佳，自十遍以後則極好。上於是有日新之功，且於是非之界判之極嚴，如某號書幾遍未善，某字某筆不到，歷歷言之，不肯迴護也。

（十二日）中官備言：每日黎明上到書齋，朗誦書史，作字一葉，未嘗間斷。可勝喜抃也。

（二十六日）……蓋上性高明，不喜人敦迫，然好諛之病，亦當深凜；他時記取臣言！

看這兒所記，慈禧似乎對光緒的學業，還相當重視。看她的初意，是想要動之以恩，想栽培出光緒來，使他感恩，就不致於對自己有二心了。

崇陵傳信錄所記翁師傅與德宗相得之狀宛然。如：

『上幼畏雷聲，雖在書房必投身翁師傅懷中，大婚後，迄無皇嗣，或謂有隱疾，宮掖事祕，莫知其詳也。氣體健實，三十四年無疾病，未嘗一日輟朝，郊廟大祀必親臨，大風雪，無幾微怠容，步穩而速，扈從諸臣常疾趨追隨，性寬厚，侍臣或偶失儀，不究也。』

翁師傅也一直得到德宗的寵幸，爲相多年，又因爲他是以帝師的資格入相的。故而更爲擅權，一直到了戊戌之後罷相，太后拿他當新黨看待，其實是有些寃枉的。傳信錄記云：

『常熟罷相爲四月廿七日，常熟誕辰也。黎明宣入朝，寂無消息，上沖齡就學，暱就翁師傅，或捋其髯，或以手入懷撫其乳，故常熟在書房廿五年，最爲上所親。嘗乞假回虞山省墓，上雅不願其去，不得已，始允一月假。陛辭日，堅與約曰：『下月今日朕與師傅相見於此矣。』

德宗初親政，勵精圖治，而對太后也非常恭謹，那時慈禧頤養於頤和園中，德宗每日親去請安，所有章疏，閱後都封進園中。孝欽雖然並不想放棄實權，然而德宗能够安分守己，不使她下不來台，或者也可以相安無事都不一定。王小航（照）也是變法時的要人，不過他與康梁主張不同的一點就在這裏。他以爲光緒帝應該恭承色笑，使太后心裏快活，沒有什麼芥蒂存於心裏，然後再談到慢慢變法，這法子是否行得通，自然也是個問題。不過比較了康梁等一味大吹大擂，使官僚失色，太后驚心的辦法，實在要算是聰明得多了。

傳信錄記德宗接見一位不通的道員的事，十分可笑。於此可見晚清官場已經變成怎麼一種樣子的了。

『玉崐者，木廠商人也。以入貲助園工，得道員，忽投四川鹽茶道，召見日，上見其舉動粗鄙心惡之，因詢其曾否讀書，玉對曾讀百家姓及大學。上授以筆命書履歷，良久僅能成玉岷二字，上怒斥出，即日罷之。』

關於戊戌政變的事，因為材料太多，所以不及詳述，好在知道的人也非常多，而普通談這次政變的書也不少。光緒帝從此以後，就墮入了可悲的命運裏，慈禧對他第一炮就是想製造空氣，說皇上已經病入膏肓，每日還以藥方公布出來，傳信錄記其事云：

『八日以後，內外籍籍，謂將有桐宮之舉，每日造脈案藥方，傳示各衙門，人心惱懼。於是後補知府經元善在上海聯合海外僑民公電西朝，請保護聖躬，雖奉嚴旨命捕元善，而非常之謀竟寢，次年己亥，上春秋三十有九矣，時承恩公崇綺久廢在私第，大學士徐桐覬政地綦切，尚書啓秀在樞庭與徐殊洽，咸思邀定策功，而大學士榮祿居次輔，雖在親王下，最為孝欽所親信，言無不從，大權實歸之。三公者，日夕密謀，相約造榮第，說以伊霍之事，崇徐密具疏草，要榮署名，同奏永寧宮。十一月二十八日，啓朝退，先詣榮，達二公意，榮大驚！佯依違其辭，速啓去，戒閽者毋納客，二公至，閽者辭焉。次日朝罷，榮相請獨對，問太后曰：『傳聞將有廢立事，信乎？』太后曰：『無有也，事果可行乎？』榮曰：『太后行之，誰敢謂其不可者，顧上罪不明，外國公使將起而干涉，此不可不慎也。』太后曰：『事且露奈何？』榮曰：『無妨也。上春秋已盛，無皇子，不如擇宗室近支子，建為大阿哥，為上嗣，兼祧穆宗，育之宮中，徐纂大統，則此舉為有名矣。』太后沈吟久之曰：『汝言是也。』遂於廿四日召集近支王公貝勒御前大臣內務府大臣南上兩書房翰林部院尚書於儀鸞殿，上下驚傳將廢立，內庭蘇拉內昌言曰：『今日換皇上矣。』迨詔下，乃立溥儁為大阿哥也。』

這以後就來了拳亂了。德宗雖身為天子，其實也只是木偶一枚，說話全無效力，他雖然明知拳匪要禍國殃民，也曾經力爭過，無奈太后主意已定，或者換一句迷信的話說中國與清朝的氣數已定，無可挽回。結果倉皇出走，更有了那一幕珍妃的慘劇。回鑾之後，德宗還時于囚禁之餘，念珍妃之舊悵，涕泣不能自已，眞是可憐極了。

至於孝欽后的來歷，有許多傳說，也十分有趣，王小航方家園雜詠紀事，記其事甚詳，他說，清朝的天下是亡在方家園的。方家園是故都的一條舊巷，慈禧未入宮前由湖南選秀女入宮，即居於該處，而簽定禪位詔書的那位隆裕太后，她的母家也在方家園。傳信錄記了那拉氏的來歷，很像一段神話，然而事出也不為無因：

『孝欽后為葉赫那拉氏，天命朝，大兵定葉赫，頗行威戮，男丁罕免者。部長布揚古臨沒憤言曰：「吾子孫雖存一女子，亦必覆滿州。」以此祖制宮闈不選葉赫氏。孝欽父任湖南副將，卒官，姊妹歸喪，貧甚，幾不能辦裝，舟過青江浦，時吳勤惠公棠宰清江，適有故人官副將者，喪舟亦艤河畔，勤惠致賻三百兩（或傳二千兩非也），將命者誤送孝欽舟，覆命勤惠怒，欲返璧，一幕客曰：「聞舟中為滿洲閨秀，入京選秀女，安知非貴人，盍結好焉，於公或有利。」勤惠從之，且登舟行吊，孝欽感之甚，以名刺置奩具中語妹曰：「吾姊妹他日倘得志，無忘此令也。」既而孝欽得入宮，被寵幸，誕穆宗。妹亦為醇賢親王福晉，誕德宗。孝欽垂簾日，勤惠已任知府，累擢至方面，不數年督四川，勤惠實無他材能，言官屢劾之，皆不聽，薨於位，易名曰惠，猶志前事也。或傳副將嘗繫獄，孝欽以

0293

眷屬入視，故沈少司寇家本召見，太后詢獄中情狀甚悉云。孝欽年七十餘，望之如四十許人，髮無一莖白者，聞同治年間李閹蓮英曾得大何首烏，獻於孝欽，蒸製不如法，融化類粥糜，併汁啜之，相傳千年何首烏九蒸九曬，服之能延年。』

關於德宗的死事，最爲撲朔迷離，爲古今一大疑案。雖然當時人頗多記載，然而欲知其詳，究不可能，據傳信錄所記，則的確可疑之甚：『上天表靜穆，廣額豐下，於法當壽，穎悟好學，有以聖學叩翁師傅者，則以魯鈍對，蓋知太后忌之不敢質言也。上素儉，衣皆經澣濯縫紉，聲色狗馬之好，泊如也。孝欽嗜梨園曲，上不能不預，或傳上善撾鼓，事亦無徵。畏太后甚，上本口吃，遇責問，益戰栗不能發語。歸自西安，尤養晦不問事，寄位而已。左右侍奄，俱易以長信心腹，上枯坐無聊，日盤辟一室中。戊申秋，突傳聖躬不豫，徵京外各醫雜治之，請脈時，上以雙手仰置御案，默不出一言，別紙書病狀，陳案間，或有所問，輒大怒，或指爲虛損，則尤怒，入診者僉云六脈平和無病也。七月廿一日，日初夕，有大星從西北來，掠屋簷過，其聲如雷，尾長數十丈，光爍爍照庭宇，至東南而隕，都市喧傳紫微星墮，羣訝其不祥，十月初十日上率百僚晨賀太后萬壽，起居注官應侍班，先集於來薰風門外，上步行自南海來，入德昌門，門罅未闔，侍班官窺見上正扶奄肩，以兩足起落作勢，舒筋骨，爲拜跪計。須臾忽奉懿旨，皇帝臥病在牀，免率百官行禮，輟侍班，上聞之大慟，時太后病洩數日矣。有譖上者，謂帝聞太后病，有喜色，太后怒曰：「我不能先爾死。」十六日尙書溥良自東陵覆命，直隸提學使傅增湉陛辭，太后就上于瀛臺，猶召二臣入見，數語而退，太后神殊憊，上天顏黯澹。十八日慶親王奕劻奉太后命往普陀谷視壽宮，二十一日始返命，或曰有意出之。十九日禁門增兵衛，檢出入，伺察非常，諸奄出東華門淨髮，昌言駕崩矣。次日寂無聞，午後傳宮中教養醇王監國之諭，廿一日皇后始省上于寢宮，不知何時氣絕矣。哭而出，奔告太后，長歎而已，以吉祥轎舁帝屍，出西宛門，入西華門，吉祥轎者，似御輦而長，專備載大行，若古之轀輬車也。皇后被髮，羣奄執香，哭隨之。甫至乾清宮，有侍奄馳告太后病危，皇后率諸奄踉蹌回西苑，李蓮英睹帝屍委殿中，意良不忍，語小奄曰，盍先殮乎？乃草草舉而納諸梓宮。時禮臣持殮祭儀注入東華門，門者拒不納，迨回部具文書來，乃入乾清門，則殮事久畢矣。故事，皇帝即位數年，即營壽兆，上御宇三十四年，竟無敢議及者。鼎湖既升，始命溥倫卜地，西陵附近舊有絕龍塔，孝欽曾指以賜醇賢親王爲園寢，嗣乃置之，至是倉卒擇吉壙不得，欲用之，改名九龍。有謂自世祖至德宗，恰九世，疑于數終，似不祥，遂定名金龍，上尊號曰崇陵。逾年三月十二日，奉移梓宮於去陵六里之梁格莊暫安殿，以時致祭焉。帝崩之明日，太后乃崩。』

慈禧后則後光緒一日而死，遂其『我不能死在他前頭』之願。兩宮上賓以後嗣君的計劃，袁世凱的罷斥，可由胡思敬的國聞備乘裏窺知一二：

『孝欽病危，張之洞請定大計，孝欽頷之。翼日出奕劻勘易州陵工，密召世續及之洞入內諭以立今上爲穆宗嗣。今上醇親王載灃子也，生四年（按當作三年矣），視德宗嗣位時齡尤弱。國難方殷，連三世臨以幼主，世續之洞恐皇后再出垂簾，因合辭奏曰：「國有長君，社稷之福，不如徑立載灃。」孝欽戚然曰：「卿言誠是，然不爲穆宗立後，終無以對死者。今立溥儀，仍令載灃主持國政，是公義私情兩無所憾也。」之洞曰：「然則宜正其名。」孝欽曰：「古有之乎？」之洞曰：「前明有監國之號，國初有攝政王之名，皆可援以為例。」孝欽曰：「善，可兩用之。」之洞又曰：「皇帝臨御三十年餘，不可使無後，古有兼祧之制，似可仿行。」是時德宗固無恙也。太后默不言，良久目之洞曰：「凡事不必泥古，此事姑從汝請，可即擬旨以進。」策即定，電召弈劻回京，告以謀，弈劻叩頭稱善，遂於十一月（按當作十月）某日頒詔明告天下。袁世凱不預定策之功，自知失勢，僞稱足疾，兩人扶掖入朝。瑜貴妃者，穆宗之妃也。自幼入宮，侍孝欽四十餘年，警敏知書史。凡宮闈文墨，孝欽悉以委之。今上初入宮，孝欽抱以授隆裕曰：「以此兒付汝，以教以養，唯汝之責。」時瑜妃在旁，哭訴曰：「嗣皇既入繼穆宗，先朝經事穆宗者今唯妾在，豈宜以閒人置之？（按穆宗嬪御，其時非僅瑜妃一人，特瑜妃名位最高耳。）論光緒初年明詔，即今皇帝有子尙當先讓穆宗，太后豈忘之乎？」孝欽默然良久曰：「汝言亦大有理，即以嗣皇付汝兩人互相保護，不必執意見也。」瑜妃即長跪叩頭謝恩，徧呼宮人而告之曰：「頃太后所言，汝等皆聞之乎？」則皆對曰：「聞之矣。」已而今上登極，封皇后為皇太后，不及妃。妃大恚，召弈劻至宮，指其名而罵之，曰：「弈劻，今日召汝非他，予死守至今，未即從毅皇帝于地下者，正為今日，太后臨崩以嗣君付我及皇后兩人，宮中莫不聞之，今若此，將置我于何地！」弈劻謀于監國，乃封為皇貴妃以慰之，妃終怏怏。後孝欽安奉山陵，宮人皆送喪，事畢，妃與珣妃守陵，堅不還宮。攝政王遣使勸慰百端，乃歸。

德宗諸姪最親者以溥偉為長，恭親王之孫也。庚子廢溥儁，即有繼統之望。其姑封固倫公主，孝欽撫為己女，早寡，居宮中為之內援，又結載振以為外援，曰：「事成富貴與共。」孝欽之定策也，載灃叩頭力辭。太后叱之曰：「此何時而講謙讓，眞奴才也！」徐訓之曰：「汝恐一人之力不能勝任，溥偉最親，可引以為助。」溥偉聞之大喜，私冀當得政權。及遺詔下，只言國事皆聽攝政王主持，不及已，大失望，趨入樞廷，大罵張之洞曰：「大行皇太后臨崩，命我助攝政王，此顧命也。今詔中略不一及，是安可用？當別換之。」之洞曰：「凡在廷臣子皆當為攝政王之助，豈得以此入詔？且太后彌留之際，之洞在側，實不聞此言。」溥偉頓足大哭，徧罵諸軍機。之洞僅避之，不與校。越數日，溥偉忽傳旨詣內務府，有所指揮，自言太后令已總理內外喪事。內務府大臣奎俊疑之，密啟監國，監國聞有口傳懿旨，大懼，急遣弈劻入見隆裕，言溥偉悖狀，遂降旨言，自皇帝以下皆當服從攝政王命令，溥偉始不敢逞。後載灃攝政不一年，兩福晉兩弟及溥倫善耆之徒，同起濁亂朝政，國人悔失溥偉，然溥偉當爭位時，親向載振屈膝，又因私暱與福晉不和，憤極持刀自刎幾死，亦屬傾覆之才。國統再絕而家無令子，識者早知其必有亂矣。

德宗先孝欽一日崩，天下事未有如是之巧。外間紛傳李蓮英與孝欽有密謀。余徧詢內廷人員，皆畏罪不敢言，然孝親病痢逾年，祕不肯宣，德宗稍不適，則張皇求醫，詔告天下，惟恐人之不知。陸潤庠嘗入內請脈，出語人曰：「皇上本無病，即有病亦肝鬱耳，意稍順當自愈，藥何力焉？」迨弈劻薦商部郎中力鈞入宮，進力劑，遂泄瀉不止。次日鈞再入視，上怒視之，不敢言。鈞遂托病不往，謂恐他日加以大逆之名，實已以謝天下也。當孝欽臨危定策時，德宗尙在，而大臣不以為非。既立今上稱雙祧，次日又詔各省疆臣保薦名醫，其矛盾可笑如此。』（接以上四節均見卷三。雙祧之命，在宣布德宗遺詔以溥儀爲嗣皇帝後，以孝欽之名義行之，並非稱自德宗生前。）

至於袁世凱的去官，當事人的趙炳麟御史所記尤詳盡有致。因爲他就是力參袁世凱去官的人：

『德宗夙負大志，自戊戌新政之厥，幽閉瀛臺，抑鬱無所發舒，病瘵數年。當是時，慶親王奕劻掌軍機，專政，貪袁世凱之賄，引入軍機以爲已助。張之洞那桐亦同在政府。世凱機警富權術，而以戊戌政變，與德宗若仇敵。會陝甘總督升允，疏劾奕劻袁世凱「假立憲爲名，劫制政權，凌逼主上，是以皇上目睹心傷，憂鬱愈甚，敢怒不敢言。若不去奕劻袁世凱，皇上之病必不起，固大清之憂，抑中國之憂。」等語。德宗欲下其奏，孝欽曰：「狂言也。」寢之。德宗病更甚。痿痺不能行坐。言官中有請以宣宗之後長者賢者入侍左右，以固根本，孝欽乃召醇親王載灃子入宮，立爲皇子，年方三歲。孝欽忽病痢劇，世凱及太監李蓮英等惻惻懼孝欽先德宗逝，禍且不測，（按如王小航『方家園雜詠記事』所云，李蓮英曾暗中保護德宗。）未幾德宗遽崩，孝欽懿旨以皇子及位。太皇太后訓政。醇親王載灃攝政。未幾皇太后亦崩。』（或謂孝欽病急時，太監稱孝欽旨，告德宗曰：『皇上病甚，心當明白，皇上衣上之鈕鈕皆金製也。』及德宗崩，衣上少一鈕。斧聲燭影，天下疑之。）

德宗之崩也，內外嘖嘖。度支部尙書載澤素親德宗，密謂攝政王載灃曰：『昔晉趙盾不能討弑君之賊，史書趙盾弑其君。今大行皇帝之事，天下稱冤，皇上年幼，爾攝政，其毋自貽伊戚。』載灃大感動。會給事中陳田御史趙炳麟上書劾世凱，遂以足疾罷歸。（江）春霖在台，彈劾不避權貴，時有朝陽鳴鳳之目，嘗於是年九月九日劾慶親王奕劻袁世凱朋比爲奸，殃民禍國。（按『梅陽江侍御奏議』，此日所上之摺係專劾世凱權勢太重，略及奕劻送世凱壽聯去爵署名，以證其交通親貴，熏灼一時。）德宗見疏，痛哭流涕，而以孝欽故留中不敢發。至是春霖復言：世凱雖去，奕劻尙留，打草驚蛇，縱虎還山，爲禍更急。攝政王召見嘉納之。

炳麟以世凱雖罷，而朝廷布置太疏，必有後患，上書陳孤危情形。攝政王召見，謂曰：『爾言關係極重，究應如何布置？』炳麟對曰：『世凱罷官而罪名不著，天下疑攝政王排漢，奸人搆之，使民解體，爲患滋大，當宣布德宗手詔，明正世凱之罪，黜逐奕劻，以清內奸；任張之洞獨相，以重漢人之權；起岑春煊典禁衛軍，鞏固根本；召康有爲安維峻鄭孝胥張謇湯壽潛趙啓霖授皇帝讀，並爲攝政王顧問，以收海內物望；實行立憲，大赦黨人，示天下以爲公。』攝政王首肯者再，旋召見張之洞商榷。之洞與岑春煊有爲皆不合，力保奕劻持重宜加信用，非彼不能鎮安皇室，炳麟所奏多紛更，不可用，議遂寢。當是時，之洞督辦川粵漢鐵路，廣西人覃兆鵾爲川粵漢鐵路文案，居之洞家。之洞遣兆鵾警告炳麟曰：『張中堂以我與君同鄉，特囑傳語。今日君所面奏，中堂極不謂然，已於召對時逐條面駁。人生難得清名，毋爲人誤云云。』自是以後，攝政王不召見小臣矣。

雖然這一世梟雄的袁世凱，歸隱河南，可是他終久不是長久隱居的人物，一等再起，就把清代的江山給傾覆了。據說只有孝欽后一個人，能够使人有些兒怕懼。所以慈禧一死，他就可以放胆作去了。所以說清運之終在光緒慈禧之死，是也不爲過的。

記聯聖方地山

邱艾簡

揚州方地山，名爾謙，一字無隅，幼與弟澤山俱以文名；光緒十一年乙酉，與弟同游泮水，時先生年十四，澤山年方十三，越四年己丑，再同赴鄉試，榜發，澤山得第一名，先生則中副榜，官役馳赴揚州方宅報喜，入門，見兩童嬉於庭前，共作踢毽子戲，詢之，即先生兄弟也！時揚人皆以十七八齡童舉於鄉爲難得，尤以澤山得中解元爲美談，蓋澤山是年僅十七，若以西洋歷計算，纔十六耳！

澤山名爾咸，又號无爭，入民國曾官兩淮鹽運使，先生則從未服官，雖以科甲不如弟，而文名則澤山適不如兄。

先生幼即聰慧異常兒，是以極得堂上歡，十歲畢五經，屬文能數千字，尤善屬聯，信口而出，皆成妙句，毋稍修飾，殆由天授。父霈森，同治丁卯科舉人，亦揚州老名士也。光緒丙戌春，赴官溧陽教諭，攜先生兄弟之任所，以便督課，道經鎮江，遊焦山，先生亦隨侍父側，至焦山頂，有四面佛亭子，霈森即以四面佛亭子爲題，命先生屬聯，先生遵命，乃作聯曰：

『面面皆空，佛也須靠背！』

『高高在上，人到此回頭！』

時年十五歲也。同年秋，霈森公在揚州城北四十里之邵伯鎮，建程學榮祠堂，冬十一月落成，赴邵伯鎮主持落成典禮，先生亦隨往，落成日，鄉人士往參拜者甚多，衆咸知先生之善屬聯也，欲一試其才，乃要先生爲祠堂題一聯，先生立應，提筆書曰：

『封萬戶侯何足榮身，君若與古英雄比肩，李廣歡顏亞夫笑。』

『挽百擔弓還能識字，我曾見故將軍遺墨，岳王風骨魯王神！』

聯雖未見若何精妙，然出諸十五齡童手筆，亦使人驚佩不置也！

及長，更狂放不羈，每作詩文聯語，輙屏棄名號不用，僅署『大方』兩字，即與家人信札，亦莫不如此，人亦遂以『大方』呼之而不名。

項城當國時，延爲西席，使課諸公子，鼎革後，項城任總統，擬請先生出長江蘇，藉酬其勞，先生辭謝不受，曰：『大方不善爲政事，能以詩酒終老京華，於願足矣！』其狷介有如此者。項城笑謝之，特以家製佳餚宴先生於私宅，先生即席以聯答項城曰：

『出有車，食有魚，多謝孟嘗能客我。』

『金未盡，裘未敝，今年蘇季不還家。』

先生於項城諸子中，與寒雲最相得，迨寒雲窮病死，先生哭之慟，爲奔走營葬事，並親書『袁寒雲之墓』之碑，爲樹墓前。民二十三年，艾簡赴沽上謁先生，談及寒雲時，先生猶老淚縱橫不已。師弟當年相處之得，可以概見！

善作書，先從漢魏入手，迨後即別成一家，字跡古拙娟秀可喜，人皆以得片紙隻字爲榮，然書名終爲聯名所掩，蓋先生以聯名聞於世者久。華北人士羣奉爲『聯聖』焉！尤善於聯內嵌字，工穩異常，天衣無縫。艾簡往年旅居平津時，蒙時賜屏條聯語甚夥，惜於事變時損失殆盡，現僅餘『杭大宗破銅爛鐵。』『金冬心水墨雲山。』一聯矣。

後遷居沽上，有姬九人，乃賃一胡同，適有十宅，先生與姬各據一宅，而於胡同外題『大方家』三字，殊風趣異常。

居沽上之明年，澤山病歿於揚州，先生得耗，哭甚哀，緣澤山於病中曾有長函致先生，且邀返揚一走，而先生當時適有事羈於津，未能即時歸里視澤山，迨澤山歿後，家人又份以析產相求，先生對此尤感心傷，大哭挽澤山聯曰：

『君無難爲弟，我眞難爲兄，豈獨當時科舉？』

『生未及同居，死不及同穴，可憐最後家書！』

聯成，覺意猶未竟也，更再挽以聯：

『析產亦難言，祖遺本少。』

『合居更不易，君死安歸？』

從字裏行間，可見先生當時內心之沉痛爲如何也！

善鑑古泉，眞僞立辨，收藏極富，更無一贋品，先生平日不事家人生產，而家中食指日增，故晚年經濟時感拮据，然雖至貧不能炊，猶不肯輕售一錢，每至釜無一粒米時，輒攜長孫赴飯館小酌，館主人見先生之降臨也，倍極歡迎，招待甚殷，良以當時沽上風，無論大小公司、商店、飯館、旅舍，開幕前，率以店名乞先生賜書聯語，而以店名嵌其中，或集古書，或用成語，而又與商店所經營業務相吻合，雅而不俗，故沽上各商店，率以得先生書聯爲榮，先生性情和悅，每有人求，輒無不應，是以飯館主人見先生光降，必殷情招待，而臨行時更不敢受値也。

民國二十四年春，艾簡率眷自平南歸就業，過津時，特詣先生處問安，時先生精神猶極矍鑠，議論古今，談鋒頗健，雖至深夜，仍無倦容，並出示古泉近千枚，謂某也漢，某也魏，某也唐宋，某也以小洋四角得諸地攤者，某也以廢報紙三斤易諸收舊貨者，某也舉世僅有其三，而老夫占有一焉，言下意殊自得。更娓娓道當年與先大父幼年同窗入泮鄉試等舊事，更笑語內子壽儀曰：『我當日從汝曾祖之受業也，汝父猶在襁褓，瞬已五十餘年，而汝亦將爲人母矣！明年得甯馨兒，幸毋忘以紅蛋見餽也。』吾鄉俗，人家生子，率以鴨蛋染紅色以分贈親友，熟料翌年艾簡果得子，而先生已先三月遽歸道山矣！惜哉！

先生廣豐頤，方面大耳，人皆以爲大壽之徵，有子三：一出繼澤山，頭一年尙幼，其一服務於天津中國銀行者，性嗜賭，每月所入，悉以償賭債，以致不能上養老父，先生則恃賣文賣聯以維持晚年生活，環境愈劣，日益潦倒，此一代聯聖，竟於民國二十五年，以微恙歿於沽上，享年僅六十有五，晚境亦苦矣哉！

先生平生作聯極富，前後五十年，數殆以萬計。居沽上，每一聯成，報紙即爭載，艾簡往年亦曾有手抄本，於事變時燬於炮火，殊足可惜！茲篇所述，僅就先生幼年所作，及外間所不經見者，搜得數則，他苦不能記憶矣！

先生作聯尤以歇後語或爲最精絕，茲記其一，以終是篇。先生幼曾暱一妓名『來福』，定情夕，來福自粧臺中出泥金短聯一對，乞先生賜書，先生時已被酒，意微醺，乃乘興爲書『人皆惠然肯。』『我亦自求多。』其微妙精緻處，讀者自能作會心微笑也！

古今合訂本
第一册
業已出版‧每册拾伍元

香港戰事目擊記（下）

靜塵

十二月八日上午八點多鐘，我忽然給砰砰的兩聲巨響和嗚……嗚的空襲警報聲所驚醒。下意識地覺得今天的空襲警報比往常防空演習時的空襲警報聲來得急促而且悲慘，似乎可怕的命運已經迫在眼前了。但是我跑出陽台去向天空張望，只見灰沉沉的天空像一片冷透了的大鉛版，沒有光彩也沒有白雲，靜悄悄地壓在頭上；沒有飛機的蹤影，也沒有高射砲的烟雲。這時候警報停了，整個香港和九龍依然瞌睡沉沉地蜷伏在海邊。馬路上的電車公共汽車照常在來往行駛，挑担的，賣菜的，做工的，還是平平靜靜在路上走動，看他們頭也不抬的神氣，似乎外面還是太平無事。

的確的，一般居住在香港的人，他們之中至少有百分之九十九不相信英美日之間會發生戰爭，不相信香港會有戰爭。在他們可憐幼稚的腦海裏，總以為英美日之間不會眞的打起來。「要打早就打了！」這是一般比較有時局常識的人的說法，至於那些給香港的太平景象迷昏了心竅的人，他們簡直强詞奪理地認定：「香港不會打」，「日本不會打香港」。在他們頑固盲目的頭腦裏，好像誰給了他們保證似的，戰神決不會駕臨到香港來。所以到日本飛機飛到了頭上，大家還以為是白晝防空演習。

許多有錢的香港人，他們對於戰爭既有另一種看法，他們對於萬一發生戰事時的「逃難」問題，也別有打算。在他們以為：只要口袋裏有錢，日本人倘然眞的打香港，儘可坐飛機飛到馬尼刺，星加坡，澳洲甚至美國去，（歐戰爆發時曾有不少人飛到馬尼剌去。）至少也可以趁船逃到澳門。他們的中心觀念似乎只有一個：有錢萬事通，所以他們對於時局，好像一向打定「山人自有道理」的主意，認定不足為慮。當日本飛機飛到九龍啓德機場投彈轟炸時，那些有錢的老爺少爺太太小姐們正在溫暖的被窩裏做他們的白日酣夢，誰也沒有準備，誰也不去打算。

但是戰爭到底來了。差不多將近正午，全香港像滾水似的騰沸起來了！

× × ×

戰事初起那兩天，香港聽不到槍聲和砲聲，所以一般人對於戰事還感覺不到如何樣子的可怕。大家只是亂七八糟地奔跑，亂七八糟地搬家，（但是搬來搬去總搬不出香港。）同時九龍與香港之間的海上交通早巳宣告斷絕，雖然也有一些向港政府領有通行證的人仍可在尖沙嘴碼頭來去，更有許多從九龍僱了小船冒險偷偷到對岸來的，但港九兩方面的消息，却是十分隔閡，因此住在香港的人只有一種感覺，即是九龍比香港不安全。除此之外，許多人對於戰事簡直毫無所知，因此謠言四起，使騰沸的香港更顯得混亂無比。

以後幾天，全香港的人差不多只有逃警報，聽飛機，看看並無實在消息的報紙，談談山海經；但是逃警報的次數多了，大家覺得非常厭倦，而且日本的飛機一天到晚在頭上飛，要高就高，要低就低，這架去了那架來，一次警報剛好解除，第二次警報又發出來了，有時候甚至正當解除警報聲在空中嗚……嗚高鳴時，日本飛機又在頭上出現，弄得發警報的人趕快改發緊急警報也來不及，逃的人有些人還沒有擠出防空洞，洞外的人又給警報聲嚇得擠進去，亂七八糟，避不勝避。所以後來警報發出，逃的人索性不逃，防空員也不再干涉路上的行人，日本飛機在天上飛，全香港的人照常在地上走路的走路，趕車的趕車，飲茶的飲茶，吃飯的吃飯，兩下裏「五不侵犯」，到也大家省事。至於每天報紙上的消息，除重慶中央社的電訊，略提到一點關於東江方面重慶一部份隊伍的向日軍出擊的消息之外，本港方面的戰事消息，則全由英政府的遠東情報局發表，情報局裏的辦事人既無新聞知識，加以他們自已也不曉得戰事進行得到底怎樣。所以發出來的全是一些空話和假話。看報的人就憑了那些空話假話去推測，去想像，所得的結論，自然是莫明其妙。

十日以後，香港已可聽見來自九龍的隆隆大砲聲，並且日本軍艦上的大砲，也與香港山上的大砲開始互轟了。大砲聲和飛機聲交織成一片戰時香港的交響曲，託足在這孤島上的近百萬小市民，對戰局前途越來越悲哀，馬路上的秩序，也一天混亂一天。十一晚上，情報局忽然發出一個渝軍已抵香港邊境的消息，接着還說侵入九龍的日軍因受渝英大軍夾攻，已在退却中。第二天報上登出了這個消息，香港的人心果然安定不少，九龍的砲聲，眞的也逐漸稀少了。到十二晚上，暗空裏簡直鴉鵲無聲，雖然從九龍方面還有偶然的幾聲步槍聲和機關槍聲可以很清晰地聽到，但這點疎疎落落的槍聲較之前兩天的砲火連天，眞像沒有了戰事一樣的平靜，所以這天晚上大家都安安穩穩睏過了開戰以來最平靜的一夜。誰知第二天天還沒有黑，九龍失守的消息巳由官方正式發表了。十二晚上的一夜平靜原來是英軍全部退出後，九龍已成爲死市般的靜寂，這眞使每一個香港人自已不相信自已的耳朶和眼睛，拿起報紙，大家都目瞪口呆了。

× × ×

九龍的失守對於香港人精神上的打擊誠然非小。說來也眞够悲哀，九龍半島的面積，比香港不知要大幾多倍，而且這個半島與大陸相聯的地方，山密起伏；日本軍隊打進來，英國兵大可憑險而守，縱使日軍數目較英國軍隊多，但英軍既有天險可憑，又有人爲的防禦工事可守，何致在四天之內，便把整個九龍完全放棄，退到香港來守這孤島？

可是英國當局似乎又有死守香港的決心。他們的情報處一再發出英軍決心抵抗到底的消息，山上的大砲，也不斷對着九龍日軍的陣地轟擊。而日軍的對策也頗奇妙，十三那天，日本飛機整日在香港天空飛，此去彼來，沒有一刻間斷，直鬧得全港的人只好一天到晚躲入防空洞，累得個個部面無人色。等到十四日（也許是十五吧，日子記不清了）正午，忽然九龍有一艘渡輪開來，上豎白旗。輪上來的除港督府祕書夫人外，還有兩個日本軍官，他們帶來了給香港總督的哀的美敦書，要求港督楊慕琦在二十四小時內，向日軍投降。

消息傳來，全香港的人都情不自禁地高興起來，以爲這一下戰爭總可結束，性命得能保全了。原因是這時候被困在香港的人，確實誰都懷有一顆絕望的悲哀之心，因爲近百萬人擁在這麽一個孤立海中的小島上，炸彈砲彈整天整晚在頭上飛，逃既沒法逃，躲又不能躲，每一個人都只得坐以待斃，那樣的況味實在令人難受。再加英國人平時對付中國人說得好聽點是不大平等，說得難聽點眞比猪狗不如，所以大難臨頭，誰都祇想英國軍隊早點投降了了事。殖民地民衆能够幫助他們的壓迫者來抵抗外來的侵略才是天字第一號的怪事，在香港戰爭中，民族的恩怨表白得最清楚沒有了。

但是港督沒有投降，這眞使大家絕望透了。

× × ×

經過了廿四小時的靜寂（那是日軍要求港督考慮投降的時間），轟隆轟隆的砲聲又從清早響到夜晚，飛機的馬達聲，也無時無刻不在天空裏迴繞。銅鑼灣的汽油池中了日軍的砲彈，電燈廠也成了日軍砲火射擊的標的，一股濃厚的黑煙像不散的烏雲一樣罩住了半壁天空，雖然天氣晴朗，陽光却已失色，整天像黃昏一樣黯淡，只有正午時候，我們才可從黑煙裏望見掛在天際的一輪太陽，灰黃黑的一圈，如同日蝕一般。

砲聲愈來愈緊迫，在十六、十七、十八三日之間，日軍開始向香港幾個軍事要點登陸了，敵前登陸在戰事上當然是件最不容易的事，尤其像香港這麼一個四週鐵絲網密佈的地方。但是事實完全與想像相反，日軍非但很容易在香港登陸，而且登陸以後就生了根，發展得極快，所以到十二月廿五日——聖誕節，英國軍隊終於在退無可退的情勢下，豎起白旗向日軍投降了。

英國軍隊的作戰說來眞是椿有趣的事。據我親眼所見，有三件事是值得在這裏特別提出來向世人介紹的。

有三個英軍，守着一架高射機關槍。日本飛機終日在天上飛，可是這架機關槍却打了瞌睡，沒有一點聲響。第二天下午，日軍的砲火開得正猛烈，三個之中的一個英軍，忽然肩膀上中了流彈，鮮紅的血從他草綠色羊毛衫裏滲出來。於是兩個未受傷的兵士慌了手足，一個把他抱住，一個到馬路上來僱人力車，可是這時候馬路上行人稀疎，人力車早已絕了跡，他僱不到人力車，却在路邊找着一輛空車，於是他拉起車子，拉到機關槍旁邊，給他受傷的同伴坐上，丟下了機關槍，一個拉一個推的管自去了，留下那架機關槍，到第三天就消失了蹤影。這是一件事。

在一座築在三叉路口的水泥鋼骨堡壘裏，也有四個英軍守在那裏，不過他們僅守白天，不守夜晚，所以白天是英軍的陣地，晚上却變了日軍的前哨，次日早晨日軍退去，四個英軍又帶了一架機關槍大搖大擺地來防守了，這樣差不多繼續了三四天，到廿五日英軍投降那天，才不見這四位仁兄大人的蹤跡。

四個英軍整天在堡壘裏沒事做，當然十分無聊。可是湊巧那時候堡壘附近一帶的「鹹水妹」（專接外國兵士的公娼）也都失了業，她們之中胆大的就打扮得花枝招展地跑到堡壘裏來與英軍尋開心，於是「英雄」「美人」，就在堡壘裏胡天胡帝，有說有笑。引得過路人睜着饞眼貯足而觀，倒把死沉沉的一條馬路，頻添了無限「生氣」。這又是一件事。

第三件事我看見大約在十二月二十日左右，地點就在銅鑼灣。那時候北角方面登陸日軍逐步向前推進，前哨已經到了銅鑼灣的那一頭，而這一頭却仍有英軍三四名駐守着，英日兩軍隔了一個小小的海灣互相對壘，可是都沒有開槍，非武裝的中國人，照舊可以自由往來，兩方面都不干涉。大家我行我素，各不侵犯，更有趣的是守在銅鑼灣馬路中心的英軍，兩三個人躺在地上陪機關槍睡覺，一個立着站崗的却把背面朝向伏在小海灣那一頭民房邊的日軍。看樣子這位英國丘八倒是一個奉行『眼不見爲淨』主義的忠實信徒。

從上面所舉的三椿小事裏，我們當可概見英國軍隊作戰時的奇妙之一斑了。所以香港英軍直延到十月廿五日投降倒不是因爲英國軍隊的善於節節抵抗，使登陸日軍難以推進，却是日軍穩紮穩打，不願浪費他們自已的一兵一卒，並且似乎也很想給英國人一點在倫敦下院裏辯論戰局的面子，好讓邱吉爾或什麽人高高站在台上，向台下人痛哭流涕地演講香港英軍的堅決抵抗，到後來因爲「彈盡援絕」，才只好投降！

× × ×

然而英國軍隊這樣的「堅持抵抗」，却苦了成千成萬的香港小市民。在英國軍隊拖延抗戰的那幾天，電燈沒有了，自來水管給砲火轟斷了，大家沒有光亮也找不到水喝，人心陷於極度的混亂和恐慌。同時潛伏着的地痞流氓，又蠢蠢然乘機出來搗亂了。

這也是英國人的自作自受。在平時，帝國主義者對殖民地民族不施教育，不予絲毫經濟發展的機會，爲的是要養成一大批無知識的貧窮者，給他們做奴隸。可是除奴隸以外，又養成了一批無惡不作的地痞流氓，這些流氓在「太平盛世」統治者還有力量統治這個地方時，他們專靠偷盜拐騙，欺詐强索來營生，成爲社會的蟊賊，一旦欣逢亂世，看見統治者的命運危在旦夕時，他們便四出蠢動，想做一做時勢英雄了。

流氓在香港的數量實在多，這是因爲香港的失業者多，香港一般有職業的工人店員的待遇，也苦得同失業差不多的緣故。這些人不做流氓，也自然而然與流氓爲伍，成了『準流氓』。這批流氓平時在英國的嚴密壓制下，雖然不能猖獗，但他們有着極强大的祕密組織，潛伏在下層階級之中。現在香港的戰事越來越緊迫，英國人的統治力顯然十分衰弱了，他們自然要乘機起來，一面散佈謠言，一面向民間勒索，一面又準備動手搶刼了。於是全香港人心惶惶，不可終日，大家看見了上門來勒索「保護費」的流氓發抖，香港政府對於他們的非法活動，也感到束手無策。不過很快的，對於這些流氓，港政府也想出了一個極巧妙的應付方法，他們——政府當局一面以恐怖手段殺幾個公然勒索的流氓給大家看，一面則濫招所謂「防空員」，只要是一個男人，每天早上到防空機關裏去簽一個名字，領一張臂章（後來連臂章也不發了），名義上做了一個「防空員」，不管你躲在防空洞裏也好，睡在家裏也好，到下午四五點鐘就可以到指定的機關裏去領二元港幣的薪水。這樣，流氓，地痞，失業者，叫化子，凡是想拿兩塊錢的都成了雄糾糾氣昂昂的防空人員，本來打算「造反」的流氓，果然就從此「安分守己」，不再出來趁火打刼了。

但是流氓雖然壓平，對于一步步逼近來的日本軍，英國人始終無法可想。十二月廿五日下午四點鐘總督府的屋頂上豎起了白旗，大英帝國在香港的命運就此告終。算起來，英國人自從佔領香港到失掉香港，足足經過一百年！這一百年是大英帝國擁有她最光榮最燦爛的全盛時代，但是這一百年在歷史上畢竟太短促了！短促得有如曇花之一現！

編輯後記

編者

本期因爲篇幅關係，編輯後記不得不從略，只想介紹幾篇文章。五代十六國史事，世稱最難鈎稽，而趣味亦特濃，『龍堆再拾』乃敍南唐後主故事，令人對這位悲劇帝王兼大詞人寄無限之同情。鄭孝胥不獨以書法名世，即吟咏亦爲閩派祭酒，惜爲其書名所掩。『海藏樓詩的全貌』即爲介紹其作品之作。近年天災人禍，人死的機會大多了，紀果庵先生論『從容就死』，殊有深味。柳雨生先生以粤人論粤桀，當有特殊的見地。『光緒帝與那拉后』一文，雖非珍貴材料，却可作一段宮闈慘史讀。餘如『四庫瑣話』，記『聯聖方地山』，『香港戰爭目擊記』，也均是可誦的文章。

介紹上海四大日報

中華日報
社址：上海北河南路五十九號

國民新聞
社址：上海靜安寺路一九二六號

新中國報
社址：上海河南路三百〇八號

平報
社址：上海四馬路四三六號

介紹南京兩大報

中報
社址南京朱雀路

時代晚報

館址 朱雀路 邀貴井

電話 二二五九五 二三五九八

中央儲備銀行

中華民國國家銀行

資本總額國幣一萬萬元

本行特權

一、發行本位幣及輔幣之兌換券

二、經理國庫

三、承募內外債並經理其還本付息事宜

本行業務

一、經理國營事業金錢之收付

二、管理全國銀行準備

三、代理地方公債

四、經收存款

五、國民政府發行或保證之國庫證券及公債息票之重貼現

六、國內銀行承兌票國內商業匯票及期票之重貼現

七、買賣國外支付之匯票

八、買賣國內外殷實銀行之即期匯票支票

九、買賣國民政府發行或保證之公債庫券

十、買賣生金銀及外國貨幣

十一、辦理國內外匯兌及發行本票

十二、以生金銀為抵押之放款

十三、以國民政府發行或保證之公債庫券為抵押之放款

十四、政府委辦之信託業務

十五、代理收付各種款項

南京總行

行址：中山東路一號

電報掛號：中文五五四四 英文 CENREBANK（各地一律）

電話：二二二一〇——二三七五一
二二五四一——二二五四八

上海分行

行址：外灘十五號

電報掛號：中文八六二八

電話：一七四六三
一七四六四
一七四六五
一七四六六

（轉接各線）

蘇州支行

行址：觀前街一八九號

電報掛號：（中文）五五四四

電話：六九三，一八五六

杭州支行

行址：太平坊大街惠民街角

電報掛號：（中文）五五四四

電話：二七七〇

蚌埠分行

行址：二馬路西首

電報 中文

掛號：五五四四

電話：

古今

第八期

古今 合訂本 第一冊

本刊出版以來，倏已半載，銷行之廣與夫讀者愛護之切，俱非初辦時意料所及。中間有數期因印數略少，致向隅者甚多，函索補購者，紛紛不絕。本社爲彌補此項缺憾起見，特訂製合訂本，既便保存，又便閱覽，而訂製精美，猶其餘事。惟訂數不多，至今僅餘十數册，欲購者請即日賜購爲幸。

定價：每册拾伍元（郵費在內）

經售處：國民新聞社營業科

上海靜安寺路一九二六號

古今改出半月刊啓事

本刊創刊以來，倏已八月，幸蒙讀者愛護，銷路與日俱增，至堪告慰。歷月以來，友朋面談函告，均勉以改出半月刊，俾慰讀者之望，詞意殷切，非可言喻。本刊同人受寵若驚，本應早日遵命，以慰衆望。唯『寗精毋濫』，素爲本刊之宗旨，在時機未成熟前，殊不敢貿然從事。今作者雲集，佳作紛來，已達及時擴充之期，故決于第九期起（十月十六日出版），改爲半月刊，每逢一日十六日出版，除廣約作家撰述外，並敦請前『論語』，『人間世』，『宇宙風』主編陶亢德先生加入編輯，從此陣容更見整齊，必可使讀者耳目一新，幸望海內外讀者作者，不吝賜文賜教，不勝企盼之至。

古今社全人謹啓

古今第八期目次

中華民國三十一年十月一日出版

社長　朱樸
主編　周黎庵
發行者　古今月刊社
通訊處　南京邀貴井時代晚報社
上海靜安寺路國民新聞
印刷者　國民新聞圖書印刷公司　上海靜安寺路一九二六號
總經售　國民新聞圖書印刷公司　上海靜安寺路一九二六號

本刊月出一册　零售每册一元五角

廣告價目

後封面	正封裏頁	後封裏頁	普通全頁	二分之一
五百元	五百元	四百元	二百元	一百五十元

國民政府宣傳部登記證滬誌字第七六號
公共租界警務處登記證C字第一〇一二號

嚴東樓軼事彙記

梁鴻志

王弇州『首輔傳』，謂嚴世蕃頗能習國家典故，暢曉時務，嵩既老，上時有所問而不能答，謀之其客，皆不稱旨，屬世蕃草，輒報美，嵩以是益仗世蕃而心愛之，諸曹白事者，輒問曾以質兒子否？至云東樓謂何？東樓者，世蕃別號也。世蕃以是益驕橫，九卿臺諫至浹日不得見，或停使至暮而遣之。或有嵩許而世蕃不許者，卒弗許也云云。按世蕃以宰相之子，權傾天下，其智慧必不下人，分宜倚任過情，適足以殺其子而已。明岷山周紘吾御史元暐撰『涇林續記』，載世蕃事較『首輔傳』尤詳，茲錄如左：

世蕃善揣主意，精神壯健，能任繁劇，則若天縱之而俾逞其兇者，故老猶能道之。世宗好觀經史，每至夜分，或有未解者，親硃書於片紙，令內侍持示內閣，立等回話。一夕旨至，嵩與徐階等皆不曉其義，惶悚無措，嵩曰：無過慮。即密寫前旨，令從門隙傳出，飛馬問蕃。蕃曰：是在某書第幾卷第幾頁上，其解云何，即飛遞回報，檢書視之，果然，如其解復命，上悅。夫史冊浩瀚，即諸學士猶未能悉記，蕃以蔭子乃能響應若斯，非明敏博覽而何能爾！且於我朝令甲典故，尤極熟語，凡各部院有疑難事請諸於嵩，嵩弗能臆斷，試以問蕃，即援昔證今，合於律例，凡所處分，人皆帖服。又世宗夜傳旨問某事當若何發落？調旨頗難。嵩會徐呂二老於直房細議，各令書一揭帖，云當何如，反覆參酌，終覺未妥，不敢遽謄眞。時漏下四鼓矣，嵩曰：姑徐徐，當呼小兒來共評定，庶不忤上意。傳命者始出，而內豎索報踵至，云上位立待，且嫌遲滯，有怒容。嵩猶豫不發，二公曰：茲事裁度再三，似亦妥當，即賢郎有高見，恐不能更越此，矧上命嚴迫，難以因循，嵩弗得已，乃錄上聞。須臾蕃至，示以前擬，蕃搖首曰：未妥，未妥。頃間內侍將揭帖回，硃筆塗抹，令再擬來看。蕃因出已意調旨以進，上果依擬，二公乃服。蓋蕃善揣聖心喜怒，陽施陰設，罔弗中竅，凡得賄而欲升擢者，則覆本置於上所喜中，修隙而擠諸貶逐者，其本置於上所惡中。甚而誅戮忠良，亦用此術，激怒聖上，無倖脫者。以此嵩勢薰灼滔天，舉朝咸意聖明寵眷過隆，敢爾肆行，而弗知蕃潛轉移其間，即世廟英明，入其籠絡而弗覺也。若其交結內侍，密探消息，豢養臺省，鉗其口舌，僅粗迹而已。眞萬古奸雄之魁也哉。

世蕃公事交宂如蝟集，飲食御女，日不暇給，然雖沈酣寢中，或父以緊要事見詢，呼之弗應，則用金盆滿貯滾湯，浸手帨其中，乘熱提帨圍其首三匝，稍冷更易，則醒然無復酒態，舉筆裁答，處置周悉，出人意外。故父亦憫服，凡有施行，俱不敢違，養成其惡，卒至誅夷，豈非天哉。

世蕃納賄，嵩未詳知，始置篋笥，既付庫藏，悉皆充牣。蕃妻乃掘地，深一丈，方五尺，四圍及底，砌以紋石，運銀實其中，三晝夜始滿，外存者猶無算。將覆土，忽曰：是乃翁所貽也，亦當令一見。因遣奴邀嵩至，窖邊爛然奪目，嵩見延袤頗廣，已自愕然，復詢深若干？左右以一丈對，嵩掩耳返走，口中嚅嚅言曰：多積者必厚亡，奇禍，奇禍！則嵩亦自知不免矣。此銀敗後，車運至潞河，載以十巨艘，猶勿勝，後俱沒入官云。

『涇林續記』又言：世蕃於分宜藏銀，亦如京邸式，而深廣倍之，復積土高丈許，遍布椿木，市太湖石，纍纍成山，空處盡栽花木，毫無罅隙可乘，不啻萬萬而已。其心腹羅龍文，富亦敵國，一日閒居，閽者報有官僕投書，呼之入，兩人俱大帽絹衣，若承差狀，叩頭畢，跪階下不起，叩所自來，云有密語相聞，乞屏左右，令登堂問故，袖出一帖，書『通家侍生王端明頓首拜』，羅沈思素無相識，問爾主安在？云在門外舟中，欲躬造拜講心話，而避嫌弗敢至，敬拱候於彼，屈尊一降，重當面陳衷曲。羅初有難色，奈來人敦請再三，不得已，許之。令僮潛往覘其跡，歸報云，有大坐船泊河下，侍從整肅，官吏列侍，若兩院按臨狀，羅乃具服往拜，主出迎，衣麒麟服，繫花金帶，狀貌魁梧，禮度嫻雅。坐定，茶畢，羅曰：蒙公見招，必有所諭。答曰：王某奉主命奉屈，有事相浼，舟現泊郊外，去此僅三里，晤後當自明耳。即命解維舉棹，、羅業已至彼，不能脫身，强坐談笑，行一食許，寂無所覩，羅心竊疑，又詢舟所，對云不遠，復將十餘里，抵湖邊，遙望見一舟，指曰：此是矣，及至則旌旗蔽日，干戟森列，金鼓大震，號砲轟天，王揖羅過船。羅欲辭，又度勢不可已，强從之，登則綺筵肆設，優伶環侍，王舉酒屬客，器皆金玉，珍饌盈前，皆目所未覩者，舟旁列八槳，衆共舉棹，其去若駛，漸入大江，浩渺無際，羅驚悖，坐不安席，細叩其主何職，住何地，所言何事，答云無勞多問，至則自知。行良久，有快船來迎，戎裝佩劍，呼聲動地，不久復有××（原缺二字）者，計十餘艘，共翼大舟進發。薄暮抵岸，執炬提爐，列仗張蓋，百衆前導，邀羅登輿，王隨其後，山路險仄，行復數里，忽有飛騎，口稱王旨云：暮夜相見，恐不成禮，令王將軍速客宿別館，明晨奉請，語畢馳去。羅至館中，供帳甚盛，王鄭重而別，羅愈加疑猜，竟夕弗寐。黎明王來語羅曰：吾主雄據一隅，不臣中華，公相見宜稍謙抑，勿抗禮而觸其怒，羅唯唯。及至，覩宮闕巍峨，儀從森嚴，宛若王者氣象，少須聞鐘鼓齊鳴，報王升殿。將軍先進報命，復傳宣羅入，夾陛列甲士，露刃操戈，環侍左右，遙見殿上絳衣大冠者南向坐，羅不得已行四拜禮，王令左右扶掖升殿，賜坐，曰：勞卿遠降荒陋，無以致敬奈何？羅遜謝，復徵問中朝事，羅權宜置對。頃之，左右報別殿宴客，王攜羅就坐，儀禮嚴肅，歡飲抵暮，遂歸原館，羅私詢侍者，王何姓？曰：姓劉。迎予者何官？曰：大將軍，如中國總兵。又問他事，悉謝弗知。

天曉，羅往謝別，王促膝相對，羅請問何事見招？王曰：某居此窮陬，糧餉缺乏，聞嚴相蓄積至富，託公作保，借銀百萬，散給軍士後，當如數奉酬，決不相負，幸勿推托。羅曰：嚴銀固多，公所須僅百一耳，何敢峻拒，第其銀悉存地窖中，餘存抖在典者，止三十餘萬，數不滿百，且一時又弗能猝聚，奈何？若欲遂尊意，則發其藏可也！王詰銀藏何所，羅具對如前狀，又問發之之術，羅曰：用夫數百人，掘樹運石，挑土去樁，則銀見矣！第恐工程浩大，時日稽延，未免驚動有司巡捕，官兵或相抗衡，未能萬全耳！公請籌之，若其可行，僕歸告嚴公，敢少吝耶？王聞俛首沈吟曰：公姑返舍，當更有處分。仍令快船送羅至湖口而別，另覓舟返舍，家人驚喜詢狀，相對吐舌。此亦一大盜也，賴羅口辯得幸免耳。

後朝廷有旨命撫按抄沒嵩產，然皆籍其目前現在者進內，而山下所藏竟不及發。事平其孫曾因年遠人無知覺，竊起分用，迄今尚爲富室，甲於分宜也。

漫談蟫香館主人

徐一士

今歲値壬午，上溯六十年，前一壬午爲清光緒八年。是歲爲鄉試年分，本科舉人不乏後來有名人物。其最貴顯者爲天津徐菊人（世昌），清末之太保大學士，民初之大總統也。嚴範孫（修）與徐同鄉同年，雖人爵之尊，不逮徐氏，而其人生平，實尤可稱。終身事蹟，以興學一端爲最大；行誼節槪，亦足資士林取範。曩曾略有所紀，以匆匆屬草，資料未備，語焉不詳。頃見「古今」第二期載童君「記嚴範孫（修）先生」一文，可補余舊作所未及，表彰先正，蓋有同心。「古今」注意文獻，承來函徵稿，覺關于嚴氏者，尙多可談，因就近歲致力蒐集之資料，更草此篇，以諗當世，而供史家之要刪。蟫香館者，嚴氏書齋名也。

嚴氏興學，始於督學貴州之時，民國十八年三月三十一日陳寶泉在追悼會報告之「嚴範孫先生事略」云：……「時當光緒戊戌之前，……首改南書院爲經世學堂，聘黔儒雷玉峯主講席，並捐廉購滬楚書籍運黔，照原價發售，捐資墊付運費，貴州新學之萌芽自玆始。……楊兆麟君（字次典，貴州人，官編修）嘗爲泉言：『經世學堂開課，適當學政駐省之時，範公每日按時到堂聽講，無少遲誤，雖學子無其勤也。』任滿奏請開經濟特科。」歸京以迕掌院學士徐桐，請假旋里，後卽在津興學，由家塾擴充而爲學校，致力地方教育。「事略」云：

『清季負海內教育家之重望者，南曰張（謇），北曰嚴，此確論也。惟張爲教育界之政治家，嚴則教育界之道德家。其所謂道德者，尤以家庭教育爲最著，自律至嚴，門無雜賓，室無媵妾；其教子弟也，和平與嚴肅並用，子弟行事之軌於正者，雖重費不惜，否則必以詞色矯正之。……自家塾擴充爲敬業中學，招生百餘人，後以傳學者衆，移其校於南開，卽今日之南開學校也。至當日在家塾讀書者，雖人數無多，而成就甚偉。……先生於國民教育尤具熱心，當時天津有私塾而無學校，先生爲聯合津中士紳，出資改組蒙養學塾爲天津民立第一小學堂，……行之數月，成效甚著。於是官紳聞風興起，本邑卞紳繼設民立第二小學堂，天津府凌公福彭天津縣唐公則瑀約公出組織官立小學堂，草具規模，未備也。時直隸總督袁世凱素器公之所爲，尤欲以天津學校爲全省之模範，於是籌款撥地，任公之意爲之，天津教育始爲之一振。』

繼遂主直隸（今河北）全省教育。「事略」云：

『先生於天津之興學，成績旣著，於是直隸學校司胡公景桂首薦公自代，先生初不肯應，嗣胡公以最誠懇之情感之，始允；且言須赴日本考察後始就職。甲辰赴日本考察教育，……學校司者（後又改學務處），卽……今日之教育廳也，特權力較大，在任一年，以勸學籌款爲首務，勸學所宣講所均公所創設。至今雖略易名稱，而其制未廢。此外所創設者，爲天津模範小學，天河師範，北洋師範，高等法政，女子師範學堂。造就師資，尤公所注意，居天津時，既推薦赴日習師範者二十人，任省政時，規畫每府除應設一中學外，並應設一師範學堂。去任後師範經費尙未籌集，更設法竭力贊助之。至各縣小學之興替，其權操之州縣長官，故對於州縣官奬誡分明，不少假藉。公居職時，各縣教育無不蒸蒸有起色者此也。斯時袁世凱之器公尤甚。泉嘗謁袁，袁曰：「吾治直隸之政策，曰練兵，曰興學，兵事自任之，學則聽嚴先生之所爲，予供指揮而已。」先生曾薦泉與高步瀛君編纂「國民必讀」「民教相安」二書，以啓發國民之知識，印行十萬冊。此外先生復指導同人編輯教育雜誌，中小學教科書等，均盛行於全省焉。乙巳清廷設立學部，被任爲學部侍郞，先生雅不欲就，政府敦促之始就道。臨行時聚泉等而言曰：「予此行身敗名裂，舉不可知，所可懼者，予所私立之各學校工廠，未知能保存否耳。（斯時公所私立之學校約五處，工廠兩處。）此後對於興學之事，予只能勉助開辦費，經常費多未確定，久則胡易爲繼？」蓋先生興學，具唯一之熱誠，深恐功敗垂成，故不憚言之詳焉。』

其官學部，「事略」云：

『先生之入都也，同僚甚倚重之，然斯時多囿於官僚積習，欲其能直攄胸臆，爲清季教育界開一新紀元，未能也。蓋先生早見及之，故獨注意延攬人材，……以爲國家培些許元氣。……其時學制已爲奏定章程所限，不能大有更張，故多從實施入手。於京師設督學局，以統一都中教育；設圖書局，以編輯教科及參考各書；設京師圖書館，以搜羅故籍；京師分科大學，以造就通材。提學使之制，亦公所手定者。……先生入都辦事，其周詳審愼之態度，尤爲人所難及。從政餘暇，則聘專家開講習會，督率部員聽講。今爲時遠矣，同時僚友，有談及先生往事者，謂受先生之指揮，雖受苦而有餘甘云。清德宗逝世，攝政王當國，教育益不理，賴張文襄公（時爲管學大臣）左右之，始勉強自安；逮文襄逝世，公確見天下事決無可爲，遂謝病辭職。蓋先生之政界生涯，於此終矣。』

此爲清季嚴氏自督學貴州暨在本籍辦學以迄服官學部殫心學務之梗概，教育家的嚴氏之重要史料也。

陳嵩若（中嶽）曾偕趙幼梅（元禮）同編嚴氏遺詩，更纂有「蟫香室別記」，述嚴氏軼事，甚有致。其可與上文所引「事略」參閱者，摘錄如次：

『公光緒甲午督黔學，嘗有剴切勸學示諭，後段曰：「本院五千里外，奉使而來，夙與爾諸生無一面之親，相知之雅，三年兩試，不得不視文章爲進退，然私心所禱祀者，竊欲得樸雅之才，不願得浮華之士；校其文藝以覘其所造，察其氣質以驗其所養，面課其言論以測其淺深，密訪其行誼以覈其眞僞；文非一手不能數題而並工，學不十年不能當機而立應；澆薄戾傲者，名雖久著，亦黜之以儆效尤；敦篤懿實者，辭或未醇，亦進之以資矜式。優行之舉，選拔之試，亦恃此爲棄取焉。勉矣夫！縱本院無眞鑒，而鄉里有公評；縱人可欺，已不可誣也。」末申以五事：一勸經書成誦，二勸讀宋儒書，三勸讀史記漢書及文選，四勸行日記法，五勸戒食洋藥。（按洋藥謂鴉片也。嚴氏「蟫香室使黔日記」中，極以此項痼習爲憂。）

『公供職學部，……僚屬雖鈔胥之末，亦靡不假以辭色。趙衰冬日，蓋歷來堂官所未有。』

『公在學部，嘗手書應整頓事宜三則，告誡僚屬：㈠守時限也。日本人嘗言：欲知學堂管理之善不善，先觀其時限之準不準。由此例推，知非細故。本部員司，或來或否，或早或遲，頗有自由之習。研究之日如期而至者較多，餘日則參差不齊，漫無節制。大率巳午之間，門庭寂然，午前後則讙呼並作矣。司務廳爲本部門戶，總務司爲各司領袖，此兩處事尤重要，而來遲者最衆。誠恐相習成風，日久愈難整頓，宜於新章發布之初，責成丞參嚴定功過。㈡戒諠笑也。辦公非會客之所，亦非閒談之地，即有論議，不妨平心靜氣；若雜坐諠呶，鬨堂笑謔，非惟體制不肅，亦恐擾及他人。每司俱設叫鐘，則指使僕役，自無庸聲威並作。㈢崇儉樸也。本部會通飭各學堂裁節冗費，欲踐其言，當自本部始。近日部用稍侈矣；涼棚不已，繼之以冰桶；冰桶不已，繼之以風扇；晏安之途愈闢，則勤奮之機愈阻。即爲衛生計，亦但取適用，不須美觀。他如桌椅簾廚，乃至筆墨紙等類，皆宜核實預算；日計不足，積少成多。』

『公於張文襄傾倒甚至。文襄歿日，公在鮑家街京寓，方與趙幼梅夜談，聞報，公戚然動容曰：「此我朝有數人物，奈何死乎！」命駕急往，徹夜未歸。』

嚴氏與張之洞之相得，亦可徵焉。之洞「廣雅堂詩集」，嚴氏曾加手注，於詩中所用典故，注釋甚詳，淹博可觀，影印之「嚴範孫先生注廣雅堂詩手稿」是也。（其子智怡跋語，謂：「是集乃民國八九年先公家居時所手注，一時流覽，有得輒記眉端，未曾排比，嘗託陳丈筱莊持稿示高丈閬仙，高丈微以詳於典故略於本事爲言，先公亦深韙之，第以時過境遷，搜釆事實，頗非易易，藏之篋衍，尚待增補，固未爲定稿也。智怡深懼先公手澤之湮沒，……乃先將手稿付之影印，蓋即以此作草本，並代寫官也。」）

其在民國，「事略」云：

『國變後，雖往來南北，未嘗忘情國事，而出處之界則甚嚴。有章式之贈先生詩云：「八表同昏炳一燈，身肩北學老猶能。垂簾賣卜披裘釣，不數君平與子陵。」先生頗愛玩之，是可以見其志矣。……所最難處者，時袁世凱被選爲大總統，而與先生有特殊之知遇也。（袁被免職時，先生獨與之送行，又傳有保留袁之奏摺，惜未見。）袁於清季組閣，即荐先生爲度支大臣，先生以非所素習辭之。民國以來，關於國務員之網羅，或見諸明文，或暗中推挽，蓋無役不與，然先生一以淡然處之，不稍爲動，惟關於故人交誼，於其子弟之教育，頗爲盡力，藉以報袁之知遇焉。先生對於民國建國之意見，欲使孫黃袁梁四派，互相握手，以同策中國政治之進，於民國元二年間，頗有所致力。既見事不可爲，乃漫遊歐洲，及歸國而袁政府之專橫益不可制矣。先生自此遇事韜晦，惟於帝制發動之初，爭之甚力，有云：「若行茲事，則信誓爲妄語，節義爲虛言，公雖欲爲之，而各派人士，恐相率解體矣。」逮西南起義，袁頗自危，公首勸其撤去帝號。袁逝世，公曾建議於政府當局，請整頓內外金融。彼時財政紊亂，政綱不舉，竟未見之實行；公亦自是專心教育事業，不甚談國事矣。此後數年間，天津私立第一小學，南開學校，進步皆絕速，（南開學校，除中學外，更增設分科大學及女子中學，學生逾數千人。）則公之用力之所在可知矣。民國七年，更偕范靜生孫子文諸君爲美洲之遊。……六十歲後，時制古今體詩，聯合同志，主持城南詩社。斯時尤留意國學，組織存社及崇化學會，延章式之先生及諸名宿主講，蓋鑒於國學日替，姑爲補偏救弊之謀，與當年之提倡新學，其用心正無以異。……卒後近者哀傷，遠者驚歎，門人私謚爲靜遠先生云。』

晚年事蹟，大致如是，惟謂袁世凱免職時，嚴「獨」送行，稍有未符，當時車站送別者，實尚有寶熙楊度劉若曾等也。「蟫香館別記」云：「近人陳藻靑『新語林』載：『項城放歸彰德，親故無敢送者，獨嚴範孫楊晳子便衣送至車驛。袁曰：「二君厚愛，我良感，顧流言方興，我且被禍，盍去休。」嚴曰：「聚久別速，豈忍無言？」楊曰：「別自有說，禍不足懼。」』予嘗親詢公，知當時相送者，尚有劉仲魯寶沈盦，所言未及朝政，即楊晳子亦未爲亢論也。」又關於保留世凱之奏，「別記」云：「宣統御極，項城罷職，公專疏密保其仍留外務部尚書任，疏上留中，公日記中亦未載疏稿。劉芸生挽公詩有曰：『朝焚諫草欲回天。』蓋實錄。然公答予詩，因項城事有句曰：『本爲褒朝惜異才。』可喻其指矣。」按此所云答詩，係乙丑（民國十四年）作，凡絕句四首，其二云：「本爲褒朝惜異才，幾番鑄錯事同哀。拾遺供奉吾何敢，幸未人呼褚彥回。（來詩有杜陵救房琯太白識汾陽之句。）」其指誠堪共喻也。（其三云：「秀才學究兩無成，技類屠龍況未精。庠序莘莘人豔說，吾心功罪未分明。」興學造士，羣情翕然欽重，而此詩自視欿然若斯，兢兢之意亦可見。）

「事略」言其少年時代云：「十四歲入邑庠，有神童之目。性至孝，父喪三年不入內寢。」其遊庠爲夏同善督學順天所得士，旋食餼，按其會試硃卷所載，係府學廩膳生，非邑庠（縣學）。

壬午捷鄉試，出同考官程夔房，正考官爲徐桐，畢道遠、烏拉喜崇阿、孫家鼐副之。「別記」云：「光緒壬午，公應順天鄉試，同考官程午坡先生夔得公二場經藝卷，歎爲典核華贍。頭場首題爲『子曰雍之言然』，公以偃陪作起講，程初閱未薦，至是覆閱，知非恆流手筆，即爲補薦。正考官徐公蔭軒擊節欣賞，與副考官烏公達峯畢公東河孫公燮臣三人傳觀，已定首選矣；嗣以二場禮記題『春秋冬夏風雨霜露無非敎也』，公誤將雨霜二字顚倒，羣相惋惜，乃改爲副榜第一。孫公以貝卷二場無佳者，竭力慫恿，宜仍列正榜，惟名次當稍抑之，畢公亦以爲然，遂定爲第一百九十一名。」蓋緣經文特佳獲售，而當時曾有波折也。（順天鄉試，順直生員列爲貝字號，故曰貝卷。）翌年癸未捷會試，中第三名，出同考官尹琳基房，徐桐又充正考官，瑞聯、張之萬、貴恆副之。覆試二等第七十一名，殿試二甲第十一名，朝考一等第十名，遂入翰林。徐氏迭主鄉會（朝考亦在閱卷大臣之列），與嚴氏師生之誼甚深，後雖以守舊派之立場擯嚴，而嚴猶篤念師門。「事略」云：「座師徐桐惡其所爲，盡撤去其翰林院職務，遂請假回籍；然戊戌之變，亦未與其禍，公自輓詩所謂『幾番失馬翻僥倖』者，此其一事也。」「別記」云：「光緒乙未，公奏開經濟特科，實戊戌變政先聲，然公亦以此失歡於座師徐蔭軒相國。公黔軺甫還，徐榜於司閽室曰：『嚴修非吾門生，嗣後來見，不得入報。』然公於徐仍執弟子禮甚恭。後徐死庚子之難，客有述前事者，公泫然曰：『吾師仁人，爲人誤耳。』」己酉（宣統元年）嚴氏有「五十述懷」詩云：「世變滄桑又幾經，十年風景話新亭。鼎湖影斷朝霞闕（兩宮大喪，尚未奉安），劍閣聲殘雨夜鈴。（距辛丑回鑾未滿十年。）大地山河幾破碎，中興將相徧凋零。河淸人壽嗟何及，但祝神獅睡早醒。」「最堪思慕最堪傷，師最恩深友最良。（李文忠師徐東海師張豐潤師貴隖樵師，陳君奉周陶君仲銘王君寅皆，均殁於近十年。）築室至今慚木賜，（四師之喪，余適家居，均未會葬。）銘碑何日託中郎？（余欲撰亡友諸人事略，乞當代君子銘誄，以不達於辭，至今未果）。秋陽江漢風千古，華屋山邱淚幾行。逝者全歸復何恨，賸余百感對茫茫。」「兩度瀛山采藥歸，漁竿初志竟乖違。（余癸巳舊句云：「有約環瀛縱游後，萬花深處一漁竿。」今乃自倍其言。）不慚高位騰官謗，可有微長適事機？推轂徒貽知己累，濫竽敢恃賞音稀？百年分半匆匆去，差向人前懺昨非。」「惡風捲海浪橫流，秦越相攜共一舟。何屑升沈談寵辱，莫緣同異定恩仇。隨波每怵趨庭訓，（先君有句云：「落紅無力恨隨波。」蓋喻言也。）補漏彌懷忝祖憂。（先本生王考殁時，余年十三，病中召余榻前，訓之曰：「若兄誠篤，吾無憂；若佻薄，可憂也。古句云：『馬行棧道收韁晚，船到江心補漏遲。』小子愼之！」今三十八年矣，言猶在耳，每一追誦，汗未嘗不發背沾衣也。）五夜捫心呼負負，君親恩重幾時酬？」襟期亦可略覩；第二首見對師友之風誼焉。徐東海師，即指徐桐也。張豐潤師，謂張佩綸。「別記」云：「公嘗應學海堂月課，豐潤張幼樵時爲山長，批公卷曰：『五藝再求典實，可借書更作之，幸勿以徵逐之故荒其本業也。』公如命更作，並屢爲人誦此批，謂：『後日幸獲寸進，微名師督責之力不及此。』」又云：「有好事者戲爲聯刺張幼樵，有『北洋贅壻，南海寃魂』之語。某孝廉錄入日記，公見之，深以文人輕薄相戒，促删去之。趙幼梅云。」

請設經濟特科之奏，係上於丁酉（光緒二十三年）九月，時尙在貴州學政任也。其「蟫香館使黔日記」，是月二十四日有「是日拜發條陳設科摺」之語，即謂此。（世或以其請開特科而傳爲倡廢科舉，係出誤會。嚴氏此摺旨在注重提倡科學，並非倡廢科舉。）慈禧回鑾後，雖重采前議，有經濟特科之試，則事類粧點，世不甚重視之矣。嚴氏卒後，其子智怡曾擬將摺稿影印，以貽親友，會智怡卒，未果行。（「使黔日記」爲嚴氏督學貴州時所記，始於由京出發，訖於解任回抵京師。其在黔甄才課士暨體卹寒畯諸端，可於此得其大凡。）

嚴氏自乙巳（光緒三十一年）十一月拜學部侍郎之命，至庚戌（宣統二年）二月辭職得請，以後未再服官。乙丑（民國十四年）有「過敎育部門車馬塞途感賦」詩云：「祇道門前雀可羅，依然轂擊復肩摩。紛紜朝局浮雲幻，沈滯郎曹舊雨多。九食三旬官俸祿，十寒一暴士絃歌。街頭賣餅師應記，又見高軒換幾何。（共和初元，袁樹五嘗謂人云：「學部敎育部尙侍丞參總次長司長參僉，十年以來，殆百數十易，惟門外賣湯麪餃者，尙是舊人。」今又隔十餘年矣，個中人又不止百數十易，而賣湯麪餃人故當如舊也。）想見情致。

王仁安（守恂）序其詩有云：「一日與範孫閒談，範孫笑而問曰：『今人尙新體詩，曾見有工新體者，謂我詩頗與新體近之，是何說也？』守恂笑而答之：『此無他，公之詩，情眞理眞，不牽強，不假借，不模糊，不塗飾，如道家常，質地光明，精神爽朗，能造此境，又何新舊之殊與古今之異？』相與一笑而罷。」又趙幼梅序謂：「先生之詩，不多作，亦不尙宗派，而天懷淡定，純任自然，溫柔敦厚之旨，每流露於不覺。……蓋非尋常琱章琢句者之可幾也。」於嚴氏之詩，均道得著。嚴氏雖不以詩鳴，而其詩亦自可傳耳。

「別記」云：「公於丁卯親擬家訓八則：㈠全家均習早起，㈡婦女宜少應酬，㈢夜不出門，㈣消遣之事宜分損益，㈤少年人宜注重禮節，㈥少年人宜振刷精神，㈦勿妄用錢，㈧周恤親友。又云：「公論禮，謂宜斟酌古今；鑒於近世喪禮多悖古制，因親擬八則，以詔子侄：㈠人死登報紙告喪，不必致訃。㈡孝子不必作哀啓；如作哀啓，但述病狀。㈢不唪經，不樹幡竿，不糊冥器，不焚紙錢。㈣樂但用鼓。㈤首七日辰刻發引，即日安葬。㈥發引前一日開弔。㈦開弔款客，不設酒，不茹葷。㈧通知親友，不受一切儀物；如以詩文聯語相唁者，可書於素紙。」又云：「公歿於己巳二月初五日（按民國十八年三月十五日也），先是，正月間，城南同社以公年七十，方謀徵詩爲壽，公乃作避壽辭曰：『壽言之體，有文無實。言苦者藥，言甘者疾。使人諛我，人我兩失。便活百年，不作生日。』其時公已病矣。正月二十一日，病小差，復預作自挽詩。同社咸以爲戲言，不圖遂成詩讖也。」均足資研究嚴氏者之參鏡。（其自挽詩云：「小時無意逢詹尹，斷我天年可七旬。向道青春難便老，誰知白髮急催人！幾番失馬翻僥倖，（戊戌失歡掌院，免於黨人之禍。庚子避地未成，免於流離之禍。辛亥棄產，約已立矣，因彼方中悔，反獲保全。）廿載懸車得隱淪。從此長辭復何恨，九泉相待幾交親！」）

「事略」述事竟，系之以論曰：

『先生爲人，外寬厚而內精明。事變之來，往往觸於機先，故數當危疑之局，而未與於難。自治嚴遇人則厚；居官時京外餽遺，一概謝絕，而親故之婚喪慶弔，應之惟恐不豐也。交遊遍海內外，至其門者均有賓至如歸之樂，且皆仰爲中國教育家焉。其處事之法，細密而精嚴，每舉一事，規模務取其小，及擴而充之，使至於不可限量。國變後，純用間接法以促事業之進步，自居於贊助地位而已，亦時勢使之然也。然於社會之教育實業自治公益等事，無論出於何人，必贊助之，不遺餘力，絕非若前淸遺老之流，以苟簡自安者可比。又，慈善事業，尤先生家傳之美風，平時親友之賴以舉火者多矣。庚子一役，全活尤衆，至今路人稱之。近年天津屢驚戰禍，公集合邑中同志，出任維持，地方得免於難，以人望之歸也。公之著述，有嚴氏教女法、歐遊謳、張文襄公詩集注、詩集、日記等書。詩文不自檢束，散見者雖多，旣未暇編訂，先生復謙抑不欲刋行。然先生之自律，以實不以文，竊願觀先生者，應注意其平生事業及實踐道德，無徒以文字間求之也。』

尤可覘嚴氏之爲人矣。（其著作已有印本者，爲使黔日記、廣雅堂詩注、教女歌、歐遊謳、手札。聞有自訂年譜，尙未印行也。）天津大公報有「悼嚴範孫先生」（民國十八年三月十六日社評）云：

……以興學爲務，……華路藍縷，慘淡經營，……數十年前嚴氏提倡之誠，赴義之勇，飲水思源，有令人不能不肅然起敬者。民國成立以還，……袁世凱炙手可熱之時，北洋舊部雞犬皆仙，獨嚴以半師半友之資格，皎然自持，屢徵不起，且從不爲袁氏薦一人，以袁之梟雄陰鷙，好用威嚇利誘，侮弄天下士，獨對嚴氏始終敬禮，雖不爲用，不以爲忤。……公私分明，貞不違俗，所謂束身自愛抱道徇義者，庶幾近之。繼袁當國者，如黎馮，如徐段，如曹張，或與有舊，或慕其名，皆欲羅致之，而卒不能，其處身立世之有始有終，更可見矣。然以此認爲嚴氏以遺老自居，則又不然，蓋從未聞其以遺老招牌有所希冀也。就天津論，以嚴氏資望，儘可操縱地方政治，干預公務，乃嚴氏平居除教育及慈善事業外，惟以詩文自娛，從不奔走公門，一若官僚政客劣紳土豪之所爲。門生故舊，多主學務，亦儘可朋黨比周，把持教育，乃從未嘗有私的組織，受人指摘。以天津人事之複雜，派別之紛歧，入主出奴，甲是乙非，乃獨對嚴氏，無論知與不知，未聞有間言，非所謂衆望允孚者歟？迹其狷介自持之處，固有類於獨善其身者流，非今日所宜有，然就過去人物言之，嚴氏之持躬處世，殆不愧爲舊世紀一代完人，而在功利主義橫行中國之時，若嚴氏者，實不失爲一魯靈光，足以風示末俗。嚴氏其足爲舊世紀人物之最後模型乎。在吾人理想的新人物未曾出現以前，對此老成典型，自不能無戀戀之私，有心世道者，或將與吾人抱同感歟！』

所論多中肯；惟嚴氏以年輩論，固可爲舊世紀人物之典型，而平日主張新舊學並重，於新的方面，並不落伍，殆未可專指爲舊世紀人物也。

古今半月刊
特稿
自反錄……周佛海
第九期（十月十六日出版）

關於『實庵自傳』

亢德

靜塵君在我所知道的陳獨秀一文（刊古今四期）上說到陳獨秀先生的自傳，認爲這部自傳之未能完成是一大憾事。這使我記起了當時向陳先生要此自傳的經過來。

使我得到獨秀先生自傳的是汪孟鄒先生。他爲我寫信到南京去作先容。獨秀先生那時候還關在南京監獄里，給我的第一封信就自監獄寄出，每張信紙上都蓋有『江蘇第一監獄第二科發受書信查訖』的藍色印章。信的內容値得一抄：

（上略）許多朋友督促我寫自傳也久矣，祇以未能全部出版，至今延未動手。前次尊函命寫自傳之一章，擬擇其一節以應命，今尊函希望多寫一點，到五四運動止，則範圍擴大矣，今擬正正經經寫一本自傳，從起首至五四前後，內容能够出版爲止，先生以爲然否？以材料是否缺乏或內容有無窒礙，究竟能寫至何時，能有若干字，此時尙難確定。（下略）

這封信寫於七月八日。到七月卅日，他來信通知我『第一章擬爲「沒有父親的孩子」，第二章擬爲「由選學妖孽到康梁派」』。信上沒有提到第三章以次擬爲什麼，大概是當時沒有擬到，誰知結果只有發表了這兩章，好似預先知道了似的，也有點奇怪。八月中旬他的兩章自傳就在砲火連天中寄到了上海。

八月廿二他又來一封信，除關照兩章自傳中有二處增改之處及『考卷』應改爲『試卷』外，還告訴我他『日內卽可出去』，並謂『此間小報亂造謠言，請轉告一切朋友勿信』，所謂出去，是出第一監獄去，當時全面抗戰之局已定，各派團結聲浪正高，雖爲托派的陳獨秀，自然也不好意思讓他在第一監獄吃炸彈。九月中旬他到了漢口，來信問自傳稿收到否，宇宙風能繼續出版否？到得漢口以後，他的全副精神就放在抗戰文章上了，自傳已無心思續寫，我呢，雖然要的是自傳，但也不能强人所難，更不是不知道緩急輕重，況且在烽火漫天之際，宇宙風還刊物能否支持得下去，唯天知道。不過每次去信，總還帶一句勸他有暇甚至撥宂續寫的話。我不知怎樣，總覺得實庵自傳有趁早完成之必要。

廿七年秋獨秀先生去了四川，我則於是年冬離港返滬，此後就音信無通，自然再提不到自傳一事。去年我再到香港，曾聽到一個陳獨秀已抵香港的謠傳，東探西聽，無從證實，香港地方可說小不小，自然踏破了皮鞋也無覓處。末了想說一句的，是獨秀先生寫文章的態度。廿六年十一月三日他自武昌寄來一信，答復我的逼稿：

（上略）日來忙于演講及各新出雜誌之徵文，各處演詞又不能不自行寫定，自傳萬不能即時續寫，乞諒之。雜誌登載長文，例多隔期一次，非必須每期連載，自傳偶有間斷，不但現在勢必如此，即將來亦不能免。佛蘭克林自傳，即分三個時期，隔多年始完成者，況弟之自傳，即完成，最近的將來，亦未必能全部發表，至多只能寫至北伐以前也。弟對於自傳，在取材，結構，及行文，都十分愼重爲之，不願草率從事，萬望先生勿以速成期之，使弟得從容爲之，能在史材上文學上成爲稍稍有價值之著作。世人粗製濫造，往往日得數千言，弟不能亦不願也。普通賣文餬口者，無論興之所至與否，必須按期得若干字，其文自然不足觀，望先生萬萬勿以此辦法責弟寫自傳，倘必如此，弟只有擱筆不寫，只前寄二章了事而已，出版家往往不顧著作者之興趣，此市上壞書之所以充斥，可爲長嘆者也！率陳乞恕。

（八一三五周年記于上海）

雜誌權威 權威雜誌

雜誌

復刊第二號 （第九卷 第六期）

要目 （定價：每期五元）

古史及古史研究者……華白沙
一月風雨……何之
兩大戰紀——羅斯托夫觀戰記……朱學誠
——潛水艇縱橫記……徐導之
高加索風土誌……蕭明
方言劇與方言文學……丁三
現代科學五篇——武裝的魚類……毒之話……中毒話異……死人幫活人的忙……超顯微鏡……戴樂等
憶南京……譚正璧
秋蟲……仄林
宇宙之微·蒼蠅之大……驍夫

長街陋巷……君匡
滄桑……丁諦
玻璃燈（獨幕喜劇）……予且
海甯西瓜（報告文學）……張葉舟
鬼……譚維翰
——長篇連載——漩渦時代……靜波作·江棟良圖
評劇壇八月……張冰獨
漫談話劇配音……鄭守燕
——長篇翻譯——我的性愛生活……F·哈里斯

本期增闢「讀者之頁」一欄

雜誌社發行

上海山東路二九〇號

記章太炎及其軼事

周黎庵

一代文章大師餘杭章氏之歸道山，於今恰爲六年，余以民國廿五年之秋，寮居吳會，猶得一面，喬木摧枯，絕學失傳，天下後學，未克聆其謦欬者，不知萬幾，余尚得榮與縱談半小時，實爲平生幸事。樸之社長，屢命爲文記其事，猶憶昔日好舞弄筆墨，曾爲文刊『論語』『談風』等刊物。天下記章氏之經術文章者多矣，余何人斯，豈能管窺蠡測，爰僅記其瑰意琦行，未敢及其學術隻字。斯亦自掩其陋，非有所掛漏也。

民國廿六年夏，林語堂先生返自天目山，川人海戈亦來海上，余方擬去蘇。語堂時爲天下月刊迻譯清人沈三白浮生六記，頗思一訪三白芸娘夫婦遺跡。三白，蘇人也，遂訂秋日來蘇之約。何期遺跡未見，却得一訪此末代大師，亡羊補牢，頗有收之桑榆之快。今語堂遠居異國，海戈亦走故鄉，不見者五易春秋矣，濡筆至此，誠不勝海天故人之思。

海戈張姓，貌不甚揚，而風流自喜，惜乎生多坎坷之遇，依人作嫁，浪跡南北，曾與余合編談風半月刊，兼在論語人間世撰文，頗著文名，尤工詩詞，好戲謔，曾以吳門訪章事作打油詩一律刊立報副刊『言林』，今覓得民國廿六年六月廿六日舊報，錄之如下：

思章太炎　　海戈

爲尋三白芸娘墓，得識文章末代師。
念念廖平猶有憾，哼哼博士本無知。
大頭袋里藏書博，拭鼻聲中攝影遲。
周×當前難應對，退而寫出『半時思』。

註：去秋與有不爲齋周×二君游蘇，立意尋三白墓不得，歸途中，經章氏國學講習所，入而訪之，有不爲齋化名商人，周君作臨時小職員，我乃自蜀中特來晉謁者。所以如此，示拜訪之誠，兼可免言語之衝突也。又懼初見格格不入，我忽憶及吾川廖平子亦有清末經學大師之譽，而與章氏背道以馳，遂從廖氏引起，大談經學哲學。所謂商人也者，亦以孔孟之道康梁之學近人某博士之書，反覆問難。大家公然滔滔半小時之久，惜言之過雜，我未能概記。但周君竟於『論語』某期發表『半小時訪章記』，文長數千字，亦意料所不及。蓋此君當章氏初出時，聆其餘杭口音，瞠然皇然，有如孔二先生入公門之概。章氏頭甚大，有鼻疾，時時以白布拭拂，有不爲齋爲之攝影時，殊感光線不易布置，後欲爲製版載『論語』，亦以底片模糊作罷。

註中化名爲商人及小職員云云，均係海戈誤記，實則余與海戈化名爲中學教師，語堂則爲研究國學者，章氏口音可辨者僅十之六七，言時口沫橫飛，殊不容同座者有從容置喙之餘地也。

余撰有『半小時訪章記』，刊『論語半月刊』七十八期，年代湮久，覯者至罕，殊摘錄其正文如左：

因爲要訪一位古人的遺跡，在蘇州深巷小街中迂迴了一上半天，結果是毫無所得，一行三人，大有入得寶山，竟是空手而回的神情。蘇州的房子多是中國式的，有時不順眼的見了幾所洋房，不免要感到奇怪，在蘇州建洋房的，不外乎幾種：政府機關、洋人學校和大小軍閥政客的別墅；此外私人第宅，却都富於保守性的。

玄妙觀前王廢基龐大的廢址，自從北伐成功以來，已劃作三個機關，公共體育場、市公園和縣立圖書館，這三個機關之外，近年來又聳立一所洋房——水泥鋼骨的洋房，和幾進國式的新屋——石灰磚牆的國房，我們從錦帆路出來，恰到大門面前，門前懸着兩塊木牌，靠洋房那邊的是：『制言半月刊』。國房那一邊的是：『章氏國學講學會』。

我讀過『制言半月刊』的創刊號宣言說：『余自民國二十一年返自舊都，知當世無可爲，講學吳中三年矣。』而且也略有所聞，國府曾撥過一筆什麼款子去給章營造菟裘之地，便知道這所洋房的主人是誰。靈機一轉，向同行的兩位提議：『我們既專誠的訪不着什麼，何妨改誠訪一訪章呢？』言下大家贊成，乃肅衣冠投刺而入，那門子到底是章的，恭而有禮，並不留難，說：『章先生在吃飯，請你們候一候吧！』

我們投刺的地方是章的住宅，水泥鋼骨的洋房，對面幾進國房才是『章氏國學講習會』。那邊，離開講的時候已是不遠，生徒雲集，大衫長褂，雍雍穆穆，大有洙泗氣象，書本大都是爾雅公羊尙書這一類，線裝木版的居多，只有一本爾雅是商務版洋裝的，略嫌美中不足些；壁上還掛着學生的作業成績，大概是準備給人參觀的，但我們沒有仔細欣賞，因爲有人來領我們到洋房那邊一間辦公室去了。

室內的陳設很簡單，想來不是章的書齋，壁上掛着二張照片，一張是熊成基烈士遺像，另一張是段合肥在滬七秩大慶圖，圖中有杜月笙等名人。室中除兩張辦公桌之外，另有一張小方桌，恰合四個人圍在一起談話的，我們三人坐在下面，虛了上位等章出來。

我們在桌上，先開小方桌會議，討論應該怎樣和章接談，我提議：『我們大家裝出風雅持重些，說話要留心，不要給他看不起。』另一位很以爲然，他更進一步說：『我們說話非但要當心，最好不要涉及三代以下的東西，大家且來搜括一下肚腸。』那時桌子上放着幾本隨手帶來的小說，似乎不好意思給章經眼，連忙用一本『蘇州指南』之類來遮了，這才扣起領鈕正襟危坐起來。坐在椅上疑神疑鬼，聽見步履聲，以爲章來了，連忙起來致敬，不料却是僕人給我們倒茶，問章先生，回答是飯不曾用好，那時我正在想論語上有一句『割不正不食』的話，不知章亦是否因此而對他的廚子發脾氣否？

來了，年紀輕輕的，望之不如章，就之更不知所畏。他姓陳，照例揖讓，拱手，他告訴章年紀大了，見不得客，因爲多談便要喘氣。總之，他言下頗有拒見的意思。我們三人中有一位『蜀人』却有本領，他早知道頑意兒，他且不涉及章之肯見與否，先和陳談起章的相與一干人來，什麼黃季剛唎，錢玄同唎，華國雜誌唎，以表示我們肚子裏有些貨色，不是來跟章胡纏的。在陳心目中，我們是有資格够得上見章了，我乘機說：『我們專誠遠來，特爲一瞻章先生風采顏色，卽使能够給我們五分鐘時間也够了。』於是他才起身入內。

我們眼巴巴望他的去路，希望從那條路走出一個章來，却不防章奇兵突出，他步履端詳，聲息全無的從後門踱進來，要不是有一位眼快，我們準得失儀。於是大家起身，行一下敬禮，章的身子本來已經有了十五度，再略加幾度，便算賓主揖讓過了。他穿着一件藍色緞子棉袍，加上一件玄色大花對襟半臂，腦袋大得驚人，估量裏面不知藏了多少『國故』。

跟着有僕人替他來一聽烟，點上一枝給他。我以爲是他著名慣抽的『茄力克』，不，却是『大長城』，那僕人點上火，立刻退出門外；章忽像失去一件什麼似的，大聲操着餘杭大衆語叫他回來，聲燥而厲，跟隨在後面的陳，恐怕我們太難堪，親自出去分咐幾句，跟着那僕人端着一只白瓷痰盂進來，放在他足跟前，他把烟灰一彈，才回過頭來和我們接談。我知道章是個痰盂的愛好者，他與我有同癖，你猜想章那時的姿勢是多麼安適，我想痰盂至少和他的學問有些兒關係。

章的國語太壞，簡直不能操，於是亦可見他個性的强烈。他老實問我們姓名職業，我告訴他兩個是中學國文敎員，一個是在家裏治治國學的；他似乎感到興趣，知道不是一般毛頭小子來跟他胡纏的，但是談鋒還不曾湊上。

我們那位『蜀人』，似乎不大懂禮，他直率的問章的年齡，我想糟了，一定要在章面前失儀；但章却滿不在乎的：

『六十八。』

聲音是顫巍巍的，『六十八』是給年靑人一種示威，聽了不能不悚然起敬的意思。『蜀人』又問：

『老先生到過四川嗎？』

『到過。民國十……十三年……沒有到成都……那時軍閥混戰……數起來，十幾年了。』他摸摸腦袋說的。

『那個時候，廖平也在四川囉？』

『廖平』，這是對章下一顆炸彈，突然把章興奮起來，他一定想：『你們居然也知道廖平的。』他的態度，頓時回復當年戰士的姿態，談鋒立刻銳利起來：

『廖平，是的，他那時也在成都……不錯……我想起來了，康有爲……這僞學，他著了一本書……還沒有出版……他忽然寫一封長信給廖平……要把廖平的一本書，毀版——把版子劈了。後來康的書出版了，原來康就是鈔廖平的。你想康……康的心狠不狠。竟然要把廖平的版劈，劈了——毀屍滅跡。』

其實這件事我們是毫無所知道的，但是却不約而同的應一聲：『原來如此。』

我們應對的功夫，已被章認爲登堂入室，可與以接談之流了，於是他的談鋒更健：

『康梁，康，這不必談。梁，梁後來變了節，他，他佛學倒不壞，但是究竟改節的……』

一枝『大長城』已燒完，他抽煙的手段不大高明，或許是于思于思的關係，煙尾含得濕濕的；他滿不在乎的向痰盂一擲，伸出一隻顫巍巍的手去拿第二枝，趁這個機會我發問：

『先生對於胡適之怎樣？』

『哈哈』，他笑了起來。『哲學，胡適之也配談麼？康梁多少有些「根」，胡適之，他連「根」都沒有。』

在章的眼中，自鄶以下似乎不屑多談的意思，他對於胡適之的批評，在制言半月刊宣言中說過：『其間有說老莊理墨辨者，大抵口耳剽竊不得其本，蓋昔人之治諸子，皆先明羣經史傳，而後爲之，今卽異是，皮之不存，毛將焉附耶？』他又這樣的說一遍。

有一位問起辜鴻銘。

『湯生，英文，他好，國學他根本不……』

他談起哲學，裏面也用兩個新名詞，『具體化』和『抽象化』，照他的意思，以爲恐怕我們聽不懂他的理論，才破格用這兩個『化』詞，多少是含有輕視成分在裏面。一會兒談起尊孔：

『孔子，尊尊也不妨，他的東西，關於做人方面——就是實際方面，絕是不錯的。譬如，舉一個例，「孝悌忠信」，這個，這個有人能改嗎？但是，封建，封建的不好，要不得，但這也是時代，時代的關係……』

我們四個人——連章在內，不約而同的說出一句：

『聖之時者也。』

說完這句話，他有些氣喘了。傍邊侍坐的陳，已經向我示過三次『意』，我們原是答應談五分鐘的，現在居然破例抽完三枝煙，總該告辭吧。

那天光線極好，我們要求章拍一張照，章略一躊躇，也就答應了，坐在一張柚木寫字椅上照了一張。他送到房門，拱一拱腰進去了。到了洋房外面，已是一點三十分，對面國房的章氏國學講習會，已是弦歌洋洋盈耳了。

我們很欣幸，能夠見一見章，他有骨氣，他肯自重，說話不吞吞吐吐，要罵就罵，毫不客氣。康梁辜廖已作古人，章亦垂垂老去，以後要再在這古國內見這樣的人物，恐怕不大會有吧？

章氏軼事，流傳於世者至多，如以大勳章作扇墜，總統府叫罵等，皆膾炙人口，余在蘇州，識一余君，爲章夫人湯國黎女士之內姪，曾爲余述章氏軼事數則，多世人之所未知者，亦足爲談此一代大師者之資料，因摭拾存之：

嫁女　章有二女，年齡相去甚遠，長壻在北京，章送女往嫁，嫁日不動聲色，用藍布包袱包衣數件，命壻用黃包車二輛送歸。人或責之，章謂遵牛車送親古禮。後女以鬱鬱自縊死，章有悼篇，傳誦一時。女之死甚寃，蓋夜半自縊時，其妹同室，見姊自縊，乃爲解下，竟不告家人而先睡，至二次再縊，遂無能爲力矣。

拒吳擊張　吳敬恆張溥泉（繼）兩先生皆爲章氏摯友，十七年後章卽作北山移文，宣告交絕。吳張知其傲慢，親往其家請解，吳老丈往，章氏擲刺拒見；溥泉先生則逕入其室，章氏適持杖，一見張卽擲杖擊之，張抱頭而逃，始終不獲交一語。

治學精神　章氏晚年，患鼻疾甚劇，時發時愈，京粤講學之行，均以此作罷，其致疾之由，皆努力於學術之故。章氏居處有一大室，四壁琳瑯皆是書籍，除窗戶外，一無隙地，即窗戶之上下亦設書架。室中除書外，了無陳設，中置一床，即爲章氏獨睡之處。每中夜睡醒，忽憶及某書某事，即起床諳書架翻閱之，往往自中宵達旦，雖在嚴冬，亦不知加衣。翌晨其僕役進室洒掃，見章持卷呆立，形如木鷄，必驚呼：『老爺，你沒有着衣呢！』章始驚醒，則必患重傷風，傷風必患鼻疾，其家人雖欲禁之，不可能也。章氏治學精神，可見一斑。吾知其於持卷呆立，形如木鷄之時，心神領會，此種精神，眞吾輩之萬分景仰者，惜天不假年，惜哉！

煙癖　章氏煙量之宏，一時無兩，雖演說講學，口未嘗停抽（按：紙煙也）。初所抽煙甚名貴，後則不能辨別，其友人李印泉（根源）先生屢以大長城餽之。然章氏抽煙並不高明，以于思于思之故，煙尾皆濕，未及三之二，即行棄去，余親見其如此云。

不識途　章氏晚年居上海時，嘗自行出門外購煙，離家五六十步，便不識歸途，又不憶門牌，只得沿途問人，其問路之詞甚幽默，爲『我的家在那裏？』六字，聞者莫不目爲瘋子。又章氏某次由南京返滬，其家人誤記班次，章氏遂一人下車，不知如何僱一馬車，車夫問其到何處，章答以到『我的家裏』，車夫無辦法，只得在市內兜圈子。其家人接章不着，焦急萬分，派二十餘人在市內尋找，卒在大世界畔蹤到，蓋兜圈子已半天矣。晚年章氏行動，即室內亦有侍役追隨，不然，即累其夫人麻煩云。

飲食　章氏晚年，舌已不能辨味，出外酢酬，必攜其內姪爲陪。其所食只限於面前一菜，故必須人佈菜其前，如魚則必須去骨，不然，必連骨嚥下，又累主人麻煩矣。章氏能飲酒，如無人禁止，可自暮達旦，自旦達暮。蓋章氏晚年除治學外，一切均由其夫人湯國黎女士經理，夫人實奇才，兩人以詩合者也。

師生笑史　前中大教授黃季剛先生，爲章氏最得意弟子，季剛先生事章氏恭謹又倍於他人，黃有弟子陳君，亦能傳其衣鉢，主章家爲西席，章氏以西席禮待之。每逢新年，季剛先生必詣章宅叩賀，至必行跪拜禮，黃叩章，陳又叩黃，章又向陳行禮。坐定，陳舉茶敬黃，黃敬章，章又敬其西席，如此循環不絕，家人傳爲笑談。季剛先生死，章氏哭之哀，師生之誼，老而益篤。

不知錢　章氏晚年，不知錢爲何物，更不明鈔票之用途。囑僕役購煙一包，便予洋五元，其子欲做大衣，亦予洋五元，甚至在蘇州建屋時，亦撥洋五元，蓋章氏僅知鈔票一張，可有一次用途也。其子導，肄業復旦附中，習建築學，未半年，建屋時，章即欲其爲工程師，其子瞠目莫名其妙。

傲慢　章氏通古今經學，睥睨一世，目無餘子，與康梁以政見學術不同，詆之最力，然得章氏之一罵者，正亦不易，余晉謁時，曾詢其對於胡適之之意見，章氏以『不配談』答之。然章氏獨畏知聖編作者蜀人廖平，章入川時，廖在成都，揚言章若至省，必面折之，章遂不敢入成都。章個性最强，不爲任何所動，時政府任以國史館及中山先生墓誌，皆以故不就。某年居上海南陽橋時，適被通緝，偵者已知其處，友人多勸其移住，章不爲動，後誑以友人死，章往弔，遂得移居，不一時而捕者至矣。

談岑春煊

陳亨德

岑春煊的確可以說是清末的一個英傑，在清季疆臣中嶄然露頭角。少時與瑞澂勞子喬有京師三少之稱。春煊本爲貴公子，行爲頗具豪風。湯用彬『新談往』記其事云：春煊少跅弛，自負門第才望，不可一世，黃金結客，車馬盈門，宴如也。以宴游之暇識（何）威鳳，間接識（張）鳴岐。鳴岐後來事業，俱發軔于此，而世人不知也。

戊戌變法，春煊蒙光緒帝賞識，以裁缺太僕寺少卿出爲廣東藩司。庚子事起，岑正在甘肅藩司任內，率師勤王，護駕西行，遂以是邀西后特賞，遷任封疆。據說這時春煊頗有助光緒帝收回政權之意，有人以孝治及利害之說動之，於是不敢發動，而益自結於太后焉。丙午之冬，朝命調岑督滇，未赴任又調川督。這時奕劻當國，而岑之密友瞿子玖（鴻禨）亦在軍機處。瞿與奕劻水火不能相容。丁未初春，奕劻黨人布滿朝列。且袁世凱與奕劻狼狽爲奸，袁且有于是時入京之訊，瞿因是悚惕，思可以制袁者惟岑耳。是時適岑入川，行抵上海，迭電請覲，迄未核准。於是瞿爲之在西后面前斡旋，一面密囑岑再請陛見。果蒙俞允。而袁聞此信褢足不前矣。

岑旅滬日與盛杏蓀（宣懷）甚稔熟。而盛爲袁等政敵，以其狼狽爲奸情形全部告訴給岑春煊。岑既抵京師，召見時后慰勞甚至，勗其勿遽言退，蓋春煊于督粵時，曾稱病請開缺冀內用也。問其所願，則對曰：『如蒙准臣開缺養痾，自屬天恩高厚，倘不獲俞允，則留京授以閒散之職，亦深感鴻慈。』后因指帝而謂之曰：『我常同皇帝說：「庚子年若無岑春煊，我母子焉有今日！」你的事都好說，我總不虧負你！』於是授爲郵傳部尚書。命下以後復召見，命即行到任。春煊曰：『臣未便到部視事。』問以故，曰：『以侍郎朱寶奎之惡劣，臣豈能與之共事乎？』因痛言寶奎之劣跡。后曰：『爾言當可信。俟到部後查明奏參，當加罷斥。』春煊曰：『此等人臣不能一日與之共事，必先去之，臣始可到任。』后曰：『吾非惜一朱寶奎，總須爾到部具摺奏參，乃有根據，以下上諭耳。』曰：『皇太后果以臣言爲不誣，則臣今日面參，即可作爲根據也。』后諾之，而寶奎即日罷斥矣。上諭云：『據岑春煊面奏：「郵傳部左侍郎朱寶奎聲名狼藉，操守平常。」朱寶奎著革職。』侍郎與尚書爲同官，非屬吏，而以一未到任之尚書一言而褫本部侍郎之職，著之諭旨，實故事所無，當時后於春煊眷遇之隆，足見一斑。

后知春煊與奕劻不睦，曾欲調解之，謂春煊何不往見之一談。對曰：『彼處例索門包，臣無錢備此，縱有錢亦不能作如此用也。』后亂以他語而罷。春煊曾對后痛陳奕劻貪劣諸狀，望能早早斥逐，以澄清政地。后雖不能接受此請，然對奕劻之所作爲不能無動于中矣。奕劻至是益自危，因瞿岑相合，林紹年助之，均爲淸議所歸，非去之不能自全，於是亟與袁世凱謀去二人，而四月春煊奉旨再督兩廣矣，胡思敬之國聞備乘卷二記岑春煊丁未（光緒三十三年）入京事云：

「岑春煊既調四川，有詔促令西行。春煊自稱有面奏機宜，拜疏後卽由漢乘快車一日夜抵京。朝士突聞其至，皆愕然，或云且入軍機，或云將奪袁世凱之位。太后念扈從舊勞，褒寵倍至，連召見三日，憫其宿疾未痊，不欲勞以疆寄，內用爲郵傳部尙書。春煊甫入見，卽面參奕劻父子及楊士驤陳璧。太后曰：『任天下事誠大難。卿在粵中，譽之者半，毀之者亦半。安能盡如人意？』春煊曰：『臣自知爲衆論所不容，幸賴聖明保全，然攻臣者亦有指臣黷貨行私者乎？』太后默無語。及郵傳部尙書命下，未蒞任，卽又劾罷左侍郎朱寶奎，人皆快之。然春煊雖好直言，褊急不能容物，政見外謬，與世凱同，而素不合睦，唯李蓮英頗左右之。既與奕劻不協，爲尙書不一月，復出爲兩廣總督。臨行乞借洋債千萬，大舉辦新政，並請立上下議院，大更官制，各省設諮議局，各府州縣設議事會，諄諄以實行立憲爲囑。疏稿近三千言，出自幕客姚紹書高鳳岐之手。其剛可用，其智則黯矣。」

春煊之奉旨再督兩廣也，費行簡「慈禧傳信錄」云：

「……春煊復薦桂撫林紹年淸亮，后亦信之。世凱睹狀，知已亦將爲岑黨所擠，適粵寇更作，乘入覲時爲后言：『周馥臣姻家，知其人雖忠誠而年已及耄，粵寇再起，而其地革命黨尤熉，恐非馥才力所能制，臣過蒙慈眷，雖事非職掌，而不敢不聞。』后曰：『此爾愛國熱忱，吾方嘉之。如言知兵及威望，固莫加岑春煊，而慮其不願再任粵事奈何？』世凱對：『君命猶天命，臣子寧敢自擇地。春煊渥蒙寵遇，尤不當爲此。』后頷之，翌日命下。時春煊方將續疏論劻罪，而不虞已已外簡矣。知爲劻黨所排，陛辭日涕泣爲后言，朝列少正士，風氣日壞，國本可危，乞后省察。后曰：『爾直言，非他人所敢出，吾行召林紹年矣。』……紹年果奉詔入直軍機。」

春煊被外簡主粵，辭不獲允，赴任過滬時，稱病不前，冀有後命。至七年知無望將赴粵矣，忽奉旨開缺，仍爲奕劻輩中傷也。其事人皆以爲乃端方所爲，蓋以梁啓超岑春煊二人之照片，合而重攝，使成一整個之照片呈后，以致后大不謂然而令其退休焉。慈禧傳信錄記其事云：

「春煊方居滬上，聯絡報館攻擊慶袁無虛日，方乃以密書達樞廷，言春煊近方與梁啓超接晤，有所規劃，以二人合拍影相附之。后覽相片無譌，默默至時許，嘆曰：『春煊亦通黨負我，天下事眞弗可逆料矣！雖然，彼負我我不負彼！可准其退休。』於是傳旨准春煊開缺調養。而相片實方以二人片合攝之，以誣春煊，后不及知也。說者謂岑端亦結昆弟交，而方甘爲世凱報復，心誠險矣。」

端方與岑春煊之不和或記之如下：

「光緒庚子，端方以陝西藩司護陝撫。時春煊以甘肅藩司勤王隨扈，兩宮西幸，途中投陝撫。未至陝與端方一札文，其官銜爲『總統威遠全軍扈蹕大臣新授陝西巡撫』。札文中有『該藩司受國厚恩，身膺藩寄，車駕幸臨，所有供時，責無旁貸』等語。端方接到札文後，大恚。謂：『備辦兩宮供應，札飭護院之藩司，無此體制，恕不接受。』因拒而不收。春煊到任後，端方調任河南藩司（未之任，旋擢湖北巡撫），蓋政府知二人之不能相處也。」

由上段記事中可見人言端方與岑春煊之結昆弟交之不足信也。

方岑春煊被外簡主粵後，五月間瞿鴻禨即被解職歸田。蓋爲翰林院侍讀學士惲毓鼎奏劾，遂遭罷斥者。上諭云：『惲毓鼎奏參瞿鴻禨暗通報館，授意言官各節，著交孫家鼐鐵良秉公查明，據覆奏。欽此。』同日硃諭云：『惲毓鼎奏參樞臣懷私挾詐請予罷斥一摺，據稱協辦大學士外務部尚書軍機大臣瞿鴻禨，暗通報館，授意言官，陰結外援，分布黨羽，余肇康於刑律素未嫻習，因案降調未久，與該大臣兒女親家，託法部保授丞參等語。瞿鴻禨久任樞垣，應如何竭忠報稱，頻年屢被參劾，朝廷曲予寬容，猶復不知戒愼。所稱竊權結黨保守祿位各節，姑免深究。余肇康前在江西按察使任內因案獲咎，爲時未久，雖經法部補授丞參，該大臣身任樞臣，並未據實奏陳，顯係有心迴護，實屬徇私溺職。法部左參議余肇康著即行革職；瞿鴻禨着開缺回籍，以示薄懲。欽此。』觀其語意殊牽強支離，蓋不過以毓鼎之一參而行其處分耳。

瞿岑既罷，慶袁黨勢傾天下，一時朝野側目。直至辛亥九月岑復起爲川督，行抵漢臯時，則清社已屋矣。

顧岑自粵督開缺後，即爲海上寓公。迺至辛亥，不勝有髀肉復生之感。於武昌舉義後之二日，與袁同時起用爲川督鄂督。岑既被命，曾一度懇辭，未蒙俞允。急裝上泝，行及漢臯，晤已革鄂督端澂，議論勦撫不合。而又聞川道阻梗，不得西進，及折而東歸。袁則自鄂督內召入京授以內閣總理，更與以全權遣使南下與民黨議和，而民黨堅持必清帝遜位而後可。岑被放廢日久，對清室本無好感。既見大勢已去，覺長此以往終必日趨沒落，非智者之所爲，於是附和民黨。馳電入奏，籲請共和。宮廷之間，袁岑並重。觀隆裕后之亟命清帝遜位，固爲議和專使唐少川之日爲革命黨鋪張揚厲有以促成，而岑之一電，亦未嘗爲無力焉。

既而袁爲總統，岑則仍作寓公。岑如欲追隨遺老，則以曾請遜位，不爲若輩所容。欲策劃反袁，則已無尺土寸階，發難無從。岑不免爲之進退維谷焉。熟思之，唯有變計事袁徐圖藉手而已。袁則以昔日同爲北面事主，今也我作主人，岑本無多大權謀，亦無如何實力，初不必重視，即無庸敵視。於是即起岑爲福建鎭撫使。岑亦樂從，化敵爲友於一轉移間，其事可令人玩味者矣。

岑父毓英於光緒初葉曾官閩撫。岑隨宦至閩，於閩有香火緣。而其幕內素多閩人，如魏季渚（瀚，前三品卿銜會辦船政大臣，居岑幕最久），高子益（而謙，前雲南交涉使，早年亦客岑幕）等。至沈愛蒼雖非幕僚，然曾官粵臯。於岑亦有長屬關係。彼時同客海上，皆閩中耆宿契重岑者也。於是岑借諸人之力而遂爲福建鎭撫使。先閩有彭壽崧其人者，爲閩之民政廳長，無惡不作，閩人苦之。岑到任時，彭懾於岑之聲威，急遽款十三萬元，悄然以去。而閩自此而後，市廛日臻繁盛，頌岑之聲頓起。旋因撤換警察廳長與諸幕僚夏某一事，未免刺激閩省當局。其後某某等幕僚續有獵官行動，嘖嘖人口。於是凡百有位，各懷自危，嗾使孫道仁部曲，起而逐客，暗潮頗烈。維時孫擁有二師之衆，其師旅團長組織所謂共和共進會者，目的即在對岑。幸有某幕僚明於大體，諷岑速去。岑本無久戀之意，遂輕舟而去，留兩艦鎭守閩海，離閩前夕無知之者，故父老遮留有所不及，而閩人因其能去彭壽崧，迄今德之。事在民元秋冬之間。

岑定閩後，袁以民黨之大本營在粵，而桂省爲東粵後方，時桂督陸榮廷雖非民黨，而因陸爲武人，知識短淺，恐易受誘惑。且岑本桂人，陸其舊部。且龍濟光（雲南蒙自人辛亥革命時爲廣東鎮統）自粵帶出之殘部六千餘人，彼時亦在桂境。意欲使岑爲桂民政長指揮陸龍二將，治桂必能得手，圖粵又易立功。往復電商，岑亦樂於從事。岑以桂省貧瘠，非得鉅款，不足以資開發。特向袁討索二百萬元，以爲去就條件。袁未卻之，第以籌措困難，遷延二三月，迄無成就。方其在滬待命時，一日沈愛蒼過訪，岑語沈以不知慰亭用我防民黨是否誠意，如爲誠意，與其置我於邊隅，孰若許我在長江附近擇一地點，簡練精兵兩師，遇有緩急爲効馳驅。二百萬鉅款用於此似較用於彼廣西一隅收穫更大。沈然其說。岑即請沈代擬函稿，沈援筆立就。岑召張鳴岐謀之，張不謂然。而岑卒以沈稿繕發，旬日得袁手覆，略謂尊旨甚感，惟鉅款不易籌，致貽誤台旌入桂之行，極深疚歉。至執事爲國家計，憂深慮遠，欲假鈇鉞以便專征，此事尚屬不難。查粵漢鐵路督辦一職，可藉護路爲名，寄以軍令。現時黃克强辭職，擬以奉屈。將來公涖新職之時，可將自閩帶回之衛隊千名，及將現駐桂省之龍濟光部隊六千名調出，隨同赴鄂。田中玉爲公舊部，現領一師駐紮兗州，俟公抵鄂，該師亦可移鄂歸公節制調遣等語。岑閱信，有兵將及二萬，狂喜，立電復允。袁遂下令以岑繼黃與督辦粵漢鐵路。岑乃一面檄調龍濟光部北上，一面治裝及組織幕府，以便於短期內泝江西行。乃不數日，得袁電，謂據報稱，執事自閩帶回之衛隊，勾結九龍山土匪，宜亟遣散。又不數日，武漢報紙盛傳岑擕同張堅白來鄂奪取都督民政長。時鄂之軍民兩長爲黎宋卿饒芯僧也。袁又來電，謂謠諑既多，公不宜帶隊前往，龍部請飭留滬，田師亦即緩撥等語，一轉移間直無一兵一卒。至是憤恚萬狀，反袁之機動矣。

辛亥，陳英士光復上海之役，相傳九畝地新劇家潘月樵等亦曾搖旗吶喊，與有功焉。故此中民黨特多。岑旅滬久，日與伶人狎。潘則奔走其門。於是因岑恚袁而勸之入民黨。有王鉄珊（芝祥）者，以廣西藩司反正，稱副都督統兵北伐，和議成，解兵柄，投上將。命督直隸，不得到任，有憾于袁，與民黨稔，其時（民二初春）特爲黃克强介見岑于哈同花園。此爲岑入民黨之始。

岑與謀二次革命，亟作鄂行，以分担一部分工作，命潘月樵爲衛隊統領。張堅白力沮之，有羞與爲伍之語。岑怫然曰：『君等可勿同往，余演「黃鶴樓」，擕子龍一人足矣。』其意即以潘爲子龍也。潘聞張言更謀不利于張。張北走遠避之。岑之各幕僚亦星散。而至是其左右盡爲民黨矣。

袁既知岑與民黨合作，遣其幕僚某氏與岑有淵源者南下說之。略云：『客冬奉賜數，以李（烈鈞）陳（烱明）黨人，分據南服，未就範圍。嘗欲簡練師徒，駐守要路，備征不廷。謀國之忠，欽欽在抱。顧其時司農仰屋，未知所以副尊指，致釀成今日亂階。某之罪也。比者某某謀亂證據，已搜獲七十餘起。外交使節共見共聞，咸謂狂寇當誅。我公嫉惡素嚴，倘洞燭其奸，定當髮指。不惜屨及劍及，以與周旋。今善後大借款已有頭緒，軍費尚不難於騰挪。亟盼旌從北來，共商戡亂之策，大局攸賴。暗車有日，迄先電示，當囑×××南下歡迎』等語。詞頗謙遜而款摯。某氏抵滬日，岑拒不見，此書遂不得達。迨張堅白抵都，有人聞諸袁，袁邀張至府，面囑馳書諫岑，張明知岑之必不見聽，而重違袁請，姑以書抵漢說之（時岑已到漢口）乃岑不以函覆。另電袁轉張，電內即大詬袁。此袁岑破裂之第一聲也。

是年秋，民黨二次革命失敗，袁曾下令通緝岑。梁任公時爲司法總長，聞而亟入諫止。袁語之曰，吾無殺岑意，吾亦知不當與孫黃共論。此令不過官樣文章而已。子既有言，吾徐徐布之可也。此命遂遲數日下，而岑已逃至港矣。港督不見納，逃至澳門。澳葡籍亘商盧某，其父嘗以事死於岑獄，切齒於岑，岑到澳，盧電總統府祕書長梁燕孫，謂袁如欲得岑而甘心者，渠可說澳督移交或設法斃之。其言非誇大，袁閱電置之不理，足見無死岑之心也。旋走南洋，蟄伏數載。洪憲革命，春煊就兩廣都司令職宣言有云：『春煊將言先不能無大慚。設春煊而有才者，袁世凱豈能篡滿清三百年之業。辛亥則既篡矣！又豈能叛民國四萬萬人之國？今茲則既叛矣！於彼著其爲篡與叛之才，於此則著我無才以制此篡與叛者，乃使其竟篡且叛！』又云：『春煊不敢必此役之必勝，然而必有以答天下之督責不負兩廣之委託者，惟有兩言：「袁世凱生，我必死；袁世凱死，我則生耳。」』開府肇慶時，兵迫粵垣，時蔡乃煌奉袁命駐粵，藉名公賣雅片，實則監視粵局。岑索蔡，龍濟光戮之以報。十年舊恨於此役雪之。蓋蔡乃煌乃以康梁二人之照設計陷岑者也。

以上所談，間或採諸徐一士及篠園二先生文中。一士先生舊居故京，多嫻掌故，而於記述慈禧后召見時諭旨，出之以京白，睹之如聞王瑤卿老供奉之雁門關也。風趣獨具，信爲妙作。

江庸『趨庭隨筆』中記一事，亦涉及慶袁瞿岑者：

「詩鐘之作始於吾閩，光緒初盛行南北，張文襄尤好之，迨入政府，仍不輟。今人『新談往』謂：『南皮一日集項城及幕僚爲詩鐘，慶親王奕劻在焉。南皮特拈蛟斷二字，候補道員蔡乃煌應聲曰：『射虎斬蛟三害去，房謀杜斷兩賢同。』時瞿鴻禨方罷職，岑春煊亦謝病。詩上句影射瞿岑，下句指張袁交歡，故慶袁張皆大悅。即日擢放蘇松太道。』此殆傳聞之譌。射虎一聯，實文襄自撰，並非蔡作，且慶袁從未與詩鐘會。蔡以郵傳部左參議簡放蘇松太道，亦非候補道員也。」

至『軒渠錄』記晚清人名戲對：

『岑春萱拜陸鳳石，
川冬菜炒山鷄絲。』

爲許溯丞作，工趣可發一噱。唯春煊非春萱，實未可以偶冬菜。然此固是笑話，不必看得多麼嚴重也。

政治月刊

四卷二期要目

最近的時局……汪精衛
怎樣去實現全面和平……周佛海
翼贊運動與淸鄉工作……山本昇
論蔣介石……陳彬龢
蔣介石之獨裁機構……曄譯
大東亞共榮圈的經濟性格……加田哲二著 林勵譯
德蘇戰爭新形勢……許正
甘地論……孟祺
周財長訪日與中日新借款……（特輯）
新中國建設座談會……（特輯）
求已錄論和戰……伯孚
中國進步與日本……內藤湖南遺著
鄭蘇戡軼事……陳寥士
北平歲時史料長篇（續）……張江裁
布拉格的時運……詹姆孫原著
汪精衛先生傳……雷鳴

每册售新法幣二元

政治月刊社發行

經售處：
上海郵政信箱一七〇六號
上海新中國報社街燈書報社
南京建國書店
蘇州新國民書店
中央書報發行所　三通書局

關於李義山

南冠

『一種風流吾最愛，南朝人物晚唐詩。』——大沼枕山句。

晚唐的詩壇，溫李並稱，作風是溫馨濃豔，換一句話來說，可以稱做『世紀末的哀吟』。我對李義山發生興趣，最初由於紅樓夢上林妹妹所介紹的那兩句詠殘荷的句子——秋陰不散霜飛晚，留得殘荷聽雨聲。林姑娘的確不愧爲評詩高手，她拈出來的這兩句正十足的說出一個晚唐詩人的特色來。這是一種衰颯，遲暮，衰晚種種情調的綜合。唐詩的分成初盛中晚，也的確有它的至理。經過了開天之盛，漁陽的鼙鼓，詩人們再也唱不出那種快樂而開爽的調子。雖然義山是學老杜而據說是得其神髓的，雖然他也有過『豈有蛟龍愁失水，更無鷹隼擊高秋』的句子，可是究竟不同了。

李君在中國詩歌界的名譽，除去了由於他是西崑派的盟主這一點外，就要算他那些無題詩的力量了。這的確是一個聰明的辦法，以『無題』爲題，這的確是文人的狡獪。不過李君的無題，的確是大不得已的事，他是一個到處都有戀愛關係的人，而他的對象，不是女道士，就是宮裏的女子。這當然是應當保守祕密的。也就因爲這個，替他的詩披上了一件迷離恍惚的外衣，有些像外國的神祕的詩人了。

他的作品，不但是因爲戀愛的原故，才十分神祕，就連一些在普通人筆下不應神祕的詩也弄得十分難懂。『錦瑟』該是個好例子：

『錦瑟無端五十弦，一弦一柱思華年。莊生曉夢迷胡蝶，望帝春心托杜鵑。滄海月明珠有淚，藍田日暖玉生煙。此情可待成追憶，只是當時已惘然。』

據孟心史先生說，『自北宋以來，通人皆好解錦瑟詩，蓋積疑已歷千餘年，諸公皆欲破此疑，而其疑益甚。』這實在是滑稽的事。元遺山論詩絕句之一云：

『望帝春心托杜鵑，佳人錦瑟怨華年。詩家總愛西崑好，獨恨無人作鄭箋。』

元好問就發過這種牢騷，作箋的人一直到明朝，才出了一個風流的和尚，釋道源。王阮亭倣遺山論詩絕句云：

『獺祭曾驚博奧殫，一篇錦瑟解人難。千年毛鄭功臣在，猶有彌天釋道安。』

這詩替源師大大捧場，其中還有一段公案在。朱竹垞靜志居詩話云：

『道源號石林，好讀儒書。嘗類纂子史百家爲小碎集，又以餘力注李義山詩三卷，書未刊行。會吳江朱長儒箋義山詩，多取其說，間駁其非。於是虞山詩家，謂長孺陰掠其美，且痛抑之。長孺固長者，未必有心效齊丘子也。』

我們現在可以看一下歷來對錦瑟詩的諸異說：劉貢父中山詩話云：

『錦瑟當時貴人愛姬之名。』這簡直是幻想的結論。黃朝英靖康湘素雜記云：

『義山錦瑟詩，山谷讀之，殊不曉其意，復以問東坡。坡曰：此出古今樂志。錦瑟之爲器也，其弦五十，其柱如之。其聲也適怨清和。以中間四句配之，一篇之中，曲盡其意。』

這是就題面大做文章，有白癡之概。其實這首詩與無題是完全的一路，只因有了題目，所以招來了誤解。此義山之所以喜用『無題』之故歟？

南宋中許彥周詩話云：『適怨清和一作感怨清和，令狐楚侍人能彈此曲。』這令孤楚就是李義山一生發跡的第一個關係人。此說一出，後來的人多半承之，計敏夫唐詩記事云：

『錦瑟令狐楚靑衣。』

我想借這詩，談一下晚唐的一件大事，牛李黨爭。再配合了義山的畢生事蹟，那麼一個詩人的生平，就很清楚的烘托出來了。舊唐書文苑傳云：

『商隱幼能爲文，令狐楚鎭河陽，以所業文干之，年才及弱冠。楚以其少俊，深禮之。令與諸子游。』

這時是商隱發跡之始。令狐氏是牛黨。牛黨中的健者有令狐楚——令狐綯，崔戎，楊嗣復，白敏中，杜悰。前所引的那首殘荷詩，即題『宿駱氏亭寄懷崔戎崔袞。』文苑傳又記：

『楚鎭天平汴州，從爲巡官。歲給資裝。令隨計上都。開成二年，方登進士第。釋褐祕書省校書郎。調補宏農尉。』這是得力於令狐楚的兒子令狐綯的，義山的宦途得意，可以說全是牛黨的力量。不過他究竟是一個詩人，並沒有什麼政治上的興趣。

不料在文宗開成三年，到涇陽去就婚王氏了。文苑傳云：

『王茂元鎭河陽，辟爲掌書記。得待御史；茂元愛其才，以子妻之。』時義山二十六歲。他有一首『韓同年新居餞韓西迎家室戲贈詩』云：

『籍籍西征萬戶侯，新緣貴壻起朱樓。一名我漫居先甲，千騎君方在上頭。雲路招邀迴綵鳳，天河迢遞笑牽牛。南朝禁臠無人近，瘦盡瓊枝咏四愁。』

詩中所用禁臠的典故，據彭乘墨客揮犀云：

『今人於榜下擇壻，號臠壻。用東晉謝混故事。』因爲這一種『中狀元招贅』型的把戲，是只有大官才有權力來作的。所以新進士大抵成爲一塊『禁臠』，他人不得染指，只有大官的女兒才有份兒。那一位韓同年也是塊『禁臠』，茂元還爲他蓋起新居。入贅貴家，先義山一步，蓋彼時義山猶未娶也。故末三句如此。後來禁臠的典故，多半用來稱女人，實在是用錯了的。

義山文集中有『爲韓同年瞻上河陽李大夫啓』有云：

『況某婚姻，早聯門館。外舅以列藩之故，家人延白出之恩。』王茂元妻李氏，所以這兒的外舅也就是舊唐書紀所說的『左金吾衛將軍李執』。李又有詩『病中早訪招國李十將軍，遇挈家游曲江』云：

『千頃平波溢岸清，病來惟夢此中行。相如未是眞消渴，猶放沱江過錦城。』

看詩裏的意思，是請李十將軍給他執柯，俾能壻於王氏。並且還假李家的宅第爲新居。集中有『遇招國李家南園』三首，蓋妻亡後追憶之詞，亦可參看：

『潘岳無妻客爲愁，新人來坐舊妝樓；春風猶自疑聯句，雪絮相和飛不休。』

『長亭歲盡雪如波，此去秦關路幾多；惟有夢中相近分，臥來無睡欲如何。』

雖說是王氏榜下選壻，然而義山自動的努力，也是不可否認的事。王茂元與李回鄭亞同爲李德裕黨中的健者。商隱從得令狐楚的賞識，直至游揚登第，全是牛黨的力量，不料剛一得意，就壻於敵黨的貴家，無怪要爲令狐綯所輕視了。商隱借牛黨之力，得以重官祕省，授祕書省正字，終武宗一朝，牛黨得勢，因之商隱也就相當得意。這也倒有過人借他解說。張采田云：

『義山本長章奏，中書掌誥，固所預期。當衛公（李回）得君之時，藉黨人之力，頗有之躋顯達之望，而無如文人命薄，忽丁母憂也。此實一生榮枯所由判歟？』

張君的話不錯，從此以後，義山就走上崎嶇的前途。舊唐書本傳云：

『大中（宣宗）初白敏中執政，令狐綯在內署，共排李德裕逐之。鄭亞坐德裕黨，亦貶循州刺史。商隱隨在嶺表累載，三年入朝，京兆尹盧弘正奏署椽曹，令典箋奏。明年，令狐綯作相。商隱屢啓陳情，綯不知省。』這種冷落，無怪是當然的事也。

商隱隨鄭亞貶到桂林，亞又被貶到循州。李回也貶到潭州。義山此時眞是狼狽萬分，朝中牛黨的杜悰雖然是姻戚，然而也不相顧恤，這時他不得不再回過頭來向令狐綯乞憐了。舊唐書文苑傳總記其事云：

『茂元雖讀書爲儒，然本將家子。李德裕素厚遇之。時德裕秉政，用爲河陽帥。德裕與李宗閔楊嗣復令狐楚，大相仇怨，商隱既爲茂元從事，宗閔黨大薄之。時令狐楚已卒，子綯爲員外郞，以商隱背恩，尤惡其無行。俄而茂元卒，來游京師，久而不調，會給事中鄭亞廉查桂州，請爲觀察判官檢校水部員外郞。』元辛文房唐才子傳記云：

『茂元爲牛李黨，士林嗤責商隱，以爲白圭有玷，共疏遠之。來京都久不調，更依桂林總管鄭亞府爲判官。後隨亞謫循州，三年始回。求援於宰相綯，綯薄其無骨幹，隨波逐靡，從小人之辟，遂謝絕之。』

連碰幾個釘子以後，商隱又於重陽日謁令狐綯。有『九日』一詩云：

『曾共山翁把酒時，霜天白菊遶堦墀。十年泉下無消息，九日罇前有所思。不學漢臣栽苜蓿，空敎楚客詠江籬。郞君官重施行馬，東閣無因許再窺。』

這末兩句話說得也眞够凄慘，有如古詩『上山採蘼蕪』的那一個棄婦所作的哀鳴。結果『綯見之惻然，乃補太學博士』。

文人要想干政，自然要用出他看家的本領來，不過這兒也的確太過於卑鄙了。小時候讀詩經楚辭，凡遇箋詩者說香艸美人寓言君臣的處所，必斥爲狗屁，後來才知道這是實在有的事。

商隱寄令狐郞中詩云：

『嵩雲秦樹久離居，雙鯉迢迢一紙書；休問梁園舊賓客，茂陵秋雨病相如。』

這如果出之於妓女寄她的久違的舊歡，也總不失爲一首好詩罷。

以一個文人，却要在波譎雲詭的政海之中打迴旋，其處處碰壁可知，可是『其人雖窮，其詩則富』。我們之得有這麼一位晚唐詩壇盟主，也正不得不托福於政局的變化與他命運的多乖。

現在我們再回頭來看一下他的戀愛詩，他戀愛的對象，除了自己的夫人以外，還有女冠宋華陽姊妹，宮女，柳枝三方面。

我前面曾提起中國古時文人喜歡用香艸美人的詩句來象徵他們對君父之愛，這種流風也實在可以說是由來久矣了。開其端者應該推那箋關雎之詩爲詠后妃之德的一首罷。我們雖然可以知道這完全是無稽之言，可是後世文人的受了他們的影響，也許是當然的事。於是詩經以後有沒有作了肉麻的詩詞去表示忠愛的，也就難以斷定。甚至鼎鼎大名的蘇子瞻的水調歌頭一詞，使皇帝見了也要稱贊一聲蘇軾愛君。則他可知矣。

不過對於義山的情詩，却很難作曲解。雖然也不敢說一定必無。像『和友人戲贈二首』『題二首後重有戲贈任秀才』，張采田卽注云：『三首遣情，不待言矣。』『昨夜星辰昨夜風』一詩，趙臣瑗以爲義山在茂元家竊窺其閨人而作。年譜列之入武宗會昌二年。然而試看詩中『身無彩鳳雙飛翼，心有靈犀一點通』之語及第二首無題中之『聞道閶門萼綠華，昔年相望抵天涯。豈知一夜秦樓客，偷看吳王苑內花。』如果解釋作義山與深宮宮女傳遞深情之作，似乎也不爲大謬。

中國尼姑的風流是有名的。如果想知道晚淸時的情形的可以去翻老殘遊記續集裏的記逸雲的一則。那已經是變相的娼寮了。我推想這也不外乎是一種變態的心理，女人是以髮美爲主要的條件的，現在却要六根淸淨，這與男色總應有相當的因緣。明朝小說中記尼姑的豔史的很不少，而且有專門描寫的大部書。推源溯始，歷史應當是頗爲久遠的。現在沒有功夫來查書，祇就記憶所及，來提出她們同類中的幾個人來。唐朝的女道士魚玄機，則是合宜的代表人物。她能作詩，並且有風流的事績，並且還不少女人的『德行』——妒忌。由這幾點看來，魚玄機的故事雖然稍嫌怪僻，那事實的骨幹，我是還相信它是實在的。這些事往往都免不了文人的誇張潤飾，魚玄機幸運地還有一部宋板的詩集流傳，書前並有肖像，可以算是頂運氣了。

唐朝這種事大抵非常普遍，楊玉環得罪，馬上去髮修行；武則天也是女冠出身。可見當時的道院，差不多就像現在的濟良所一般，是行爲不檢的女人們的逋逃藪。李商隱集中，也有不少詩是爲女冠而作的。她們就是女道士宋華陽姊妹。

他們會晤的地方是『聖女祠』，按水經注，『聖女像在故道水西南秦岡山上』，自興元至鳳州，出扶風郡之陳倉縣大散關時所經，在唐時應當有祠祀之的。玉溪生年譜會箋云：

『文宗開成二年，義山二十六歲，登進士第，東歸省母。冬赴興元，旋隨令狐楚喪還京師。』

『聖女祠』詩云：

『松篁臺殿蕙香幃，龍護瑤窗鳳掩扉。無質易迷三里霧，不寒長著五銖衣。人間定有崔羅什，天上應無劉武威。寄問釵頭雙白燕，每朝珠館幾時歸。』

『年譜會箋』云：『實詠聖女，是馳赴興元時作。時義山未娶，故觸緒致感，謂有寄託者失之，與後一首不同也。』這已經明明承認是他們初戀的詩了。這以後還有兩詩，題爲『華師』與『贈華陽宋眞人兼寄淸都劉先生』，原詩不具引，更次又有『月夜重寄宋華陽姊妹』詩云：

『偷桃竊藥事難兼，十二城中鎖彩蟾。應共三英同夜賞，玉樓仍是水晶簾。』

這里『不穩』的情勢，很是顯然了。『碧城』三首與『紫府仙人號寶鐙』一首『無題』也都應當是爲宋氏姊妹而作，『仙人多好樓居』，居處高寒，情景是十分相像的。

『碧城』三首中有些句子，大可發人深省：

『碧城十二曲闌干，犀辟塵埃玉辟寒，閬苑有書多附鶴，女牀無樹不棲鸞。』這里所描寫的高寒的境界，當是女冠所居無疑。『檢與神方教駐景，收將鳳紙寫相思。武皇內傳分明在，莫道人間總不知。』更是露骨的寫出對手是方外人了。

義山初寫那首『聖女詞』時，不過二十六歲，而且正是宦途得意之際，等到宣宗大中十年時寫『重過聖女祠』，則已是四十五歲了。這時宦海浮沉，極不得意，迴首年時舊事，當然有今昔之感，搖落之思。詩云：

『白石巖扉碧蘚滋，上清淪謫得歸遲。一春夢雨常飄瓦，盡日靈風不滿旂。蕚綠華來無定所，杜蘭香去未移時。玉郎會此通仙籍，憶向天階問紫芝。』

原詩的三四兩句，實在是寫景的傑作。而結語更是十分悃悵。『會箋』說此詩爲感念身世有所寄託而作，我也不能說其必否，不過他對宋氏姊妹的餘情，也應該在這個機會重複發洩。如果合起來看，就該合事實不大遠離罷？

本文開頭的那一篇錦瑟，是爲悼亡而作，是無疑的。而集中明標『王十二兄與畏之員外相訪見招小飲，時予以悼亡日近不去因寄』里邊的『更無人處簾垂地，欲拂塵時簟竟牀』兩句更是極沉痛的話。『悼傷後赴東蜀辟，至散關遇雪』詩云：

『劍外從軍遠，無家與寄衣，散關三尺雪，迴夢舊鴛機。』

寫這詩時，義山四十歲。一種遲暮的情調，已經彌漫紙上。他又寫出了他的『樂遊』：

『向晚意不適，驅車登古原。夕陽無限好，只是近黃昏。』

這一首詩在人事上說明了詩人的遲暮；在意境上說明了搖落的悲哀；在文學史上說明了晚唐這一個階段。而我之酷愛這一首詩，更是不要說得。大沼氏之所以最愛晚唐詩者，雖然說明不易，然而也可以約略的領會得罷。另還有一句詩，『人間愛晚晴』，更有人名書齋曰『晚晴簃』，這大概全是一種同樣的感情。

如果用一兩句話或十幾個字來說明一種境界，我沒有這種鍛鍊的本領，如司空表聖的詩品，然而人家維摩一偈，我們絮絮千言，所希望的是使看官得到同樣的一種感受，即使淡薄些也好。『夕陽無限好』一語，我推之爲玉溪生的代表作，晚唐詩的標本，蓋以此。

大沼氏以南朝人物與晚唐詩並列，實非偶然。庾子山的『將軍一去，大樹飄零，壯士不還，寒風蕭瑟』，雖非了不得的俊語，然而同樣的予我們一種凄然之感。顏之推的『予一生而三化，備荼苦而蓼辛』，亦同具此酸辛，因知大沼枕山之並舉兩者，實有至理。吾輩生當衰世，而對李義山庾蘭成又復發生興趣，此豈可謂幸事乎？不佞雖非星士的信徒，對此亦不得不重歎息耳。

記金冬心

鄭秉珊

清朝雍正乾隆年間的畫家，有所謂楊州八怪，便是金農，李鱓，鄭燮，黃愼，高翔，羅聘（或作華嵒，或作閔貞）汪士愼，和李方膺諸人，所以稱爲怪者，並非是貶辭，乃是說他們的畫，另具一格，和普通畫家的作品，完全不同，其間金農所作，尤可爲這派的代表。秦祖永桐陰論畫說：『冬心翁樸古奇逸之趣，純從漢魏金石中得來，晉唐以下，無此風骨。』又說：『先生筆墨，頭頭第一，卓絕古今，迥不猶人，前無古人，後無來者，吾於冬心先生信之矣。』日本大村西崖教授也說：『清代畫人之中，輕視技巧，直寫己之胸臆，人物花卉山水，皆出人意表，全脫作家之窠臼者，惟金冬心與大滌子，無能出其右者矣。』其爲藝術批評家所推服如此。

冬心名農（一作司農），字壽門，浙江錢塘人，生於康熙二十六年丁卯（公元一六八七年），家居候潮門外，面江背山，與丁龍泓（敬）爲鄰居，他與龍泓（小冬心八歲）交誼最深，又自號金吉金，龍泓號丁鈍丁，和另一位叫石貞石的朋友，同究金石詩文之學。厲樊榭家住東城，也時常在一起玩，後來除石貞石早卒外，都享大名，金以書畫，厲以詩詞，杭人齊稱爲髯金瘦厲。龍泓則以篆刻爲浙派初祖，居清代篆刻界的最高地位。

冬心的性情很孤僻，他自謂：『予賦性幽夐，少耽索居味道之樂。』王蘭泉說：『冬心性情逋峭，世多以迂怪目之，然遇同志者，未嘗不熙怡自適也。』全謝山的冬心居士寫鐙記道：『吾友錢塘金君壽門，畸士也，其博學好古似楊南仲，古文詞似孫可之，詩似陸天隨，其磊落似劉龍洲，潔似倪迂，尤喜狹邪之遊似楊鐵崖，而其癡甚篤，遠似顧長康，近似鄺湛若。』每一種特點，以一古名人相比，謝山是自視甚高的人，有此推許，可見其傾倒之情了。

冬心二十一二歲時，讀書於長洲何義門先生，故學有根柢。自幼喜收金石碑板，在二十餘歲時，友人楊知陳章來訪，出所藏漢唐金石二百四十種，相與研賞，樊榭山房詩集第一篇，即爲金壽門見示所藏唐景龍觀鐘銘拓本五古一首，有曰：『嗜古金夫子，貪若籠百貨，墨本爛古色，不受寒具涴，便纘金石錄，明誠不是過』云云。拿著金石錄的趙明誠爲比，時冬心年二十八歲，樊榭年二十三歲，明年冬，樊榭到江上訪冬心，得觀其所藏顏魯公麻姑仙壇記及米海岳書顏魯公祠堂碑拓本諸名蹟，冬心後來浪游四方，蒐訪金石，其所得自然更爲豐富，寢饋數十年，擷取其中蒼勁奇樸之趣，發之於筆墨，自然戛戛獨造，爲繪畫開闢一個新天地，盡文人畫的極致了。

他的別號很多，『丙申病痁江上，寒宵懷人，不寐申旦，遂取崔國輔寂寥抱冬心之語以自號。』這便是號冬心兩字的意義，後來寫竹號稽留山

0333

民，畫梅號昔邪居士，寫佛象又號心出家盦粥飯僧，他有硯癖，見佳石不惜重貲，積有一百二方，因自號百二硯田富翁，屬蔣山堂刻印爲記，丁龍泓又爲鐫壽道士印。他家居錢塘江上，所以又號曲江外史，此外又有龍梭舊（仙）客，金牛湖上詩老，及金二十六郎等號，所用印章極多，黃小松曰：『冬心先生名印，乃龍泓，巢林，西唐，諸前輩手製，無一印不佳。』自己也能篆刻，有時也爲朋好鐫石，可是極爲矜貴，現在七家印跋中有許多印，大都抄錄其題記中語，時日錯誤，俱係出之僞作，不能深信的。

冬心詩，在三十歲病瘧時，作懷人絕句：長興令飽西岡見而喜之，刊爲景申集，有厲太鴻序，中年漫游，渡長江先到揚州淮陰，歷齊魯燕趙到京師，再由京師經嵩洛到山西，在山西澤州，住了三年，又到陝西閩粵湘鄂諸省，倦游回來，再到揚州，年紀已四十七歲了，自覺落拓半生，一無所遇，誓願在五十歲後，如玉溪生打鐘掃地，做清涼山行者。又發憤把詩稿刪存四卷，在雍正十一年十月，開鐫於揚州般若庵，其論詩宗旨，見之於自序：『……或有擠予鉅公派別者，予曰：昔徐師川不深附西江，張伯雨能超乎鐵崖，詩固各有體，趣今何如則古邪？乃鄙意所好，常在玉溪天隨之間，玉溪賞其窈眇之音，而清豔不乏，天隨標其幽遐之旨，而奧衍爲多，然寧必規玉溪而範天隨哉，予之詩不玉溪不天隨，卽玉溪卽天隨耳！年來益爲汗漫遊，遍走齊魯燕趙秦晉楚粵之邦，或名嶽大河，傾寫胸臆，或荒台降殿，根觸古懷，或雨零風欷，感傷羈屑，或牽人酒徒，飛揚意氣，境會所遷，聲情隨赴，不諧衆耳，唯矜孤吹，此則予詩之大凡也。』大致不主宗派，不重格律，而以出之胸臆爲貴，其詩集卷末有『新編拙詩四卷，手自鈔錄付女兒收藏五絕句』云：

聖代空嗟骨相攤，常裁別體斵榛蕪，他年詩話添公案，不在張爲主客圖。

鐘聲斷處攢眉想，日影趖時擁鼻吟，隻字也須辛苦得，恆河沙裏覓鉤金。

古調冷冷造眇微，玉池清水自生肥，流傳若待官三品，誰重襄陽是布衣。

天涯詩老浪相稱，根觸清愁歲月增，一櫂今成五湖長，酒波如練雨如澠。

卷帙編完頂髮疏，中郎有女好收儲，帽箱剝落經籤敝，莫損嚴家餓隸書。

第一首說不願傍當時詩派的門戶，第二首自述苦吟的情狀，第三首說自己的詩品，第四首述近況，第五首囑女兒珍藏遺手鈔的原稿。吳穀人道：『往時讀冬心先生集，愛其造懷眞遠，蓄韻幽微，如清夜九霄，落魚山之梵，如深雪萬嶂，品雷威之琴，濯紅泉而散蕤，煉白石而飛瑩，自標高格，莫躡後塵。』批評甚爲中肯。王昶的湖海詩傳，錄冬心詩計十八首，沈確士論詩主格調，重唐音，所以清詩別裁中，樊榭江聲諸人詩都選入，獨遺冬心，眞所謂不在張爲主客圖了。後來袁隨園論詩，主張本於性靈，因此極佩冬心詩文題記，隨園詩話曰：『盧雅雨招人觀虹橋芍藥，諸名士集二十餘人，獨布衣金司農詩先成云：看花都是白頭人，愛惜風光愛惜身，到此百杯須滿飲，果然四月有餘春，枝頭紅影初離雨，肩底狂香欲拂塵，知道使君詩第一，明珠清玉比精神。盧大喜，一座亦爲之擱筆。』又道：『余愛誦金壽門故人笑比庭中樹，一日秋風一日疏之句。杭堇浦曰：此句尚有所本。壽門佳句如佛烟聚處都成塔，林雨吹來半雜花。詠苔云：細雨偏三月，無人又一年。乃眞獨造。』翁覃溪也道：壽門孤子性成，於詩不作長篇，亦不作一近人語，惟陳幼安學士謂冬心詩勝於查初白，則未敢强同，蓋兩人蹊逕不同，未能妄爲軒輊也。某筆記載冬心詩才敏捷，爲某鹽商解圍，其事至趣，但恐未必眞確，不過冬心作詩極速，看了在雅雨席上所作，是可以無疑的。

冬心詩集，刋刻極精，自序一首，紙用宋紙，墨用明方于魯程君房古墨，輕煤砑印，每半葉四行，每行二十餘或十餘字不等，是請丁鈍丁手書精刻的，古色古香，不下於宋槧，雖在燈下讀之，墨采亦弈弈動人，詩卷則由蘇州鄧弘文仿宋本字畫錄寫，用宣紙古墨刷印，江靈鶼曰：『冬心翁用宋紙印所著書，神似眞宋，所差者，墨色稍光亮耳。』後來又刻三體詩一卷，乾隆十五年至二十七年，江鶴亭爲刻冬心先生畫竹畫梅書馬畫佛及自寫眞五種題記，皆用宋紅筋羅紋牋砑印，詩續集及硯銘，用宣紙古墨刷印，都用罨箋作護面，狹籤條，色色精工，當時得者珍同拱璧。乾隆二十九年九月（公元一七六四年）先生卒，年七十八歲，葬西湖之濱。過了六年，弟子羅聘，搜集遺文，却已有散失，共得十種，再刻於揚州，同光間，當歸草堂覆刻冬心詩正續集，小石山房叢書，收三體詩一卷，西泠五布衣遺著中，收龍泓冬心奚岡魏之琇吳穎芳等五人的詩合刋，宣統間滬上書局有影印冬心詩集四卷，自經這次事變，文物飄零，即普通本的冬心詩集，已是很難覓得，因此我希望有人重編其詩文增入書畫影片，和年譜等等刋行一部冬心大全集，對於目今文藝界，想來並不是一件無意義的工作罷。

揚州在清初，是鹽商薈集的地方，商業繁盛，冠蓋雲集，有似現在的上海，揚州的鹽商，喜歡招名士以自重，其中以馬氏小玲瓏館，江氏康山草堂，尤爲席帽所歸，馬氏爲曰琯曰璐昆弟，都好學工詩詞，著有沙河逸老集，南齋集，嶰谷詞等，雖鹽商而不俗，並於乾隆元年，也荐鴻博科。江氏名春，字鶴亭，以總理鹽務，賜內務府奉宸苑卿，著有讀書樓詩集，同時盧雅雨任鹽運使，慷慨好客，爲寒畯所歸，所以冬心和全謝山、厲樊榭、陳玉几、陶篁村、陳授衣、陳江臯、閔蓮峯等，都是他們的上客，亦爲廣陵文壇的領袖。冬心與樊榭和馬氏兄弟極親密，有冬日集小玲瓏館詩曰：『少游兄弟性相仍，石屋宜招世外朋，萬翠竹深非俗籟，一圭山遠見孤稜，酒闌遽作將歸雁，月好爭如無盡燈，尙有梅花有良約，香黏瑤席嚼春冰。』曰璐南齋集，有春日送冬心之河東詩云：『敲門摘摘當日斜，故人持贈靑蘭花，深杯滿注醉復醉，無計爲君重柅車。太行此去三千里，夢裏應思浙江水，春衫挽住四分春，珍重劉郎莫先起。』其交誼可見一斑。

冬心自四十七歲以後，在揚州住了二十多年（寓三祝庵般若庵等處），雖幾次回錢塘，仍舊再到揚州，因爲在揚州的生活，較杭州爲舒服。在揚州的生活是怎樣呢，便是鬻書賣畫，寫鐙製硯，原來他有幾個僕人，都有特別的本領，一個是甬人朱龍，善於製硯，所製極爲古雅，但是歡喜喝酒，非飮酒不肯下手，非暢飮則製作不工，冬心自己不能飮酒，爲了製硯的緣故，時時酤佳釀供給他的飮喝，一硯製成，冬心用分書銘其背，賣去可得善價。又有一個叫張喜子，新安人，善界烏絲欄朱絲欄，善綝東絹，每年向鐙市買最高貴的紗鐙，用烏絲界之，清瘦有寒芒，冬心寫分書其上，金氏製鐙，馳名一時，富人莫不競相購買，硯田無惡歲，所以他很可蓄書狹邪了。僕人中有紹興人鄭小邑，工於鈔書，蘇州人莊閏郎，擅絲竹操琴，涇陽人蔡春，能歌元白新樂府，武進人陳彭，學他的墨竹，可亂眞本，他有這許多的良伴，所以優游自得，妻亡不願再娶，雖無子而無憾了。

雍正十三年，詔開博學宏詞科，他的朋友歸安令裘魯靑，薦他於浙中學使者帥蘭皋，遂以其名應詞科之徵，同時他的朋友厲樊榭，杭大宗，全榭山，以及馬曰琯兄弟等，也同登薦書，他却力辭不就，可是於乾隆元年，却又自費蹇驢入都，住了好幾個月纔回來，有人問他是甚麼意思，他說想看看這次被徵的人，究竟是何等樣人物。實則他很有自知之明，因爲九月召試保和殿，應試的有一百八十餘人，錄取的不過幾人，冬心倘若與試，也一定是落選的，那麼，還是以辭徵爲高。但他在畫上題記中，屢書薦擧宏詞字樣，足見儘管是處士，總還不忘於名心的。

冬心雖僻好於古，可是在藝事方面，富於創造性，都是自我作古，別創一格的，正因爲他深於古學，所以他的書畫，古趣盎然，絕難模仿，雖軼繩墨，而亦不能譏爲野狐禪，譬如作曲，曲律深嚴，長短有定，可是他的自度曲一卷，古調自歌，不謬風雅，他的分書臨西嶽華山碑，功力極深，華山廟相傳是蔡中郎書，明末清初，最爲煊赫，但他後來又參之以天發神讖的雄奇，禪國山碑的勁厚，獨創一體，稱爲漆書（一作切書），隸書結體扁方，用筆畫細直粗，漆書却結體長方，用筆畫粗直細。同時的七怪，也各立門戶，如鄭板橋糅合隸楷行三體，創一種六分半書，以自別於八分書，李復堂李晴江的行書，用筆奇拙，有篆籀的意味，黃癭瓢之渴筆草書，一時無兩。汪近人高西唐高西園，都精八分書，西園師石門頌，晚年右臂病廢，用左手書尤奇致橫溢。華嵒寫虞世南，羅聘法黃山谷的行楷，容

貌不變。但他們此種作風，實爲寫碑的先驅，到嘉慶年間北碑出土日多，經鄧石如包世臣等的提倡，於是寫篆隸魏碑盛行一時，名家亦輩出，但是我們看趙子謙吳缶老等的書蹟，總覺得劍拔弩張，神色浮宕，發越太盡，沒有冬心西園諸家有渾噩靜穆之趣，一種是時代關係，一種恐怕是學問及胸襟的關係了。當時西園冬心書法，極爲名流贊賞，板橋絕句道：『西園左筆壽門書，海內朋交索向予，短札長箋都去盡，老夫贋鼎亦無餘。』可見流行之盛，同時已有僞品了。冬心六十餘歲時，曾爲授鶉居士寫金剛經一卷，居士精刻成册，遍施於天下禪林，流傳至朝鮮日本等國，都視爲珍品。冬心畫竹，以眞竹爲師，雖居揚州，無石濤一派習氣，與鄭板橋爲好友，自稱相親相洽，若鷗鷺之在汀渚，但畫竹一肥一瘦，各不相襲，各極其妙，其畫竹題記道：『同能不如獨詣，衆毀不如獨賞，予于畫竹，不趨時流，不干名譽，叢篁一叢，出之靈府，淸風滿林，惟許白練雀飛來相對也。』畫竹時尙墨筆，冬心除墨竹外，又畫雙鈎竹，飛白竹，又時常作朱色竹，別出新意，古雅獨絕，自謂老文坡公，亦無此法。華秋岳（嵒）本工蘭竹，見冬心畫竹，亦深加贊許，爲之揄揚於羣公間，道：『卽以宋李息齋的畫竹相比擬，亦恨少此題記數行呢！』冬心畫梅，得法於皇蟾、楊補之，時人畫梅，往往畫老幹蝌蠹，疎影橫斜，他却畫繁枝密蕊，結構妥貼，不任筆使氣。同時友人汪巢林畫繁枝，唐西唐畫疎枝，寫梅俱負重名，他出乎町畦之外，自稱在不疎不繁之間。後來喜歡畫馬，略師隋胡環唐韋韓遺意，皆畫西域大宛國種，用筆雄俊，赤喙墨身，耳如批竹，尾若擁彗，所謂駿裏神馬，自謂別開生面，趙子昂亦不足道。現在覩其遺跡，覺得並不是胡吹，確能獨樹一幟的。七十歲以後，喜寫佛象，面目神態，衣褶

勾勒，亦不與南丁羽陳章侯同法，自謂其古氣渾噩，全是六朝神品，唐宋間無此奇古，張浦山畫徵錄說：『其布置花木，奇柯異葉，設色尤異，非復塵世間所覩，蓋皆以意爲之，問之，則曰：貝多龍窠之類也。』張浦山是鴻博同徵友，又時時往來揚州，見眞蹟很多，其言殊爲確切。年七十三歲時，又自寫肖像，加以長題，遍寄至交好友，如丁鈍丁、羅兩峯、朱二亭，龍興寺滿長老、鄭板橋、棲霞上禪堂松朋士及項均等人。山水不多畫，在十餘年前，曾見張大千所藏風雨歸舟圖立軸，筆墨精采，紙地潔淨，標價千金，到今日出售，恐非萬金不可了。

鄭板橋文集，只刊家書十餘首，不刊其他應酬文字，因爲家書議論率眞，能够表現其個性，流傳於流世，冬心散文，亦祇刻題畫記五種，一般人公認，他的題記，尤勝於詩，普通畫家，不善書法的，不過題姓名歲月，惟有冬心的畫，不可無題，而且不嫌其長題，題句清麗淵雅，書法精整古厚，印泥印章，無一不佳，竟似現在電影一樣，是屬於綜合藝術，爲我國文人畫的典型作品，五種題記，美不勝收。

冬心晚年，有兩個得意弟子，一是羅聘，一是項均，冬心說：『初習詩，聘得予風華七字之長，均得予幽微五字之工。』後來學畫梅花，聘用筆勁挺，放胆作大幹，極橫斜之妙，均用筆秀逸，小心作瘦枝，極蕭閒之能，冬心小幅册頁，項均時爲代筆，得者莫辨，冬心亦直說不諱，山陰俞青原著讀書閒評云：『金壽門客居維揚，兩峯師事之，每作畫，乞其題詠署名，人遂爭購，其實壽門並未嘗有片楮寸縑之作。』因此，有人疑心冬心實不能畫，畫是兩峯代筆，這是不足深辯的，第一，冬心在三十二歲時，已爲鮑西岡明府作督牛犂我田圖，樊榭題五律一首，自已又有畫蘭竹詩，可證明其早年已能畫；第二兩峯字學黃山谷，其畫用筆挺拔，與冬心畫的古拙蘊藉，趣味根本不同，一見可認；第三兩峯長於山水人物，梅竹雜卉，還讓老師獨步，至於題記，更不如多了。

冬心除書畫外，精於博物，板橋懷人絕句詠冬心道：『九尺珊瑚照乘珠，紫髯碧眼聚商胡，銀河若問支機石，還讓中原老匹夫。』是極佩其博物。蒲州劉仲益題他四十七歲小像曰：『堯之外臣漢逸民，蓍簪韋帶不諱病，疏髯高顙全天眞，半生舟楫蹄與輪，詩句到處傳千春。』却又崇仰其人品與詩篇，此外，又精於製墨，他曾收集舊墨，擇其精品，搗碎後，另加香料輕膠，千錘萬杵，製成五百斤油墨一種，其形長方厚闊邊，兩面皆作漆書體，正面書五百斤油，背面書冬心先生造，面字陰文，背字陽文，字體極肥，約重七錢，當時極爲名貴，所以此種墨贋品極多。以徐子晉之博覽好古，在同光年間僅得見眞墨大半段，其他都是僞品，可是現在鄉間村塾兒童，所用極劣極臭，其質如泥之墨，却也名之爲五百斤油，冬心生前，愛好天然，萬不料後世有這樣的煞風景事，地下有知，將怎樣的抱憾呢？

古今合訂本第一册
每册實價十五元
國民新聞社總經售

0337

明喬白巖守南京記

何海鳴

金陵龍蟠虎踞，成爲一代帝王的雄都，在歷史上當以朱洪武一朝爲最顯赫。蓋自孫吳都此以來，歷東晉及各南朝，以至五代南唐，類皆爲分鼎及偏安局面，並未能據此以淹有中夏。唯朱明定鼎於斯，統一南北，使成爲名符其實的帝都，要可謂開已往未有之盛。但明室奠安未久，再傳至建文，有靖難之役，南京既破，國都北移，雖仍視爲留都，崇其體制，然所存者究是虛號，金陵王氣，便仍然黯淡無色了！

明人鄭淡泉，嘗謂：『金陵形勢，山形散而不聚，江流去而不留，究非帝王之都。』雖批評得尚爲有理，然亦是先有成敗之見，橫亘於心，方說此現成話。如謂山形散漫，固不如北京西山的一脈雄偉，而江流去而不留，却有語病，天下寧有留而不流的江水嗎？只是大江東下，滔滔滾滾，水流太促，古詞人墨客以之象徵歷來南朝興亡之速，則不無感慨罷。不過南京在明室諸代中，以究非實際上的帝都所在，倒也粗安無事，得保昇平，致留下秦淮板橋十六樓風花繁華的勝迹，也未始非不幸中之幸。至最後崇禎一朝，流寇犯闕，北都失陷，清兵入關平亂，南都遂再成偏安一隅的局面，而燕子春燈，爲時非久，及清兵南渡，福王出降，此留都遂亦與明祚俱亡，徒供後人憑弔了！

雖說，這留都在靖難一役以後，在明室二百餘年中，卽未再遭遇何種特大變故，但有時國家多事，也不免在暗中仍潛伏有莫大的危機，致引起南京人民的惶恐。如明成祖死後，其另一子高煦，孔武有力，卽曾一度謀反，仍思循成祖故轍，以叔代姪。當其反樂安州時，知州朱恆，勸其直趨金陵，先據舊都以自雄。而僚屬等偏譖朱于高煦，說朱是南京人，所獻策乃專爲一身一家之謀，無關大計，高煦遂不采其議，逕率師北向，至於失敗，爲姪子捕去，貶爲漢庶人，囚禁宮苑，鎖以巨鍊，壓以鐵鼎，輾轉呼號而死。這個朱恆雖不知是南京何處人，但其言如果能用，由其率衆以逕犯鄉里，南京便不幸而有此一南京人，反爲南京招致一番殃刼了！亦幸而此一南京人不走運，計未得行，南京就又平安度過一難。

又至明武宗時，正德已卯，藩王宸濠在江西謀逆，率師東下，欲取金陵，此石頭城遂又平添一度風鶴之警，岌岌可危。而其時鎭守南京的，是喬白巖，虧他很能鎭定，才把南京保住，以了此一場禍變。是喬公守南京之功，要亦不亞於土木之變時守北都的于謙，茲考其軼事，拉雜爲作是記，藉爲南京留一紀念。

喬白巖，山西人，官南京兵部尚書，負有城守之責。初聞宸濠已反，以贛寧相距匪遠，卽亟亟預謀戰守之具。一時草創皆備，率九卿臺諫籲天，誓以死守，每城門設文武大吏二人，專任防務，城中伏精兵二支，以防不虞。先是，宸濠預遣死士三百餘人，混入石頭城中，伏匿於鼓樓街一攬頭家爲內應，待期而發。守備太監劉琅，陰與賊通，實預其謀，喬先縛攬頭至，一訊而得其實情，依次捕拏餘黨，悉斬於江岸，賊計始爲少沮，這是喬安內攘外的一場首功。

喬能知人善任，于微聞宸濠反訊時，即預選一指揮楊銳，許其有應變定亂之才，言於巡撫李，擢署爲安慶守備，臨行諭之曰：『安慶南都上游，密邇江西，賊計汝必先知，知則亟以告我。又賊發必先攻安慶，攻則汝以死守之。』未幾，楊果隨時供給南京以緊急情報，得預爲之備，及賊攻安慶，又爲楊所敗，南京始免於兵厄。

但當宸濠兵敗之後，以一王守仁已足平亂而有餘了，偏偏那位少年好事的明正德皇帝，爲權閹江彬所惑，竟放開了馬後砲，要於此時作御駕親征的大舉。其實這位風流天子，不過是看覷上了江南的富麗，想藉此假公濟私，仿傚一回隋煬帝的下江南觀瓊花，物色一些南中的美人李鳳姐，供他玩樂而已。王守仁諫不住，這位哥兒便浩浩蕩蕩的率著御林軍直趨南京來了。

皇帝的兵馬已到，恰巧江西亂事已經平定，宸濠也已經爲王守仁所俘獲。這位皇帝在好大喜功的脾胃上，很不過癮，幾乎要怪罪王守仁平賊太快，爲何不等他來露一手，歸功於天王老子？便恨不得要把宸濠暫時放掉，仍闢一塊假戰場，令宸濠再與皇帝交手鏖戰一回，生擒過來，才算此行不虛。然而這樣子做法，究未免太近兒戲，也多少有點危險性，經過羣臣再一度苦諫，方才取消。可是掃了皇帝的興，滿懷抑鬱，權來到了南京歇馬，這更使南京百姓多一番供應之繁，並也顯得不易伺候。

這其中還有個更大的難題，是這位哥兒皇帝，不過是權閹江彬的傀儡，一切事全是由江播弄教唆出來的，伺候好了皇帝不算，更須伺候好這位江彬，才能算數。這江彬又非常的可憎，專權恃寵，焰傾一時，親統了邊兵數萬，隨著帝駕來屯聚南京，四面都傳說他心懷不軌，也將利用天子在外乘機造反。在此反跡未彰之時，既尙不敢輕於得罪他，又不得不防範未然，免得禍起不測。於是這位喬大司馬，守南京禦宸濠還算易爲，而伺候天子與應付權閹，預防禍患，實在比躬擐甲胄以守城池還爲難得多了！

幸喬有大臣風度，能明識大體，持身以正，頭一陣使便先顯露出一點錚棱的風骨來。正德帝初到南京，設行在，例應使百官來朝。江彬忽傳旨，命諸臣須以戎服覲見，蓋藉此以暗示乃軍事非常時期，可便宜以行軍政，俾暢所欲爲，毋敢有所異議。喬乃抗言：『兩京禮儀一體，豈宜有異？況叛逆已平，亦非戎馬時矣。』遂朝服率諸寮如常儀以進，帝亦任之，并加銜爲軍參贊。江彬甚恨喬，喬唯以雅量鎭服之，江欲搆蜚語相陷，使其黨訪摭喬劣迹，無所得，南京人民，亦衆口頌喬，陰謀乃不得遂。

一日晚，江彬忽遣人索城門鎖鑰，人人驚駭，不知所出，督府告於喬，喬曰：『守備所以譏非常，城門鎖鑰，孰敢索？亦孰敢與？雖天子詔，奈何！』督府即以喬言拒江，竟寢。似這樣一段剛正守法的史實，求之一切古名臣傳中，要不多見。但古名臣此類軼史之一頁，多傳爲人間佳話，獨喬之懿行不彰，治史者誠不得不力爲表揚！

喬之明大體，即屬些微小事，亦多所顧全。武宗在南京行宮，諸司朝參時，有景前溪者，固當時名士，時爲國子司業，以腹大而矮，跪參時幾不能俯，頗失朝儀，江彬即大聲叱問：『第幾班第幾人，是何衙門官？若司業，亦是該拿人數。』喬應聲曰：『是國子監！』堂上官遂不拿，蓋出于一時權宜，而能全朝廷待儒官之體統。古有云：『此人宜在帝左右。』

喬誠有之！

江彬在寧，又每每假傳旨多所索求，如盡遂其欲，所苦者無非還是南京的百姓，能免于宸濠的兵厄，而不能免于權閹所部的婪索與榨取，豈不仍非保土安民之道？喬甚愛民，不憚力與江爭，每得僞旨必請面奏，以揭其姦，彬計格不行，便也虎頭蛇尾，索求得不那麽窮凶極惡了。都城帖然，民不受害，要亦由喬之賜。

喬亦有輔佐二人，相與協力，其一爲寇天敍，原應天府丞，時缺尹，由寇署印，其一爲王偉，任南京內守備，卻也是個太監，比江彬好得多，故三人同心，共保南都，得收奠安之效。寇天敍亦晉人，與喬同鄉，持正不撓，不亞于喬。其人軀幹頎碩，目微短視，每日戴小帽穿一撒坐堂，自供應朝廷之外，一毫不妄用，江彬有所需，每差人來，寇初佯爲不見，直至堂上，方起座立語，呼爲欽差，語之曰：『南京百姓窮，倉庫又沒錢糧，無可借辦，府丞所以只穿小衣坐衙，專待拿耳。』差人無如何，逕去回話，江彬知不可動，後亦不復來，省卻麻煩不少。似這般好的地方官，原也是大得值稱讚的！

喬之折服江彬，以江爲不學無術的小人，亦不惜多從小處以奇計屈之。江都督所領邊兵，多身高體壯，膂力驍勇，爲西北勁卒，江以是自負，每陳兵市上示威，所行多非法。喬乃於南方武教師中，密選矮小精悍者百人，每日與江都督相期，至教場中操演比試。南人輕捷，跳趫行走如飛，北人咸笨拙，一交手，被南人短小靈便者，或撞其脇肋，或觸其腰胯，輒翻身僵仆。江大爲沮喪，方知天下究多能人，彼之武力，非盡可恃，因而所蓄異謀，亦不覺潛折而知所畏忌了。

更有一滑稽的演出，世傳武宗游幸牛首山時，山靈夜吼，江彬驚怖，雖預謀叛逆而屆期不敢舉動，盛仲交作牛首志，亦載此山吼之說，以見聖天子之『百靈相助』。但事實上原不如此，亦幷無山吼之理。明人周暉，字吉甫，後曾游牛首山，便尋老僧，焚香煑茗，談因果，說山中故事，舍利塔下，有一老僧，法名明壽，號禹延，出家弘覺寺，修持六十餘年，曾揭破了這祕密道：『正德十五年七月初三日，車駕駐蹕牛首西峯祠堂中，說者謂江彬有異謀，山靈夜吼示警，實乃訛以傳訛。當時從駕數千人，僧房處處占滿，殊再無措足地，師兄明智，遂露宿於塔殿臺基上，夢中翻身，忽爾墮地，不覺大叫，驚動三軍，一夜傳呼不息。江彬大怒，派兵紐鎖住持及明智進城，欲加以驚駕之罪，賴喬司馬憐念僧衆，托詞山吼，以竦動軍心，亦且解釋僧罪，乃得放住持與明智歸山。』可見這山吼之說，也是喬臨機應變，權詞造出的。筆者少時在新軍中，亦曾經歷過此種軍營夜吼之事，係由於一兵士夏夜貪涼，移睡床下，另一兵起溲，誤蹴其身，遽發狂喊，遂波及全軍，洶洶然譁騷成一片，歷一刻始息，自更信此老僧之說，決非山吼。

正德帝與江彬在南京騷擾了一陣，駐蹕已久，不知何日回鑾，南京人心理上究屬不安，并還須隨時小心提防江彬那廝鬧出事來，更是地方之累，也終由喬苦心孤詣，倡九卿臺諫，三上章勸請返蹕，才得到武宗允准，訂期啓駕北歸，喬復親扈從到揚州，方才了却此一番大事，辭駕而還，後來南京父老子弟，追念他這一番保安南京的勳德，每稱頌不衰，自是南京地方歷史上值得傳留的一件事，可是年代相隔已久，由明迄清以至今，南京人也幾乎全不曉得有喬公白巖了！

談鄭孝胥詩

海藏樓詩的全貌（下）

陳寥士

六　出京與入京

海藏以戊戌九月出京，有戊戌九日虎坊橋新館獨坐偶成詩（見前），至庚戌七月入京，凡十三年。有七月二十三日入都居賢良寺云：『前朝夢斷十三秋，闕下車聲在枕頭。胡騎黃巾歸稗史，劉郎道士各山邱。自殘母子恩同盡，永訣君臣恨未休。身似銅仙移盤去，回看鉛水淚難收。』

辛亥九月出京，至癸亥七月入京，又是十三年。而且出京都是九月，入京都是七月，好像冥冥中有定數的，作詩道：『世棄天留等可哀，黍離荆棘更能來。還從銅輦尋殘夢，早向昆明辨刼灰。呑炭漆身殊未避，觴山逐日漫相病。兩朝國士虛名在，骸骨那堪比郭隗。』

從癸亥到乙亥，又是十三年了，四月十九日辭官得允云：『行年七十六，自詡好身手。雖曰非健兒，亦未齒羸叟。今朝得解官，快若碎玉斗。屈伸數張臂，嘘嘯頻嚗口。千秋酸寒徒，豈易覓吾耦。營營鼠窟中，莫復論誰後。造物定何意，留此老不朽。知我者天乎，問訊堂下柳。』又述意云：『投門避地久周旋。遼左龍飛信有天。紀事會須成本末，崎嶇又歷十三年。』『皎然進退自分明，中止休疑業未成。天道從來看後起，只將白髮待遼京。』一飲一啄，莫非前定，海藏的進退，好像都是預定的。不問他的毀譽如何，看他始終一貫的人格，自具有相當的價值。

七　論交遊

海藏和顧子朋（雲）王幼霞（鵬運）袁爽秋（昶）沈子培（曾植）張香濤（之洞）陳鍼齋（與問）張季直（謇）嚴又陵（復）陳石遺（衍）端午橋（方）陳弢庵（寶琛）陳子言（詩）易實甫（順鼎）朱古微（祖謀）李拔可（宣龔）周梅泉（達）樊樊山（增祥）夏劍丞（敬觀）陳伯嚴（三立）諸貞壯（宗元）趙堯生（熙）孫師鄭（雄）陳仁先（曾壽）李審言（詳）周立之（學淵）李釋戡（宣倜）等均有唱和。他的雜詩云：『城南朋好誰相憶？定是丁陳與沈黃。海上昨逢潤州守，一時回望奉先坊。』下斜街金之奉先坊，可莊所居。丁陳謂叔衡弼宸，沈黃謂子培仲弢。可莊時出守鎭江府。又云：『江海論心有幾人？葆眞季直最相親。治河策上仍爲客，種樹書成未療貧。』葆眞遊河帥幕中，季直家居，方究樹藝之學。又云：『石頭城西去來客，路熟深慚衾山碧。山下詩人顧石公，念我狂癡時歎息。』這三首詩中，也見他接近的幾個朋友。上面所提的顧石公，名雲，字子朋，爲江寗七子之一。石遺序海藏詩，後一段云：余嘗語君詩爲友朋而爲者居多，然往往有數友朋焉，爲彼爲之而常工，爲此爲之而不盡工者，豈其意之屬不屬，如靈運所云對惠連輒有佳句歟？然又有刻意求工而不工，不刻意求工而轉工，又所謂佇興而得者歟？二者事理乃相反，則或者其工力之至與不至，不至者不刻意則轉工，天之事也。至焉者，意所不屬，亦天之事，意所屬，又學之功歟？子培工爲詩，而不常爲，常言吾過蘇堪則詩思自生，爲之亦多工。弢庵詩爲謝枚如張幼樵而爲者，常工于他作。蘇堪工者固多，而爲子朋而作者，則尤工且無不工。是數者于前數說必有合者也。這一段話說得很妙。

集中爲子朋作者，如『題顧子朋齋壁』『雨中宿子朋齋臨烏龍潭』『薛廬同子朋待月』『三月三十日顧子朋招集薛廬』『五月連雨答子朋』『子朋屬題山水小幅』『上海旅次酬顧五子朋』『哭顧五子朋』『二月廿六日雨中詣雨花台安隱寺奠顧五子朋』等詩，確是篇篇都工的。哭子朋詩第三首，有『爲君詩常好，世論實不易』之句，是他自己也承認了。石遺室詩話中，曾摘其篇章，玆不複述。

八　濠堂與盟鷗榭

海藏在南京有濠堂，在漢口有盟鷗榭。

濠堂落成于丙申年，有詩云：『惜哉此江山，與我俱不偶。廿年去來迹，知者有鍾阜。作堂臨濠上，終日對戶牖。泊然疑可老，豈屑問誰有。聊忘孤生哀，亦避世事醜。吾言甯欺天，有如堂下柳。』次年丁酉，又作濠堂詩云：『抱城水南流，春來綠漸肥。蔣山繞其北，白雲相委蛇。精藍割山光，修竹何猗猗。岸迴林稍密，桃李能成蹊。置堂于此間，非瓦而茅茨。據榻攬峯岫，開窗弄漣漪。堂前何所有？魚鳥最忘機。堂後何所有？兒女從頑癡。堂中何所有？夕陰與朝暉。壁間復何有？舊偈兼新詩。人言此堂陋，華廡宜纖兒。或云此堂偏，當路誰高栖！自從堂之成，使我壯志虧。甯馨必匿笑，焉知曠士懷！』從濠堂可以看出隱居時的旨趣。

盟鷗榭落成于庚子年，有詩云：『畸人雖無心，戲具未遽擲。盞頭第一把，取足甯吾魄。去江不十步，矮居久欹側。我來掖使正，意外忽有獲。取山置南窗，決天入東壁。白鷗果來下，欲與我爭席。拊楹一長歎，頓失向來窄。是時蟾將圓，百里漾皓邑。中宵風何怒，驚浪拂簷白。暄涼理相召，此變固已劇。超然獨燕處，熟視忘語默。玩物未可非，喪志乃一適。』又盟鷗榭偶占云：『風從金口來，入我盟鷗榭，欲尋半日閒，臥看斜陽下。』盟鷗榭雨夜獨坐云：『江聲定奇絕，氣涌如排山。忍寒吹燈坐，得意風濤間。』『風江已自豪，妙雜秋雨響。沉寥不可名，閉目試一往！』這又是一種蕭閒境界，與濠堂不同。

後來他在詩中常常回憶濠堂鷗榭，如五月十三夜同中照望月云：『君言對月宜臨水，無水眞成負此樓。鷗榭濠堂無覓處，還如落月在心頭。』在他的一生行藏中，自有可使他引起紀念的地方。

九　詠花木

海藏詠花木詩，也多是集中的名篇。如詠櫻花，海棠，紅梅，牡丹，桃花，梅花等，都是顯例。

櫻花詩七律四首，傳誦一時。如『映日橫陳酣國色，倚風小舞蕩天魔。』『顏色不辭脂粉汚，風神偏帶綺羅香。』『薄醉乍蘇沈宿夢，凝妝纔就寫全身。』『春歸滄海剛三月，骨醉東風又一回。』花下又作歌起句云：『海波照天花照地。偶着詩人作園吏。園小偏收海外奇，詩成便向花前醉。』又結語云：『彼都共語更有誰？只合喚花作吾輩。』確是詠櫻花，不能移詠他花。又『風雨花盡，及風雨旣過，有二株粲然獨存憮然賦之』二首，亦皆神妙。其他佳句，如『離合神光看不厭，乍陰乍陽明復暗。』

如『花光如水水欲逝，開到四分方絕世。』都可爲櫻花生色。

詠櫻花七律四首，詠海棠紅梅也先後各四首，工力悉敵。海棠佳句，有『胭水粉痕空寫照，濃春好夢費疑猜。』『三月繁華渾醉後，一春桃李總顏低。』『沈醉春風園日氣，斷紅人面擁花光。』『朱欄玉砌休論命，宿酒殘粧欲破禪。』紅梅佳句，有『罇前索笑寒侵手，樓角尋詩雪滿身。』『春回小閣詩初就，煖入朱脣笛未終。』『斷橋流水相逢地，絕代朱顏一笑時。』『正教雪重終難壓，猛覺春酣只半開。』又題齋海棠一律，句云：『多郎昨夜關心雨，子算平生欠汝詩。』可謂此花絕唱。

對牡丹作，『香重渾成醉，春酣欲化光。』十字抵人千萬。

三月初五日攜家人往龍華觀桃花至則已謝，七絕四首，有惘惘不盡之致，余最愛誦之。詩云：『老去春歸最惘然，龍華花事誤今年。春光祗在殘紅裏，搔首何須更問天。』『處處池塘是綠陰，春歸何處試追尋。游龍流水空惆悵，未抵詩人一往深。』『誰遣春陰換夕曛，江頭暗蘼蕪天雲。回車自覺無才思，祗道來遲問細君。』『十里花光耀綠波，經旬情事邈山河。劉郎乘興殊愁晚，拋盡華年奈汝何！』

清友園探梅四首，如『誰見春風甘寂寞，朱霞白鶴滿空山。』『一段荒寒誰解賞，松梢遮莫揭春旗。』『他時屈曲山中老，長配先生爲汝來。』『流落中年仍世外，梅花數點憶中原。』均不作寒酸語。

十　友愛及悼亡

海藏與弟稚辛（孝檉）最友愛，送稚辛的詩也很多，說家務字字逼眞。如書檉弟扇第二首云：『二兄久食貧，被酒語跌宕。門戶要人興，兩弟齒俱壯！』寫得聲音逼肖。他如送檉弟入都，送檉弟赴滬，送檉弟之日本（前二首後一首），又贈栗兒詩二首，都有至性至情語。

他對於兒女，更覺得舐犢情深，如示大七，書女景扇，示女景兒垂二首，思小乙，小乙忌日，正月三日憶小乙，哀垂，等篇，語皆切實而沈痛。又述哀七篇，對於骨肉之間，更爲悽感萬分了！

戊辰悼亡，閏二月十日中照以微疾卒於滬，攜景垂自青島航海，十八日到滬云：『啓棺一視眞長訣，面色如生識汝哀。四十九年緣頓盡，不留十日待人來。』傷逝云：『偕老亦既老，所欠唯一死。先行子不殫，繼往吾何餒。小別良可哀，顧此堂下晷。叩棺幸未闔，累喚寧能起。素衣空輯枝，雪涕隨逝水。相從五十年，十日靳我俟。茫茫望前路，目極天與海。』又云：『入室日已晏，離魂在此榻。冥追試就枕，藥氣猶纏褥。中宵影隨形，徙倚還蹀躞。呑聲端有失，苦淚空凝睫。心知成永訣，未免戀一霎。我如夢爲周，君如夢爲蝶。』又云：『去年菊花時，廊下偶攜手。花前憔悴人，悵然若難久。當時苦無覺，輕別將誰咎。一悲悲何窮，怪忽餘鰥叟。』二十夜云：『我如夜啼烏，繞枝覓其偶。斜月忽侵帷，定是魂來否？追尋竟何得，遺像空在手。東方未遽明，默坐復良久。』廿一夜云：『雙栝方競翠，東栝方自枯。哲人嗟其萎，不祥理難誣。自我羈行在，花時歸相娛。今年來何晚，遇閏稽就途。病中空悵望，別語一字無。及尸豈爲見，終古纔須臾。』廿二夜云：『斯人夜不眠，曉帳必猶褰。披帷無所見，旁皇此爲甚！几榻毋輕移，起坐素深諗。頗疑接聲顏，髣髴氣微凜。平生太常齋，如泥恨空飲。』廿三夜云：『死生雖云隔，豈能隔吾情。吾情無生死，一意通幽明。新魂必迷罔，自痛離其形。旁觀骨肉哀，悽慘倍於生。生者能爲主，依戀終相縈。生者苟漸忘，無歸愈飄零。委形如爪髮，朽腐難爲靈。聖人識情狀，致齋極精誠。立尸而後祭，何疑於禮經。』廿四曉云：『哀情易傷春，飛花正如雪。花前思往事，無處不悽絕！昨朝花始開，今日花將歇。我雖非落花，彈指必俱滅。逝者固已辭，存者行漸別。眼中親愛者，一一愁見奪。與君永今朝，爲予誓皎日。』廿五曉云：『人亡月半規，今夕已下弦。碧天玉指甲，餘恨何悽姸。闌干誰復倚，杳杳遂長眠。我爲夜起翁，殘宵獨周旋。聊堪伴孤魂，莫言死相捐。』初二曉云：『死狀即若寐，熟寐元無知。有知無知間，誰主此可疑。生短死則長，死安生甚危。聞道可夕死，旣死終焉歸？無知信無涯，有知能幾時？莊生與釋氏，毋乃皆沈迷！』初五曉云：『回首相從五十年，眞成一夢送華顚。他鄉久客始埋骨，苦調孤彈更斷絃。此世人無勝天幸，未亡我乃讓君先。誰知夜起庵中客，夜夜驚魂落月前。』三月十一夕云：『癡頑可是戀人間？死別猶傷去不還！漸悟餘生元易散，盡成往事杳難攀。孑遺豈識天何意，磨折方愁老益艱。却道明朝又生日，莫將情況問初鰥。』五月十七日云：『子藏不復見，萬事已云畢。我如魂之遊，猶然視白日。幽明均一逝，何者爲眞實。一棺已入土，餘地足同穴。地下恐無知，生存獨難別。行時畏回顧，掃榻留虛室。去來定何歸，放歌聊作達。』十月十五夜落月云：『悽清月色無今古，寂寞人間有死生。霧閣雲窗忽今夕，只將涕淚送西傾。』這一類的好詩，眞是鈔不勝鈔了！此老篤于伉儷之情，爲悼亡詩創一新紀錄，亦一奇蹟。古來悼亡，共推元相遣悲懷三首，後世作者，文勝于情，詞藻太多，佳搆遂少！海藏諸作，謂之冠絕古今，當非溢美過譽。那年海藏六十九歲，中照夫人已七十有二了。

十一 磨墨

海藏不但工詩，而又工書，四鼓即起，磨墨直至天明。大約悟到人不磨墨，墨也要磨人的哲理，所以視磨墨爲一種有趣味的工作。

他的磨墨詩云：『盥漱衣冠只四更。慣將磨墨遣閒情。不辭漆黑休燈坐，磨出窗間一日明。』又云：『半池秋露起元雲。宜與幽人伴夜分。湛碧凝香徐作暈，鎔脂轉玉靜無紋。神遊物表心誰契？手揭天槳意已醺。磨墨磨人更休問，憑將淳酖入深文。』是前人沒有說過。

我題海藏詩，有『四更磨墨天終曉，一老傳詩力豈微。』就將他磨墨一事特地指出。

十二 全集的起結

海藏樓詩，始於己丑，以『春歸』列第一首，論詩者說他具有深意。詩云：『正是春歸却送歸，斜街長日見花飛。茶能破睡人終倦，詩與排愁事已微。三十不官寧有道，一生負氣恐全非。昨宵索共紅裙醉，酒淚無端欲滿衣。』

第十三卷終於丙子，以『一閒』『神往』二首殿後，亦具有深意。一閒云：『坐聞車馬喧，始覺身已退。免爲世人役，未改少年態。一閒氣自充，渺爾千百輩。無求信至樂，造化猶我載。庭除日洒掃，甚潔頗可愛。意中有高樓，何日果相對。及時先樹木，逸興誰能敗。我懷柳下惠，不易三公介。』神往云：『閑閑一老人，衣食不須紀。平生了萬事，抱膝忽在此。耳聰目亦明，無病聊自喜。已忘胸中書，幷歸文字軌。逍遙輒終日，諸念絕不起。夢中惟舊京，神往即我里。城西得荒園，種樹今稍美。淵明歸去來，足以娛暮齒。』靈晛謂這二首純乎是陶。一閒氣自充，五字足抵退之答李翊書。此學養到可以自信語。紀文達謂東坡纔出杭州，詩便深警，識得此意。我謂一閒氣自充的氣字，是回應一生負氣恐全非的氣字。

序四幕劇『餘生』

柳雨生

一本書應該不應該有序文，本來可以有反面的和正面的兩種答案，我呢，却是覺得有一篇序要確當一點。在中國，序的意義最早不過是文章外的說明，類似後世的『解題』，這個由作者自已來寫寫本來也是未嘗不好的，因爲對於作品的本身最能够了解的莫過於作者自已。然而有些時候，由作者的朋友以一個讀者的地位在旁邊說幾句話，也並非絕對的沒有價値。問題還是看序文的本身撰寫的動機。阿諛的文字雖然常常可以討好，然而也不過是常常而已，有的時候高明的作者和讀者還是討厭居多的。由此也可證明今日做文的難處了。

我曾經請人做過幾篇序，也替朋友的書做過幾次序，遂感爲書做序之難。然而『餘生』這個劇本是好的，它沒有太重的說教的氣息，像最近五六年來我們所看到的那些以暴露或煽動爲題材的許多劇本；它也沒有過甚的幻想的情緒，像流行的那些刻繪原始的粗獷而眞率的熱情的作品。爲什麽呢？因爲它沒有逃避開現實，相反的，我們可以從它的每一幕，每一段的辭句裏面，看到劇中現實的環境對於劇中的每一個角色的影響。他們受到某種的刺激，都隨着他們不同的環境和地位，立刻發生相當的感觸和反應，每個人感觸所及的情況固然不同，因受到刺激而發生的反應也未必一樣，但是他們對付事物的態度都是隨着環境的轉移而變更的，雖然在劇情的發展中他們力爭着他們個別的主觀的立場，有的不忘情於過去，迷戀着舊的生活形態的骨骸，有的時刻懷藏着爬上去的念頭，利用新的變化改造了自已的地位，有的對現實的環境的變遷表示極端的不滿，要求反抗和鬥爭，有的又想在相對的接受環境的轉移的立場上，另謀創造出一塊新天地。他們都沒有離開他們的環境，他們都很自然的接受環境的支配，但是在接受環境的客觀的條件之下，他們的個別的態度却不免時有變化，於是在整個的大的環境裏面，他們演出了保守的和改造的衝突，壓迫者和反抗者的鬥爭。熱情的戀愛敵不過尖酸的世態，更敵不過舊社會的誘惑和迫害；純潔的青年從反抗中獲得學習，獲得經驗，但是孤單的力量終於屈伏在內在的和外來的妥協的要求之下；野心的資本家在表面是進行着他的偉大的企圖，在內心裏却也不免透露出他的空虛的缺陷，結果在受到其他的外來的愚弄和損傷之後，不得不自動謀求根本的解決難題的辦法；聰明的女兒顧慮到家庭的不幸的遭遇，同時更進一步的尋找困難的癥結，她不甘屈辱，但是也不肯自傲，她瞭解現實的環境，同時更在不幻想不誇大的認識環境的前提之下，擔當了前程的艱難的任務。這裏面交織着喜怒哀樂的種種的新的刺激，構成了這個四幕劇本的複雜的內容。

也許有些讀者們要以爲這個劇本是有意的針對着當前的現實問題。我的看法是這樣的，這個劇本在內容方面，決無任何描寫現實環境的企圖。我以爲它的創作的動機，不免受到近代法國自然主義的戲劇大師亨利白克（H. Becque）的影響，尤其是他被譽爲法國近代劇的模範作品的『羣鴉』（Le Corbeaux）。亨利白克的作風，最喜歡作世態的描寫，多半是些露骨的社會道德的改良劇。這一類的劇本，雖因作家的氣質不同和描寫手法的差異，但無不特別重視生活的現實，無不主張戲劇的本旨，是要以科學的方法做人生的記錄。因着『羣鴉』這個動人的劇本出現之後，不久自由劇場運動就跟着而興起，這一班自由劇場(Theatre Libre)的作家們，在近代戲劇史上發動了一種劃時代的明示，破壞了典型的戲劇幻念，而以在舞臺上重現實際人生的表現為依歸。亨利白克的『羣鴉』，充滿了現實主義的精神，這種精神，也就是十九世紀後半期的近代劇的主潮，也可以說是現代戲劇的前驅。『餘生』和『羣鴉』的不同，是在形式上，『餘生』可以說是從『羣鴉』脫胎而來的，但是除了第一幕大體像是改編之外，第二幕以下，簡直可以說是重寫。人物的個性的描寫，角色的增減和繁重與吃緊的改動，尤其是第四幕的收尾處，不但在情節上和『羣鴉』不甚相同，並且它更客觀的代表了一種積極的向上的意識，和『羣鴉』的專門描寫現實生活的污穢和苦痛，完全兩樣，所以我們可以說『餘生』是一個創作的作品，不是一個改編的劇本。但是『餘生』這個劇本雖非改編，却不能够說是並未受到亨利白克的名著的影響，我們用這一點去說明它在內容上並無什麼描寫現在環境的傾向，應該是最恰當的見解了。

但是任何好的文學作品都不能脫離現實，戲劇自然也不是例外。最近幾年我國的戲劇運動，未嘗沒有絢爛過一時，但絢爛的時候，在建設的基礎上既沒有能够弄得很穩固切實，到了絢爛之極，歸於平淡。缺乏劇本的苦痛，更使一般愛好戲劇的人們感覺到異常的困難。『餘生』的作者在過去十餘年中，寫過了不少的劇本，在戲劇運動中也曾盡過一番辛苦耕耘的氣力，這一個『餘生』現在有機會印出來，我用一個普通讀者的立場去批評，是希望它會得到大多數人們的同情的。並且我更懇切的希望，中國的戲劇運動不要因為遭遇到任何困難和挫折就此停滯不進；相反的，我們要順着時代的自然進展，站在每個人固有的崗位上，加緊我們的努力和克服環境的勇氣。

三十一年八月，柳雨生。

（『餘生』，四幕劇，韋盜生著，上海太平出版公司發行。）

× × ×

× × ×

× × ×

編輯後記　編者

本刊已決自下期起改為半月刊，並請陶亢德先生列名編輯，這是很值得向讀者報告的消息。

上期所預告的佳作，周佛海先生的『自反錄』準在下期刊出。袁學易（殊）先生的拙政園記，作者最近有遠行，瀕行曾致函編者，俟歸來後即行動筆。

徐一士先生遠處燕京，本社特託友人專誠奉邀，才允經常執筆，名家文字，自屬不凡；此後當更有佳作陸續在本刊發表。

此外，最近本刊又約定許多名作家為本刊撰寫專稿，如陳公博，李聖五，樊仲雲，周越然，文載道，予且……諸氏，他們的大作今後將陸續在本刊發表。讀者諸君，請拭目俟之！

華興商業銀行

專營一切銀行業務

總行：上海百老匯路

分行：分佈華中各地

國民新聞
社址：上海靜安寺路一九二六號

新中國報
社址：上海河南路三百〇八號

平報
社址：上海四馬路四三六號

中報
社址：南京朱雀路

時代晚報
館址：南京邀貴井

中央儲備銀行

中華民國國家銀行

南京總行

行址　中山東路一號
電報掛號　中文五五四四　英文CENRLBANK（各地一律）
電話　二三五四一　二三五四二　二三五四三　二三五四四　二三五四五（轉接各部）

上海分行

行址　外灘十五號
電報掛號　中文八六二八
電話　一七四六三　一七四六四　一七四六五　一七四六六（轉接各部）

資本總額　國幣壹萬萬元

	杭州支行	蘇州支行	蚌埠支行	甯波支行
行址	太平坊大街	觀前街一八九號	二馬路二九四號	江廈路十五號
電報掛號	中文五五四四	中文五五四四	中文五五四四	中文五五四四
電話	二七七〇	一八五六　六九五	二五八	七六〇　七六五

各地辦事處

	行址	電報掛號	電話
蕪湖	二馬路西首	中文五五四四	
常熟	老縣場	中文五五四四	二三一　二三三
無錫	北門內打鐵橋	中文五五四四	一六三四　一六六一
南通	西大街十八號	中文五五四四	
嘉興	城基路望吳橋	中文五五四四	一七七　一七九
揚州	左衛街	中文五五四四	
太倉	稅務橋東首	中文五五四四	四四
鎮江	寶塔路三一號	中文五五四四	二九二
常州	西瀛里	中文五五四四	
泰縣	彩衣街	中文五五四四	
東京	麴町區大手町二丁目二番地		

古今

半月刊　第九期

古今半月刊第九期目次

中華民國三十一年十月十六日出版

社長 朱樸

主編 周黎庵 陶亢德

發行者 古今半月刊社

通訊處 南京邀貴井時代晚報社 上海靜安寺路國民新聞

印刷者 國民新聞圖書印刷公司 上海靜安寺路一九二六號

總經售 國民圖書儀器印刷公司 上海威海衛路五八七號 電話三九八九一號

本刊每逢一日十六日出版 零售每冊一元五角

廣告價目

後封面	一千元
正封裏頁	八百元
後封裏頁	六百元
普通全頁	四百元
二分之一	二百五十元

國民政府宣傳部登記證滬誌字第七六號

公共租界警務處登記證C字第一〇一二號

自反錄

周佛海

知人固難知己亦非易

「人苦於不自知」，這句話我們常常聽見，足見知人固難，知己也非易事。但是一個人如果連自己都不知道，那裏能夠好好的處世接物呢？我常常站在我自己以外，來批判我自己；換句話說，就是以客觀的態度來反省，看看我自己究竟是怎樣的一個人，我平日的習慣和做事的作風，是好或是壞。今天擇其可以發表者寫出來去淸償「古今」的文債。這篇短東西，是赤裸裸描寫個人的性格，既無護短之心，更沒炫長之意，不過自反而已。

無恆心

記日記與午睡十年如一日

我最沒有恆心。無論做甚麼事，都是或作或輟，半途而廢。除却晚上記日記，飯後睡午覺兩件事，十年如一日之外，沒有一件事能夠繼續長久的。平日也學了一些修養的功夫，衞生的方法；平日也定了一些讀書的計劃，處事的程序，但是都是一曝十寒。所以弄到年將半百，一事無成。道德文章，學問事業，一無成就。這都是無恆的結果。這個毛病如不痛自針砭，將來一定是與草木同朽，那裏能為天下國家，負擔責任！

率眞

做事走直線

我是一個率眞的人。這一點，我的朋友都有共同的認識。喜怒不現於詞色，我是絕對做不到的。三句話不投機便面紅耳赤的爭起來。要想說甚麼就說，不知隱藏，不知顧忌。要我說假話，是萬不可能的。因此做起事來也是走直線。轉灣抹角的走曲線，不單是我自己做不到，而且和這類的人談話或共事，眞是要我的命。但是這究竟好不好呢？民國十七年戴季陶先生撰書一付對聯送我道：「困學乃足成仁，率眞未必盡善。」這眞是對症下藥，針砭我的知己之言。因為我無恆，所以季陶要我「困學」。至于率眞，他老實說未必盡善。影佐少將曾和我論做事的方法。他說：「做事不可用詐略，但不妨用謀略。」這也是勸我做事不要過於率眞，不要太走

困學乃足成仁 率眞未必盡善

直線。這些好朋友對我的規勸，於我是非常有益的。

爲學不能強記

我的記憶力很不好。在學生時代，曾用了七八年的苦功，想成一個學者。但是最後，我自己因爲絕望而放棄了這個野心。因爲「博聞」之後，要「強記」纔行。博聞而不能強記，任憑讀了多少書，有甚麼用處？但是說起來也奇怪，我做起事來，却比較有記憶力。

做事却有記憶力

很小的事情，當然也常常忘記，但是比較重要的事，我却一件沒有忘過。現在我每天頭腦中不知要裝多少複雜而不連貫的事，而且這些事都要去做的，但是竟沒有因爲忘記而誤一件事。每每和日本朋友議事的時候，他們都拿出一本小册隨談隨記，我却沒有記過。有一次和影佐少將商量許多要緊的事，他照例的筆記，看我仍不記，便勸我道：「你不要仗着頭腦好，還是記下爲妥。」讀書沒有記憶力，做事却能記憶，是不是古人所說的「酒有別腸，詩有別才」的意思呢？

酒有別腸詩有別才

將兵與將將

用人還是將將好呢？將兵好呢？這當然是看怎樣去運用。但我的性質，是完全將將的。一件事交給一個人，完全是「委任責成」，不猜疑，不牽制。委一個人做一件事，在他的左右前後派一些人去監視，在我的天性上是絕對不願做的。數年前和熊式輝論用人，我本着「用人不疑，疑人不用」的老生常談，他却主張「用人必疑，疑人必用」的走偏鋒的辦法。

用人不疑疑人不用

他說像我的辦法，一定弄到太阿倒持，尾大不掉。我說這完全看所用的人如何，所將的將如何。如果所託非人，當然有這樣的毛病。所以「知人善任」，乃是先決的條件。我的將將的辦法，當然也上過一兩次當，但是大體是成功的。不客氣的說，對於「知人」這一點，我雖然沒有十分的本領，但是確有七八分的自信。

知人善任

不弄手段

我覺得弄手段，是最蠢不過的事。我聰敏，人比我更聰敏；我會弄手段，人比我更會弄。即使人家被我欺騙一次，決不會再度或三度被騙。等到一被人發覺，那便一切都完了。所以我治事待人，都是老老實實的開誠

權術有時而窮　手段有時而盡　誠拙

相與。曾國藩大家都知道是以誠待人，以拙治事的。但是他最初却是相當的用權術，弄手段。從他的經驗中知道權術有時而窮，手段有時而盡，所以他改變作風，以誠以拙。雖然到了他的身後，還有人批評他是僞君子，這未免過於苛刻。我治事待人，一向也都本着誠拙兩字，究竟這個作風會成功或失敗，那就管不得許多了。

說做就做 說幹就幹　不顧毀譽 不計得失

有相當魄力，是我自負的地方。說做就做，說幹就幹。一件事只要認爲正當，而决心去做，是不論成敗，不顧毀譽，不計得失，一定要幹到底的。但是因爲上述的有時容易由果斷而流爲輕斷，過去也許有了不少錯誤的認識。所以對於任何一件事，正確的認識，充分的理解，和其前因後果的適當的考慮，在我是絕對的必要；否則，生呑活剝，鹵莽滅裂的情形，恐不能免。

富於情感 好好先生　甯人負我 毋我負人

富於情感而面子軟，是我的長處，也是我的缺點。當面被人請託或要求，很不好意思拒絕。人家常常利用我這一點，我也曉得因此常被人利用。我的好朋友常說我是好好先生，太「易與」了，勸我要「厲害」一點。我也常常這樣想，但是我的結論是聽其自然罷。甯人負我，毋我負人，個人吃一些虧，上一些當，也算不得甚麼，何必計較？

容易衝動　感情用事　痛自抑制

容易衝動，也是我最大的毛病。這也是率眞的結果。常常感情用事，理智都不能克服，因此引起不少的反感和誤會。雖然居心無他，究竟不可爲訓。關於這一點，因爲常常痛自抑制，火氣比以前小得多，我的朋友，都也知道，樸之默村等常常說我進步得多。但是江山易改，本性難移，衝動的時候，仍然難免。

敏捷果斷　果斷與輕斷

做事敏捷而果斷，是我的習慣。這乃是性急的結果。但是果斷的結果，易流於輕斷。一件事的利害得失，沒有考慮得非常周密，遽下判斷，遽去實行，實在不算「老練」。怎樣能使果斷不變成輕斷，怎樣能使深思熟慮不變成遊移不決，是今後要下苦功的地方。

勇於負責

任勞任怨

不顧毀譽不計恩怨

勇於負責，也是我的天性。我常常想爲國家做事，爲 領袖服務，不僅要任勞，而且要任怨。但是自古任勞易而任怨難，我以前也曾考慮過，何必怨尤叢集，使一身成衆矢之的呢？但是我仍以爲應該做的事，應該說的話，應該不顧毀譽，不計恩怨，要負責去做去說的。不過最近也許我世故漸深，漸漸的失去這個特性了。這究竟是進步或退步，實在難說。不過我總想務必保持我的天性，或方法學得巧妙一點，使一方面仍舊負責，一方面不招怨尤。

性情疏懶不好應酬

服官十五年仍是書生本色

生活學生派

我性情疏懶，不好酬應敷衍。見我見不着，請我請不到，人來拜訪，我不回拜。所以許多人以爲我架子大。其實我服官十五年，仍不脫書生本色。我的朋友，都知道我言語行動，生活習慣，仍完全是學生派。不過無謂的應酬，我實在是不願意。但是絕對不是不合人情的孤癖高傲。因公來見的人，無一不接見的。有意義的宴會，沒有不到的。不回拜人，是我的不對。但是全因疏懶或事忙，決不是擺架子。不過因個人的請託或無聊的事來見的客，對不起，我是不感興趣的；而且也沒有這些寃枉時間。又如每天接着投効請任用的信，不知多少；對於這些信，究竟回不回，實在費了我不少的考慮。我想人家既發一信，當然有無窮的希望，每天等着回信，如不回信，不令人失望嗎？這未免心太忍了。但是又想如有辦法而回信，人家自然喜歡，如果只是「相機設法」，「存記候用」等類敷衍的信，雖說「相機」，永遠無機，雖說「候用」，永遠不用，那不是仍叫人失望嗎？如回信說沒有辦法，也一樣的令人失望。所以我便決定：有辦法，就回信；無辦法，對不住，只好不回了。人家要罵由他罵，且爲公家省些紙張，且爲我的祕書省些時間吧。

人家要罵由他罵且爲公家省些紙張

做人長處多于短處

做事短處多于長處

要寫的還很多，不必再寫下去了。總而言之，我自反的結果，覺得我做人固然有許多缺點，但是長處多於短處。做事固然也有些優點，但是短處多於長處。這便是我自己對自己的總評。

遍地烽火話瑞士

翼公

去年今日，我正在太平洋上過着清寂的旅行生活。我趁的是美國總統號輪船，這船屬第二等級，故一切設備，比較簡陋。頭等旅客約有七十多人，與我同一國籍者，亦有七人，內有女性兩位，原來是新近在美國大學畢業的女學生回國找尋職業者。我們一小幫人因爲語言習慣相同，并且因爲都是在太平洋風雲緊急聲中，馳回祖國，所以常聚在一起自由談話。談話的資料很多。他們早知道我是從歐洲繞道新大陸歸國，屢次想從我口中明白一些關於歐洲的情況。我推託不過，祇好就我對於歐洲所得的印象，隨便談談，以破旅途寂寞。

我此次留居歐陸約有兩年半。德義法和比西葡等國我都先後去過，所獲印象不一，感觸萬端，一言難盡。但是講到最值得惹人留戀者，還是瑞士，那一個小小的國家。因此那時候我在總統號船的甲板上向那幾位同胞講述的種種有趣味的見聞，也都集中在瑞士。瑞士的確給我許多鼓勵和安慰，我對瑞士眞是有種種深刻的印象，和不斷的回憶。

樸之兄要我替古今寫一篇短文，我一時想不出題目，就把我那時候在船上向人家口述的那些感想，拿來重述一遍，以餉讀者。

瑞士是碩果僅存的永久中立國，這是大家知道的。自從歐戰發生後，歐洲的中立國不止瑞士一國，如瑞典葡萄牙西班牙和土耳其都可說是中立國。實則西班牙精神上已經加入軸心陣線，祇可視爲「未交戰國」。瑞典在芬蘭和蘇聯交戰之初，即以全力公開支持芬蘭作戰，故在精神上殆已喪失中立地位。祇有土耳其和葡萄牙到現在，還是保持中立，不過戰爭形勢的推移，瞬息千變，莫說土耳其的將來難以斷定，就是葡萄牙的地位是否不致變化，也很難預料。所以就歐戰地勢看來，恐怕祇有瑞士一國也許可避免戰禍，保持其中立地位。

瑞士的地勢介於德法義三強之間。德法交戰時，瑞士地位岌岌可危，可是巴黎的失陷之速，出乎吾人意料之外，馬其諾陣線的效力，等於無用，法國的潰敗無異挽救了瑞士的危機。我還記得當一九四〇年五月下旬荷比兩國先後被德軍進攻時，日內瓦的報紙立刻刊行號外。街頭行人羣集公園廣場，聽取無線電報告，情況相當的緊張。逾一日，瑞士聯邦政府召集預備隊，調往邊境，嚴密警衛。日內瓦市民被徵入伍者，數逾萬人

○從接到長官命令時起，不到三小時便一齊整隊，開赴前方。秩序之佳，軍容之盛，使旁觀者肅然起敬。瑞士人口祇有四百多萬。凡十八歲至五十歲皆有服兵役之義務，故計算結果，至少可徵調四十萬士兵，以此分駐邊境，保衛國土，力量似乎綽然有餘。我有一個很熟的瑞士朋友，他是殷實商人，年紀約有四十五六，而體力之强，遠在我之上。當他被徵入伍時，我事先沒有知道，遂沒法去歡送他。過了兩星期光景，他調回休息，巧恰在途中相值。看他精神百倍，笑容可掬，高興非凡。我趨前握手，他便低聲地對我說：「危機過去了，他們叫我回來料理店務，等幾天再去工作。」我見他那樣强壯的體魄，加上整潔的戎裝，不禁有「自嘆不如」之感！後來我邀他到某處去茶敍，從我們兩人談話之中，才知道瑞士的國防佈置，眞是井井有條，一絲不苟，一切都有準備，自然强鄰壓境，亦不能無所顧忌。「人必自尊而後人尊之」這句話，拿來解釋瑞士的立國精神，眞是一些不錯。

人家說瑞士的中立沒有破壞是他的幸運。我則說一大半是他舉國不息的努力與嚴密準備之結果，決非憑空倖致者。別的不談，我們且看瑞士政府對經濟國防的措施，也是埋頭苦幹，籌思對策，無所不用其極。瑞士多山地，不適宜耕植，除牛羊外，農產品極感缺少。平時食物蔬菜水果，大都運自鄰國。戰時人民之生活，顯然受到嚴重的影響。但是他們有種種辦法，多方補救。第一是儲糧。我在日內瓦時就聽說聯邦政府儲糧相當充足，但限制人民消費頗嚴。一九三九年冬天早已開始實行計口授糧，日用品亦先後予以統制。三年來奉行已久，人民安之若素，從未聽到民間一句怨言。第二就是開源。易言之就是盡量設法從國外運輸食糧。起初從義大利輸入麵粉，後來由羅馬尼亞及葡萄牙分別輸入食品，最近且租用巨型商船以瑞士國旗爲標記，定期開往南美運輸各項農產品，經葡西法三國而運至本國。瑞士四圍皆山地，是一個沒有海口的小國家。現在居然也設置國有商輪，在海上多事之秋，冒險航行，以增闢貿易，當局用心之苦，與維持民食之無微不至，於此可見一斑。

在萬分艱難的環境之下盡力鞏固國防，維持民食，這不是一件容易的事。所以然者，不外乎兩個因素有以造成之。其一是民智發達，民德提高，人人皆服從法律。其二是政治統一，組織健全，政府措施，能獲人民之信仰。這兩點原是相輔而行，缺一不爲功，所以瑞士這國家，眞够得上稱爲民有民治民享的一個理想的集團。瑞士人操三種不同的方言，卽德法義三種語言。英語也很普遍，但不列入官方語言之內。操德語的民族佔大多數，次爲法語，又次爲義語，但在中小學內至少要用兩種語言。報紙則更不必論，有德文報，有法文報，亦有義文報，報紙水準，相當的高，銷路亦廣。官方布告以及無線電播音三種方言並用，人民似並不嫌其複雜。至於宗教亦有舊教與新教之別，信奉舊教（卽天主教）者佔大多數，但宗教的紛爭絕無所聞。人民的政治信仰也不單純，除國家民主黨佔絕大多數外，共產黨與國社黨亦一樣的公開活動。以如此極複雜的人民，組成如此很完備的民主國家，似乎令人詫異，可是仔細觀察之後，覺得這種結合，並不勉强，何以見得如此？那便是上面所說的兩大因素，實有以使然。因爲民智發達民德提高，所以一般人民對於政府，只當作管理公衆事務的機關，担任各級官吏或被選爲議員，只是一種公民義務，而非個人權利。不但貪汚之事絕對不會發生，就是越權營私，倚勢凌人等等行爲，亦很少發現。反過來說，因爲政治統一，組織健全，所以任何法令之頒佈，或議案之決定，無不以民衆爲對象，以公平爲原則，惟其如此，所以人民自然個個樂願奉公守法，愛護政府了。瑞士政治的清明，非三言兩語所能畢其辭，沒有到過或居留瑞士的人，也許以爲我言過其實，待我舉幾個例子之後，便可相信一國政治的清明，决不是一朝一夕之事。我住在日內瓦郊外時，附近有個郵局，內有郵差某君，年事已高，資格很老。他在某一時期，忽然被選爲市參議會議員。他是熱心公益的一位老先生，當然膺選赴任。任滿之後又回到原處服務，一點沒有兩樣，還是照樣的投遞信件，照樣的爲社會服務。有人告訴我這件故事，我遂留心訪問，果然遇見了那位曾任市參議會議員的郵差先生。和他談了多時，從他的謙遜的言詞中，深深覺得這種人物，眞可令人佩服。誠然，在他國也有類似的例子。總統下任之後，改操律務，國務員解職之後，仍以敎書自活。這些先例，也是指不勝屈。可是我要問我國情形如何？這便顯然有別了。又如已故瑞士總統摩爾太，他以外長資格任國聯代表多年。各國代表出入會所，無不乘華貴汽車，無不帶祕書隨員，昂然出入，獨有摩爾太是例外。他每次赴會，總是一個人挾着公事皮包步行前往。這種平民化的精神，也是少見的。又如歐戰發生後，瑞士總司令祁桑將軍，他每月薪水祇有二千瑞士法郎，比較第一等鐘表工匠月入工資，尙差得多，這種例子，我國人看來，似乎亦很奇特的。此外如懲處刑事犯，早已廢止死刑，全國失業者爲數不到三千人，且國家均予以津貼。全國各城市與鄉鎭，推行自治，成績卓著，警察不多見，而有路不拾遺，夜不閉戶之風，這不是政治清明的象徵而是什麼呢？

上述種種，祇是去年今日我在船上所談的一部分資料。光陰如箭，匆匆又是一年，瑞士給我的印象，始終盤旋腦海間沒有一刻兒消失，樸之兄催我寫稿，這些印象又不禁一一呈現眼簾，若不知其所以然者。瑞士素有「歐洲樂園」之稱，實則「樂園」之由來，繫於天然風景者半，繫於人造環境者亦半。世界上儘多湖山秀美，風景卓絕而因吏治不良，盜匪充斥，遂致遊人絕跡者。假使瑞士人不努力，不奮鬥，不把政治的社會培養得像「樂園」一般，歐陸安有此「樂園」！世人又何羨此樂園！然則我之所以追憶瑞士悠然神往者，不僅在「樂園」之本身，而在創造此「樂園」之一切智慧與力量。人類之可貴者，厥維智慧與智慧之善自運用。倘人人智慧用在創造一途，世界也就煥然改觀，以瑞士之山水秀麗，氣象萬千，也就變作平凡，不值得留戀與追憶了。（十月三日）

龔定盦與林則徐

沈爾喬

故人橫海拜將軍，側立天南未蕆勛；
我有陰符三百篇，蠟丸難寄惜雄文！

嘉道詩人龔定盦，名自珍，號羽琌館主，晚年又號紅禪室主，杭州仁和縣人。生平博學宏識，幼從其舅氏金壇段玉裁遊，段爲當時名宿，精小學，撰有『段氏說文』行世，龔得其家學，故能以小學而通經。及長，哺啜九流，無書不讀，且精曉滿洲語文，當其因在廷試卷帖上不善書館閣體，致不獲翰林，遂淹留京師，爲禮部曹，尋遷宗人府主事。雖秩位不顯，但文名震宇內，豔聞播於朝野，文華詭肆，堪與明末大家張陶菴相伯仲，而奔放過之；詩則胎息梅村，然不屑拾古人牙慧，獨往獨來，排山裂海，造語新奇，自成風格，後人之論嘉道詩壇者，允推定盦爲此中祭酒，誠非過譽。

篇首所錄之七絕，爲定盦『己亥雜詩』中之一，以寄林文忠則徐者，不意色卽是空的『若問兩字紅禪意，紅是他生禪此生』的浪漫詩人，亦有關中英鴉片戰爭的史料文獻也。

考稗史所載，林文忠未開府兩廣時，供職京曹，慕定盦文名，論交甚契，過往稠密，旋公拜命封圻，南下抵任，凡所設施，輒魚雁往還借箸問策於定盦。識者謂當鴉片戰爭之搆兵，反英意志之果敢，定盦與有力焉。雖詩壯其氣有『橫海拜將軍』之語，而又慮其力孤，故又有『天南側立，功勛未蕆』之嘆，更自恨陰符三百，妙算難寄。

果也因吾國國防之不修，武器之不精，一戰挫敗，英人遂不顧國際信義，乘隙而入陷廣東，捲定海，佔甯波，由長江下游而陳兵秣陵，威脅要挾逼我作城下盟，於是締給所謂『南京條約』，闢五埠通商，尤嫌不足，而強佔我香島扼我海口，掠我資源，吸我膏血，開近代我國史上未有之奇恥大辱，此爲百年前之事也。

但今則國際形勢驟變，偶誦百年前定盦此詩，不禁感慨系之，文忠精靈不滅，詩人泉下有知，亦將如何歡欣鼓舞而吐氣也！

（八月廿六夜篝燈草於浙東官廨）

記丹桂村

詹詹

樸之兄替『古今』索稿，我正苦無以應。忽然老友俞君從香港回來，說起丹桂村的近事，令我發生無限感慨，順手寫了這篇短文，聊以塞責。

丹桂村在什麽地方？上海人固然不知道，就是久住在香港的，也未見得到過。記得有一次寫了封信給老友黃君，在信封上寫明『自丹桂村寄』。黃君査遍了香港地圖，沒有這個地名，又問過幾位廣東朋友，也都不知道。黃君是善用科學方法的人，便拿了一面放大鏡，細細的向郵票上觀察，到底被他在郵戳裏面發現了小小的『元朗』兩個字，纔知道丹桂村原來離元朗鎮不遠。

丹桂村雖離元朗不遠，却也並不很近。坐『巴士』到元朗，至少要二十分鐘。說正確一點，便是在靑山和元朗的中間。從香港過海來九龍，在佐頓道碼頭登岸，坐九路巴士一直到紅水橋下車，順着公路傍的土路再走二三里，便望見丹桂村的大門。紅水橋距離佐頓道碼頭，恰好是二十三英里。

丹桂村創建到現在，差不多有二十年的歷史。當初創建丹桂村兼常任村長的，便是民初政海中赫赫有名的王笠隱先生。王先生是舊國會議員，民國十六年以前的政變，幾乎沒有一次不曾參加。據說王先生在上海的時候，偶然一個人到大世界去品茗。就在這燈紅酒綠的當兒，忽然感覺到人世的空洞，應當早早尋個歸宿。從此便動了個買山卜宅的念頭。漸漸的脫離政海，專心著述。後來得到了一筆鉅大稿費，纔在九龍新界買到了一塊地，便是今天丹桂村的所在了。

大約是民國十七八年，有少數的廣西軍人，因爲政爭失敗，都退居到香港來。王先生和他們有同鄉關係，便把創建新邨的計劃，和他們商量。他們一聽，果然紛紛贊成，買地皮，造房子，不出幾年，便蔚成了今天的勝境。誰料道房子佈置好了，政局又發生了變動，這些村友們，紛紛的回廣西去任要職，只剩下了王先生一個人，來替他們照看這些新造的住宅。

村內共有十二家人家，每家佔地六畝。已經造好房子的，只有七家。從前原是淸一色的廣西人，自從港幣大漲，便有人將房地出賣，換取港幣，因此纔有幾家外省人加入。但是在村長王先生領導之下，一切都還照舊。現在先從十二號王家說起。

進丹桂村大門右首第一家，門牌十二號，便是村長王先生的住宅。王先生經營這所住宅，可說是煞費苦心，改了又改，修了又修，所以難免有不大調和的地方。就大體說來，是一座二上二下的平頂洋房。房頂上添造精室三間，是村長平日臨池或午睡的地方。房頂最高處裝有警笛，附近的差館（即巡警局）都可以聽得見。房子三面都是空地，樹木極多。村長最考究家庭工業，所以家裏有雞房四五座，養了幾百隻來克亨雞。又有菜園和稻田百多畝，每天出產很多。九龍新界一帶，每天有汽車運貨到香港，晚上便把貨價帶回來。所以在新界開辦小規模農場，大都獲利甚豐。

十一號是黃姓的住宅；一所小小的三開間平房，在全村裏恐怕是最簡陋的了。屋主是廣西人，聽說在什麽稅務機關服務，所以不常在家。十號也是一所三開間平房，但是構造精緻，全村可以推爲第一。最可愛的，是後園裏的十幾株菩提樹，合抱參天，令人容易發生玄想。房主姓俞，是浙江的望族，人極風雅，與這所房子頗爲相稱。

九號還是一片空地。八號的房主姓黃，是廣西有名的銀行家。因爲不常來港，所以把房子租給人住。屋內陳設十分完備，尤其是幾櫥藏書，便宜了避難來的旅客們。據說著老子新語的太平民，便在這裏得到不少的參考資料。樓下常住着一位虔修淨土的居士，整天佛號不絕口。有一次工人打傷了一隻麻雀，他特地買回來餵養，誰知道那麻雀就好像避風的爰居一般，始終不肯飲食。餓到幾天上便「羽化」去了。居士還替牠唸了幾卷往生咒呢！七號這片空地，原是葉翠薇將軍所有，自從那年葉將軍在南寧墮馬身死，久已無人過問。村友們每次走過這塊地方，不由的便講起葉將軍當年的雄姿英發，到如今英雄黃土，可憐可憐！

六號署名漢園，是一位廣西軍人而兼財政家龔先生的住宅，和五號房子一樣，都是密不通風的洋式平房。龔先生身在廣西，也把這座漢園出租給外來的難民。凡是住過這所房子的，都說裏面有鬼。其實鬼並不可怕，可怕的倒是替龔先生看守房屋的一位女僕。這位女英雄一面孔十足房東代表，比眞正房東還要凶辣，所以連鬼都怕，何況於人？

現在應該鄭重介紹四號這所住宅了。房主原來姓夏，也是廣西有名的軍人。廿六年後便賣給一位吳先生。吳先生在東北經商，據說在飛機上很發了些財。自從買了這所房子以後，嫌牠不合巴黎式樣，便大興土木，修理了差不多一年。果然美輪美奐，與衆不同。不說別的，單說屋頂上再蓋屋頂，平台上再架平台，也就是全村裏絕無而僅有的了。

除了十二號以外，其他幾所住宅，恰好團團的圍着一片草地。地上也種着無數的菓子樹，算是全村的公產。另外還有一座水塔，一座風力發電機，是全村的命脈所在。原來丹桂村附近一帶，有三件事最可怕。一是風。颶風來的時候，差不多的房子都會拔得起。所以房子的構造非堅固不可，而且普通都是平頂。第二是蟲。經營菜園和稻田的人，最怕的就是害蟲。到現在還沒有十分有效的除蟲方法。第三是旱。只要十幾天不下雨，水源便要減少，村長便立刻通知住戶限制用水。

住在村裏的人，也有幾件可樂的事。第一是朋友之樂。村裏住的人，雖然貧富貴賤形形色色都有，但是因爲環境太優美了，大家沈醉在大自然的懷抱裏，好像與塵世隔絕一裏，不由的忘記了平日貧富貴賤賢智愚不肖的念頭，見面時談談說說，格外顯得親熱。尤其是遠路來香港的人，聽說有親友住在這麼個特別地方，不來也要來看望一次，一來是拜望親友，二來是遊覽名勝，況且青山就近在咫尺呵！

其次可以稱爲縱談之樂。村裏有幾位健談的人，在村長領導之下，大談而談。沒有一定地點，沒有一定時間，也沒有一定題目，遇着便談，談完便散。就中村長談鋒最健，眞有聲震屋瓦之勢。太平民最喜打牌，但是打牌並不妨礙談天。他曾經證明老子不是一位陰謀家，所以他的議論，總是以王道爲出發點。居士念念不忘往生西土，但是好像對於東方娑婆世界，還多少未能忘情。此外還有一位俞先生，不常在村，來則也必定參加我們這個談天的集團。這是丹桂村全盛時代，如今屈指算來，談友多數已回上海，可惜大家因爲奔走衣食，連面都不能常見，還能繼續健談會嗎？

董其昌的書畫

鄭秉珊

華亭尙書天人流，墨花五色風雲浮；
至尊含笑黃金投，殘膏剩馥雞林求。

這是吳梅村畫中九友歌的首節，畫中九友是王煙客、王圓照、李長蘅、楊龍友、張爾唯、程孟陽、卞潤甫、邵僧彌等，而董香光裒然居首，實在明末時候，董香光之爲書畫界領袖，是無人否認的，即在三百年後的今日，我們倘若批評他的造詣，也不能不承認他是明末復古運動的倡導者，藝術批評的權威者，士大夫的典型人物，而藝苑中的榮幸者。

怎麼說是藝苑中的榮幸者？他以三十五歲的年齡，就舉進士，入翰林，他的八股文，爲明代一大家，因八股文的受人崇拜，連他的書畫也爲人重視了。其次是在充皇長子（光宗）日講官時，因事啓沃，雖因此而逆執政意，謝事歸。但後來光宗立，即問舊講官董先生安在，召爲太常少卿，掌國子監事，這便是吳詩第三句的出處了。又他在朝的時間少，在野的時間多，因得廣覽歷朝書畫的名蹟，從事於研究臨摹，才能另創一種新作風，成爲當時最流行的畫派，而且克享八十三歲的高齡，生前旣領袖藝壇數十年，又得王煙客等好弟子，煙客後傳於王石谷及孫麓台，遂開婁東虞山二派。清朝的康熙帝，酷愛香光的書法，一時臣工，咸習其法，清代最著名的書家，如劉墉、張照、王文治、姚鼐、梁同書等，都可稱爲他的私淑，所以他身後的地位，也是至高無上，支配了清代三百年的書畫界，直至今日，研習他的作風者不衰。

怎麼說是士大夫的典型人物？明史說：『其昌性情和易，深通禪理，蕭閒吐納，終日無俗語，人儗之米芾趙孟頫一流人物。』明末是黨禍奄勢最烈的時期，他却輕身遠引，見機早退，集古今名人書蹟，刻戲鴻堂帖，與友人陳眉公、王煙客等討論書畫，揚榷古今，當時名收藏家如嘉興項子京、無錫華中甫等，都以名蹟求品題，得片語隻字以爲重，所以目見名蹟最多，錢牧齋說：『公題識賞鑒之文，區別雅俗，別裁眞僞，東觀（黃伯思）輸其博，南宮（米元章）遜其精，三百年來書品畫繼，奉爲金科玉條，未省能出入者也。』這並不是過譽之論，他在崇禎七年乞休，詔加太子太傅致仕，卒後，又賜謚文敏，中國士大夫階級的能全始全終，而又精於藝事，不能不推他爲典型人物了。

怎麼說是藝術批評的權威者？香光對於詩文書畫的批評，具見於所著畫禪室隨筆中，他最勝人處，便是眼界高，所以其中對於書法的研究，名言迭出，鑑別最精，對於繪畫，他本同鄉莫如龍的主張，首揭南宗山水的旗幟，『文人之畫，自王右丞始，其後董源巨然，李成范寬爲嫡子，李龍眠、王晉卿、米南宮父子，皆從董巨得來，直至元四大家黃子久、王叔明、倪元鎮、吳仲圭，皆其正傳，吾朝文沈，則又遠接衣鉢，若馬夏及李唐、劉松年，又是大李將軍一派，非吾曹當學也。』排斥刻畫，提倡筆墨的流動自然。又說：『學者非讀萬卷書，行萬里路，欲作畫祖，其可得乎？』推崇文人畫，而本之於詩書遊歷，開拓胸襟，以助其畫筆之氣韻生動，這種見解，在明末清初盛行，成爲畫壇的定論，因此浙派及北宗，漸歸澌滅，清代畫人，也俱爲文人的兼職了。

怎麼說是復古運動的倡導者？因爲香光主張，書法恢復晉人法則，畫道恢復唐人風格，原來書法自趙子昂出，元代一朝的書法，俱爲他籠罩，都模彷趙體，這個風氣，直到明代的中葉，名家像祝允明、文徵明、陸深等，也都是由子昂得筆，香光幼年，不工書法，後來勤習顏魯公多寶塔碑，稍進宋朝的蘇米兩家，最得力於米南宮，再由南宮上溯褚遂良，以逮羲獻父子，臨閣帖用功極深（淸宮有他閣帖的全臨本），晚年再參之以唐碑，尤近徐浩，遂自成一派，他的天眞簡淡，秀麗雅逸的書派，當時便代趙而崛起，風靡天下，無人能與他抗衡了。明史說：『其昌天才俊逸，少負重名，初華亭自沈度、沈粲以後，張弼、陸深、莫如忠及子是龍，皆以善書稱，其昌後起，超越諸家，始以宋米芾爲宗，後自成一家，名聞外國，同時以善書名者，臨邑邢侗，順天米萬鍾，晉江張瑞圖，時人稱邢張米董，又曰南董北米，然三人者，不逮其昌遠甚。』朱竹垞詩：『三眞六草董尚書，北米東邢總不如，試誦容臺好詩句，一縑肯換百碑碟。』也以爲邢米兩家，工力有餘，韻味不如董氏，而且邢米兩家書法米芾，就是受董氏的影響，又時代較後的黃道周、倪元璐、王鐸等，他們的書法，筆意蒼古，氣魄雄驚，論其所詣，實超過香光，不過他們也都由米字入手，董氏啓迪之功，仍是未可泯沒的。

關於董字的批評，當時便有不滿意的，馮鈍吟說：『董宗伯字，全不講結構，用筆亦過弱，但藏鋒爲佳，學者或不知，董似未成，字在文（徵明）下。』又說：『董思白不取遒健，學者更弱俗，董公却不俗。』惲南田也說：『孫承公嘗與余論董文敏書云：思翁筆力本弱，資質未高，究以學勝，孫與董親近年多，知之深，好之深矣，其論與予合，非過論。文敏秀絕故弱，秀不掩弱，限於資地，故上石輒不得佳，孫之謂其不足在是，其高超亦在是，何也，昔人往往以己所不足求進，服習既久，研鍊益貫，必至偏重，所謂矯枉者過其正也。書法習氣，皆於此生。習氣者，即用力之過，不能適補其本分之不足，而轉增其氣力之有餘，而涵養未至，陶鑄琢磨之功，不足以勝之，是以藝雖成習亦隨之，或至純任習氣而無書者，惟文敏用力之久，如瘠者飲藥，令舉體充悅光澤而已，不爲騰溢，故甯恆見不足，毋使有餘，其自許漸老漸熟，乃造平淡，此眞千古名言，亦一生甘苦之至言，可與知者道也。』淸代包愼伯，是提倡北魏碑的人，但於行草書的入門法，提出道蘇（東坡）由董（香光）的口號，不過道蘇須知其瀾漫，由董須知其凋疎，汰瀾漫則雄逸顯，避凋疎則簡澹眞，又批評道：『董宗伯如龍女參禪，欲證男果。』便是說董字丰姿意境是好極了，可惜有些女性化，梁山舟說得好：『香光晚年，書法得顏之髓，故隨手皆妙。』又說：『思翁至妙之作，大率用宣德鏡面或羅紋箋，故其興會所到，精采十倍，晚年一洗姿媚，以唐法行晉人意，遒逸之致，如老樹着花，高江邨所謂初看不覺佳，愈觀愈妙者信然。』的確，董字初看不覺佳，但對於書法有深切研究的人，多觀其眞品書蹟後，才覺文趙諸家，尚遜其字內有逸趣，字外有眞味，香光很自負其書超過子昂，但對於畫法，則服膺不置，我們可深信他有自知之明的。

香光的書法負盛名，明史說：『四方金石刻，得其製文手書，以爲二絕，造請無虛日，尺素短札，流布人間，爭購寶之。』同時仿效他書法的人也多極了，很有許多能亂眞的，蕭張翀湘南識小錄道：

『新安一賈人，欲得文敏書，而懼其贋也，謀諸文敏之客，客令其具厚幣，介入謁，備賓主禮，命童磨墨，墨濃，文敏乃起揮毫授賈，賈大喜，拜謝持歸懸堂中，過客見之，無不歎絕，明年賈復至松江，偶過府署前，見肩輿而入者，人曰董宗伯也，賈望其容，絕不類去年爲己書者，俟其出，審視之，相異遠甚，不禁大聲呼屈，文敏停輿問故，賈涕泣述始末，文敏笑曰，君爲人所紿矣，憐君之誠，今可同往爲汝書，賈大喜再拜，始得眞筆，歸以誇人，而識者往往謂前書較工也。』又方蘭士書論云：

『思翁常爲座師某公作書，歷年積聚甚多，一日，試請董甲乙之，乃擇其結構縣密者曰：此平生得意作，近日所作，不能有此腕力矣。某公不禁撫掌曰：此門人所摹也，乃相視太息。』這兩則所記都很有趣，可見當時模彷之盛，近時胡漢民的八分，多出任中敏代筆，于右任的行草，也有周伯敏捉刀，識者莫辨，便是好例。

至於他的畫學來源是怎樣呢？他初學是師同郡顧正誼仲方的，淸宮有顧仲方山水軸，上面題記道：『連日撫宋元諸大家眞蹟，頗能得其神髓，思白從余指授，已自出藍，畫此貿之，品評當不爽也，友人顧正誼識』云云。香光自己說：『顧仲方畫，初學馬文璧，後出入黃子久、王叔明、倪元鎭、吳仲圭，無不肖似，而世尤好其爲子久者。』所以香光初學，是以元人爲師，而尤近大癡的，惲南田也說：『大癡爲勝國諸賢之冠，後惟沈啓南得其雄渾，董文敏得其秀逸。』後來他鑒閱名蹟日多，自己收藏也不少，元四家不能限制他的畫境，他曾說：『所見大癡畫不下三十餘幀，以浮嵐暖翠爲第一，恨景碎耳。』已漸次對大癡也有不滿了，他自述學畫的進程道：『予少學子久山水，中去而爲宋人畫，今間一倣子久，亦差近之，日臨樹一二株，石山土坡，隨意皴染，五十後大成，猶未能作人物舟車屋宇，以爲一恨，喜有元鎭在前，爲我護短，否則百喙莫解矣。』他並非不能畫人物，曾爲焦弱侯作九歌圖，倣李伯時白描人物，工細絕倫，吳修詩道：『愛寫秋山倣大癡，家傳北苑有師資，不知一髮衣紋細，人物還能畫伯時。』因爲畫人物，用筆很受拘束，所以他不大肯畫，北平故物陳列所藏有香光縮臨宋元名蹟冊，是烜赫的畫寶，畫共二十二幀，首題小中現大四大字，中有李成雪景，王銑煙江疊嶂圖，董源有谿山行旅圖等三幀，巨然有雪圖，高克恭山水二幀，黃公望有浮嵐暖翠圖等五幀，吳鎭三幀，王蒙林泉淸集等三幀，倪瓚山水三幀，這二十二幀，都是董氏認爲無上神品，故縮臨爲大冊頁，逐頁題記，以便隨時攜帶研習，當時雖無照相，但這份縮本，委實臨得與眞本差不多，可見董氏對於臨古是功力湛深的。南田畫跋說：『婁東王奉常煙客，自髫時便游娛繪事，乃祖文肅公屬董文敏隨意作樹石，以爲臨摹粉本，凡輞川、洪谷、北苑、南宮、華原、營邱，樹法石骨，皴擦鈎染，皆有一二語拈題，根極理要，觀其隨筆率略處，別有一種貴秀逸宕之韻，不可掩者，且體備衆家，服習所珍』云云。淸朝畫徵徵也說：煙客有縮臨宋元名蹟二十幀，爲枕中祕寶，朝夕摩挲，故其一點一拂，悉有師承，或者卽爲此本的再臨本，吾人今日得見董氏眞本，知道他淵源所自，眼福勝前人多了。除前說諸家外，他的用墨，是得法於米氏的雲山，所仿米派山水，煙雲飄渺，秀逸絕倫，在其遺蹟中最爲高妙。他的設色畫，則多做唐楊昇峒關蒲雪圖，吳思亭詩：『楊昇蒲雪畫峒關，紅藍爭看沒骨山，千載僧繇遺法盡，祇留一脈在雲間。』註曰：『楊昇峒關蒲雪圖小幀，用沒骨法，絹極光潤，傅色濃藍，青紅奪目，董思翁每衍爲長幅，筆法宛似』云云。沒骨法創自梁張僧繇，董氏時仿之，他畫法簡直由宋元再上溯到六朝了，其實董氏山水的皴法、樹法、屋宇畫法以及構圖法，是完全仿唐王維的江山霽雪圖，所以皴法簡單，線條圓潤，猶保存山水畫初期的稚拙質厚的趣味，這種趣味，爲他所獨有，後來在王煙客畫中，尙多保存着，到石谷麓臺時，畫家大都窮工極妍，已不知此種趣味的來源和可貴，而不注意於此了。

董香光的畫，較書更爲名貴，錢蒙叟說：『文敏最矜愼其筆墨，有請乞者，多倩他人代之，或點染已就，僮僕以贋筆相易，亦欣然爲題署，都不之計。家多侍姬，各具絹素索畫，稍倦則諂詼繼之，購其眞蹟者，得之閨房爲多。』朱竹垞詩：『隱君趙左僧珂雪，每替容臺應接忙，涇渭淄澠終有別，漫因題字概收藏。』便是說贋筆大都是趙左和珂雪代筆，自己加以題款，趙左也是華亭人，山水爲松江派的巨頭，珂雪和尙，是嘉興李君實的兒子，倘若得他們的代筆，那麽買王得羊，不能算吃虧。吳思亭曾見陳眉公與沈士充手札道：『子居老兄，送去白紙一幅，潤筆銀三星，煩畫山水大堂，明日即要，不必落款，要董思老出名也。』故詠詩道：『潤筆三星想未苛，捉刀期定不蹉跎，當時好友猶如此，莫怪流傳贋本多。』現在流傳的董畫，百無一眞，曾熙畫跋說，所見香光畫甚多，無一滿意者，盛名之累，實由贋本的太多。

董香光作畫的工力，沒有其書法深，但他見解高卓，想恢復唐宋的作風，其努力是未可厚非的，而且他是以復古爲創作的手段，力趨上游，並非是一味盲從古人的。袁中郎瓶花齋集道：『往與伯修過董玄宰，伯修曰：近代畫苑諸名家，如文徵仲、唐伯虎、沈石田輩，頗有古人筆意否？玄宰曰：近代高手，無一筆不肖古人者，夫無不肖，即無肖也，謂之無畫可也。』這眞是見道語，他又常說元四大家俱取法董巨，而面目不同，各極其妙，所以他的書畫，雖是以復古爲尙，但自有其獨特的面目，無怪其所創雲間派，爲時人所折服了。

香光畫法的價值，後人毀譽參半，宋牧仲詩：『華亭天授非人力，六法何妨有未工，多少畫家三昧語，留題斷紙故麻中。』說他頗有眼高手低的毛病，祇佩服他論畫的精能。方蘭坻說：『書畫自畫禪開堂說法，海內翕然從之，沈唐文祝之流，遂塞至今，無有過而問津者。』這是說董氏勢力之大。又說：『畫禪法自董巨倪黃，能師其意，而不逐其跡，用墨之妙，尤爲獨詣，隨手拈來，氣韻生動。』這是稱贊他用墨的超妙。孫阿匯題香光畫：『元人評高彥敬，在子久山樵之上，豈非以氣韻勝哉！元宰先生，一筆一墨，眞足庋世，神品不如逸品，於此益信。』這是欽佩他的氣韻生動。錢松壺道：『予不喜香光畫，以其有筆墨而無邱壑，又少含蓄之趣，然其蒼潤縱逸，實自北苑大癡醞釀而出，未可忽也。舊藏金牋畫一幀，用筆用墨，極酣暢淋漓之致，宜爲精鑒者所珍。又吾家緝齋藏青綠仿古八幀，其中仿惠崇白雲紅樹一頁用色極厚重，絕非向時筆墨，風致極佳。』

（續見第一六面）

京話

姜賜容

本刊編者，屢次來函督促，囑我爲本刊長期撰寫京話一篇。商之外子，言談之下，認爲此事實行起來，不免有兩種難處：第一，京話的體裁，半似通訊，半屬個人筆調的散文，不過以今日的金陵做描寫的對象而已。關於通訊呢，我是一個素來好靜的人，除了坐幾趟黃包車，到中央商場去買點東西，或到大華戲院去看看國產電影之外，平日不甚擅長出門。星期日呢，外子好作玄武湖之遊，相應偕行，其他的地方，去的時候很少。因此，『女子治內，男子治外』，外邊有什麼消息，我不是中央電訊社的外勤記者，也就不大清楚。報紙上的新聞呢，京滬報紙，千篇一律，這裏覺得平淡無異的，在上海或其他各地，也很難令人拍案驚奇。至於個人筆調的文字呢，雖說我也曾在大學畢業，平常也喜歡看看『紅樓夢』『老殘遊記』以至時下諸賢的名作，但是寫起文章來却常常拖泥帶水，並且用的『的』字甚多，久爲老友所詬病。有此兩項缺點，眞覺得不敢率爾操觚。

第二種難處，就是我覺得本刊的讀者們在六七年前，一定讀過『論語』，倘使沒有讀過『論語』，一定也看過語堂亢德他們辦的『宇宙風』，或海戈黎庵他們攬的『談風』。上述的三個刊物裏，都有過若干篇姚穎女士所寫的『京話』，其文筆刻繪精巧，玲瓏生動，幾乎把當時整個南京的宦海動態，風景人物，描寫得如在眼前。她的大作至今留存在我的腦海裏，久有一種不可磨滅的深刻印象。今日居然叫我效顰起來，寫出些『四不相』的東西來，當然唐突大雅；叫我加一點油泥，刻意求工，又非疏懶已久的我所能勝任。於是遲疑者再，終於不敢動筆，就寫了一封信給編者，說了許多爲難的意思，雖未至傷了感情，却也說得相當的不婉轉。自忖在這秋老虎的天氣裏，大概不致再叫我勞民傷財罷。

誰知編者先生的好意，與其聰明的程度，眞令我覺得我是一個十二分的低能女兒。原來前幾天外子返滬省親，暇時不免探訪一下老朋友，於是被編者和其他兩位 ，拉到一家不大不小的館子裏去吃飯。酒酣飯飽，於是喝起茶來，然後編者從袋裏掏出一包白錫包，先敬了外子一枝，然後微笑地發問：

——聞得尊夫人邇來又有了喜，有諸？

——無之。她在家裏很閒。

——也看點什麼小說隨筆之類的東西麼？（煙霧繚繞。）

——看，她頂愛看你們出版過的，什麼駱駝祥子呀，京話呀，櫻海集什麼的。

——替古今寫一點京話好不好？不用按期，好在古今就要擴充了，多闢一兩欄新的文章，幫幫忙罷！

——她那裏寫得出什麼文章來？

——不要客氣。香港的大風，宇宙風，她不是常常投稿的麼？

——（默然。）

——哦，是。請她出來給我們寫一點京話好不好？

——什麼？

——怎樣？現在『京話』很難找到適當的人。尊夫人又是一位女作家，一定可以媲美從前的姚穎。

——姚穎的文章寫得好極了，她那裏比得上？

——客氣做什麼？喂，再來一枝好麼？（火柴擦了，嗤的一聲，煙霧繚繞。）

——她在家裏怕很忙。

——什麼，你不是說她在家裏很閒麼？

底下的談話不用記了，憑着外子的直率的態度，已經不戰自潰。於是他回來之後，就變成不是我親愛的丈夫，而成爲古今拉稿的代表了。好在他還算是體貼我的，不叫我多寫，大約每篇兩千字左右，也就算交卷了。我非姚穎女士（雖然，有一個傖夫冒了姚女士的名到處招搖，有不少人不察，竟上了他的大當），本不能寫出什麼流暢秀麗的文字來，就是不遭到東施效顰的譏誚，我也在準備隨時辦理交代的。是爲序。

（續自第一四面）

說他沒有邱壑，是不知香光的構圖係仿王維雪圖的原故，用色厚重，便是楊昇蒲雪圖的遺法了。

我國書法的正草書，以鍾繇宣示表爲最古，以羲獻父子爲集大成，山水畫至唐代始脫離人物背景的地位，獨立成一部門，當時以王維吳道玄最著，而蘇東坡更欽佩王維，後人推崇他爲南宗開山祖，香光書畫的取逕如此，自以爲取法最高，可莫與倫比了。那知藝苑天地，廣大無垠，堪供後人的馳騁。像書法又有六朝的墓誌，漢晉的木簡，周秦的金文，殷商的甲骨，繪畫則如八大、石濤、冬心等，都另以新面目出現於藝壇。自西畫輸入，用具有油彩、水、粉、木炭之異，派別有古典、印象、表現、達達之分，復有美學、藝術學、色彩、透視、構圖、解剖等理論的研究，所以我們現在從事繪畫，萬不能墨守舊法，自珍敝帚，可是現代的董香光是誰呢？我很希望藝壇有這樣的人物出現。

張次溪屬齊白石李雨林畫銀錠橋話往圖紀庚戌炸藥案索題感賦　康瓠

風景依稀銀錠橋，披圖如見水蕭蕭；卅年人事多翻覆，又看黃旂塞外招。

博浪沙頭走祖龍，斬蛇當道拾侯封；斯民飢溺厪宵旰，避穀何心學赤松。

西涯東畔舊家居，細柳新蒲夕照餘；欲撥刼灰尋往事，槐陰加長板門虛。當炸藥案起，余適賃廡橋側，以嫌疑受監視。廿年後卜築積水灘，重訪舊居，閴其無人，門前槐樹猶存。

南齊北李擅丹青，選事張郎爲乞靈；一部興亡新史話，幾人含淚帶愁聽。

論離婚

蘇青

離婚的决心通常總是由女人先下的，男子厭棄了黃臉婆，儘可在外頭尋花問柳，姘居納妾，甚至再來重婚一個『夫人』，他們用不着逼太太離婚，尤其是太太已養了成羣兒女，則留在家中就替他照顧兒女也是好的。

然而太太要離婚了。自由啦，獨立啦，愛情啦，……各式各樣的新學說，新思想，把她腦子都攪糊塗了，她不及想到現實社會裏，雖多的是嶄新思想或學說，而大家做出來的行爲却還同十八世紀、十九世紀差不多哩。她吃苦了！吃到了苦頭還不敢老實說出來，於是直苦到死，死而後已。

近年來不知怎的，我有許多同學以及表姊妹、堂姊妹等都鬧着離婚。他們都已生男育女，丈夫也不壞到怎樣，家裏又不窮，我眞想不出她們所以要離婚的緣故。我的丈夫是律師，他們把這事委託他辦，他替她們抄上千篇一律的理由，便是『意見不合，勢難偕老』。但我以爲她們結婚都不是眼前的事，意見不合何以早不提起，遲不提起，偏揀這時候來提起難以偕老的話呢？這個時候是什麼時候？於是我開始研究她們的年齡。

廿七八歲是女人最容易下離婚决心的年齡。上了二十九歲，三十便在目前，她自己就是不照鏡子，也會想到老之將至，胆怯而不敢嘗試的了。至若在廿七八歲以前，則一個女人總是離婚也快樂的，不離婚也快樂的，離與不離往往取决於客觀環境或偶然發生的事故，與她本人的眞正意志無涉。

她們爲什麼要離婚？因爲她們相信自己的力量，能够在離婚後謀取更好的生活。沒有一個女人預知日後生活將陷於寂寞悽慘之境，而尙敢决意離婚的。即使眞的難以偕老，她們也祇會投河上吊，决不會拋兒別女，或擱了兒女求下堂而去的。她們口口聲聲嚷着『不堪虐待呀！』『惡意遺棄呀！』都是假借理由。要不是有個較美滿生活的憧憬在腦裏，虐待也得忍受，遺棄也得期望其回心轉意。

有一個離了婚的女友對我說：『他不喜歡我呀！我還年青，女爲悅己者容，人家不喜歡我，又何必强求呢？』這是她對於美貌的自信。她以爲：『憑我這副面貌，你不識貨，自有識貨的人來娶，也許那人還高出於你，我又何必定要守住你呢？』她的美滿生活的憧憬便是想換個天天讚美她是安琪兒的丈夫。

另一個女人解釋自己所以要離婚的理由：『你知道我是要專心美術的，他不了解我，時時妨害我的工作，再這樣下去我的前途可完結了，因此……』她以爲離婚之後便可以專心美術而博取遠大前程，這是她對於美術天才的自信。

善良的表姊哭哭啼啼逢人訴寃：『他可是頂沒良心哪，前年生病我替他換尿屎，去年他失業了，我又把金鐲兌掉給他，……如今，唉，他迷上那個妖精哩，難得囘家，囘來也不給你好嘴臉看。……我這樣賴在他家還有什麼意思，不如離婚了獨自當姑子去。』她雖沒有旁的野心，但她相信當姑子總比賴在他家裏快活一些，這也是她對於未來生活的美夢。

其他離婚的理由還多得很，如家庭經濟拮据哩，對方脾氣不好哩，公婆妯娌嚕囌哩，……都足以造成夫妻吵架的原因。吵架便使氣，使氣便離婚，離婚尤以頭婚夫婦爲多，二婚、三婚便不大有了。原因是頭婚沒有經驗，常把對方爲人來與自己理想的配偶相比較，覺得各方面都未免相差太遠，失望之餘，便打算換一個試試。及至換來以後，再將新舊配偶比較一下，想想眞是天下老鴉一般黑，大家還是得過且過罷了。況且一個人要不是存心想做什麼明星，離婚次數多了總也不大好聽，故大家雖是意見不合，也還得勉偕老下去。

其實呢，意見不合也眞的決不會是什麼難以偕老的原因，夫妻要好不要好可與意見絕無關係。一般人找對象常愛瞎扯一套，什麼要意見相合哩，志趣相同哩，全是欺人欺己的廢話。夫妻第一要講相配，相配便可爲偶，合呀！同呀！都是沒有用的。什麼叫做相配？那好比底之於蓋，鈕之於孔，配起來可以合成一件東西。兩隻底，兩個鈕，或兩隻蓋，兩個孔在一起，便祇好做朋友，不能算是夫妻。古人陰陽代表夫婦之性別，以剛柔說明夫婦之性格，以內外分別夫婦之職責，頗懂得相配相合之道。今人則家從平等的『平』字上頭着想，因此夫妻就像兩條平行線似的永不會碰頭；再加上一個同志的『同』字，同則相斥，更非做到離婚的地步不可了。諺云：柔能克剛。你的脾氣燥，我不來理你，由你跳足直嚷一陣，過一會子便自好了。好了之後再慢慢數說，不怕你不向我低頭認罪。家庭裏頭本來不是西風壓倒了東風，便是東風壓倒了西風，絕對平等是做不到的。而且，就做到了又有什麼用處？我們在講愛情的時候，不是常把對方看做高空明月，自己甘願低首膜拜，決不敢想爬上去與她並懸而爭輝的嗎？

至於同呢？那是更加同不得的。同做律師，便要大家爭奪生意，相妬；同爲文人，便要互相評論好歹，相輕。況且世界上眞有學問，眞有本領的人也少得很，對方與你同志，同道，同學，同事，同得多了，西洋鏡便容易給她拆穿。齊人妻妾在不知她們的丈夫在外頭幹什麼的時候，見他吃得醉醺醺的囘來心裏一定也很敬重，奉烟奉茶特別殷勤，及至知道了他的酒食的來源以後，便要瞧不起他，詈他唾他了，這樣說來夫妻可是好互相了解的嗎？

不僅此也，性的誘惑力也要遮遮掩掩才得濃厚。美人睡在紅綃帳裏，只露玉臂半條，青絲一綹是動人的，若叫太太裸體站在五百支光的電燈下看半個鐘頭，一夜春夢便做不成了。總之夫婦相知愈深，愛情愈淡，這是千古不易之理。戀愛本是性慾加上幻想成功的東西，青年人青春正旺，富於幻想，故喜歡像煞有介事的談情說愛，到了中年洞悉世故，便再也提不起那股傻勁來發癡發狂了。夫婦之間頂要緊的還是相瞞相騙，相異相殊，我不使你看到早晨眼屎，你不讓我嗅着晚上脚臭，始有美感；我不懂你文章多好，你不知我刺繡多巧，便存敬意。鬧離婚的夫婦一定是很知己或同脾氣的，相知則不肯相下，相同則不能相容，這樣便造成離婚的慘局。

還有過分認眞也是造成離婚的原因，太太忘記在丈夫生日那天給他備好兩碗長壽麵，便認爲是愛情冷淡的明證，還樣責備起來閒話便多了。同一個關心家事的細膩的男人相處可不是件容易的事，尤其是一般自命爲新女子的太太，往往自己胸懷大志，把家庭事物弄得亂七八糟，結果便非夫妻反目不可。其實男子都是貪的，今天替他把皮鞋擦亮了，明天他又嫌你未燙平領帶，老做不足；而女人則都是懶的，今天你不責她未擦亮皮鞋，明天她便索性連領帶也不給你燙了，養成習慣，百事不管，把家務責任一古腦兒都推在女傭身上，自己就吩咐一聲也嫌太麻煩嚕囌，有些人甚至還覺得事屬細微，不屑爲之。我知道有許多人家夫婦不睦都是由於男人細心，女子大意而起，我的父母便這樣，我爸爸喜歡種花，每次回家來時總要帶了許多美麗的盆花來，等他出門以後，我母親再不替他灌溉，日子一多便都枯死，於是索性連根拔掉，泥土給我做泥娃娃，花盆則由弟弟搬來搬去當撒尿罐子，撞碎了結。我們看見爸爸第二趟回家時的怒容，他重新買了幾盆心愛的花兒，在離家前夕因爲不能攜去，便對着它們流淚不置。但世上也有許多男人能馬馬虎虎，絕不計較妻子的措施的，像有一個朋友便這樣說過：『我對太太的態度是敬鬼神而遠之。她的作爲是神聖的，我不敢過問；我的行動若係罪過也暗中爲之，在她跟前總是齋戒三月，沐手上香，肅靜跪拜而不作一聲，這樣也就無災無禍的年年過去了。』此公可謂能够省事，想太太也決不會想同他離婚的了。

離婚究竟是好是歹，要得還是要不得的呢？男人將會感到空虛，覺得彷彿失掉了一件東西似的，這東西就是累贅麻煩到十分，去了它總也不免有些戀戀，尤其是想到她也許將另找新主，心裏更有些酸溜溜的不是味兒，於是他便跳舞打牌找刺激，刺激得够了，重新改過好好做人，另娶一個年青的姑娘來填房兼補腦中的缺陷，從此要不是在晚年前後妻所出子女有相仇相恨等事，便再也不至於舊創重痛了，女的則不是如此，她們在最初出去幾天大抵總是氣憤憤稱甯死不悔，及至遇到了人覺得別人再不是像從前般追逐她，奉承她時，她便覺得自已老了。一個女人在丈夫身邊不論過多少年數，養多少兒女，都不會想到老不老的，除夕過去，元旦到了，她總是興高采烈的計算小明今年八歲了，小涵去年是四歲等事，決不會想到自己去年三十一歲，今年便上三十二歲了。可是一個離了婚的女人，她就怕見賀年片哩，她也怕看元旦的報紙廣告，萬一她丈夫竟擇這天與另一個女人結婚了。

老實說，一個女人若祇爲自信美貌或能力而遽與丈夫離婚是不智的，一個美貌的棄婦與一個美貌的少女在戀愛市場中的估價乃完全不同，那就是說憑你的美貌也許有人來調戲你，但却少有人肯娶你，更不能娶了去始終看重你。至於能力，哼，一個女人憑美貌找職業還容易，憑能力來解決生活問題可都是氣惱與辛酸了。十八九歲的挪拉跑出來也許會覺得社會上滿是同情與幫助，廿八九歲的挪拉便有寂寞孤零之感，三四十歲老挪拉可非受盡人們的笑罵與作弄不可了，美貌與能力是能够予人幸福的，但這幸福可並不是靠離婚才能獲得的呀！

社會對待離婚男女是不平等的：對男人是不予重視，管他喪妻也好，離婚也好，一經續娶便沒事了；對女人則是萬般責難，往往弄得她求死不甘，求生不能。因此一個離婚的女子神經總是有些失常，她永遠不會再相信男人，她只知道恨他，氣不過他。就在將來再嫁的時候，她也許會小心翼翼地體貼後夫的心意，但她決不能眞心不顧一切地愛他，她要時時替自已或前夫所出的子女打算。慘痛的往事在女人心中永不會磨滅，她將永遠自已警惕着，還要告訴她的女兒，叫她們都得小心提防。因此一個不幸的母親撫養大來的女兒往往也是非常不幸的，她們母女感情特別濃厚，而對男人則預先存着疑懼的念頭，不敢大胆地熱烈地去愛上他或接受他給她的愛，沒有性愛的生活是變態的！所以我以爲離婚後的子女，爲他們本身的幸福起見，還是歸父親撫養爲宜。

離婚在女子方面總是件吃虧的事，願天下女人在下這決心之前須要多考慮爲妙。祇有一種女人可以決意離婚，便是她根本另有所愛，絕不把丈夫放在心上。這愛的對象也許並不專限另一個男人，就如祖國啦，學問啦，事業啦，以及其他的人啦，事啦，物啦，統統屬之。她心中既先有了愛人，不管她丈夫本身多好，待她多好，都不能使她移轉心意，直到她丈夫給她氣透，恨透，灰心透，再不要同她偕老下去，她這才攷慮到別人的幸福問題，慨然予他以解放——離婚。離婚之後他祇有抱歉，可是絕不會後悔，就後悔也是悔不該在當初答應他結婚的。除了這種女人之外，普通女子在下離婚決心的時候十分之九的心還是希冀他能因此害怕而改過的，她對他說：『因爲你這樣這樣待我不好，所以我祇得同你離婚了。』那意思就是說：『假如你不這樣這樣待我不好，我又何必要同你離婚呢？』那時候祇要男人肯摸一下小明的頸子，或捧住小涵的白胖的手流幾滴眼淚，做太太的便是怒氣也消失了，怨氣也散盡了，夫妻總是夫妻好，又何必叫律師來重抄一套意見不合，難以偕老的離婚老調呢？

★ ★ ★

古今社啓事

古今半月刊，自第九期起，改委『國民圖書儀器公司』總代經售，舉凡一切發行定閱等事務，均請向上海威海衞路五八七號（電話三九八九一號）該公司接洽爲荷。至南京方面，則仍由時代晚報社總經售，此希公鑒。

古今社謹啓

國民圖書儀器公司

經理各大書局圖書雜誌
發售文具儀器教育用品
承接中西印件簿册單據
代辦商標圖案美術設計

上海威海衞路五八七號
電話三九八九一號

說歡喜佛

韋禽

我一向對於古今中外野蠻風俗的知識，非常喜歡，很想知道。而在中國這個古老的國家裏，這一切却都已退化得看不大清楚了。如吃人，活埋等項目，就極值得學人們的探討。也有一些東西是外來的，在中國，却也成爲名物。歡喜佛就是其中之一。

佛教分顯教密教二系。密教或稱密宗，我們從名字上看來，已經知道這一種佛教的分支，是頗含有祕密性的了。它們在印度的佛教中的地位並不如顯宗之高，因爲它們的經典多半是符咒，而作起法來又跡近巫蠱，遠不如顯宗的經典的高玄華贍，富有哲理。然而在我們志不在參禪的人們看來，却沒有什麼大關係。反而因爲它們的原始性，與中國的祝由科之類的東西，或有相當的因緣，因而發生興趣，頗有研究一下的興趣了。

北平故城中團城的白玉佛，雍和宮的打鬼，似乎已經有了作北平文化代表的資格。而這兩件東西，却全是國產。根本說起來，古代的中國，從漢唐以來，從西域接受來的文化，也已經很不少了。不過有些在接收過來以後，馬上普遍的發展下去，成爲家喻戶曉的東西，換句話說這就已經成爲漢文化之一員了。如葡萄即是從西域傳來的果品，可是現在還有什麼人說它是洋貨的呢？李唐元爲胡姓，似乎也已經不成問題，那麼，整個的唐代文化，如魯迅先生所說，就已經大有胡氣的了。李白的詩文，爲我們接受下來算是中國文化的遺產，殊不知李白却是突厥的苗裔。一個偉大的民族，依我看似乎應當有承認這一切的勇氣。如果說李白的詩寫得好，就非證明他是中國人不可，倒也無此必要；唐代的民族問題，自然更爲重大，朱希祖先生於是就憤起而辯。這一切在我看來，却似乎可以不必。閑話說得遠了，北平的雍和宮打鬼的是什麼人呢，這是一羣喇嘛們。喇嘛是西藏傳來的宗教徒——即佛教中的密宗。在那雍正的「潛邸」所改建的雍和宮中，就有着歡喜佛的塑像，歷來去北平游歷的人們，都要設法一見，聽說還要特別多收一筆費用，才可以瞻仰。與六必居中嚴嵩所寫的一塊匾額相似。一些游覽書中也有着照片。其他的地方也或有這種「歡喜佛」的塑像，大概凡喇嘛廟中就都有的。查密宗之入中華，歷史不可謂不久，唐無畏，不空，金剛智三人所譯經文即是密宗的法典。千數百年來密宗的傳佈反而消沉，難道中國人眞是喜歡玄談而不悅「棒喝」的麼？這很難說，政治勢力就很有轉移這一切的力量。乾隆曾對喇嘛有過解說：

西番語謂「上」曰「喇」，謂「無」曰「嘛」。「喇嘛」者，謂「無上」。即漢語稱僧爲「上人」之意耳。

十全老人的這一個解釋固然不錯，然而後邊的比喻却不見得十分對。中國人稱和尙爲上人，用意似乎是「客氣」，因爲方外人在中國，一向是

0371

被認爲清高絕俗的。而喇嘛在西藏和內外蒙古，除高尙以外，尙執有政權，這是他們被稱爲「無上」眞正的原因。

歡喜佛和喇嘛的關係，是不可分離的。這要留到後面敘述牠的歷史的時候去說。現在先來看看它的形狀如何。鄭思肖着心史曾記其事，爲見之於中華記載的最初的文獻：

> 幽州建鎭國寺，附穹廬。側有佛母殿，黃金鑄像，裸形中立，目矚邪僻。側塑妖女，裸形，斜目指視金佛之形。旁別塑佛與妖女裸合，種種淫狀，環列梁壁間。兩廊塑妖僧，或啖活小兒，或啖活大蛇，種種邪怪。後又塑一僧，青面裸形，右手擎一裸血小兒。赤雙足，踏一裸形婦人。頸環小兒枯髏數枚，名曰摩睺羅佛。

南宋之末，金勢大盛。河洛之地，已經不是華胄的天下了。蒙古的文化，自然也跟隨了戰馬而南來。幽州大概是現在河北的長城內外之地，已經有了那麼美輪美奐的建築物，無怪要使鄭君大吃一驚。因爲這完全是外來的東西，而非中國的故有。而且是那麼大膽的塑着，心史所記，辭意之間，當然有非笑其野蠻的意味。

淸厲樊榭有「吳山咏古詩」二首，一首所咏卽爲麻曷葛剌佛，詩序有云：

> 麻曷葛剌佛在吳山寶成寺石壁上，覆之以屋。元至治二年，驃騎衛上將軍左衛親軍都指揮使伯家奴所鑿。案元史泰定帝元年塑馬合吃剌佛像於延春閣之徽淸亭下，輟耕錄亦稱馬吃剌佛，蓋梵音無定字故也。

詩內詳細描寫塑像形狀：

> ⋯⋯一軀儼箕踞，努目雩兩眉。赤脚踏魔女，二姝相夾持。玉顱捧在手，豈是飮月支？有來左右侍，騎白象青獅。獅背匪錦幪，薦坐用人皮。髑髏亂繫頸，珠貫何纍纍。其餘不盡者，復置戟與鏈。⋯⋯

這當然是元代遺物而流傳到淸代的了。再推上去，於明末淸初之際得一董含。董君著有「三岡識略」，其所記起甲申，訖乙丑（康熙）。歡喜佛的記載見於第四卷，蓋記己亥癸卯間事也。

> 遼陽城中一古刹，巍煥壯麗，守衛嚴肅。百姓瞻禮者，俱於門外焚香叩頭而去。有范生者過其地，欲入不可得。請一顯者，乃入。見內塑巨人二，長各數丈：一男子向北立，一女南向抱其頸。赤體交接，備極淫褻狀。土人呼公佛母佛，崇奉極謹。

所述古刹蓋是頗古之物，係在元代亦未可知。而土人之呼尤有意思，蓋已畜生視之矣。至於塑像的作風，可以綜合來說一下，是混和了喜愛和嗔怒的一種表情。扁圓的唇偏向上，作苦笑狀。而頭部則微側顰眉，或亦表示原始的一種苦悶之象徵歟。日本廚川白村博士言人生一切事件，皆源於性之苦悶，與德國某文藝論者所說相同。而來自西藏之「威德金剛」，正作性的表演而雜以苦悶，豈非博士文藝論之最好的解釋乎？

西藏東部有幽鬼敎，印度佛敎傳入，與之混和，而成此像，其間的痕迹，已經不易尋覓了。印度的佛敎像，多半是善的表現，而少有惡的流露的。而竟塑作性交的姿式，尤爲不可思議。我們可以找出幾個解釋來。鴉嘛阿納答嘎經中有云：

> 大乘九部契經卽九面是。二諦，卽二角。菩提三十七法卽三十四手及身語意。十六空卽十六足。大安樂卽陰體相合。八成就卽八等人物。八自在鷲等八禽。不染障礙，卽裸形涅槃。妙道卽法上衛。

這種佛家的隱語都很妙。說得格外含蓄而別有意味。至於陰體相合的一點，在「大聖歡喜雙身大自在天毗那夜迦王歸依念誦供養法」中更有所解釋：

大聖自在天，是摩醯首羅大自在天王。烏摩女爲婦。所生有三千子：其左千五百，毗那夜迦王爲第一，行諸惡事，領十萬七千諸毗那夜迦類；右千五百，扇那夜迦持善天爲第一，修一切善利；領十七萬八千諸福使善持衆；此扇那夜迦王，則觀音之化身也。爲調和彼毗那夜迦王惡行，同生一類成兄弟夫婦，示現相抱同體之形。……若有善士善女等，欲供養此天求福利者，取香木樹造其形象，夫婦令相抱立之。身長五寸，象頭人身。身着天衣及腰裳。夫鼻搌下，婦鼻搌上。四葉爲座。造象已了，不得換價，在室房中，勿置佛堂。

這是印度的歡喜天佛像，是觀音的化身。並無那許多獰惡的形狀，已經是頗爲進化的東西了。雖然也還離不了原始性「生殖崇拜」的痕迹。以爲這是具有一種無上的法力，足使事業興盛，也就是福利齊來之意。這在現在也還有着遺留的風習。如一般人在賭場大負之後，輒思買取一少女之初夜權，而其人的面貌則匪所計。以爲如此以後，再去賭就會大勝的，這不過僅是求福而已。乾隆三十九年，山東有王倫之亂，山陰俞蛟著「臨清寇略」記其事，有云：

賊中有服黃綾馬掛者，……坐對南城僅數百步，口中默念不知何詞。衆炮叢集擬之，鉛丸將及其身一二尺許，即墮地。當事諸君俱惴惴無可措手。忽一老弁，急呼妓女上城。解其褻衣，以陰對之，而令燃炮，羣見鉛丸已墮地，忽躍而起，中其腹，一時兵民歡聲雷動。

這大似近日報載德國的「跳躍炸弾」，而其法乃利用婦女陰門，爲老弁所指示。至於金鑾瑣記中記的則是防禦法了，是消極地又可以避禍也：

徐蔭軒相國傳見翰林，黃石蓀往。遇山東張翰林曰：東交民巷及西什庫，洋人使婦女赤體圍繞，以禦槍炮。……徐相素講程朱理學，在經筵教大阿哥；退朝招各翰林，演說陰門陣，蓋聞豫睹子言樊敎主割敎婦陰，列陰門陣，以禦槍炮云。

這事情可注意的是理學家的解釋。可見庚子時中國士大夫的腦中猶存有此原始的生殖崇拜思想。因思我們研究性的事件，或野蠻風俗，態度應當嚴肅，不可以玩弄輕蔑之狀出之，因爲自已現代的同胞中，也往往有如此的人物也。

據魯迅先生記他的師父的話，「和尙不娶老婆，小菩薩從那裏來？」（大意）這固然是極明徹的大獅子吼。不過據印度的佛敎徒的說法則不然。明王們是從世尊眉間所放光中化生出來的。這自然已經十分淨化，可是傳到西藏以後，就不同了：（同前所引經）

以不動佛爲頂嚴，靑白紅色三面，六臂，二正手相交，同已陰體，作瑜伽相。右二手執寶鈎，左二手執蓮索，兩足踡右展左而住。乾坤齊入，氤氳三昧。從心間嚩字放光，召致十大明王，自口而入，化爲精氣，順由金剛道而入陰體華宮。十滴變十嚩字，復轉成十大明王。

『瑜伽相』即性交，亦稱『瑜伽定』，『金剛道』與『華宮』則爲性器官之代名詞。尤爲奇怪者，不獨小菩薩，即一切法寶法輪，無不可由『作瑜伽相』中生出，是誠可稱爲無上良法，亦可見『生殖崇拜』之深且廣也。

印度密宗經典中有說及『祕密相』者，在『佛說祕密相經』卷下有：

作是觀想時，即同一體性自身金剛杵，住於蓮華上而作敬愛事。作是敬愛時，得成無上佛菩提果，或成金剛手等，或蓮華部大菩薩，或餘一切踰始多衆。當作和合相應法時，此菩薩悉離一切罪垢染着。如是，當知彼金剛部大菩薩入蓮華部中，與如來部而作敬愛。如是諸大菩薩等，作是法時得妙快，樂無滅無盡。然於所作法中無所欲想。何以故？金剛手菩薩摩訶薩：以金剛杵破諸欲故。是故獲得一切踰始多無上祕密蓮花成就。

這裏把性的事件說得非常明徹，出家人的虔誠態度實在可敬愛。在這裏我們一些兒也看不出什麽『神經衰弱』的狀態來。雖然有許多人或者要以爲太過於學究氣，那麽我們正不妨再看下面的一段。原文當更爲顯露，譯文典雅，或多粉飾，自亦可喜：

爾時世尊大毘盧遮那如來，讚金剛手菩薩摩訶薩言：善哉善哉金剛手，汝今當知彼金剛杵在蓮華上者，爲欲利樂廣大饒益，施作諸佛最勝事業。是故於彼清淨蓮花之中，而金剛杵住於其上，乃入彼中，發起金剛眞實持誦，然後金剛及彼蓮華二事相擊，成就二種清淨乳相。一謂金剛乳相，二謂蓮華乳相。於二相中出生一大菩薩妙善之相，復次出生一大菩薩猛惡之相。菩薩所現二種相者，但爲調伏利益一切衆生，由此生出一切賢聖，成就一切殊勝事業。

這端是妙文，可以無庸解說，東亞的愛經『香園』，或者可以相比罷！

旣然歡喜佛與生殖崇拜有這樣密切的關係，我們就很容易推知它們在中國所以興盛的原因了。那時正是元朝，宮闈的情形，大可媲美李唐，豫章叢書明人小史中『庚申外紀』記『演揲兒法』云：

癸巳至正十三年，脫脫奏用哈麻爲宣政院使，哈麻旣得幸於上，陰薦西天僧行運氣之術者，號演揲兒法。能使人身之氣，或消或脹，或伸或縮，以蠱惑上心。哈麻自是日親近左右，號倚納。是時資政院使隴卜亦進西番僧善此術者，號祕密佛法。謂上曰：『陛下雖貴爲天子，富有四海，亦不過保有見世而已。人生能幾何，當受我祕密大喜樂禪定，又名多修法。其樂無窮。』上喜，命哈麻傳旨，封爲司徒，以四女爲供養。西番僧爲大元國師，以三女爲供養。……在帝前男女裸盡，或君臣共被，且爲約相讓以實，名曰些郎兀該，華言事事無礙。

這一般番僧就在宮中大作其法：

倚納輩用高麗姬爲耳目，刺探公卿貴人之命婦，市井臣庶之儷配，擇其善悅男事者，媒入宮中，數日乃出。庶人之家，喜得金帛，貴人之家私竊喜曰：『夫君隸選，可以無窒滯矣。』上都穆清閣成，連延數百間，千門萬戶，取婦女實之。爲大喜樂故也。

野史幸存，使我們得見元代宮闈中狀況。後來一提到『西番僧』，就會連想到『房中術』來，蓋非無因也。同時還大批採用高麗女，因爲他們『婉媚善事人，至則多奪寵』。拔廷大家，如無高麗女，簡直就不成語。一時的風氣衣着，都受了高麗的影響。元代蓋爲一大混亂時代，北方的蒙古，東方的高麗，還有西方的一切被征服的國家的文化，都同時流入，成爲一大異觀。而中華的漢代衣冠遂泯滅而不可復睹了。

庚申，帝還以太子不參歡喜禪爲憾：

> 帝嘗謂倚納曰，太子苦不曉祕密佛法，祕密佛法可以益壽，乃令孛魯帖木兒教太子祕密佛法，未幾，太子亦惑溺於邪道也。噫！

他每幸隨便什麽女人，都算做使她們『受大喜樂佛戒』。元代經過這種佛法的洗禮，於是就快速地完結了。只剩下了若干『大威德金剛』的佛像，勞明朝人來毀掉。

孫承澤『春明夢餘錄』云：

> 惟都內喜佛寺係元人淫制，敗壞風俗，相應毀棄。……得旨，邪鬼淫像，可便毀之。…於是工部銷毀淫像。

孫君又引夏言議座佛疏云：

> 大學士李時同臣言，入看大善殿內，有金銀鑄像，鉅細不下千百，且多爲邪鬼淫褻之狀；惟聖明一旦舉而除之，甚盛舉也。

這種盛舉在我看來殊可遺憾，有如前數年希公大燒性書，同爲一種極右派的舉動。這也難怪，在元代，后妃們就已經看不順眼了。元史后妃傳云：

> 京師剏建萬甯寺，中塑祕密佛像，其形醜怪。后以手帕蒙覆其面。尋傳旨毀之。

我調查除了這種要參歡喜禪的最大的因素以外，也遂有着別的福德的作用。如元史列傳八十九釋老傳附膽巴傳云：

> 元貞間，海都犯西番界，成宗命禱於摩訶葛剌神，已而捷書果至。

至於乞財的意義，也可以在間接的材料中看出來。

元代究竟不愧爲年輕的民族，在世界史上鬧了個天翻地覆，結果却在中國立定了脚。中國人民於是就受了不少年的荼毒。輟耕錄中記想肉一條云：

> 天下兵甲方殷，而淮右之軍嗜食人。以小兒爲上，婦女次之，男子又次之。或使坐兩缸間，外逼以火。或於鐵架上生炙。或縛其手足，先用沸湯澆潑，卻以竹帚刷去苦皮，或乘夾袋中，入巨鍋活煮。或刲作事件而淹之，或男子則止斷其雙腿，婦女則特剜其兩乳，酷毒萬狀，不可具言。總名曰想肉，以爲食之而使人想之也。

後邊還引了一大些中國的故事，吃人原來也是古以有之的。宋末登州范溫，食人而定出特別的名號來。如：

> 老瘦男子，瘦詞謂之饒把火；婦人少艾者，名之不美羡；小兒呼曰和骨爛；又通目爲兩脚羊。

這些名子都起得好，不乏詼詭之趣，恐非高手不能罷？然而看起來，老弱，婦孺，都是所謂『兩脚羊』的貨色，名登食譜，蓋亦達爾文氏學說之一佐證耶？

清代以女眞入主，因爲想要懷柔遠人，所以喇嘛教又再度興盛，這一次則全爲政治的意義的了。衛藏通志中記有『桑堆佛』，蓋即此物。至今在北平還留下了一些遺跡，留待遊人的瞻仰。雍和宮一些喇嘛廟都有，北海白塔下琉璃廟中的鎮海佛，據說也是這種東西。鄙人雖曾遊故都，這些地方卻都不會去瞻禮過，不無遺憾；他日重來，當然要去看了，聊寫小文，以爲重遊之劵耳。

記閹人

楊靜盦

西人每舉辮子小脚閹人三事，以譏國人，今則皆成陳跡，北平閹人之或有存者，至少亦已五十左右之年，漸將成為歷史上之名辭矣。宦官為宮中之官，自東漢以後，始為閹人之專稱，後漢書宦官傳論曰：『中興之初，宦官悉用閹人，不復雜調他士。』又說文：『宮中奄，昏閉門者。』按宦者謂之奄，主宮中閉門之役，因曰閹人。至今北稱老公，南名太監，老公之稱，原與宦官無涉，南北朝時，侯景稱梁武帝為蕭老公，其義正如老翁，雅稱之為黃門，為常侍，其實黃門常侍，皆普通官名，原不限於宦者，至於太監之稱，似與黃門有關，因漢有黃門監一官，而民間有此稱呼，則始於明代，當時太監二字為宦官尊號，非一般通稱，祇司禮監始稱秉筆太監，自永樂以至萬曆，凡宦官奉差之印，皆為『某處內官關防』，惟東廠則有『欽差總督東廠校尉辦事太監關防』。嗣後魏忠賢擅權，出鎮各地之閹宦日多，當時內閣大學士顧秉謙為獻媚計，一例都票注太監二字，從此太監成為奉差閹宦之通稱，南人見奉差而來之閹宦皆有太監之名，乃即以此稱之。

閹人所去者為男子之陰莖，故靈樞五音五味篇有曰：『宦者去其宗筋，傷其衝脈，血寫不復，皮膚內結，唇口不榮，故鬚不生。』宗筋當然是指陰莖而言，然或盡去至根，或僅去其端，此未目覩，要亦難言。若賸有殘跡，必具感覺，況思想在人，安得不懷燕好之私。或曰閹豬閹雞，僅去睪丸，勢即不舉，此說更謬，要之宗筋既存神經節之感覺全具，睪丸祇精液之轉輸機關，至多不能生育，雖去何與，即使不舉，意義與形式仍在，宮中豈能容之。聞北平宦者浴室，另有專池，人莫能窺，故知之者鮮。然閹人有妻，則人多知之，不識意欲何為也？據明黃瑜雙槐歲鈔卷八『椓人妻』條云：

宣德中，賜太監陳蕪兩夫人。天順初，賜故太監吳誠妻，兩京宅地莊田。見水東日記諸書。予按高力士傳：河間男子呂元晤吏京師，女國姝，力士娶之，元晤擢自刀筆吏，至少卿。李輔國傳：帝為娶元擢女為妻，擢以故為梁州刺史。朱子語類：梁師成妻死，蘇叔黨范溫皆衰経臨哭，由是觀之，椓人有妻，古今所同也。京師謂此曹男性猶存，必須近女，豈其然乎。

按此，閹人之有妻室，歷唐，宋，明三朝已然，惟娶之何為，殊屬難知。或謂閹人亦須整理家常，及縫補漿洗諸事，此則雇用女傭已足，何必定須正名而娶妻室，且有出諸上賜，更一妻不足，增之二三，抑亦怪矣。據查慎行人海記所記『周后田妃』一文，中有涉及對兒一名辭，今節錄於下：

每日召貴妃（指田貴妃），妃例御鳳輿，小璫舁之，是日舁以宮婢。上問故，曰：『小璫多恣肆無狀。』叩其實，曰：『坤寧宮（周皇后所居）小璫狎宮婢，故遠之耳。』上色動而搜其處，大得狎具，蓋宮人各侶其璫，所謂對兒也，一名對食。上驟怒，立譴諸小璫，中宮（指周皇后）因懟恨成疾，嘔血。有老宮人曰：『田氏宮中，獨無對兒乎，亦可搜也。』已而果然，上疑始釋。…………

此疑宮中閹人，非盡去其根，略有餘留，欲求宮婢之暢適，則祇有憑藉狎具，豈有唐歷明閹人之娶妻，亦皆藉狎具爲之乎。後聞蕭君言：閹人隸籍河間者多，男子至十五六歲發育時，有願閹割者，先飲以酒，酒淡而性猛，飲至十分沉醉，或竟昏倒，然後將其仰縛於條凳，凳置諸盛石灰之大盆中，仰縛則恐其掙扎，石灰則用以吸收流血。將陰部滿塗藥油，油卽麻醉藥也。部署既定，卽以利刃沿兒勢之根，環而劃之，深度須有技術，尤以陰莖下部及近卵處爲最難割，因筋多而易致命。劃後卽將去其莖之海棉體，全莖祇賸二管，須用鉗鉗之，否則縮入而死。一管爲輸尿，一管爲輸精，精管盤屈而納入體內，尿管則剪去之，遂敷以止血之藥。包紮畢後，須四五日不飲不食，半月不得見風，居室四壁，糊以重紙，蓋見風卽有性命之虞，月餘結痂收口，竟成一孔，卵亦縮至細小。然俗有『三年一小修，五年一大修』之語，蓋言三年五載後，或須再行閹割，實則恐手術不佳，未能根除，每隔三五歲，必驗察一次，是否無凸肉長出，長則再割之，其手術亦較易矣。又云：閹人近女，每喜手撫口嚙，緊掙移時，至汗出卽止，蓋性欲至此，已發洩淨盡，亦變態也。

上述閹割之法，未知可靠否，然據羅馬人記載閹割之狀，共分四種：其一爲割去全部陰莖與睪丸；其二爲僅睪丸割去；其三爲將睪丸壓碎而不除去；其四爲割去輸精管。但亦有人研究以爲專將睪丸割去或壓碎，或割去輸精管，如施於尙未發育之童子，或可完全斷絕性慾，若施於業已發育之男子，其性慾已然存在，至少可以維持十年始行衰退。且因經此手術，耐久力特長，又無受孕危險，反足以增加淫亂之能力。據謂羅馬時代之貴婦人，極寶此種男子，亦以此故也。埃及僧徒，以閹割奴隸出售爲營業之一，其閹割之法，慘絕壓寰。被閹割者，大都爲六歲至十歲之小兒，由僧徒以低價買得，閹割之時，先將陰莖及腎囊用力外拉，然後快刀突然割之。止血之法，係在木棍上縛一方海綿，蘸以沸油，而將創口掩住。血止後，始用塗有油膏之布包裹之，並於地下掘一坑，將被割者反縛兩手，埋於坑中，僅露其首，經若干時日，始將其取出，但平均四人中，大概祇一人不死，故出售時，價格亦甚昂貴也。

閹人又喜食『不典之物』，其意似欲彌其缺憾，殆如今日胚胎腺製劑之義歟。事見酌中志，爲明閹人劉若愚撰，志云：

> 內臣又好食牛驢不典之物，曰『挽口』者，則牝具也；曰『挽手』者，牡具也；又羊白腰者，則外腎卵也；至於白馬之卵，尤爲珍奇，曰『龍卵』焉。

僅云好食，未言其食後效果，要亦如近代之補藥，以意爲之而已。男子閹割，卽成椓人，不謂女子，亦有幽閉之說，揆之生理，未識有諸，今見碣石賸談『婦人幽閉』條云：

> 婦人椓竅，椓字出呂刑，似與舜典宮刑相同，男子去勢，婦人幽閉是也。椓竅之法，用木槌擊女胸腹，卽有一物墜而掩閉，其牝戶止能溺便，而人道永廢矣。是幽閉之說也。

偶談吃

曉　諟

『我有幾位潮州朋友，他們平常嗜食的東西就頗可怪。據說有一種海邊捉來的極細的蝦，嫩極，他們都是生吃的，味纔叫鮮美呢，煑過就不甚好了。』——見第七期古今柳雨生先生著『賦得廣州的吃。』

潮州人吃蝦的方法並不如此。卽使極細，也是炒熟吃的。江南地方有吃『搶蝦』的，豈但要生，活的更好。正興館列爲佳肴之一。活躍的一盤，隨手拈來，生吞活剝，津津有味。柳先生『長大後又有多少年住在江南』，這該知道，正不必忽然想到，把這筆『頗可怪』的怪賬寫在潮州朋友頭上。潮州人有吃生蠔的——卽牡蠣——海邊敲來的小蠔，置水中漂淨，過豆醬油吃，和江南人吃生蝦差不多。

蠔生吃頗具國際性，法國人尤嗜。滬上西菜館如外灘之華懋，惠中，一到十一二月便有得賣。蠔較大，去一面殼，仰列磁盤中，週圍佈冰屑！狀頗美觀，以打論値，時鮮之一也。美國有專吃生蠔生菜的店，據說『有意想不到之效力』。因此有一笑話，美國太太嚴令她們的先生每週須吃生蠔生菜至少兩次，不願吃也得強吃，爲丈夫的責無旁貸。

廣州人吃魚生，外江佬也是望而咋舌的。生魚片拌在『酥脆』裏，外加副料，如蘿蔔絲，或什麼片，醬醋等，攪勻便吃。但潮州人看起來，未免徒有其名。那麼一大盆，五色紛陳，只有疏疏落落幾片生魚。用抬轎式亦難得撈到一片，簡直在吃『酥脆』。潮州魚生，以生魚爲主。生魚片片攤在篾盤上，另備生菜，洋桃片，鹹蘿蔔絲爲配料，搭配與否，各人自便。一小碗醬醋，或豆醬油，每人一份，魚片一夾一夾，蘸蘸往嘴裏送，你猜味道如何？這般吃法，我們總該嘆服了吧！但還是幼稚得很，原來有些地方吃魚生更够味，生魚切成塊，蘸醬油吃絕不含糊，片與塊較，小巫見大巫矣。

由吃物與吃法不同，各有各的成見，甲笑乙，乙笑丙，丙又笑甲。各以爲自己的吃物味道最好，吃法也最高明。吃物不同，吃法有異，便要搖頭，甚至誹笑。例如北方人吃大蒜，何等爽口，且可却病。南方人則認爲氣味不佳，不敢領敎。河南館子以燒猴頭——幷不是猴子的頭，是一種長在樹上的菌——爲上肴。廣東人說，如啃爛樹皮，有甚好吃。江浙人吃搶蝦，吃臭豆腐，異方人雖不至掩鼻而過，却也未必敢於嘗試。天下聞名的廣東菜，儘有人說牠好吃，表示好感。但一說到吃蛇吃老鼠，也會臉上立刻掛上又驚嘆又輕蔑的微笑。更有笑廣東人吃物半生不熟，近于野蠻的。這般人吃起西菜來，對於血水淋漓的牛排，雖兩眼筆直，苦難下咽，却衷心敬服，嘆爲歐西文明。

各處吃物與吃法，各有各的適合性，一經習慣，便覺合理。正不必敝鄉如何好，貴處怎麼壞。不是本地人吃本地菜，儘可揀合口味的吃，不必揀不合口味的笑。

北方人吃大蒜，你受不了，可改吃炸八塊，槽溜魚。河南館子燒猴頭不行，掛爐鴨，桂花棗泥却可大嚼。搶蝦臭豆腐沒有胃口，燒甩水，白切肉却都不壞。廣東菜式樣多，正不必爲了蛇鼠而惴惴然。

以上是吃生蝦引出來的偶談，不算是什麼議論，也不爲誰張目。我非袁氏子孫，對於吃學，愧無淵源，以上所說也許都錯，倘仁人君子以爲錯得可笑，不妨接着談下去。

談眉

余牧

崇尙『眉目』的美，不單是我國民族最古遠的趣味，也可以說是我國人最特別的嗜好；它同愛『小脚』一樣，是中國人的大怪癖；在世界上古今文獻中，怕再找不出一個相當的同好來。不信，讓我提出兩個論據來：

第一，憑你翻遍世界各國的文學，但總找不出單拿眉目來做女性的代名詞的例子；即使是有，也不很普遍。可是在中國，文不論雅俗，言不論古今，這樣的例卻『司空見慣』。像白樂天的『回頭一笑百媚生，六宮粉黛無顏色』（長恨歌）。韓昌黎的『粉白黛綠者，列屋而閒居。』（送李愿歸盤谷序）。駱賓王的『入門見嫉，蛾眉不肯讓人。』（討武曌檄）……這一類的名句，都以部份——眉毛——代表全體——美人——的顯例；這樣的修詞法，在外國的文學上是很不容易見到的。至於胸無滴墨的俗人，要表現一個女人的娟好，單單一句『眉目淸秀』，就足够代表她整個的形相，把一個美人兒的倩影，赤裸裸地展露在眼前了。

第二，在世界各國的文學上，形容眉的文句，固然是有；但眉的名詞的多，要算我國「手屈一指」了，不妨請你伸出手指算一算：「蛾眉」，「雙蛾」，「黛蛾」，「黛眉」，「黛螺」，「眉黛」，「翠黛」，「翠羽」，「翠翰」，「翠眉」，「曼綠」，「春山」，「遠山」，「眉峯」，「山蠶」，「新蛾」，「新月」，「新柳」，「柳葉」，「翠柳」，「眉月」，「月稜」，……大概還有吧！我們就在這一點，可以知道：中國文人描寫『眉』的美的苦心，是不惜嘔心瀝血，搜索枯腸；更可證明中國人的崇拜眉毛的風尙，簡直是到達可驚的程度了。

然則，眉到底有什麽動人之處？爲何值得古今文人瘋狂似的愛好崇拜呢？

道，且讓我慢慢道來。我說，第一眉目爲中國女性表情——尤其是性的感情——的特殊工具。我們常說『眉目傳情』較俗一點，則說『眉來眼去』，指的是兩性間情緒的暗通，或調情傳愛的動作；又說『春色橫眉黛』或『眼角眉梢，隱含春意。』指的是愛情暗中的流露，或無聲的表現。第二，我們的文學上充滿了『羞籠雙黛蛾』，『怨黛舒還斂』，『愁含翠羽眉』，『結眉慘成慮』，『並歌如轉黛』（樂），『深坐獨顰眉』（怨）以及『吐氣揚眉』（得意）……等類的句子，是兩條細細的眉峯，不但蘊藏了男女間如火如荼的熱情和春意，連一切七情六慾，擬怨貪嗔，差不多都借着兩撮纖小的柔毛，充分表現出來。你說，我們能說眉不是中國的『表情聖手』嗎？眉，既是感情流露的通路，又何怪乎中國人特別愛好而注意雙眉呢？

可是，話可得說回來，人有五官百體，還有無數的象徵符號，表情的工具多得很，中國人爲何偏偏獨好運用那兩線不易運用的眉毛呢？依我的愚見，這不能不『歸因』於禮教的束縛了。因爲中國人自來就受禮敎的嚴厲約束，以『喜怒不形於色』爲『美德』，特別是男女間的愛情，更不容在『光天化日之下』於人前表現；否則，即使是『正式眷屬』，也不管你倆是『恩愛夫妻』，人家至少要罵『淫蕩』或『狐媚』。這樣一來，感情表現的『門路』，都給『堵截』住了，於是到情不自禁的時候，就只好運用『無聲表情』的器官，讓關不住的感情，偷偷的跑了出來。所以，我們可以說，中國人的『眉聽目語』的藝術之所以『特別發達』，『擠眉弄眼』的動作之所以『特別精練』，這恐怕是唯一的原因了。

『苦澀的根株』所結的，未必是『辛酸的果子』。修眉的藝術，雖然由殘酷的禮教威逼而生，其結果竟成爲中國的一種可矜式的特殊藝術。

或者有人要問：這種修眉的藝術，到底始自何時？怎樣傳流及發展開去？關於這一個問題，考據家多數主張秦始皇是『始作俑者』。如宋人高承說：『秦始皇宮中，悉紅妝翠眉，此妝之始也。』（見事物紀原卷三）明儒王三聘，作古今事物考，大都也承襲高承之說，他也有一條說得更切實，說：『秦始皇宮中悉紅妝翠眉，此婦人畫眉之初也。』又事物考紺珠篇也說：『紅妝翠眉秦始皇時。』這個斷論，正符合了『天下之惡皆歸焉』的史例；其實是靠不住的，讀『阿房宮賦』，雖然使我們眼前湧現一幅秦宮的窮奢極欲圖，然而硬說嬴政是畫眉的發起人，未免寃枉了他。

舉幾個例證，秦前戰國的辯士張儀，對楚王說『鄭國之女，粉白黛黑。』注云：『明光宮發燕趙美女二千人充之，皆自然美麗，不使粉白黛黑。』（見戰國策，楚策）又韓非子說：『若毛嬙西施之美麗，無益吾面，用脂澤粉黛，則倍其初。』（見韓非子）。由此，我們可知戰國時『黛』的用途，至少已通行於宮廷之間。還有，楚辭有云：『粉白黛黑，施芳澤只。』（見大招）又宋玉描寫東家的美人道：『臣東家之子，眉如翠羽。』（見登徒子好色賦）也是一個有力的旁證。直接間接，我們可以斷定畫眉的藝術，古已有之，不自秦始。雖然要考出一個實在的時代，似乎是不可能的，但『先秦時代』這個大概的推斷，是總可以成立的。

自秦以降，以迄隋唐，其間接連出了好些個好逸天子，風流文士；修眉的風尚，經他們的提倡鼓舞，便一天比一天發達廣播了。如西漢以武帝爲首，二儀實錄說他『令宮人掃八字眉』；東漢以明帝爲魁，史稱『明帝宮人，拂靑黛蛾眉』；風流文士中如張敞，爲妻畫眉的韻事，是人人共知的；司馬相如，本是多情辭賦聖手，偏生他結識的愛人，恰可又是一個特畜眉間天然美的『仕女班頭』，西京雜記說：『司馬相如妻卓文君，眉如遠山，時人效之，畫遠山眉。』（一本作『卓文君姣好，眉色如望遠山。』）這正所謂『佳人才子，相得益彰。』無怪乎修眉的風氣，盛於兩漢，連號稱質樸儉淑的明德皇后，『眉不施黛，獨左眉小缺，補之以縹。』（漢，劉珍，東觀漢記）可見風氣所趨，雖賢者也未能免俗了。

六朝承漢魏之後，兼且風俗淫靡，修眉之風，益繼續發達不稍衰。齊梁之間，尤喜效魏宮的『仙娥粧』（詳粧台記，馬鑑續事始，二儀實錄三書）這個時代兩眉的修飾，因受外來的影響，更發生別開生面的新粧，打破古來『綠蛾黑黛』的成規，而產生『黃眉佛粧』的新式。按面飾用黃，大約是印度的風習，經西域間接輸入我國，其始本施於整個面部，彭汝勵在『翻陽集』說得最清楚，並有詩咏其事，序云：『婦人面塗黃，而吏告，以爲瘴病，問之，謂佛妝也。』以後，只塗額角，再後乃施之於眉，在眉史上遂別開新頁，値得大書特書。

隋煬帝時，因愛秀眉美人吳絳仙的長眉，乃令宮人效爲長蛾眉，不惜加重徵賦，日給螺子黛五斛於宮人（事見顏師古：隋遺錄，杜寶：大業拾遺記及烟花記），據顏師古說，螺子黛每顆值十金；據陸次雲說『每顆價值千金。』（清，八紘繹史卷二）這個消費量，眞是可驚。

到宋朝，更有名妓『瑩姐』者，倡『百眉圖』之說，淸異錄有云：『瑩姐，平康妓也，玉淨花明，尤善梳掠，畫眉日作一樣，康斯立戲之曰：『西蜀有十眉圖，汝眉癡若是，可作百眉圖，更假以崇年，當率同志爲修眉史矣。』

可惜『瑩姐』的『眉史』，也許缺乏同好，竟沒有修成，後世的文人，又不屑爲之，直留至今日，鄙人不揣愚陋，草此成篇。

雜誌

攝影•漫畫•素描（畫報六頁）

復刊第二號 （第九卷 第六期） 目 （定價：每期五元）

古史及古史研究者……華白沙
一月風雨……何之
兩大戰紀 羅斯托夫觀戰記……朱學誠
潛水艇縱橫記……徐導之
高加索風土誌……蕭明
方言劇與方言文學……丁三
現代科學五篇 武裝的魚類…毒之話…中毒話異… 死人幫活人的忙…超顯微鏡…戴樂等
憶南京……譚正璧
秋蟲……仄林
宇宙之微•蒼蠅之大……曉夫

長街陋巷
滄桑……丁諦
玻璃燈（獨幕喜劇）……予且
海寧西瓜（報告文學）……張葉舟
鬼……譚維翰
長篇連載 漩渦時代……靜波作•江棟良圖
評劇壇八月……張冰獨
漫談話劇配音……鄭守燕
長篇翻譯 我的性愛生活……F•哈里斯
本期增闢「讀者之頁」一欄

雜誌社發行
上海山東路二九〇號
總經售 街燈書報社 上海河南路三〇八號
全國各大書局報攤均售

政治月刊

第四卷第三期出版要目

建立自己……汪精衛
印度問題與亞洲……陳友仁
世界史之動向……細川加六著
大東亞戰與新政治體制……川崎紫山著
大東亞民族政策之發展動向……藤岡啓作
唯一的大路……汪精衛
南京條約百年祭【特輯】
中共的解剖……仁譯
蘇北匪區見聞零拾……王蒙
所羅門大海戰【特輯】
歐戰三週年【特輯】
南路會戰與德蘇戰局……許正
印度獨立運動問題……撰夫
美國略菲史秘案……池上博著
從中國到世界【九月】……志英
一月政情……資料室
吳都六面畫……點元
北平歲時史料長篇……張江裁
唐人小說研究……楊卽墨
汪精衛先生傳 雷鳴

每冊新法幣二元

政治月刊社發行
上海郵政信箱一七〇六號
上海河南路三〇八號 街燈書報社

滿城風雨談古今

樸之

古今出版，瞬已八月，這八個月以來，無論新舊朋友，一見面無有不提及古今，虛頌謬讚，無所不至，眞令鄙人受寵若驚。現在古今因徇讀者的要求和友朋的期望，决自本期起改出半月刊，當玆改版之際，謹再略說幾句，以補創刊號中發刊辭的不足。

去年十月十六日，我所最心愛的長兒（榮昌）夭折于青島，時離其生母之亡，尚不到一年。我經此打擊，痛不欲生，對于自己的前途，抱有萬事俱休，祇欠一死之慨。因此寄居滬濱，終日徘徊，自己不知怎樣才能遣此無聊的餘生。有一天，忽然闊別多年的陶亢德兄來訪，談及目前國內出版界之冷寂，慫恿我出來放一聲大砲。自維生平一無所長，祇有對于出版事業略有些微之經驗，且正值精神一無所託之際，遂不加考慮，立即答應，計籌備之期，不到兩月，古今創刊號，遂于今年三月二十五日出世。

古今之出版並非爲什倡學麼提術，宣揚文化等等的大題目，不過爲我個人遣愁寄情之舉，所以我在創刊號中所寫的發刊辭及四十自述兩文，充滿了意志銷沉的語句和淒涼蕭殺的空氣。又因讀菊山詩集中「世間萬事俱陳迹，空倚西風閱古今」句具有同感，所以即以「古今」二字題名本刊，此即本刊之由來，應爲世人明告者也。

所以，本刊完全是一個私人的刊物，是一個百分之百的自由意志的刊物；祇因私人經費有限，所以未能盡量擴充，可是八個月來的慘澹經營而能得到今日的結果，已非鄙人意料所及，這不能不算是「萬事俱休」中的一點奇穫，而精神上聊堪自慰的一件事。

古今之所以有今日，陶亢德周黎庵二兄襄贊之功不可沒。古今之所以能出版，摯友周佛海先生在精神上友誼上給我的鼓勵與幇助甚大，其功尤不可沒。謹于此表示我個人衷心之感謝。

本期半月刊出版爲十月十六日，適爲亡兒週年之期，回溯過去，遠矚將來，誠不勝啼笑皆非之感。又本期出版距重陽節僅二日，因借「滿城風雨近重陽」之句以題本篇，字意雙關，自揣尚屬切當也。

編輯後記

編者

本刊本期改爲半月刊，內容大爲革新。過去八期雖均獲讀者謬讚，但是我們自己尚不滿意，覺得似乎稍過「古董化」了，自本期起，我們擬力矯此病。

周佛海先生的文章素爲世人所愛讀，前爲本刊所特寫的「苦學記」一文，發表後中日各報紙各雜誌紛紛轉載，洛陽紙貴，盛極一時。本期第一篇「自反錄」亦係專爲本刊所寫的特稿，彌可珍貴，不特本刊之殊寵，抑亦讀者之幸也。

第二篇「遍地烽火話瑞士」，作者冀公先生，爲有名的外交家及著作家，讀者閱其文即可見其人。今後他將經常爲本刊撰寫特稿，我們新得此一支生力軍，陣容愈益堅强了。

沈爾喬先生服官浙東，頗著政聲，承寄「龔定盦與林則徐」一文，文雖簡短，而意則深長。他爲本刊的老讀者之一，今後尚有大作發表。

餘如江康瓠先生的詩，鄭秉珊先生的「董其昌的書畫」，以及「論離婚」，說「歡喜佛」，「記閹人」，「丹桂村」，「京話」，「偶談吃」，「談眉」諸文，俱是上選之作，值得向讀者鄭重推薦的。

華興商業銀行

資本金 國幣五千萬元（全額繳足）

各種公積金 國幣四千一百八十萬元

總行 上海百老匯路六五號 電話四六二九三

分支行處地址

南京 蘇州 杭州 蚌埠 無錫 鎮江 蕪湖 南通 嘉興

營業種類

存款，匯款，放款，國外匯兌，其他一切銀行業務

並另設有 儲蓄部 信託部

國民新聞

社址：上海靜安寺路一九二六號

新中國報

社址：上海河南路三百〇八號

平報

社址：上海四馬路四三六號

中報

社址：南京朱雀路

時代晚報

館址：南京邀井貴

中央儲備銀行

中華民國國家銀行

南京總行

行址 中山東路一號

電報掛號 中文五五四四 英文CENRLBANK（各地一律）

電話 二三五四一 二三五四二 二三五四三 二三五四四 二三五四五（轉接各部）

上海分行

行址 外灘十五號

電報掛號 中文八六二八

電話 一七四六三 一七四六四 一七四六五 一七四六六（轉接各部）

資本總額 國幣壹萬萬元

杭州支行

行址 太平坊大街

電報掛號 中文五五四四

電話 二七七〇

蘇州支行

行址 觀前街一八九號

電報掛號 中文五五四四

電話 一八五六 六九五

蚌埠支行

行址 二馬路二九四號

電報掛號 中文五五四四

電話 二五八

寧波支行

行址 江廈路十五號

電報掛號 中文五五四四

電話 七六〇 七六五

各地辦事處

蕪湖 行址 二馬路西首 電報掛號 中文五五四四

常熟 行址 老縣場 電報掛號 中文五五四四 電話 二三一 二三三

無錫 行址 北門內打鐵橋 電報掛號 中文五五四四 電話 一六三四 一六六一

南通 行址 西大街十八號 電報掛號 中文五五四四

嘉興 行址 城基路望吳橋 電報掛號 中文五五四四 電話 一七七 一七九

揚州 行址 左衛街 電報掛號 中文五五四四

太倉 行址 稅務橋東首 電報掛號 中文五五四四 電話 四四

鎮江 行址 寶塔路三一四號 電報掛號 中文五五四四 電話 二九二

常州 行址 西瀛里 電報掛號 中文五五四四

泰縣 行址 彩衣街 電報掛號 中文五五四四

東京 行址 麴町區大手町二丁目二番地

古今

半月刊　第十期

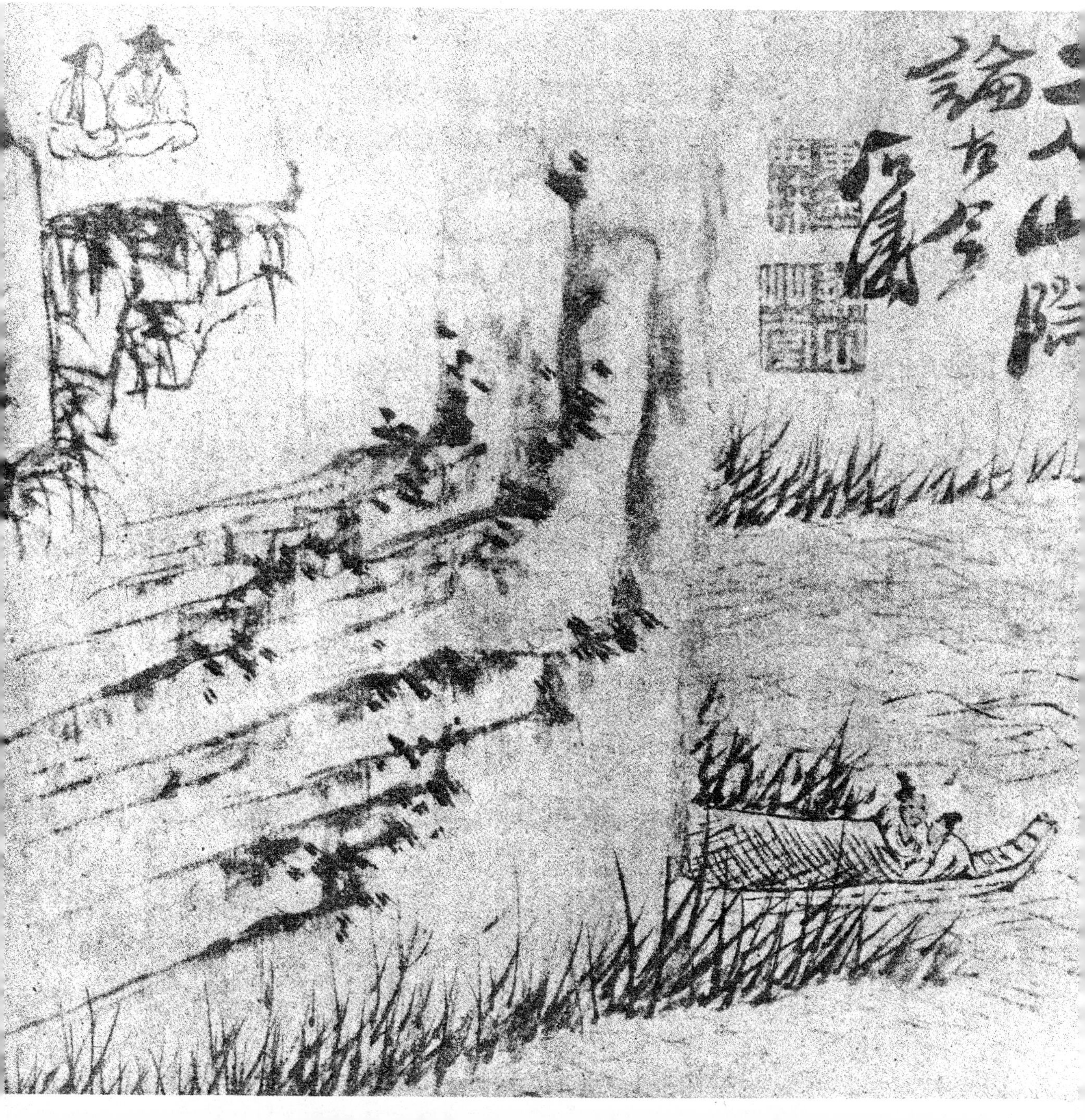

古今半月刊第十期目次

中華民國三十一年十一月一日出版

社長 朱樸
主編 陶亢德 周黎庵
發行者 古今半月刊社
通訊處 南京邀貴井時代晚報社 上海靜安寺路國民新聞
印刷者 國民新聞圖書印刷公司 上海靜安寺路一九二六號
總經售 國民新聞圖書印刷公司 上海靜安寺路一九二六號

本刊每逢一日十六日出版 零售每冊一元五角

廣告價目

後封面	一千元
正封裏頁	八百元
後封裏頁	六百元
普通全頁	四百元
普通二分之一	二百五十元

國民政府宣傳部登記證滬誌字第七六號
公共租界警務處登記證C字第一〇一一二號

朱竹垞詠古詩

梁鴻志

『漢皇將將屈羣雄，親許淮陰國士風；不分後來輸絳灌，名高一十八元功。』『海內文章有定稱，南來庾信北徐陵；誰知著作修文殿，物論翻歸祖孝徵。』此朱竹垞太史詠古二絕句，作於康熙二十六年丁卯，罷直南書房之第四年也。首章言始受殊知，終歸擯棄，次章言文章有價，毀譽不公，皆極其侘傺不平之意。長沙周應甫（壽昌）『思益堂筆記』謂此詩爲高江村而作，自是得諸前輩傳聞。余以爲此詩刺當時之簪筆禁近諸公，江村固在其中，必謂專指江村，亦嫌穿鑿也。

按竹垞以康熙十八年己未召試鴻博，授官檢討，年已五十有一，江村少於竹垞十六歲，是時已官中書舍人，且於兩年以前先直南齋，在帝左右矣。（江村以康熙十六年丁巳入直南書房。）故竹垞於將應召試之時，先以古意一篇投高舍人，有『寄言鸞鳳侶，釋此歸飛禽』之句，蓋不願應試授官，頗冀江村爲之張目也。越四年，爲康熙二十二年癸亥，是年正月二十日，竹垞亦被召入南書房，且賜禁中騎馬，二月二日，復賜第黃瓦門東（今稱黃華門），恩遇甚渥，是年有『憎蠅』『憎鼠』二詩，語多諷刺，未知何指？是時江村雖同直南齋，已擢侍讀，又有題高侍讀江村圖二詩，則循例題圖，無所寄意也。明年甲子，竹垞因輯『瀛洲道古錄』，攜善書之僕王綸充翰院供事，藉錄四方經進書，忌者譖請掌院學士牛鈕形之白簡，遂降一級用。（竹垞書櫝銘曰：『予入史館，以楷書手王綸自隨，錄四方經進書，綸善小詞，宜興陳其年見而擊節，尋供事翰院，忌者譖請學士牛鈕形之白簡，遂罷予官，歸田之後家無恆產，聚書三十櫝，老矣不能遍讀也。作銘曰：「奪儂七品官，寫我萬卷書，或默或語，孰智孰愚。」』）出南書房，有旨奪所賜居，自禁垣徙居宣武門外，計官禁近前後僅一年耳。故移居宣南詩，有『詔許移家具，書難定客蹤；誰憐春夢斷，猶聽隔城鐘』句，即詠奪居徙宅事。

牛鈕劾竹垞後，越二年丙寅（康熙二十五年）即逝去，徐健菴誌其墓，徐鈕之交誼可知。江村嘗合明珠以傾索額圖，繼又合徐健菴以傾明珠，以其時考之，則鈕之彈章，恐健菴江村皆與有力焉。然竹垞罷官之年，又有再題高學士江村圖二詩，亦無憤懣不平語。

康熙二十八年己巳，江村已擢少詹，扈從聖祖南巡至杭州，駕幸其家之西溪山莊，賜御書『竹窗』二字額。是年九月左都御史郭琇劾其植黨營私，招搖撞騙，於是江村遂與王鴻緒陳元龍同時奉旨休致回籍。（徐健菴已於前一年五月以疾乞休，命以原官解任。）故江村自銘其硯，有丁巳已凡十三年，夙夜內直，與爾周旋語，蓋謂丁巳直南書房，至己巳放歸田里，前後十三年也。徐高既先後去位，左副都御史許三禮復專劾健庵，疏凡再上，第二疏且辭連江村，所謂去了『余秦檜（指余國柱），來了徐嚴嵩（指徐元文），乾學似龐涓，是他大長兄』之謠，及『五方寶物歸東海，萬國金珠貢澹人』之對皆列之疏中。（今人誤傳三徐在政地時，京師謂之語曰：『萬力玉帛朝東海，一點丹心向北辰。』

是頌而非刺也。實未見許三禮彈章者。）雖朝旨嚴飭許氏，然徐高之勢已漸見不振矣。明年庚午，竹垞復補原官，（據清史列傳稿：二十九年補原官，是庚午歲也。）然未嘗再直禁近，或者以徐高已去，故得右遷歟？

又二年，爲康熙三十一年壬申，竹垞即乞假歸里，將出都，王石谷爲畫山水贈別，有七絕一首紀之。是年竹垞年已六十四，從此不復出山，江村里居已逾三載，亦垂垂五十矣。

翌年癸酉（康熙三十二年），竹垞以姚雲東（綬）所畫『寒林鸜鵒』立軸贈江村生日（按姚畫今尚藏故宮博物院），江村題二絕句云：『鸜鵒無言立北風，孤村竹樹自成叢，不知鎖向雕籠者，得似寒山野水中。』『野港菱灣起柁風，往來不離稻花叢，茂林茅屋棲遲慣，忘却多年直禁中。』款署朱竹垞同年以此贈予生日，昔日與竹垞同直南書房，每有江湖之思，今共在寒山野水中矣，因和雲東詩於左，幷索竹垞題句，時康熙癸酉秋九月廿一日，書於柘西之簡靜齋。』竹垞題云：『雲東三絕有唐風，貌得山禽占竹叢，誰分偶然題句在，兩人心會不言中。』款署『余旣以雲東逸史畫贈江村題識，仍索余和，後有孟檠計有功見之，當爲我紀其事矣。』此軸不知何時收入內府，高宗題云：『鸜鵒何嘗畏北風，雕籠常鎖海棠叢；竹窗旣有江湖思，何事頻懷玉禁中？』蓋深致不滿於江村也。阮文達『石渠隨筆』著錄是畫，其案語謂『竹垞與江村志趣不合，觀此題可見其人，讀御題益曉然矣』云云。蓋闡發高宗詩意，右竹垞而抑江村也。

又江村所著『書畫消夏錄』成，竹垞爲之作序，亦癸酉年九月事，余謂竹垞江村志趣不合，固不待言，然必謂竹垞之擯出南齋，爲江村一人所齮齕，恐亦未的，蓋以贈畫和詩及書成作序二事觀之，匿怨而友其人，或亦竹垞之所深恥也。

又越十年癸未三月（康熙四十二年），江村隨駕入都，超授侍郎，留京者三十餘日，恩禮優渥，終以母老辭歸，撰『蓬山密記』紀其事。明年甲申，遂卒於家（江村卒年六十），而竹垞亦已篤老矣。汪景祺『西征隨筆』醜詆江村，至謂江村之死，由明珠以慢藥毒之，又謂江村告歸，過江，即見鬼物，歸抵平湖，不數日死，蓋由怨家江黃之陰報。以余考之，恐皆齊東之語，蓋江村承召再起，旋即告歸，距明相斥革之年，已十五載，（明珠革職康熙二十七年事，此後未入政府，卒時在四十七年。）恐明珠已無此氣力，即使明珠果欲置江村於死地，則當江村被劾休致之時，儘可行之，何必待之十四年以後耶？又江村於癸酉三月隨扈入京，四月即乞假歸里，直至翌年始沒，其非由鬼物作祟，抵家即死，亦從可知矣。汪氏所紀康熙朝事，往往據道塗傳說者書之，其戾於事實者，亦不止此二事也。總之健庵江村皆綺歲以文字受知，早登膴仕，然多滋謗口，未享遐年，（健菴以康熙三十三年卒年六十四），竹垞雖晚獲一官，十年蹭蹬。然生前耄壽，生後高名，舉非健菴江村所能企及。『憺園』一集，『銷夏』一編，試與竹垞著述絜短論長，恐文章定稱終歸徐庾矣。余偶讀竹垞詠古詩，恐世人歸獄江村，於是就所知聞紀其本末，或與竹垞題畫詩中所謂孟檠記有功者不甚相遠耶！

聖城被困記

翼公

一

博都是法蘭西西部的名城。在博都的東南，有個小城，宜於養疴，並宜於避暑，那就是皮亞里。離皮亞里四十多公里之遙，山路起伏，樹木茂盛，顯出一種特殊的鄉村風光來，那時候便可發見另一城鎮，住居海濱，環境清靜，氣候涼爽，以視皮里亞，有過之而無不及，那就是聖上突留斯了。這地名又長又難讀，因此有人簡稱爲『聖城』，實則『聖城』之稱，祇有羅馬教廷梵蒂岡，足當之無愧，區區偏僻之地，安足以語此？但爲行文方便計，姑存此名。

我早慕『聖城』之名，但數度赴法，均無機會觀光。說來也奇怪，巴黎失陷的前夕，我巧恰留居聖城，巴黎淪陷後，德軍佔領該地，遂致交通梗阻，與各界不通音訊者，幾達兩月之久。虧得我最先離開聖城，然而被困海濱，足足亦有四十九天，近年來幾經風波，對於我平凡的一生，也算加上一些點綴，我在當時，便有那麼感想，而今舊事重提，令人徒增感喟耳。

二

前年五月中，西歐大戰開始，我剛從他處回到需蒙湖畔，朋友們忽然又要我到法國去走一躺，使命好像是很冠冕堂皇的，爲公爲私，當然是無可推諉的。因此一口允諾，並約定石蔭同行。我們五月底赴里昂，沿途情況相當緊張，却還看不出法國有打敗仗的模樣。一過里昂，情形不同了。沿途上車的旅客，多半穿戎裝，彼此竊竊私語，語氣中彷彿露出前方不穩樣子。我對石蔭說：『這車直達博都，維希不停，我們帶着這麼多的東西，究竟怎麼辦呢？』石蔭是處事十分精細的人。答道：『博都有人照料，我們到了那邊，把情形打聽明白再說罷。』於是我們把帶去的麵包水果，置在桌上，預備在車上過夜了。

車廂共有六個坐位，除了我們二人外，還有一位形同難民的老太太。她一個人閉目凝思，一言不發。後來無意中看見她從手皮包中取出一張小照片，好像是她的兒子的照相。難道她兒子已調赴前方，母子情深，無法抑止，所以她心中鬱鬱不樂，這樣也够使人可憐了。另一位是年逾六十的老軍人。服裝簇新，儀表非凡，一望而知有地位的高級軍官。我早想和那位老軍官攀談，而沒有機會。後來火車停了，好久不開動，我禁不住問他：『先生你可知道我們幾時可到博城？』從此一問，他也就笑顏逐開，不但很和氣地答復我的發問，且和我一句一句交談下去。我遂恍然剛才聽到的不穩消息，不是全無根據的。我還問他在車上看的是什麼書，他告訴我是佛朗士的小說。石蔭在旁插了一句：『這時候看看文學書倒很有意思的。』他便微微地一笑，不做聲了。

三

直到第二天下午四時才到博都。因爲火車遲到，月台上旅客越擠越多。可是脚夫，一個影子都不見，沒奈何，只好由我們自己動手，把行李從車廂搬下，石蔭首先下車，連聲地說：『眞不得了，眞不得了！』我下車一看，原來車站兩旁行李堆積如山，老幼席地而坐，情形相當紛亂，博都如此，前方情勢更可想見了。

費了九牛二虎之力，居然找到一個旅館，把行李安置畢後，連忙把周君邀來，他一見面就說：『巴黎十分吃緊，說不定就要遷都，維希各機關也都星散了，開會是休想了。』我們聽了他話，便決定先與巴黎通電話，問個明白，但結果果然不出周君所料。石蔭嘆一口氣說：『早知如此，何必多此一舉！』我說：『聖城是到葡京必經要道，與其留在博都，不如早一天到聖城等候消息。』商之周君，亦以爲然，因此我們在博都只住了一夜，第二天下午六時又趕到聖城。

四

在聖城住了兩天，精神恢復了，興緻也就好得多。有一天石蔭跑去逛書攤，我一個人循着曲折的山徑，作漫無目的的散步。正在徘徊歧途的當兒，突然有人在我後面，高喊我的名字，回頭一看，原來是多時不見的康彭博士，康君瞧見了我，不說話，不招呼，一手把我拉住，要我向左邊走去。我也莫明其妙，緊緊跟着他走。走了十幾步路，才發笑道：『我們那裏去，你怎麼不開口呀！』康彭還是不響，又走了二十多步路，轉了兩個小灣，才到了一個小小別墅，踏進大門一看，見有許多人在園地上喝茶的喝茶，談話的談話，情形非常熱鬧。我剛要開口，康彭早把我介紹主人相見，隨即我介紹與衆人見面。那知道內中不少的先生們女太太們都是我向來熟識的。他鄉遇故人，自然十分愉快。尤其是我，特地從千里以外，跑到這裏來參加如此熱鬧的茶會，眞有說不出的快樂。

那時候，我差不多被一羣人包圍着。他們紛紛向我途中經過情形，我從頭到尾，說了一大遍，大家越發相信局勢日見嚴重，不但巴黎遷都勢在必行，就是法國整個大局，也是糟到萬分。有一位夏先生，剛從政治大學畢業，首先問我巴黎一旦失守，法國能否繼續抗戰。我說：『這是一大啞謎，此刻無人可以斷定。』程先生站在旁邊插嘴道：『你何妨把你的高見講給我們聽聽。』我答道：『法國歷史家說過：「沒有巴黎就沒有法蘭西。」這就是說：法國一切文化和工業都集中在巴黎，巴黎是法國的心臟，要是心臟發生問題，全國便立刻受到嚴重影響。』夏先生接着說：『普法之戰和上次歐洲大戰，因爲巴黎沒有失守，才能挽回危局，可見你的話很有見地。』談到那兒，康彭走來，約我同赴他的旅舍，遂匆匆告辭而去。

五

這是到聖城後初次與僑胞們相見，過兩天，我搬到康彭寓所，後來石蔭也搬來同住。我們三人常常聚在一起，談天說地，倒也十分痛快。可是出門散步的時候，發見公路上來來往往的，盡是滿載難民的汽車，內有中年貴婦，有白髮老翁，有服裝奇特的巴黎藝術家，亦有態度安詳的第三國外交官，形形色色，無奇不有。在這種情形之下，一個小小偏僻的聖城，居然一變而爲繁榮之區，無怪我們的旅店之人，看見每天總有人來打聽有沒有空房間，禁不住要挺着胸肚，笑迷迷地對我說：『你瞧，平常我們旅館只做夏季三四個月生意，現在五月剛剛過去，房間早已客滿，可惜人手不够，飯廳太小叫我怎麼辦。』我說：『前方消息不好，你也知道嗎？經我這樣一問，他的神氣似乎有些改變了，石蔭在旁自言自語地說，商人眼中只有錢，全世界都是一樣的。』

有一次我剛從錢先生寓所回來，順芝打來電話說，龍慈方從巴黎趕到，有要緊要話和我談。我便邀他立刻就來，不到片刻，龍慈果然同了順芝夫婦，坐了馬車，到達旅舍。龍慈也是三年多沒有會面了，豐采依然，一點都沒有改變。他操法語是流利極了。北平話，上海話，蘇州話，揚州話，幾無一不會說，且說得眞好，眞够味，他一進客廳，開口便說：『巴黎混亂極了，重要機關幾乎全都搬走，古舒兩位先生現在多倫，說不定不久就要去博都，他們還有口信帶給你呢。』我問：『多倫去什麼用呀！』『多倫是臨時陪都，當然祇好去一躺。』龍慈回答我。接着又說：『你來了很好，我們多一位朋友可以商量商量。』我說『商量些什麼，還不是大家困居在海邊，眼看人家的悲劇，一幕又一幕地在那裏展開！』於是大家又談到別一方面去。談了良久，順芝站起來說：『今天太遲了，下星期二晚上，準在我家裏便飯，大家暢談一番好不好？』說時，康彭與石蔭回來了，順芝夫人趁勢又約了他們兩位。大家也就滿口答應，毫不推辭了。

星期五那一天，局勢又有些不同，意大利居然竟向法國正式宣戰，這一點，沒有別的解釋，祇又證明巴黎的危機益深，陷落即在目前。未幾萊諾對華府最後要求，又在晚報上刊載出來。有一位很熟的西洋朋友，爲了此事特地問我的看法如何。我很懂得此中奧妙，便乾脆地告訴他：『萊諾的法寶完了，貝當不久上台，信不信由你罷。』

到了星期日下午，巴黎失守的消息，突然傳遍聖城，告訴我巴黎失守的，最先是一位比利時新聞記者。那位比利時記者娶的是一位法國太太，也是在新聞界服務。夫婦倆人品極好，學問見解都還不錯。我在海濱新認識的朋友中，要算他倆態度最和善，判斷力亦最敏銳。他告訴我法國國防線，除了所謂馬其諾陣線外，還有三條河，就是孟河沙河和賽河。賽河穿過巴黎內城，並不很闊，郊外的主流，比較闊一些，可是兩旁一些沒有佈置。孟河沙河相繼失守，今欲憑藉最小的賽河，在最後的一刹那，擋住敵人的進攻，簡直是夢想。至於賽河以南，更是一片平原，無險可守。我嘗問他夫人：『你們的士兵對於抗戰爲什麼如此的不起勁，不賣力？』他乾脆地說出三個毛病：（一）法國人太聰明了，對人生看得太透徹了，這是根本的弱點。（二）思想偏重保守，無論在外交上政治上國防上甚至文化方面，都取防禦態度，人家的計畫，人家的策略，完全是不注意的。（三）越是要人，越喜歡鬧是非爭權利。黨爭不息，內政不修，外禍一至，自然束手無策了。他反問我的看法如何？我也眞實地說：『馬其諾陣線救不了你們的法國，因爲有了這樣堅固的防禦線，你們的心理的國防，早就無形中逐漸消滅了。』她並不生氣，反而點頭稱是。

幾天以來，報紙常出號外，無線電在公共場所放送新聞，鬧得滿城風雨，人心不安。實則那時候各地傳來的訊息，早已起了根本變化。一般居民心目中，彷彿只注意到今後怎樣收拾局面，以及誰來收拾局面，至於打仗不打仗，他們倒以爲次重要了。所以報紙上最觸目的電訊，不是說貝當行動怎樣，就說博都近情如何。誠然，巴黎失守之後，「達拉第」「魏剛」等名字，差不多人人厭惡，不但如是，連「萊諾」兩字也叫不響了。貝當從此一躍而爲時代中心人物，博都竟變做法國的政治中心。想不到法國人打了十多天的仗，就變到如此地步！

六

一看報紙是星期二，我就約好康彭石蔭，先到山上訪友，晚上，在順芝家中便飯，那一次晚餐眞是痛快極了，合座都是熟人，飯菜不多，却是中國菜，且好幾樣是很合我的胃口，所以吃得非常滿意。我們談談當地情形，又講到所在國的政變在卽，大家所見，大致相同。不過龍慈那時候似乎相信法國人還能抵抗，康彭與我的看法則適得其反。他還告訴大家一件故事，據說一九一四年大戰時，霞飛將軍所以能反守爲攻，保衛巴黎，全靠汽車行主人幫忙。因爲霞飛要把後方生力軍立刻調赴前線，祇有用汽車運兵一法。巴黎全城汽車雖然不很多，也有三萬五千多輛，官方徵用，一時來不及，祇好請汽車行主人合作幫忙。霞飛所認識的那位汽車行主人，是同業公會的首腦，祇要他說一句話，同行無有不聽從的。霞飛得了他的贊助，遂於十二小時內把後方二十多萬大軍，分批開赴前方，出其不意地予德方以重創，結果竟使法軍反攻勝利。陣脚站得住了，巴黎的危險也就化爲烏有了。法國人把這段故事叫做『天意的突變』，換言之，就是『神蹟』。康彭講到『神蹟』可以救一九一四年的巴黎，滔滔不絕，精神百倍，因此聯想到現在巴黎已經失守，到底還有沒有可能性。關於這一層龍慈的意思，以爲只要有大批飛機出動，還是有辦法，因爲法德在飛機方面的比例是一與五，實力相差最大。我則謂『神蹟』是偶然的，不是必然的。只可發見於一時。如果一個民族平日什麼都缺乏準備，臨時抱佛脚，當然吃苦頭，要是自己不覺悟，不認錯，不想根本的挽救辦法，却還希望『神蹟』來轉變危局，那就等於病人求丹方，什九是靠不住的。

吃到酒酣耳熱的當兒，我不知如何，心中引起了許多煩悶。第一我老母妻子，萬里阻隔，好久沒有家信寄來。第二國內的朋友到底怎樣了，也無確實消息。第三來到聖城，無正經事可做，長此困居海濱，進退維谷，也不是辦法。我是富於情感於人，觸景生情，杯酒澆愁，自所難免。石蔭摸着我脾氣，看見我一刻兒議論風生，一刻兒忽又一言不發，便拍拍我的肩膀說：『怎麼不喝酒呀，難道巴黎陷落了，連喝酒的興緻都沒有了嗎？』『巴黎與我什麼相干，國內無消息，那纔使我感覺沉悶呢！』我這樣的答復他。康彭接着說：『我們留在這裏，可說對己對人毫無用處。』又說道：『像翼兄那樣人，還是早些回國的好。』我說：『像我有什麼用處，不過人在歐洲，心在祖國，雖不敢說有什麼本領救國，可是憂國之深，無論走到那裏總是一樣的。』龍慈以雪白的手帕揩揩眼鏡，一會兒又把眼鏡放上鼻端，笑迷迷地說：『像你年紀還輕，前程無量，何必如此消極呢？』曼君剛剛坐在龍慈左面，回頭過來說道：『你們兩位，誰的年紀大？龍慈想不到你會這樣的老氣橫秋，說出這種話來！』說罷，仰笑不止。龍慈連聲說：『我說錯了，我喝酒。』主人連忙舉杯勸飲，於是大家跟着乾杯，席間談話，又復活躍起來。

七

像這樣的集會，在聖城很不容易。第一是各人帶去的錢不多，第二是食物購置很難，可是像我們侷促在旅舍中，生活委實是太無聊了。只講吃東西，起初主人還客氣，每次用膳，菜雖不好，麵包却可以儘量地吃。後來菜減少到一湯一菜，另加一小盤番薯，最後索性麵包也受限制了，每人每次，祇許一塊。我到了聖城，天天跑山路，一個來回，至少三四里。胃病去了大半，一吃就會消化。中午一時吃了一頓起碼西餐，等不到四點鐘就要挨餓，眞想不出好辦法。有一回强拖康彭到餅乾店去軋蛋糕，那知站立了一小時光景，不耐煩極了，仍舊溜到人家，各吃一碗湯麵，才了事的。吃的問題，不易解決，至於行的方面，當然更難了。當地汽車，殆已絕跡，火車減少班次，且只許軍用。祇有馬車可雇，但每小時取價極貴，除了步行以外，事實上都有困難。此外尙有一事可追記者，當地駐有波蘭軍兩營，揚言德軍如到聖城，一定要予以抵抗。這明明是哄騙老百姓的謠言，許多人却信以爲眞。後來停戰協定簽字，聖城劃入佔領區界線以內。那輩波蘭人竟公然在當地宣布戒嚴，晚上還要舉行燈火管制，鬧得烏煙瘴氣，人人怨恨，有位曾太太帶了三個小孩，住在山上，晚上燈火全息，不免驚慌萬狀，立刻打電話問程先生究竟有沒有危險。程先生轉問我的意見如何？我對他說：『絕對沒有事，難道波蘭人不能在華沙抵抗，反想借人家的土地，實行焦土政策嗎？』果然幾天以後，三千多德軍還沒有開到，那些波蘭人一個個都溜之大吉了。

停戰協定簽字的那一天，可說是聖城景象最悲慘的一天。巴黎失陷之日，聽說已經有人淌下眼淚。那天晚上貝當上將無線電播音，我巧恰同幾位法國朋友在茶處閒談。大家側耳靜聽，深爲感動。有位法國太太，聽了一半，忽然放聲大哭，先生們則隨着嘆氣，甚至有趁勢大駡巴黎當道不是者。我對於法蘭西民族，向來寄以深厚的同情，目覩此種情形，眞够使人難受了。過了一星期，德軍開到聖城。他們是在深夜整隊而到，居民方在夢中，什九沒有察覺。等到第二天清晨，有人發覺有名的公共建築物上，已經高懸德國國旗，才知道聖城不是從前的聖城了。我得到這消息後，得了石蔭同去散步。街市寂靜，來來往往的盡是面帶笑容的年輕士兵。我問他印象如何？他說：『彷彿是運動員一般，那裏看得出是兵呢？』的確，德國兵個個精神活潑，富有朝氣，一些沒有當兵的習氣。據說，他們能操法語者不在少數。也許因爲這個道理，所以老百姓的口碑極好。因此市面照常，一切情形都沒有絲毫改變。

八

石蔭早有回去的意思，遇到德國軍隊以後，好幾次對我說：『他們來了，我們可以回去罷。』我說：『我們先去看看古先生好嗎？』他表示贊成，遂如約而往，古先生回來不久，一見面便告訴我關於時局的情形有幾點，我們早已料到，有幾點，外間很少知道。總而言之，貝當已漸漸得到多數人民的諒解與信任。法國政局，確已改換面目。他們正在另闢一條新路，以求自己的生存。『窮則變，變則通』，這原是一句名言。『窮則變』，他們是已經做到了，能否『變得通』，全看今後如何努力。這是我將要離開聖城時的一點感想。古先生聽到我們要回去，力勸我們多住幾天。他說：『有好幾位朋友，聚在一起，很不容易，火車通了再走，何必性急呢。』實則火車不通，我們簡直無法可以離開聖城。所以石蔭雖然歸心如箭，但是除了耐心打聽消息，等到火車通行，再定行止，此外有什麽方法可想？光陰又一天一天過去，依然沒有訊息。直到七月二十日，博都與聖城之間交通方才恢復。石蔭首先得到訊息，高興非凡，便約我即日首途。我們連忙辭別了朋友，再把行李收拾，匆匆趕到車站，不料康彭順芝等早已先到，祇得握手言別，一躍登車。終於在山色迷茫中，黯然離開了聖城！

（十月二十二日）

談長人

徐一士

北京西直門外園藝試驗場。舊爲農事試驗場。更前爲萬牲園（以其中動物園得名。或作萬生園。則合動植物而言之）。再前則俗呼爲三貝子花園者也。名稱雖屢易。今俗猶多稱爲萬牲園。（老北京則每仍三貝子花園之稱。從其朔也。）乃北京名勝之一。久爲都人士遊覽之所。園之收票人。嘗以長人任之。前有二長人。一名劉文清。一名魏長祿。均身長八尺以外之偉丈夫（憶二人中劉尤較長）。昂然立於門首。頗呈一種奇觀。遊人莫不注目。長人若萬牲園之商標矣。（張恨水「春明外史」第二集第四回寫楊杏園李冬青遊萬牲園有云。『走到大門口。那收票的長人。從旁邊彎着腰走過來。也沒有言語。對人伸出一隻大手。楊杏園知道他是要收票。便拿出門票交給他。李冬青的票。在小麟手上。他也學樣。走過去交給他。人離得遠不覺得。走得近了。大小一比。小麟只比他膝蓋高上幾寸。那長人俯着身子接了票去。小麟記起他童話上的一段故事。笑着問李冬青道。姐姐。這個人好長。是不是大人國跑來的小孩子。這句話不打緊。說得李冬青禁不住笑。用手絹握着嘴笑了。』寫得頗爲有趣。有一時期。兩人同立門首。一左一右。謔者號爲哼哈二將。尤形壯觀。）劉魏二長人先後病死。遊園者咸有若有所失之感。數年前又一長人張恩成來京。身長亦八尺。劉魏之倫也。遂爲試驗場雇用。上承劉魏。司收票之職。以彌闕憾。至今年九月一日。張恩成忽以自殺聞。此後未知更能得長人若彼者以補其缺否。

張恩成。山東福山人。今年二十七歲。幼居鄉間。未讀書。據聞自十五歲起。食量兼人。發育特速。至十九歲已達七尺。家貧。居矮小之屋。入室必低首俯身。臥必斜身。倘須稍歪其首。發育生長因而頗受限制。否則其身當更長於今耳。（至園任事前曾由市公署傳見。量其長度爲英尺八尺三寸。）其背略傴僂。頭亦稍偏。均以此故。在場服務約五年。近以生活程度增高。食量既巨。復有妻子之累。（其妻身不滿四尺。生一子一女。子六歲。女二歲。）月薪三十七元。不足贍生。憂鬱之餘。乃服毒自殺。醫療不及而死。其身體過長。死後棺木成爲問題。幸賒得一長八尺許之巨棺。勉强入殮。雙腿猶蹺曲棺中云。所遺婦孺。生計無着。惟冀慈善家之施助而已。（八年前中國全國運動會在滬舉行時。特約河南長人王家祿爲收票員。蓋仿萬牲園之意。會後返籍。以家貧而食量過大。終於餓斃。其事可與張恩成同慨。）張事「新北京報」記之頗詳。茲撮述大略。

張恩成之萬牲園收票前輩劉長淸。曾於民國十七年間爲美國電影業者聘去。入明星之林。一時「劉大人」之名頗著。歸後報紙曾載其談話。並謂『劉君身體雖然如此粗大。但是說話非常和藹。儼然一位「尖頭曼」（Gentleman）。』劉氏自謂在美每工作三日薪金百餘元。歸國過滬時曾際安（上海影戲公司監製）史東山（大中華影片公司導演）曾要求加入。以患病謝絕。（仍回萬牲園之職。未久卽逝去。）當與新聞記者談話時。被詢以『據說黃柳霜之妹有嫁先生之意。確否。』答曰『不確。』蓋其時曾有此項謠傳也。（或謂魏長祿亦嘗出洋。今記憶不淸矣。）

淸同光間。有詹姓先以長人之資格而出洋。其事頗可述。程麟「此中人語」云。『近有徽人詹五。旅居海上。身長尋丈。軀甚偉。門中出入。必彎腰俯首而過。間或出外遊玩。則觀者如堵。途爲之塞云。』所紀殊略。未及其出洋事。陳其元「庸閒齋筆記」云。『詹長人者。徽之歙縣人。身長九尺四寸。人競以長人呼之。遂亡其名。而以長人名。長人業墨工。身長故食多。手之所出不能餬其口之所入。不家食而來上海。依其宗人詹公五墨店以食。食雖多而伎甚拙。志在求食者。論其伎且將不得食。困甚。偶遊於市。洋人諦視之。大喜。招以往。推食食之。食旣飽。出値數百金。聘之赴外國。於是乘長風而出洋矣。出洋三年。歷東西洋數十國。旋行地球一周。計水程十餘萬里。恣食宇內之異味。每到一國。洋人則帷長人使外國人觀之。觀者均出錢以酬洋人。洋人擅厚利。稍分其贏與長人。長人亦遂腰纏數千金。娶洋婦置洋貨而歸。昔之長人今則富人矣。同治辛未。余攝令上海。出城赴洋涇浜。途遇長人。前驅者呵之。見其倉皇走避。入一高門。猶傴僂而進。異之。詢悉其故。將呼而問之。乃以澳斯馬國明年將鬥寶。長人又被洋人僱以出洋。往作寶鬥矣。聞長人言。所到之國。其國王后妃以及仕宦之家。咸招之入見。環觀歎賞。飲之食之。各有贈遺。外國之山川城郭宮殿人物。皆歷歷在目中。眼界恢擴。非耳食者可比。噫。昔者一旬三食猶難。今則傳食海外。尊爲食客之上。可謂將軍不負腹矣。際遇亦奇矣哉。』又張華叟「四銅鼓齋筆記」云。『長人詹五。徽州農家子也。父母均以疫死。與妹同居。妹年十三詹年十五也。家貧。爲人牧牛。藉以度日。一日從田溝中得大鱔。短而粗。久苦無肉食。商諸妹。殺鱔然火煨熟。分而食之。夜半。身暴長。五本席地而臥。覺頭足均觸牆。醒已天明。視手肥大倍於往日。失聲狂呼。妹聞聲出視。五見妹身高齊屋頂。大驚。急躍而起。頭觸中樑痛甚。蓋不知已身長亦如妹也。二人偕出。村人咸集。叱爲妖。五有族叔。向客漢口。開詹大墨莊。適回家。見五異焉。遂攜五到漢口。時余隨宦在鄂。得一見。其長約一丈。身頗瘦削。頭則大如斗。衣深藍布長衫。食量極宏。贈以大麵餅二十枚。頃刻而盡。觀者如堵。嘖嘖歎爲奇。後爲西人雇往外洋。觀者每人索金錢一枚。五大安樂。歷遊各國都城。得貲甚厚。在外十餘年。通西語。改裝娶西婦。光緒十三年六月。自英回華。寓滬老閘路。自起新宅。來往多西人。余回家過滬。遇於味蒓園。次年三月。詹乘人力車至跑馬廳。身重車小。從車中跌下。受傷而死。西婦盡得其貲財。另嫁西人而去。其妹自羞身長不類常人。竟於暴長之後一夜服毒自斃云。』二書所紀。互有詳略異同。可參閱。蓋一事而傳說有歧。大抵如是耳。張謂食鱔暴長。頗涉怪異。疑出附會。陳所云「澳斯馬」國。即「奧斯馬加」（Austria-Magyar）。時奧大利與匈牙利合為奧匈帝國（聯邦）之稱也。「鬥寶」蓋即賽會（現代式）之意。上所紀容有未盡諦處。以長人資格出洋。「詹長人」要為「劉大人」之老前輩。其時電影事業未興。否則當早呈身銀幕矣。又據王浩「拍案驚異」云。『婺源北鄉虹水灣詹衡均。身長九尺。頭如斗大。腰大十圍。娶吾祖母俞太恭人之使女節喜為妻。生子四人。長庭九。身如常人。次進九。三壽九。四五九。身長如其父。同治四年冬。夷人聘五九（二十五歲）至夷場。閉置一室。來看者。每夷一洋。每月詹得聘金六十元。五年正月。夷主要看長人。因以九千元包聘長人到英吉利國。代長人娶一妻一妾。同到外國。居為奇貨。亦可怪也。聞將回滬。特記之。』此又一說。所記雖簡單。而書其家世。於其來歷頗明晰。此詹五九蓋即長人詹五。其籍貫為婺源。與歙縣同隸安徽徽州府。因而或傳為歙人也。（歙為徽州府附郭邑。民國裁府留縣。婺源則於民國二十三年劃歸江西。兩縣乃不同省矣。）其父即為長人。兩兄亦如之。不始於彼。且未言有妹事。食鱔暴長之說。其不足信益可見矣。（夷場謂上海租界。）

又瞿元燦「公餘瑣記」所紀長人事云。『道光初湘城（按謂湖南省城也）有廖大漢吳大漢者。先後充撫標材官。中丞校閱。使捧大纛為領隊。余童稚時猶及見吳大漢。每過市。身極長者及脇。次者及乳。又次者及臍而已。同治三年秋。有長人至衡山。身丈許。頭面手足大相稱。宿旅店。俯而入。主人為設長榻。跧其足不能轉側。每藉藁地臥。自言張姓。永州人。家鄉村。素貧。父母蚤喪。僅一妹。長大與相若。幼時狀貌皆不異常人。年十餘歲。偕拾薪於野。經稻隴。見田中黃鱓粗如巨梃。長約八九尺。共擲石斃之。扛之歸。烹而食之。昏昏如中酒。僵臥一晝夜。既醒。覺徧體奇痒。肌膚脹欲裂。搔之搥之仍不適。兄妹相扶而起。則皆暴長。自是飲食數倍於昔。每日需斗米。已無膂力。妹不習女紅。人無肯贍之者。常不得一飽。因與妹分道乞食云。後聞張至長沙。或憐而給之。食得果腹者數閱月。旋值賽會。邑人醵錢與之。使裝為無常。周行街市。市三日。夢神召執役。竟死。舊聞明季靖南侯黃將軍得功微時頗短小。遺產不足自給。傭為人豢鴨。輒無故失去。揣水中有物吞噬。涸水迹之。得巨鱓。沽酒大酺。數日不飢。頓變為偉丈夫。兩臂能舉千鈞。嘗途行遇盜。手格之。皆披靡。因邀入其黨。黃正色拒之。後投身營伍。屢立功。卒為名將。同一食鱓。張則僅易形體。遂以庸人終。亦有幸有不幸也夫。』此所云之永州張氏。與「四銅鼓齋筆記」中之徽州詹氏。籍貫不同。姓氏亦異。當非即指一人。而均為與妹食鱔暴長。情事何其大相類似歟。亦見食鱔暴長之說沿傳頗盛也。（裝鬼而即被神召以死。亦話柄之趣者。）至引作陪襯之黃得功事。無論事之有無。黃氏要非大異乎常人之長人耳。又俞樾「右台仙館筆記」云。『粵西有姚三者。幼時不異常人。年十八時。偶釣於池。得一魚。無鱗。烹而食之。忽暴病。月餘病愈。則軀體驟長尺許。已而屢病屢愈。病愈體必加長。數年之間。長及一丈矣。然其首仍與常人無異。詢其故。則食魚時棄魚頭未食。一犬食之。俄而犬首亦大倍於前。惜此犬旋為人撲殺。否則亦必有可觀矣。』此書張語怪之幟。其自序所謂「搜神述異之類」「惟怪之欲聞」暨附詩（徵怪奇之事）所謂「正似東坡老無事。聽人說鬼便欣然。」「不論搜神兼志怪。妄言亦可慰無聊」者是。斯亦其語怪之一。頗怪得有趣。不必更究其言之合理與否矣。所紀之奇魚。未詳何種。惟謂無鱗。鰭固亦以魚名而無鱗者。自可類觀。

「公餘瑣記」所紀之廖吳兩大漢。以長人而爲武弁。前乎此而見於記載者。有張大漢其人焉。景星杓「山齋客譚」云。『張大漢。淮人。名大漢。身高丈餘。總河三韓靳公見而奇之。召入衙。與之語。蓋村農也。詢其常習武否。曰。善鐵槊。欲試之。期以明日將槊來。曰。昨寄十里外農家。可立取也。許之。瞬息至。命選標下善槊者十餘將。與之校。皆莫能勝。公喜。詢能食幾何。曰。不知。但平生僅二飽耳。叩其故。曰。一日過舅家。舅知其腹粗。具肉腐各十斤。菜三十束飯斗米以餉。是日得飽。次年春訪叔氏於遠村。叔聞舅語。亦具如舅氏食以給。但惟有此二飽耳。蓋未嘗有三也。公大異之。謂曰。子今至是。飽得三矣。命照前給之。羣使好戲。每物增廣。大漢一啜無餘。乃前跪謝曰。拜公惠食。大漢今日眞飽矣。公大笑。命補帳下千兵。乘騎足不離地。出唯步行隨公云。』寫來頗爲生動。廖吳之老前輩也。此軍界三大漢。遙遙相對。頗可合傳。惜廖吳兩大漢事未得其詳耳。靳公蓋謂靳輔。康熙時之名河督。遼陽人。曰三韓者。似以漢時朝鮮有三韓（馬韓辰韓弁韓）而遼陽之地於晉至隋時曾隸高句麗之故。然實不免牽强。（所云千兵蓋謂千總之職。）

因萬牲園長人張恩成之死。遂連類雜述淸代以來諸長人事。以資談佐。所引各書所載。姑就瀏覽所及錄之。不能備也。至記載未必盡確或情事相牴牾。亦足見信史之難焉。

（附誌）右稿草寄後。又見鄧文濱『醒睡錄』。亦略記詹長人事。並言與之同受雇于洋人者更有一羅短人。其說云。『湖北漢陽有一短人。羅姓。約二尺有餘。洋人奇之。雇去作把戲玩賣人觀看。三年。給厚資送歸。娶妻。生子。大如常人。同治十二年。余在漢口親見之。約四十餘歲。唇上有鬚寸許。口音如常人。給食物等件。學洋人口音爲戲。』『安慶有一長人。九尺。詹姓。洋人亦雇去。與短人同賣。供人觀玩。得重資而歸。』幷錄之。以廣異聞。此謂詹地爲安慶。或詹曾至安慶歟。又『公餘瑣記』之記長人。附述黃得功事。按許秋垞『聞見異辭』（此書多紀怪異之事）有云。『硤石鎭民家有畜羣鴨於河。每晚檢之。輒少其一。以爲乞兒偷匿。勿足怪也。後吳六奇至硤。聞而異之。隨羣鴨所之。至夕陽西下。瞥見水紋旋起一潭。鴨隨潭影而滅。次日吳以一繩繫鴨。影復滅。隨手收繩。釣起巨鱓一條。烹食之。遍體奇癢。令人以竹捧日擊百遍。血出方止。半月後頓生神力。能敵萬夫。後投軍得功。官至提督。此食鱓之驗也。』與黃事頗相似。蓋本一種傳說歧而分屬者也。嘗聞舊時應武試者練功有飲鱔血增力之說。斯或與有相因之關係也。

馬眉叔的才學及其被罵

周越然

馬眉叔（建忠）先生，可以算得清末一個有才有學的人了。但是他命運不佳，雖然做得小官（候補道），却遭受大罵。罵得他最猛烈的是李慈銘，在其『越縵堂日記』中有云：

『吳淞招商局之鬻於米夷也，合肥誤信匪人馬建忠之言，私取米夷銀五十六萬。建忠素事英夷領事官威妥馬爲父，與李鳳苞、唐廷樞等，皆世所謂漢奸也。』（見光緒十年八月初八日）

上文中『米夷』指美國人，『英夷』指英國人，皆輕視語。『威妥馬』，即 Thomas Wade，由繙譯員漸漸陞級爲公使，亦十九世紀的一位奇人，著有西人用之漢英字彙。合肥，即李鴻章。當中法戰爭將要爆發的時候，馬眉叔適任招商局總辦，恐怕開戰後，法人把招商局船捕去做戰利品，所以採用假抵押法子，掛美國國旗，不是眞正賣給他們（詳見馬相伯口述的『一日一談』第十九節），李慈銘倒是錯怪了他。不過李氏對於眉叔，總無好感，其在日記的另一頁上云：

『馬建忠者，市井無賴，與夷廝交結，張樹聲等皆倚任之。前年朝鮮之役，樹聲聽建忠言，執大院君，于是朝鮮遂爲互市通商之國。中外和約，皆與中國並列，時崇綺爲盛京將軍，疏爭之。黃侍郎體芳屢疏請誅。今朝事愈亟，合肥疏謂東事非建忠不能辦，而米國公使亦言招商局售賣事須建忠還，蓋皆恐朝廷治建忠罪也。祭酒盛昱請革職羈管，學士延茂請立正典刑，皆不報，而街市傳言將殺馬建忠，菜市口之傭販皆收攤以待行刑，——此直道之在人心者也。』（見光緒十年十月二十六日）

當時一般北京人都恨他，都要他死，倒是一片愛國的熱心。不過執大院君一事，決非他的主張，或者是他傳達消息罷了。後來王闓運在『湘綺樓日記』中，及翁同龢在『翁文恭日記』中，也提及馬眉叔，但皆稱他有才。茲引兩記中所言者如下：

（一）『湘綺樓日記』光緒十五年二月二十五日。——『馬建忠，黃通政所謂漢奸者，曾爲郭曾隨員，美秀而文，自言奔走之材，未見兇惡。』

（二）『翁文恭日記』光緒二十三年六月二日。——『候補道馬建忠，號眉叔，來見。前十年人爭欲殺，要是儁才。所舉嚴復等皆通西法者。』

翁記稱他『儁才』，稱他能『保舉……通西法者』——當是公正話。王記稱他『美秀而文』，我很相信，因爲我雖然沒有見過眉叔先生，却見過他的哥哥相伯先生（即百歲老人）。親兄弟總歸相像的呀！

相伯眉叔兩先生的面貌，想必相像，但是他們的文字則不相似。相伯先生在『一日一談』（三十八）云：『眉叔的文重氣勢，倘聲調。我則反之，專以意義經緯。君看我的致知淺說序，可不是嗎？』但我以爲眉叔先生的文章，非獨容易讀，并且容易懂，玆隨便舉一百數十字以爲例子：『……旣應政治試畢，然後應文詞科。六月底試第一場，期二日。第一日以拉丁文擬古羅馬皇賀大將提督征服猶太詔，又以法文譯埃及希臘水戰臘丁歌章。次日，考問輿圖及希臘、臘丁與法國著名詩文，兼問各國史學。復得宗師優獎，謂願法人之與考者，如忠斯可矣。一時在堂聽者，不下數百人，咸鼓掌稱善，而巴黎新聞紙傳揚殆遍，謂日本、波斯、土爾基人負笈巴黎者，固有考取格致秀才及律例舉人，而東土之人，獨未有考取文詞秀才者，有之則自忠始也。……』

上引者，見『記言』卷二『上李伯相言出洋工課書』。眉叔先生著作不多，除『記言』四卷，『記行』六卷外，尙有『馬氏文通』十卷。

『馬氏文通』中間略有誤處——此爲創作所不能免。民國二十一年楊樹達君作刊誤十卷（由商務出版），好極，好極！不過卷一第八頁有一個例子，就是 The standed man，太差了，將來再版時，不可不改。

眉叔先生精于行書。余曾得其致招商局總辦鄭陶齋一函，玆將原函影印在本刊發表，并錄其文字如后：

『陶齋先生大人閣下：別後久稽魚鴈，入春敬想 起居萬福爲念。招商局得有老成如 公者，必能整頓，亦宮保（越案：宮保卽盛宣懷）念舊之盛意也。粵路覆呈（已聞刊報），想已寓目。此中情形， 公素持正，當能見諒耳，不盡。此請 台安！ 弟建忠頓首（十九）

『又及：晤同鄉諸公及譚幹兄各位，乞詳陳一切。』

眉叔先生，丹徒（南徐）人，生于道光二十四年（一八四四年），卒于光緒二十六年（一九〇〇年），梁啓超在『適可齋記言記行』序文中，

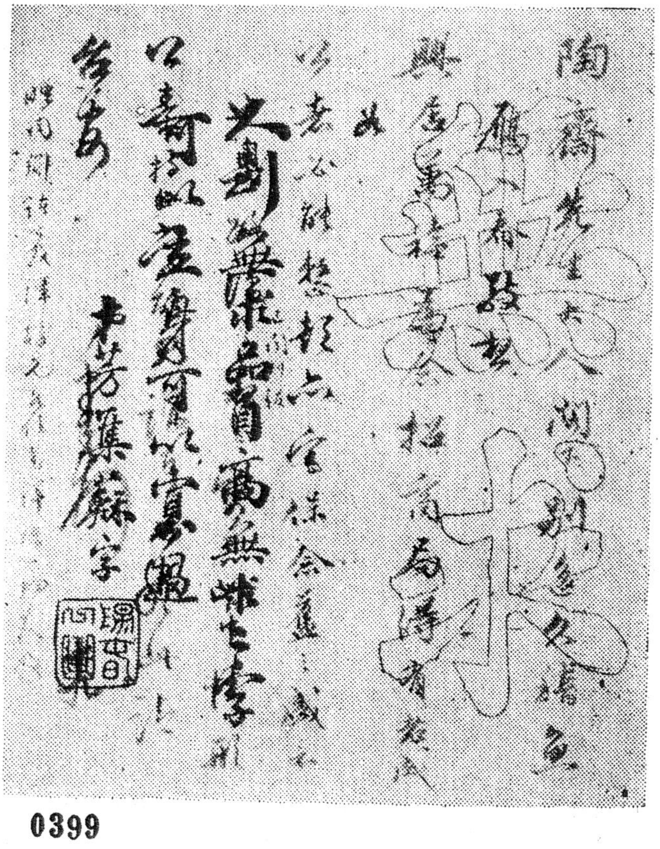

極賞其才，謂：『使向者而用其言，寗有今日？使今日而用其言，寗有將來？』

下期特稿預告

『上海的市長』陳公博

准十一月十六日出版

0399

談自傳

柳存仁

『我以爲就是聖賢豪傑，也不必自慚他的童年。』——且介亭雜文二集。

余行年望三十，遂欲寫自傳，而自傳之作也亦甚難。蓋以西洋傳記之觀點衡之，則不過爲人生之表現，爲實事之紀錄，爲歡讚興歎之所從由。故流浪者可有自傳，而英國戲劇家蕭翁序之；愛與性可有自傳，而文豪赫理思爲之。準是以繩，則引車賣漿者流，皆可秉筆自道其實，不博人憐，世間自有爲之一灑同情淚者。若吾國舊時之史傳也則不然。其上者曰統治階級，爲帝王，爲后妃，爲宰輔，爲名臣，爲循良之吏；其下者亦爲合乎統治階級之史家所要求之細人，實甚尠，有之，往往附諸史傳之末，研治歷史之專家眼光弗及之，而普通讀史者，亦弗之及。且往往數人合傳，字甚小，曰張孝子陳烈女馬烈婦而已。如非馬家寡婦之流，雖有淑學異行，亦不得與。至於別傳小傳家傳私乘，其體裁與史傳略殊，佳者頗有可觀，而多文人學士寄託之言，不足以當傳記之全貌也。

近年歐西傳記之書，多已迻譯流行於東土，而讀傳記寫傳記之風，乃見提倡。西書之譯成者，其作者多英雄豪傑，或所傳之人，必英雄豪傑。如傳斯麥，其傳記有伍君譯本，厚可盈寸，面上金字煌然。聞之友人，數年前某夫人嘗遣人立購俾翁傳數百冊，贈之某校學生，以淬勵其身心者，蓋即是書。至於國人之傳記，可紀者甚多，終鮮傑構，亦無購贈人者，是則讀傳寫傳之風，尙有待於鼓吹，蓋可知矣。即以近代可傳之人論之，譬如李合肥，近代史中一重要之人物也，然求其傳記於書肆，無以應者；於圖書寮，又無以應者；有之，惟飲冰室集中之李鴻章一書，評述也，非詳傳也；惟李文忠公一集，史料也，亦非詳傳也。又如康南海，亦近代史中一重要人物也，且與梁任公有極密切之師生關係，而清末民初之歷史，微此兩人，亦必將大異其興亡嬗變之迹，可斷言也。然吾嘗讀飲冰室合集矣，任公有南海先生傳，成於清末，不過數十葉，多紀變法始末；復一篇，則南海七十壽序是已。至於任公，不惜以今日之我，戰昨日之我，一度變法，再造共和，復環遊歐美，掌政樞要，晚歲講學京師水木清華勝境，弟子何止三千。而謝世之後，迄今十餘年，弟子亦已講學上庠，竟無一人爲之作傳者，何勝慨歎。不若袁項城，有寒雲公子之洹上家乘，梁燕孫，有三水弟子合著之年譜；而張季直逝後，亦有張季子九錄之梓行。世多溢美之言，爲先人諱，然後世史家，自能考辨審擇之方，後生小子，聞之鼓舞，遂增高山景行之仰，其能歷紀生活眞趣世俗變移者，尤多掌故逸聞，動人情性，不應以五十步笑百步，謂自傳爲無聊，而傳人爲諛媚也。

至於自傳，吾國久已有之，然多比興，如五柳先生傳，僅以自況，非足信徵。社會既多以作傳爲諛頌之辭，傳記爲諛頌之體，遂使才智聰明之士，宿學碩達老儒，亦多恥於自爲。而近世學人，如海甯王先生靜安，疾世憤俗，自沈於北京頤和園昆明湖，今已十餘年，考其生平行實者，以無傳記故，並其自沈始末，亦復語焉不詳，而有質疑之議。又如會稽魯迅先生，生前嘗自爲略傳，甚短，歿後，許壽裳周作人許廣平追紀其生活，編爲年譜。此三人者，或爲魯迅至友，或有手足夫婦之親，而所紀者乃病在簡略，病在疎漏，亦乏補充之文。他如章太炎先生，僅自志讀書次第；蔡孑民先生，嘗自書北大舊績；績溪胡先生倡之，爲四十自述，僅成青年時代，而讀書者已珍若拱璧矣。世不乏好學深思之士，即不致無嚴謹允明之史家，然若並此個人生活之眞實紀錄而無之，或語焉而不詳，或敷陳浮辭，支離破碎，則雖後世有千百第一流之歷史家考古家社會學家經濟學家，又奚以爲？近代之治社會經濟學者，莫不寶北京同仁堂藥鋪之賬簿。夫同仁堂之賬簿，一斷爛之賬簿也，歷二百數十年，蟲蝕鼠嚙，其可讀者蓋亦甚鮮。然以社會學者經濟學者之眼光讀之，則謂其間物價之升落寓焉，生活之指數寓焉，以至國計民生，貧富貴賤之差異，蓋無不紀載。傳記者，個人之同仁堂賬簿也，而視同仁堂之簿爲有生趣；自傳，個人自我刻畫之生活紀錄也，而視他人所傳我者爲加詳，爲倍眞切。若夫人焉而有自傳，傳焉而如其人，如其事，如其人之生活思想情趣癖好，如其交游，如其所囿而不自覺之家庭環境社會背景國家大局，則其傳直可視爲人類生活史料之一部分，直可視爲社會人生讀本之啓蒙篇，豈僅如流水賬簿之但記出納紀盈虛而已哉。

或曰：舉世競倡者全體主義，競斥者個人思想，今乃主張寫自傳，無乃不可乎？應之曰：全體主義者，以效忠民族國家爲第一前提，愛其盟邦，講信修睦，而以之貢獻於世界永久之和平，爲第二前提。此墨家所謂兼相愛，交相利之事也，宜其排斥個人之自由。然自傳者，紀其個人生活之變遷動態，以年月事實爲經，而以人間世之種種色相爲緯，使其喜怒哀樂，悲歡離合，無不躍然紙上，足供個人追憶，社會興感，史家考究之取資者也，是其作者自非個中人不能道其甘苦，亦非個中人不能親切體味。今人立志作人，應重視團體生活，鍛練刻苦耐勞，勇猛精進之精神，庶幾能互相策勉，對人羣對邦家有所貢獻，而作文，則非必曰『我們我們』，有時蓋亦可以娓語筆調，大書特書而曰『我』。憶曩在北京大學時，有兵式體操課。其教練爲武官，自稱曰粗人，然亦有時粗中有細。一日，上講堂時，忽拉雜而談及法律名辭。教練喟然曰：『習法律者喜言當事人如此，當事人如彼。其實，何謂當事人，蓋亦難於瞭解。今日余乃得一佳譬喻矣。』衆問之，即曰：『當事人者何？他人不能越俎而代謀之事，其負責之本人，實爲當事人。譬如論結婚，如今夕余娶媳婦（即妻，北方方言），予即爲此婚事之當事人也！諸君，寧謂當事人非宜作如是之解釋耶？』衆韙其說，又念其常自稱爲粗人也，無不捧腹。寫傳亦猶是也，傳記以記個人生活梗概爲體裁，自以其人之本身爲最適宜之撰述人，不得已而思其次，則爲其親屬友朋，及其他一切在其生活思想及事業上有關係者，更次，則爲其同時代之衆人。先哲有言：『誦其詩，讀其書，不知其人可乎？』藉曰可也，則一切生活紀載均已泯沒而不加重視，否則，余殊不願自慚其童年，更不願日讀腐儒高頭講章，妄冀聖賢豪傑之所爲也。

（附錄）：作者略傳

柳雨生，初名存仁，字雨生，後遂以字行。存仁，其舅公左子興秉隆公爲取名，雨生則其友人星家袁樹珊先生所起也，謂其五行缺水。欲保留此時代社會上尙有此種未能革除之習慣信仰也，遂用之。原籍山東臨清，十世前移居廣州，爲漢軍駐防正黃旗，卽所謂旗下人也。此亦歷史遺留之一種恩怨，雖成殘迹，不敢自諱。生於北平，歲在丁巳，其干支丁戊乙丙聯珠。幼讀三、百、千，卽續誦四書五經，至十三歲始畢，皆能背。十三經看完數遍，然背不出，蓋已入中學堂受罪矣。初讀於上海東吳二中，後學校停辦，卽轉學光華中學，至卒業入大學。在中學時期，喜偷看小說，决不擇選，遂常投稿於禮拜六及蝴蝶鴛鴦派雜誌，寫偵探小說，頗有聲。其時，與舊文壇作家趙苕狂，范烟橋，尤半狂，程小青等爲文字交，而尤欽佩程先生。後多讀西洋文學書及國內新作家著作，國人之中，尤喜魯迅，周作人，葉聖陶，老舍，沈從文，茅盾等作品，遂絕筆不作。改寫散文，投稿論語，人間世等刊物，於是識陶亢德，林語堂，周黎庵，林憾廬諸公。立志向學，以上海錄取生末名入國立北京大學中文學系，受知於鄭奠，羅常培，鄭天挺，孫楷第諸先生，屢得好分數。嗜讀書，家中舊藏線裝舊書數十箱，在北大又日鈔書於圖書寮，嘗嚴冬中午斷食逾兩周，鈔畢海甯王忠愨公遺書。在校開始圈點正續資治通鑑及四史，凡二遍。二十四史迄未能讀完，好在富於春秋，一定不會不能讀。又讀皇淸經解，作筆記，皆蠅頭小字。嘗作封神演義作者考，據說頗有發現。在中學時，立志自爲一書，使中學生讀之，遂於中學卒業前成一中國文學史，實甚荒略，而東吳，麥倫等中學果以之授讀。在大學時，欲爲大學教授，及卒業，果在海派各大學教書若干年，咎由自取，罵之無益。曾編大美報大美晚報文史周刊，又與林憾廬，周黎庵，徐誠斌，張芝聯等合編西洋文學月刊。自民國二十一年起，時常和人想鬧戀愛，或戀而不愛，或愛而不戀，然皆有后妃之德，樂而不淫，不及於亂。民國二十九年夏，在滬，與上海姜小姐結婚，愛情彌篤，遂赴香港，任前香港政府文化檢察官。居恆寫文章，刊於宇宙風甲乙刊，香港大公報，星島日報，天下事，大風等，曾與鄒韜奮，茅盾，長江筆戰，後自悔，卽止。與文化人皆友善無間，又爲中國文化協進會文化講座委員。曾寫中國文學史發凡（文怡），上古秦漢文學史，俞理初先生年譜（上以兩種商務印書館印行中），西星集（宇宙風社），其他不贅。喜演講，不吸烟飲酒。生一子，取名小同，以其生於香港銅鑼灣，又欲其有銅臭氣云。

南京興業銀行

營業要目

收受存款
外埠匯款
貼現抵押
小本貸款

總行南京中華路六十七號 電話二二一二六號 電報掛號〇〇八一

復興路辦事處 中央商場內

說『通』與『不通』

朱劍心

平常和友朋談話，有時未免要臧否人物，說某人可謂「通人」，某人簡直「不通」。這「通」與「不通」的界限，實在很難分清。我們的談話，只是直覺的，感情的，不科學的隨便說說而已；況且被「臧否」的人物，又並不在座，即使說得不對，也無須負責；所以這「通」與「不通」，便成了我們批評人物的口頭禪了。閒來也曾仔細想過，既然沒有把「通」與「不通」的界限分清，怎好胡亂引用！而且自己也未必能通，又怎好隨便說人不通！俗語說得好：秀才不讀「三通」，還是不通！假使拿這個作標準，那末够得上通的資格的人，那簡直要寥若晨星了。又從前汪容甫先生（名中）說揚州人文之盛，够得上通的資格的人，只兩個又半。有一天，一位時常混充風雅的鹽商問他：「如某某者，你看怎樣？」汪先生回答道：「如足下者，不在不通之列。」那鹽商高興極了。於是汪先生又慢慢兒接下去道：「假使再讀三十年書，也許够得上一個不通！」照汪先生的標準，那末今日中國之大，够得上通的資格的人，恐怕更要稀如麟鳳了。所以這通與不通的界限，實在有提出一說的必要。

記得王充論衡超奇篇把我們知識階級分成四等：第一等是鴻儒，第二等是文人，第三等是通人，第四等是儒生，而一般人則爲俗人。他所下的定義如此：「能說一經者爲儒生，博覽古今者爲通人，采掇傳書以上書奏記者爲文人，能精思著文連結篇章者爲鴻儒。故儒生過俗人，通人勝儒生，文人踰通人，鴻儒超文人。故夫鴻儒，超而又超者也。」又在同篇的開首說：「通書千篇以上，萬卷以下，弘暢雅閑，審定文讀，而以教授爲人師者，通人也。抒其義旨，損益其文句而以上書奏記，或興論立說，結連篇章者，文人鴻儒也。」按照王充的意見，好像「博覽」容易，而能文爲難，所以把文人列於通人之上。又在同篇中說：「好學勤力，博聞强識，世間多有；著書表文，論說古今，萬不耐（通作能）一。」又說：「夫通覽者世間比有，著文者歷世希然。」至於現在則滿坑滿谷，都是文人；而所謂「好學勤力，博聞强識」，「弘暢雅閑，審定文讀」的通人，却很少見。我以爲若照現在的知識階級而論，應列通人第一，鴻儒第二，儒生第三，文人第四。因爲「博覽古今」，實在是最不容易的事。至於鴻儒文人，照王充的定義，不過能「連結篇章」，「上書奏記」，這簡直連「能說一經」的儒生都不如，又有什麼可貴！現在的知識階級，儘有能作文寫信，而實際不曾讀過幾冊書的！然而便都如郁達夫所謂螃蟹一般的傲慢，自以爲了不得的文人了。不必說顧亭林先生那樣絕對瞧不起文人，說「一爲文人，便無足觀」；就是不通如我輩者，這文人雅號，也頗有不願承當之意。這是千百年來我們觀念的改變；也是學術界的風氣，和東漢末年大不相同了。

然則通與不通的界限，究將如何畫分呢？我們再看王充的意見吧！論衡別通篇說：

富人之宅，以一丈之地爲內，內中所有押匱，所羸縑布絲帛也。貧人之宅，亦以一丈爲內，內中空虛，徒四壁立，故名曰貧。夫通人猶富人，不通者猶貧人也。俱以七尺爲形，通人胸中，懷百家之言；不通者空腹，無一牒之誦。………

按此，則通與不通，當以讀書的多少爲標準。可是，這也難定得很。章學誠文史通義說：

通人之名，不可以概擬也。有專門之精，有兼覽之博，各有其不可易，易則不能爲良；各有其不相謀，謀則不能爲益。然通之爲名，蓋取譬於道路，四衝八達，無不可至，謂之通也。亦取其心之所識，雖有高下偏全大小廣狹之不同，而皆可以達於大道，故曰通也。

章先生的意思，不論是專精，博覽，不論是高下，偏全，大小，廣狹的不同，只要能達於大道，都可以謂之通，似乎把通的標準放低了。而且還有一種「橫通」的人，也不得不謂之通。章先生說：

（承上所引之文）然亦有不可四衝八達，不可達於大道，而亦不得不謂之通，是謂橫通。橫通之與通人，同而異，近而遠，合而離。

然而這「橫通」之與通人，畢竟似是而非，乍聞其說，是頗難以辨別的。舉例來說，如——

老賈善於販書，舊家富於藏書，好事勇於刻書，皆博雅名流，所與把臂入林者也。禮失求野，其聞見亦頗有可以補博雅名流所不及者，固君子之所必訪也。然其人不過琴工碑匠，藝業之得接於文雅者耳。所接名流既多，習聞清言名論，而胸無智珠，則道聽塗說，根底之淺陋，亦不難窺。

這輩人根底淺薄，本來不過道聽塗說，無足重輕；可是一般學者往往陋於聞見，「接橫通之議論，已如疾雷之破山，遂使魚目混珠，清流無別。而其人亦遂囂然自命，不自知其通之出於橫也。」（以上並見橫通篇）所以通人的名義，是不容易承當的；而通與不通的分別，簡直無法判斷，只有自己明白了。

但我還有一點意見，今日之世，所謂通人，固不易得；就是所謂橫通的人，也得在學者羣中找尋了。這話怎麼說呢？自從「整理國故」之風盛行以來，已經有二十年了。這二十年間，已造成了一大羣的學者名流，出版了幾百種的「概論」「大綱」「略史」「源流」等等的鉅著，一讀其書，眞是引證浩繁，博古通今，足使我們五體投地。可是仔細覆按，却不免又發生疑問：一個人的精神有限，他何以能在短短的幾年之間，讀破萬卷，融會貫通，而寫出這部鉅著來呢？莫非眞連飲食睡眠的事情，一概取消，一日二十四小時一息不停的在閱讀寫作嗎？不然，又怎麼來得及呢？這事蓄疑很久，後來才研究出一個答案來：原來他們的材料，未必都是直接得來的；大抵是，轉輾傳鈔抹煞來源；所以能如此速成，並且很似乎「引證浩繁，博古通今」了。然而能够寫成這樣的東西，已經可以躋於學者之羣了。這還不是和橫通的人一樣等於「道聽塗說」嗎？孔子曰：「道聽塗說，德之棄也！」而二十年來整理國故的結果，便是造成了一大羣橫通的學者！幷且現在大學裏面，也盡是這些什麼概論，什麼略史之類的課程，好像橫通的人才，社會上還不够分配，所以更要層出不窮的製造出來。不但此也，章先生又說：「橫通之人，無不好名，好名者，陋於知意者也。其所依附，必非第一流也。」看了這幾句話，眞覺得有些毛骨竦然。學術界風氣之敝，至於如此，又何怪乎一般學生不肯埋頭讀書，稍稍學得一些皮毛，就自以爲滿足，而只想發表大文了。這樣的江河日下，豈但通人將絕迹於世；就是橫通的人，恐怕也要不易多得了！將來整個學術界都是不通的人，試想還像個什麼文明的國家！

以上只是就學問方面說的。其實通與不通，不僅關於學問一端。平日細心考察，覺得不通的人，大抵胸中茫昧，闇然無主，一則固然因讀書太少，二則還是因閱歷欠深。要成爲一個通人，讀書固然必要，閱歷也很重要。所謂「人情練達卽文章」，不通人情，不必說不能做人，就是文章也寫不好的。古代有讀書甚博而不能應用，謂之兩脚書櫥；亦有讀書甚博而不通人情，被稱爲書獃子的。所以古代儒家的學說，彷彿爲學就是做人。一部論語，說來說去，無非是做人之道。譬如說：「君子食無求飽，居無求安，敏於事而愼於言，就有道而正焉。」這明明是做人之道，而孔子却下一個結論：「可謂好學也已。」「哀公問弟子孰爲好學？孔子對曰：有顏回者好學：不遷怒，不貳過，不幸短命死矣；今也則亡，未聞好學者也。」孔子把「不遷怒，不貳過」，列爲「好學」的主要條件，更可見爲學與做人的交涉之深。又如孔子自述其爲學過程，和其所以自得之趣：「吾十有五而志於學，三十而立，四十而不惑，五十而知天命，六十而耳順，七十而從心所欲，不踰矩。」這裏是把爲學與做人打成一片，不能分離。到了清初的顏（元）李（塨）學派，率性專重做人，輕視讀書，存學編說：「人之歲月精神有限，誦說中度一日，便習行中錯一日；紙墨上多一分，便身世上少一分。」可見專門讀書，決不能成爲一個通材，至少得雙方兼顧，庶幾可以。而所謂「習行」，所爲「身世」，換句話說，做人之道而已。

做人之道，也就是處世之道。處世第一在通人情，人情不通，便無從講究處世。（又古人說做地方官的要知民瘼，亦謂之通人情。此處所指，則是處世之道而已。）孔子解釋「通人情」的話很多，舉例來說，如子張問「士何如斯可謂之達矣？」孔子回答他道：「夫達也者，質直而好義，察言而觀色，慮以下人，在邦必達，在家必達。」這眞說得透闢極了。我們人與人間，相處久了，自然會發生一種友誼的關係。但應付朋友，也不是容易的事，孔子有幾句話，說得最好，如：「朋友數，斯疏矣。」又說「晏平仲善與人交，久而敬之」，便是這個道理。所以子貢問友，孔子便答道：「忠告而善道之；不可則止，無自辱焉。」至於有許多不懂得這些處世之道，往往結怨於人，孔子又訓戒我們道：「躬自厚而薄責於人，則遠怨矣。」又說：「伯夷叔齊不念舊惡，怨是用希。」又說：「放於利而行，多怨。」這些話，都是求通人情的至理名言，我們應該作爲韋弦之佩的。

我們要做到與世無爭與人無忤的地步，原自非常困難；但有一個消極的條件：「子貢問曰：有一言而可終身行之者乎？子曰：其恕乎！己所不欲，勿施於人。」從積極方面說呢，那末「君子義以爲質，禮以行之，孫以出之，信以成之，君子哉！」能够做到如此的地步，還會與人有不能相容的地方嗎？但我們還得明白，所謂通人情，並不是圓滑，並不是同流合汙，這等人，孔子稱之爲「鄉原」，斥之爲「德之賊也」，是深惡而痛絕之的。什麼叫鄉原呢？孔子爲什麼不喜歡這等人呢？孟子解釋得最好。孟子說：

……孔子曰：「過我門而不入我室，我不憾焉者，其惟鄉原乎！鄉原，德之賊也！」曰：（萬章問）「何如可謂之鄉原矣？」曰：（孟子答引鄉原之言）「……生斯世也，爲斯世也，善斯可矣。」閹然媚於世也者，是鄉原也。萬子曰：「一鄉皆稱原人焉，無所往而不爲原人；孔子以爲德之賊，何哉？」曰：（孟子答）非之無舉也，刺之無刺也，同乎流俗，合乎汙世，居之似忠信，行之似廉潔，衆皆悅之，自以爲是，而不可與入堯舜之道，故曰德之賊也。孔子曰：惡似而非者：惡莠，恐其亂苗也；惡佞，恐其亂義也；惡利口，恐其亂信也；惡鄭聲，恐其亂樂也；惡紫，恐其亂朱也；惡鄉原，恐其亂德也。君子反經而已矣。……

總括起來說，要成爲一個通人，應有兩方面的修養：一通古今，這是關於讀書的事；二通人情，這是關於做人的事。但通古今而不通人情，未爲通人；但通人情而不通古今，當然不能算作通人。可是要注意的，第一不要變成「橫通」的人，這等人，根底淺薄，「道聽塗說」，孔子所斥爲「德之棄也！」第二不要變成「鄉原」，這等人閹然媚世，同流合汙，孔子所斥爲「德之賊也！」都是要不得的！假如僅僅做到一個橫通的鄉原，那還是成爲一個不通的小人，來得好些！至於通與不通的界限，恕我仍舊沒有具體的說出。

廿四番風歌用壬午高考典襄監委姓字依發表次序記之

康瓠

王（修）耆迹熄幾千年。陳（伊烱）詩刪存三百篇。
王（雨生）風陵夷吁可憐。林（大文）木摧折大廈顚。
鄭（敦復）衞靡靡音沸天。康（煥棟）衞聲壞無人傳。
沈（文傑）侯晚出矜聲鈴。華（惕庵）離破碎眞唐捐。
蔡（鼎成）傳尙書媲鄭箋。徐（位）徐後起能空前。
劉（震亞）子新論留殘編。陳（華寅）言務去窮雕鐫。
鍾（福慶）毓靈秀唯山川。楊（鴻烈）雄几几草太玄。
童（玉民）頭豁齒勤鑽研。朱（國輔）書大字筆如椽。
張（杜曾）之國門期無愆。龔（漢鈞）黃遺績今粲然。
康（壽曼）莊有道直如弦。許（嘉）子並耕躬胝胼。
呂（一峯）尙輟釣開齊先。陳（世鎔）仲於陵賢乎賢。
周（鈐）公聖矣猶乾乾。江（亢虎）郎作歌記其全。

壬午高考闈中賦徵同人和作

江亢虎

風光依舊似前年。又是香飄桂子天。重入瑣闈溫宿夢。
再開金榜集羣仙。每因宏濟思舟楫。敢爲端憂廢管絃。
清夜焚香求得士。斯文一綫要人傳。
重陽無計賦登高。試院秋深鎖俊髦。坐對黃花欣把酒。
共研朱墨快揮毫。遺珠不放隨波逝。抱璞惟憂鬢空逃。
闈外西風寒入骨。可堪宵枕聽鴻嗷。

朱竹垞的戀愛事蹟（上）

吳詠

清代的文人，不少風流事跡，流傳後世。譬如錢牧齋之於柳如是；吳梅村之於卞玉京；侯朝宗之於李香君；冒巢民之於董小宛；厲樊榭之於月上姬人。都已經耳熟能詳了。不過還有些文人，他們的戀愛對象，既非名媛，又非名妓。而且因爲事涉曖昧，更不能公之於世。然而在他們的詩文中，却也不少痕迹遺留。這就有待於後人的鉤稽了。若黃仲則集內的「綺懷」，定公集中的「縞衣人」，就都是的。而其尤爲藝林所豔稱的，則不能不推朱竹垞集中的「風懷詩」了。

關於「風懷詩」，竹垞自已在「靜志居詩話」中所說的一段話，是値得參考的：

『長律至百韻，已爲繁富，元美哭子麟，乃增至一百二十，元瑞哭元美，則更過之。蓋感知已之深，不禁長言之也。』

他自已的風懷詩有二百韻，洵可稱前無古人。根據他自已的說法，自然也是感懷知已之作；再清楚也沒有的了。

晉玉詩話云：

『竹垞風懷詩原稿，舊藏楊文雲司馬家，稿凡五紙。初題靜志，後始改爲風懷，蓋亦冀其稍稍隱祕耳。』

晉玉說風懷詩中的女主人公，是竹垞的小姨，馮孺人之妹，名壽常，字靜志。這種傳說，很早卽已經發生。姚大榮君更言：

『憶光緒丙戌，李子衡太史（端棨）在京過夏，偶談及此詩，李君語余，聞諸先輩云，風懷詩中人爲竹垞小姨。後又聞胡宗武太史（嗣芬）云，太倉某氏藏金簪一枚，鐫壽常二字，爲竹垞贈人之品，其人卽風懷詩主人。所謂「巧笑原名壽，妍娥合喚嫦」者也。』

竹垞早年好作豔冶的詩詞，「靜志居琴趣」一種，更是專爲伊人所作。當初他自已好像也並不十分避諱。琴趣末有曹倦圃（溶）的題辭一首——「鳳皇臺上憶吹簫」。曹溶是竹垞的前輩，竹垞居然肯把這些事和他明說，勇氣實在可嘉。袁子才已經作過詩替他吹噓：

『尼山道大與天侔，兩廡人宜絕頂收；爭奈升堂寮也在，楚狂行矣不回頭。』

據說當日竹垞刊集時，曾有人警告他，最好把風懷詩刪去。竹垞態度冷靜，拒絕刪詩，並幽默的回答道：『甯不食兩廡冷豚耳。』講出了這句話，我就覺得竹垞是十分可愛的了。雖然維持世道人心的正人君子也不能沒有。四庫全書提要對曝書亭集的批評就很不好，嫌他「流宕冶豔」，替他刪去了。連靜志居琴趣也不免。所以四庫本的曝書亭集是經過閹割的東西。方東樓在「漢學商兌」里也罵竹垞：「八十餘歲刊集，不去風懷詩，躬行邪行，自暴於世。」然而竹垞不怕這些，到底毅然留存下來了。他是想爲自己少年時的戀愛留個紀念。更要爲愛人「悼亡」。在二百年前名教的勢力下，這種作爲也可以說是難得的了。

然而竹垞也究竟不願使此事明白的顯露於大家面前。他作「風懷詩」在康熙己酉，時年已四十一矣。伊人則死於丁未歲，是年竹垞曾寫「戲效香奩體二十六韻」，亦即所以紀念逝者，一直到風懷詩寫成，即算告一總結束。甚至於在集子刻成以後，還要大加刪除，這刪去的詩，大概以關係了他們的戀愛事蹟的爲最多。這刪除的痕迹，據姚大榮君的細檢，記如下：

『而第四卷中已亥庚子兩年之作，剗除獨多。可以知其故矣。蓋竹垞與彼姝相悅雖久，猶各止乎禮義。彼此相喩於無言者，洛神帖小字中央，收和顏而靜志，申禮防以自持之本旨，初念固不渝也。至戊戌冬，始抉破藩籬。其蹤跡最密，蓋在已亥庚子兩年中。而此兩年之詩，爲彼姝作者，或有蹤跡太露難以示人之處，雖已刻成，而必從淘汰。例如玉樓春詞四首，不入靜志居琴趣，正以名字太露故也。風懷一篇，幷出名字，與玉樓春詞略同，特因苦心經營，成功非易，不忍割愛，立意因詩存人，否則亦當在剗除之列矣。』

然而雖剗除了不少的詩，我們究竟還可以探尋出一些蛛絲馬跡來。在翁刻的靜志居詩餘中的四闋玉樓春里，「壽奴」與「長命女」兩首中，每句都有壽字。「山姑」一首中，每句都有山字。「松兒」一首中，每句都有松字。「亥娘」一首中，每句都有亥字。壽是名，山是字，松是小名，亥則是生年也。至於伊人的名字究竟何如，前曾引晉玉之說，姚大榮則以爲甚誤。乃別有說以解釋靜志兩字之義，說頗精：

『晉玉謂馮孺人之妹，名壽常，字靜志，其說甚誤。殆由不知靜志二字之來歷，故有此說耳。竹垞元稿，雖以靜志爲題，而靜志確非彼姝之字。略迹原心，殆即此詩之命脈。竹垞纂明詩綜，其說明詩，即名靜志居詩話。七十四歲始成書。距彼姝卒時，閱三十六年。顯與彼姝無涉。惟竹垞以靜志顏所居，則實由彼姝之故，靜志二字，始見洛神賦。竹垞用此二字，非泛泛由曹子建賦中拈出，乃係自彼姝摩寫王子敬殘帖中拈出。靜志居琴趣洞仙歌第十四闋，有「十三行小字，寫與臨摹，幾日看來便無別」之句。此爲竹垞詩詞，迭用洛神十三行緣起。而「兩同心」詞尾有「洛神賦小字中央，祇有儂知」二句，又爲竹垞取靜志二字自顏所居緣起。洛神賦「收和顏而靜志兮，申禮防以自持」二句，爲全篇之骨，言斂容洗心，發乎情止乎禮義也。十三行殘帖，則自嬉左倚采旄起，玉體迅飛止，共十三行。此二句正在第七行，居前後各六行之中，故云中央。蓋彼姝未嫁時，雖蹤跡不疏，而守禮謹嚴，避竹垞惟恐不及。至嫁後，所適非耦，時往來母家，自禾中至吳門，均由馮孺人同舟伴送。因習與竹垞接近，而彼此戀愛之情遂生。觀兩同心詞：「比肩縱得相隨，夢雨難期」云云可證也。然兩心雖同，而防檢難越。彼姝微窺竹垞之意甚切，恐涉造次，致犯非禮。（自己丑以還，竹垞屢欲犯之，均以善避獲免。）難於措辭，故藉臨帖就正爲由，特縮小第七行中此二句之字以示意。令會心人自領。欲其止乎禮義也。故竹垞特表之，以答其意。不然，洛神帖本係小字，何待明言？人盡皆知，竹垞何爲自詡曰只有儂知乎？惟字之尤小者，偏在中央，故始著此語耳。彼姝用心如此，以筆代舌，藉古諷今，詞嚴義正，愷切分明。宜竹垞心寫不置。後來即以靜志標題所居，又以署其琴趣及詩話，蓋一以自懺，一以示心折其人，敬佩其意，是即此詩之微旨也。』

至於歷來談風懷詩本事者，多半捕風捉影，有類說部。「鴛水仙緣」之作，即類似演義。曝書亭集注者有江浩然，孫銀槎，楊謙三家。江孫僅是注故實之出處。楊謙因爲與竹垞有世誼，故知朱之生平較切，且撰有梅里志，竹垞年譜等書。他的箋風懷詩，常援引竹垞其它詩詞爲注，體例甚善。又傳桐城蕭氏藏有風懷詩注抄本，或者更有可觀，也未可知。

風懷詩二百韻。大概包括了竹垞十七歲至三十九歲間二十二年的綺情事蹟，所以也大可作詩史讀。竹垞生於明崇禎二年己巳，在嘉興之碧漪坊里第。馮家則在朱宅北。朱妻馮孺人生於崇禎四年辛未，伊人則生於崇禎八年乙亥，行第三。孺人名福貞，字海媛，以福祿壽喜排列之序，及詩中之隱示，伊人當名馮壽貞，字山嫦。

「曝書亭著錄序」云：

『予年十七，從婦翁避地六遷。而安度先生（彝尊父）九遷，乃定居梅會里。』

「歸安教諭馮君墓誌銘」云：

『君徙宅者八，之官者再。女五人，其一歸於我。』

「亡妻馮孺人行述」云：

『孺人，姓馮氏。諱福貞，字海媛。世居嘉興練浦之陽。考徙居府治之北，再徙碧漪坊，去先太傅文恪公里第，近止百步。』又云：

『予年十七，爲贅壻於馮氏之宅。遭亂，兩家各去其居。後遷塘橋之北，又移居連接之橋。………孺人歸予將五十年。少日遭亂，恆與予夜避叢篁密篠間。流離顚躓，凡徙宅十一，始克寧居。』

風懷詩首節爲全詩總敍，而於伊人之出處，說得尤其明白。所以全錄如下：

『樂府傳西曲，佳人自北方。問年愁豕誤，降日叶蛇祥。巧笑原名壽，姸娥合喚嫦。次三蔣侯妹，第一漢宮嬙。鉄撥嫺諸調，雲璈按八琅。琴能師賀若，字解辨凡將。弱絮吟偏敏，蠻牋擘最強。居連朱雀巷，里是碧雞坊。』

彝尊雖然是世宦之家，不過後來中落了。「亡妻馮孺人行述」云：

『寒家自文恪公以宰輔歸里，墓田外無半畝之產。祖考忱予公知楚雄府事，還僅敝衣一簏而已。至本生考安度先生，家計益窘。歲飢恆乏食。教諭君以孺人許彝尊爲配。行媒既通，力不能納幣。彝尊年十七，爲贅壻於馮氏之宅。遭亂，兩家各去其居。』

彝尊既然入贅於馮家，當然是跟了馮家一起逃難的了。在這機會下，壽貞與竹垞就常常有機會相處了。更因爲亂離之頃，大家彼此都需要扶持，更沒有什麼避忌，所以形跡當然甚親。這時壽貞十一歲。據姜紹書韶石齋筆談：

『乙酉歲北兵至嘉禾，項墨林氏累世之藏，盡爲千夫長汪六水所掠，蕩然無遺。』

竹垞所居的碧漪坊，距項氏天籟閣甚邇。所以他們這次由碧漪坊避至馮村五子兒橋（見彝尊詩題——練浦塘東，嘉興縣治東南三十里），就是汪六水之役。竹垞詞中述及這時與壽貞的關係事有清平樂：

『齊心耦意，下九同嬉戲。兩翅蟬雲梳未起，一十二三年紀。春愁不上眉山，日長慵倚雕欄，走近薔薇架底，生擒蝴蝶花間。』

「四和香」詞云：

0409

『小小春情先漏泄，愛綰同心結。喚作莫愁愁不絕，須是未愁時節。才學避人簾半揭，也解秋波瞥。篆縷難燒心字滅，且拜了初三月。』

詞中所描寫的壽貞，十二三歲的小姑娘已經十分伶俐而知情意了。這時竹垞因爲機遇偶然，實在却還沒有什麽野心，不過對方語笑無心，也就要覺得「未免有情」耳。所以才說：

『偶作新巢燕，何心儆笱魴？連江馳羽檄，盡室隱村艦。綰髻辭高閣，推篷倚峭檣。蛾眉新出繭，鶯舌漸抽簧。慧比馮雙禮，嬌同左蕙芳。歡蹤翻震蕩，密坐益彷徨。板屋叢叢樹，溪田棱棱薑。垂簾遮燕戶，下榻礙蜂房。痁鬼同時逐，祆神各自禳。』

竹垞自言曾雖婦家六遷其居。第二次即由馮村五子兒橋遷到橫塘了。也在嘉興，練浦塘之東。此時壽貞當已盈盈將及笄矣。琴趣中「朝中拱」曾提及橫塘，是記此時事的：

『蘭橈並載出橫塘，山寺踏春陽。細草弓弓襪印，微風葉葉衣香。一灣流水，半竿斜日，同上歸艎。贏得渡頭人說，秋娘合配冬郎。』

一對璧人，畫槳雙棲，簡直是神仙伴侶。旁觀者都贊歎不置，竹垞得意之狀可掬。言念及此，不禁想到古時的確好，連逃難也還有這種福氣，目下却邈不可得了。詩云：

『亂離無樂土，飄轉又橫塘。阜散千條莢，紅飄一丈薔。重關于盼盼，虛牖李當當。鳳子裙纖褶，鴉頭襪淺幫。倦猩停午睡，暇使踏春陽。雨濕鞦韆鎖，泥融碌碡場。宵絲捎蟢蟱，拒斧折螳螂。側經循莎薦，微行避麥蠓。浣紗宜在石，挑菜每登吭。』

後來又遷居梅里。靜志居詩話云：

『予年十七，避地練浦。歲己丑，萑苻四起，乃移居梅會里。里在大彭嘉會二都之間，市名王店。』詩云：

『蘿蔦情方狎，萑苻勢忽猖。探丸搜保社，結侶竄茅篁。廡改梁鴻賃，機仍機女襄。疏櫺安鏡檻，斜桷連書倉。路豈三橋阻，屏還六扇偝。弓弓聽點屐，了了見縫裳。夙擬韓童配，新來卓女孀。縞衣添綽約，星靨婉清揚。芸質恆留篋，芝膏慣射芒。長筵分潑散，複帳捉迷藏。匳貯芙蓉粉，其煎荳蔻湯。消盤潛洛宓，鄰壁暗窺匡。苑里艱由底，潘邊喩觸羊。末因通叩叩，祇自覺倀倀。』

這一秀詩中「夙擬」二句最不易解，其實亦可通。蓋伊人已先許嫁，而婿先死也。縞衣云云則是伊人爲未婚之婿服「變服」也。竹垞既贅於馮氏五年，於己丑歲乃賃宅於梅里，接父親安度先生同住，然並未脫離妻黨別居。

馮翁有五女。長即竹垞夫人，次女已別嫁。壽貞序三，而四五二女俱尙幼。當然是依母的了。壽貞稍長，當與大姊常在一起。他們平時是住在相隣的兩間房子裏的。琴趣中有「洞仙歌」記嬉戲事云：

『書床鏡檻，記相連斜桷。慣見修眉遠山學。倩青腰投簡，素女開圖，才凝盼，一線靈犀先覺。新來窺宋玉，不用登牆，近在蛛絲畫屏角。見了乍驚迴，分明睹翠幄低擢，旋手揭流蘇，近前看，又何處迷藏，者般難捉。』

據說竹垞短視，所以有這許多活現的描寫。而想要看見的是如此的急切，偏是迷迷惘惘的，難怪要說迷藏難捉了，思之不禁啞然。

後來他們又移到一處叫樊樓的地方。看樣子好像房子比較寬大了一些，他們住的也遠些了。然而畢竟是混熟了的，竹垞還不時去尋她。可是她却總是防嫌得很厲害。詩云：

『孟里經三徙，樊樓又一箱。漸於牙尺近，莫避龠觚煬，題壁銀鉤在，當窗綉袂颺。有時還邂逅，何苦太周防？令節矜元夕，珍亭溢看場。鬧蛾爭入市，響屧獨循廊。根觴釵先溜，簪昏燭未扦，經思乘蹇步，梯已上初桄。莫綰同心結，停斟冰齒漿，月難中夜墮，羅枉北山張。』

看這情形，竹垞進攻的結果，不但未達目的，反而受了冷待，停止了一向的優待。琴趣中金縷曲也是記元夜事，其前闋云：

『枕上問商略，記全家元夜觀燈，小樓簾幙，暗里橫梯聽點屐，知是潛回香閣。險把個玉清追著，徑仄春衣香漸逼，惹釵橫翠鳳都驚落，三里霧，旋迷却。』

癸巳歲，壽貞年十九矣，嫁吳中富室，男家大概是鄉下的土財主，一切享受，自然是極盡豪華，不過夫壻却是不能令壽貞滿意，因爲這種家庭，是不懂風雅的，竹垞雖是寒士，可是文采不凡，再看竹垞筆下所寫的伊人，是個雅擅琴書，能製箋裳的少女，整天與一個俗人共處，難免不厭煩了起來，同時，她自然會記起夤夕相處，並且曾向她進攻而遭她婉拒的那個人來了。竹垞有「無題」詩：

『金谷繁華地，風流石季倫。量珠凡幾斛，買取墜樓人。』

這裏所說，壽貞壻家是如此的富厚，然而方伊人爲綠珠，蓋以示其意固雅不欲嫁此傖夫耳。又一首云：

『織女牽牛匹，姮娥后羿妻，神人猶薄命，嫁娶不須啼。』

則可見伊人未嫁之先，已知婿壻之傖俗矣。用織女姮娥作譬，蓋以示兩心之牽係，固未斷也。又一首云：

『漢皐珠易失，洛浦珮難分，不及問男女，肩挑六幅裙。』

更是對壽貞的婿壻，加以惡劣的形容了，竹垞眼看伊人的遺嫁，自然不能忘情，於是就發爲宛轉的歌吟，其惆悵詞云：

『惆悵蓬山路，相思一萬重，鐙前看玉面，猶憶舊時容。』

『相見知何日，相思怨路殊，鮫人淚已盡，無復下成珠。』

幽怨之情可見。癸巳歲所寫的「嫁女詞」，也是爲壽貞的遺嫁而發的，當時竹垞的兒子昆田已生，而馮翁仲女則已嫁姚澍，澍字我士，是竹垞的同學。故詩云：

『大姑生兒仲姑嫁，小姑獨處猶無郎。』又云：

『媒人登門教裝束，黃者爲金白者玉。』則痛斥之，竹垞家貧，所以提到錢，則憤憤之態格外的顯露出來了。

『阿婆嫁女重錢刀，何不東家就食西家宿？』

這簡直是大爲諷罵，而竹垞的私意也就一泄無餘了。詩云：

『冰下人能語，雲中雀待翔。吾綾催製被，黃竹喚成箱。玉詫何年種，珠看滿斛量。綵幡搖婀娜，漆管韻淸鏘，白鵠來蕭史，斑騅駕陸郎。徒然隨畫艦，不分上華堂，紫葛牽駝架，靑泥濕馬柳，枇杷攢瑣瑣，榉柳陰牂牂。金屋深如此，璇宮思未央。』

壽貞既已遣嫁吳門，當然要歸甯禾中。這一條路是水路，由王店鎮經馬王塘，濮院鎮，妙智汛，石灰橋，更東北行，到蘇州。這護送小姨的一差，自然以竹垞爲最相宜。因爲那時他還寄居在馮家。詩云：

『朝霞凝遠岫，春渚得歸艎，古渚迎桃葉，長堤送窗娘，翠微晴歷歷，碧漲遠汪汪，日影中峯塔，潮音大士洋，尋幽雖約伴，過海乃須邛，滄

0411

墨衫何薄，輕紈扇屢障，心憐明豔絕，目奈冶遊狂，纔解靑絲絆，茵鋪白篋膺，回波吟栲栳，鳴櫓入菰蔣，竹箭重重籜，茶芽段段槍，甘蔗翻舊譜，活火試頭綱，榼易傾鸚鵡，奩拌典驌驦，曉醒消芳蔗，寒具折餦餭。已共吳船凭，兼邀漢佩纕，瘦應憐骨出，嫌勿避形相，樓下兜衾臥，闌邊拭淚妝，便思蛩負蟨，窮擬鳳求凰，兩美誠難合，單情不可詳。』

這裏面所用的『栲栳』一詞，不免近於笑話，語見唐詩「回波詞」，表明自已有畏於太太的監視，不敢與小姨有什麼逾越的舉動焉。「勿避形相」兩語，可見伊人之憔悴，並與竹垞久別後親熱之狀，「凭衾」「拭淚」，皆示伊適人不偶，感動而悲也，結末還是因馮孺人的看視，不過僅僅是一通辭而已。「琴趣」「兩同心」即詠此時情事：

『認丹鞖響，下畫樓遲。犀梳掠，倩人猶未；螺黛淺，俟我乎而。看不足，一日千回，眼轉迷離，比肩縱得相隨，夢雨難期。密意寫披枝朶朶，柔魂遞續命絲絲，洛神賦小字中央，祇有儂知。』

順治乙未三月竹垞游山陰，丙申春返里。夏復遊嶺南，迄戊戌秋歸，在家時候比較的少了，實在是因爲長依婦家，難以爲情，馮孺人行述云：

『予投徒不給，遂南渡嶺，越二載歸，則孺人徙西河村舍，是冬復還梅里。』

他的「返家即事」詩中也表示慚愧之意：

『重爲廡下客，慚愧說還家。』

可見他仍舊是住在婦家的，因爲仍與伊人常在一起。壽貞既然已經嫁在蘇州，但是常依姊家居，看集中隱約說起，似乎壽貞之離母家，還有什麼隱約的情事，竹垞不肯詳言。這次竹垞從粵歸來，得償多年的想望，所以詩語也格外出力的描寫：

『計程衡獐癘，回首限城隍。紅豆憑誰寄，瑤華暗自傷。家人卜歸妹，行子夢高唐，杜宇催歸數。芻尼送喜忙。同移三畝宅，共載五湖航。陀落蚪簷月，階流兎杵霜。池淸凋菡萏，垣古繚篔簹。乍執摻摻手，彌迴寸寸腸，背人來冉冉，喚坐走佯佯，齧臂盟言復，搖情刻漏長，已敎除寶釦，親爲解明璫，領愛蝤蠐滑，飢嫌蝤蠐妨，梅陰雖結子，瓜字尙含瓤，捉搦非無曲，溫柔倘有鄉。眞成鶼蛺蝶，甘作野鴛鴦。』

竹垞詩有云：「癡兒猶昨日，病婦已連年。」當時昆田才七歲，而馮孺人則臥病。因而竹坨得有一親薌澤的機緣。琴趣「鵲橋仙」（原注十一月八日）云：

『一箱書卷，一盤茶磨，移住早梅花下。全家剛上五湖舟，恰添了個人如畫，月弦新直，霜花乍緊，蘭槳中流徐打。寒威不到小蓬窗，漸坐近越羅裙釵。』

「眼兒媚」云：『那年私語小窗邊，明月未曾圓。含羞幾度，已拋人遠，忽近人前。』明月未圓，是指十四日夜，而「洞仙歌」亦云：

『仲冬二七，算良期須果，若再沈吟甚時可。』

這與「眼兒媚」所記可合看。而他們彼此已久目成心許，不過還沈吟着未即定情而已。（下期續完）

古今社道歉啓事

本刊合訂本印數不多，早已售罄，致勞愛讀諸君，或電話詢問，或遠道致郵，盛情隆意，殊爲不安。惟信件太多，未能一一致意，特此啓事，謹代答覆。又函詢定閱辦法者亦衆，一俟敝社有正式決定，當再行公告，伏希　鑒諒。

古今社敬啓。

四庫餘話

庚持

談中國書的板本的，於抄本和刻本之外，更有活字本一種。說起來這種活字本的源流或許最早也不一定，因爲歷代的印刻實在卽是活字的先聲，不過數量較小而已。北京大學曾經印過『封泥存眞』。這種運用於公文書緘上的『封泥』，實在就是活字的先導者。近代長沙葉氏觀古堂曾藏有北宋膠泥活字印本書。沈括『夢溪筆談』記其法云：

『慶歷中，有布衣畢昇爲活板。其法用膠泥刻字，薄如錢脣。每字爲一印，火燒令堅。先設一鐵板，其上以松脂臘和紙灰之類冒之。欲印，則以一鐵範置鐵板上，乃密布字印滿鐵範爲一板，持就火煬之。藥稍鎔，則以一平面按其面，則字平如砥。若止印一二本，未爲簡易。若印數十百千本，則極爲神速。』

沈存中的確不愧爲中國的科學家，他所記的這種北宋膠泥字法，詳確而扼要，那種辦法直與近代的鉛印法不謀而同，是不得不令洋鬼子黯然失色矣。不過這種印本流傳至今的，簡直是絕無而僅有，卽前述的那一部葉德輝的藏書，後來歸了周越然君，據說不過明刻而已。以非目睹，未敢臆斷。不過大內的『天祿琳瑯』曾記：

『宋本毛詩唐風內，「自」字橫置，可證其爲活字板。』

這自然是最明顯的證據。

元王楨有『活字印書法』，附於武英殿聚珍板『農書』後。說得更爲詳盡，不過元代的活字本，更未見過，所以這里姑且略之。

陶蘭泉雖然以多藏明板書著名，其實他的買書，不過是爲了『轉鬻』而已。聽與陶氏相熟的友人說起，他曾說過這樣的話：『我買書多年，並不曾虧了本。』觀此可知其意嚮矣。晚年藏書盡出，曾有一部明會通館活字本『諸臣奏議』賣掉，當時陶氏曾揮淚向友人說：『可惜南方沒有人能識這書的。』這並不是惜書，蓋惜不能得善價耳。果然，識者北方是有的。鄭振鐸記云：

『初，有明會通館活字本諸臣奏議者，由傳薪書店售予平賈，得九百金。而平賈載之北去，得利幾三數倍。以是南來者日衆，日搜括市上。』

這會通館是什麼人呢？邵寶『客春堂集』『會通君傳』記云：

『會通君姓華氏，諱燧，字文輝。無錫人。少於經史多涉獵。中歲好校閱同異，輒爲辨證，手錄成帙。遇老儒先生，卽持以質焉。既而爲銅字板以繼之。曰：「吾能會而通之矣。」乃名其所居曰會通館。人遂以會通稱。或丈之，或君之，或伯仲之，皆曰會通云。』

這也不免有趣。商務四部叢刊三編中有一部精彩的書，卽洪氏『容齋五筆』是也。這書凑自宋刊及會通館活字本，可謂天壤間『容齋五筆』最

0413

善本矣。華燧有子埕、堅等。更繼先人遺業，創爲蘭雪堂。所印活字板書有白氏長慶集（天祿琳瑯著錄），蔡中郎集（葉昌熾所見）等，皆爲世所珍重。

明代其他有名的活字印者有桂坡館安氏，吳郡孫鳳，五雲溪館，金蘭館，建業張氏等。據孫毓修氏說：

『按安氏（作者持按：係安桂坡）所印顏魯公集，又有雕本，蓋先攤後雕也。』

這就很令我想起爲周越然君所斷爲明刻的那部書來了。明初複刻宋本之風極盛，而且那時的視宋本，並不若今日之珍異。往往有拿了一部宋本，拆成散頁，貼在板上，從而刻之的。如此一來，和原本往往就會『不差累黍』。周君得了一部後印本，加上明人序，就斷定那一部也是明刻，由書賈作僞去序而充北宋膠泥字本的。否定了葉氏的定論。其實除此以外，用紙，黑色，裝訂的風氣，在在都可以幫助我們鑑定的。周氏斷定其非宋本，這自然是有他的眼光。在吾輩無緣目睹原本的人們，只好『承認』他的『定說』了。

以上既然稍爲提到了宋元明的活字本，清代的活字本的推行，則不能不推四庫全書編纂的功勞了。

最初提起要辦活字板的金簡，他是特蒙聖旨，『所有武英殿承辦紙絹裝潢飯食及監刻各事，宜着添派金簡一同經管』的人物。他的奏摺里說：

『但將來發刊，不惟所用板片浩繁，且逐步刊刻，亦需時日。臣詳細思維，莫若刻做棗木活字套板一分，刷印各種書籍，比較刊板工料省簡懸殊。臣謹案御定佩文詩韻，詳加選擇，除生僻字不常見於經傳者不均集外，計應刊刻者約六千數百餘字；此內虛字以及常用之熟字，每一字加至十字或百字不等，約共需十萬餘字。……遇有發刻一切書籍，只須將槽板照底本一擺，即可刷印成卷。』

這里所說是初創的大略情形。結果奉到御批：『甚好，照此辦理！』後來因爲『活字板』的名子不大雅馴，就改稱『武英殿聚珍板』。這種聚珍板書籍，現在也已經成爲古董了。不過由我看來，實在並不好看，扁體的字形，有如後來在訃聞上面所用的那一種樣子，看起來疾首蹙額，非常之不愉快，清代木活字板不少，我有一冊『香葉草堂詩』，是畫『鬼趣圖』的那一位羅兩峯所著，即是木活字印，清疎而別具風致，實在是頗妙的板子。這一種聚珍板大概一共印行了一百四十八種。被董康譏爲『謬甚』的那一位繆藝風，曾竭畢生之力，搜到了一百三十八種。人各有癖，繆君所搜集的這武英殿聚珍板書，比了陶蘭泉的專搜初印殿本開花紙書來是要相差一籌的了。

四庫全書繕成七部分置大內之文淵閣，奉天之文溯閣，圓明園之文源閣，熱河之文津閣，江蘇揚州大觀堂之文匯閣，鎮江金山寺之文宗閣，杭州聖因寺之文瀾閣，這幾閣的建築形勢，大概全仿天一閣。實在不能說不是一段因緣。

甯波范氏天一閣是明范東明司馬所手創，直至現在，猶能『世守勿失』。在中國的藏書家中，可以稱得一聲『奇蹟』。雖然現在如何，是不得而知了。就是我上面所用的那一句套頭話『世守勿失』，也大有問題。因爲天一閣雖然有着『不准子孫無故開門入閣，罰不與祭』的戒條，到底還是沒有用，閣書在范氏子孫缺少錢用的時候，往往就會拿來派了用場。這不過僅是最易料到的一個因素，整個的分析起來，眞够得上一句『一言難盡』的話了。民國二十二年趙斐雲（萬里）先生曾去天一閣訪書，作有『重整范氏天一閣藏書記略』。他曾經記過天一閣書籍亡失的原因，第一個就是因四庫徵書的關係所誘導而成的：

『乾隆三十八年浙江巡撫三寶，從范懋柱手里，提去了不少的書。據四庫提要及浙江采集遺書總錄計算起來，共有六百三十八部。這一類的書上，有一個客觀的標識。封皮下方正中，有一長方形朱記，文曰：「乾隆三十八年十一月，浙江巡撫三寶，送到范懋柱家藏某某書一部，計書幾本。」開卷又有翰林院大方印。封皮上的朱記，有時爲妄人割去，至大方印，則時時遇到。四庫全書完成後，庫本所據之底本，並未發還范氏，仍舊藏在翰林院里。日久爲翰林學士拿還家去的，爲數不少。前有法梧門，後有錢希盦，都是不告而取的健者。輾轉流入廠肆，爲公私藏家收得，我見過的此類天一閣書，約有五十餘種。』

『四庫瑣話』中提到的徵進遺書，儘先發還的話，在這里算是露了馬脚。范家損失了這一批書，只不過得到一部御賜毛裝的圖書集成，可是現在也已經殘缺不全了，不過却還擺在正中的五個櫃子里。

趙先生還提出閣書散出的兩個原因：

『由於乾隆後當地散落出去的。閣書在乾隆以後，雖有阮芸臺學使出來編目，替牠捧場。然同時閣書頗有流落閣外者。盧氏抱經樓，爲前清一代四明藏書家後起之秀。他的藏書里最著名的一批抄本明實錄，就是天一閣的舊物。此外甯波二三等的藏書家，如徐時棟，姚梅伯之流，以及到過甯波作過官的，如吳引孫有福讀書齋，沈德壽抱經樓，都有天一閣的細胞在他們藏書里稱霸着。就是現在幾位甯波本地的藏書家，也都有少數天一閣的種子分佈着。我可以說凡是甯波舊書肆里遇着皙白乾淨的明刻白棉紙書，十之八九，都是天一閣的遺產。天一閣的書，很少有印記的。但是無論牠改了裝，我也能認得這本書是不是天一閣的故物。……

『（三）由於民國初年爲巨盜薛某竊去的。這一次是天一閣空前的損失，至少總有一千種書散落到閣外。閣中集部書，無論宋元明，損失最多。卽明季雜史一項，所失亦不在少。登科錄和地方志，去了約有一百餘部。輾轉的由上海幾個舊書店，陸續售歸南方藏書家。當時以吳興蔣氏收得最多，號稱孤本的明抄宋刑統，就在里頭。現在蔣氏書散，整批明別集，流歸北平圖書館，在一二八滬戰起時，作了犧牲品。此外我所認識的上海蘇州幾位藏書家，也都有少數天一閣的遺藏分佈着。在我日記簿里載下來的，此類書已經超過了五百種。』

四明范氏在海內藏家中，總算能保持最久的了。然而也究竟不無可歌可泣的流散。『蠹魚篇』中曾談到海源閣的浩刼，現在這里因談四庫之便，順手提及，亦所以留存此書林一段掌故耳。

天一閣的藏書與別家獨異的是不大收宋元本書，而廣搜明本。作一個譬喻，有如現在的藏書家，不致力於明清板刻而專求商務中華的東西一般。等到明取暗偷的刼後，現在却以明代方志，登科鄉試錄之類稱雄了。這完全因爲十多年前這些東西還不受歡迎之故。在舊書店老板的心目中，『經』是最可貴的東西。『史』和『子』次之。『集』部已經不大看得起了。所以偷起來，當然也是經部先偷光。我曾見杭州某肆的舊書目錄（約民國十三四年間），明板白棉（皮）紙的志書，雖然是大部頭的，每部也

0415

不過三四十元而已。到了現在，屢經東西各國的搜求，這些東西就成了最香的貨色。而天一閣的這一點『刼餘』，也就要使大家震驚了。

在中國，無論什麼東西，只要一古起來，就會使人另眼相看的。天一閣的長久的歷史，就是乾隆皇帝也覺得頗可豔羨的了。在乾隆三十九年，有上諭云：

『浙江甯波府范懋柱家，所進之書最多，因加恩賞古今圖書集成一部，以示嘉奬。聞其家藏書處曰天一閣，純用磚甃，不畏火燭。自前明相傳至今，並無損壞，其法甚精。著傳諭寅著親往該處，看其房間製造之法若何。是否專用磚石，不用木植。並其書架款式若何，詳細訊查，燙成準樣，開明丈尺呈覽。』

下面並且囑咐寅著前去查看之時，宜明旨意，就是四庫全書的藏書，要向該閣學樣。『使其曉然，勿稍驚疑。』寅著在查明以後，有詳細的覆奏，對天一閣的建築說明頗詳（東華續錄乾隆七十九）：

『天一閣在范氏宅東，坐北向南。左右磚瓦爲垣，前後簷。上下俱設窗門。其梁柱俱用松杉等木。共六間：西偏一間安設樓梯，東偏一間，以近牆壁，恐受溼氣，並不貯書。惟居中三間，排列大櫥十口；內六櫥，前後有門，兩面貯書，取其透風。後列中櫥二口，小櫥二口。又西一間，排列中櫥十二口。櫥下各置英石一塊，以收潮溼。閣前鑿池。其東北隅又爲曲池。傳聞鑿池之始，土中隱有字形，如「天一」二字，因悟「天一生水」之義，卽以名閣。閣用六間，取「地六成之」之義。是以高下深廣及書櫥數目尺寸俱含六數。特繪圖具奏。』

這種一百六十年前的實地探查紀錄，頗爲有趣。而建造書室，也要利用靑鳥術來防災，也是大有意思的事。高宗覺得這種『厭勝之術』是『其式可法』的了。於是內廷四閣（文津文源文淵文溯）的建造，完全模仿了天一閣式。

不過一百六十年後，滄桑愈更，天一閣早已非原式了。

趙斐雲記云：

『細查閣的建築方式，和其他甯波住宅，並無多少不同之點。所用材料，簡陋非凡。消防設備，簡直等於零。和藏四庫全書的文淵閣規模相比，眞有天淵之別了。我不信文淵閣是模仿着天一閣蓋的。』

至於那些英石呢，更成了笑話：

『我們發現好幾個櫃子里都有蠹蟲，因此對於傳統的保存閣書的祕訣，發生疑問。故老相傳閣里的書全都夾着芸艸，可以防蠹；櫃子下鎭着浮石，可以吸收水份。這完全是神話。其實天一閣所謂芸艸，乃是白花除虫菊的別名，是一種菊科植物。早已失去了牠的除虫的作用。浮石不知從郭外那個山里搬來的一種水成岩的碎塊，並無什麼吸收空中水份的能力。』

這眞是多麼好玩而又可悲的事！

經過了幾次的按查，刪改銷毀以後所繕成的四閣書，應該是毫無遺憾的了。然而在高宗幾次抽查之後，竟而屢有違礙之處發現。實是所謂『校書如掃落葉』，在這種嚴刑峻法，人手衆多的條件之下，居然也還是不能滿意。最初出了毛病的書是李淸的『諸史同異錄』，那罪名是：

『因書內妄稱世祖章皇帝，有與明崇禎相同四事，悖誕不經。續辦三分書繕進之一分內，未照底本刪去，當蒙指示；前經奉旨，將全書銷燬，並將李淸所撰各書，概行查燬。此係文淵閣繕進之本，其悖妄語句，已經原辦之總校删去，全書應燬！』

這在我們看來，不過是腐儒的一種無聊的拉扯而已，絲毫不是奇怪的。然而背逆不道了。從這里可以悟出，就是多麼恭敬的奉承，也還是不行，即使說崇禎的面孔有如世祖章皇帝的御臀！

撤毀的書還不止此。如『千頃堂書目』因爲還載有許多已禁燬的書，爲滅跡起見，一律删削。『國史考異』與『元明事類考』『杜詩詳註』都因爲曾引錢謙益之說而未著其名，所以也一律撤毀。最可憐的是朱鶴齡，他在『書元好問集後』一文中痛詆錢謙益，理應爲官方所嘉獎了；却不料在他未與謙益絕交之先，曾有過詩文往來，如『贈某先生詩』等，在他的李義山詩箋註序內的紅豆莊主人也就是錢謙益，所以也一律删削。

王貽上的著名的『秋柳詩』中，用了些『白門』『梁園』『琅玡』『洛陽』『靈和殿』『永豐坊』的典故，不料也爲人所指摘，幸虧後來查得這些全是『詠柳習用故典，似無所指，仍應擬存了。』究竟在集中剔去了『贈一靈道人絕句』，因爲該道人即作『廣東新語』的屈大均也。

也還有因爲維護風化而剔去的。如吳其貞的書畫記，因爲『書內所載春宵祕戲圖，語涉猥褻，奏明應燬。』如此說來，見只編中曾著錄『宋太宗强幸小周后圖』，是也應當禁燬的了。周亮工因所撰讀畫錄中有兩句詩，『人皆漢魏上，花亦義熙餘』，被文源閣詳校簽出了。結果是連『印人傳』『因樹屋書影』與專談飲食男女的『閩小記』一律燬掉。天下莫須有的事件，豈尙有逾於此者乎？

四庫七閣修成迄今不過百五十年，可是已經亡佚大半了。文淵閣書早已遷出北平。文源閣在圓明園內，也一炬於英法聯軍之役，至今只高宗御製文源閣記石碣在北平圖書館內，爲遺蹟之僅存者。熱河文津閣本民國四年移平，轉交北平圖書館保存。文溯閣書則不復可睹。文匯文宗則燬於太平軍之役。文瀾閣也因太平軍而受損，後經『八千卷樓』丁氏補抄完竣。市上時可見四庫抄本，小册而抄工亦劣，遠不及內庭四閣之壯觀，則是杭州流來之丁氏補抄本也。

四庫全書雖名爲『全』，其實所收的書比起存目中的書來還要少，而古逸書及故意漏列的還不在內。當然是不爲人所滿意的了。嘉道間阮元曾進四庫未收書一百七十三種，賜名『宛委別藏』。光緒中翰林院編修王懿榮又倡續修之議。時在光緒十五年：

『時經百載，開通日廣，文物日新。厥有市舶泛來前代流傳海外之書；又有乾隆以後通材碩學，網羅散失，采集逸佚，復古再成之書。說經補史，重注重疏，精校精勘之書；以及天文算學輿地，方志，政書，奏議，私家撰著，卓然經世之書。層見疊出，或先得者殘而重收者足，或沿稱者僞而改題者眞，考據一門，後來居上，藝術之流，晚出愈精。若此之類，上溯舊例，應行著錄者，其爲粹美，庶幾前編！』

這自然可以代表一般人士的見解。可是因爲在修『會典』，擱下來了。後來朝廷只有請大師兄的心思，那里還顧到這些『不急之務』，這位王先生也終於在庚子的拳亂中被殺了。

光緒三十四年，翰林院檢討章梫又上『擬請增輯四庫全書摺』。那要點在於薈萃中外的書籍，繙譯外國的法政書籍，『續編四庫全書，以昌憲治之文明。』可以算是非常時髦的建議。而反對者也大有人在。翰林喻長霖上敬陳管見疏云：

0417

『乾隆時欽定四庫全書，網羅古今一切載籍，洵足以嘉惠藝林。今海宇大通，羣言龐亂，後生小子，震於泰西富强之說，卮言日出，大道當歧。非續編書目，易定宗旨，排斥邪說，不足以清羣議之囂囂，而齊一天下之耳目。』

雖然同爲提倡續修四庫，喻君則是極右派的主張者。與章君針鋒相對。這在出使外國卽被認爲二毛子的時代，正是不足怪者也。然而議論雖然大發了一通，究竟還是按了舊習慣，格於吏議而不果行。

民國以來也先後有邵端彭的『徵求續編四庫全書意見啓』李盛鐸更主張將反清的涵有民族思想而被擯的書籍編進去，謁見段祺瑞執政。段氏則想等日本退還庚款商妥後再談，結果都只是發了幾篇空論。

民國十四年，呂思勉更主張改造四庫全書爲『民國全書』，由人民組織一蒐集，校理，庋藏，流布書籍的機關，完全由人民負責籌積款項，其意固美矣，可惜國人皆不好古，結果又是廢話。

較爲具體的倒還是商務印書館的影印計劃。民國八年，金息侯請印四庫全書，葉玉虎自歐洲歸來，也主張此議。九年法總理班樂衛來華，聲明將以庚子賠款印書。辦法是照原式大小影印百部，需款二三百萬元，需時廿載，而本國產紙，更不敷應用。商務印書館知難而退，一切停頓。民十三商務三十周年紀念，又想影印，已經由高夢旦向清室內務府商妥借運辦法，交通部也特予便利，而且在文淵閣查點裝箱了。不料曹錕的嬖人李彥青索賄六萬元不遂，用總統府一紙公文，借故制止了。

章孤桐主教部，又要影印，本想用移存京師圖書館的文津閣本作底本，不過因爲館中捨不得外界委托抄錄孤本的生意，暗中力加反對。遂又改定影印文淵閣本。一切預備得差不多以後，又出了花樣。這次是清室善後委員會的遺老們在反對了。當時雖然民國，遺老們也還有一部份勢力，結果是不成功。

後來又有奉天地方政府影印文溯閣書之議，由張學良楊宇霆等主持，這不過是賣賣野人頭，當然是沒有成功之希望的。

綜計以上的簡述，影印之舉，一厄於賄選總統之嬖人，再厄於圖書館，三厄於清室遺老；觀此可以知在中國辦文化事業之困難矣。

二十二年頃，教育部又要影印了。朱家驊呈請先影印珍本八九百種。先由中央圖書館籌備處擬出『影印四庫全書未刊本艸目』來，有三百六十六種書。不料最初就挨了一下棒喝。這就是傅增湘董康葉恭綽的批駁：

『中央館擬目中所收宋元人著述，如經部之石鼓論語問答，四書管窺；史部之太平治跡統類，大金德運圖說，熬波圖；子部之資政要覽；集部之苕溪集，山房集，本堂集等，皆有同光後單刊本或叢書本，何以悉行列入，殊難索解。應卽日延聘通儒，從長考量，否則徒令外人齒冷也。』

北平圖書館館長袁同禮與蔡元培聯名具呈教部，主張苟有舊本善本可得，則應用以代替四庫本。結果是官商利於速印而省事，本之善否，非所計也。結果印成的就是這現在的『四庫珍本』。已經變成古董，同時也是囤積的標的了。

華興商業銀行

資本金 國幣五千萬元（全額繳足）

各種公積金 國幣四千一百八十萬元

總行 上海百老滙路六五號 電話四六二九三

分支行處地址

南京 蘇州 杭州 蚌埠 無錫 鎮江 蕪湖 南通 嘉興

營業種類 存款，滙款，放款，國外滙兌，其他一切銀行業務

並另設有 儲蓄部 信託部

國民新聞
社址：上海靜安寺路一九二六號

新中國報
社址：上海河南路三百〇八號

平報
社址：上海四馬路四三六號

中報
社址：南京朱雀路

時代晚報
館址：南京邀井貴

中央儲備銀行

中華民國國家銀行

資本總額國幣壹萬萬元

南京總行

行址 中山東路一號

電報掛號 中文五五四四 英文CENRLBANK（各地一律）

電話 二二五四一 二二五四二 二二五四三 二二五四四 二二五四五（轉接各部）

上海分行

行址 外灘十五號

電報掛號 中文八六二八

電話 一七四六三 一七四六四 一七四六五 一七四六六（轉接各部）

杭州支行

行址 太平坊大街

電報掛號 中文五五四四

電話 二七七〇

蘇州支行

行址 觀前街一八九號

電報掛號 中文五五四四

電話 一八五六 六九五

蚌埠支行

行址 二馬路二九四號

電報掛號 中文五五四四

電話 二五八

寗波支行

行址 江廈路十五號

電報掛號 中文五五四四

電話 七六〇 七六五

各地辦事處

蕪湖行址 二馬路西首　電報掛號 中文五五四四

常熟行址 老縣場　電報掛號 中文五五四四　電話 二三一 二三三

無錫行址 北門內打鐵橋　電報掛號 中文五五四四　電話 一六三四 一六六一

南通行址 西大街十八號　電報掛號 中文五五四四

嘉興行址 城基路望吳橋　電報掛號 中文五五四四　電話 一七七 一七九

揚州行址 左衛街　電報掛號 中文五五四四

太倉行址 稅務橋東首　電報掛號 中文五五四四　電話 四四

鎮江行址 寶塔路三一號　電報掛號 中文五五四四　電話 二九二

常州行址 西瀛里　電報掛號 中文五五四四

泰縣行址 彩衣街　電報掛號 中文五五四四

東京行址 麴町區大手町二丁目二番地

古今

原書
原樣

古今半月刊第十一期目次

第十三期特稿預告

盛衰閱盡話滄桑……周佛海

准十二月十六日出版

中華民國三十一年十一月十六日出版

社長　朱樸

主編　陶亢德　周黎庵

發行者　古今半月刊社

通訊處　南京邀貴井時代晚報社　上海靜安寺路國民新聞

印刷者　國民新聞圖書印刷公司　上海靜安寺路一九二六號

總經售　國民新聞圖書印刷公司　上海靜安寺路一九二六號

廣告價目

後封面　一千元	正封裏頁　八百元	普通全頁　四百元
	後封裏頁　六百元	二分之一　二百五十元

本刊每逢一日十六日出版　零售每册一元五角

國民政府宣傳部登記證滬誌字第七六號

公共租界警務處登記證C字第一〇一二號

上海的市長

陳公博

如果有人問我：『社會上有沒有別一種職業，或別一種人物像上海市長的呢？』我毫不猶疑的，而且我曾經說過：『有，那就是大旅館的經理，更說淺白一點，就是 Number One Boy。』

大旅館的『首席侍者』，我非常尊敬的譯作這個名稱，在火車和輪船將近到埠的時候，必須要打聽班期，派人去接旅客。接到之後，必須帶旅客去看房間。旅客看好房間之後，又必須替他預備點心和茶飯。而且夜間更須在旅客來就寢之前，照顧他們的被褥，在日間還須報告他們市內各名勝，僱車預備他們出遊。

那還不算，旅客們在客廳上滿不在乎的隨地吐痰，高興時候把吸未完的煙頭扔在地毯，燒成沒有圖案的黑洞，更因利乘便在床上懶得起身時候，把被頭揩鼻涕。他偶一心血來潮，還找到首席侍者，大罵旅館衛生不良，設備不週，禮貌不講，招呼不到。做首席侍者的，祇好笑着臉低着頭，說了無數的道歉話，才鞠躬退下。

我想這就是上海市長，或者就是世界各大都市市長的一般苦處罷。以上幾行簡單的寃詞，祇是一個楔子，我今天想提出幾個做上海特別市市長的條件，以備以後選賢任能的標準。不過，我得預先聲明，我對於我提的條件，我非常慚愧的祇具備了一個。

現在的上海市，有從前等於七個縣治的地方，有將近五百萬的人口，從面積說比任何世界大都市都大，從人口說比著名的世界大都市也不算少。祇是有一件事是特別的，世界大都市的罪惡上海全有，而世界大都市的好處上海却不見得具備。此外我最感覺煩悶的，有外在和內在兩方面難以立刻糾正的特別現狀。

我所謂外在的，就是，世界都市的行政權是統一的，而上海市的行政權是殘缺的。上海有市政府，有公共租界，有法租界，所謂大上海市從前祇大到南市，閘北，江灣和浦東，現在則大到南匯，奉賢，北橋，嘉定，川沙，寶山，崇明，而橫在心胸的兩特區，始終像一個胃癌，內科不能治，外科不能剖。因此上海有幾個不同獨立經營的電力自來水公司，有掛着幾個不同國籍車照的車輛，在一張報紙上可以見到三國語言的公告文字，在一個馬路口常見站着幾個不同制服的警察，而且更可以在一個馬路口，找出同一階級同一職務而俸給大相懸殊的三種或四種警察。

我所謂內在的，我也曾說過上海的特別就在經濟和文化不合一，而正義和法律不合一。為什麼？本來生活應該和文化相關，經濟也就應該和文化相關，可是在上海是分離的。在上海我們找不到東洋的眞正文化，也找不到西洋的眞正文化，上海所注重的如何可以囤積，如何可以投機，中國文化人絕無插足之地，就是有也祇可做一般豪門的淸客，替他們鑑別假古董，和做一兩篇行狀和壽文。至於西洋先生們，帶來的不是什麼康德，柏格森或洛克的哲學，所帶來的是掮客的本領，賣身的宣傳，進一步則是套外匯，買地皮，若更問他們所長，他們可以告訴你，在中國店裏買東西，你千萬要講價錢，不要上當，黃包車夫都是敲竹槓，一用脚踢，他們自然會公平。他們每天讀報紙，先注意的是外匯行情，能夠夜裏在俱樂部內把日間報紙所載時事談一兩句已是了不得了。因此上海在貿易上是極繁榮的市場，而在思想上倒是極慘淡的沙漠。

說到正義和法律不合一，那是上海人人都知道的公開秘密，上海除了法官和律師之外，還有擁有無數金錢的投機商人，還有擁有無限潛力的高低流氓，這班人專包辦正義與法律矛盾的事業。我暫不批評現在，以前許多法官和律師都有這班英雄來全面支持，來經濟合作，有些是到年終拆帳，有些是零件出賣。如果你公正無私，公館內的英雄可以使你重則撤職，輕則調任，馬路上的英雄可以重則請你吃生活，輕則也找你講斤頭，談到此地，眞可以慨嘆一聲：『天下之無道也久矣！』

我說了一大套的特殊情形，我的市長條件還沒有提出，大概也爲着骨梗在喉，不吐不快，所說的話未免太過於嚴肅了。人家聽了這段話，一定會說『治亂國，用重典』，你是現任市長，光是訴說是不夠的，你應當拿出辦法。實在說，我對於這種詞嚴義正的責備，自然接收，不過目前也祇能用一個對付新聞記者問話的老調，『未到發表時期，不便詳告』，我還是說說市長的條件罷。

上海市長最好要有語言的天才。我所謂天才，不祇要通幾國文字，更要通南北和江浙的語言。上海眞是華洋雜處，人文薈萃的地方，每人有每人的鄉音和方言，而來客來見市長的，又不能以『祇談國語』爲限。我對於蘇州，上海，甯波話都無法分別，更無論乎無錫與常州，語言旣無法可通，市長應視爲失職。

上海市長最好要有健全的腸胃。上海市長應酬特別多，外交界要應酬，地方紳士要應酬，偶來視察的中央大員，到中國觀光的外國官紳要應酬，甚而一間新開的戲院要請飯，一家開幕的時裝公司要請飯，你就不厭麻煩，也須極好胃口，我本來有些『食少事煩』的毛病，到了上海眞有些望而生畏了。

上海市長最好要有無限的經費。上海禮儀，我想是邁於中國，不論生張熟李，都週到無倫。父母拜壽和逝世，也有通知市長的，甥姪結婚和生子，也有通知市長的。尤其男女三十便拜大壽，父母逝世已歷無數的春秋，還送帖子來做百年的冥慶。做市長的就是秀才人情紙半張罷，這半張紙就與統制物資有關。所以往往接到全紅和粟色的信封，未看內容，先有『不知如何是好』之勢。至於常常對學校，對團體，對醫院的捐款，更是可觀之至了。

上海市長最好有換衣的習慣。上海市長有時每日不忙於別事，而忙於換衣服，早上穿便服，午間便要換禮服，夜間有時還要穿絲墨襟，今年更規定祭孔一定要穿藍袍黑褂。這種的忙碌，有時想起也眞可憐。尤其換衣服的時間到了，有個朋友賴着不走，硬說還有些事要詳談，有件公事非批不可，而那件公文其長無比，非看完無從下筆，這種狼狽情形，眞非筆墨可以形容於萬一。

上海市長最好要有忍耐的性格。上海市長，不論你如何『臣心似水』，終不能不『臣門如市』，有外賓來討論世界問題，有朋友來研究社會現狀，有僚屬來請示辦法，有人民來申訴寃情，更有同志來詳談　國父當日和他共同革命的情形，個人奮鬬的歷史。如果一日有這樣三個貴賓光臨，那麽那天的公事祇好留中不辦。何況一天來的不止這樣三位貴賓，而下一天的情形還是繼續有效。在秋高氣爽時候，精神還可支持，若在夏天氣壓太低，胸頭均脹，貴賓未行，而市長已筋疲力盡。我是一個未能矜平氣息的人，對於這種情形，祇有敢怒而不敢言，咽一口氣下肚子來忍受。

上海市長最好要有不同的臉孔。一個上海市長在公共場所露面的時間太多了，而所見的人物的種類也太廣了。你願意不願意由你，見了總要說幾句客套話，否則人家要說市長太驕傲，或者是太乖僻。一位頭腦頑固的老人家，你必得和他說說他舊學淵深，道德高尚。一位窮兇極惡的大英雄，你也必得和他說說急公好義，俠骨豪情。你想在這個場合之下，市長不可爲而可爲，抑可爲而不可爲呢？

上海市長最好要有廣泛的常識。我時時想上海市長應該要天文地理無所不通，諸子百家無所不讀。來賓來見市長，有些談政治，有些談科學，更有時你還要懂一些工程，最好的你更要知道一些農業。那還不算，倏然來一女賓要和你談婦女問題，美術家來賣畫的更要和你談些畫學原理。你若不懂，他們會批評你失儀，你若裝作懂的，他更高興談得去，你就不能再見別位來賓和批辦公事。因此我更想上海市長不但要有廣泛的常識，最好能夠像西遊記的孫悟空有拔一撮毫毛變了千萬化身才可應付。

條件我想還有許多，不過在一篇短文是說不淸的，而且也不好說得太淸的，若是說得太淸，這篇游戲的短文，變了後任的嚴重警告。此外身體方面，恐怕還要具備些少條件，就是上海市長要有十分強壯的心臟，帶些麻木的神經，眼睛要半閉，耳朵要半聾。我敢坦白承認我在所提條件之中，有一個天然的具備條件，就是我的耳朵眞是半聾的。我一次曾去就教李岡醫生，問他我將來會不會變聾子。據他檢查結果說，耳神經還沒有壞，大可不必治療。不過我的耳病是早在小孩子時候，自己好取耳朵爲樂弄壞的，那裏知道今天倒爲我做市長條件之一，可見『雖不信命，自有前因』，天下事得毋眞有前定之事歟？可怪也已！

縱論文化記

——訪周佛海先生一夕談

書生

一個偶然的機會，走謁周佛海先生於其寓邸，與座者皆爲文化界人物，『古今社』朱社長樸之，亦是日座客也。暢聆偉論，印象良深，因就記憶所得，拉雜書之，工拙非敢所計，記實而已。——作者謹識。

讀了古今半月刊第九期周佛海先生的『自反錄』，便對於這位人物發生濃厚的興趣。自來的政治人物，總好比廬山的面目，不肯以眞相示人；而周先生却這樣的率眞，坦白地解剖自己。這種獨特的風格，即在西方政治家中，也很難求得的。

周先生在我這樣身份——即以一個年青的新聞記者自居吧——的人，決不是一個生疏的人物，遠在國民革命時代，與我同樣年齡的人，都已心目中有這樣一位人物的名字了，那便是周先生不朽的巨著——『三民主義理論的體系』一本書，凡是解釋三民主義的書，恐怕再不能好過這一本，讀過的人總是衆口一詞的。

周先生的演講，也是使人諦聽不厭的，他在江蘇教育廳長任內的公開講演，每次我必前往聽聆，只是不能有機會和他交談，並一覩他燕居時的風度，至今還引以爲憾事。

這一次居然因偶然的機會，承約到他的寓邸去談談，我便欣然命駕，不肯失却這次寶貴的機會。

周先生是現任的財政部長兼中央儲備銀行總裁，一般的想像，以爲他的生活，一定是富麗無比的了，但我所投刺晉謁的地方，却是一幢半舊的洋房，門前一片小小的草地，會客的客廳里，也是佈置得樸素無華，乍然一見，只當是置身上海中等人家的住宅而已，萬想不到主人翁却是一位掌理國家度支的人物。因此使我想起『古今』創刊號中左筆先生一文，說到周先生自述的『三不』個性：『一不修邊幅，二不事生產，三不好應酬』，誠非爲虛語。近代中國官吏之起居生活，鮮有不窮奢極侈者，尤以留學歐美回來的留學生爲最甚，像周先生這種以身作則的作風，實在是令人欽佩無已的。

有六七年不見周先生，似乎覺得他身材高大了一些，衣飾還是那麼隨便，一襲緼袍，不脫書生本色，眉目間英銳之氣逼人，覺得包蘊着無限的豐沛精力。周先生的大名，雖已傳誦於人之口者二十餘年，但是他依舊是一個年青的戰士，一些不露出蒼老的形態來。

這時在座會見的人，連我已是五人了，都是文化界的人物，所以周先生一見，寒暄之餘，立刻把談鋒轉到文化上。周先生認文化爲一個國家一個民族最主要的命脈，國家或民族若沒有自己的文化，雖具備了其他的條件，於立國還是無助；反之，只要有文化的保存，則雖一時受着艱難，總有復興之一日。因此，在建國的現階段，什麼問題都無過於文化的保存和復興，大家不能捨本逐末而忽略這個問題。

周先生雖然不是政府的文化部分的主管長官，但對文化界之關切，是非常顯著的，他對於時下的出版物，差不多都曾加以寓目，而且每一種都加以切當的批評。他認爲從前和平運動時期那種刊物已經過去了，而那種刊物成績之所以不大好之故，乃在於主辦者未能專心從事，以後的出版物當然要實事求是，放棄這一種作風，而於從事復蘇文化着眼。現在的出版界，已很明顯的趨向這一條道路了。言下表示不勝其關切的樣子。

目下出版物風起雲湧的現象，周先生認爲是極好的。開這個風氣的，『古今』月刊的於今春創刊，無疑的可推爲第一炮。這時在座的該社社長朱樸之先生立刻表示謙遜之意，並謂『古今』之所以能尙有成績者，乃是全由私人辦理，故能以最少的資力，而發揮最大的人力。若一經官辦，便很難弄得好了。

周先生對於『古今』的批評，以爲『古』的太多，而『今』的太少，應該加些翻譯文章進去，使『古今』得以名副其實。這一批評是很對的，我的觀點也和周先生相同，但據樸之先生的解釋，認爲加入譯文，要破壞『古今』已成的風格，不如由古今社另行刊行一種刊物，專談東西方生活文化的，周先生也覺得很以爲然。

周先生所密切關心的，不獨是和平區內文化的情況，對於各種有關文化的情事垂詢得很詳細，而且還十分關切着遼遠的人們。周先生說，他在民國廿七年任中央黨部宣傳部長的時候，與文化關係最密切的紙張，在內地已很見困難。現在過了三年，不知道他們用什麼東西來印刷報紙刊物，言下不勝其感慨的樣子。兵兇戰禍，眞是文化的最大的敵人。

周先生現在雖然不是文化機關的主管長官，而是幹着他自認爲不合興趣的財務工作，但始終不曾放下筆桿。所以一談起出版和宣傳的事業，他馬上回復當年文化戰士的姿態，全神貫注的暢論着。凡是他所指摘的和揄揚的，無不一針見血，全是內行人的見地。周先生戰前曾主持過『新生命書店』，出版轟動一時的『新生命月刊』，戰後又主持『藝文研究社』，出版了很多種富有價值的『藝文叢書』，到現在還留下無上的成績。

座客中有一位，認爲雜誌報紙出版的衆多而單行本刊行的消沉，乃是矛盾的現象，現在書籍的出版，簡直可以說是零，大衆所靠的精神食糧，只是把存書和舊書來充數，這樣下去，將來必有無書可讀之一日。而平時爲出版事業大本營的幾家書店，又都經濟斷絕，處此印刷材料高漲之日，無力印書，長此以往，實在是令人寒心的事。

周先生就說扶助文化，獎勵出版，本是政府應有的責任，假如出版界有什麼困難的話，儘可向政府商請援助。爲我們下一代着想，一定不能使文化界萎枯下去的。

談到這個時候，已費去周先生不少的時間，這天雖是星期日，但周先生還是有許多要務待理，我們只得起身告辭。在歸途中，覺得此行眞是不虛，周先生是湖南人，一夕之談，很令我領略湖南人的豪邁風度，絕似置身老湘營中，與曾左諸賢晤談。記得民初有一位先生曾這樣說過：『有湖南人在，中國是不會亡的。』我在今日承認這一句話。

白門買書記

紀果庵

益都李南澗江陰繆荃孫前後作琉璃廠書肆記，今日讀之，猶不勝低徊向往，然人事無常，繆氏爲後記時，李氏所舉數十家，固久已不存，辛亥後，繆氏自滬再抵舊京，則前所自紀，亦復寥若晨星，三十年來，烽燧疊起，豈唯乾嘉之風流，邈若山河，即同光之小康，亦等之夢幻！繆氏所記諸肆，唯來薰閣松筠閣等巍然尙存，直隸書局翰文齋則苟延殘喘，後之視今，猶今之視昔，詎不重可念耶！

金陵非文物之區，自經喪亂，更精華消盡；徒見詩人詠諷六朝，惓懷風雅，實則秦淮汚濁，淸涼廢墟，莫愁寥落，玄武凋零！售書之肆，唯以舊貨居奇，市儈結習，與五洋米面之肆將毋同，若南澗所亟亟稱道之五柳老陶，延慶老韋，文粹老謝，徒供人憧憬耳。（注）書肆舊多在狀元境，白下瑣言云：書坊皆在狀元境，比屋而居，有二十餘家，大半皆江右人，雖通行坊本，然琳瑯滿架，亦殊可觀，廿餘年來，爲浙人開設綢莊，書坊悉變市肆，不過一二存者，可見世之逐末者多矣！蓋深致慨嘆，顧甘君之書距今又五十年，狀元之境，乃自綢莊淪爲三四等旅舍，夜鐙初明，鳩槃荼滿街羅列，大有海上四馬路之觀，典籍每與脂粉幷陳，豈名士果多風流乎！不過目下較具規模之坊肆，仍以發祥該「境」爲夥，如朱雀路之保文，太平路之萃文，其佼佼者也。

余在秣陵買書，始於供職山西路某部時，冷官無事，以閱舊貨攤爲事，殘缺不全之雍熙樂府，任氏散曲叢刊，皆以一元大武得之，雨窗欹枕，大足排遣鄉愁，及后友人告以書肆多在夫子廟貢院街，始知有問經堂諸肆，憶其時以七元買漁洋精華錄箋注，二元買甌北詩話，雖板非精好，而裝訂雅潔，頗不可厭，今日已非數十番金不能辦，二三年間，物價鵲兎，一何可惊；厥後濫竽庠序，六十日郎曹生活，告一段落，還我初服，乃得日與卷帙爲伍。時校中命余代圖書館搜羅典籍，蓋刼後各校書無一存者，書肆中人云，丁丑戊寅之際，書皆以擔計，熱水皂以之爲薪，凡三閱月，祖龍一炬，殆不逾此，所幸近代印刷，一書化身億萬，此雖不存，彼尙有餘，不致如漢初傳經諸老之拮据，玆爲大幸。余閱肆自朱雀路始，其地有橋有水，復有巷名烏衣，讀劉禹錫詩，眞若身入王謝堂前矣。路之北，東向，曰翰文齋，其榜書胡小石敎授所爲也，肆主揚州產，錢姓，昆季四人，以售書駸駸致富，然儈氣殊濃，每有善本，祕不示人，實則今之所謂善本，即向之通行本而已，覆印旣難，遂以腐臭爲神奇。余曾以三十金買初板愙齋集古錄，友人皆曰甚廉，邇年坊市，皆以金石爲最可寶，次則掌故方志，次則影印碑帖畫册，若集部諸刋，冷僻者多，不易銷售，然近頃欲覓一藝風堂文集，亦戛戛其難，昨見某友於市上大覓牧齋有學集，竟至不能得，就余所知，此書在舊京，固觸目而是，今如此，恐滬上以書爲貨，壟而有之之風已衍蔓至此，不覺枙腕三嘆。翰文寄售影印初月樓汲古閣各叢書，初價幷不昂，如津逮，借月山房諸刋，才六七十，比已昂至四五百元一帙，可駭也。京中有「黑市」，丑寅間列貨，莫愁路一帶，百物駢陳，質明而散，相傳明祖既貴，舊部濠泗强梁，既不能沐猴而冠，乃闢爲此市，俾妙手空空，亦各得其所，姑妄聽之。然變後斯市，固大有是風，書肆中人，往往懷金而往，爭欲於此得奇珍，翰文亦其一。余於其店買甲寅週刊合訂本兩册，共三十期，較論移時，終須十五金始可，實則在黑市不過五元，然一念老虎部長之鋒芒，覺亦尙值得，歸而與魯迅全集合參之，竟不覺如置身民國十五六年間思想界活躍非常之時期焉。

翰文稍南曰保文，初在狀元境，廿五年後始移此。主人張姓，冀之衡水人。衡水荒僻小縣，而多以書籍筆墨爲業，今舊京琉璃廠諸肆，强半衡水也，故老云，廠肆在同光前，以豫賈西商爲主，庚子後衡水漸多，松筠閣劉姓，始列肆於廠，今則自爲門面，緜亙十數楹，巍峙於南新華街，卅年來，在書業中屈一指矣，保文總店設歇浦三馬路，主人某，曾受業於舊東翰數之韓心源，韓則寶文齋徐蒼崖（注）之徒，頗爲繆荃孫稱道者，故某氏版本之學，獨步一時，又與劉翰怡劉晦之董綬經諸公接，所見愈廣，滬之市書者，每倩其鑑定。後經翁家刻及景印諸精本，坊間已不易覯者，求之該肆，往往而有；老而無子，南京分肆則付諸其戚經營，卽張姓也。其人尙精幹，唯芙蓉癖，遂鮮振作，一徒彭姓者，忠藎人也，吾頗喜與之譚，道掌故娓娓如數家常，亦四十許矣。廿九年秋，出嘉靖唐詩紀事，行款疏落，字作松雪體，紙白如雪，索二百四十金，余以價昂却之，後聞歸陳人鶴先生，氏南京收書，不惜高值，故所藏獨多。自三十年春，北賈麕集白城，均以氏爲對象，彼輩利用匯水南北不同，不惜重貲於蘇杭甯紹各處搜括刼後餘灰，北來之書，又非以聯券折合不可，其值遂甚昂云。保文售予之巨帙，有通志堂經解（廣東刊），知不足齋叢書（最足本），適園叢書，清儒學案（天津徐氏刊），四部備要，四部叢刊初二三編，百衲本廿四史碑，傳集及續補，湖海詩傳，湖海文傳等，皆學人之糗糧，典籍之管鍵，總計全價猶不及五千元，以云今日殆十之與一，唯去春曾賺定中華書局本圖書集成一部，價九百元，後不知何故，竟毀成約，於是翰文乘之，以集成局本原價八百元之全書，勒索至九百餘元，不得已買之，當時殊引爲憾，及今思之，只覺其太廉耳。今暑氣候炎歊，爲數十年所廑見，每於夕陽既下，偎伴朱雀道上，以散鬱陶，則苦茶一甌，與肆中人上下今古，亦得消閒之趣。一日，忽見上虞羅氏書甚夥，詢之則自大連寄至者，若殷虛書契前後編，三代吉金文存，楚雨樓叢書等，皆學人視爲珍奇，不易弋獲者，而其價動逾千百，亦非寒士所能問津，余於甲骨無趣味，而頗喜金石，到京以來，收得不多，唯有某君出售周金文存全書，索價每册只二元，詫爲奇賤，亟以廿四番金市之，實來京一快事。三代吉金，印刷精美，斷制謹嚴，較之劉氏小校經閣，金石文字，善齋吉金錄等有上下床之別，容希白氏商周彝器通考言之詳矣。去歲尾予代某校託松筠閣自平寄一部，二十册，價八百金，北流陳柱尊先生見而欲得，又嫌其值之昂，今保文之書竟高至千二百金，予友余君，亦有金石癖，既以重值買其殷虛書契以去，又取此書，玩賞數日而歸之，蓋囊中羞澀，力有不勝，余擬以分期繳款方式收買，甫生此議，已被某中丞捆載而去，悔無及矣。小品書籍之略可言者，徐釚本事詩，初印本也，有葉德輝收藏章，余以二十元得之，天咫偶聞，知堂老人所最喜也，以四金得之，董刻梅村家藏稿，二十八金，影印西廂記，二十金，羅氏影印草衡詩集十金，皆非甚昂，記以備忘。嘉業堂藏本及印行各書，余代某校收買者，則有小校經閣金石文字，善齋吉金錄，宋會要（嘉業本，北平圖書館印），雪橋詩話等。

保文南有國粹書局，亂前頗有藏書，毀於兵燹，今雖復興，而書價奇昂，余喜搜羅地方掌故之書，如天咫偶聞，郎潛紀聞，日下舊聞，嘯亭雜錄，簷曝雜記，春冰室野乘……諸書，皆日常用以遣睡者，舉目河山，不勝今昔，三千里外，尤繞夢魂，某晚於此店解后舊都文物略一帙，乃秦德純長北平市時所輯，雖搜訪未備，而印刷殊精，在今日已難能，不意索價至八十元，以愛不能釋，終破慳囊畀以七十五金，自是不甚過其肆。聞友人云，該肆總店在申，居積殊贏，京肆生涯初不措意，則無怪其拒人於國門之外也。與保文相對者，有藝文，亂後始設，凌雜不堪，主人以販書南昌爲事，初尚有盈，今則數月無耗，其肆無佳品，唯曾售余中華本飲冰室全集一部，乃任公集之最全本，按其價四十元八折，今商務中華之書，靡不增至十倍，此可謂奇遇。藝文之隣，有南京書館，專售商務出版品，其主人前商務甯局夥友也，戰後商務新刊，不易抵京，賴此店及中央書報發行所爲之支撐，余所購者，如綴遺齋彝器考釋，原價三十五元，後改爲七十，市售則加三倍，購時頗有切齒腐心之思，然甫三月，余已有倍屣之利可圖，今日之事，又豈人意所能逆料哉！他若越縵堂日記續編，愙齋集古錄連賸稿，影印營造法式，大典本水經注，及各種法帖畫冊墨迹，罔不以加三加四之值購得，而與綴遺之事如出一轍云。

自朱雀路過白下路而北，舊名花牌樓，（明藍國公府大門，建築富麗，後雖以罪毀，仍存是名。）今日太平路，乃戰前新書業薈聚之區，中華商務之赭垣黔壁，觸目生愁；自物資困窘，紙貴如金，營出版業者，誰復肯收買稿件，刊行新籍，且撰箸者風流雲散，即欲從事鉛槧，亦有大雅不作之歎，職是之故，新刊圖籍，價目日新月異，黠者咸劃去書籍板權頁之價目，而隨意易以欲得之數，使購書者參酌無從，啼笑皆非。太平路最南路東曰萃文，肇興於狀元境，亦老肆也，藏書頗有佳本，惜不甚示人；其陳於門面櫥窗者，舉爲下乘，余買書於此店甚多，都不復記憶。去冬歲莫，天末游子，方有蓴鱸之思，忽其主事者袁某入，曰有袁氏仿裴刻文選一部，精好如新，適余於數日前在莫愁路冷攤得同書首二卷殘本兩冊，一存目錄及李善表，一存卷一班賦，而書頂有廣運之寶，方山（薛應旂），董其昌，王世貞諸印，既以常識審之，證爲贋鼎，又以其不全也，置之塵封中而已，今聞有全書，不禁怦然心動，乃索至八百元，猶假歲尾需款爲詞，介之某校，出至六百，袁堅持非七百不可，北中某估，與余稔，曰，可市之，不吃虧也，余摒擋米鹽度歲之資而强留之，始知爲張氏愛日吟廬故物，凡三十一冊，每冊二卷，目錄一卷，雖經裝裱，紙墨尙新，因念明刋佳槧，近亦不可多得，如此書戰前不過二百元，絕非可寶，今則詫爲罕遘，後此書終以原價爲平估寶去，至今惜之。他若明刻文章正宗之類，平平無奇，而索值極高，殊可恚恨。余曾入其內室，則見明覆宋小字本御覽，商務初印古逸及續古逸叢書，皆精佳，唯一時無出手之意，遂不與能與之談。尤可笑者，某日天雪，以清末劣刊金瓶梅來，索至二百金，余詧其離奇古怪之圖畫，訛奪百出之字體，咄而返之，昨讀周越然先生在中華日報所記買此書之故實，不覺亦啞然有同感也。萃文之北曰慶福，肆尤古，主人深居不肯出，雖知藏書不少，而未能問津，今秋陳斠玄教授全部藏書出售，此肆獨獲其精者，祕不告人，留待善值，欺人孺子，誠惡儈矣。慶福對面曰文庫，林姓，揚州產，亂後營此小肆，以出租小說糊口，亦稍稍買舊刋及西書，曾以三十元買熱河志而以五百金粥之，堪稱能手。余見其肆多有國立北平圖書館西文藏書，殆變中南徙流落於此者，滋可嘆息！

狀元境僅存之書坊，自東而西，曰幼海，曰文海，皆揚州籍，幼海索價，胡天胡帝，莫測指歸，又恆開恆閉，在存亡之間；文海地勢較衝要，客歲余買其龍蟠里圖書館藏本不少；龍蟠里者，陶文毅公辦惜陰書院之地，前臨烏龍潭，右倚清涼山，曾異之所記盔山，卽此，故又稱盔山精舍，端午橋在兩江任時，買丁氏八千卷樓舊藏，遂擴爲江南圖書館，藏書爲東南冠，商務印四部叢刋，佳本多取諸此，旣成而隱其圖記藏者，至今館人詬焉。戰前由柳詒徵翁主持，編刋目錄，影印孤本，盛極一時，自經喪亂，悉付刦灰，尙不如中央研究院諸書，得假他人之手，略存尸骸，其善本或散入坊肆，余前曾得有伊墨卿留春草堂詩鈔，小字明覆宋本玉台新詠，皆嘉惠堂故物，文海所售者，如明本警語類抄，字體精美，足資賞玩，弇山堂別集，有丁松生親筆校記，朱黑爛然，致足寶貴，皆慫恿某校存之，蓋公家藏弆，終較閎之私人邸宅爲佳也。此店又多太平史料之書，抄本更夥，唯影印忠王供辭，余托其尋索，迄未報命。善文書店，在中間路南，主人殷姓，保文堂舊徒，亂後自營門市，余於廿八年秋，以三元賤値買廣東刋巾箱本七修類稿於此，後更買其清史稿，當時爲所給，價百五十金，其後始知市値不過百廿，然今則非五百不可，向恨矇瞳，今詫勝緣焉。又從其買英文書若干册，舊師郭彬龢所藏，估故不識，每册索一元，皆專研希羅古文學者，此等事蓋可遇而不可求，非可以常理論者。善文西曰會文，韓姓，亦新設，其人謹愿，書價和平，余每月必買少許，而不甚易得之書，往往彼能求獲，如日下舊聞考，爲研舊京掌故必備之籍，燕估猶多難色，去冬郭由揚州買來，價不過二百八十金，爲某校所買。清末名臣奏議，及方志諸書，出於此者甚不少，余所得書之更可念者，如越縵堂詩集，陶濬宣舊藏也，十駕齋養新錄，薛時雨故物也，書固不精，前賢手澤可貴耳。越風，喩林一葉兩書，在故都價甚大，而此肆則不甚矜惜，得以微値收之。韓爲人市儈氣較小，亦使人樂就之一因。狀元境舊肆，如天祿山房，聚文書店，今皆不存，唯集古一肆，伶俜路北，塵封黯壁，長日無人，徒增觀感。萃古山房，原亦在此，且書板甚多，事變前龍蟠里所得段氏說文手稿信札等，皆此肆所售，亂後生活無着，書板多充薪炭，或以微値粥人，今其老店主每談及此，輒欷歔不止，頃另設門市於貢院西街，門可羅雀，聞已應陳人鶴先生之召，爲釘書工。余最喜聽其談南京書林故事，有開元宮女之思焉。貢院西街在夫子廟，書坊歷歷，唯問經堂最大，主人揚州陸姓，幹練有爲，販書南北，結納朱門，以亂前萃書書店之伙友，一變而爲南京書業之巨擘。其人不計小利，而每於大處落墨，又中西新舊雜著，故門市最熱鬧，余買書甚多，不能詳記，春間彼自江北返，得越縵堂日記全帙，向余索新幣三百金，舊幣四百五十金，余適有某刋稿費未用，力疾買之，而俄頃新舊之比已二與一，余則用新幣也，雖然，不稍悔，蓋余最喜閱讀日記筆記，平日搜羅，不遺餘力，翁文恭日記，曾有海上某友人轉讓，索百八十金，以其昂漫應之，而不日售出，遂悔不能及，今過此好書，豈可失之交臂耶！周越然先生云：一遇好書，卽時買下，萬勿猶疑，否則反惹售者故增其値，卽上當亦不失爲經驗，余頗心折此言，且早已實行者。昨余又過其肆，則陸某向余大辯其書價錢之廉，幷願以新幣四百五十金挖去，余笑而置之，估人亦狡矣哉！然此事不成，則又以三古圖一部蠱余，上有僞造文選樓及琅環仙館珍藏圖章，索至三百金，淸印明刻本，市上恆見物也，余亦一笑置之。

買書不能專走坊肆，街頭冷攤，巷曲小店，私人之落魄者，傭保寒賤之以竊掠待價而沽者，皆不可放過。莫愁路之黑市，前旣言之矣，二三年前，猶可得佳品，近日則絕無。路側，有曰志源書店者，魯人陳某所設，其人初不知書，以收破碎零物爲業，（京語曰『挑高籮』，以其担籮沿街喚買，如北京所云之『打小鼓的』然。）略識之無，同販中之得書者，輒就請益，見書旣多，遂專以收書爲事，由担而肆，羅列滿架，凡小販之有書者，咸售於此，故往往佳著精槧。余所得有最初印本攈古錄金文，裁釘印刷，皆上上，而價只五十金，劉氏奇觚室吉金文述，雖翻印數次，而坊間仍無書，亦於是買得，方氏通雅，雖不精，只十元；鮑氏觀古閣藏龍門造像拓本數册，陳伯萍藏漢魏碑帖多種，咸自此散出。最近陳氏家人更以所弆扇面百餘件附售，余過而觀，有包世臣，李文田，王先謙，王蓮生諸名家手迹，彌可寶貴，索五百金，余方議價間，已爲識者竄去，頗自悔恨。唯收得舊拓片數十紙，每紙不逾數角，內有簠齋寶鐵齋舊物二，尙足自慰。又見其亂書中有戴傳賢書扇，幷張道藩君所藏Kampf素描集等，昔爲滄海，今日桑田，大有金石錄後序之悲矣。

荳菜橋邊一肆，亦以收舊物而設門市者，其人張姓，嗜飮，性畸，逢其醉，無論何物，皆以『不賣』忤人，否則隨意付錢，可得售品，所收書畫良多，珂羅板碑帖尤夥，以不善經營，數在其肆外告白：『本店無意繼續，願頂者可來接洽。』於是由書肆變而爲售酒之店，昨過其地，則酒店又閉，想甕中所儲，不足厭劉伶之欲，此公亦荷鍤行矣乎？

凡余所記，拉雜之至，又無名本祕笈，唯是世變所屆，存此未嘗不可備異時談資，諒大雅或不以瑣猥見譏歟？

（壬午重九於金陵冶山下。）

注：李南澗琉璃廠書肆記：「…書肆中之曉事者，唯五柳之陶，文粹之謝及韋也。韋湖州人，陶謝皆蘇州人。…吾友周書昌，嘗見吳才老韻補，爲他人買去，怏怏不快，老韋云，召子湘韻略已盡采之，書昌取視之，果然。老韋又嘗勸書昌讀魏鶴山古今考，以爲宋人深於經學，無過鶴山，惜其罕行於世，世多不知采用，書昌亦心折其言。韋年七十餘矣，面瘦如柴，竟日奔走朝紳之門，朝紳好書者，韋一見諗其好何等書，或經濟或詞章或掌故，能多投其所好，得重値，而少減輒不肯售，人亦多恨之。…」又繆氏後記記李雨亭徐蒼崖，亦斐娓有致：「李雨亭與徐蒼崖，在廠肆爲前輩，所謂宋槧元槧，見而即識，蜀板閩板，到眼不欺，是陶五柳錢聽默一流，嘗一日手國策與余閱曰：此宋板否？余愛其古雅而微嫌紙不舊，渠笑曰：此所謂捺印士禮居本也，黃刻每葉有刊工名字，捺去之未印入，以惑人，通志堂，經典釋文三禮圖亦有如此者，裝璜索善價，以備配禮送大老，愼弗爲所惑也。」

記郭嵩燾出使英法（上）

楊鴻烈

我們讀過近代中國歷史的人，大概都知道前淸光緒元年中國政府派遣第一任的出使英國欽差大臣，其所負的重要任務或使命，即爲向英國政府對英國派駐北京公使館的祕書馬嘉里被滇緬邊界夷人所戕害一事表示「惋惜」，但這不過是顧全中國的面目在名義上好看一點而已，在事實上却是前往謝罪，因此在我國設置駐外使館的歷史上，實在是一樁難以堪受的奇恥大辱！而這次在中國歷史爲破天荒的，代表國家長期駐紮異域，且在意料中必遭受冷酷待遇，更不能討好於國內，朝野上下的艱難使命，却降臨到一位學者或思想家郭嵩燾身上，據王先謙所作「兵部左侍郞郭公神道碑」說：『公諱嵩燾，字伯琛，筠先其自號，晚更號玉池老人，樂室曰養知書屋。……（湖南湘陰人）……道光丁酉舉人，丁未成進士，改翰林院庶吉士。……同治元年，特授蘇松糧儲道。……十三年特召赴京。光緒元年授福建按察使，尋命以侍郞候補，在總理各國事務衙門行走，充出使英法大臣。……』據李鴻章「致郭筠僊星使」的信說：『英使威妥瑪在津爲滇案饒舌多端，先請簡派使臣赴英釋憾弭爭，此本係當行之事；昨奉寄諭，知巳特簡執事，峻擢崇階，適威使遇晤，述及台端久任粵疆，聲望衆著，今春（光緒元年）相見於都城，似覺大喜過望，爲得人慶，暮年作此遠游，誠知非執事所樂爲，是以總署先緘商敝處，不敢妄有論列，玆旨由中出，名德宿望，固已簡在帝心，當此時事艱難，排難解紛，皆屬望於魯連之爲天下士也。頃接總署致尊處及和帥函，囑爲轉遞，并請代催早日命駕此來，務乞於奉旨後，迅速交卸，附輪船至津，面商一切。……威使調集兵船多隻，恫喝要挾，所求各事，勢難盡允，且滇案正文，尤無妥結之法，即我以爲妥，彼仍必多方吹求，惟賴明公到津後會商開導，設法挽回，俾無決裂大局之幸，緣威使限於一月內定議，計期或尙趕及。岑公藐視外事，初太唐突，繼復遷延，致成積衅。……』郭氏頭腦淸晰，頗知中國的實力在那時尙不足以抵抗外人，所以一意主張和平解決，甚至「敢發他人之所不敢言」，上了「請將黔撫岑毓英交部議處疏」一摺說：『……竊維「周官」一書，尤重賓禮，其時九服夷蠻，期會以時，迎勞宿衛，各有職司，辟遠無禮，允爲三代之盛軌。西洋各國通商，已歷四十餘年，沿海各省學館敎習及洋槍隊，訓練皆洋人司之；開立口岸，設關征稅，一委之洋人，於中國有報効之心，而無猜防之意。其到處遊歷載在條約，原所不禁，又領有照會護送，而馬加里被戕一案，距今已踰十月，辦理尙無端貌，撫臣岑毓英於此誠難辭咎，……應懇天恩先將撫臣岑毓英交部嚴加議處。……』這些話說來頗有替英國辯護的嫌疑，所以很被一般頑固虛驕的「攘夷派」所痛恨攻擊，他曾自記遭文奏上所發生的反響說：『鄙人橫遭謗毁，爲京師士大夫所不容，所據爲罪狀者，卽此疏也！軍機章京亦發端引「周禮」爲立言不倫！……』到了中英兩國在烟台成立協議之後，郭氏也「毅然決然」不顧一切，遠赴英國去做第一任的駐使，他在「致黎蒓齋」一信自述「本懷」說：『……方始命使時，迫於外人之求請，非國家本懷也，而實中外交涉機關之所自開。嵩燾疏庸迂拙，無所知曉，而自西洋肇亂廣南，求其本末，證以古今事局，又益瘦饋三代及周秦以來流極變通之勢，常若有所省悟，下視漢唐二千餘年，苟能推知利病得失之所在，以求安國庇民，必其於聖賢言論與其所以存心有合者也，其亂也反是。故自通籍以前，卽自信能知洋務，以語諸人，動見詆毀，兵兇戰危，聖人不得已用之，自唐以前，史册所錄，皆諫止兵，無言戰者，南宋諸君子奬成此一段議論，哆口揚目，禍人家國，懵然莫知其非，追思搆釁之初，宣宗憂勤惕厲，所以戒諭在事諸臣，眞所謂聖人之量也。當時諸臣無能體會。其後天津之役，盈廷譁然，以戰爲名，文宗獨以戰爲非宜，嵩燾時官京師，獲讀諭旨，尤服聖人之仁，竊意其時樞府大臣稍能語知洋務，安坐綏定之有餘，而非文宗深謀遠慮，處以鎭靜，一時在廷虛憍之氣，延禍生民，尙不知所究竟，此又千百年後讀史者所不能明而小臣於所目悉稍辨知之，故於開端奉使西洋，頗謂朝廷用人爲不虛，區區才力，亦尙能堪之。……』可見他頗自負。他既告奮勇，願幹此「苦差」，李鴻章便爲之物色隨員，在光緒二年八月二十九。給他一信說：『擬派二張參贊，自牧雖未見過，才尙精覈；魯生習洋語不精，年力漸頹，能任重致遠否？熟習商務，條理亦正不易耳。繙譯舒文標黃泳淸殊爲得人，但漢文欠深；曾恆忠洋語洋文甚熟，惟漢話漢文生疏，或謂其嗜利而闇於大體，在敝處則尙謹愼也。馬格里（原名 Holliday Macartney）非被戕者馬嘉里 Margary久寓金陵候信，威使屢稱其能，弟亦夙知其忠厚可用，去取悉聽尊裁，荔秋以攜帶洋人爲非宜，想因狡黠者難于駕馭，又或自量無駕馭洋人之才力，公自命爲何等耶？遠適異國，問禁問俗，竊謂帶一二士著，亦無不宜，但須擇其馴良者而遣之。……』選擇的結果，劉錫鴻的「英軺日記」所述還不如張德彝的「隨使日記」的詳盡，如張書說：『光緒二年八月經欽差大臣奏派隨帶，三等參事官一員，江蘇候補直隸州知州黎庶昌（蒓齋），貴州遵義府遵義縣人；三等繙譯官員三，花翎四品銜兵部員外郞張德彝（在初，原名德明），鑲黃旗，漢軍人；戶部員外郞鳳儀（夔九）正黃旗，蒙古人；三品銜候選道馬格里（淸臣），英國蘇格蘭人。隨員：藍翎同知銜廣東候補知縣李荆門（湘浦），江蘇揚州府甘泉縣人；提舉銜候選通判劉孚翊（鶴伯），江西南豐縣人；隨員兼繙譯官候選通判張斯栒（聽颿），浙江甯波府慈谿縣人；辦理支應官候選通判姚嶽望（彥嘉），江蘇常州府陽湖縣人；監印官中書科中書黃宗憲（玉屏），湖南寶慶府新化縣人；武弁藍翎湖南候補千總郭斌；五品銜湖南候補把總羅雲翰；湖南候補把總周長淸；五品軍功紀端，六品軍功賀志斌；七品軍功龔紹勤等。……』此外據劉書說尙有『跟役十餘人』。他們一行在赴英的沿途情形，張、劉二書的記載，頗爲詳細，惟黎庶昌的「奉使倫敦記」，敍述較略，正使郭嵩燾也作有「使西紀程」，其中有關「外交」的如下：

『……光緒二年十月十七日甲辰，麥華陀告知所定大礬廓爾公司船十八日子刻開行。三點鐘開至洪（虹）口，屬早登舟，適賓客坌集，公私料理，備極匆皇，管才叔周瀛士數百里枉送，竟不及一一答拜。未刻由驛四百里拜發出洋日期一摺，并開用關防及派招商局員黃惠和轉遞文報二片，咨總理衙門南北洋大臣，風雨并作，至晚尤甚。……

『二十日過廣東境汕頭碣石，數百里間，山勢綿亙相屬，有英國鐵甲兵船尾追而至，船主云：「水師提督賴得船也。」我船升旗，來船見，亦升旗；我船隨下旗，來船漸趨而近，兩船並行，相距可十餘丈，來船船人皆升桅，舟中樂作，我船復升旗，來船橫掠船首而過，我船停輪候之，遂揚帆駛去，因詢船主：「升旗何也？」曰：「所以告也。」「彼亦升旗何也？」曰：「報也，猶曰公使在船，已謹知矣。」「下旗何也？」曰：「既告，則以下矣。」「彼船人升桅而立，何也？」曰：「示敬也，猶之列隊也，升桅而後可以示遠；樂所以作軍隊也，以爲列隊之節也。」「掠船首而過，何也？」曰：「趨而迎也，停輪者以示讓也。」彬彬然見禮讓之行焉，足知彼土富强之基之非苟然也。

『二十一日至香港，在赤道北二十二度十二分，視上海近九度有奇，而寒煥迥異，皆改著薄綿衣。英國水師總兵藍博爾得來晤，曾至總署一見，所部飛游營兵船當回國，留候予至即行，中軍阿克那亨以四人輿來迎，偕劉副使黎參贊及繙譯官乘所派十槳小船登岸，砲台升砲十五，大列隊伍作軍樂以迎，廣東領事羅伯遜，舊識也，亦迎於岸次，爲敍寒暄，遂乘輿至總督署，文武官集者二十餘人，通名姓者水師提督賴得，副提督闊倫布，按察司斯美爾斯，詢及學館，通其地大學館總教習斯爵爾得在座，約陪同一遊，酒罷，遂適學館。……聞別有化學館，方擬往視，而阿克拿亨告言岸次列隊相送，已候久矣，因即回船，鐵甲兵船復升砲十五，作軍樂相款接，法國兵船亦作樂以和之。

『十二月初六日雨風，正午行八百四十六里，在赤道北四十度六十分，經度距倫敦偏西至九度五十二分，出大西洋，西洋以智力相勝，垂二千年，麥西羅馬麥加迭爲盛衰而建國如故。近年英法俄美德諸大國角立稱雄，創爲萬國公法，以信義相先，尤重邦交之誼，致情盡禮，質有其文，視春秋列國殆遠勝之，而俄羅斯盡北漠之地。由興安嶺出黑龍江，悉括其東北地以達松花江，與日本相接；英吉利起極西，通地中海以收印度諸部，盡有南洋之利，而建藩部，香港設重兵駐之，比地度力，足稱二霸，而環中國，逼處以相窺伺，高掌遠蹠，鷹揚虎視，以日廓其富强之基，此豈中國闊論高談，虛憍以自張大哉？輕重緩急，無足深論，而西洋立國自有本末，誠到其道，則相輔以致富强，由此而保衛千年可也；不得其道，其禍亦反是，班固匈奴傳贊有曰：「來則以禮接之，畔則以兵威之，而常使曲在彼，處爭奪猶然，而況其所挾持者尤大，而其謀尤深者乎？……』

這部遊記竟又引起不少的是非，且橫被參劾，據他的「致李傅相」一信說：『……曾重伯告知薛叔芸曾以嵩燾「使西記程」入告，仰蒙聖人垂詢，頗用爲疑。此書略載海道情形，於洋務得失，無所發明，未知叔芸何取於是，徐思之，書中論處置洋務事宜，略有二三段，多朝廷所未聞，叔芸用是以相啓沃，於此益知叔芸有心人也。其書進呈與否，於嵩燾無所加損，初議至西洋，每月當成日記一冊，呈達總署，可以討論西洋事宜，竭所知爲之，得何金壽一參，一切蠲棄，不復編錄，此却可惜耳。』在中國一向不願與人爲善的破壞性的社會，少數好人差不多「動輒得咎」，「啼笑皆非」的，所以不只何金壽要參劾他，連王闓運的「丙子日記」也還有一段記載說：『傅篤（郭）筠仙一聯云：「出乎其類，拔乎其萃，不容於堯舜之世；未能事人，焉能事鬼？（指英國）何必去父母之邦？」筠仙晚歲，負此謗名，湖南人至恥與爲伍。余云：「衆好衆惡，聖人不能違」。』尖酸刻薄的風氣，雖到了現在危急存亡的時候，也還是「積重難返」，眞是令人要痛哭流涕了。

郭使一行到了英國，自以設置使館爲急務，據劉錫鴻「英軺日記」說：『旣至倫敦，換馬車赴波兒克倫伯里斯（原註—「伯里斯」華言坊也）第四十五號房屋，卽金登幹代賃之舍館也，業主係蘇格蘭人伯爵，月租金錢一百零十二鎊，房三層。』另據張德彝隨使日記所述：『金登幹英人也，係總稅務司赫樂彬令駐倫敦代中國辦運船砲，察覓學習稅務人員與照料往來財簿者，星使未出都函囑其卜宅，故代租此房，供奉一切焉。樓四層，每層間數不等，間間整潔，器皿齊備，簾帳陳設，牀榻鑪灶雖樸素，甚爲壯觀，東主侯爵郝士，蘇格蘭人也，租金每月百零五鎊，合庫平銀三百六十七兩五錢，男司事者有內總管一名，門丁一名，照料客廳一名，照料書房一名，照料燈火什物一名，女司事者有照料房屋器具一名，洒掃者二名，女管廚一名，女廚工一名，四輪雙馬車一輛，跟役車夫各一名，按坡蘭坊在倫敦新城之東南，北有敖斯佛街，南有荔榛爾，東有班芝街，西有普蘭街，道路平淨，樓舍整齊，鎭日車則轂擊，人則肩摩，薄暮燈燭輝煌，渾如不夜，此猶倫敦之淨雅處也。』在當時從我國派遣去的人的眼光看來固然很够漂亮，但「時移世異」一切事物的標準都有很大的變化，所以戈公振作的「駐英使署五十年之回顧」有說：『一九二七年（民國十六年）爲中國駐英使署成立之五十年。……使署在倫敦波特蘭地 Potland Place 四十九號，五十年來未曾移易，初係轉租，年付千鎊强，三年前，改爲允租，除立付八千鎊外，以後連地租年付四百鎊，屋殊簡陋，不宜作代表國家之機關，而與房主訂約，多至九百九十九年，是誠何心！屋凡四層，入門左轉爲會客室，其前後爲辦公室（後辦公室舊住洋員），二層爲客室及休息室，三層爲公使住宅，四層爲職員寢室，地下層爲廚房桌椅陳設，中西參雜，但歷久少修治，均已敗壞不堪。四層末端有斗室，爲三十年前孫中山先生被羈留處，室內空氣光線皆不足，向以堆置雜物。……』這眞要令人有今昔之感。

郭使此行本負有「非常使命」，卽代表清廷關於馬嘉理被戕向英國政府謝罪，所以「清史稿」「邦交志」有說：『是年遣候補五品京堂劉錫鴻持璽書往英，爲踐約惋惜滇案也。』按劉係副使，何以並正使郭嵩燾的姓名而不知道，豈非糊塗？試看劉氏所着「英軺日記」就說：『光緒二年八月十五日奉旨以鴻副郭嵩燾使英。』抵倫敦後，在『十二月二十四日申刻(英國)外部來信訂期明日兩點鐘三刻於柏金哈木巴雷士遞國書。……戌初，正使遣德明馬格里往見威妥瑪詢問進見禮節，答以不知，廿五日早，又往詢內務大臣席模爾，亦含糊以對，蓋將以試我也。要之，星軺指掌載有「三鞠躬」明文，志剛孫家穀三星使前經行之國亦一律無可頓增者，使其明言無他，豈不更見誠直？柏金哈木宮白石爲城門形，亦巍然宮闕也，開外繞以鐵柵，門內大院落寬約數百步，樓閣延亙兩旁，過此爲園囿，約里許爲內宮門。是日兩點鐘一刻，正使與余同往，至內宮門下車，德明馬格里相隨，守門軍官頂盔被花紅短衣者前導入，升階三重，至一堂，金繡眩目，其外部總理大臣德爾祕，掌璽大臣堅爾勘士，內務大臣席模爾暨威妥瑪、禧在明、優雅芝咸在焉。鐘三刻堂之前，玻璃槅扇開，德爾祕等三人先入，少頃復出，導使臣入階下一重，循迴欄至一小室，國主黑衣裙，披蓋頂白線織通花巾，當戶立，其公主曰祕阿他麗姒者侍於後，餘人皆旁侍，使臣入戶鞠躬，凡三鞠躬，至其前，德明授國書與正使，正使兩手敬捧之，宣誦其所撰詞畢，馬格里復以英語誦之，亦畢；正使遞書，國主受之，轉授德爾祕，謂使臣曰：「兩公遠來通好，以後當永和睦。」咸答曰：「是。」又問中國大皇帝安好，答曰：「大皇帝安。」又言：「既受大皇帝書，必有復書，交兩公齎回，答曰：「是。」遂鞠躬退，威妥瑪送出，又至一大堂小坐，觀其所陳玩器乃歸。國主卽威廉第四之兄女維多利亞，在位三十九年，今年五十八歲，面肥澤有嚴毅氣。西人以黑爲素服，今服黑爲其故夫傅雅那持終身服也……郭正使所撰誦詞云：「大淸國欽差大臣郭嵩燾副使劉錫鴻謹奉國書呈遞大英國大君主五印度大皇帝：上年雲南邊界變允地方有戕斃繙譯官馬嘉里一案，當飭雲南巡撫査報，嗣經欽派湖廣總督李瀚章馳往合辦，幷將南甸都司李珍國拏訊，又經欽派大學士直隸總督李鴻章馳赴煙台與貴國欽差大臣威妥瑪會商辦理，威妥瑪以寬免旣往，保全將來爲詞，一切請免議，中國大皇帝之心極爲惋惜，特命使臣前詣貴國陳達此意，卽飭作爲公使駐劄，以通兩國之情而申永遠和好之誼，敬念大君主大后帝念宏寬恕，仁聲義聞，遠近昭著，必能體大皇帝之意，萬年輯睦，永曆昇平，使臣奉命惋惜之詞，具於國書，謹恭上御覽，幷申述使臣來意，爲講信修睦之據。」……』據傳說郭使等初履倫敦，頗受朝野人士的重視與歡迎，所以「駐英使署五十年之回顧」有一節說：『郭嵩燾履任之始，英政府禮遇甚隆，各國使署亦曲意周旋，宴飲無虛日，報館以東方使節初臨，莫不珍奇視之，事無大小，競傳里巷，當時波特蘭地 Portland Place之路名，若爲中國使署所專有，迨中東一戰，淸室孱弱盡情宣露，從此門前冷落車馬稀，每下而愈況矣！』本來郭使是當時中外所公認爲「有胆有識」的非凡人才，他到任不久，據黃鴻壽「淸史紀事本末」，說他在光緒三年秋九月奏『請於英屬新嘉坡設立領事，從之，嵩燾奏稱：「英國之新加坡島爲萬國之通衢，五方雜處，華商輻輳，往來日臻繁盛，應請設立領事官，以道員胡璇澤充當」，得旨允行。』同年他又有「倫敦致李伯相」一信，很可看出他的「遠見」，且非號稱爲世界三大政治家之一的李鴻章所能及，如說：

『……見聞所及，有必應陳之中堂者：日本在英國學習技藝二百餘人，皆能英語，有名長岡良芝助者，故諸侯也，自治一國，今降爲世爵，亦在此學習法律；其戶部尙書恩婁葉歐摹奉使講求經制出入，謀盡倣效行之，所立電報信局亦在倫敦，學習有成，卽設局辦理，而學兵法者甚少，蓋兵者末也，各種創制皆立國之本也。中堂方主兵，故專意考求兵法，愚見所及，各省營制萬無可整頓之理，募勇又非能常也，西洋此數十年中無變搆兵，直可以理勢解決者。考倫敦募兵之法，皆先使讀書，通知兵法，而後入選，遣醫士相其血脈膽氣，筋骨堅強，而後敎之跳躍，次第盡槍砲技藝之能事，乃編入伍，其根底厚矣，此豈中國所能行者？一身之技，無能及遠，正慮彈千金以學屠龍，技成無所用之。嵩燾欲令李丹崖攜帶出洋之官學生改習相度煤鐵及鍊冶諸法及興修鐵路及電學，以求實用；仍飭各省督撫多選少年才俊，資其費用，先至天津上海福建各機器局考求儀式，通知語言文字，而後遣赴外洋，各就才質所近，分途研習；各機器局亦當添設敎師二三人以待來者，但須一引其端，庶冀人心之知所趨向也。……』

0437

記早慧詩人張瘦銅

張秋頌

梁紹壬『兩般秋雨盦』隨筆載一則云：

『有人作太上皇詩云：「得意斯爲天下養，失時要作一杯羹！」劉芙初編修詠陳平云：「笑問社中分肉手，如何處置一杯羹？」二詩讀之眞堪失笑。又孫子瀟太史芒碭懷古詩云：「威加四海誅元功，羹分一杯棄而翁，君不見蛟龍白日與媼遇，龍種何曾屬太公！」奇論闢空，得未曾有。』

三詩皆譏刺隆準公一杯羹事，婉而多諷，多極其妙。顧梁氏止詳言孫劉姓字，而於前詩作者之名獨付闕如，少時頗以爲恨。後讀竹葉庵文集，忽於無意中得覩原詩，字句與隨筆所擧微異，錄其詞曰：

『故鄉幾個錦衣行，垂老思歸卜築成，時老能爲天下養，運危拚作一杯羹！百家鷄犬英雄宅，萬歲枌榆故舊情，置酒高歌聊送日，無將富貴負平生。』（此詩題曰『新豐』，載南海集下卷。）

竹葉庵文集，張瘦銅作。名爲文集，其實中皆詩詞樂府等有韻之文，捨卷首自序一篇外，初未有無韻之駢散文字也。全集雕於乾隆五十一年丙午四月，以十二月工竣，蓋作者晚歲躬自蒐輯付鐫者，猶及目睹厥成作者張瘦銅，名似不甚著，詢之近世藝苑諸彥，絕尠知者，然雜讀勝朝中葉各家詩集，如翁覃溪（方綱）蔣藏園（士銓）趙雲松（翼）王葑亭（友亮）王蘭泉（昶）暨畢秋帆朱竹君朱石君等……有名作家，均散見其名，彼此唱和之作甚多，意當時固亦詩壇健將，堪與於一二流作者之林，特日久遂湮曖而弗彰耳。瘦銅有與覃溪論詩四絕之一云：『昨見黃生仲則（景仁）詩，欲刪遺稿淚先垂，生相輕薄死珍重，豪氣哀情兩不知。』自註曰：『仲則存時，予頗不愜其詩。』細玩語意，其自視之高可知，孰意身後之名，尙須讓黃仲則出一頭地耶？仲則生前誠亦窮愁潦倒，中歲早夭，詩名乃久而彌顯，瓣香兩當軒集者大不乏人，而今人知有張瘦銅者蓋寡，是豈彼等始願之所及乎？詩中直稱仲則曰黃生，殆與之有友生之誼，至少亦當爲前輩，故詞氣託大乃爾？並錄其餘三首，以見瘦銅於詩，自居位置爲奚若也。

『雲松退老心餘病，灰撥陰何並可傳，我與先生過五十，生才難得要相憐（其一）。笑嘻怒駡宋熙豐，不與開元天寶同，誰與金丹庾信是，而今祇說少陵翁。（其二）薔薇芍藥女郎花，梔子枇杷大樹誇，此際要從規矩入，無言元妙便成家。（其三）』

竹葉庵文集，晚近尤不多見，上元王友亮序其西征集曰：『同年張瘦銅舍人，少與蔣心餘編修齊名，其所爲詩，懶自搜拾，曰南海集者，畢秋帆方伯刻於關中，曰西征集者，今余刻於金陵，凡皆游覽之作，所謂以江山助其奇者。舍人或數十日不爲詩，或十數日爲一卷詩。其沉雄汗漫之什，海內詩家足與埒者，多不過三五人。心餘遺舍人詩曰：道人有隣道不孤，友君無異黃友蘇，其心折可知已。』其爲儕輩推重如此。西征集刻於乾隆三十八年十月，全集則後此十三年手自編訂者，余家所藏迺其校刊本，連史紙印，字大徑寸，版本雕鏤極精，字體奇古與時俗書法迥殊，如『前』皆作『歬』，『射』皆作『躲』，『賚』作『贅』，『善』作『譱』，『尾』作『屍』，不一而足，而讎校尤嚴謹，一點一畫，一波一磔，弗肯稍稍訛徇俗體，蓋作者晚耽金石，講小學，與翁方綱錢大昕輩相切磋研討，深結古歡，因之棗梨剞劂，亦復一絲不苟乃爾。每葉鉛黃塗乙幾徧，以硃書糾謬作範於額端，頗古樸可喜。吉光片羽，彌足珍貴，余故奉爲藝林希覯之環寶，惜已殘缺三數葉，末由徵補俾成完璧，洵一絕大憾事也。

按：張瘦銅，名塤（即壎字），字商言，舊號吟薌，瘦銅其別字也。清之乾隆人，藉吳門，困於場屋，文名藉甚而仕宦未達，中年始通籍，官內閣中書舍人，其事蹟可考者止此。少即受知於金檜門，清才麗藻，繡虎雕龍，與鉛山蔣士銓聲譽相埒，尤敏贍如枚皐，章成不數七步八義也。要以詩詞爲最擅長，汪山樵（俊）嘗於文酒大讌，論江南少年之士，必首指瘦銅，呼爲小迦陵，屬諸公毋以前輩抗行云。其獎借有若斯者。及山樵已殁，瘦銅乃聞沈歸愚（德潛）爲言之如此，良不勝知己之感，遂慨賦『賀新郎』一闋以誌過墟感舊聞曲沾襟之慟云：

『笛弄梅花罇。正江南高歌置酒，青鱗紫鮓。徧會開元諸父老，半是儀同僕射。論名士少年高下。獨說靈和張緒好，小迦陵筆掃千人怕。才矢矯，神龍掛。　今朝血淚衫痕灑。送汪倫故人已矣，丹青難畫。紅了桃花妃子冢，誰認使君白馬？留短碣題名拓打。儂昨相逢躧婦語，與殘絲繡作平原者。風與雨，恐狼藉。（山樵令醴泉，重修馬嵬楊妃冢，種桃花數百株，祭而哭之，上官摭其事，落職。賢令尹風流雅逸若此，今何可得也。）』

此外，尚可於嚴長明諸人詩文中稍稍得其大概，瘦銅爲故贈徵仕郎貞孝公子，公嘗出爲伯父西亭徵君後。徵君舉康熙己未詞科，總持吳中風雅，舍人守文之綸，聞譽藉甚。……沈歸愚稱其詞，以爲『詞學備於宋，而浙東西尤甚：錢唐則張炎仇遠，秀州則呂渭老，永嘉則盧祖皐，四明則吳文英。國朝曹侍郎倦圃，朱檢討竹垞，相與倚聲於長水，一時名流，從而和之，兩越之詞聞於天下。張子商言移家於吳，其先越人也，工爲詞。……商言之詞，穠而不膩，鮮而不靡，巧而不佻，曲而不晦，其長調亦間入蘇辛諸公，而裴回容與，溫麗芊緜，終歸周柳，其天才使然歟，抑亦土風所遺也。吾吳以詞鳴者，尤檢討西堂後，寥寥無聞，商言以多情多才之人，發而爲詞，擅聲吳中，吳之多淸多才者復同聲而和，他日吳地名家亦繼兩浙而興起也，商言其先聲也夫。』

瘦銅文未之或見，不審亦別有集行世否？特觀其林屋集自序，文筆亦頗樸茂古拙可誦，無詞章家纖佻浮華之習，正復難能可貴。爰錄之公諸與余有同嗜者，並以及其交游身世，舉一反三，可參證也。其文曰：『余十二歲，詠初寒詞，先君便賞之。嗣是習爲詞二十年，文壇諸君，謬推余爲能詞。後又習爲詩，習爲古文，於是絕不作詞。然積二十年之久，撰碧簫詞五卷，沈文慤公序而刻之；又撰春水詞二卷，榮實詞十卷，瓷青館悼亡詞二卷，紅櫚書屋擬樂府二卷。大概碧簫少作，最不足存；瓷靑履境慘毒，詞旨哀傷，當非正聲；榮實其庶幾精華昭灼，有皦然難掩者矣。今年在關中，眼痛經旬，志局雖忙，不能纂書，乃裒鄉作，汰者十之六七，排爲七卷，總題曰林屋詞；以紅櫚單行已著，並是擬古之作，不劖入焉。林屋洞在太湖洞庭西山，其地男女讓道，無盜賊，民風淳古；他年歸老，擬結廬於斯矣。憶余始初唱和徒侶，里中有盛雲思（曉心），鉛山有蔣心餘（士銓），曲阜有孔埔孟（繼涵），皆童年蚤慧，訖無難事。盛之拗蓮詞，蔣之聽秋詞，孔之斲冰詞，皆未成集，旣皆有名於世；——寒暑易邁，雲思先歸道山，心餘埔孟，齊脫朝籍，浮湛鄉里，而余亦垂垂其老矣，豈不可感也夫！乾隆四十三年二月八日，吳張塤記。』距全集之刋，又前十年而强矣。又序瓷靑館悼亡詞云：『七年賢婦，無有間言，千日京師，遂成永訣！所操井臼，猶彷彿乎幽貞，每感閨闈，恐乖違乎禮義，此秦嘉贈婦，文不害辭，而潘岳悼亡，言不盡意者也。若至借端表暴，荒謠時形，寓目勤拳，悽愴過當，則諒其達情，非思以傳世。審時鳥候蟲之多變，不棄粃糠，憐內則女史之無慙，或錫琬琰，是所望於羣公，實永矢夫大德。細君姓蔣氏，諱明，字瑟珠，余呼之爲樂安君。曾祖文涵，封戶郎山西淸吏司郎中，祖纛，署辰州府知府，父鳴玉，國子監生，同里人，生雍正乙卯，暨乾隆庚辰，享春秋二十有六。』

張瘦銅之履境及年代……等等，於右文具覘一二，又有上沙婦家園亭二十四韻，詩長不備錄，錄其小序云：

『園爲亡婦曾祖蔣庹友先生之別墅，與水木明瑟園比隣，何學士焯題扁曰，未嘗不樂。余從婦祖辰州太守葬，會於此。後十年，先兄偕游靈巖天平，婦兄弟玉篆又陶與俱，夜宿此園。園丁某姓[illegible]，傭蔣氏數十年，已有貲聚，其子讀書韶秀，令入座同飲酒。其母聞優禮其子，喜甚，盆出脯果佐酒。余與二蔣生醉臥，先兄獨步花徑，頗聞鬼嘯，喚余三人，醉不能醒；明日述之，以爲笑樂。今四人獨余在耳，能不惘然。』

瑣瑣之事，草草之筆，而讀之悽愴弗能自已，則性情中文字，感人固如此其深且至也。又虎邱程氏園亭二十八韻，篇首綴以短引曰：

『先外姑程氏之家園，余與亡婦同游，寓其園樓十日，外姑並攜諸女來。去虎邱無半里，夜半，連襼上山。余語婦曰，何如唐昌觀玉蕊花下仙姝？婦笑曰：恐一隊山魈出沒耳！時頗以爲歡樂。後一年，余入京，遂與婦永訣。婦亡後，余感念之，撰瓷靑館悼亡詞二卷，此詩補瓷靑所未及云。』

故詩中有『已作秦人贅，常聞楚國咻，天涯滯王粲，地下怨黔婁，蕉萃蓬雙鬢，天閼土一抔……』之句，尤令人爲之低徊無旣也。復按蔣藏園集內，有『張吟薌（塤）秀才至京，喜爲長歌』一首云：『……醉掃虎邱石壁書，虎氣入筆驚闔閭，昏黑歸船墜江底，手挽花牙脚踏魚，躍水立船送君去，寒藻挂面裘袴濡，天明君來繞臥榻，我悔未摘龍頷珠……頗聞獻賦官未除，但有賢婦憐相如，藥烟縷縷橫綺疏，垂死病中憶心餘。……奴出買藥報君至，病步造門執子袪，語言雜碎齒舌懶，問對不給聊相於，引鏡看面各憔悴，死去復見敢厭曜。別後新詩累篇帙，覽之若佩瓊瑤琚，文詞智慧少年技，愼勿過巧齊公輸！滿眼華筵樂歌舞，公等聰明我獨愚，此身不死敢弭謗，貧病未足困我軀。道人有隣道不孤，友子無異黃友蘇，蕭齋但可數來止，共作雅頌歌黃虞。』中間頗涉及瘦銅伉儷之篤，內助之賢，著墨不多，而其情可想。銅絃詞中，贈答之作尤夥，如金縷曲二闋，題爲『吳門張秀才傳詩，年少有雋才，游濟南，受知於金檜門先生，明日，以四雨莊吟卷質之先生，予誦而愛之，題二詞於後。』詞從略，傳詩殆瘦銅舊名也，其下一題卽爲『吟鄉入使院，受業於檜門先生，凡廿四日，鐙窗對榻，朝夕與俱。八月初三夕，留二詞別余，明日將出應秋試也，次韻答之。』此蓋二人締交之始，詞乃蝶戀花二闋，茲不具錄。瘦銅留別原作，今未載林屋詞中，想已因少作刪去矣。心餘又有吳門墮水後題張吟薌詞卷貽新涼云：

『三爵陶然矣，君𩴆把驪珠一串，納吾懷裏。醉墮寒江光滿抱，險被靈胥攫視。誰撒下珊瑚網起？一十三行眞本在，衍波紋縐了桃花紙，衣篝灸，自料理。　挑鐙細讀烏闌字，爲師友行歌坐泣，纏綿若此。少雅離騷存別派，幻出情仙俠鬼。便仙鬼也須愁死！雲錦爲裳心作剪，淺人看但解呼才子。吾不語，悶而已。』

藏園之於瘦銅，交親莫逆，傾心愛慕，良有情見乎詞者，固非尋常泛泛濫作諛詞者比，故瘦銅曾有『城頭月』和蔣心餘云！『君惟一妹無兄弟，見我翻然喜。孝子仁人，自然情性，豈爲文章起？淸風明月愁無底，知己非容易；說到英雄如何肝胆，便覺麤豪矣。』兩人少年意氣相投，猩猩相惜，沆瀣水乳之情，恆可於字裏行間暗中摸索而得之。

洪北江（亮吉）作詩評，人繫以八字，雌黃月旦，於時下作者輒多微詞，如謂袁簡齋詩如通天神狐，醉卽露尾，翁方綱詩如博士解經，苦無心得，蔣心餘詩如劍俠入道，猶入殺機，畢秋帆詩如飛瀑萬仞，不擇地流，趙文哲詩如宮人入道，未洗鉛華，王蘭泉詩如盛服趨朝，自矜風度，嚴長明詩如觸目琳瑯，率非己有，曹仁虎詩如珍饌滿前，不能隔宿，羅雨峯詩如仙人奴隸，曾入蓬萊，……凡數十人，皆當世名家，毀多譽少，幾無人不致其譏詆。其於張瘦銅詩，則評之曰，廣筵招客，閒雜屠沽，意似諷其肯田文趙勝之好士，以多爲勝，賢愚無擇，至不免雞鳴狗盜皆出其門也。（稚存亦知筆端輕薄，將成怨府，因設詞或謂君詩何如？曰，『僕詩如激湍峻嶺，殊少回旋。』厥意特以答賓戲，非由衷之言也。後華亭張溫和公祥河跋其詩話云，激湍峻嶺等八字，蓋先生之謙詞，先生詩惟妙於回旋，乃益見激峻之不可及耳。）

隨園詩話：朱竹君以學士降編修，分校得老名士程魚門，京師傳爲佳話。歿後，張中翰塤哭以一律，後四句云：『丹旐書銘前學士，青山送葬老門生，從今前輩無人哭，拚與先生淚盡傾。』瘦銅詩多雕刻，而此獨沉。此條載第六卷中。又卷十六云：吳門張瘦銅中翰，少與蔣心餘齊名。蔣以排奡勝，張以淸峭勝，家數絕不相同，而二人相得。心餘贈云，道人有隣道不孤，友君無異黃友蘇，其心折可想。過比干墓云：『只因血脈同先祖，眞以心肝奉獨夫！』新豐云：『運至能爲天下養，時衰拚作一杯羹！』讀之令人解頤。瘦銅自言吟時刻苦，爲鍾譚家數所累，又工於詞，故詩境瑣碎，不入大家，然其新穎處不可磨滅。詠風箏美人云：『只想爲雲應怕雨，不教到地便升天。』（按全詩云：任吹多少亦神仙，裙皺留來並可憐，只想爲雲應怕雨，不教到地便升天，身輕彩鳳無拘束，骨出飛龍有棄捐，聞道漢宮絲續命，一生芳草夕陽邊。）借書云：『事無可奈仍歸趙，人恐相沿又發棠。』（原詩云，鄰家未致束修羊，四部分攜卷帙忙，頗似求金思作庫，卻同乞米欲成倉，事無可奈仍歸趙，人恐相嫌又發棠，何日積書巖下去，方回遲我訪謨觴。）眞巧絕也。至於『酒瓶在手六國印，花霧上身一品衣。』則失之雕刻，無游行自在之意。

0441

大抵瘦銅所爲詩，以古體紀游之作爲勝，强半過嫌雕琢，微欠自然，性靈於以梏桎，神韵自較減遜，無渾脫流暢之致，即人籟至工，終不得超躋雲間天人之境也。意其少作，必稍俊邁騰踔，如天馬行空，不受羈靮，及老去漸於詩律細，乃悉芟刪以去，而奇氣縱橫之篇什，遂蕩焉無存，集中不復可見矣。袁子才嘗謂『詩不可不改，却不可多改。不改則心浮，多改則機窒；要像初搨黃庭，恰到好處。』然而難言之矣。『孔子曰，中庸不可能也，此境最難。余最愛方扶南滕王閣詩云：閣外靑山閣下江，閣中無主自開窻，春風欲搨滕王帖，蝴蝶入簾飛一雙。歎爲絕調。後見其子某云，翁晚年嫌爲少作，刪去矣。余大驚，卒不解其故。桐城吳某告余云，扶南三改周瑜墓詩，而愈改愈謬。其少作云：大帝君臣同骨肉，小喬夫婿是英雄，可謂工矣。中年改云：大帝誓師江水綠，小喬卸甲晚粧紅，已覺牽强。晚年又改云：小喬粧罷胭脂濕，大帝謀成翡翠通，眞乃不成文理，豈非朱子所謂三則私意起而反惑哉？扶南與方敏恪公爲族兄，敏恪寄信，苦勸其勿改少作，而扶南不從。方知存幾句好詩，亦須福分！』瘦銅少作雖末由而睹，第以意測之，或不無買櫝還珠，汰精存粕之憾歟？

又瘦銅少時，疑是一風流自賞之翩翩書記，豐神秀澈俊美，一如其詞。蔣心餘題其吟卷之金縷曲，中有云，『十幅澄江練，裊香絲文心一縷，驚才絕豔。出水芙蕖生夢穎，豐姿嫣然初見；恰又似朝霞舒卷。張緒風流標格好，比垂楊一樹靈和殿。眼灼灼，更如電。』美其詩耶？美其人耶？羊車中人風貌，故不難想像得之。蔣詞又云，『思騎黃鶴尋仙眷，訴喁喁，鐙前才子，淚痕淸泫。（皆用卷中語。）怪底風人俱喜感，各帶一分哀怨。記當日春蠶絲纏。剪彩裁雲工綺語，把鶯花金粉思量徧。成往事，說來倦。』又云：『愁向歡場起，易銷魂，才人結習，大都如是。只覺江山多寂寞，無處教人歡喜；抱斯意吾儕應爾。抑鬱無端同故態，更飄零知遇俱相似。……病瑯琊幾爲多情死！同調者，那堪此？』多情善感，流連風月，綺語豔詞，難刪花草，則又少年性情，詞人慧業，大抵皆然，瘦銅自亦不能例外。觀其乞假集中有隣宅二十韵云：

……兩姨高綰髻，一婢淡梳妝，勸酒多同席，歸鐙只隔牆，爲分榛栗帕，每帶麝蘭香。盲女三絃歇，陞官一局忙，竈觚求利市，屋角趁迷藏，撒掠拋金釧，從橫踏繡牀，輸來龍眼荔，贏得虎睛糖。不覺親媚散，俄驚第宅荒，搏沙春夢短，刲火古人涼。長日看南至，東風又一場。綠陰徒寂寂，團扇欲倀倀，縮地甯重少，飄流不可當。姮娥添白髮，花木換靑陽，若個朝雲女，何堪暮雨娘。

題下自註云，余年十一二，侍先祖母居先叔父紙廊巷故宅。隣有金氏者，其嫗以母事先祖母，亦珍愛余。有二姨，皆二十許麗人，每飼余餅果。有小婢曰大奴奴，年與余相若，嫗善視之，妝飾豐靚，自呈嫗前，願委身於余，先祖母以余年小，未授室，謝焉。此後奴奴輒引去，不數見。金翁歿，家園零落，奴奴不知所適。余時童丱，不知種情，今爲感舊賦詩云。瘦銅尙有踏莎行詞，題曰偶憶云：『小鬐初盤，輕衫乍試，眉峯聚得靑無數。縱然門戶略低微，大家舉止偏容與。瓜子斜拈，筍尖親投，此番算是銷魂處。風情黯淡可憐人，紅顏薄命傳千古。』殆亦指此？斯蓋瘦銅少時初戀之情史，事豔文奇，直可當會眞記讀。然爾日兩人纔十一二歲，猶童稚耳，雖早慧踰於恆人，而情竇之開，竟不待標梅之候，何天生情種小時了了乃爾。瘦銅故是叔寶璧人，抑彼大奴奴者當亦必係絕代尤物也。

女人頌

僉忍

（一）女人是藝術的

女人在生理上和男人有着顯然的區別，這是無可否認的事實。正惟其如此，所以女人一切發展的途徑，也便和男人有着不同的分界，這也是不必諱言的事實，舉例來說，即使是頭髮眉毛之微，男女是不同的；他如飢膚的紋理；骨骼的大小；以至於體力，智慧，思想，言語，情感，意志，品性等等，便無一不有着徼妙的差異。她們的發展，也就根於她們生理上特殊的組織，而去開闢她們的途徑，但一言以蔽之，她們任何的發展，是藝術的而已矣。這話怎麽說呢？假如有一個美女子在此，她患着一種非常危險的毛病，倘或施用手術，毛病是可以治愈的，但是一定要妨害到她容貌的美麗，甚而姿態的苗條；若一定要保全她原來的美麗和苗條呢，那毛病便無法可治。我想，在這二者不可得兼的時候，這位美女子是未必會把生命看得比美色更重吧。這是一個極端的假設，事實當然不會這樣的簡單。但是你若能冷眼旁觀，無論在家裏，在路上，在船上，在車上，在運動場，在游泳池，甚而在課堂裏，在圖書室，在辦公室，她們的一舉一動，一言一笑，一定會使你覺得：『女人的發展，眞的，一切是藝術的呀！』

我常常在電車上，注意到她們坐立的姿勢決不是隨便的；甚而偶因電車突然的停駛，身體不得不傾側或搖擺一下的時候，她們的舉措，也還是藝術的，深恐被其他的乘客們看見了是太不『美觀』呀。假如手裏正拿着書本在翻閱呢，那當然是應該全神貫注在書本中吧；然而，我冷眼旁觀，覺察她們却也未必，她們隨時的要游目於書本之外，是無可隱諱的；即使這册書的應如何執持，如何翻閱，也一定要合於美的條件，恐怕也曾經過相當的考慮吧。至於這一册書的性質呢？大概在車上被她們的纖指翻閱着的，多半不會是裝訂惡劣的中國書，而是頗爲美觀，氣派十足的外國書。假如她們更拿着網球拍之類的時候，那便是更好的，表示她們藝術的姿態的機會。至於眞的到了運動場上，那自然更不用描寫了。

乘車，看書，帶運動器具，在我們男人的眼光看來，好像是可以不必表示着藝術的姿勢的；然而她們竟不願輕易放棄這片刻的機會，這種愛美的精神，是值得贊揚的。又如吃飯的時候，倘若『家常便飯』呢，那因爲家人是畢竟『欣賞』慣了的，當然可以隨便一些。但你不要忘記，她們是慣喜歡參加盛大的宴會的，那不但可以爭奇鬥豔，比服飾，較美醜，而且當她們舉箸把盞的當兒，更是一個顯示自已的文雅嬌貴的大好機會。履舄交錯，我生平也曾有好幾次『躬逢其盛』，看她們你推我讓，舉動是愈緩慢愈顯得文雅，菜飯是愈少吃愈顯得嬌貴，眞是所謂琳瑯滿目，美不勝收。但是贊歎之餘，却因爲相形見拙，連自已也不敢放肆，結果，餓着肚子回家。我也眞可以說是『爲藝術而藝術』了。

陽傘的用處，是遮蔽太陽；雨衣的用處，是防禦雨水。然而一到了她們的手上身上，彷彿那些遮陽防雨的作用，全失去了。你看那些陽傘雨衣的五光十色，千奇百怪，那簡直等於普通的一種裝飾品，當她們拿在手裏，披在身上的時候，恐怕不會想到那些東西的實用吧？其實，一切實用品的藝術化，無一不是如此，這正是人類文明所以進步的原動力。這原動力是什麼呢？就是女人愛美的心理，所以，我說：『女人是藝術的』，一絲一毫也沒有不敬的意思在裏面。

在中國，差不多一千年前，發生了『纏足』的一頁痛史，一直傳下來，到清朝末年，才算革除。（惟滿洲人自己是禁止纏足的）。這一千年中，她們的苦楚，是吃盡了，從還不到十歲的年紀起，到死爲止，沒有一天不是過着跛行蹇步的生活，然而她們是毫不怨悔，甚而是忍淚含悲，願意如此，爲的是這樣才算美呀！不如此，便算不得美。她們是爲着藝術而犧牲了！但是這犧牲是樂意的。至於這纏足的殘暴行爲，除了爲着愛美以外，還有一點另外的理由，說起來也許不免穢褻一點；但你只要想到西洋女子爲什麼也要穿着高跟鞋，爲的是要使某一部份的肌肉特別堅實發達，實在也還是合於藝術的條件。這高跟鞋穿在脚上，在走路的實際作用上，當然要減低效能；然而她們是不惜犧牲這一些實際的效用，而藝術的條件，是不能不保持的。

戰國時候有兩句謠諺：『楚王好細腰，宮中多餓死。』因爲愛美而至於甘心餓死，這種『史蹟』，固然也是痛心的一頁，但是她們爲藝術而犧牲的精神，是可以佩服的。上面我舉的一個假設的例子，她們把自己的美色，看得比生命還重，也許以爲言過其實，但只要看纏足和束腰兩種事實，便可知那甯願毛病不治，而不願破壞美色，決不是無理的揣測了。這是消極的說法；若是積極的說呢，就是她們只要能合於某一種藝術的條件，便任何犧牲在所不惜！她們爲了要置備某一種貴重的飾物，以合於她某一種藝術的條件，累得丈夫做貪官，做奸商，或者變賣財產，典質衣服，甚而傾家蕩產，都是司空見慣的事實。還在她們，雖然還有虛榮的一念在內；然而這虛榮心的出發，也正是爲的要滿足她愛美的一種慾望呀！

說到裝飾的事，那尤其是她們畢生的精神之所寄。當然，除了裝飾以外，她們同樣的，還有智慧，還有毅力，還有思想，還有……，然而她們的智慧，毅力，思想，……與其說是願意用在學問上，用在事業上，用在家務上，用在兒女的身上，那無甯說是願意用在她們的裝飾上，比較貼切些吧。她們從頭則脚，是沒有一處不過如毛孔一樣大小的地方，會被忽略過的。裝飾，裝飾！俗語說得好：『佛要金裝！人要衣裝！』裝飾之在她們，也是抱着甯願犧牲生命，不可沒有裝飾的態度。時至今日，江山可以贈人，而絲襪不可不穿的！一日二十四小時中，起身的時候，裝飾；盥洗的時候，裝飾；大小便之後，裝飾；要出門去，裝飾；在路上，裝飾；一回家來，裝飾；飯吃過了，裝飾；臨睡之前，裝飾；有曉妝，有午妝，有晚妝；而曉與午，午與晚之間，也要妝；睡夢之中，也未必不夢着妝。看見別人的裝飾，入時；我得改裝。看見別人的裝飾，華貴；我得改裝。看見別人的裝飾，新奇；我得改裝。幼小的時候，母親替她妝；少女的時候，學着人家妝；待嫁的時候，僕婦替她妝，美容師替她妝；嫁了過去，有當代的『風流張敞』替她妝；等到兒女成行，和女兒媳婦競爭，要妝；最後壽終內寢，蓋棺論定，還須經殯儀館的一次化裝。裝飾的偉大呀！我虔誠的頌贊你！（假使要製定幾句流行的標語呢，那末：『救國不忘裝飾！裝飾不忘救國！』庶幾能形容出這裝飾在女人們的一點重要性，假如你不相信呢，請你到我們的首都和陪都去看看，便可以分曉了。你得明白！世界上無論什麼文化的事業，都建築在女人的身上；而建築的基礎，則是糞定在她們的裝飾上。）

裝飾在她們的重要性如此；而裝飾的方法，也眞是千變萬化，層出不窮。然大概說來，不外乎：一種是附着於肉體的裝飾；一種是「附著於肉體」以外的裝飾；再一種是需要毀傷肉體的裝飾。總之裝飾的出發點，都是以合於藝術的條件爲依歸。頭髮要燙，眉毛要畫，眼眶要塗油，嘴唇要塗膏，臉上要傅粉點脂，周身要薰香擦粉，手脚指甲也要染上油膏，這都是附着於肉體的裝飾。鞋，帽，衣服，手套，襪子，爭奇鬥豔，無須合乎實用；簪，釵，約指，臂環，手鐲，項圈，手錶，當然更加是華貴的表示；這是「附着於肉體」以外的裝飾。穿耳，纏足，和有些半開化民族的種種裝飾，大抵需要毀傷肉體的某一部分。這許多的裝飾，費時，廢事，耗財，傷身，在物觀的立場論，當然不大值得；但是她們在「裝飾第一，經濟第二，生命第三」的信條下，是無需乎代她們惋惜的。她們畢生的精神，畢生的光陰，全部的財產，除了裝飾以外，又有什麽地方可以盡量消耗呢？——不應該說是利用吧。

她們之間，有的是「得天獨厚」，生成的非常美麗的；也有的是「天地不仁」，竟沒有顧到她們的愛美的心理，而賦予她們未必合於藝術條件的臉孔或肢體。天生美麗的需要裝飾；天生未必美麗的，尤其需要裝飾。記得北史李諧傳說：「李諧善用三短：因瘦而舉頭，因謇而徐言，因跛而緩步」。這正是最好的模範。而她們是大抵早經研究有素的；雖然往往會因了臉孔上的一點缺陷而引爲終身恨事，甚而睡夢中也會哭了醒來，臨死時也不能瞑目；但她們對於這一點小小缺陷，所研究出來的掩護之法，是隨時隨地在應用著，繼續不斷的研究著，這種精益求精，至死不倦的精神毅力是誰也不能不佩服的。所以，我說，女人們徹頭徹尾，只是爲着美麗而生存，爲著裝飾而生存，總之，女人是藝術的，誰也不能否認吧！

（二）女人是神秘的

天地間，無論是自然界，生物界，一切的形態，性質，生滅，變化，最神秘的，當無過於女人了。女人自頂至踵，是沒有一處不神秘的；而況還有她一顆深藏莫測的心！雲鬟霧鬢，是說她頭髮的神秘；秋水春山，是說她眉目的神秘。其他如所謂檀口櫻脣，纖手玉趾，杏臉桃顋，……一顰一笑，一舉一動，沒有一點不是含有神秘性的。實在無怪於前代的帝王，不惜以天下之大，爲了她而棄同敝屣。就是現在，又何嘗沒有這種例子！究竟她們的魅力，怎麽會這樣的偉大呢？簡單說來，她們天生的有著一種神祕的原素，要是把這種原素「發酵」出來，便成爲偉大的魅力，足以使人們銷魂蕩魄，失去理智的主宰。千古以來，數不清的幾多生死纏綿悲歡離合的事情，可以說，全是由這種神秘的魅力所造成！任你是喑嗚叱咤的英雄，恣睢暴戾的權姦，修道院的高士，孔廟裏的聖賢，假如一遇到這種魅力的吸引，難得有能够跳得出的。但是，這還不僅是因爲兩性不同的關係；即使是同性的也不免要被吸引。古書上有著很好的例，世說新語載：

桓宣武（溫）平蜀，以李勢妹爲妾，甚有寵，常著齋後。主（按溫尙明帝女南康長公主。）始不知；既聞，與數十婢拔白刃襲之。正値李梳頭，髮委藉地，膚色玉曜，不爲動容。徐曰：「國破家亡，無心至此，今日若能見殺，乃是本懷。」主慚而退。

又劉孝標注引妬記說：

溫平蜀，以李勢女爲妾。郡主兇妬，不卽知之。後知，乃拔刃往李所，因欲斫之。見李在窗梳頭，姿貌端麗，徐徐結髮，斂手向主，神色閑正，辭甚悽惋。主於是趣前抱之曰：「阿子，我見汝亦憐，何況老奴？」遂善之。

上面所謂「我見亦憐，何況老奴」，便是她神祕的魅力發生效力了。

還有一個極普通的例子，就是女人們也往往歡喜看青衣花衫的戲劇，明知這扮演的是男性，然而在舞台上所顯示出來的，畢竟和她們自己是一樣的女性呀。所以在中國，這些「戲劇家」（假如眞也可以稱爲戲劇家的話。）之出名的是梅蘭芳，程艷秋，荀慧生一輩「準女人」。而古代更有不少的所謂龍陽君，安陵君，彌子瑕一輩出名的「準女人」。漢朝的哀帝，甚而想把天下都讓給他所寵愛的「準女人」董賢。「準女人」的魅力，已經偉大到如此，何況是眞正的女人呢？在中國古代，有許多帝王，的確因爲女人之故而釀成大亂，甚而亡國，我們不必替那些帝王掩飾，也無須把罪名歸在女人的身上，總之，事實是可能如此的，而且當事人也是願意如此的。爲什麼呢？便是因爲當事人被她們的魅力所吸住，不能不做到如此呀。至於平常的人物，爲之某一個女人的緣故，甘心破壞禮教，干犯法紀，傾家蕩產，「殺身成仁」的，倘比之古代的帝王，不惜以天下爲孤注，這點兒的犧牲，那眞是微細得可憐。但總之，不論對方所犧牲的大小，而爲着她們，拚着一個犧牲，這種精神，是沒有大小的區別。換句話說，她們所得到的代價，固然有大小的區別——或以天下，或以個人——然而她們所表現的神祕的魅力，是無分於大小的。記得吳梅村圓圓曲裏面，有幾句寫得很出色的句子：「慟哭六軍俱縞素，衝冠一怒爲紅顏」。「妻子豈應關大計，英雄無奈是多情」，在梅村雖然只寫着吳三桂一方的心理；但若再追問下去，三桂爲什麼竟會不顧國家的安危，不顧父親的生死，而忍心出此呢？無疑的，是因爲陳圓圓的魅力，實在太神祕了。至於這一類的可歌可泣的「史蹟」，眞是多至不可勝舉。我想沒有人可以否認吧。

以上只就她們的色相而言，其足以顚倒衆生，已經如此。何況她們還有着一顆「深藏莫測」的心，「左之右之」，眞令人「欲仙欲死」！從前有一位名士，他作了一篇味心集序，說到她們居心的神祕難測，眞是千古奇文，姑且節抄一段在下面：

衛泳枕中祕談美人篇云：「至於得心，難言也。」又曰：「心則却以不得爲大幸。」嗟夫！余何以得之，而又何以失之；更何以後又得之，復何以重又失之！究之，幸耶，抑不幸耶？余不自知。昔人謂：最深藏莫測者，心。蓋謂是而忽非，又謂非而忽是。方覺其是，而不知已非；乍覺其非，而不知忽又是矣。方是方非，乍非乍是。是是非非，非非是是。瞬息萬祀，毫釐千里。無從捉摸，捉摸不得，抑亦無需捉摸也。捉摸云者，徒見其庸人自擾，而不知量耳。嗟夫，庸人！又何不自量耶？孔子曰：「其未得之也，患得之；旣得之，患失之。」得亦愁，失亦愁。得而失，愁；失而得，愁。愁無窮期，而命有盡時，嗚呼，殆已！天地之間，非無此不能生活，亦非有此始能生活。然旣予之而復靳之，靳之而幷奪之；奪之而重又予之，予之而復又靳之。雨雲翻覆，變幻靡常，斯則未免使受者求生不得耳。（下略）

看了這一段文章，可以知她們心理神祕的一斑了，所以古人又說：「九死易，寸心難」。「得之則生，失之則死。」實在是非常恰當的形容。

（本節完，本文未完）

漫談戀愛

无儷

戀愛是一個新名詞兒，雖然這事情的本身，却是來源甚古的，大概與亞當夏娃同其長久罷？如果曾經留意過西方文化的來源的，就會發現戀愛實在是它的總源。希臘神語中關於戀愛的故事，如果採輯起來，該有一大卷之多。即使誇張的說，一切生命的原動力，都基於此，亦無不可。德國的精神分析學家夫洛特的解釋不必說了，日本廚川白村博士解釋文藝的泉源由於苦悶的象徵，爲兩種力的衝突的發洩，而此兩種力，其中即有爲戀愛之源泉者在。

準以上所說，人類的性欲本能的存在，當然是無可否認的了。那麼這種本能是不是像中國古來的看法，應當認爲汚穢的呢？這在我看來大可不必。我們似乎應當肯定人生，承認人類在身體上的一切本能的要求，都是無上潔淨的。這本來應當如此，絕無醜惡之可言。如果利用了這本能而大作生意，用商販主義來販賣供給這一切的要求，如被稱爲『寓飲食於男女之中』的那一套玩意，自然就不大佳妙。而戴了宗教禁欲的假面具去硬要干涉一切，如中國古來的老先生們之所爲，自然更是醜惡了。

中國人在無論什麼事情上，似乎都有些本末倒置的癖性。俗語云：『老不看三國，少不看水滸』，似乎可以用來作爲注脚。這話粗看起來似乎是說年輕的時候，血氣方剛，不宜多看水滸之類的英雄主義色彩太濃的書籍；仔細一想，水滸裏包括了不少猥褻的因素，似乎也不能不打在算盤裏面。那結論應當是，少年時代應當努力事業，男女間事還是少觸及爲妙，結果，秋行春令，臨老入花叢，年登期頤而討個把姨太太者反而認爲當然，無可訛怪，實在是不易弄懂的事。

來維繫這種說法的，就是禮教的大防，一旦潰絕，不免如水之就下，靑年人的情感發洩一發而不可止，尤其是在目前這個花天酒地，紙醉金迷的市場上，終於造成了無論老少，大家一齊縱慾的場面。此『人心不古』之歎聲之所以甚囂塵上也。

我們如果再考察這歎聲的來源，原來就是發之於『正人君子』的口中的。上海正不乏如此人物，表面上大作善事，而私下則出入按摩室，換句話來說，在老先生的四書下面放着的，也是一本金瓶梅，試思這種歎聲，怎麼會有力？

另外還有兩派對戀愛的看法，可以用道家和釋家來代表，釋家所說，比較高深，奉行者是不大多的。釋家說人生是痛苦的。應當求解脫，這種束縛都來自心，都是爲愛情所趨使，他們說：『吾人之生也，具有六根。六根者，眼耳鼻舌身意也。六根具，眼則愛色，耳則愛聲，鼻則愛香，舌則愛味，身則愛觸，意則愛法，而種種苦惱，皆由此愛而生焉。愛即縛也，愛即繩也。六根爲六繩所縛，遂無絲毫自在分。受縛之源爲愛，愛即迷是也。不迷即悟矣。悟即解脫矣。所以解身之縛，唯求解脫，解心之縛，唯求開悟，今吾人欲求解脫，欲求開悟，亦自有方法。』（平等閣筆記）

這戀愛的定義的範圍頗大，舉凡人生一切有情，具從此生，可以想見釋家的博大。也就因此格外艱難，想達到目的非常不易。試思大千世界

0447

中的芸芸衆生，那裏眞有看得開的人呢？所以這種說法也不過徒具一說而已，而在中國遍地皆是的善男信女則更不足道矣。

另一派是道家，看來似乎幽玄，實在却極具有大勢力。中國過去一向是爲張道陵的勢力所統制的。古醫書傳有黃帝所作御女經，講求采補之道。這是一方面可以遂大慾，一方面又足以得長生的法門，無怪大家全都十分熱心的探求，而道教的勢力也因以大盛。不過因此而白日飛升的倒不曾聽見說過。腹硬如鐵的死去的却着實不少。長沙葉德輝曾刻有素女經等數種書，是此道至清末民初猶存。可惜他也因此而被槍斃了。

這不是把女人看作洩慾器了，但是却看作長生用具，目的不同而其視爲器具則一也。怎麼可以和戀愛扯在一起的呢？不過因爲這派思想在中國極有勢力，不得不觸及之故。野叟曝言中所說吸精的故事，當仍爲不少人所服膺，最近報載，本市某路深夜聽見某大廈中有幼女啼哭之聲，發見幼女被用特種方法處理其足部，使之纖小，以便血液上行。其最終目的也還是採補。所以這種事實至今猶盛行不息，實在是值得注意的事。

歸結上面三種辦法，儒釋道三種都已齊備，而所謂儒者，實在却是僞儒，現在要想解決戀愛問題，未免都不實用。我以爲人生既有慾求，而我們又承認這種本能是純潔的而並無不正的，那麼還是以滿足爲佳。這本來也是老生常談，不過目前之所以常常出毛病者，端在作法的不佳，不過是手術問題耳。

仔細分析起來，現代中國需要戀愛的人也還只有知識分子這一階層。當然，這不是說其他階層的人沒有戀愛的可能，只是這裏的戀愛的定義較爲狹一些，即是一般都市人所玩的花樣而已。我發覺他們的戀愛往往要遇到一種暗礁，不免要把雙方的感情給碰得粉碎，這完全由於男人和女人的性格上的不同所致。

現在要想舉一個例子。聽朋友說某君在讀書時代曾經有過幾次戀愛的經過，結果都不大好，往往要鬧到自殺閉幕。（後來當然已經救治好了）聽某君事後談起，事後他倒非常的同情這爲所遺棄的對象，一些不說什麼怨恨的話。他只是說戀愛的下場之所以如此，完全因爲兩方面的性格不大相近之故。

某君是研究藝術的，當然性格上頗有些浪漫氣氛，他的心目中的女人，是所謂希臘神話裏的那一種人物，在一清見底的河邊戲水的白衣仙女。這句話說得太不具體，不過這是個象徵，聽者可以從這裏意會出這種人物正是天上的產物，非復人間的一份子了。而少女的一向的作風，是喜歡把自己裝點得神仙化了（一般惡俗的搔首弄姿之流不在內）。這種裝點，是說在舉動的作風方面。結果，極容易使男人一見而爲之迷惑，誤認這就是自己心中所有的對象了。兩方面的感情一點點的好上去，結果現實的問題逼上來需要答覆，破裂往往在這時候，因爲無論怎樣裝得好，一遇到現實，究竟不能不要露出破綻來。

如果在這時彼此能夠重新考慮一次彼此的性格的話，也許還有補救，不過事實上踏上這根途徑的男女，頭腦再也不易淸醒過來，只能任它沉迷下去。結局終於破裂得粉碎不止。女人的性格多半是非常實際的。前邊所說的那位朋友的失敗也就在此處，事實上這種女人是宜於掌管家務的。她所注意的是煤要多少錢一噸，米要多少錢一担，而對某君的詩人氣質的說話，完全不能了解，這其間的衝突自然是不能避免的了。

這種事情在文學圈子內特別容易發現，某知名小說家曾經獲得了他執教的地方的校花歸去，應該是十分美滿的了。可是年來也在鬧不調和，他在小說裏描寫這個問題極爲動人，所以這種事情，有時用小說來解釋反而更容易明白的。在幾年後的睡夢裏，他發覺打碎了一個盤子——這是他的理想的象徵。興趣的異致，使雙方都痛苦，他們不知道怎樣能使這事再圓滿起來。

上邊所說似乎是因爲女人的實際性而使這件事不能圓滿的。事實上社會上因爲女人的愛好虛榮而拋却生性實際的男人的也非常多。總而言之，在這種地方，無論那一方面，都需要拿出一種定力來，然而此事却亦大難。因爲世界上能担當失戀的，實在需要非常的勇氣不可，希臘無名氏小詩『戀愛偈』（周作人譯）云：

不戀愛爲難，戀愛亦復難，
一切中最難，是爲能失戀。

周氏也有一段話云：『我想戀愛好像是大風，要當得他住只有學那橡樓（並不如伊索所說就會折斷）或是蘆葦，此外沒有法子。譬如有一對情人，一個是希望正式的成立家庭，一個却只想浪漫地維持他們的關係，如不在適當期間有一方面改變思想，遷就那一方面，我想這戀愛的前途便有障礙，難免不發生變化了。』這種情形眞是普遍得很，不過特殊的情形，千變萬化也復多有，總之這是頗難成就的一樁事，不是彼此遷就，就要爽快的分手，才不致鬧出不幸的後果來。

我想，年青的朋友們不妨戀愛，不過要拿出點佛陀的精神來。本來到這個社會上來，多的是苦難，戀愛的想在苦中找甜。精神務須博大，態度無妨稍活動，看作一種遊戲，（不要誤會是隨便的意思），大家誠懇的作去，如果此路不通不妨各自歇手，也不必互致怨望。這本是一種神聖的試驗，雖然極審愼誠實的作去，也不見得必能成功也。

在現在這個時代說這種話，的確有夢囈之嫌。上海灘上，章秋谷之類的人物不但還沒有死絕，而且還是一般人心目中的英雄。如在某小報上有人說他一生冶遊全是用了錢才達到目的，無所謂敗德，至於朋友的老婆，則連一眼也不瞟過去云。這是十足的封建思想，上半是視性的貿易爲當然，下一半則是服膺聖訓『男女授受不親』也。試思在目前的社會裏，上面這種思想還被視爲英雄與權威時，來說這一套自由的戀愛論，雖然有人覺得太落伍，却也不免有人要覺得太激烈也不一定哩。

編輯後記

編者

本刊自改半月刊後，銷路大增，想見讀者愛護之熱忱，使同人等不敢不益自奮勉。又編輯部每日接到補購已往數期及詢問合訂本之函件甚多，特在此總覆一句，合訂本及存書均已售罄，以後恕不一一作覆。關於定閱辦法，則俟有正式決定，當再行公告，目前暫不接受定戶，幸乞鑒亮。

本期承陳公博先生不棄，惠錫鴻文，使本刊生色不少。陳先生的文字，素爲國人所傳誦，近年所作，多爲經國體野的文章，今應本社之請，特撰此文，亦莊亦諧，洵足珍貴。以後希望他常有文字在本刊發表。

『縱論文化記』一文係一篇記實的作品，很可以見到許多人對於目前文化情況之關切，所以特把它發表在此。

紀果庵先生爲本刊老作者，這篇『白門買書記』眞是不刊之作，古今讀者中一定不少是愛書狂者，我們除發表紀君的文字外，又將於下期敦請北方名作家蕘公先生撰『書林逸話』一文，暢述故都書話，請拭目待之。

楊鴻烈先生爲當代法史名家，著述等身，承撰『郭嵩燾出使英法』一文，自屬精心傑構。張秋頌先生的『記早慧詩人張瘦銅』，乃是記乾嘉時和黃仲則同名的一位詩人軼事，沒有此文的表彰，這樣的一位詩人幾乎湮滅了。

本刊素不談女人和戀愛，但近期却破格而談談，成績若何，是要請讀者批評了。在我們自己看來，似乎覺得態度還太嚴肅些。

朱竹垞的風懷詩，久爲詞林之謎，與詠先生詳爲解釋，把它演爲一齣悲喜的戀愛劇。倘然讀過『曝書亭集』的人，一定對本文發生極大的興趣吧！

朱竹垞的戀愛事蹟（下）

吳詠

『眼兒媚』接着又記詳細的情景：

『況重鑪漸冷，窗燈獨灰，難道又各自抱衾閒坐。銀灣橋已就，冉冉行雲，明月懷中半霄墮。歸去忘恩恩，軟語丁寧，第一怕襪羅塵涴。料消息靑鸞定應知，也莫說今番不曾眞個。』

詞意極纏綿之致，與李後主「剗襪步香堦」一詞有同樣的風致。這個値得憶念的仲冬二七卽戊戌十一月十四日也。前曾引金縷曲的後半闋云：

『星橋路返塡河鵲，算天孫已嫁經年，夜情難度。走近合歡床上坐，誰料香銜紅萼？又兩暑之霜分索。綠葉靑陰看總好，也不須頻悔當時錯。且莫負，曉雲約。』

「兩暑三霜」是說伊人嫁在癸巳七月至戊戌正五年也。綠葉句用杜牧詩意。更見出其深悔前情，當是「背面數粉」的寫法。這以後就是鶼鶼雙棲的美滿生活，最初還恐怕人知，行蹤較密。後來究竟不能盡掩人目，然而他們也就不能多顧了。

『暫別猶凝睇，兼旬遽疲倦。簷頭逢臘盡，野外祝年穰。忽枉椒花頌，來浮柏子觴。亮因微觸會，肯負好時光？鑪亟熏梟藻，卮頭引鶴吭。象梳收鬢墮，犀角鎭心恇。滅燄餘殘炧，更衣掛短桁。響挑金了鳥，臼轉木蒼根。納履氍毹底，搴幬罘罳旁。綺衾容並覆，皓腕或先攘。暮暮山行雨，朝了日照梁。含嬌由半醉，喚起或三商。連理緣枝葉，于飛任頡頏。燒燈看傀儡，出隊舞跳踉。但致千金笑，何妨百戲償。偶然閒院落，隨意發嫌緗。竹葉符教佩，留藤醬與嘗。硯明鸜鵒眼，香聚鷓鴣肪。日以娑拖永，時乘嬿婉良。本來通碧漢，原不限紅牆。』

這里所記的事，係戊戌十二月迄己亥正月事。然燕婉之事，在詩里也究竟不能十分寫得明顯。這就不得不求之於靜志居琴趣中。「洞仙歌」云：

『又東風幾日，覺春寒猶甚。纖手偷攜問誰禁。對初三微月，看到圓鬪，鋪地水，處處轗羅涼浸。周郎三爵後，顧曲無心，爭忍厭厭夜深飲？只合並頭眠，有限春宵，切莫負煖香鴛錦。最難得相逢上元時，且過了收鐙，放船由您。』又一闋云：

『又佳期四五，問黃昏未否，說與低帷月明後。怕重門不鎖，仙犬窺人，愁未穩，花影恩恩分手。難釭三兩殘，力薄春醪，何事卿卿便中酒？翻喚養娘眠，底事誰知，鐙一點尙懸紅豆。恨咫尺繩河，隔三橋，全不管黃姑，夜深來。』又增字漁家傲云：

『百蜨仙裙風易嫋，藕覆低垂，淺露鸞鴻爪。元夕初過寒尙峭。呼初櫂，雪花點點輕帆杪。別院羊鐙收未了，高揭珠簾，特地留人照。衆裏偏他過避早，猜不到，羅幃昨夜曾歡笑。』

姚大榮氏釋「隨意發纖細」以下至「原不限紅情」曰：

『隨意發纖細以下，侈陳嶺南方物。乃知竹垞此行，所獲不少。而前此彼姝相悅，將合復離。今乃惠然肯來，非有陸賈之裝，仍妨幼輿之拒。誰云以情合者，不必藉金錢之力耶？金錢雖不足以移貞固之心，而實足以洗寒酸之陋。士無賢不肖，貧者鄙，古人所以奮慨也。』

這一段議論，實在不大好，令人讀了難過，大有整個故事都爲它破壞掉之感。壽貞與竹垞，在小時相戀。她之所以不肯許身，是自愛的表現。後來受環境刺激，轉變了。這種感情的轉變，我們是可以了解的。如果說是看上了竹垞的發了財，未免太小家氣了。眞是如此，當初嫁過去時看了那「種玉」「量珠」也就該滿意，在婆家安穩的做媳婦了。至於竹垞的歷數嶺南異物，如果自的是爲了誇示的話，也實在不堪了。姚君所解頗泥，因爲拈出。

順治十六年六月，鄭成功由海道破鎭江犯江寧。江南又遭了一次戰禍，這又給他們一次逃難的機會，來重演多少年前的舊夢。這時期的琴趣中的詞，也頗多紀燕情事的，茲不具引，稍選幾聯爲例：

『別離改月，便懨懨成病，鎭日相思夢難醒。……眠枕未三更，蘭夜如年，奈猶憾亂鴉初影。』（洞仙歌）

『晨紅才射南窗影，屏帷被誰驚起？昨宵回憶並坐，問何曾酒釅，宿醒如是？橄欖漿酸，蛤蜊湯俊，猶道不消殘醉。曲屏斜倚，看舊埽眉峯，漸低雲翠。半枕瞢騰到日高翻睡。』（臺城路）

順治十六年六月，鄭成功從海道進兵，直迫江寧。這是明朝不死的民族魂的臨末一次轟轟烈烈的表現。不過江南也被兵甚苦，竹垞當然也隨伴了小姨並婦家的人們作了又一次的逃難。在這逃難之頃，又不免有許多親近壽貞的機會，他們曾同觀社戲，共棲畫舫，實在過的是十分美滿的生活。靜志居琴趣中有一闋詞云：

『城頭畫角，報橫江艫舳，催上扁舟五湖曲。怪鴉尼噪罷，蟢子飛來，擱重手，也算天從人欲。紅牆開窔奧，轉入迴廊，小小窗紗拓金屋。隨意楚臺雲，抱玉挨香，冰雪淨，素肌新浴。便歸觸簾旌，侍兒醒，只認是新涼，拂籠蝙蝠。』

這後半闋所寫，也可稱露骨了。他們的戀愛，都不少避忌侍兒，似手是已經名正言順了的樣子。「風懷詩」寫這一段時期中事道：

『天定從人欲，兵傳迫海疆。爲園依錦里，相宅夾清漳，奪織機中素，看春石上粱。茗鑪寒說餅，芋火夜燃糠。唐突邀行酒，勾留信裏糧，比肩吳下陸，偷嫁汝南王。畫舫連晨夕，歌臺雜雨暘。旋娟能妙舞，審姐本名倡。記曲由來擅，催歸且未遑。』

已亥，庚子，辛丑幾年間，竹垞往來於山陰禾中之間，看他的來往之頻，就知道他在禾中有所戀戀，不忍遠離的情景。他有「庚子冬古意二首」，也是詠此時事的。有句云：「涼秋八九月，遊子當遠行。」即指自己在秋天去山陰的事。「嚴冬十二月，飛來雙白鵠。」大概就是指接到伊人由禾中寄書來事。他更有一闋「好事近」：

『往事記山陰風雪，鏡湖殘臘，燕尾香緘，小字十三行封答。中央四角百回看，三歲袖中納。一自淩波去後，悵神光離合。』

這也是敘得她信後事，「置君懷袖中，三歲字不滅。」愛戀之深，似

0451

乎兩人間應當無間言了。可是一雙愛偶中，也間或會偶有不和協的事情出現的。洞仙歌云：

『花糕九日，綴蠻玉獅子。圓鈴金菊鬢邊媚。向閒房密約，三五須來，也不用青雀，先期飛至。恩深客易怨，釋怨成歡，濃笑懷中露深意。得個五湖船，雉婦漁師，算隨處可稱鄉里。笑您若將伊借人看，留市上金錢，儘贏家計。』

痕迹是很容易泯滅的，而且還更加上了一層熱愛。鄉里是夫婦相呼的古語，這里竟用了來作比，可見他們的關係，更不是泛泛的了。

同時竹垞更對他的戀人的美麗，倍致揄揚。他說：「笑您若將伊借人看，留市上金錢，儘贏家計。」把她比作西施，伊人的丰神標格，眞可以令人迴念不置。這一段詩是：

『風占花信改，暑待露華瀼。蓄葉教丸藥，含辛為吮瘡。賦情憐宋玉，經義問毛萇。芍藥將離草，蘼蕪贈遠香。潮平江截葦，亭古岸多樟。鏡水明於鏡，湘湖曲似湘。加餐稠疊語，濃墨十三行。約指連環脫，茸絲袙複裝。急如蟲近火，燥甚蟹將糖。』

下面的一段詩，在全篇中可稱最難解了。辛丑年詩中紀事過略。伊人嫁後，命運多乖。常回母家。原因不詳，和丈夫的不相投自然是一個原因。她於是只得常依母家，不作歸寧之想了。姚大榮解此段以為伊人嫁後又寡。我想對照詩語，實際不應作如此解。現在先引原詩：

『理櫂迴青翰，驂駒驟玉瓌。甯期共命鳥，遽化逆毛鶬，寄恨遺卷髮，題緘屬小臧。憤奚殊蔡琰，嫁悔失王昌，作事逢張角，無成種董郎，流年憎祿命，美疢中膀胱。』

王昌一語，是說伊所適非人。而上句說「憤奚殊蔡琰」，則不能驟解為早寡，因為他說「奚殊」，明明是說雖不是實際上與蔡琰同共命運，然她們的悲憤則相同也。「無成種董郎」，是說她曾經有子，後來却死了。所以她家居的情景是非常可憫的。既不能於丈夫，又沒有小孩子的慰藉。這時她已經是廿七歲。「毛鶬」，「駢字類編」引「韓詩外傳」云：

『孔子與子夏渡江，見鳥而異之，人莫能名。孔子曰：鶬。嘗聞河上老人歌曰：鶬兮鴰兮，逆毛衰兮，一身九尾長兮。』

這也只能解釋作一對怨耦的象徵。姚氏據「五角六張」之語說伊人嫁後復寡，恐未必然。

關於「寄恨遺卷髮，題緘屬小臧」二語，在「靜志居琴趣」中有一闋「搖巢鸞鳳」可供參閱：

『桐叩亭前，記春花落盡，才返吟鞭，鴨頭凝綀浦，鵞眼屑楡錢，蘭期空約月初弦，待來不來，紅橋小船，蓬山盡，又風引翠鬟不見。飛燕，書再展，哽咽淚痕，猶自芳箋染。玉鏡妝臺，青蓮硯匣，空自沈吟千遍。解道臨時更開封，背人一縷香雲剪，知他別後，鳳釵攏鬢深淺。』

她曾與竹垞有約，終於因事不得至，僅有信一封，淚痕零落，並附有一縷卷髮。推測當時情形，當係夫家對壽貞的歸寧，嘖有煩言。而他們間的事，也已經不能保守祕密了。所以才用這種方式來寄意。如果依姚君之說：

『據右二詞與詩語合參，似彼妹新寡，卽有書緘至竹垞。却未明言其事，但見牋上淚痕稠疊，惟有卷髮一縷，寄其悲慟之意，其中消息，彼妹既不以告，竹垞歸後始悉。』

怨偶的喪亡，在壽貞似乎不必那麼悲哽，只有解釋作在夫家受了種種不方便的監視，不聽歸寗與他相聚，才可以說得過去。姚君泥於「五角六張」的再寡之見，解釋遂不可通。以至底下解釋如夢令的「好事已成虛事」作「即謂婿家雖富，至此則其人已死，萬事皆空也。」我想壽貞秉冰雪聰明，決不會留戀榮華至此。經師的見解，運用到研究才人的心性上來，每每有這種可笑的地方。

壬寅三月至八月，竹垞家居，伊人又來，共度着一段甜蜜之生活，底下的一段詩，述豔情極明露：

『手自調羹臛，衣還借襴襠，口脂勻面罷，眉語背人剛。力弱橫陳易，行遲小膽慌。留仙裙盡綴，墮馬髻交鬟，不寐扉重闔，巡簷戶暗搪。風微翻蝙蝠，燭至歇蛩螿，霧漸迷三里，星仍隔五潢。』

靜志居琴趣中「滅蘭」一闋可參閱：

『犀梳在手，逋髮未撩勻面後。眉語心知，引過閒房步步隨。穎香暖玉，牽拂腰中帶重束，一段歸雲，誰驗蛇醫臂下痕。』

以下一節，述壬寅秋冬間事。壬寅九月，竹垞去歸安學舍，省其外舅。壽貞也在那里。重九登高，他倆在閣樓相遇，究竟不是在家裏，以他倆人姊夫小姨的關係，當然沒有多少話說。只好怱怱別去，尤其可惡的是竹垞因家貧之故，不得不遊幕於永嘉，不能伴伊人回里。琴趣中的「婆羅門令」云：

『渠去日一帆秋水，儂到日也一帆秋水。怪道相逢，翻不是相期地。無一語，只當相逢未。霜風緊，霜葉脆，上危梯，九日層樓倚，樓頭縱得潛攜手，催去也怨鷓哥紅嘴。別時真惜，住也無計。此恨綿綿詎已？每遇登高會，便灑登高淚。』

「一帆秋水，即言伊人歸里之事，竹垞爲飢所驅，求食永嘉事在他的「永嘉除日述懷」中說得非常痛切：

『不作牽裾別，飄然到海隅。謀生眞鹵莽，中歲益艱虞。鄉里輕孫楚，衣冠厭魯儒。微命翻詆挫，暇日少懽愉，處賤無奇策，因人遠禍樞，同舟邀楚客（原注王明府世顯），聽曲賞巴渝。』

這裏的「因人遠禍樞」的一句似乎有些費解。竹垞一生只不過是文人行徑，絕不會作什麼「有違皇帝意旨」的事，要不然就只好能解釋作他與壽貞的事發，不得不托身王明府以避難永嘉了。詩云：

『輕帆先下雲，歧路誤投杭，九日登高閣，崇朝舍上庠。者回成偪側，此去太愴惶，亂水逾浮玉，連峯度括蒼。惡溪憎詘屈，盤嶼苦低昂。地軸何能縮，天台詎易望？』

癸卯冬竹垞自永嘉歸來，第二年的新年，又與伊人相見了。不過竹垞又定了去雲中的行程。下一段詩中寫竹垞與壽貞雖然有幽遘之事，可是在見面之頃，還五道勝常，有如初會，做作的表示，十分可笑。「洞仙歌」亦正道此事：

『明湖碧浪，枉輕帆尋徧，咫尺紀源路非遠。訝杜蘭香去，已隔多時，又誰料鏡約，三年還踐？纖腰無一把，飛入懷中，明月重窺舊時面。歸去怯孤眠，鏡鵲晨開，雲鬟掠，小脣徐點。偏走向儂前道勝常，渾不似西窗，夜未曾見。』

這兒所提到的「鏡約」，即指前引洞仙歌中的那一句「蘋洲小櫂約兒娘相共」而言。彼時是壬寅的秋天，踐約卻在甲辰的春天，故云三年也。

詩爲：

『重過花貼勝，相見紡停軠。射雉須登櫳，求魚別有枋。笆籬六枳近，練浦一舟盪。烏桕遮村屋，靑蘋冒野艎。洛靈潛於翠，鬻妾未登桑。驟喜佳期定，奪愁下女償！繁英經夜合，珍木入宵炕。啓牖冰紗綠，開奩拂粉黃。話才分款曲，見乃道勝常。』

歡樂究竟不能常住。死別畢竟也要臨到一對愛侶的頭上來。竹垞與伊人雖相愛甚深，然迫於他們的關係，愛戀只能在暗中表示與進行。更因爲竹垞家貧，須旅食四方。會少離多，是十分可憐的事。當時山西的按察副事是曹倦圃，竹垞想去訪他，又曾先往武林一行。才整裝北上，所以有洞仙歌中的「行舟已發，又經旬調笑」的一句話也。不料此去，即成永別。後後追思，彌增惛痛。故言之亦彌切也。

『即事憐聰惠，那教別慨慷？竭來要漢艾，塊獨泛沙棠，送遠歌三疊，銷魂賦一章，兜鞋投暗室，卷箈指昏亢，命續同功縷，杯餘九節菖，截筒包益智，消食餉檳榔，膠合黏鸞鳥，丸堅抱蛣蜣，歡難今夜足，憂且暫時忘，本擬成翁媼，無端失比伉，睫邊惟有淚，心上豈無忘？緘管徐抽線，闌灰淺練帆，毫尖渲畫筆，肘後付香囊，訣絕分溝水，纏綿解珮璜，但思篙櫓折，莫繫驌驦韁，帷帳辭秦淑，音塵感謝莊，豈無同宿雁，終類失羣麞。』

竹垞能至雲中，久未得歸。丁未得家信，得到伊人因結想成勞遂至不起的消息。她死在康熙六年閏四月。死因除積念遠人外，應當還生過氣憤，而這氣憤又引起於她的姑嫜之間。

『衛巓頻開匳，秦衣忍用栟，炕烝鄉夢短，雪卷朔風雱，絕塞綠蝸蠂，叢祠弔蚊蚄，刀環歸未得，軌革兆難彰，客乍來金鳳，書猶報白狠，百憂成結轖，一病在膏肓，峽里瑤姬遠，風前少女殃，款冬殊紫蔓，戹閏等黃楊，定苦遭謠諑，憑淮解迭遏？楥先爲櫝斫，李果代桃僵，口似銜碑闕，勝同劊劍鋩，返魂無術士，國士少媧皇，剪紙招南國，楡錢葬北邙。』

等到竹垞歸來以後，伊人則已同宿草。睹今思昔，悵觸無端。蓋距伊之逝，已兩年矣。

『春秋鷦蟀換，來往鷟鳩搶，油碧香車路，紅心宿草岡，雀徽風貌在，蘇小墓門荒，側想營齋奠，無聊檢笥筐，方花餘莞蒻，文瓦失香姜，扇憾芳姿遣，環悲奈女亡，玉簫迷處所，錦瑟最淒涼，束竹攢心曲，棲塵迷眼眶，轉添詞悵悵，莫制淚琅琅，幔卷紬空疊，鈴淋雨正鋏，情深繁主簿，擬絕顧長康，永逝文悽戾，冥通事渺茫，威甌遺故物，怕見合歡牀。』

「空梁落燕泥」，這一種空房之怨，寫得盡了，後來乃轉到請力士求冥通，待一旦發覺此事不可能，乃眞眞無限悲苦，一齊上心，欲解無由矣。

南京興業銀行

營業要目

收受存款
外埠匯款
貼現抵押
小本貸款

總行南京中華路六十七號　電話二二一二六號　電報掛號〇〇八一
復興路辦事處　中央商場內

介紹上海四大日報

中華日報
社址：上海北河南路五十九號

國民新聞
社址：上海靜安寺路一九二六號

新中國報
社址：上海河南路三百〇八號

平報
社址：上海四馬路四三六號

介紹南京兩大報

中報
社址南京朱雀路

時代晚報
館址 朱雀路邀貴井
電話 二二五九五 二三五九八

中央儲備銀行

中華民國國家銀行

資本總額國幣壹萬萬元

南京總行

行址 中山東路一號

電報掛號 中文五五四四 英文CENRLBANK（各地一律）

電話 二三五四一 二三五四二 二三五四三 二三五四四 二三五四五（轉接各部）

上海分行

行址 外灘十五號

電報掛號 中文八六二八

電話 一七四六三 一七四六四 一七四六五 一七四六六（轉接各部）

杭州支行

行址 太平坊大街

電報掛號 中文五五四四

電話 二七七〇

蘇州支行

行址 觀前街一八九號

電報掛號 中文五五四四

電話 一八五六 六九五

蚌埠支行

行址 二馬路二九四號

電報掛號 中文五五四四

電話 二五八

寧波支行

行址 江廈路十五號

電報掛號 中文五五四四

電話 七六〇 七六五

各地辦事處

蕪湖行址 二馬路西首　電報掛號 中文五五四四

常熟行址 老縣場　電報掛號 中文五五四四　電話 二三一 二三三

無錫行址 北門內打鐵橋　電報掛號 中文五五四四　電話 一六三四 一六六一

南通行址 西大街十八號　電報掛號 中文五五四四

嘉興行址 城隍路望吳橋　電報掛號 中文五五四四　電話 一七七 一七九

揚州行址 左衛街　電報掛號 中文五五四四

太倉行址 稅務橋東首　電報掛號 中文五五四四　電話 四四

鎮江行址 寶塔路三一號　電報掛號 中文五五四四　電話 二九二

常州行址 西瀛里　電報掛號 中文五五四四

泰縣行址 彩衣街　電報掛號 中文五五四四

東京行址 麴町區大手町二丁目二番地

古今

半月刊　第十二期

古今合訂本第二冊發售預約廣告

古今合訂本原以分貽友好及應付補購者而製，故訂數不多，不意第一冊發售後，因內容精美，裝釘雅觀之故，立卽售罄，致向隅者電詢函詰，不下數百起，使敝社窮于應付，殊感抱歉。玆古今已出滿第十二期，特將第七期起至十二期止，彙訂一冊，冊首附加目錄通檢，既便保存，又便閱覽。定價每冊實價二十元（郵費在內），預定十二月中出版，凡在十二月十六日前預約者，只收十六元，外埠憑郵戳日期。匯款賜函，請逕寄『上海亞爾培路二號古今出版社』。

古今出版社成立啓事

古今出版社卽日起在上海亞爾培路二號成立辦公，前所刊行之古今半月刊，自十二期起，直接由本社發行，此後一切業務及惠稿，均請改寄新址，恐未週知，特此啓事，幸希

公鑒

古今出版社謹啓

（三十一年十二月一日）

古今半月刊接受定戶啓事

本刊前因出版社尚未成立，致未能接收定戶，然本外埠讀者，均因零購不便，紛紛向總代經售處函詢，未能應命，殊爲抱歉。玆出版社業已成立，爲酬答讀者雅意起見，決自行辦理定戶，當此物價靡定之日，接收定戶，在出版者原爲一種損失，故暫以一千戶爲限，超出此數，當另籌他法，以謀救濟。價目表列後，欲定從速。此希

公鑒

定閱價目（連郵在內）

	本埠	外埠
半年	十八元	二十元
全年	三十六元	四十元

定戶兩大利益

一・定閱期內決不漲價

二・比零購可先收到

古今半月刊第十二期目次

第十三期要目預告（准十二月十六日出版）

盛衰閱盡話滄桑（兩萬餘言長文）……周佛海
記蔚藍書店……朱樸
關於風土人情……文載道

中華民國三十一年十二月一日出版

社長　朱樸
主編　周黎庵　陶亢德
發行者　古今出版社　上海亞爾培路二號
發行所　古今出版社　上海亞爾培路二號
印刷者　國民新聞圖書印刷公司　上海靜安寺路一九二六號
經售處　全國各大書坊

本刊每逢一日十六日出版　零售每冊一元五角

定閱價目（連郵費）

	半年	全年
本埠	十八元	三十六元
外埠	二十元	四十元

國民政府宣傳部　登記證滬誌字第七六號
公共租界警務處　登記證C字第一〇一二號

拙政園記

梁鴻志

蘇州拙政園，清末爲八旗奉直會館，在婁齊二門之間，林木絕勝，故元時大宏寺基也，其見諸詩文記載者，最初文衡山有『拙政園記』，幷三十二詩，王雅宜有『拙幷政園賦』，幷序，吳梅村有『詠拙政園山茶花』詩，徐健菴有『蘇松常道新署記』（道署卽拙政園，詳後），翁覃溪有『跋拙政園記』，其見諸繪事者，文衡山有拙政園圖，惲南田亦有拙政園圖，圖皆立軸，梅村南田後之詩人畫士，從而圖詠之者，更指不勝屈矣。

余按大宏寺興廢之詳，久無可考，明代之爲園主人者，據梅村山茶詩序，第言有王御史者，侵之以廣其宮，後歸徐氏最久云云。徐健庵道署記，僅言王御史某者，因大宏寺廢地營別墅老焉，爲陂池臺榭之樂，以自託於潘岳所謂拙者之爲政云云。蓋詳園名之所由起，而不斥言王御史之爲何人。清嘉慶間，長洲吳枚庵翌鳳，注梅村詩，亦但言王御史名獻臣，而不詳其仕履。余按蘇州府志：王獻臣字敬止，以錦衣衛籍（翁覃溪謂係錦衣鎭撫司匠籍），舉宏治六年癸丑進士，授行人，擢御史，巡大同邊，嘗以部卒導從游山，爲東廠緝事者所發，謫上杭丞，再謫廣東驛丞。武宗立，遷永嘉知縣，量移高州通判致仕云云。觀其以游山去官，究屬風雅之士，知拙者爲政，亦不失爲讀書之人（平津館鑒藏書籍記經籍考：有吳門王獻臣家藏書印，詩禮傳家王氏圖書，子子孫孫永寶之。虞性堂書畫印各朱記），固未可以庸流目之也。繼王氏主是園者，則爲徐氏。徐氏名字失載，文衡山記，第言王氏之子，以樗蒱負失之，歸里中徐氏，未詳其名。吳梅村詩所謂『兒郎縱博賭名園，一擲流傳猶在耳』，卽此事也。徐健菴記，則言侍御有子弗克負荷，以樗蒲與里中豪士徐君決賭，一擲失之，徐君傳子及孫，而生產亦耗云云。健菴稱其爲豪士徐君，度係袁彥道劉盤龍一流人，惜名字今無可考矣。清代以來，園無恆主，程序伯廷鷺多暇錄，國初爲鎭將所據，後海寗陳相國得之云云。此梅村詩所謂『齊女門邊戰鼓聲，入門便作將軍壘，荆棘從慎馬矢高，斧斤勿翦鶯簧喜。近年此地歸相公，相公勞苦承明宮，眞宰陽和暗回斡，長安日日披薰風者』是也。惟徐健庵道署記，則謂始虞山錢宗伯，嘗構曲房其中以娛所嬖河東君，而海寗相公繼之，門施行馬云云。是此園在順治初元時，未歸海寗相國以前，曾爲東澗蘼蕪雙棲之地，所謂搆曲房者不知東澗寄居是園，抑爲園主？健庵記中固未詳述，梅村山茶詩序，亦未言之，殆無可考矣。

余按海寗再相，在順治十一年，十三年三月，因御史焦毓瑞之劾，開缺以原官發盛京地方居住，十月召回北京，令入旗籍，迨十五年，後以交通內監吳良輔之罪，免死革職，舉家流徙盛京，家產籍沒，於是所謂拙政園者，亦同時入官矣。梅村詠山茶花詩，卽作於此園籍沒之後，詩序所謂『相國自買此園，在政地十年不歸，再經譴謫遼海，此花從未寓目』者是也。又詩序謂園內寶珠山茶三四株，交柯合理，得勢爭高，每花時鉅麗鮮妍，紛披照矚，爲江南所僅見。詩中又謂『百年前是空王宅，寶珠色相生光華，長養長資鬼神力，優曇湧現西流河，歌台舞榭從何起，當日豪家擅閭里，苦奪精藍爲翫花，旋拋先業隨流水』，據詩似王侍御因舊有山茶，而侵地爲園，然文記王賦，反遺其最盛之名花何耶？又衡山記中，稱王敬止直躬被斥，又與梅村所云士豪家侵奪者，迥不相侔，衡山梅村相去百餘年，而賦詠與記述已不能相應如此，欲援地志以證史事，戛戛難矣。

海寗籍沒，而駐防將軍以是園開幕府，再爲兵備道館，徐記所謂前備兵使安公以爲治所，未暇有所改作者是也。既而歸於王永寗，王永寗者，吳三桂之壻也，吳據滇黔起事，永寗與之有連，吳未敗而永寗先死，而是園則終以吳故，籍沒入官，當永寗居是園時，建楠木廳，柱礎皆刻升龍，僭侈逾制，籍沒以後，皆輦至京師，上供將作，蓋去海寗籍沒時，亦僅二十年也。

康熙十八年蘇松常道參議分守蘇州，又因王氏籍沒之園，改爲新署，而徐健庵爲之記，所謂蘇松常道新署者是也，後爲民居，輾轉歸蔣氏，謂之復園（一說名蔣園），又歸海昌查氏，嘉慶間又歸錢塘吳氏，謂之吳園。據多暇錄云。歸吳氏時，視舊園僅三分之一，吳卽吳崧圃協揆，名璥，嘉慶季年以吏部尙書協辦大學士者也。後又屢易主人，久之遂爲八旗奉直會館。

辛亥以後，至今二十餘年，余凡三遊此園。初至時，曲池未平，高臺垂圮，近則凋殘愈甚，兔葵燕麥，充牣其間，再閱十年，必夷爲茂草矣。寳珠山茶，固已無可踪迹，惟廳前古藤尙存，蔭餘一畝，相傳爲文衡山手植，綠陰庭院，猶餘古香。惜亦無人過而問者，是可慨也。至文衡山惲南田拙政園兩圖，詳見先退庵公書畫題跋，文圖作於正德八年癸酉，是年四十五歲。款署文壁，尙未以字行也。惲南田圖，則作於康熙二十一年壬戌，自題云：『壬戌八月，客吳門拙政園，秋雨長林，致有爽氣，獨坐南軒望隔岸橫岡，疊石崚嶒，下臨清池，磵路盤行，上多高槐，檉柳檜柏，虬枝挺然，迥出林表，繞堤皆芙蓉，紅翠相間，俯視澄明，游鱗可數，使人悠然有濠濮間趣，自南軒過豔雪亭，渡江橋而北，橫岡循磵道，山麓盡處，有堤通小阜，林木翳如，池上爲湛華樓，與隔水迴廊相望，此一園最勝地也。南田惲壽平畫並題。』幅上隔綾，王夢樓太守題云：『余同年友許穆堂侍御，寓居吳門蔣氏，余數得過從，因暢遊拙政園，今觀此圖，如再到也，古人作畫，不必求似，及其似處，竟與眞無以異，然則作畫貴似耶？不貴似耶？願與知禪者忝之，夢樓王文治記。』按康熙二十一年，南田四十九歲，正徐健庵作道署記之三年也，以余意度之，南田爲觀察使者之客，故得久居園中，容再參證，至園中景物，徐記謂王永寗以前居者數人，皆仍拙政之舊，自永寗始易置邱壑，益以崇高彤鏤，蓋非復圖記詩賦之云云矣。

文氏圖於正德癸酉，惲氏圖於康熙壬戌，相距百六十餘年，中經永寗更張，前後自不相似，惲作圖時，距永寗籍沒，不過數載，且園居日久，模寫必得其眞，故王夢樓所題，以爲與眞無異，然道光壬寅年，先退庵公引疾辭官暫居吳下，嘗挾惲圖與蘇鼇石廷尉，步游是園，以相印證，則謂園景與圖畫迥不相侔，蓋上距惲氏作圖時，又一百六十載，程序伯所謂園歸吳崧圃後，視舊園三分之一者，此言必有所據，園地既減於前，宜景物之不相似也。迄今又將百年，日就蕪廢，然水木明瑟，令人曠遠，要爲吳中園林之冠云。

書林逸話（上）

蕘公

余自民國十四年寄跡故都，屈指計之，小小廿年矣。中曾旅居滬上，食教汴梁，漫遊錢塘，訪古姑蘇，凡所至之地，莫不以搜求故書尋輯遺本爲職志，蓋嗜好所在，莫知其然。故十餘年來，亦略有所得，尤以故都之文化市場，由購書而接交書賈，又由考訂而知舊家遺物之流傳，固樂事亦趣事也。於是略悉書價之起伏，書籍之循環，與夫珍本祕籍之歸宿，顯宦學人之收藏，以及南北書價之比較，南北書賈之作風。久欲記其梗概，以留異日之回憶，良以書籍者，一國文化之代表，古今學術之泉源，其盛衰之數，較之米炭油鹽之漲落，其重要性奚止百倍。因不揣淺陋，凡有見聞，分段紀述，以爲觀察社會文化變遷者之參考。昔長沙葉德輝氏，曾撰「書林清話」，及「餘話」，稱重藝林，惟多關板本考藏之得失，古今書籍之優劣。此則注重有關社會，經濟，文化者，固不敢步武前賢，其性質亦各異也。

故都文化街與書業盛衰談

世人皆知北京琉璃廠爲舊書肆聚集之所，譽之爲「文化街」，記載中又簡稱「廠肆」。實則所謂文化街者，固然舊書鋪約數十百家，佔大多數，而商務印書館，中華書局兩新書鋪亦在其中，然其餘如古玩鋪，字畫鋪，碑帖鋪，筆墨店皆在廠肆，故其意義，應歸納此數種而成廠肆文化街之名，固不僅廠甸十字街也。亦如前外妓寮所居稱八大胡同，若細計之，又何止八巷。再則凡前外之廊房頭二條胡同，及珠寶市，皆珍珠寶物，古玩玉器之聚市，京人稱之曰「紅貨行」，其器物均有關文化藝術，似亦應在文化街範圍內，且距離極近，不過習俗凡言廠肆者，則僅指琉璃廠書店而云也。

按北京舊書鋪共分兩處而居，最多者即上所謂廠肆，約近百家，地在南城。一在隆福寺街，位東城東四牌樓，由東至西，全街皆舊書店，約四五十家。兩處合計共百餘家，此眞各地所無也。（上指大者聚處而言，其他散於四城者，均小規模。）惟兩處今日視之，雖有多少之分，而規模則同。然論其歷史，琉璃廠資格最老，（關於廠肆記載，有乾隆時李南澗「琉璃廠書肆記」，光緒間繆荃孫又繼之撰「書肆後記」。其他散見於學人筆記文集者猶多，大皆述書肆書賈名號，及貿易價值情形。次如葉氏「書林清話」，「餘話」，李慈銘「越縵堂日記」，日本島田氏「古文舊書考」，則專著板本之沿革。刊刻之異同。以上或志書肆，或記書史，皆有關文化，實一而二，二而一也，由上諸書，知廠肆已盛於乾隆，歷史最遠。）隆福寺則新近形成，蓋隆福寺本屬廟會，逢九十等日有市集，每至該日，百貨雜陳，京人云「趕廟」，南方則曰趕集，或趕墟，至今雖爲書賈聚族而居，而廟會則仍存在。越縵堂日記嘗云至隆福寺地攤買書，是光緒中葉，隆福寺書鋪，實爲由攤而店之起始，殆後市面繁榮，文物興盛，於是「東廟」書攤，遂由行商變爲坐賈，近則櫛比鱗次矣。紀其年歲，至多不過五十，然後來居上，現則與廠肆東西並峙。所謂北京書肆之沿革，大致若此。

至於近二十年來，書肆盛衰，幾多起伏，其性質之變化亦鉅。約略言之，可分數期，自民國十年後至十五六年，書業的內容與作法，可謂率由舊章，亦可謂正統派之最末期。其內容以板本書爲正宗，大都注重經部及詩文集，時物價低廉，售價雖少，「秀氣」（書賈行話以獲利曰秀氣）殊多。凡所售貨物，雖未能一本萬利，而舊籍及批校鈔本，以三五角錢得之，售至數十金者，則爲尋常之事。尤以故家子弟，不知先人創業艱難，視珍本祕冊如敝屣，或因賭房吃租，或原箱不動，聽書賈略給値而叫拉走者，亦不鮮見。故此期書肆，本小而利厚，買賣亦容易作。自民十六至民二十六事變前，則爲書業之轉變期，然仍爲書肆之黃金時代。所謂轉變者，即是時東西科學，潮湧而入，一切學問，均高唱科學方法，於是學重實際，書尙考據，以前所注重之經部文集，漸無人顧，史子兩類，乃大盛行。不過此期中，在政治方面，時有波瀾，經濟社會，亦多改革，而價廉貨豐，從書業本身言，貿易既極興隆，價値亦無大變動，僅不明時代潮流者，略受影響，仍不失爲黃金時代。由事變至今日，書業生計，有如吾鄉挑柴扁担，蓋兩頭尖而中間肥也。當事變初起，人心不定，百業蕭條，書價亦因之大落，至後中外競買，供不應求，價又大漲。直至去年十二月八廿，三四年間，皆極興盛，又隨物價高漲，遂無準譜。凡書名稍冷僻，內容帶考據者，莫不信口索價，且易出手。今春以來因燕京等校關閉，書業貿易一落千丈。現在書價雖大，買賣則稀，復呈疲敝不振狀態矣。

舊書業之轉變

關於舊書業之概況，既如上述，本來既云舊書，且以之爲貿易商品，則以板本精粗，刊印初後爲標準，自爲當然，目爲正統派，亦無可非議。自宋元後遠者無論矣，即明清兩代，南北書賈莫不以宋元板書爲佳貨，縉紳學者亦以得之榮幸。如范氏天一閣藏書，皆宋元本，最次亦屬明刻，他如聊城楊氏，吳門黃氏，亦皆以宋元明本爲藏書之冠。又昔時以經學八股取士，故一般風氣，多注意經部集部，經部者爲研究國學，專精某經之用，集部者，爲摹擬古文，以備得科舉後，爲人撰碑銘傳序，所謂敲門磚者也。至於子史兩類，乃藏書家所蒐輯，以備四部，及考據家所參考，以炫博學；非普通一般所讀閱也。故明清間收藏鑒賞家目錄所列，除宋元本外，間重抄本祕籍，然不逮前者重要。迨乾嘉時樸學者出，考訂訓詁之學大行，因講求實學，一般學者，均搜求考據紀載之著，然此不過少數士大夫於學術之興趣，仍未能蔚爲風氣，而講實學之書，仍不爲一般人所注重。直至清末，李慈銘葉德輝二氏，首倡「板本之書」與「學術之書」，應明白分劃，於是學者始漸注意。收藏家繆荃孫亦主是說，光宣之際劉師培鄧實等創辦國粹學報，專表揚明季史實，又以當時廢止經藝舊文，並重科學考據，於是舊書，亦如人之「轉運」，經集兩類，漸趨銷沉，子史代之而興，民十六後，其風更盛。然子史又分若干門類，其中最遇時會者，莫如明代關於奏議紀事之舊抄本，及各省地方志。最初無人注意，民國十五六年間，如地方志之最佳者，（明季清初及少見者）不過五角一本，大約一部四册六册，價僅二三元，普通者每部不過一元餘。猶憶某次於隆福寺書店，見人買方志書，不論部册，以手杖量其書堆之高矮，爲省手續，其賤可知。後因外人欲明中國各地版圖山川，產業風物等情，乃大購方志，國人亦漸知其重要，價值因扶搖直上。事變後哈佛燕京等處，凡方志書只要爲其目錄所無者，任何高價，均必購置。余見一明本「肇慶府志」十册，書賈竟敢七百元購得，售之燕京，得千二百元，猶因年關貶價求現，眞駭人聽聞矣。又余舊藏有「道光江北廳志」，乃檢閱鄉邦文獻之用，購得不過十餘元，適爲燕京所無，書賈見之願出百二十元求讓，余未之許，擱至今日，又不値幾文矣。於此可見近年來書運之變遷，質言之，要視其出路而轉向也。

事變後之舊書業

當事變初起，因社會人心之不安定，舊書業與古玩行，皆一度沉寂，無人過問，其時間約半年至一年。自二十八年起，人心漸趨平復，故都尤極繁榮，舊書業遂由銷沉而復活，並臻極盛。當時不佞嘗語中東友人，謂現在百物昂貴，僅舊書尚未漲價，機會殊不可失。可惜余雖勸人購書，且明知其價必大漲，而個人因限於經濟力，所購置極有限。果也自己卯庚辰後，因公私機關與中外學者爭相蒐求，書價亦隨物價激增。其性質凡有關歷史地理者，最貴最快，子部集部次之，惟取其內容帶考據者。至前年冬季去歲春天，書價之昂，達於極點，幾無一定標準。各大書店每年必出一次目錄者，是時皆藉口紙貴，未克印行，實則恐怕自己將價定死，不能隨時增漲，徒滋後悔，且反束縛。按去年冬季以前書價，若與事變前比較，經部與詩集，約增一倍；子部隨筆小說，約加三四倍；史部雜史，地理，及子部考據等，約增五六倍；至於書本祕籍，舊抄精校，竟增至十倍以上，抑或過之。余嘗謂書賈云：以前書目，現已廢除，且不適用。然余發現一原則，即凡舊書目中定價五元以上者，今皆可視爲善本。此雖戲言，要亦實情。舊書之行市既如此，諺云「利之所在，衆必趨之」，又云「重賞之下，必有勇夫」，於是每家書店，皆派幹員或遠赴蘇杭滬粵，或近走齊魯豫晉，遠採近取，博采窮搜，每寄貨回，均獲厚利。蓋喪亂之餘，各地方之世家巨族，昔日收藏，大皆流出，當時如魯之濰縣，晉之汾陽，豫之開封，凡所號文物之邦，一邑之地，即有北京「出外」書賈數十人之多。因互相競爭，貨底亦隨之增大，加之盤費澆裹，更爲書價飛漲無已之理由。至其銷路，時購買力最强者，若哈佛燕京社，大同書店，皆購寄美國，年各約數十萬元。又興亞院，滿鐵，及國立大學，亦買不少。私人方面，如南京內長陳羣，專買明棉紙古本，北京財署督辦汪時璟，則專蒐舊抄名校精本，以及天津某名流，與東瀛學者，皆善本書之好主顧，同時價亦可觀。又近三四年來，燕京大學及哈佛社因時會關係，挾其經濟力，頗買得不少佳本。於是珍本祕籍，多浮海而去，言之令人浩歎。書商雖亦不願所倚爲世代生命者一去不返，然迫於經濟生活，亦無可如何。自去年太平洋戰起，燕京大同解散停閉，舊書業雖一蹶不振，而書籍則得以保存，不至滔滔而逝，未始非大快事也。綜觀此數年間，舊書業雖極發達，錢亦賺得不少，然實爲畸形發展，亦可謂是變態狀況。即昔日社會所重之板本書，幾無人問津，愈特別冷僻者，價值越高。於此亦足覘世變，凡好看而不切實際者，則先不買。一般守舊派也可說正統派書商，猶注重「金鑲玉」「包角」「襯紙」者，皆不合時尚，以其皆太平玩意也。其頭腦活潑，能注意實學考據者，莫不大得其意。不特經部打入冷宮，即普通書亦銷不動，宜其曇花一現，不能持久。今春以來，凡「吃軟片」同志，又莫不疾首蹙額，咸散淡閒人矣。

北京藏書概略

北京爲世界有名之文化城，所謂文化者，條件極多，而最要者，則爲圖書，古物，美術，建築等。故都古物之富，藏書之多，久著於世，凡東西學人研究漢學者，莫不先至北京，其最大原因，即以北京書籍，較任何地爲全也。關於北京藏書，自然以「國立北平圖書館」規模最大，按其前身，原名「京師圖書館」，於清末成立，由繆荃孫等創始，其書籍則清季學部所藏。地址原在東城方家胡同，後遷入北海。迨蔡元培任館長，以庚款爲基金，另築新廈於北海側，高樓綠瓦，畫棟雕樑，形勢摹仿宮殿，而中西合璧，儼然與南面故宮對峙。因得文津閣四庫全書實其中，並易其街名爲文津街。十年以來購藏最多，搜羅最廣，嘗派館員至滬杭收買，凡舊家珍物，名人遺著（如李慈銘王國維梁啓超諸人手校藏書），或大批捐贈，或整起寄存，善本名籍，不可勝數。是不僅乃中國第一圖書之府，即列於世界圖書館中，亦自有其位置也。

尚有一國立圖書館，而不爲人所注意者，即故宮博物院圖書館，不特外人不注意，北京人亦不大知道。其原因或者以北平圖會館擺在通衢，顯而易見，逛故宮則須花五角門票，不求開眼者皆不去，實則單往圖書館看書，亦不花錢也。故宮圖書館所藏，以清朝一代官書最多，善本亦富，而紅本實錄及方略譜牒等，則絕非外間所能得到。即以圖書論，所謂天祿琳琅之富，凡宋元本，內府精鈔本，莫非天壤瑰寶。且有一事最關史事者，其中多數宋本，尚爲北宋時物，因靖康之禍，金人入汴，所擄而北遷者。今據「三朝北盟會編」，「甕中人語」諸書，猶可考見其遷運時日。中經元明清三朝，七八百年，未全損壞，誠幸事也。余曾撰「元明清大內藏書考」一文以紀其事。世人嘗云滄桑之變，此眞可語滄桑矣。出有目錄數冊，分善本與普通本。

還有一事應附述者，蓋故宮本分三館，即古物館，圖書館，文獻館是也。文獻館所整理者，全爲前清內閣上諭及各省奏報，以其太多，因另立門戶，蔚爲大國，且反到爲人注意。本來目錄分類史部下，有詔令奏議類，故文獻館所屬，論其性質，實應附於圖書館之下。猶憶十年前在文獻館蒐輯史料共一小桌者，約四五人，狹促不堪，幾不能舒臂。余鈔錄道咸同剿逆軍報，吳寄荃丈（光緒甲午進士）則輯關於蒙藏文件，清華蔣廷黻君則錄外交史料，餘已不能記憶。迨後各以所輯發表，莫不略得虛名，亦可見文獻館所藏，誠如寶山之富矣。而蔣君無分冬夏，皆着其分餘厚之棕色燈草絨西服褲，尤爲趣事，今日走筆記之，已如隔世夢幻矣。

北京圖書館資格最深者，則爲國立北京大學圖書館，北京大學在光緒間稱京師大學堂，已略有藏書。至民國後，因康有爲董綬經諸人之援助，頗得善本，基礎之立，實始於是。旋又逐年選購，收藏益多。其板本以明本爲多，清本次之。人事方面，如李大釗，馬衡，毛止水諸人，均曾任館長。最初出有油印目錄二厚冊，糢糊不清，至毛任時，始先出善本書目一冊。大都普通書籍，勉强論之，當以明季史料最多，然其所藏，在國中亦第一流。再其研究所國學門亦有藏書，尤以碑帖拓片，明清文檔，爲世稱道。其拓片多係繆氏藝風堂遺物，每一片上，皆有繆氏題跋，凡二千餘種，據內行估計，每片約值五十金，則其總數亦可觀矣。其檔件則清理故宮時賣出共共數千袋，以爛紙售於某大南紙店，後爲羅振玉金梁陳垣諸人所閱，乃設法備價贖回。除羅金私人收藏整理外，以大部分讓於北京大學，而研究所遂成立一「明清史料整理室」，史學家如朱希祖孟森二氏，皆曾主持整理，發明亦多。

除上述外，尚有一最大藏書處，則東方文化事業委員會圖書館是也。按東方文化會，原亦庚子賠款退還者所組成，於民國十六七年由王晉卿柯紹忞江瀚諸人發起，因欲創一文化事業，故先購書作基礎。時南北書籍之價正廉，而主持買書者，又爲板本目錄專家徐中玉倫哲如二氏，徐氏人稱徐二爺，原任北平圖書館主任，在舊書業中頗負聲望，人亦和平中正，於板本書及鈔本書等善本，可謂極精，凡所選購者均有關學術珍籍，或爲人所不知及不注意者。倫氏名明，於圖書見聞極博，收藏亦富，通學齋書店，彼卽東家，尤注意史料冷貨。於是東方所藏凡經二人之手者，莫非佳槧，幾集北京圖書之精英，其性質純爲學術之書。尤以名校精鈔稿本最多，出目錄十厚册，在數量上雖不足與北平圖書館比，而其精粹，則不相上下，洵孤本祕籍之大觀矣。

再次則有清華燕京兩大學圖書館，二者均後起，所購書籍，大多經史子集各類之普通者，其精粹與數量，皆不及北京大學，然亦不少。事變後清華遷移，惟燕京屹然獨立，近三四年來北京舊書業，大半以燕京大同爲第一出路，因其經濟力强，且無競爭者，數年之間，頗獲善本。書賈每得好書，必先送燕京以求善價，故近年之燕京圖書，逈非昔日清華可比，幾可與北京大學，東方文化會相抗，眞可謂突飛猛晉者矣。其情形已見上文，茲不再贅。

上述各藏書處，均國中第一流圖書館，規模完備，不特普通書四部齊全，卽善本亦各不少，且各具特質，自成風格。其他尚有國立師範大學，北平大學等圖書館，及市立圖書館等，不過全屬普通書，及雜誌萬有文庫，毫無佳本珍籍，可云乏善可述。在圖書位置，已三四等矣。

至於私人方面，最可記者，莫如吾鄉傅沅叔丈藏園所藏，名聞中外，大都宋元佳本，出有書目題跋二種，足與前賢媲美。他如天津李盛鐸所藏，亦多佳槧，前歲以五十萬元讓與北京大學。又董康氏藏書亦富，且皆善本，現在北京書賈，凡獲宋元明舊籍，總先見傅董二處，董藏法律書尤多。又前北大教授朱希祖，人稱朱大鬍子，購書最豪，所藏以明季史料最多，多人間未見書，現皆封存。倫哲如所藏，雖多淸刻，然皆珍本祕籍。又孫蜀丞專藏淸人文集，亦有佳本，前胡適之考證儒林外史，曾翻印吳敬梓「文木山房詩文集」，卽孫氏所藏也。又陳援菴先生藏書以關於宗教者爲多，最著者如玉林國師年譜，及北遊集諸書，皆海內孤本，人間星鳳。新興之家，如天津某氏，北京汪翊唐氏，專搜精批校本，所獲亦頗可觀。故都私人收藏大致如此。不佞見聞孤陋，漏萬之譏，在所難免。

又據余所見南方如南京國學圖書館，規模之大，足與「北平」相埒。他如浙江圖書館，上海徐家匯藏書樓，及南洋公學圖書館，以及私家劉氏葉氏，皆收藏極富，且皆親覽。至於寧波范氏天一閣，則人所共知，不必細表。近聞漢口市長張君，專收碑帖古物拓片，南京陳內長羣，則專購明本，因未親視內容，不敢妄論，旣負聲譽，想必可觀。至於華北，事變前如山東河北河南各省立圖書館，藏書亦富，山東尤多佳本，余曾親往展閱，聞事變後，稍稍散出矣。因記憶所及，特附述之。

壬午閒綴

——談梅巧玲

徐一士

清季北京名伶梅巧玲，譽噪一時，領四喜班，衆情翕服，其爲人尤任俠尙義，軼事流傳，頗見諸家記載，如孫靜庵「棲霞閣野乘」卷七云：「梅巧玲，字麗芬，貌極豐豔，演青衫花旦，皆極盡能事，工漢隸，略能詩畫，咸豐末，有某太史者，故世家子，以揮霍傾其貲，極眷巧玲，嘗負巧玲債二千金，未能償，以病卒僧寺中，其同鄉某君者，爲折柬召諸鄉人，集殯所，謀集貲送其喪，諸鄉人各道貧苦，無肯先下筆者，日晡所集不及百金，某君舌幾敝矣，忽門者報巧玲至，諸人相顧愕眙曰：是殆爲索逋來歟？彼若見吾輩醵貲狀，或即向吾輩索取，可若何？言未竟，巧玲已素服入，哭盡哀，移時，始輟涕向諸人曰：太史生前嘗負我二千金，今既亡矣，母老子幼，吾尙忍言舊債耶？即出券懷中，向柩前一揖，就燭焚之，徐又出一紙投某君曰：聞太史喪歸尙無貲，謹賻金二百，爲執紼之助，恨所操業賤，未能從豐以報知己耳。語畢拭淚而去。諸人者乃相顧無人色。巧玲卒於光緒辛巳壬午間，生平以姓梅，故酷嗜梅，葬於京東某村，墓上樹梅三百株，其遺命也。巧玲少子肖芬，亦工畫蘭，今都下諸伶，色藝以梅蘭芳爲冠，即肖芬子也。」蓋佳話流傳，有如此者。（梅謂所操業賤，在當時可如此說，今則伶不賤矣。）「棲霞閣野乘」於民國二年出版，其時梅氏孫蘭芳在伶界已大紅矣。又民國五年出版之「中華小說界」第三卷第六期，載「思荃館筆記」（撰者署跛公），亦有一則，與「野乘」所述相同，蓋出一源，惟肖芬作幼芬，若然，是與嘗與梅蘭芳齊名之朱幼芬同名矣。至墓上樹梅三百株之說，未知是否果爲事實，抑出傳者附會之詞，北京少梅樹，風土不甚相宜也，植三百株於墓，若能成長如南中，頗非易易耳。梅氏卒年，此云在光緒辛巳壬午間，未能確指，按梅實卒于壬午（光緒八年），今歲又爲壬午，相距恰爲甲子一周，亦伶界之一紀念也。

六十年前，當梅氏卒後，李蓴客（慈銘）於其出殯日有所紀，見其「荀學齋日記」丁集下，光緒八年壬午十一月初七日云：「揣初來，敦夫來，是日四喜樂部頭梅蕙仙出殯廣慧寺，聞送者甚盛，下午偕兩君出大街至其門首觀之，則已出矣，遂雇車歸。蕙仙名巧齡，揚州人，以藝名，喜親士大夫，余己未初入都時，曾一二遇之友人坐上，未嘗招以花葉，及今二十餘年，解后相見，必致殷勤，霞芬其弟子也，余始招霞芬，蕙仙戒之曰：此君理學名儒也，汝善事之。今年夏，余在天甯寺招玉儷，玉儷適與蕙仙等羣飲右安門外十里草橋，蕙仙謂之曰：李公道學先生，汝亦識之，爲幸多矣。此曹公議，遠勝公卿，然余實有媿焉。自孝貞國卹，班中百餘人失業，皆待蕙仙舉火，前月十七驟病心痛死，其曹號慟奔走，士夫皆歎惜之。蕙仙喜臨漢碑，工八分書，遠在其鄉人董尙書之上，卒時年四十一。」又云：「蕙仙後更名芳，字雪芬。」對梅氏，蓋甚稱其善，且頗寓知己之感（其辭若有歉焉，其實乃深喜之），一腔牢騷，亦借此略一發攄之。李氏擅文學，通掌故，浮沈郎署，沈冥廿載，久以知音者稀不獲大用自傷也。如所云，梅對李固甚推崇，而「理學名儒」「道學先生」之頭銜，加之李氏，未爲甚合，或僅梅氏之世故詞令耶？要之，梅自爲伶人中雅有書卷氣者，年甫逾四十遽卒，宜士夫同聲歎惜焉。梅蓋江蘇泰州（今泰縣）人，故揚州府屬也，董尙書謂董恂，甘泉（揚州府附郭邑，今倂入江都縣）人，夙以工八分書著聞者（久官戶部尙書，是年正月以京察罷官）。梅名巧玲，久稱於世，此曰巧齡，又曰更名芳，當非無根之談，齡玲音同，或本作巧齡歟？其字蕙仙（或作慧仙，以音同而通用也），亦人所習知，更字雪芬，則知之者較少矣。「棲霞閣野乘」謂字麗芬，未知是否即由雪芬傳誤，抑並有麗芬之字也。李氏未言焚券致賻之義舉，惟書其於國喪停止演戲時賙濟班衆事，亦略見其爲人。

李氏門人樊雲門（增祥）「梅郞大母陳媼八旬壽序（幷詩）」云：「……余丁卯計偕，郞之王父慧仙，有盛名于鞠部，藝之精不必言，其任俠好義，往往爲朋輩所稱述，僉謂得于內助爲多，蓋媼以笄年適梅，同籍江南，氣含烟水，北地燕支慕慧仙者十人而九，而高柔疋敬賢妻，未嘗涉平康一步，旣長四喜部，同部百數十人，並受約束，若子弟畏父兄然，以吾眼見，兩遇遏密，它部伶人星散，唯四喜全部衣食于慧仙，百日之內，盡出所蓄以贍同人之窮乏，媼亦搜篋助之。及歌館重開，所部諸伶皆感其德施，畢力獻藝，先師李會稽歎曰：使今之將帥馭兵如梅伶，則萬衆一心，髮捻不足平也。同治初，有選人與慧仙善，券貸二千金，未到官而歿于京邸，擧殯之日，親賓雲集，而慧仙亦至，衆疑其索逋來也，慧仙敬拜訖，出券就燭焚之，揮涕出門而去，歸語媼曰，曩貸金時，假汝條脫以足之，今幷汝金亦罄矣。媼曰：君能行誼，吾獨不能捨此戔戔者耶？玆事五十年前都下盛傳，今知者鮮矣。……長言不足，繼以永歌。其詩曰：荆十三娘有後身，仙姝節俠舊曾聞，一雙華綠金條脫，都向馮驩券裏焚。（其一）……」述梅氏義行，兼及內助之賢焉。所謂兩遇遏密，指清穆宗（同治帝）及孝貞后（慈安太后）兩次大喪（同治十三年及光緒七年）劇場停演事也。（陳愼言「天和閣聯話」云：「名伶梅畹華之祖母陳，爲名伶陳金爵之女，梅巧玲之婦，以相夫焚券夙著𦗜聲，生二子，雨田竹芬，皆有時譽，早逝，晚歲撫育孤孫，遂使負盛名，爲梨園之冠，於甲子五月十一日卒，年八十五歲，一時海內名流題輓，頗多佳構，……王書衡聯云：相夫義行高焚券，修契嘉辰罷擧觴。樊山老人則塡金縷曲一闋，推崇備至。」可參閱。民國八年舊歷三月初三日，畹華曾在北京織雲公所爲其祖母祝八十壽，故王聯及之也。）

又梁溪坐觀老人（張祖翼）「清代野記」卷上云：「咸豐季年，京伶胖巧玲者，江蘇泰州人，年十七八，姓梅，面如銀盆，肌膚細白，爲若輩冠，不甚嫵媚，而落落大方，喜結交文人，好談史事，綱鑑會纂及易知錄等書不去手。桐城方朝覲，字子覲，已未會試入京，一見器之，自是無日不見，非巧玲則食不甘臥不安也。其年方之妻弟光熙亦赴會試，同住前門內西城根試館，方則風雨無阻，日必往巧玲處，雖無大糜費，然條子酒飯之費亦不免，寒士所攜無多，試資盡賦梅花矣，不足則以長生庫爲後盾。始巧玲以爲貴公子，繼乃知爲寒畯，又知其衣服皆罄，遂力阻其遊，不聽，然思有以報之，會試入場後，巧玲驅車至試館覓方，方僕大罵曰：我主身家性命，送一半與□□了，爾來何爲？巧玲曰：爾無穢言詈我，我來爲爾主計，聞爾主衣服皆入質庫，然否？僕悻悻曰：倘何言，都爲你！巧玲曰：非也，趁爾主此時入場，爾將當票檢齊，攜空箱隨我往可也。于是以四百餘金全贖之，送其僕返試館而別。次日方出闈，僕告之，感激至于涕零，及啓笥，則更大駭，除衣服外，更一函盛零星銀券二百兩，媵以一書云：留爲旅費，如報捷後，一切費用，當再爲設法，場事畢，務須用心寫殿試策，俟館選後再相見，此時若來，當以閉門羹相待，勿怪也。方閱竟，涕不可仰，同試者皆咄咄稱怪事，卽其僕亦眙瞿不知所云，第云：眞耶眞耶，眞有此好口口耶？方大怒曰：如此仗義，雖朋友猶難，爾尙呼爲口口耶？場事畢，方造訪，果不見，無如何，遂閉戶定課程，日作楷書數百字而已。榜發中式，日未暮，巧玲盛服至，跪拜稱賀，復致二百金，謂方曰：明日謁座師房師及一切賞號，已代爲預備矣。方不肯受，巧玲曰：爾不受，是侮我也，侮我當絕交，乃受之。方僕一見巧玲，大叩其頭，口稱梅老爺，小的該死，小的以先把爾當個壞口口，那曉得你比老爺們還大方。巧玲聞之，笑與怒莫知其可也。及館選，巧玲又以二百金爲賀，方曰：今眞不能再領矣，且旣入詞林，吾鄉有公費可用，不必再費爾資，始罷。孰知館選後未匝月卽病故，巧玲聞之，白衣冠來弔，撫棺痛哭失聲，復致二百金爲賻，且爲之持服二十七日。人問之曰：爾之客亦多矣，何獨于方加厚，巧玲曰，我之客皆以優伶待我，雖與我厚，狎侮不免，惟方謂我不似優伶，且謂我如能讀書應試，當不在人下，相交半年，未嘗出一狎語，我平生第一知己也，不此之報而誰報哉？從此胖巧玲之名震京師，王公大人皆以得接一談爲幸。……方之僕名方小，族人之爲農者，鄉愚也，故出言無狀如是。」寫來興會淋漓，頗饒趣致，其情事有寫得似一品花寶鑑」之寫蘇蕙芳（影指李桂官）與田春航（影指畢秋帆）處，亦可作小說讀，至梅之此項義舉，似與樊孫所述焚券云云亦爲一事，惟傳說有異同耳。（張氏並述及其子乳名大鎖者，爲京師胡琴第一，譚鑫培深倚之，大鎖卽雨田，蘭芳之伯父也。）

關于梅氏此項義擧，旣多見稱述，事當有之，乃諸家所述不一致，樊孫之言相近似，亦有小節之異，張氏則另是一種說法，無所謂焚券矣，（却未必是兩件事。）大抵一事而經衆口輾轉傳說，再致互歧，他書似尙有記此者，未暇細檢，或歧中又有歧也，此事情節，並不複雜，而亦易歧若是，醒醉生（汪康年）「莊諧選錄」卷二云：「西人狀傳言之易錯云，使十餘人圍坐，甲與乙耳語一事，乙又耳語告丙，丙又告丁，如是轉輾，復至於甲，則其言必大謬誤，此語最爲切當。」雖說得不免太過，而傳衍小異或至大異，理固有然已。

梅氏卒于光緒壬午十月十七日，予告刑部尙書桑春榮（字柏儕，道光壬辰翰林，本浙人，宛平籍），亦于此數日內卒于京邸（有詔賜卹，予諡文恪），壽八十有二，適倍于梅，桑梅二人，一貴官，一名伶，均屬京師有名人物，同時逝去，好事者爲合撰一聯，頗工巧，一時傳播都下，十餘年前，友人某君嘗爲余誦之，今竟不克擧其詞，垂老健忘，衰徵可喟也。（桑氏爲道光二年壬午科擧人，至光緒壬午，鄉擧重逢，鹿鳴重宴，其孫嵩恰又以同治庚午優貢中此科擧人，甲子一周，祖孫爲先後同年，亦一時傳爲佳話者。）

關於墨

何戡

不久以前，我寫過一篇談墨的文章，不料却得到一個反響，古歙曹素功主人曹叔琴君寄來了一封信，還附來了一冊『蘇粟齋墨錄』和兩塊墨，因此又引起一點興趣來補談一下。

談墨自然有『墨經』『墨史』之類的大著作，不過這些我都不想去沾惹。我的脾氣是胡亂翻書，因而所得到的一點知識也極其零碎，不足以博方家的一笑的。我只記得東坡居士對於墨很有些好感。果然，在『東坡題跋』卷五一翻，發見了不少。

最令人惆悵的，大概是那『書求墨』的一則了：

阮生云：未知一生當著幾緉屐，吾有佳墨七十丸，而猶求取不已，不近愚耶？

這話說得頗好，能著幾緉屐的話頭，常聽見人說，東坡的關于墨的話則很少有人提起了。其實，他的下邊的話似乎比阮君所說尤爲含蓄。坡公詩云：『非人磨墨墨磨人』，也就是這一句話的另一種說法。題跋中別有一則『書茶墨相反』云：

茶欲其白，常患其黑。墨則反是。然墨磨隔宿則色暗，茶碾過日則香減，頗相似也。茶以新爲貴，墨以古爲佳。又相反矣。茶可於口，墨可於目。蔡君謨老病不能飲則烹而玩之。呂行甫好藏墨而不能書，則時磨而小啜之，此又可以發來者之一笑也。

這可以使我們知道好些事。『磨而小啜之』的事果然有趣。不過除了呂君，同好恐怕少了。我也曾經去到大墨莊買過墨。指明要舊些的。那夥友就問我是不是吃的。當時我的確大吃一驚，以爲此公也是呂行甫之徒。我非書家固矣，不過小啜而弄得一嘴烏黑，却也無此雅興，後來才知道他是指的郎中所開的方子裏所用而言。這也只好怪我見聞太陋，墨據說是可以滋陰補腎的哩，不過新貨就不行，因爲裏邊採用了洋烟和不知什麼化學原料，吃下去就很不保險了，墨的可以當藥用，我也在題跋裏查到點根據，『記李方叔惠墨』云：

李方叔遺墨二十八丸，皆麝香氣襲人，云是元存道曾倅陰平，得麝數十臍，皆盡之於墨，雖近歲貴人造墨，亦未有用爾許麝也。

麝香據說就是興奮劑。吃下去足以得到某種效果的。但子瞻却說這可以治高氣：

徂徠珠子煤，自然有龍麝氣。以水調勻，以刀圭股。能已高氣，除痰。飲，專用此一味，阿膠和之，擣數萬杵，即爲妙墨。不俟餘法也。……（書徂徠煤墨）

又『書龐安時見遺廷珪墨』云：

吾蓄墨多矣，其間數丸云是廷珪造，雖形色異衆，然歲久墨之亂眞者多，皆疑而未决也。有人蓄此墨再世矣，不幸遇重病，醫者龐安時瘉之。不敢取一錢，獨求此墨。已而傳遺余，求書數幅而已。安時蘄水人，術學造妙，而有賢行。大類蜀人單驤，善療奇疾，字安常。知古今。删錄張仲景已後傷寒論極精審，其療傷寒，蓋萬全者也。

這也不失爲佳話，藏墨者一向侈談天水，其實這在宋時，即已難得如此，何况今日。關於李氏的淵源，姜紹書韻石齋筆談曾有說及，『墨考』云：

古延州石墨，可磨汁而書。晉陸雲與兄箋云：三上臺藏曾公石墨數十萬觔，燒之可用然烟。觀此語則石墨未必可磨，亦如松節之燃脂作墨也。至漢始有隃糜之名，唐始有松烟之製。至李廷珪始用腦麝，張遇始金箔，廷珪父超，乃奚姓。唐末與其子自易水徙居於歙，遂爲歙人，南唐賜姓李氏。則歙墨之源，其來久矣。珪弟廷寬，寬子承安，安子文用，皆世其業。

『墨考緒言』也有一些可以補充：

有祖氏者，居易水，爲唐之墨官。雖他氏之墨，必藉其姓而傳之。廷珪之父超，亦易水人也。故易水之墨，以久特聞。

李氏爲唐代墨官，足徵當時對於文房用品的考究。即此一小道也要專設一官，其能發揚光大，當然無可疑，至於墨之闕氣者，有『墨妖』，『前塵夢影錄』與『墨考』均有說及：

宣和帝以勞合油搜烟和墨，雜以百寶，金章宗購之，每兩黃金一觔，欲倣不能，歎謂墨妖。（此據墨考）

宋徽宗是天份很高的人，字寫瘦金體，至今故宮尙有眞跡留存，畫則更有名，『宣和御筆』流傳至今者也不少。不過費了這樣許多錢來造墨，未始不是該亡之徵罷。

以上雜亂引了不少，不過全是講了好玩。這些已經全是古董，即使有錢也難以買到了。我們根本不能得見，現在稍可講求一下的，也不過是明墨而已。姜紹書說：

昭代硯不及唐，箋不及宋，即筆亦無宣州毫之圓雋，唯墨之道，超潘駕李，差足爲藝林吐氣。

明人自視甚高。他們的代表人物，可推出幾個人來，即是程君房，方于魯，羅小華，邵格之數人。關於羅小華，『墨考』說：

小華名龍紋，新安人。嚴分宜當國，爲其子大符幕賓，授中書舍人。嚴敗伏法。所製墨糜玉屑金珠以爲珍異。神宗旂情翰藻，訪及羅氏墨。中涓重貲爭購，等於圭璧焉。

嚴分宜的鈐山堂，藏法書名畫至多。他自己也是名書家。北平有名醬園六必居的匾額，也是分宜所書。小華是他的門下士，嚴敗後伏法，足徵他在治墨以外還不十分老實。舊劇雪盃圓中的那一位湯勤，也是嚴府門下專門鑑別古物的專家，大概也就是小華一流人物，小華製墨，以膠輕著名，據說很容易失水而碎，現在很難得到了。不過僞製品倒也不少，在山東路一帶觸目皆是，一拿起來，惡臭觸鼻，如果不趕緊拋掉，眞會弄得難過起來的。

程方的製墨，是齊名的。他們還有過一部『墨苑』流傳下來。成爲明代板畫的絕作。原書五色套印，極少見。陶蘭泉藏有一部，但已歸於北平

0471

圖書館了。徐康的『前塵夢影錄』中紀其事云：

程君房(大約)有墨譜十六巨冊，前題後跋，皆有聞於世。圖繪之工，丁雲鵬吳左千居多。璵鏤之精，爲萬曆時稱絕作。因夥友方于魯建元負心，冊後附中山狼傳，並圖四幅。所記負心者，不厔于魯，然于魯亦以鬻墨起家。中山狼傳一出，方氏蒙垢。遂刻墨苑一書以相敵，並出資購燬此傳。故傳世者絕少。方氏書刻工不及程氏，即松烟工料亦不逮，乾嘉年間，藏墨者置程方二家，不加品藻，以其設肆，不足珍賞。第至今又越百年，且遭兵燹。即程方所製之墨，亦不可得。

至於方于魯的如何負心，不曾詳說，『墨考』所述較詳：

新安方于魯程君方，以治墨互相角勝，所彙墨譜，倩名手爲圖，刻畫奸精，細入毫髮。程作墨苑以矯之。兩家遺編，至今傳爲清玩。蓋于魯微時，曾受造墨之法於君房，仍假館而授粲焉。程有妾，頗美麗，其妻妒而出之，正方所慕也，乃令媒者輾轉謀娶，程公訟之有司，遂成隙。未幾，程坐殺人獄，疑方陰嗾之。故墨苑內繪中山狼以詆方。然以墨品人品論，程終不能勝方耳。

關於墨苑墨譜刻成的先後，二說各異，姜君明人，所言當可信，是當以後說爲正耳。

前面是明墨的大凡，在今日也是可談而不可即的了。舊京存墨甚多，鼎革之後，王公大臣所藏，往往流出市上，遂爲藏家所有。海門凌宴池先生撰『清墨說略』一文，刊諸大公報文藝副刊，知者特少。知堂先生作『買墨小記』曾加徵引，其說清墨，詳而有致。其言清墨之所以無順治墨之事曰：

余住故都十餘載，曾未一見順治墨。考其原因：一，因明末清初，安徽大亂，墨店停歇，墨模毀失，當時所用，盡係明代之遺。康熙時明墨已缺，胥以是故。二，因前清以滿人入主中夏，一時人心未向，諸王猶存，强藩繼起，天下人猶望明祚之再延，即或製墨，不署年號，若逕署順治，必爲士大夫所厭，反礙銷行。

這第二點理由實在是講得好的。讀史得間，大概就是這種意思吧。至於康熙時，三藩平定，偃武修文，巡行江南，曹素功後裔進呈製墨，得御賜紫玉光，前塵夢影錄記云：

曹素功休甯墨，工繼程方，而起於康熙朝。六飛臨幸江甯，進呈所製墨，蒙賜紫玉光三字，後充貢選烟及發售者，有雙龍文銜珠，皆扁方形，周圍貼金，無邊廓，陰文楷書塡藍。款則陽文。重五錢，千秋光同式。後曹氏後裔，列肆於皖於吳門，當在乾隆年間。余嘗攜舊所得者眎之云，此種康熙時製作，今不但此種烟料久斷，即墨之木模，亦遺失久矣。余猶記前人云：墨欲黑，茶欲白，欲視其黑，須得蜀中冷金箋，或以漆板試之，黃色青色居多，曹氏選料極精，得邀睿賞，有以哉！

余前得曹素功主人曹叔琴君賜書，所述家世頗詳，可供參觀：

茲將家世留陳於右：二十四世祖素功公，今假稱一世，俾易醒目。公諱昌言，號聖臣。清貢生，歙縣人。明萬曆乙卯誕生。讀書之暇，性好研究製墨一道。追蹤程方，不遺餘力，遂於清初在歙之巖寺鎮，開設墨肆。即以已名爲牌號。問世以來，成績優美，子孫遞嬗，世守勿替。至乾嘉間，叠辦貢品，御賜紫玉光墨額。』

至於紫玉光的名稱，當然是稱贊墨中有寶氣。凌君記云：

其時墨品猶存明代作風，磨後於黑光中帶紫光，或藍光，紫參丹砂，藍入石靑，或花靑，方劑極佳。

這種方法在乾隆以後，就失傳了，至雍正時，因爲文字之獄屢興，安徽明代墨手又巳多死去，新起者也多仍用舊模，所以雍正時代的邊款也極少。至於乾隆一朝，十全老人提倡於上，實在可以說是淸墨的黃金時代：

十全老人作六十餘年太平天子，雋好文學，提倡風雅，曾召汪近聖之子晉京專製御墨。品庶而量宏，直欲前無古人後無來者，時汪近聖偶起與曹素功爭霸，安徽墨家，皆不惜工料，爭奇鬥勝，其墨除御製黑如點漆外，大都黝然深黑，光彩動人。外表旣精，金色尤佳。嘗覽宋徽宗蘇東坡米南宮墨蹟，知乾隆精品不讓宋墨，漪歟盛哉！

無論什麽藝術品，在開始期的魄力宏大期以後，就會漸趨於精細加工之一途。嘉慶時期的墨法也就走上這一條路：

嘉慶承乾隆之遺風，銘園墨六十四笏，模子爲汪維高所造，刀刻之精，如對仇十洲小品，雖雄厚高古不及程方，而工緻精巧，彙成大觀，允推古今獨步，園明巳燬，其亭臺樓閣，從於此中得其髣髴。然而墨質巳盛極而衰矣。嘉慶邊款不甚著稱，爲乾隆所厭也。道光雖鮮御製，而安徽墨家，似甚振作。時汪節庵，程怡市，鮑乾元等均巳著名。胡開文亦漸露頭角，墨風一變，競以整齊光潔，堅硬，平正相尙。康乾墨有凹凸不平者，有極易破碎者，惟汪近聖方密庵小品極堅，道光時汪程鮑胡諸家所造，大都其平如砥，其堅如石。曹氏帶六世孫堯千德酬引泉邊款者，莫不平正精緻。汪近聖墨尤爲堅勁，迄今不稍變樣。大約搗工砸工，與人模懨工均有進步。以墨質論，可望嘉慶不及乾隆，細黑有之，光彩不足，貌存而神滅，然猶不失爲佳品。今巳可貴！

到了洪楊亂起，安徽的墨可謂遭一大刼，比起明亡來還要破壞得厲害，一時名手如曹汪都巳經全部完結了，却給胡開文造了好機會，在亂平以後獨步一時，曹叔琴君記云：

五世德酬公，推廣營業，分設蘇州支店，六世堯千公，繼守成業，詎料淸咸年間，洪楊起義，徽蘇兩店，同遭浩刼，僅保留昔年墨模二百餘副，視爲無上珍品。

至於亂後的胡開文，凌君評爲『其墨作品似道光，普通人膠微重。不易破損，而易於粘筆。』對於滬上重開之曹素功，評爲『迥非舊物，不足觀巳，然猶不失爲能品，今尙可用。』現在這種時代，如果有能品可用，巳經可以算是福氣，十分可以珍重的了。

至於墨法最大的一次浩刼，還不是洪楊之亂，乃是外國的洋烟輸入了。科學的力量眞是無孔不入，簡直侵進這古國的每一個角落裏來。知堂先生『買墨小記』引開人先生『談用墨』說：『油烟墨自光緒五年以前皆可用。』而凌宴池先生說：

墨至光緒二十年或曰十五年，可謂遭亘古未有之浩刼，蓋其時礦質之洋烟輸入，取價極廉，上海胡開文首先採用，利市百倍，羣起效尤。更下者雜以洋油烟子，烟煤烟子，墨法遂不可復問。

這實在可惜，幾千年來世守的墨法，至此一下打倒，曹叔琴君謂：

溯自光緒五六年，洋烟侵華，初僅爲油墨印刷之用，墨業開始採用，約在三十年間，本烟因之逐漸匿跡。

至於目前墨業的營業情形，曹君也有述及，頗足珍貴：

至學校改用鋼筆墨水，尚無大影響。緣銷路全恃華人商店，暨各行店及南洋羣島爲大宗，此外東西洋各邦，亦均採購。惟墨樣各異，英美德各國，崇尚裝璜，不知何所取用，法蘭西則須極細小之墨，每錺百念錠，或二百四十錠，外包金箔，或係繪圖之用。日本所辦，概須本烟高上之品，專供文人雅士染翰所需。

這可以看各國的癖好各不相同，西洋人只要裝璜好看，大概是買回去作裝飾品用，有如買了中國壽衣而在時裝表演會中穿出表演，反而得意非常，一個道理。

曹君更見賜『藝粟齋墨錄』一冊，裏邊有俞曲園，吳窓齋，洪鈞，陸潤庠，汪鳴鑾諸人題詞。其中以曲園先生所題最有意思：

邢夷始作墨，文字從此起，或云田眞造，事遠莫能紀。古以墨名家，實自韋誕始。厥後五代時，李廷珪父子。宋則有潘谷，亦能繼其美。陳瞻王迪輩，知之者鮮矣。東坡守彭城，觀墨於寇氏。二李至潘谷，十有三家耳，爲各寫一詩，以別其臧否。自來言墨派，溯源從易水。遺法傳新安，至今擅其技，明代羅與方，直欲前無李。曹氏踵其後，名重五都市。豔豔松烟青，湛湛玉光紫。一丸出豹囊，價與連城氏。我爲作此詩，播告四方士。三萬一月團，古人不嫌侈。寄語操觚家，愼勿輕視此。

這可以當一篇簡明的墨史來讀。知堂先生曾記平伯相贈之『曲園先生著書之墨』，在過去，這種自製墨的風氣是很盛的。或者托墨店代製，前塵夢影錄中多有所記。如：

漁洋山人墨，面鐫尾山房製，長方式。蘇齋所撰復初集中有題咏。

商邱宋牧仲(犖)墨一挺，面淸德堂，旁雙龍紋。撫吳時多惠政。仁廟南巡，御題淸德堂以賜，背牧翁先生淸賞。長方式，重八錢。又自製黃海山花墨，扁方形，約有二十餘種，余曾得四五挺，面畫折枝山花。背題所詠漫堂詩集中有詠山花詩五絕二十首，皆載山中土俗之名，不見於羣芳譜。

周櫟園大牛舌墨，面書櫟園先生珍賞，背賴古堂製，皆陰文，四圍黑漆，先潤而有細裂，文隱隱，約重三兩餘。

虞山錢牧齋有蒙叟墨。正面牧翁老師珍賞，背爲天下式。旁注門人吳聞禮製。

至於墨的價格，在明淸當時，已經很貴，如曹素功的『烏衣玉玦，隸書。而王鶴舟，謝□□製。背道光某甲子，漆邊。乃曹素功家頂烟，重五錢，易銀五錢。』還照當時的物價看來，可以說是非常可觀的了，大概可比得半担米價。嘉慶年間，館閣作書盛行，俞稼園墨，面笏齋膠法，背稼園俞氏造。重六錢，長方式，一時備殿試朝考之需，一挺易銀一兩。北方風燥，唯俞墨可免皴裂，這都算是非常貴的墨了。至於淩君記云：

墨之上乘每丸決不甚重，因一等墨素價極昂。乾嘉最貴者每斤銀四十五兩，若亘至五六斤，當買二三百兩。明代物價縱低，亦當踰百。如此鉅值，絕難銷售。

乾嘉時的物價不大明白，只看黃蕘圃的藏書題跋，他買一部宋板書，便宜的不過十兩以內。如果是四五十兩的，就要大呼寃，或書貴得買不起了。現在一部宋板書，可以賣到十萬左右，或更多（無可定價），如果用這許多錢來買一觔墨，大概沒有這種闊老罷，雖然是在上海。

藏墨而有譜錄的，要推張仁熙與宋漫堂：

張長人（仁熙）有墨癖，藏古墨三十六品。著雪堂墨品。後盡歸之宋漫堂。宋與之同嗜，亦得三十六品。著漫堂墨品與筠廊偶筆，二筆。怪石讚。同付手民。

明墨即有藏者，也不過鑲在錦匣內看看罷了，至於淸墨，或者還有磨來用用的可能。據凌君所說，我們凡人大可不必用這些珍品，因爲以有盡之藏，使無盡的銷耗，不免可惜。如此一說，藏墨的一大用處是看看而已，這就更近於玩玩之道了。如果以明墨與淸墨的裝璜比較一下，明墨自然是好的：

有明一代作手，如林潘程方吳邵汪諸氏，均以墨世其家。文人尤喜自製。就其外表論之，大都較淸墨爲古雅，形狀，款識，花紋，絕少俗韻。淸墨名稱如『淸麟髓』『千秋光』『寥天一』『古隃麋』『漱金』『非烟』等，皆沿用前代舊稱。動輒以仿古相向，不若明人之富創造力。淸墨款識，一面墨名，一面字畫，兩邊署年號人名或店名，幾乎千篇一律，不若明墨之多變化。以字畫論，明墨字體或顏或歐，或如唐人寫經，甚至寥寥數筆，亦極奇肆生動。淸墨多作館閣體，工整有餘，風韻不足。明代墨，畫之佳者，或如武梁石刻，或如北派山水，程方所製，尤爲雄奇。淸墨力刻固精，病在纖弱，雖汪近聖亦不免匠氣。不若明墨之有士氣，題畫詩淸墨最多，御製尤甚，其詩在通與不通之間。明題有大不通者，而佳者甚多。故以外表論，明之勝淸毫無疑義。

談到鑑賞，應該實際觀摩，有興趣的不妨搜集起來，或至少弄部墨譜來看看，紙上描畫毫無是處。因之，我這裏的援引，也就要終止了。

社語・編輯後記

黎庵

這一期付印的時候，『古今出版社』才算在『上海亞爾培路二號』正式成立，此後我們可以接收定戶，並由自己直接發行，有許多新的事業可做。這個消息，想是愛護本刊諸君所樂聞的吧！

本刊已往各期，均由『國民新聞社』印刷發行，本刊之得有今日的成績，該社之功不可泯，在此自行發行之際，特向該社自李社長（士羣）以下諸位先生，表示衷心的感謝。

本期所要特別推薦的，乃是蕘公先生的『書林逸話』，蕘公先生爲著名太平天國史研究專家，六年曾在滬主編名重一時的『逸經』文史半月刊。近居北平，於究心典籍之餘，允爲本刊長期執筆。此文述北方亂後圖書典籍之情形，足爲後世重要的文獻，與上期紀果庵先生之『白門買書記』，堪稱南北雙絕。徐一士先生『談栫巧玲』，於一代伶王家世，攷據綦詳，其風義行事，洵足欽佩。

自鋼筆愴入，而用墨之時遂稀，但究不失爲一藝術品，何戡先生『關于墨』一文，頗足珍重。近年書畫價高，今人所作，動輒千金，王右丞『江山雪霽圖』，可稱貴中之寶，然已流入外邦，可勝浩嘆！鄭秉珊先生精于書畫，特撰此文，記其流傳始末。

『送禮』作者蘇靑女士，自『談離婚』一文在本刊發表後，博得好評極多。女士固一老作家，以寫人生瑣事爲林語堂氏所激賞，七八年前即蜚聲文壇，此後當爲本刊長期執筆。

此外『揣政閭記』敍吳中名閭，『女人頌』描摹女性，『談求婚』言男女關係，『郭嵩燾出使英法』記中國第一名外交家，均爲精心傑構，不必贅辭介紹。

下期特稿有周佛海先生的『盛衰閱盡話滄桑』，歷敍北伐以來所身經目擊，多外人所未知之事，其精彩自不待言，幸讀者拭目待之。

王右丞江山雪霽圖流傳始末

鄭秉珊

王右丞的江山雪霽圖，現在是日本小川睦之輔氏祕笈的珍品了，猶幸他們不像我國的收藏家，隱匿未恐不深，肯印出影本，供我們作參攷唐代繪畫的資料，並得確定董香光畫法淵源所自，至關於此卷流傳的始末，即以我考證所得，也可說藝苑的嘉話了，昔周公謹有雲烟過眼錄，周櫟園有因樹屋書影，張宗子有陶菴夢憶，今寫右丞雪霽圖的流傳始末，不能算是無聊的舉動罷，在我個人是如此想。

王右丞江山雪霽圖，在香光以前，沒有流傳的紀載，可是在萬歷二十三年（公元一五九五年），董氏在史館，忽然聽到武林馮開之，新得王維雪圖，這眞是奇特的消息，他便在數千里外，致書馮氏借閱，董氏的第一書道：『自春首佇候台旌入都，至今未聞揚舲息耗，不惟僕一人仰企之私，凡在紳裾，靡不願接末光，爲正人標幟，想亦匪久遵途，日頗聞南雍國師之推，已有成言，果爾，則今歲尚未得瞻近，凝想爲勞耳，朱雪蕉來，爲言門下新得王右丞雪山圖一卷大佳，右丞跡自米海岳畫史所載，已自存眞者二本，其餘皆細謹近李將軍，又有一種脫略皴法，而趣簡淡者，兩種爲王晉卿趙大年所宗，想北宋時只憑摹本，無復眞跡可定矣，不審門下所得近誰種畫法乎？項子京家有江千雪意卷，殊簡淡，杭州高莘南家，有輞川圖甚細謹，總之絹素鮮潔，尙是宋摹本，今欲亟得門下卷一觀，僕精心此道，若一見古跡，必能頓長，是門下實成之，倘遂得右丞畫中詩，亦千載嘉話也，必不敢汙損名跡，俟門下一念之，即應璧奉納，千里懸懸，不勝懇切，別具在雪蕉柬中，專取進止，本不當以游戲小道，干冒尊者，亦恃門下超然曠遠，不以常調相看後學，故爾破格請之耳，幸恕宥不一。』此書於七月十三日遞到，馮氏卽慨然允借，遂得日夕欣賞研摹，在卷後作長跋道：『畫家右丞如書家右軍，世不多見，余昔年于嘉興項文學元汴（子京）所見雪江圖，都不皴染，但有輪廓耳，及世所傳摹本，若王叔明劍閣圖，筆意大類李中舍，疑非右丞畫格，又余至長安，得趙大年臨右丞林塘淸夏圖，亦不細皴，稍似項氏所藏雪江卷，而竊意其未盡右丞之致，蓋大家神上品，必於皴法有奇，大年雖俊爽，不耐多皴，遂爲無筆，此得右丞一體者也，最後復得郭忠恕輞川粉本，乃極細謹，相傳眞本在武林，旣稱摹寫，當不甚遠，然余所見者庸史本，故不足以定其畫法矣，惟京師楊高郵州將處，有趙吳興雪圖小幀，頗用金粉，閒遠淸潤，逈異常作，余一見定爲學王維，或曰何以知是學維，余應之曰，凡諸家皴法，自唐及宋，皆有門庭，如禪燈五家宗派，使人聞片語單辭，可定其爲何派兒孫，今文敏此圖，行筆非僧繇非思訓，非洪谷非關仝，乃至董巨李范，皆所不攝，非學維而何，今年秋聞金陵有王維江山霽雪一卷，爲馮開之宮庶所收，亟令人走武林索觀，宮庶珍之，自謂如頭目腦髓，以余有右丞畫癖，勉應余請，清齋三日，始展閱一過，宛然吳興小幀筆意也，余用是自喜，且右丞自云，宿世謬詞客，前身應畫師，余未嘗得覩其跡，但以想心取之，果得與眞有合，豈前身曾入右丞之室，而親攬其盤礴之致，故結習不昧乃爾耶，庶子書云，此卷是京師後宰門拆古屋，於折竿中得之，凡有三卷，皆唐宋書畫也，余又妄想彼二卷者，安知非右軍跡或虞褚諸名公臨晉帖耶，儻得合劍還珠，足辦吾兩事，豈造化妬完，聊界余於此卷中，消受清福耶，老子云同於道者，道亦樂得之，余且珍此以俟，乙未十月之望，秉燭書於長安旅舍。』到明年二月，香光又致書馮開之道：『恭惟閣下光膺新命，秉鐸南雍，海內山斗之仰，皆已忭慰，矧其昌辱忘年之知者乎，佇候還朝，得時親音旨，以日爲歲耳，秋間得遠寄雪圖，快心洞目，深感閣下割愛相成，所恨古意難復，時流易趨，未能得右丞筆法，須少寬之，或稍具優孟衣冠，以不負雅意，更當作一幀，都門面請教也』云云，說正在研究臨摹，稍寬歸還的日期，過了八年，在甲辰四月晦日，香光又致書馮氏道：『殘歲奉教書快雪堂，不啻有當尊意否？雪江圖如武陵漁父，悵望桃源，閣下亦念之乎，湖上兩峯，似已興盡，惟此結夢，爲有情癡，世有以山水爲眞畫者，何顚倒見也，然恐其昌亦顚倒見耳……』那年八月二十日，香光過杭州，向馮氏索此卷再看，又跋道：『甲辰八月廿日過武林，觀於西湖之昭慶禪寺，如漁父再入桃源，阿閦一見更見也。』傾倒之情，溢於言表，那麼他的畫受此卷影響之大，不言可知，故吳修論畫絕句道：『摩詰眞形定失傳，止憑趙郭想當然，致書苦道矜全意，似此卑辭亦可憐。』此卷後面，有馮開之述得畫之經過道：『吳崑麓夫人，與予外族有葭莩之親，偶攜此卷見示，述其先得之管後戟門小火者，火者家有一鐵櫪門，或云漆布竹筒，搖之似有聲，一日爲物所觸，遂破墮三卷，此其一也，予初未深信，翻閱再三，不覺神往，因閉戶焚香，屛絕他事，便覺神峯吐溜，春圃生煙，眞若蠶之吐絲，蟲之蝕木，至如粉鏤曲折，毫膩淺深，皆有意致，信摩詰精神，與水墨相和，蒸成至寶，得此數月以來，每一念及，輒狂走入丈室，飽閱無聲，出戶見俗中紛紜，殊令人捉鼻也，眞實居士記於南翰林院之寄樂亭。』可是此卷又有萬歷丙辰（一六一六年）仲夏，金陵朱子蕃的跋語說：『今觀馮具翁老師所藏江山霽雪長卷，精神燦爛，若初出手腕間，閒遠澹蕩之趣，溢於眉睫，眞希世之珍也，舊爲金陵胡太史汝嘉所藏，其自作書畫，皆臻妙境，所得於輞川者多矣，從長公篋中，索而縱觀之，神情暢適，不能贊一詞』云云。那麼一說得之於吳崑麓夫人，一說胡汝嘉太史，措詞兩歧，又卷首有文徵明隸書引首，文的死年與董生年相距不過四年，則所謂後戟門小火家恐亦是故神其說了，至於胡汝嘉，據佩文齋畫家傳：『胡汝嘉字懋禮，號秋宇，金陵人，官翰林編修，山水脫去塵俗，但不多作。』胡與朱同爲金陵人，其言可以確信的。

馮具區歿時，江山霽雪卷適借於李日華，後來李還給他的長子權奇，權奇後游黃山售給皖人吳瑞生，李日華恬致堂集道：『此馮眞實先生物，昔年假余披閱，留春波草閣中者三四浹歲，先生沒，余以義歸長公權奇，權奇寓春波里第，值居人不戒於火，沿爇幾付烈燄，而此卷獨存，不勝厚幸，然而權奇不能終有也，余於季白所得展閱，如蘇卿絕域，重逢李陵，圓澤隔世，再會洪井，喜慶寧可籌量，季白云：亦假之石交吳瑞生，瑞生多蓄精鑒，又善繪事，茲卷得所託矣。』又按施愚山詩話道：『小靑詩盛傳

0477

於世，或謂實無其人，蓋析情字爲小青耳，予至武林，詢陸麗京，曰：此馮具區之子雲將妾也，小青以命薄廿死，寧作霜中蘭，不作風中絮，豈徒以才色重哉。』權奇雲將，不知是否一人，他薄倖把美秀而才的小青害死，又把崇爲墨皇的霽雪圖讓人，眞是庸俗的傖夫，非馮氏克家的令子了。

吳瑞生既得雪霽圖，也不能久守，轉讓給好友程季白，清暉贈言載王煙客題石谷雪山圖卷道：『右丞江山霽雪圖，爲馮大司成開之舊藏者，後歸新安程季白，余在京邸，時與程連牆，朝夕過從，時得展玩，迄今三十餘年，不知此卷屬之誰氏』云云。程季白並不如錢牧齋所說的銅臭中人，也愛好風雅，他先藏有宋徽宗雪江歸棹圖卷，董香光爲之跋云：『宣和主人，寫生花鳥，時出殿上捉刀，雖着瘦金小璽，眞贋相錯，十不一眞，至於山水，惟見此卷，觀其行筆布置，所謂雲峯石色，迥出天機，筆意縱橫，參乎造化者，是右丞本色，宋時安得其匹也，余妄意當時天府收貯維畫尙夥，或徽廟借名，而楚公（蔡京）曲筆，君臣間自相倡和，爲翰墨場一段簸弄，未可知耳，王元美兄弟，藏爲世寶，雖權相跡之不得，季白得之，若遇溪上吳氏（吳瑞生）出右丞雪霽長卷相質，便知余言不謬，二卷足稱雌雄雙劍，瑞生莫嗔妬否。』時爲萬歷戊午（一六一八年），距朱子蕃跋不過二年，可知權奇之出讓此卷，大概在丙辰、丁巳二年中後來程氏果得雪霽圖，眞所謂延津劍合了，又香光所集的唐宋元寳繪冊，計二十幀，先以李成爲首頁，後來以五百金購得王維雪溪圖遂弁之於首，極爲珍貴，後來也讓給程季白，天啓元年香光重題，有：『重攜此冊至余齋中，縱觀永日，座客以爲奇觀，咄咄稱快，余幾顚向隅』云云。後來程氏遭璫變，唐宋元寳繪冊爲王烱客所得，右丞江山霽雪圖，則在崇禎十五年，（一六四二年）爲錢蒙叟所得，計在程季白家，有二十年左右。

錢牧齋跋霽雪圖道：『馮祭酒開之先生得王右丞江山霽雪圖，藏弆快雪堂，爲生平賞鑒之冠，董玄宰在史館，貽書借閱，祭酒於三千里外緘寄，經年而後歸，祭酒之孫研祥，以玄宰借畫手書，裝璜成冊，而屬余志之，神宗時海內承平，士大夫同翔館閣，以文章翰墨相娛樂，牙籤玉軸，希有難得之物，一夫懷挾提挈，負之而趨，如堂適庭，嗚呼，房魏不復見秦王，學士時難羨，此豈直詞垣之嘉話，藝苑之美譚哉，祭酒歿，此卷爲新安富人購去，煙雲筆墨，墮落銅山錢庫中三十餘年，余游黃山，始贖而出之，豐城神物，一旦出於獄底，兩公有靈，當爲此卷一鼓掌也，崇禎壬午陽月題。』此後一百五十年中，不知流傳何所。到清乾隆庚戌冬（一七九〇年）吳修忽購得於嘉善朱姓，說是華亭王氏嫁奩中物，吳氏便轉售於太倉畢部郎澗飛，得價一千三百金，按畢氏題記道：『余於乾隆庚戌冬，得王右丞江山霽雪圖卷於海甯陳氏，（與吳修說不合，未知孰是。）辛亥春又得此蕭氏尺牘於吳門繆氏，可稱延津之合矣，奇哉，壬子秋竹癡記。』畢澗飛是畢秋帆制軍的弟弟，秋帆屢要他讓與，他恐怕轉入權貴手中，不能仍留人間，因此堅決不肯，那時揚州吳杜村太史，幾次借看，部郎感他的用意誠懇，相約要固守勿失，便用原價相讓，吳得此卷以後，眞是十分寳重，坐臥與俱，後來吳氏遊江西，陳望之中丞索觀，他託言不在行篋中，猜想中丞必來寓所搜索，便對此卷叩頭致罪道：紹浣今日有難，暫屈君置臥榻下，溺器側，客過必請君出，焚香相謝，中丞果然到寓，窮搜不得，直搜到榻下，強搶以去，約借看數天，到期不肯還，自已不出見，叫他的媳婦卽吳太史的妹子來寓，轉述翁意，願出三千金購此卷，那時太史旅況很窘，妹子並且苦苦哀求，可是他仍堅決不肯，終于拿回揚州，後來畢氏病死，太史屢欲把此卷陳列墓道致祭，所以吳修有詩道：『海內爭稱絕世珍，墨皇千載墨如新，不忘付託平生意，挂劍猶思地下人。』稱贊他的風義難得，吳杜村眞是美術的愛好者，他除右丞雪霽圖以外，又收藏劉松年，盛子昭，文衡山，惲南田四家雪圖，在每年初下雪的時候，把五卷並陳几上，右丞卷居中，具衣冠恭謹再拜，並賦詩道：『一時臥看五朝雪，頃刻論交千古人。』好古如此，眞不枉畢澗飛託付之重了。

此後一百五十年的流傳情形，愧未能一一考證，但中間雖經洪楊等的戰禍頻仍，未付刼灰，實爲大幸，我國這數十年來，藝術珍品流傳東瀛的不少，書籍如歸安陸氏的皕宋樓，歸靜嘉書庫，碑帖如臨川李氏的四寶，歸三井聽冰閣，廉南湖的明清書畫扇冊一千五百葉，歸長崎橋本氏，而阿部氏的爽籟閣，收藏名蹟尤多，如唐吳道子的送子天王像，蘇東坡的詩卷，都是著名劇蹟，我棄人取，倶遠走東瀛，雖得他們寶愛逾恆，也不能說是失所吧！

× × ×

女人頌

僉忍

（三）女人是偉大的

佛說：『我不入地獄，誰入地獄！』我以爲這種偉大的犧牲精神，惟女人乃能有之。魯迅先生說：『女人天生只有母性，妻性是被逼成的。』這所謂『母性』，換句話說，就是人世間最偉大的犧牲精神。然而即使是被逼成的『妻性』，又何嘗不偉大呢？試看中國幾千年來，女人被壓迫在夫權的宰制之下，宛轉呻吟，憔悴楚毒，直到最近二三十年，才有一些反抗的呼聲；而這種反抗，也還是不徹底的，實際上依舊被壓迫着依舊在忍受着，這還不夠偉大嗎？而且在人世間陰暗的一面，不是還有着無量數的女人，犧牲着自已的肉體，犧牲着畢生的幸福，以供給異性暫時的歡娛，任意的蹂躪嗎？王靜安先生『人間詞話』說李後主詞『隱然有耶穌基督爲人類担荷罪惡之意』，我笑他說得有些不倫不類；然若把這句話引用到這輩無量數的女人身上，乃眞的是千眞萬確，確切不移，也就是我上面所說『我不入地獄，誰入地獄』之意。

我第一次發現女人的偉大，是在我第一個兒子出生的時候。這也是所有的人類到人間來必經的歷程，誰都應該懂得開始做母親時的經歷的痛苦。你若要說這是女人的天職，沒有什麼希奇；那末我要問你，男人的天職又是什麼？我的妻曾對我說過：『凡是你們男人所能做的事，我們女人全都能做；只是一般女人自甘於玩物的地位，希圖逸樂，因此把本能也退化了，責任都放棄了，好像有許多事只有男人們可以担當，而沒有女人的份。而且，凡你們男人所能忍受的苦處，女人更是全都能忍，倒是我們女人所能忍受的，你們男人却未必能夠。』這種理論，十年以來，我一一都證實了。不說別的，單講一個孩子，自懷孕期間以至分娩，哺乳，抱持，提攜，可以脫離母親的管領，少說一些，也得十年左右；那十年的期間，一衣一食，無論微細到何等程度，煩瑣到何等程度，做母親的，有一件事可以不關心，不經手嗎？——這是說一個有着完全的人格的女人，所謂『母婦』的典型；至於一般非『母婦』式的女人，即使生了孩子，也還是不負絲毫責任，當然又作別論。——這些事情，就不是男人們所能担負了。社會上儘有許多失去父親的孤兒，在母親的含辛茹苦中好好管教長大；却很少有失去母親的孩子，會在父親的手中長大的。有的，便是又有了另外的母親。

可是，這又不僅是做母親的責任問題，而實在是偉大的母愛的表現，當她們把自己全付的精神——甚而整個的生命，對付一個孩子的時候，決不會想到這是她的責任；她只是根於天性的要求，而不能不如此的；何嘗如一般男人們的自私自利，只是爲着嗣續的關係，而撫養孩子！孟子所說：『不孝有三，無後爲大。』二千年來，既然做了中國社會多妻制的護符，同時又把男人們自私的心理揭發出來。然而誰看見過母親的撫養孩子，說是爲着自己的責任，爲着自己的幸福！世界上有許多生活非常困苦的家庭，甚而露宿在街頭的乞丐羣中，只要一見到她們母子依戀的情形，一得了食物總是先給孩子的時候，我便不由得想起母愛的偉大，天地間任何事物都不能比擬的。這是女人所以偉大的第一點。

女人們的『妻性』，雖然魯迅說過是被逼成的；但我以爲惟其是『被逼成的』，所以才愈顯得偉大。試問男人之中，有誰能夠委曲求全，低聲下氣，忍勞耐苦，對付一個和自己敵體的人物？幾千年來，毫無怨恨，還自以爲是分所當然。男人們所要求女人的，除了滿足了自己的肉慾以外，還要盡力搾取她們的勞力，爲自己，爲女兒，也就是爲着家庭的維持，社會的安寧，人類的繁衍，……那一件事不需要女人們的精神貫注，重大犧牲，才能夠把目的達到。假使女人們眞的把『妻性』完全失去，就是說把這種偉大的犧牲精神一概消滅，你想這家庭，社會，人類，……還能安全的持續下去嗎？然則爲要保全家庭社會人類的種種安寧，便要女人們犧牲到底嗎？這不是本文所要討論，暫且不管。只是女人也是家庭社會人類的一份子，自也不容不担干係；不但不容不担干係，而且還負着全部的責任！這便是我所謂妻性的表現，雖然是被逼而成的，却愈顯得偉大了。

千古以來的所謂賢妻良母，換句話說，就是犧牲女性的尊嚴，自私，克制自己一切的欲望而完成的。然而就這一點『克制』的精神來說，已不是在孔廟裏吃冷猪頭肉的聖賢們所能辦到，更不必說其他的庸人了。至於千古以來，她們犧牲了畢生的幸福，爲着一個貞節的空名，而至死不移，這種堅苦卓絕的精神，在男人中會找得出嗎？現在新女性們，固然早有覺到這種非人的生活，沒有忍受的必要，高呼『夫死改嫁』；但是話是一句，事實又豈能這麼簡單，在社會上，還不是依舊如故，她們堅苦卓絕的一羣，多數也仍然在『堅苦卓絕』下去。這是女人所以偉大的第二點。

娼妓制度在中國，據說春秋初期管仲的時代就已經有了。我們不必深考，總之這也是『妻性』的特殊的發展，變態的發展。無所用其鄙視的。她們之中固然有因爲經濟的壓迫，而被逼成的，然安知沒有因爲要實驗性生活的藝術，而樂於操此生涯呢？假使我們認爲妻性的存在是必要的，那末我們便不能不承認妻性的特殊發展，變態發展，也是必要的。女人們在任何場合，只是遮遮掩掩，惟恐社會的譏評，被束縛得一些也沒有自由。還要爲着家庭，爲着兒女，天天在忍苦耐勞熬出油來！只有淪入了她們的一羣，才得到了眞正的自由。而況同時又解決了少數男人們的飢渴，間接的，天下也可以由此而太平了。須知天地間種種的亂源，多半是由於男人們性慾的變態而發生的。請看龔自珍的『京師樂籍說』，便可以知道這娼妓制度的重要，和她們的任務之重大；所謂『地獄』，『火坑』，『犧牲』，『罪惡』云云，其實也只是片面之詞，龔自珍說：

『昔者唐宋明之旣宅京也，於其京師及其通都大邑，必有樂籍；論世者多忽而不察，是以龔自珍論之曰：

『自非二帝三王之醇備，國家不能無私舉動，無陰謀，霸天下之統，其得天下與守天下皆然。老子曰：「法令也者，將以愚民，非以明民」。孔子曰：「民可使由之，不可使知之。」齊民且然。士也者，又四民之聰，明喜論議者也。身心閒暇，飽暖無爲，則留心古今而好論議。留心古今而好論議，則於祖宗之立法，人主之舉動措置，一代之所以爲號令者，俱大不便。

『凡帝王所居曰京師。以其人民衆多，非一類一族也，是故募召女子千餘戶入樂籍，樂籍旣棊布於京師，其中必有資質端麗，桀黠辨慧者出焉。目挑心招，捭闔以爲術焉，則可以箝塞天下之游士。烏在其可以箝塞也？

曰：使之耗其資財，則謀一身且不暇，無謀人國之心矣，使之耗其日力，則無暇日以談二帝三王之書，又不史而不知古今矣。使之纏綿歌泣於牀笫之間，耗其壯年之雄材偉略，則思亂之志息。而議論圖度，上指天下畫地之態益息矣。使之春晨秋夜，爲欸體詞賦，游戲不急之言，以耗其才華，則論議軍國臧否政治之文章，可以毋作矣。如此則民聽壹，國事便；而士類之保全者亦衆。

曰：如是則唐宋明豈無豪傑論國是，掣肘國是，而自取僇者乎？曰：有之。人主之術，或售或不售；人主有苦心奇術，足以牢籠千百中材，而不盡售於一二豪傑，此亦霸者之恨也。吁！

看這一篇文章，眞足以爲她們揚眉吐氣，那簡直有『天下英雄，入我彀中』的妙用，難道還不够偉大嗎？至於反過來說，古今中外，儘有許多破人之家，亡人之國，歸根結柢，還不是爲着一個女人而已。在另一方面，所以害得他國亡家破，也不過爲着一個女人而已。這類典型的女人，固然不是娼妓；然而她們的妙用，却是和娼妓不相上下的。這是女人所以偉大的第三點。

根據以上之所述，凡是生爲一個女人，便不論是憑着她的母性，妻性，和妻性的特殊的發展，變態的發展，總而言之，是偉大的，誰也不能否認吧。

南京興業銀行
營業要目
收受存款 外埠匯款
貼現抵押 小本貸款
總行 南京中華路六十七號
電話二二二六號 電報掛號〇〇八一
復興路辦事處 中央商場內
上海辦事處 亞爾培路二號
電話七三七八八號

徵求

茲徵求本刊創刊號一期如願割讓者請送交江西路二五〇號聚興誠銀行孫君當以現金五元酬答盛意

談求婚

无儷

戀愛既是人類的一種本能的需求，那麽接下去就應當是怎樣成就美滿因緣了。不過這之間還應當有一種手續，曰『求愛』或『求婚』，自字面上看來，這種手續一定是由男女雙方的任何一方面發起，向另一方面進攻的。那麽自然應當有兩種可能，即男向女或女向男。不過後者不大多見。且慢，在上海，就頗有例外，而且那『求愛』的手續非常簡單，據說三言兩語即可成交，不過這種辦法，非求婚的正宗，此地暫且不表。

在動物界中，求婚的花樣也多得很，如果仔細的排比起來，倒是蠻有趣的事，不過在這種種求婚不同的方式之中，似乎可以分出兩大類來。其一，是賣弄自己的優點，使對方感到滿意，同時也達到了自己的目的。這一種似乎可以說是正宗的求婚法。另外一種則是不怎麽藝術的。近於死硬派，距離了『求』字的意義，已經是很遠的了。

廣東有一種可以吃的龍蝨，是一種墨綠色的甲虫，背壳十分光亮，一對前脚非常發達，這對前脚的所以如此胖了的原因，是附着了一對吸盤，可以把異性對手吸住了死不放開，直至數日之久，這可以作死硬派求婚法的代表，其作風似乎不大藝術化，也無甚美感可言了，據說產生在冰地的海狗也是這種作風的，海狗的樣子十分拙笨，難怪它不會作一首情詩以表示愛情給對方聽。

然而動物界中豈竟完全是這樣拙笨的麽？它們也不乏美麗的求婚法，說美，本來也有剛柔之分，而同不失爲美，雄鷄的漂亮的羽毛，銳利的尖嘴，在爲了爭風而互相鬥爭起來的時候，勇敢無比，雖然結果不免鬧到羽毛零落，血跡殷然，不過只要是勝利了，那麽雌性的鷄也會因欽佩英雄之故而來歸。德國的少年們以好勇鬥狠爲榮，往往一言不合即彼此鬥劍，等到面孔上片片鱗傷，弄得十分不成樣子以後，才覺得十分滿足了，表示他是久歷沙場的老將，已經出生入死了若干回合了。結果在酒吧間裏和女朋友相並而出的時候，就顯出了不得的神氣來，而女方也要因同樣的關係而被滿了光榮的驕傲。由此可以看出走出森林不久的日耳曼人原始的作風，我覺得這是非常可喜的，健全的。

那生了美麗的角的鹿，也是非常的勇敢地爭求對偶的。它們往往彼此爭鬥，敗了的雖然死在情敵的手下，至死不悔，勝利者也往往帶了斑斑血汚而奏凱，它們這種精神倒也是相當偉大的。因爲它們肯犧牲生命去求得對手的愛。

以上的兩種都不免是粗線條的。也即是剛美。同時動物中也不少柔美的表演。公園裏的孔雀就是擅於扮演這個漂亮舉動的禽類。這和人類正相反，雄的生得比雌的要漂亮得多，它們只要把修長的尾巴展開，變成一個錦屏風，同時使身體微微震動着，發出悉索的響聲，這種驚人的美，就足以使雌孔雀爲之目眩心悸了。這倒很近於『表現主義』的辦法，不着一字，盡得風流，祇要暗示一下，目的即可達成，豈非天下最美而婉妙的辦法乎？

人類的求愛方式則大有殊於這些了。據文學

家言，文章的起源發展是先韻文，後散文，而韻文的開始則是山歌之類的求情的歌謠。其來源之古，可以無論了。三百篇是情詩的結集，現在大概已經得到了大家的公認。我們可以雖便舉出一個例子來，看看三代時候人類的求婚法。召南『野有死麕』詩云：『野有死麕，白茅包之，有女懷春，吉士誘之。林有樸樕，野有死鹿，白茅純束，有女如玉。舒而脫脫兮，無感我帨兮，無使尨也吠。』這四詩的第一章明明說『有女懷春，吉士誘之。』毛鄭說詩還要說什麼『惡無禮也』的話可以不必管他。後來的關鍵則在於此詩是賦體或是興體。主張賦體的解說白茅所包的野鹿，乃是吉士用以求婚的聘禮，姚際恆說：『此篇是山野之民相與及時爲婚姻之詩。昏禮贄用雁，不以死；皮帛必以制。皮帛，儷皮束帛也，今死麕死鹿乃其山中射獵所有，故曰野有，以當儷皮：白茅潔白之物，以當束帛，所謂吉士者，其糾糾武夫者流耶？林有樸樕，亦林中景象也。……』這一個解釋非常有趣，糾糾武夫的吉士，打死了一匹雄猛的鹿，用白茅包好了送給愛人去作定情的禮物，這事情先就很有風趣，很能表顯初民的一種風格。在現在很難得見了。第三章描寫婚夕的一種兒女瑣語，更是動人。不過這種求婚的方式，日久失傳。到了禮教極盛的時候，求婚的手續要有什麼『問名』『納采』之類的手續，印出什麼『婚禮節文』來，『朝華夕拾』中引海昌蔣氏原書序說：

『平心論之，既名爲禮，當必繁重。專圖簡易，何用禮爲？……』

我見了這個就覺得很不舒服，雖然也可以說這就是野蠻的證據，也沒有法子的。在我倒還是贊成阿Q的辦法。他只要向女人跪下，說：『我同你睏覺！』就完了。

上海馬路上的求婚法，除了由女人發動的一種，現在姑置不論外，男人所採取的，往往是釘梢主義。那手續，據魯迅先生所分析，第一步是『追隨不捨』，第二步就是『扳談』，『即使罵，也就大有希望，因爲一罵便可以有言語來往，所以也就是扳談的開頭。』不料這種釘梢法，也已經是古已有之的。花間集里所載張泌的浣溪紗中有一首卽是，經緒譯後，如下：

『夜趕洋車路上飛，東風吹起印度綢衫子，顯出腿兒肥，亂丟嬌眼笑迷迷。難以扳談有什麼法子呢？只能帶着油腔滑調且釘梢，好像聽得罵道殺千刀！』

這眞是得到了『釘梢精義』的詩的描寫，不過又太不鄭重了，所以君子人大概也是不取的罷？概自歐風東漸之後，有一件事情，在男女之間的求婚階段中佔有很重要的地位，就是寫情書。過去情書也有拿來發表的，如『情書一束』之類，還曾經被某校當局認爲不是良好讀物，傳諭禁止了。坊間的關於寫情書的教程之類也眞是『汗牛充棟』，不過最應注意之點，倒是爲三角戀愛情殺案的男主角逸明所說出了：

『愛情的事，無經驗的人是不明白的。普通情書常常寫言過其實的肉麻話，不如此寫不能有力量。』

我對於這種事，還够不上說有什麼經驗。過去看歌德的『少年維特的煩惱』，覺得裏邊很有些誇大的話，這也不過是浪漫派詩人的幻想的流露而已，想來不是先有什麼目的，才如此寫的罷？如君所說，情書要寫得肉麻，目的是要有力量，這不免就有點趨於下流了。

有一種風俗，在現在的湘西兩粵一帶還保存着的，就是男人向女人唱山歌來求愛，如果得到對方的唱歌回答，好事就已經成功了。這種風俗在小說家的筆下描寫得十分美麗。其實別的山歌在江南一帶也非常興盛。有一句詩說：『嘴唱着歌，只在他不能親吻的時候』，說得如何的動人。中國人一面在禁慾思想下壓迫得久了，自然不免要發生反動，他們要在種種方面想法子滿足這不能達到目的的幻想。這些歌其實就是他們的夢囈，是想要作而沒有胆量來作的事情。我很奇怪，一班人宿娼納妾私通，却要非難這些情歌，而眞正在唱這些情歌的人，則反而在過着莊嚴的生活，這豈不是一個很大的矛盾麽？

在上面所說的以外，目前流行的求婚方式，自然還有別的方式存在。有一個人就曾經用過這麽樣的手段來求達到目的。他有兩種手段：其一是恐嚇，如果不遂所欲，他就要採取某種手段了。重的會害對方的生命，輕的也要施用鏹水之類，使花容月貌無復能够沉魚落雁，這在女人聽了，眞是心驚胆寒，難免不上鈎了。

還有一種手段，就不免更是卑鄙，他手裏留着以前彼此往來的信件或事迹，如果不答應他，就會把這些全盤發表，加以掊擊，在舊禮教還不曾失掉勢力的現在，女人的貞操觀念是十分嚴重的，現在却要挾陰私以快意，使對方不能立足於社會，其手段的低劣，可以說是無以復加了罷？

俗語云，女人的武器不過是哭鬧和上吊而已。英國人把鴉片從印度輸入中國以後，就加上了一種吃鴉片煙。不料世風不古，男子也往往有染上此種風氣者。往往在女人面前聲言，如果求婚不遂所欲，那麽就不客氣，要自殺了。有時也眞把一罐黑色的梨膏吞下去，算是生煙，還要手舞足蹈的在牀上表演一下，利用女人母性的善良的弱點來達到目的，其行爲可謂不行了，對付這種男人最好的方法莫如不理會。不過這種女人，似乎只在醒世姻緣傳之類的小說上見過，實際却很少有罷了。

這種求婚者，往往兼具韌性。他會十分的低心下氣，只希望自己所作的如火如荼，以便將來稍有拂逆，就會變成天下最可憐的男子，失戀者，人人都要同情他了。同時自然要派對方的不是，薄情寡義，這無論利用社會環境，或是對方弱點來要挾的角色，實在都不怎麽有『人氣』。

至於求婚的舉動方式，似乎也有中外之別。不過跪下的一點則是相同的。無論西廂記水滸傳上，都是要在最緊要的關頭下跪的。阿Q似乎不曾受過西洋文化的薰染，不過在對手跟前，也依然要下跪。外國的方式，則在下跪之後，還要吻一下對方的手，或者哀怨欲絕的大唱一通；或者說上一篇大道理，如『沒有你我實在不能活了』之類。舊俄時代諷刺大家果戈理，有過一個喜劇，叫做『婚事』，在上海也曾經改成『喜臨門』而上演過，裏邊描寫求婚的角色，有七品官，退職海軍上校，推事，煎鷄蛋等人物，實在極五花八門之妙。結果在相看的一天，全部人物恭臨，各述特點，向女方進攻，大有孔雀擺尾之妙，說得這位女主角也眼花撩亂作不了決斷了。後來經媒人之力，使七品官的情敵們一個個都鎩羽而去，佳人已經心許，等到進屋去和他去作最後談判的時候，不料他却跳牆而逃了。由此可知求婚也實在需要相當的定力的。

介紹國內最流行的一般刊物
「雜誌」
已出至第四期
第五期於本月十日出版

送禮

蘇青

做主婦有件頂麻煩的事，便是送禮。公婆生日要送參燕銀耳，小姑小叔入學要送書包鋼筆，妯娌之間又是禮尚往來，這樣一門裏頭已經忙不淸哩！加之外面四親八眷，新交故知，上司下屬的婚嫁喪事，陰壽陽壽，生子育女，喬遷出行等等，都是記不清，送不完的人情。偶有遺忘，便是失禮；稍有不當，便成笑柄。而且這類禮物送去以後，受的人決不會對你稍存感激懷念之心，相反地，他們尤其是她們正在估量挑剔，計算這東西是否能够與他們上次送你的等值？是特地定購來的抑可現成買得的？或者竟是將舊有東西換上一張包紙便轉送給他們？……總之，照目前的一般情形而論，受禮像是一種權利，送禮像是一種義務，這是很明顯的事實。

我平日爲了挑選禮物，總是煞費苦心。旣要好看，又圖省錢，想想天下那有這許多便宜貨可拾？有時價錢看看倒便宜，就是貨色放心不下，于是祇得四出向人請教。待人家也說便宜，再決心前去購買時，那東西早已給人家識貨的捷足先得了。那時我的心裏雖懊惱，却也不甘虛此一行，就自另外物色起來。不料這回禮品倒湊揀着，却意外看到了許多可愛的小玩意，祇得擇尤買一兩件轉來。我的臥室內就放滿了這類初看新鮮，久而也不新鮮了的玩意兒。有時看孩子們鬧得利害，便順手揀一兩樣給她們玩，不一會便自拆壞了。這種意外的損失，一年到頭計算起來可也不在少數。有人說：「男人買東西，常肯化兩元錢去買實際上祇值一元但却是合用的東西；女人則雖能以一元錢代價把價值兩元的東西買來了，但這東西往往却是什麽用處也沒有的。」這樣說來，女人旣不是購物能手，我不懂一般人家爲什麽還要把這送禮的責任放在主婦身上？

記得我在結婚不久的時候，夫家有一位三伯婆做壽了，我精心挑選了一個半裸女像當作禮品。在做壽那天，她家人把禮品統統陳列在廳上。于是來賓都紛紛批評着，尤其是女人，她們指這樣瞧那樣的談得最起勁。

「瞧，七妹子家裏送來的那套茶具多精緻哪！眞正的江西出品。」

「還有實嫂子的綉花呢！五彩鳳凰。」

「………」

「咦！那個露着奶子的女人是誰送的呀？樣子像妖精，壽婆婆瞧見了可要當心嚇……」說話的是個焦黃臉孔的少婦，她把嚇字句下的「死」字咽了進去，趕緊在喉頭乾咳一聲，逼出唏唏的冷笑聲響來。

大夥兒都帶着好奇心，你挽我，我拖你的擁過去瞧這希奇禮物了，好事的還拉了壽星三伯婆同走，我孤零零地留在原處，低下頭子祇想哭。

「嗯呃！」三伯婆在吃吃笑聲中鑑賞着我的禮物：「眞是件新鮮玩意。我猜定是我家四房裏明官的新娘子給我挑來的，她是個女學生。可惜我老太婆不懂洋派……嗯呃，那東西看去倒像會外國觀世音菩薩，面孔縹緻得很。……放在這裏給孩子們褻瀆了不好，再者給年靑姑娘們瞧見奶子露着也怪難爲情的……嗯呃，嗯……我家祇有王廟子的老娘入洋教，回頭送給她供奉去，倒是正好用得着……」

我不想再聽下去，昂起頭來逕向外走，裏面焦黃臉孔的女人還在娜揄我丈夫：「明哥，虧你的新嫂子想得週到，送個妖精來，幾乎嚇掉了壽婆婆的……」

我恨我自己粗心，在挑選的時候一心給那雕像的纖美迷住了，不及想到送藝術品給那種老太婆正如拿美玉珍珠喂母猪一般，她們祇知吃與供奉，唉！

送禮物應該顧到受禮人的愛好，固其然矣，但有些受禮人的胃口實在令人難以將就。即以圖畫來說吧，他們所歡喜的人物是八仙過海，他們所愛悅的花鳥是牡丹鳳凰，你能把這些醜陋東西送了出去，還加上個世愚姪×××敬賀的署款嗎？不，絕對不能。于是選擇禮品還是从食物上着想：端午送粽子，中秋送月餅，大年夜送上七八斤糖糕，這個該沒有雅俗新舊之分的了。就祇送人家生日禮呀，還得有些講究！老派人得送他壽桃壽麵，新派人可送他壽字蛋糕，其壽雖一，蛋糕與麵則有個分別。可惜的却是食品多不能久藏，送來的東西多了自己吃不完，不得不轉送些給他人。因此贈物以留紀念的意義便消失了。一個當家老太太常在中秋十日前焦急起來：「新娶的小媳婦家裏的節禮幹嗎還不送來呀？她家要是送來了，我便可省買四盒月餅，把它們轉送到三女兒婆家去。」今年冠生園月餅漲到七八塊錢一隻了，可是送禮的還是不能不還清這筆人情債——普通債務清償不了尚屬情有可原，人情却是不可或缺的呀！

我相信送禮的起原由于贈品，贈品本來是表示自己的友情，使對方留作紀念的。既沒有規定什麽時候該送，更沒有規定何時便該送何種東西。因此一首小詩可算是贈品，一扇，一帕，無不可當作高貴的禮物。在送者固是情意拳拳，受的人也自眷念不已，什珍以藏，此所謂千里送鵞毛，物輕人意重也。及至贈品按時送多了，得者便不以爲喜，一個西洋人家的孩子若在聖誕節上得不到糖果，便要存心怨艾他父母起來。而且孩子們若發覺彼此間所得的或有多少，也要對贈送的人大爲怨望。送禮便是這種常贈多贈的結果，送的濫了，受的慣了，雙方面都覺得這是件添煩惱而且增怨恨的苦事。

到了現在，人們都知道這送禮眞是件出力不討好的事了，但省掉却也怕招怨，于是便想出個不求有功，但求無過的辦法來，便是使用銀行禮券來當作禮品。這樣在送者既可免選擇攜帶之勞，在受者亦可省估量計算之苦，其實可說是兩得或兩便。譬如甲上次送乙金城銀行禮券十元，乙這次還禮也是十元，雖然禮券是新華銀行出的，但這又有什麽分別？于是甲就可以放心收下了。又做父母的若有五個孩子，各人出世的季節不同，倘若都送應時水果，則得橘子的疑是桃子好吃，得桃子的又妬橘子價貴，大家都要生肚病了，不如各送大洋五元，一律平等，皆大歡喜。這便是送禮進化的三個階級，由贈品而禮物，由禮物而禮金或儀洋了。就算現在幣制改革，金洋絕跡，則改稱禮鈔儀票該也是一樣的。可惜的是這種禮券的互相交割，祇能表示財產的過戶，與「表示送者情意以供受者懷念」的原意義却早已消失殆盡了。因此禮尚往還之實際上已不是「送」而變爲「討」，試看請帖訃聞之類，還不是變相的討人情條子嗎？一個人大抵只要不是石頭縫裏攢出來的話，總該有些親屬之輩，這便等于落地負債。長大之後，再加上一批戚誼友誼，更不得了，債主愈來愈多矣。從此我問你討，你問我討，大家交換着麻煩到死。就算討來與送出的禮券總數相符的話，也已經白白損失了「敬使」一項，加上主婦的無謂的精神耗費，其損失可也不在少數哪。

記郭嵩燾出使英法（下）

楊鴻烈

這是針對李鴻章在當時派李丹崖等人到歐洲去查問某工廠的船砲造得的優劣如何，價值的貴賤如何，能够買了囘去使用就算完事的不徹底的辦法，不如日本人那樣到了歐洲就去討論各種學術，講求政治的原理，謀於歸國之後從根本上改造日本的辦法來得優良，但李氏在彼時還是「足不出國門一步」，自然不如郭使到過歐洲的能有一種「親歷其境」的經驗，所以他答覆郭使的信有說：『……鄙人志在主兵，亦不得不考求兵法。……兵乃立國之要端，欲捨此別圖大者遠者，亦斷不得一行其志，祇有盡其力所能爲而已。……』他始終不曾覺悟「捨本逐末」的危險，所以他幾十年「集精會神」所編練的北洋海陸大軍竟爲區區三島的日本徹底殲滅，後來爲「戊戌政變」主角之一的梁啓超先生在所著的「李鴻章」裏批評他：『知有兵事然不知有民政，知有外交而不知有內治，……以爲吾中國之政敎風俗無一不優於他國，所不及者惟槍耳，砲耳，機器耳，吾但學此而洋務之能事畢矣。』郭使「目高於頂」，所以較李氏纔「能見其大」，可惜他的主張竟不發生實效。

光緒四年正月據「約章成案匯覽」的「中國遣使年月表」說清廷又派「英使郭嵩燾兼使法」。按同治九年清廷因天津教案曾派崇厚使法，但事畢即返，這年才設置常駐使館，據曾紀澤「倫敦致總署總辦論事三條」有說：『巴黎使館三層，共二十餘間，歲租將近六千金，人數少於倫敦，尙能容榻。』使西日記又有說：『法國使署係郭筠文囑馬眉叔經手賃定。』這年法京巴黎開大賽會，中國也被邀請參加，黎庶昌「巴黎大賽會紀略」一文曾敘述其經過，眞是洋洋大觀，美不勝收！惟不幸在這位黎參事官陶醉於異國風光的時際，我國駐英法的郭正使和劉副使已經由齟齬而到「火併」的時候了，原來我國人最不容易合作，所以世界上早就有「一盤散砂」的比喩，即以雖賢明如郭嵩燾也不能和劉錫鴻「相安無事」的「共濟時艱」，李鴻章有光緒四年五月二十一日所寫給總理衙門的「論郭劉二使違言」一封信說：

『昨奉公函，以「郭筠僊，劉雲生兩星使頗有不協，彼此措詞失當，亦各有近情近理之處，恐於公件，或有參差，致滋貽誤，李監督往來英德，其齟齬情形暨辦事接物各節，諒必隨時稟聞等因」，遵查郭劉二星使自出都後，意見不甚合，迨至英國，日益齟齬，筠僊迭次來信，已屢及之，幷見諸奏牘矣。前接筠僊本年三月十五日書鈔示所上鈞署咨函稿，憤激不平之氣溢於言表，竟欲以去就爭。其致鴻章書云：「李鳳苞張斯栒自德國來，語雲生頗勢難處。」其親信隨員劉孚翊致張斯栒書曰：「外部及各國公使，皆不以爲然，嘖有煩言，近比利時公使邀茶會，黎參贊等往赴，相與漢不爲禮，爲一人混鬧脾氣，遺累大衆云云。」監督李鳳苞素最謹飭，其稟報學生事不及其他，惟據三月十七日函稱月初往德國，稽查學藝武弁，知德國新聞紙常于劉京卿有微詞，京卿曾督兵戡亂，中朝推爲柱石，從此或爲西人見重，亦未可知云云，語多含蓄，然亦略見一斑，筠僊則其所敬佩者也。至雲生於敝處向無深交，牘問甚稀，前接其三月十五日函，但泛論歐洲時事，謂「今日使臣即古之質子，權力不足以有爲，又自到德後，水土不服往往多病，左足腫痛不能行動。」似意緒亦頗怫鬱，其是日通咨鈞署及南北洋之文指摘筠僊，不遺餘力。兩人各不相下，恐未易排解耳。平心而論，筠僊品學素優，而識議不免執滯，又多猜疑，雲生志氣非不要好，而性情暴戾，客氣用事，歷練太淺，其短長互見，諒在燭照之中，惟目前筠僊兼英法二使，責任較重，英人尙無閒言，比方赴巴黎大會，似應暫由尊處寓書慰勞，以安其意，俟有替人，再准假歸，雲生在德，若如李監督等所云，於大局既無裨益，且與筠僊積怨成衅，咫尺相望，而聲息不通，徒爲外人所竊笑，似屬非宜，想高明必有以處之。』

郭劉二使何以會「交惡」到這樣的地步呢？張德彝隨使日記裏有一段記載說：『光緒三年十月初九日酉初郭星使約屠邁倫馬清臣羅緝臣及彝等五人晚酌，暢談已往。子初一刻發下一帖示衆：「嵩燾奉告諸位知悉：自上海登舟已後，劉副使日肆鴟張，立異樹敵，嵩燾本以多病，又稍懷廉恥之心，不屑與之交相喧鬧，貽笑外人，一切含忍，劉副使又時以受命軍機大臣誇示諸位，是以此間惟知有劉副使氣燄，而於嵩燾交派事件玩視常多；劉副使又一切放縱，漫無約束，以致朝夕隨同劉副使等外出，以事傳請，或無一人在家，似此十常八九。」』可見劉副使的手段頗爲「下流卑鄙」，處處專和郭正使搗亂，使他「不安於位」，然後「取而代之」，所以在劉所作的英軺日記裏，即有一段自述如下：『洋例駐劄公使未見國君不得涖任視事，亦不得與其國官紳及他國公使往來，今英人以國書無鴻名，爲奉使無據，不欲以使禮接待，則鴻固無由自效其職，徒耗朝廷俸薪矣，能勿自愧？爰備摺稿自請撤回，郭公亦以接受國書時未及檢點，備摺自請議處。……』這是他不屑爲「副使」的滿腹「牢騷語」，本來「副使」這個名稱也是清廷所杜撰的，謝希傳的「皇華擥要」有說：『西例，常駐之使祇遣一員，我國初次遣使至英，郭大臣嵩燾爲正使，劉錫鴻副之，而國書內無鴻名，以劉固續遣者也。正使商諸威妥瑪，以各國向無副使對。……按西例無副使，一國或遣二三員者，大抵有重大事件，如會議教務商務之類。……』是使劉副使受辱的責任，應該歸於清政府，不當遷怒到郭正使，郭的「致黎純齋」一信就說：『……其時力舉一劉錫鴻充當隨員，樞府以「副使」任之，一意傅會京師議論，以嵩燾爲的，自負能攘斥夷狄，深文周內，以相齮齕，不獨區區一生願力無所施用，乃使仰天欷歔，發憤嘔血，志氣爲之銷靡，才智聰明亦爲之遏塞，自古平陂倚伏之幾，相乘迭見，誠有然者，而未若劉錫鴻發之暴而施之悖謬至於此也！……』按小人「忘恩負義」，固極可惡！惟「副使」一無謂的頭銜，才使其敢於「肆無忌憚」的作祟，甚矣！「名器」之不可濫也有如是乎！記得美國在剛獨立之後，初次派使到法國去也有和此同樣的情形，佛斯特所著「美國近百年外交史」A Century of American Diplomacy 一書就記載當時美國派往巴黎的公使是一位最賢明，最負時望的富蘭克林先生，Mr. Franklin 和他的「品級相等」的兩位同僚，一姓丁諾 Deane，一姓李 Lee，他們三人在初時彼此即各懷意見，到後來更漸漸的變爲不信任以至於互相仇恨。三人的官職雖都係平等，但就才具和資望說，丁諾和李都遠在富蘭克林之下。丁諾和李既以事彼此攻訐，而李某次寄信給富蘭克林，以惡聲相加，以後接二連三直到第五次都不曾收獲富蘭克林答覆的片紙隻字的信函，他祇得親身走訪，面詰原因，富蘭克林索性表示他既不願覆信，也討厭面談，於是將其所有來信都投擲於地下，從此兩人便終身不曾相見。老實說，郭嵩燾的學識又豈是「市井小人」的劉錫鴻所能望其項背？「外交報」有「論三十年來之外交家」一文說：

『孔子曰：「才難不其然乎？」海禁之開，六十年矣，而以外交著聲績，能專對而不辱君命者，有三人焉：曰湘陰郭筠仙侍郎，湘鄉曾惠敏公，無錫薛叔耘中丞，夫豈無大雅宏達之材，嶄然見頭角於外交界者？而究其聲施，卒不克與三公並，即外人之月旦，亦以爲無出三公右者。……郭公者，其吾國外交界中開幕第一人乎？吾國二千年來，狃於一統文明之舊，凡非我族類者，一切以蠻夷鄙之，雖曠代偉人如李文忠，猶謂西人政教爲不足觀，矧在他人？侍郎天挺人豪，英邁蓋世，生平未習西籍，而獨洞然於泰西政教合一之原，今日通人學士所矻矻鑽研，借徑譯鞮，而後得其大要者，侍郎已於三十年前發之，如燭照數計，而自舉其家珍也。訖今讀所著罪言及其奏疏書牘之作，於今日之禍敗，言之歷歷，絲忽不爽，謂非曠世之豪傑哉？使當時早用其言，何至有甲申甲午之敗？更何至有戊戌庚子之禍？舉世夢夢，獨醒奚補？其在位時，諸所建白，既扼於劉錫鴻之媢疾，而不見施行；私家著述，欲以發聾瞶，迪後學之新之者，又復爲舉國所唾棄，而不屑一視，誨也諄諄，聽也藐藐，方刼運之未終，雖大賢亦莫可如何，斯固古今所同慨矣。……』

回顧清時算得郭使最「知己」的還是要數李鴻章，他所作「郭嵩燾請付史館摺」有一部份很闡揚郭使在外交上的功績，如說：

『……光緒二年，充出使英法國大臣，遣使之初，人皆視爲畏途，朝命特以充選，在西洋三年，考究利病，知無不言。英國於南洋開闢新加坡一島，閩廣人流寓貿易工作者，不啻十萬，悉受制於英官，該侍郎據約力爭於英外部，乃設中國領事官，英埠設華官自此始，自是華人得官保護，遇事不至見陵。其品望爲西人敬服，去任後猶稱頌弗衰。差旋抵滬，猝染重病，陳情乞休，時以不能趨叩闕廷爲憾，每遇交涉艱危，旁皇形色，嘗言冀多得通知中外事體之人，輾相開諭，他日或收其用，其秉性忠誠繫懷時局如此。生平廉潔自矢，任運司時裁汰規費；出使三年，開報公款，僅薪水房租兩事，其他皆自支銷，歸後家無餘貲，惟以書院修脯自給，文章學問爲後進所宗，生平纂述甚富，所著禮記質疑四十九卷，業已成書，體大思精，爲海內通儒推重，茲於本年（光緒十七年）六月十三日在籍病歿。……臣查已故侍郎郭嵩燾早從軍旅，洊歷封圻，晚使絕國，行能功績。……曾國藩初以憂歸，屢奉詔旨敦促，該侍郎以事關大局，不容預計利鈍，手書面請，至再至三，曾國藩感其至誠，後每與臣言，未嘗不歎其篤摯悱惻能任事也；左宗棠初中危獄，以該侍郎之力得全，遂至顯用，戡定以來，論武勳者盛稱曾國藩左宗棠，而二臣之起，則該侍郎實推挽之。……平生於洋務最爲究心，所論利害，皆洞入精微，事後徵驗，前後條列各件，外廷多不盡知，病歸後每與臣書，言及中外交涉各端，反復周詳，深慮長言，若憂在己，迄今展閱，敬其忠愛之誠，老而彌篤，且深歎不竟其用

0489

爲可惜也。……』

誠然，郭使的强毅深厚的愛國心，雖在「萬世千秋」之後也不會發生疑問的，但郭使駐英的期間內亦有「美中不足」的地方，如劉錫鴻英軺日記所述：『余臥病中，有倫敦紳士上書言英人之欺負中國有六事：一，雅片流毒；二，中國聖教最善，外洋傳教，實爲多事；三，商人不歸地方官管束，而以領事自理，袒護不公；四，擅造吳淞火車路，反索賠償其費；五，雲南人命不就案辦案，藉以强索馬頭；六，接待使者，禮有未至。中國欽差若許面畢其詞，當集合同志爲向議院爭辯等語。……』這是一部分「主持正義」的英人愛重中國的本心，郭使應卽接待商談，乃竟『以婉言辭之』，劉副使也認爲『辦法良是，蓋使於其國，不便妄聽紳民唇舌以與彼君爲難也。』其實英吉利是世界上「民權最重」的國家，若中國駐使能斟酌所提六案的性質的緩急輕重，遵循一般外交的步驟，也未嘗不可和這般倫敦紳士聯絡去試幹一下，致使此良好機會「稍縱卽逝」，且令英國人民小視淸朝官吏的「退縮無能」。還有一事，如張德彝的「隨使日記」所述：『顧曼來送西歷五月十七日（原註——卽華四月十六日）新聞紙名喀里斯遮爾訥者一張呈覽，內言當日畫閣所懸千幅皆丹靑絕美，妙筆如此，另有可聞者，乃顧曼所畫之欽差像也，其以兩耳皆露者，因中國懲治罪犯有割去一耳之律；又紅頂爲華官品級之別，欽差欲其必露，故工峻始爲塡畫也。星使見而大怒，言顧曼之弟必屬該局，令彝次日往究。……顧曼據云：「新聞紙所言實非出自其口，伊弟顧丹，現在代立太里格拉茀新聞紙局，與喀里斯遮爾訥局既無交通事件，亦無往來信函，今旣訪得此紙，自當追究其人。……』張氏在「使俄日記」又有說：『接舊雨下友梧函幷客冬申報二紙，査其敍有大段係顧曼爲郭星使畫像辨別，申報所言是非一案，題曰畫師辨誣。』（原文略）

可見這事已由英倫傳遍到上海，以當時的情勢而論，郭使很可從法律上謀解決，「星軺指掌」就曾說過：『彼國藉新報評論公使大爲不可，若査某使未有不應，合向該使剴切言之；或事關重大，行文該使本國亦可。……』「評論」尙且不可，況「公開侮辱」嗎？所以「外交通義」以『一國臣民侮辱使臣之時，駐劄國多以官吏侮辱罪同一論之，蓋官吏者，對本國則爲官吏，對使臣之犯罪與官吏同一論之，駐劄國本無此義務，然設此規定者，不外保護使臣之主旨，如明治三十四年（光緒二十七年）日本議會提出之刑法草案第百八條：「對派遣於帝國之外國使節而加侮辱者，處一年以下之懲役；但俟被害者之請求，然後論罪。」德意志刑法：「用文書，圖畫，形態，或偶像，侮辱駐劄柏林之外國使臣者，處一月以上一年以下之禁錮。」皆其例也。使臣之所以享有此特權者，不外使臣容易行使其職務之故。……』郭使於大怒之後，僅派張氏査究，不「繩之於法」，未免有「虎頭蛇尾之誚」了。據王先謙「郭筠仙先生西法畫象序贊」說：『曾劼剛通侯自海外寄歸英人石印先生畫像，又九年爲光緒十五己丑，先謙始拜觀於長沙。』是我們還有景仰這幅有引起「國際交涉」的可能的郭嵩燾公使的畫像的機會。

介紹國內唯一的政治性刊物
政治月刊

華興商業銀行

專營一切銀行業務

總行：上海百老匯路

分行：分佈中華各地

國民新聞
社址：上海靜安寺路一九二六號

新中國報
社址：上海河南路三百〇八號

平報
社址：上海四馬路四三六號

中報
社址：南京朱雀路

時代晚報
館址：南京邀貴井

中央儲備銀行

中華民國國家銀行

南京總行

行址　中山東路一號

電報掛號　中文五五四四　英文CENRLBANK（各地一律）

電話　二三五四一　二三五四二　二三五四三　二三五四四　二三五四五（轉接各部）

上海分行

行址　外灘十五號

電報掛號　中文八六二八

電話　一七四六三　一七四六四　一七四六五　一七四六六（轉接各部）

資本總額　國幣壹萬萬元

杭州支行

行址　太平坊大街

電報掛號　中文五五四四

電話　二七七〇

蘇州支行

行址　觀前街一八九號

電報掛號　中文五五四四

電話　一八五六　六九五

蚌埠支行

行址　二馬路二九四號

電報掛號　中文五五四四

電話　二五八

寧波支行

行址　江廈路十五號

電報掛號　中文五五四四

電話　七六〇　七六五

各地辦事處

蕪湖行址　二馬路西首　電報掛號　中文五五四四

常熟行址　老縣場　電報掛號　中文五五四四　電話　二三一　二三三

無錫行址　北門內打鐵橋　電報掛號　中文五五四四　電話　一六三四　一六六一

南通行址　西大街十八號　電報掛號　中文五五四四

嘉興行址　城基路望吳橋　電報掛號　中文五五四四　電話　一七七　一七九

揚州行址　左衛街　電報掛號　中文五五四四

太倉行址　稅務橋東首　電報掛號　中文五五四四　電話　四四

鎮江行址　寶塔路三一號　電報掛號　中文五五四四　電話　二九二

常州行址　西瀛里　電報掛號　中文五五四四

泰縣行址　彩衣街　電報掛號　中文五五四四

東京行址　麴町區大手町二丁目二番地

秀威經典 人文史地類 PC0353

古今（一）

原發行者 / 古今出版社
主　　編 / 蔡登山

數位重製・印刷 / 秀威經典
http://www.showwe.com.tw
114台北市內湖區瑞光路76巷65號1樓
電話：+886-2-2796-3638
傳真：+886-2-2796-1377
劃撥帳號 / 19563868　戶名：秀威資訊科技股份有限公司
讀者服務信箱：service@showwe.com.tw
網路訂購 / 秀威網路書店：https://store.showwe.tw
網路訂購：order@showwe.com.tw

2015年3月
精裝印製工本費：2500元

Printed in Taiwan

本期刊僅收精裝印製工本費，僅供學術研究參考使用

國家圖書館出版品預行編目

古今 / 蔡登山主編. -- 一版. -- 臺北市 : 秀威資訊科技,
2015.03-
冊；　公分. -- (人文史地類)
BOD版
ISBN 978-986-326-299-2(第1冊 : 精裝). --
ISBN 978-986-326-326-5(第2冊 : 精裝). --
ISBN 978-986-326-327-2(第3冊 : 精裝). --
ISBN 978-986-326-328-9(第4冊 : 精裝). --
ISBN 978-986-326-329-6(第5冊 : 精裝)

1. 言論集

078　　104002194

讀者回函卡

感謝您購買本書，為提升服務品質，請填妥以下資料，將讀者回函卡直接寄回或傳真本公司，收到您的寶貴意見後，我們會收藏記錄及檢討，謝謝！

如您需要了解本公司最新出版書目、購書優惠或企劃活動，歡迎您上網查詢或下載相關資料：http:// www.showwe.com.tw

您購買的書名：________________________________

出生日期：________年________月________日

學歷：□高中（含）以下　□大專　□研究所（含）以上

職業：□製造業　□金融業　□資訊業　□軍警　□傳播業　□自由業

□服務業　□公務員　□教職　□學生　□家管　□其它_____

購書地點：□網路書店　□實體書店　□書展　□郵購　□贈閱　□其他

您從何得知本書的消息？

□網路書店　□實體書店　□網路搜尋　□電子報　□書訊　□雜誌

□傳播媒體　□親友推薦　□網站推薦　□部落格　□其他__________

您對本書的評價：（請填代號　1.非常滿意　2.滿意　3.尚可　4.再改進）

封面設計____　版面編排____　內容____　文／譯筆____　價格____

讀完書後您覺得：

□很有收穫　□有收穫　□收穫不多　□沒收穫

對我們的建議：________________________________

____

____

____

請貼
郵票

11466
台北市內湖區瑞光路 76 巷 65 號 1 樓

秀威資訊科技股份有限公司　　　收

BOD 數位出版事業部

(請沿線對折寄回，謝謝！)

姓　　名：__________　年齡：______　性別：□女　□男

郵遞區號：□□□□□

地　　址：____________________

聯絡電話：(日)__________ (夜)__________

E-mail：____________________